형 법 주 해

[VII]

각 칙 (4)

[제 207 조 ~ 제 249 조]

편집대표 조 균 석
편집위원 이 상 원
    김 성 돈
    강 수 진

박영사

머 리 말

「형법주해」는 법서 출판의 명가인 박영사의 창업 70주년을 기념하기 위하여 출간되는 형법의 코멘타르(Kommentar)로서, 1992년 출간된 「민법주해」에 이어 30년 만에 이어지는 기본법 주해 시리즈의 제2탄에 해당한다.

그런 점에서 「민법주해」의 편집대표인 곽윤직 교수께서 '머리말'에서 강조하신 아래와 같은 「민법주해」의 내용과 목적은 세월은 흘렀지만 「형법주해」에도 여전히 타당하다고 생각된다.

> "이 주해서는 각 조문마다 관련되는 중요한 판결을 인용해 가면서 확정된 판례이론을 밝혀주고, 한편으로는 이론 내지 학설을 모두 그 출전을 정확하게 표시하고, 또한 논거를 객관적으로 서술하여 민법 각 조항의 구체적인 내용을 밝히려는 것이므로, (중략) 그 목적하는 바는, 위와 같은 서술을 통해서 우리의 민법학의 현재수준을 부각시키고, 아울러 우리 민법 아래에서 생기는 법적 분쟁에 대한 올바른 해답을 찾을 수 있게 하려는 데 있다."

이처럼 법률 주해(또는 주석)의 기능은 법률을 해석·운용함에 있어 도움이 되는 정보를 제공함으로써 구체적 사건을 해결하는 실무의 법적 판단에 봉사하는 데 있다고 할 수 있다. 주해서를 통해서 제공되어야 할 정보는 1차적으로 개별 조문에 대한 문리해석이다. 이러한 문리해석에 더하여, 주해서에는 각 규정들의 체계적 연관관계나 흠결된 부분을 메우는 보충적 법이론은 물론, 법률의 연혁과 외국 입법례 및 그 해석에 대한 정보가 담겨 있어야 하고, 때로는 사회문제를 해결할 수 있는 입법론이 제시되어야 한다.

그러나 무엇보다도 실무에서 중요한 역할을 하는 것은 판례이므로, 판례의 법리를 분석하고 그 의미를 체계적으로 정리하는 일은 주해서에서 빠뜨릴 수 없는 중요한 과제이다. 다만 성문법주의 법제에서 판례는 당해 사건에서의 기속력을 넘어 공식적인 법원(法源)으로 인정되지는 않으며, 판례 자체가 변경되기도 한다. 이러한 점에서 주해서는 단순한 판례의 정리를 넘어 판례에 대한 비판을 통해 판례를 보충하고 대안을 제시함으로써 장래 법원(法院)의 판단에 동원될 수 있는 법적 지식의 저장고 역할도 하여야 한다.

그런데 형사판결도 결국 형법률에 근거하여 내려진다. 형법률에 대한 법관의 해석으로 내려진 판결 및 그 속에서 선광(選鑛)되어 나오는 판례법리는 구체적인 사안과 접촉된 법률이 만들어 낸 개별적 결과이다. 그러므로 또 다른 사안을 마주하는 법관은 개별 법리의 원천으로 돌아갈 필요가 있다. 법관이 형법률을 적용함에 있어, 개별 사안에 나타난 기존의 판결이나 판례를 넘어 그러한 판례를 만들어 내는 형법률의 체계인 형법을 발견할 때 비로소 개별 법리의 원천으로 돌아가는 광맥을 찾은 것이다. 「형법주해」는 이러한 광맥을 찾는 작업에도 도움이 되고자 하였다. 즉, 「형법주해」는 판례의 눈을 통해서 형법을 바라보는 것을 넘어 형법원리 및 형법이론의 눈을 통해서도 형법을 관찰하려고 하였다.

이러한 작업은 이론만으로 이룰 수 있는 것도 아니고, 실무만으로 이룰 수 있는 것도 아니다. 이 때문에 형사법 교수, 판사, 검사, 변호사 등 62명이 뜻을 함께하여, 오랜 기간 각자의 직역에서 형법을 연구·해석하고 또 실무에 적용해 오면서 얻은 소중한 지식과 경험, 그리고 지혜를 집약함으로써, 이론과 실무의 조화와 융합을 꾀하였다.

우리의 소망은 「형법주해」가 올바른 판결과 결정을 지향하는 실무가들에게 의미 있는 이정표가 되고, 형법의 원점을 찾아가는 형법학자들에게는 새로운 생각의 장을 떠올리게 하는 단초가 되며, 형법의 숲 앞에 막 도착한 예비법률가들에는 그 숲의 전체를 바라볼 수 있는 안목을 키울 수 있도록 도와주는 안내자가 되는 것이다.

「형법주해」가 이러한 역할을 다할 수 있도록 최선의 노력을 다하였지만 부족한 부분이나 흠도 있으리라 생각된다. 모자란 부분은 개정판을 거듭하면서 시정·보충할 예정이다. 또한, 장래에는 「형법주해」가 형법의 실무적 활용에 봉사하고 기여하는 데에서 한 걸음 더 나아가 보다 높은 학문적인 차원에서의 형법 이해, 예컨대 형법의 정당성의 문제까지도 포섭할 수 있는 방안을 모색해 나갈 것을 다짐해 본다.

「형법주해」는 많은 분들의 헌신과 지원으로 출간하게 되었다. 먼저, 충실한 옥고를 집필하고 오랜 기간 정성을 다해 다듬어 주신 집필자들에게 감사드린다. 그리고 책 전체의 통일과 완성도를 높이기 위하여 각칙의 일부 조문에 한정된 것이기는 하지만, 독일과 일본의 중요 판례를 함께 검토해 주신 김성규 한국외국어대학 교수(독일)와 안성훈 한국형사·법무정책연구원 선임연구위원(일본)에게도 고마움을 전한다. 그리고 창업 70

주년 기념으로 「형법주해」의 출간을 허락해 주신 안종만 회장님과 안상준 대표님, 오랜 기간 편집위원들과 협의하면서 시종일관 열정을 보여주신 조성호 이사님과 편집부 여러분께도 깊은 감사의 말씀을 드린다.

2022년 12월

편집대표 **조 균 석**
위원 **이 상 원**
위원 **김 성 돈**
위원 **강 수 진**

범 례

Ⅰ. 조 문

- 본문의 조문 인용은 '제○조 제○항 제○호'로 하고, 괄호 안에 조문을 표시할 때는 아래 (예)와 같이 한다. 달리 법령의 명칭 없이 인용하는 조문은 형법의 조문이고, 부칙의 경우 조문 앞에 '부칙'을 덧붙여 인용한다.

예	§49②(iii)	←	형법 제49조 제2항 제3호
	§12의2	←	형법 제12조의2
	부칙 §10	←	형법 부칙 제10조

Ⅱ. 일 자

- 본문의 년, 월, 일은 그대로 표시함을 원칙으로 한다. 다만, 판례의 판시내용이나 인용문을 그대로 인용할 경우 및 ( )안에 법령을 표시하는 등 필요한 경우에는 년, 월, 일을 생략한다.

예	(본문)	1990년 1월 1일
		1953년 9월 18일 법령 제177호
예	(판시 또는 괄호)	"피고인이 1991. 1. 1. 어디에서 ... 하였다."
		기본법(1953. 9. 18. 법령 제177호)

Ⅲ. 재판례

1. 우리나라

대판 2013. 6. 27, 2013도4279
  ← 대법원 2013년 6월 27일 선고 2013도4279 판결
대판 2013. 2. 21, 2010도10500(전)
  ← 대법원 2013년 2월 21일 선고 2010도10500 전원합의체판결

대결 2016. 3. 16, 2015모2898

　　　← 대법원 2016년 3월 16일 자 2015모2898 결정

대결 2015. 7. 16, 2011모1839(전)

　　　← 대법원 2015 7월 16일 자 2011모1839 전원합의체결정

헌재 2005. 2. 3, 2001헌가9

　　　← 헌법재판소 2005년 2월 3일 선고 2001헌가9 결정

서울고판 1979. 12. 19, 72노1208

　　　← 서울고등법원 1979년 12월 19일 선고 72노1208 판결

* 재판례의 인용은 헌재, 대판(또는 대결), 하급심 순으로 하고, 같은 심급 재판례가 여
  럿인 경우 연도 순으로 인용하되, 가급적 최초 판결, 주요 판결, 최종 판결 등으로 개
  수를 제한한다.

2. 외 국

• 외국의 재판례는 그 나라의 인용방식에 따른다. 다만, 일본 판례의 경우에는
  '연호'를 서기연도로 바꾸는 등 다음과 같이 인용한다.

　最判 平成 20(2008). 4. 25. 刑集 62·5·1559

　　　← 最判平成20. 4. 25刑集62卷5号1559頁

- 판례집: 刑錄(대심원형사판결록), 刑集(대심원형사판례집, 최고재판소형사판
  례집), 裁判集(刑事)(최고재판소재판집형사), 高刑集(고등재판소형사판례집),
  特報(고등재판소형사판결특보), 裁特(高等裁判所刑事裁判特報), 下刑集(하급
  심재판소형사재판례집), 刑月(형사재판월보), 高刑速(고등재판소형사재판속
  보집), 判時(判例時報), 判タ(판례타임즈), LEX/DB(TKC Law Library) 등

Ⅳ. 문헌 약어 및 인용방식

* 같은 집필자라고 하여도 각주 번호는 조문별로 새로 붙인다.

1. 형법총칙/각칙 교과서

• 교과서 등 문헌은 가능한 한 최신의 판으로 인용한다.
• 각 조항의 주해마다 처음으로 인용하는 개소에서 판을 포함하는 서지사항을
  밝히고, 그 후에 이를 다시 인용하는 경우에는 '저자, 면수'와 같은 형태로
  한다.

[형법총칙]

　김성돈, 형법총론(8판), 10

　이재상·장영민·강동범, 형법총론(11판), §31/2

　김성돈, 10(재인용인 경우)

[형법각칙]

　이재상·장영민·강동범, 형법각론(12판), §31/2

　이재상·장영민·강동범, §31/12(재인용인 경우)

2. 교과서 외 단행본

- 교과서 외 단행본은 각 조항마다 처음 인용하는 개소에서 제목, 판, 출판사, 연도를 포함하는 서지사항을 밝히고, 그 후에 이를 다시 인용하는 경우에는 '저자, 제목, 면수'와 같은 형태로 한다.

　김성돈, 기업 처벌과 미래의 형법, 성균관대학교 출판부(2018), 259

　양형위원회, 2022 양형기준(2022), 100

　김성돈, 기업 처벌과 미래의 형법, 300(재인용인 경우)

3. 논 문

- 각 조항의 주해마다 처음으로 인용하는 개소에서 정기간행물 등의 권·호수 및 간행연도를 포함하는 서지사항을 밝히고, 그 후에 이를 다시 인용하는 경우에는 "필자(주 ○), 인용면수"와 같은 형태로 한다.

　신양균, "과실범에 있어서 의무위반과 결과의 관련", 형사판례연구 [1], 한국 형사판례연구회, 박영사(1993), 62

　천진호, "금지착오사례의 논증과 정당한 이유의 구체적 판단", 비교형사법연 구 2-2, 한국비교형사법학회(2000), 305

- 각 대학의 법학연구소 등에서 발간하는 정기간행물은 학교명의 약칭과 함께 인용하지만, 이미 학교명 내지 이에 준하는 표기를 포함하고 있는 경우에는 간행물 이름만으로 인용한다.

4. 정기간행물 약어

　사논　　　　사법논집

　사연　　　　사법연구자료

자료	재판자료
해설	대법원판례해설

5. 주석서

예   **주석형법 〔각칙(1)〕(5판), 104(민철기)**

6. 외국문헌

- 외국 문헌 등은 각국에서 통용되는 방식으로 인용하는 것을 원칙으로 한다.
- 외국 문헌의 경우 최초로 인용할 때에 간행연도 및 판수〔논문의 경우는, 정기간 행물 및 그 권호수 등〕를 표시하고, 이후 같은 조항에서 인용할 때는 "저자〔또는 필자〕, 인용면수"의 방법으로 인용하되〔같은 필자의 문헌을 여럿 인용하는 경우에 는 '(주 ○)'를 필자 이름 아래 붙인다〕, 저자의 경우는 성만 표기하는 것을 원칙 으로 한다.
- 자주 인용되는 문헌은 별도로 다음과 같이 인용한다.
  大塚 外, 大コン(3版)(9), 113(河村 博) ← 大塚 外, 大コンメンタール 第3版 第9卷, 인용면수(집필자)

7. 학위논문 인용방식

예   **이은모, "약물범죄에 관한 연구", 연세대학교 박사학위논문(1991), 2**
     이은모, "약물범죄에 관한 연구", 10(재인용인 경우)

8. 다수 문헌의 기재 순서

- 교과서 등 같은 종류인 경우 '가, 나, 다' 순으로, 다른 종류인 경우 '교과서, 주 석서, 교과서 외 단행본, 논문' 순으로 각 기재한다.

V. 법령 약어 및 인용방법

1. 법 률

(1) 본문

- 조항별로 처음 인용 시에는 법령의 제목 전체를 기재한다. 재차 인용 시에는 법제처 법령에 약칭이 있는 경우는 그 약칭을 인용하되, 처음 인용 법령을 아

래와 같이 한다.

* 현재 효력을 가지는 법률을 기준으로 작성하고, 폐지된 법률의 경우 법률명 다음에 '(폐지)'를, 조문만 변경된 경우에는 법률명 앞에 '구'를 붙인다.

　예　교통사고 처리특례법(이하, 교통사고처리법이라 한다.)

(2) 괄호

- 일반법령(예: 의료법)을 쓰되, 약어(예시)의 경우 약어만을 인용한다.
  약어(예시)

가폭	가정폭력범죄의 처벌 등에 관한 법률
경범	경범죄 처벌법
경직	경찰관 직무집행법
공선	공직선거법
교특	교통사고처리 특례법
군형	군형법
국보	국가보안법
도교	도로교통법
독점	독점규제 및 공정거래에 관한 법률
마약관리	마약류 관리에 관한 법률
마약거래방지	마약류 불법거래 방지에 관한 특례법
민	민법
민소	민사소송법
민집	민사집행법
범죄수익	범죄수익은닉의 규제 및 처벌에 관한 법률
법조	법원조직법
변	변호사법
보호소년	보호소년 등의 처우에 관한 법률
부경	부정경쟁방지 및 영업비밀보호에 관한 법률
부등	부동산등기법
부수	부정수표 단속법
부실명	부동산 실권리자명의 등기에 관한 법률
부재특조	부재선고 등에 관한 특별조치법
사면	사면법

사법경찰직무	사법경찰관리의 직무를 수행할 자와 그 직무범위에 관한 법률
상	상법
성폭방지	성폭력방지 및 피해자보호 등에 관한 법률
성폭처벌	성폭력범죄의 처벌 등에 관한 법률
소년	소년법
아청	아동·청소년의 성보호에 관한 법률
아학	아동학대범죄의 처벌 등에 관한 특례법
여전	여신전문금융업법
정통망	정보통신망 이용촉진 및 정보보호 등에 관한 법률
집시	집회 및 시위에 관한 법률
출관	출입국관리법
통비	통신비밀보호법
특가	특정범죄 가중처벌 등에 관한 법률
특경	특정경제범죄 가중처벌 등에 관한 법률
폭처	폭력행위 등 처벌에 관한 법률
헌	헌법
헌재	헌법재판소법
형소	형사소송법
형집	형의 집행 및 수용자의 처우 등에 관한 법률

2. 시행령 및 시행규칙은 법률의 예를 따르고, 괄호의 경우 일반법령(예: 의료법 시행령)을 쓰되, 법률약어의 경우 '령' 또는 '규'를 붙인다.

3. 부칙 및 별표는 법률명 뒤에 약칭 없이 '부칙', '별표'로 인용한다.

4. 외국법령의 조항 인용도 우리 법령의 인용과 같은 방식으로 한다.
   예   (괄호) 독형 §312-b①(iii)   ←   독일형법 제312조의b 제1항 제3호

참고문헌

1 형법총론(총론·각론 통합 포함) 교과서

저자	서명	출판사	출판연도
강동욱	강의 형법총론	박영사	2020
	강의 형법총론(제2판)	박영사	2021
김성돈	형법총론(제5판)	성균관대학교 출판부	2017
	형법총론(제6판)	성균관대학교 출판부	2020
	형법총론(제7판)	성균관대학교 출판부	2021
	형법총론(제8판)	성균관대학교 출판부	2022
김성천	형법총론(제9판)	소진	2020
김성천·김형준	형법총론(제6판)	소진	2014
김신규	형법총론 강의	박영사	2018
김일수·서보학	새로쓴 형법총론(제11판)	박영사	2008
	새로쓴 형법총론(제12판)	박영사	2014
	새로쓴 형법총론(제13판)	박영사	2018
김태명	판례형법총론(제2판)	피앤씨미디어	2016
김형만	형법총론	박영사	2015
김혜정·박미숙·안경옥·원혜욱·이인영	형법총론(제2판)	정독	2019
	형법총론(제3판)	정독	2020
류전철	형법입문 총론편(제3판)	준커뮤니케이션즈	2020
박상기	형법강의	법문사	2010
	형법총론(제9판)	박영사	2012
	형법학(총론·각론 강의)(제3판)	집현재	2018
박상기·전지연	형법학(총론·각론 강의)(제4판)	집현재	2018
	형법학(총론·각론)(제5판)	집현재	2021
배종대	형법총론(제12판)	홍문사	2016
	형법총론(제13판)	홍문사	2017
	형법총론(제14판)	홍문사	2020
	형법총론(제15판)	홍문사	2021
성낙현	형법총론(제3판)	박영사	2020
손동권·김재윤	형법총론	율곡출판사	2011

저자	서명	출판사	출판연도
손해목	형법총론	법문사	1996
신동운	형법총론(제10판)	법문사	2017
	형법총론(제12판)	법문사	2020
	형법총론(제13판)	법문사	2021
안동준	형법총론	학현사	1998
오영근	형법총론(제4판)	박영사	2018
	형법총론(제5판)	박영사	2019
	형법총론(제6판)	박성사	2021
원형식	판례중심 형법총론	진원사	2014
유기천	형법학 총론강의(개정판)	일조각	1980
이상돈	형법강의	법문사	2010
	형법강론(제2판)	박영사	2017
	형법강론(제3판)	박영사	2020
이영란	형법학 총론강의	형설출판사	2008
이용식	형법총론	박영사	2018
이재상·장영민·강동범	형법총론(제10판)	박영사	2019
	형법총론(제11판)	박영사	2022
이정원	형법총론	신론사	2012
이주원	형법총론	박영사	2022
이형국	형법총론	법문사	2007
이형국·김혜경	형법총론(제6판)	법문사	2021
임웅	형법총론(제10정판)	법문사	2018
	형법총론(제12정판)	법문사	2021
	형법총론(제13정판)	법문사	2022
정성근·박광민	형법총론(전정판)	성균관대학교 출판부	2012
	형법총론(전정2판)	성균관대학교 출판부	2015
	형법총론(전정3판)	성균관대학교 출판부	2020
정성근·정준섭	형법강의 총론(제2판)	박영사	2019
정영석	형법총론(제5전정판)	법문사	1987
정영일	형법총론(제3판)	박영사	2010
	형법강의 총론(제3판)	학림	2017
	신형법총론	학림	2018
	형법총론(제2판)	학림	2020
	형법총론 강의(제3판)	학림	2020
	형법총론(신3판)	학림	2022
정웅석·최창호	형법총론	대명출판사	2019
조준현	형법총론(제4정판)	법문사	2012

참고문헌

저자	서명	출판사	출판연도
주호노	형법총론	법문사	2019
진계호	형법총론(제7판)	대왕사	2003
진계호 · 이존걸	형법총론(제8판)	대왕사	2007
천진호	형법총론	준커뮤니케이션즈	2016
최병천	판례중심 형법총론	피앤씨미디어	2017
최호진	형법총론	박영사	2022
하태훈	판례중심 형법총 · 각론	법문사	2006
	사례판례중심 형법강의	법원사	2021
한상훈 · 안성조	형법입문	피앤씨미디어	2018
	형법개론(제3판)	정독	2022
한정환	형법총론(제1권)	한국학술정보	2010
홍영기	형법(총론과 각론)	박영사	2022
황산덕	형법총론(제7정판)	방문사	1982

② 형법각론 교과서

저자	서명	출판사	출판연도
강구진	형법강의 각론 I	박영사	1983
	형법강의 각론 I (중판)	박영사	1984
권오걸	형법각론	형설출판사	2009
	스마트 형법각론	형설출판사	2011
김선복	신형법각론	세종출판사	2016
김성돈	형법각론(제5판)	성균관대학교 출판부	2018
	형법각론(제6판)	성균관대학교 출판부	2020
	형법각론(제7판)	성균관대학교 출판부	2021
	형법각론(제8판)	성균관대학교 출판부	2022
김성천 · 김형준	형법각론(제4판)	소진	2014
	형법각론(제6판)	소진	2017
김신규	형법각론	청목출판사	2015
	형법각론 강의	박영사	2020
김일수	새로쓴 형법각론	박영사	1999
김일수 · 서보학	새로쓴 형법각론(제8판 증보판)	박영사	2016
	새로쓴 형법각론(제9판)	박영사	2018
김종원	형법각론 상	법문사	1973
	형법각론 상(제3정판)	법문사	1978

저자	서명	출판사	출판연도
김태명	판례형법각론(제2판)	피앤씨미디어	2016
김혜정·박미숙· 안경옥·원혜욱·이인영	형법각론(제2판)	정독	2021
남홍우	형법강의(각론)	고려대학교 출판부	1965
도중진·박광섭·정대관	형법각론	충남대학교 출판문화원	2014
류전철	형법각론(각론편)	준커뮤니케이션즈	2012
빅강우	로스쿨 형법각론(제2판)	진원사	2014
박동률·임상규	판례중심 형법각론	경북대학교출판부	2015
박상기	형법각론(전정판)	박영사	1999
	형법각론(제8판)	박영사	2011
박찬걸	형법각론	박영사	2018
	형법각론(제2판)	박영사	2022
배종대	형법각론(제10전정판)	홍문사	2018
	형법각론(제11전정판)	홍문사	2020
	형법각론(제12판)	홍문사	2021
	형법각론(제13판)	홍문사	2022
백형구	형법각론	청림출판	1999
	형법각론(개정판)	청림출판	2002
서일교	형법각론	박영사	1982
손동권	형법각론(제3개정판)	율곡출판사	2010
손동권·김재윤	새로운 형법각론	율곡출판사	2013
	새로운 형법각론(제2판)	율록출판사	2022
신동운	형법각론(제2판)	법문사	2018
	판례백선 형법각론 1	경세원	1999
	판례분석 형법각론(증보판)	법문사	2014
심재무	형법각론강의 I	신지서원	2009
오영근	형법각론(제3판)	박영사	2014
	형법각론(제4판)	박영사	2017
	형법각론(제5판)	박영사	2019
	형법각론(제6판)	박영사	2021
	형법각론(제7판)	박영사	2022
원형식	형법각론(상)	청목출판사	2011
	판례중심 형법각론	동방문화사	2016
원혜욱	형법각론	피데스	2017
유기천	형법학(각론강의 상·하) (전정신판)	일조각	1982

참고문헌

저자	서명	출판사	출판연도
이건호	형법학개론	고려대학교 출판부	1977
	신고형법각론	일신사	1976
	형법각론	일신사	1980
이영란	형법학 각론강의	형설출판사	2008
	형법학 각론강의(제3판)	형설출판사	2013
이용식	형법각론	박영사	2019
이재상 · 장영민 · 강동범	형법각론(제11판)	박영사	2019
	형법각론(제12판)	박영사	2021
이정원	형법각론(보정판)	법지사	1999
	형법각론	법지사	2003
	형법각론	신론사	2012
이정원 · 류석준	형법각론	법영사	2019
이형국	형법각론	법문사	2007
이형국 · 김혜경	형법각론(제2판)	법문사	2019
임웅	형법각론(제9정판)	법문사	2018
	형법각론(제10정판)	법문사	2019
	형법각론(제11정판)	법문사	2020
	형법각론(제12정판)	법문사	2021
정성근 · 박광민	형법각론(제4판)	삼영사	2011
	형법각론(전정2판)	성균관대학교 출판부	2015
	형법각론(전정3판)	성균관대학교 출판부	2019
정성근 · 정준섭	형법강의 각론	박영사	2017
	형법강의 각론(제2판)	박영사	2022
정영석	형법각론(제4전정판)	법문사	1980
	형법각론(제5전정판)	법문사	1992
정영일	형법각론(제3판)	박영사	2011
	형법강의 각론(제3판)	학림	2017
	형법각론	학림	2019
정웅석 · 최창호	형법각론	대명출판사	2018
정창운	형법학각론	정연사	1960
조준현	형법각론	법원사	2002
	형법각론(개정판)	법원사	2005
	형법각론(3판)	법원사	2012
조현욱	형법각론강의 (Ⅰ)	진원사	2008
진계호	신고 형법각론	대왕사	1985
	형법각론(제5판)	대왕사	2003

저자	서명	출판사	출판연도
진계호 · 이존걸	형법각론(제6판)	대왕사	2008
최관식	형법각론(개정판)	삼우사	2017
최호진	형법각론	준커뮤니케이션즈	2014
	형법각론 강의	준커뮤니케이션즈	2015
	형법각론	박영사	2022
한남현	형법각론	율곡출판사	2014
한정환	형법각론	법영사	2018
황산덕	형법각론(제6정판)	방문사	1986

③ 특별형법

저자(편자)	서명	출판사	출판연도
김정환 · 김슬기	형사특별법	박영사	2021
	형사특별법(제2판)	박영사	2022
박상기 · 신동운 · 손동권 · 신양균 · 오영근 · 전지연	형사특별법론(개정판)	한국형사정책연구원	2012
박상기 · 전지연 · 한상훈	형사특별법(제2판)	집현재	2016
	형시특별법(제3판)	집현재	2020
이동희 · 류부곤	특별형법(제5판)	박영사	2021
이주원	특별형법(제5판)	홍문사	2018
	특별형법(제6판)	홍문사	2020
	특별형법(제7판)	홍문사	2021
	특별형법(제8판)	홍문사	2022

④ 주석서 · 실무서 등

저자(편자)	서명	출판사	출판연도
김종원	주석형법 총칙(상 · 하)	한국사법행정학회	1988, 1990
박재윤	주석형법 총칙(제2판)	한국사법행정학회	2011
김대휘 · 박상옥	주석형법 총칙(제3판)	한국사법행정학회	2019
김윤행	주석형법 각칙(상 · 하)	한국사법행정학회	1982
박재윤	주석형법 각칙(제4판)	한국사법행정학회	2006
김신 · 김대휘	주석형법 각칙(제5판)	한국사법행정학회	2017
한국형사판례연구회	형사판례연구 (1) - (29)	박영사	1993 - 2021
법원행정처	법원실무제요 형사 [I] · [II]		2014

⑤ 외국 문헌

저자(편자)	서명	출판사	출판연도
大塚 仁 外	大コンメンタール刑法 (第2版) (1) - (13)	靑林書院	1999 - 2006
	大コンメンタール刑法 (第3版) (1) - (13)	靑林書院	2013 - 2021
西田典之 外	注釈刑法 (1), (2), (4)	有斐閣	2010 - 2021

목 차

제18장 통화에 관한 죄

제19장 유가증권, 우표와 인지에 관한 죄

제20장 문서에 관한 죄

제21장 인장에 관한 죄

제22장 성풍속에 관한 죄

제23장 도박과 복표에 관한 죄

제18장 통화에 관한 죄

〔총 설〕

I. 규 정

본장은 통화에 관한 범죄로, 행사할 목적으로 통화를 위조·변조하거나 위조·변조한 통화를 행사·수입·수출 또는 취득하거나 통화유사물을 제조하는 범죄로 구성되어 있다. 최근에는 인터넷뱅킹, 모바일뱅킹, 핀테크(fintech)[1] 서비스 등을 이용한 전자적 금융거래가 경제활동의 상당 부분을 차지하고 있어 통화에 관한 범죄가 줄어든 것이 사실이다. 그러나 아직까지 통화는 주요 지불수단으로서 경제생활과 유통거래의 기초를 이루는 것으로 통화에 대한 공공의 신용이 법적으로 보장되는 것은 매우 중요하다. 통화에 관한 죄는 문서에 관한 죄의 특수한 경우(특별관계)에 해당하므로, 통화에 관한 죄가 성립하는 경우 문서에 관한 죄는 따로 성립하지 않는다(통설[2]·판례[3]).

1

---

1 핀테크(FinTech)는 Finance(금융)와 Technology(기술)의 합성어로, 금융과 IT의 융합을 통한 금융서비스 및 산업의 변화를 통칭하는 것으로, 모바일, SNS(Social Network Service) 등 새로운 IT기술 등을 활용하여 기존 금융기법과 차별화된 금융서비스를 제공하는 기술기반 금융서비스 혁신을 의미한다. 그 예로 모바일뱅킹과 앱카드 등을 들 수 있는데, 이것은 실물 통화가 아닌 전자적 방법에 의한 결제수단을 지불수단으로 이용하는 것이다(금융위원회, 금융용어사전 참조).
2 김성돈, 형법각론(8판), 627; 배종대, 형법각론(13판), §106/1; 신동운, 형법각론(2판), 359; 이영란, 형법학 각론강의(3판), 591; 이재상·장영민·강동범, 형법각론(12판), §30/1; 정성근·박광민, 형법각론(전정3판), 620; 정웅석·최창호, 형법각론, 179.
3 대판 2013. 12. 12, 2012도2249.

2   본장의 죄는 통화위조·변조죄 및 위조·변조된 통화행사죄를 기본적인 구
성요건으로 하고, 위조·변조통화등취득죄(§ 208), 위조·변조통화등지정행사죄
(§ 210), 통화유사물제조죄(§ 210)를 독립적인 구성요건으로서 규정하고 있다. 한
편 통화위조·변조죄는 내국통화(§ 210①), 내국유통 외국통화(§ 210②), 외국통용
외국통화(§ 210③)에 대한 위조·변조죄를 각각 다른 항으로 구분하고, 그 법정형
을 다르게 정하고 있다.

3   위조·변조통화등지정행사죄(§ 210)를 제외한 나머지 통화에 관한 죄에 대해서
는 모두 그 미수범을 처벌한다(§ 212). 통화위조·변조죄(§§ 207①-③)는 그 예비·
음모행위의 경우도 처벌한다(§ 213). 다만, 그 목적한 죄의 실행에 착수하기 전에
자수한 경우 그 형을 필요적으로 감경 또는 면제한다(§ 213 단서).

4   통화에 관한 죄는 작성권한 없는 자의 위조·변조, 즉 통화의 성립의 진정
에 관한 위조 및 변조만 처벌한다. 통화발행권은 국가가 독점하기 때문에[4] 유가
증권에 관한 범죄와는 달리, 그 내용의 허위 여부는 문제가 되지 않는 것으로
권한이 있는 자가 진실에 반하는 내용으로 통화를 작성하는 등의 무형위조 형
태의 범죄는 성립될 여지가 없다.

5   내국통화뿐만 아니라 외국의 통화도 본장의 보호대상으로 하고 있고, 통화
에 관한 죄에 대하여는 외국인의 국외범의 경우에도 제5조 제4호에 따라 '세계
주의'가 적용되어 본장에 의하여 처벌하도록 규정하고 있다.[5]

6   본장의 조문 구성은 아래 [표 1]과 같다.

7   종래에는 본장에 대한 특별법으로 구(舊) 특정범죄 가중처벌 등에 관한 법
률(이하, '특정범죄가중법'이라 한다.) 제10조[6]가 있었다. 구 특정범죄가중법 제10조
는 본법 제207조의 죄를 범한 자를 똑같은 구성요건으로 규정하면서 그 법정형

---

4 김성돈, 627.
5 이에 대하여 통화에 관한 죄에 대하여 외국인의 국외범을 처벌하는 제5조 제4호에 대하여 '보호
주의'를 선언한 것이라는 반대견해가 있다. 반대견해에 의하면 외국인이 외국에서만 통용되는
통화를 위조한 행위는 우리나라의 공공의 신용과 거래의 안전에 대한 추상적 위험도 없는 행위
여서, 제207조 제3항의 죄의 외국인의 국외범은 우리 형법이 적용되지 않는다고 한다[손동권·김
재윤, 새로운 형법각론, § 37/1; 신동운, 359; 오영근, 형법각론(7판), 539; 정성근·박광민, 620;
정웅석·최창호, 183].
6 구 특정범죄가중법(2010. 3. 31. 법률 제10210호로 개정된 것) 제10조(통화 위조의 가중처벌)
「형법」 제207조에 규정된 죄를 범한 사람은 사형, 무기 또는 5년 이상의 징역에 처한다.

의 상한에 '사형'을 추가하고, 하한을 '2년'에서 '5년'으로 상향시켜서 가중처벌하고 있었다. 그러나 2014년 11월 27일 헌법재판소는 구 특정범죄가중법 제10조 중 형법 제207조 제1항 및 제4항에 관한 부분에 관하여, 검사의 기소재량에 의하여 법정형의 차이가 큰 형법 또는 특정범죄가중법 조항을 임의적으로 선택할 수 있도록 하는 것은 심각한 형의 불균형을 초래하여 헌법의 기본원리 또는 평등의 원칙에 반한다면서 위헌결정을 하였다.[7] 이에 따라 2016년 1월 6일 법률 제13717호에 의하여 특정범죄가중법 제10조는 삭제되었다.[8]

[표 1] 제18장 조문 구성

조 문		제 목	구성요건	죄 명	공소시효
§207	①	통화의 위조 등	ⓐ 행사할 목적으로 ⓑ 대한민국의 화폐, 지폐 또는 은행권을 ⓒ 위조 또는 변조	통화(위조, 변조)	15년
	②		ⓐ 행사할 목적으로 ⓑ 내국에서 유통하는 외국의 화폐, 지폐 또는 은행권을 ⓒ 위조 또는 변조	외국통화(위조, 변조)	10년
	③		ⓐ 행사할 목적으로 ⓑ 외국에서 통용하는 외국의 화폐, 지폐 또는 은행권을 ⓒ 위조 또는 변조	외국통화(위조, 변조)	10년
	④		ⓐ 위조 또는 변조한 ① 내지 ③의 통화를 ⓑ 행사하거나 행사할 목적으로 수입 또는 수출	(위조, 변조) (통화, 외국통화) (행사, 수입, 수출)	15년(①) 10년 (②, ③)

---

7 헌재 2014. 11. 27, 2014헌바224.

8 위 헌법재판소의 위헌결정 이후 대법원도 같은 취지로, "특정범죄가중법 제10조 중 형법 제207조 제2항에 관한 부분(이하 '이 사건 특정범죄가중법 조항이라 한다)은, 형법 제207조 제2항(이하 '이 사건 형법 조항'이라 한다)의 범죄를 범한 사람, 즉 '행사할 목적으로 내국에서 유통하는 외국의 화폐, 지폐 또는 은행권을 위조 또는 변조한 자'를 이 사건 형법 조항에서 정한 법정형보다 중하게 처벌한다는 취지이다. 그런데 이 사건 특정범죄가중법 조항은 이 사건 형법 조항에서 정한 구성요건 외에 특별한 가중적 구성요건의 표지를 전혀 추가하지 않고 법정형만을 가중함으로써 그 법적용을 오로지 검사의 기소재량에만 맡기고 있어 법적용에 대한 혼란을 낳게 되고 더욱이 그 법정형은 이 사건 형법 조항에서 정한 형과 달리 사형을 추가하고 유기징역형의 하한도 5배나 가중하고 있어 형벌체계상의 정당성과 균형성을 제대로 갖추지 못하였다고 할 수 있으므로, 결국 기소 재량에 의하여 어느 규정이 적용되는지 여부에 따라 심각한 형의 불균형이 초래되어 헌법의 기본원리나 평등원칙에 어긋날 수 있다."고 판단하였다(대판 2015. 2. 16, 2014도14843).

[이 순 옥]   **3**

조 문	제 목	구성요건	죄 명	공소시효
§208	위조통화의 취득	ⓐ 행사할 목적으로 ⓑ 위조 또는 변조한 §207의 통화를 ⓒ 취득	(위조, 변조) (통화, 외국통화)취득	7년
§210	위조통화 취득 후의 지정행사	ⓐ §207의 통화를 취득 후 ⓑ 그 사정을 알고 행사	(위조, 변조) (통화, 외국통화)지정행사	5년
§211 ①	통화유사물의 제조 등	ⓐ 판매할 목적으로 ⓑ 내국 또는 외국에서 통용하거나 유통하는 화폐, 지폐 또는 은행권에 유사한 물건을 ⓒ 제조, 수입 또는 수출	통화유사물 (제조, 수입, 수출)	5년
§211 ②		ⓐ §211①의 물건을 ⓑ 판매	통화유사물판매	
§212	미수범	§207, §208, §211의 미수	(§207, §208, §211 각 죄명)미수	
§213	예비, 음모	ⓐ §207① 내지 ③의 죄를 범할 목적으로 ⓑ 예비, 음모	(§207① 내지 ③의 각 죄명)(예비, 음모)	7년

II. 연 혁

8   1953년 형법 제정 이래 정치·경제·사회 등 모든 영역에 발전과 윤리의식의 변화로 인하여 발생한 법규범과 현실과의 괴리를 해소하기 위한 목적 등의 사유로, 1995년 12월 29일 형법의 많은 부분이 개정되었다. 그중 통화에 관한 죄에 대한 개정을 살펴보면, 다음과 같다.

9   제208조 위조통화취득죄 부분에 징역형 외에 벌금형이 없던 것을 1천 500만 원의 벌금형을 부과할 수 있도록 추가하였다. 그리고 제209조 내지 제211조에서는 법정형 중 유기징역형에는 변화가 없었으나 벌금형은 기존의 '환' 단위의 벌금형을 '원' 단위로 개정하였다.[9] 자세히 살펴보면, 제209조 자격정지 또는 벌금의 병과 부분에서는 제207조 통화위조죄, 제208조 위조통화취득죄에 대하여 유기징역에 처할 경우 5만 환 이하의 벌금을 병과할 수 있도록 규정되어 있던 것을 2천만 원 이하의 벌금을 병과할 수 있도록 개정하였고, 제210조 위조통

---

9 법제처, 국가법령정보센터, 형법(법률 제5057호) 개정이유 참조.

화취득후지정행사죄는 2만 5천만 환 이하의 벌금을 500만 원 이하의 벌금형으로, 제211조 통화유사물제조등죄는 2만 5천만 환 이하의 벌금을 700만 원 이하의 벌금형에 처하도록 개정하였다.

그리고 2020년 12월 8일 알기 쉬운 법령 문장으로 개정하면서(2021. 12. 9. **10**
시행), 형법 전체적으로 변경한 용어(전항, 범한, 기타 등) 외에, 제210조의 표제를 '위조통화 취득 후의 지정행사'로 띄어쓰기를 하고, '제207조기재의 통화'를 '제207조에 기재한 통화'로, '그 정을 알고'를 '그 사정을 알고'로 고쳤다.

Ⅲ. 보호법익

통화에 관한 죄의 보호법익이 무엇인가에 대하여는 견해가 대립한다. 통화 **11**
에 관한 죄의 주된 보호법익은 통화에 대한 거래상의 안전 및 공공의 신용이라는 점에 대하여는 이견이 없다.[10] 다만, 국가의 통화발행권(통화고권) 등 그 외의 법익을 통화에 관한 죄의 보호법익으로 포함시킬 것인지 여부에 대하여는 견해가 대립한다.

① 통설[11]은 이에 대하여 부정하고 통화에 대한 거래상의 안전 및 공공의 **12**
신용만을 그 보호법익으로 한다(사회적·법익설). 그러나 ② 국가의 통화발행권(통화고권)을 보호법익에 포함하는 견해(국가적 법익 및 사회적 법익설),[12] ③ 국가의 통화발행권뿐만 아니라 불특정인의 재산상태에 대한 위험을 보호법익에 포함하는 견해[13]도 있다.

국가의 통화발행권을 통화에 관한 죄의 보호법익에 포함시키는 위 ②의 견 **13**
해는 그 논거로 국가의 통화발행권 역시 부수적인 보호법익으로 보고 있기 때

---

10 김성돈, 627.
11 김신규, 형법각론 강의, 626; 김성돈, 627; 김일수·서보학, 새로쓴 형법각론(9판), 533; 박상기·
    전지연, 형법학(총론·각론)(5판), 762; 박찬걸, 형법각론(2판), 697; 배종대, §106/3; 오영근, 538;
    원혜욱, 형법각론, 396; 이영란, 622; 이정원·류석준, 형법각론, 543; 이형국·김혜경, 형법각론
    (2판), 613; 임웅 형법각론(9정판), 677; 정성근·박광민, 620; 정성근·정준섭, 형법강의 각론(2판),
    463; 정웅석·최창호, 179; 진계호·이존걸, 형법각론(6판), 633; 한상훈·안성조, 형법개론(3판),
    628.
12 손동권·김재윤, §37/1; 신동운, 358; 이재상·장영민·강동범, §30/4; 정영일, 형법강의 각론(3판),
    316. 일본 판례의 입장이다[最判 昭和 22(1947). 12. 17. 刑集 1. 94].
13 황산덕 형법각론(6정판), 122.

문에 제207조에서 내국통화에 대한 범죄를 외국통화에 대한 범죄보다 중하게 처벌하고 있다고 설명한다.[14] 이에 대하여 통설(①의 견해)은 내국통화에 대한 위조·변조를 외국통화에 대한 위조·변조보다 더 무겁게 처벌하는 이유는 내국 통화의 경우 외국통화에 비하여 거래의 안전 및 공공의 신용을 해할 위험이 크기 때문에 이를 법정형에 반영한 것일 뿐 보호법익과 관련된 문제로 볼 것은 아니라고 한다.[15] 한편, 국가의 통화발행권을 부수적 보호법익으로 보는 위 ②의 견해는 우리나라의 통화고권과 무관한 외국통화의 위조범도 처벌하고 있는 이유를 합리적으로 설명하기 어렵다는 단점이 있다.[16]

14   독일형법에서는 외국통화위조죄 등은 내국통화위조죄의 구성요건을 그대로 준용하면서 양자를 동일한 법정형으로 규정하고 있고,[17] 독일의 통설도 통화에 관한 죄의 보호법익은 통화에 대한 거래의 안전과 신용으로 해석하고 있다.[18] 현대사회는 교통, 통신기술의 발달로 국경의 의미가 점점 퇴색하고 있을 뿐만 아니라 국내 금융시장 역시 국제 금융시장과 밀접한 관련이 있기 때문에 외국 화폐에 대한 거래의 안전과 신용이 내국통화의 그것에 비하여 약하다고 보기 어렵다. 따라서 내국통화의 위조·변조를 외국통화의 그것보다 무겁게 처벌하는 현행 형법을 독일형법과 같이 내국통화와 외국통화를 구별하지 않고 동일한 형으로 처벌할 수 있도록 개정할 필요가 있다.[19]

15   한편, 통화 관련 범죄로 인하여 타인에게 재산상 손해발생의 위험이 발생하므로 손해발생의 위험을 보호법익에 포함하여야 한다는 위 ③의 견해에 대하여는, 재산상 손해발생의 위험은 통화의 위조·변조 및 행사 등으로 인하여 직접 발생하는 것이 아니라 통화에 대한 거래상의 안전 또는 신용력의 저하로 인하여 발생하는 부수적인 효과에 불과하므로, 이를 직접적인 보호법익으로 하는 것

---

14 내국통화에 대한 범죄보다 외국통화에 대한 범죄를 가볍게 처벌하는 것은 국수주의에 기반한 것으로 타당하지 못하다는 비판이 있다(손동권·김재윤, §37/1; 이재상·장영민·강동범, §30/4; 임웅, 677).

15 김성돈, 628.

16 주석형법 〔각칙(2)〕(5판), 382(박형준).

17 독일형법 제152조(외국의 통화, 우표·인지, 유가증권) 제146조 내지 제151조는 외국의 통화, 우표·인지, 유가증권에 대하여도 이를 준용한다〔법무부, 독일형법(2008) 참조〕.

18 이재상·장영민·강동범, §30/4.

19 오영근, 239; 이재상·장영민·강동범, §30/5.

은 적절치 않다는 비판이 있다.[20]

이런 점에 비추어 위 ①의 견해가 타당하다. 판례도 본장의 죄는 '통화에   16
대한 공공의 거래상의 신용 및 안전을 보호하는 공공적인 법익을 보호함'을 목
적으로 하고 있다고 판시하여,[21] 위 ①의 견해와 같다고 할 수 있다.

통화에 관한 죄의 보호의 정도는 위조·변조통화등취득죄(§ 208)만 결과범이   17
고, 그 이외 통화위조·변조죄 등은 모두 추상적 위험범이다.[22] 따라서 통화위조
등의 행위로 인하여 통화에 대한 거래상의 안전 및 공공의 신용에 대한 구체적
인 위험 또는 결과를 야기하지 않더라도 행위의 일반적인 위험성만 있으면 범
죄가 성립한다.

〔이 순 옥〕

---

20 정성근·박광민, 620.
21 대판 1979. 7. 10, 79도840; 대판 2004. 5. 14, 2003도3487. 위 79도840 판결 해설은 박보무, "위
   조통화를 행사하여 상대방으로부터 재물을 편취한 경우 위조통화행사죄와의 관계", 해설 1-2, 법
   원행정처(1980), 327 이하, 위 2003도3487 판결 해설은 최종길, "일반인의 관점에서 통용할 것이
   라고 오인할 가능성이 있는 외국의 지폐가 형법 제207조 제3항에서 규정한 '외국에서 통용하는
   외국의 지폐'에 해당하는지 여부", 해설 50, 법원도서관(2004), 611-619.
22 주석형법 〔각칙(2)〕(5판), 382(박형준).

제207조(통화의 위조 등)

① 행사할 목적으로 통용하는 대한민국의 화폐, 지폐 또는 은행권을 위조 또는 변조한 자는 무기 또는 2년 이상의 징역에 처한다.

② 행사할 목적으로 내국에서 유통하는 외국의 화폐, 지폐 또는 은행권을 위조 또는 변조한 자는 1년 이상의 유기징역에 처한다.

③ 행사할 목적으로 외국에서 통용하는 외국의 화폐, 지폐 또는 은행권을 위조 또는 변조한 자는 10년 이하의 징역에 처한다.

④ 위조 또는 변조한 전3항 기재의 통화를 행사하거나 행사할 목적으로 수입 또는 수출한 자는 그 위조 또는 변조의 각 죄에 정한 형에 처한다.

Ⅰ. 개 요

1   본조 제1항에서는 '내국통화'에 관한 위조·변조죄를[통화(위조·변조)죄], 제2항에서는 '내국유통 외국통화'에 관한 위조·변조죄를[외국통화(위조·변조)죄], 제3항에서는 '외국통용 외국통화'에 관한 위조·변조죄[외국통화(위조·변조)죄]를 규정하면서, 그 통화의 종류에 따라 법정형에 차등을 두고 있다. 한편, 본조 제4항은 제1항 내지 제3항과 같이 위조·변조된 통화의 행사·수입·수출에 대하여 규정하고 있는데[(위조·변조)(통화·외국통화)(행사·수입·수출)죄], 위 조항 역시 통화의 종류에 따라 법정형이 다르다.

본조 각 항의 죄를 범한 자에 대하여 징역형에 처하는 경우 10년 이하의 자 2
격정지 또는 2천만 원 이하의 벌금을 병과할 수 있고(§ 209), 각 죄의 미수범도 처
벌한다(§ 212). 한편 본조 제1항 내지 제3항의 통화위조·변조죄를 범할 목적으로
예비 또는 음모한 자는 5년 이하의 징역에 처한다. 다만, 이 경우 실행에 착수
하기 전에 자수한 때에는 필요적으로 형을 감면하도록 하고 있다(§ 213). 그러나
위조·변조통화·외국통화의 행사·수입·수출죄(§ 207④)의 경우 예비·음모행위
를 처벌하지 않는다.

Ⅱ. 내국통화 위조·변조죄(제1항)

1. 객관적 구성요건

본죄는 통용하는 대한민국의 통화를 위조 또는 변조함으로써 성립하는 범 3
죄이다.

(1) 객체
(가) 통화

본죄의 객체는 통용하는 대한민국의 통화, 즉 대한민국의 화폐·지폐·은행 4
권이다. 위조통화는 통용될 수 없으므로 본죄의 객체에 포함되지 않는다.

여기서 '통화'란 ① 국가 또는 국가에 의하여 발행권한이 부여된 기관에 의 5
하여 발행되고, ② 금액이 표시되어 있어서 물품 또는 용역 등에 대한 지불수단
으로서, ③ 강제통용력이 인정된 것을 의미한다. 따라서 발행권한이 없이 발행
되었거나 통화에 특정 금액이 표시되지 않았거나, 발행자에 의하여 강제통용력
이 인정되지 않는 것은 본죄의 객체가 될 수 없다.[1]

본항은 통화를 화폐·지폐·은행권으로 구분하고 있다. 통화의 구체적인 종 6
류에 대하여 살펴보면, ① '화폐'란, 금속화폐인 경화(硬貨)를 의미하는 것으로, 만
들어진 재료의 종류에 따라 금화, 은화, 백동화, 청동화, 니켈화 등이 있다.[2] 우

---

[1] 김성돈, 형법각론(8판), 629; 이재상·장영민·강동범, 형법각론(12판), § 30/8. 독일형법 제146조
는 통화위조(Geldfälschung)를 처벌의 대상으로 하고 있는데, 판례에 의하면 그 객체로서의 통
화는 일반적인 수령 강제 여부에 구애되지는 않는다(Entscheidungen des Bundesgerichtshofs in
Strafsachen, Band 27, p.258).
[2] 이에 대하여 통화는 '통용하는 화폐'를 의미하는 것이므로 화폐가 통화보다 넓은 개념으로서 지폐,

리나라에서 통용되는 화폐는 주화(鑄貨, 동전) 뿐이다.[3] ② '지폐'는 화폐를 대신할 수 있는 증권(법정화폐)을 의미한다. ③ '은행권'은 정부의 인허가를 받은 특정 은행이 발행하여 교환의 매개물이 된 화폐 대용의 증권을 의미하는 것으로,[4] 종이로 만들어진 것이기 때문에 은행권은 넓은 의미에서 지폐의 일종에 속한다고 볼 수 있다.[5] 우리나라는 한국은행법 제47조에 의하여 한국은행에서만 독점적으로 은행권을 발행할 수 있도록 하고, 제48조에서 "한국은행이 발행한 한국은행권은 법화로서 모든 거래에 무제한 통용된다."고 규정하여 강제통용력을 부여하고 있다. 따라서 우리나라에서는 한국은행만이 통화를 발행할 수 있고, 한국은행이 발행하는 화폐인 '주화(동전)'[6]와 '한국은행권'인 지폐만이 강제통용력이 있는 통화에 해당한다.

(나) 통용

7   '통용하는' 통화란 현재 법률에 의하여 강제통용력이 인정되는 것, 즉 법적 강제에 의하여 교환의 매개물로서 효력이 인정되는 것을 의미한다.[7] 이때 '통용'은 강제통용력이 없이 사실상 거래의 수단으로 이용되는 것을 의미하는 본조 제2항에서의 '유통하는'과 구별되는 개념이다.[8]

(a) 고화(古貨)나 폐화(廢貨)

8   고화와 폐화와 같이 사실상 유통되고 있더라도 그 강제통용력이 상실된 것은 통화라고 할 수 없고,[9] 현재 발행이 정지되어 강제통용력이 없는 것이라고 할지라도 범행 당시 강제통용력이 인정되었던 것이면 '통용하는' 통화라고 볼 수 있다.[10]

은행권은 화폐의 예시에 불구하다고 보는 견해도 있다. 이 견해에 의하면, 화폐에는 경화만 있는 것이 아니라 지폐, 은행권 이외의 모든 통화도 화폐에 포함된다고 한다[오영근, 형법각론(7판), 540].

3 한국은행이 발행하는 기념주화는 금화, 은화, 황동화 등 여러 종류가 있다.

4 이재상·장영민·강동범, § 30/7.

5 김성돈, 629.

6 2022년 9월 현재 '현용주화'는 오백원화, 백원화, 오십원화, 십원화, 오원화, 일원화 총 6가지가 있다(한국은행 홈페이지 https://www.bok.or.kr/portal/main/contents.do?menuNo=200368 참조).

7 주석형법 〔각칙(2)〕(5판), 384(박형준).

8 외국 화폐 등의 위조·변조죄는 통용되는 것임을 요건으로 하지 않고 '유통하는' 것을 대상으로 한다(§ 207②).

9 김성돈, 629; 손동권·김재윤, § 37/4; 오영근; 541. '상평통보'와 같은 폐화는 강제통용력이 인정되지 않는바, 통화라고 할 수 없다.

10 주석형법 〔각칙(2)〕(5판), 384(박형준).

화폐개혁 등에 의하여 통용기간이 경과하여 교환기간 중에 있거나 통용이   9
폐지된 구화(舊貨)의 경우 '통용폐지 후 교환 중인 구화'에 해당하는데, 이를 본조
의 통화로 볼 수 있는지 여부에 대하여는 견해가 대립한다. ① 해당국의 은행이
지불의무를 부담하기 때문에 통화에 해당한다고 보는 긍정설[11]도 있으나, ② 은
행의 지불의무가 있다고 해도 더 이상 강제통용력이 없어 통용하는 통화라고 보
기는 어렵다는 부정설[12]이 다수설이고, 이 견해가 타당하다. 부정설에 의하면,
위와 같이 교환 중인 구화를 위조한 다음 은행에서 새 통화로 교환한 경우, 위
구화는 강제통용력을 상실한 것이므로 통화위조죄 및 위조통화행사죄가 성립하
지 않고 위조사문서행사죄 또는 위조사도화행사죄[13]가 성립될 수 있을 뿐이다.[14]

(b) 기념주화

수집대상인 기념주화가 발행 당시부터 지불수단으로서의 기능은 인정하지   10
않은 채 판매용으로만 제작된 것이라면 통화에 해당한다고 볼 수 없으나, 발행
당시 지불수단으로서 강제통용력이 인정되는 것이었다면 그 수집가치 때문에
사실상 지불수단으로 유통되지 않더라도 통화에 해당할 수 있다.[15] 따라서 기념
주화의 경우 최초 발행 당시에 강제통용력을 인정하는가 여부에 따라서 통화인
지 여부가 결정된다고 할 것이다.

우리나라에서는 발행되는 기념주화[16]가 본조의 강제통용력이 인정되는 통   11

---

11 김선복 신형법각론, 495; 정영석, 형법각론(5전정판), 145.
12 김일수·서보학, 새로쓴 형법각론(9판), 534; 배종대, 형법각론(13판), §107/3; 손동권·김재윤, 새
   로운 형법각론, §37/4; 오영근, 541; 이영란, 형법학 각론강의(3판), 595; 이재상·장영민·강동범,
   §30/8; 이정원·류석준, 형법각론, 546; 이형국·김혜경, 형법각론(2판), 616; 임웅, 형법각론(9정
   판), 679; 정성근·박광민, 형법각론(전정3판), 622; 정영일, 형법강의 각론(3판), 317; 정웅석·최
   창호, 형법각론, 180; 진계호·이존걸, 형법각론(6판), 634; 최호진, 형법각론, 734; 홍영기, 형법
   (총론과 각론), §105/2.
13 참고로 영국 중앙은행이 1971년에 발행한 5파운드화 권종을 스캐너 등을 이용하여 영국에서 발
   행된 적이 없는 10만 파운드화를 위조한 경우, "10만 파운드화가 영국 지폐의 외관을 갖고 있다
   고 하더라도, 영국 중앙은행 'CHIEF CASHIER'의 의사의 표현으로서 그 내용이 법률상 또는 사
   회생활상 의미 있는 사항에 관한 증거가 될 수 있는 것이므로, 형법상 문서에 관한 죄의 객체인
   '문서 또는 도화'에 해당한다고 할 것이다. 따라서 피고인이 이 부분 공소사실 기재와 같이 위
   10만 파운드화를 행사한 행위는 위조사문서행사죄 또는 위조사도화행사죄로 의율할 수 있다."고
   판시하였다(대판 2013. 12. 12, 2012도2249).
14 주석형법 〔각칙(2)〕(5판), 384(박형준).
15 김성돈, 629; 김일수·서보학, 534; 손동권·김재윤, §37/4; 정성근·박광민, 622.
16 한국은행은 1971년 3월 최초의 기념주화인 '대한민국 반만년 역사 기념주화'를 시작으로 2022년

화에 해당하는지 관하여 견해의 대립이 있다. ① 부정설[17]은 한국조폐공사법 제11조 제1항 제6호에서 한국조폐공사의 업무에 대하여, '한국은행으로부터의 매입 또는 위탁 기타 계약에 의한 기념주화·기념은행권의 판매'라고 규정하고 있는 점에 비추어, 기념주화는 '판매용'으로 제작되는 것으로 강제통용력이 없다고 해석한다. 즉, 기념주화가 지급수단으로서의 기능을 갖는 것이 아니라 판매용으로만 제작되어 일반적인 물건처럼 매매의 대상일 뿐 강제통용력이 없다고 해석하는 것이다.

12   그러나 ② 긍정설[18]은 한국조폐공사법 제11조 제1항 제6호는 한국조폐공사의 기념주화, 기념은행권의 발행에 대하여 규정하지 않고, 기념주화 및 은행권의 판매에 대하여 한국은행으로부터의 매입 또는 위탁 기타 계약에 의하도록 규정한 것에 불과한 것으로, 기념주화 등의 발행권은 한국은행에 전속된 것으로 보아야 하는 점, 한국은행법 제53조의2[19]에서 한국은행은 기념화폐를 발행할 수 있도록 하고 있고, 제48조[20]에서 한국은행이 발행한 한국은행권의 강제통용력을 인정하고 있으며, 같은 법 제53조 제2항[21]에서 강제통용력에 대한 위 규정을 기념주화에도 그대로 준용하고 있는 점을 종합할 때, 기념주화도 강제통용력이 인정되어야 한다고 한다. 따라서 발행 당시 한국은행에 의하여 강제통용력을 배제하는 조치가 없는 한 기념주화도 강제통용력이 인정되는 본죄의 통화에 해당한다고 보는 것이다.

13   한국은행법 및 한국조폐공사법의 각 규정을 종합하면, 기념주화도 강제통용력을 배제하는 별도의 조치가 없는 한 본죄의 통화에 포함된다고 봄이 타당

10월 '2023 제25회 세계스카우트 잼버리' 기념주화에 이르기까지 총 63회에 걸쳐 192종을 발행하였다(한국은행 홈페이지 https://www.bok.or.kr/portal/main/contents.do?menuNo=200368).
17 김일수·서보학, 534; 임웅, 680; 정성근·박광민, 622.
18 김성천·김형준, 형법각론(6판), 640; 오영근, 541; 이재상·장영민·강동범, §30/8; 정웅석·최창호, 180.
19 한국은행법 제53조의3(기념화폐의 발행) 한국은행은 널리 업적을 기릴 필요가 있는 인물이나, 국내외적으로 뜻깊은 사건 또는 행사, 문화재 등을 기념하기 위한 한국은행권 또는 주화를 발행할 수 있다.
20 한국은행법 제48조(한국은행권의 통용) 한국은행이 발행한 한국은행권은 법화(法貨)로서 모든 거래에 무제한 통용된다.
21 한국은행법 제53조(주화의 발행) ① 한국은행은 주화(鑄貨)를 발행할 수 있다.
② 제1항에 따른 주화에 관하여는 제48조, 제49조, 제49조의2 및 제50조부터 제52조까지의 규정을 준용한다.

하다. 이에 따르면 2018 평창 동계올림픽대회 기념주화(1차분) 중 금화 30,000원화[22]를 한국은행이 아닌 다른 자가 임의로 만든 경우 이는 통화위조죄에 해당하고, 위 금화의 일부를 손상시켜 그 무게를 감소시키는 방법으로 실질가치를 변경한 경우 통화변조죄에 해당할 여지가 있는 것이다.

(2) 행위

(가) 위조

(a) 위조의 의미

통화의 '위조'란 ① 진정한 통화발행권이 없는 자가 ② 진정한 통화의 외관을 갖춘 것, 즉 진정한 통화로 오신할 수 있는 정도의 외형을 갖춘 물건을 만드는 것을 의미한다.[23]   14

(b) 위조의 방법

통화에 관한 위조는 '유형위조'를 의미하는 것으로, 스캐너, 컬러프린터를 이용한 복사 등 위조의 방법에는 아무런 제한이 없다. 진정한 통화를 재료로 하여 동일성이 없는 다른 통화를 만들어 낸 경우, 즉 진화(眞貨)를 이용한 위조도 가능하다는 것이 일반적인 견해이다.[24]   15

또한 위조로 인하여 가치의 상승이 있을 것을 요건으로 하는 것은 아니므로, 위화(僞貨)(위조·변조화폐를 개별·통합하여 지칭한다.)의 실질적 가치가 진화의 가치를 초과하는 것이라고 하더라도 통화에 대한 공공의 신용·거래의 안전을 해하는 것이라는 점에는 변화가 없기 때문에 통화 위조에 해당한다.[25]   16

진정한 통화를 전제로 해서만 통화위조가 성립하는가에 대해서는 견해가 대립한다. ① 부정설(다수설)[26]은 위화를 진화로 오인할 가능성이 있다는 점에서 진화가 존재하지 않는 경우에도 통화위조죄가 성립하고, 이에 따라서 발행 예정   17

---

22 위 금화 30,000원화는 3,500장을 발행하였고, 금(99.9%), 지름 35.00mm, 무게 31.0g으로 한국은행만이 독점 발행권을 가지고 있다(한국은행 홈페이지 https://www.bok.or.kr/portal/main/contents.do?menuNo=200368 참조).

23 정성근·정준섭, 형법강의 각론(2판), 464; 주석형법 〔각칙(2)〕(5판), 386(박형준).

24 김성돈, 630; 김일수·서보학, 535; 배종대, § 107/5; 오영근, 542; 유기천, 205; 이재상·장영민·강동범, § 30/10, 임웅, 680; 정성근·박광민, 622.

25 주석형법 〔각칙(2)〕(5판), 386(박형준).

26 김성돈, 630; 김일수·서보학, 535; 배종대, § 107/5; 손동권·김재윤, § 37/5; 이재상·장영민·강동범, § 30/10; 이형국·김혜경, 616; 임웅, 680; 정성근·박광민, 622; 정영일, 318; 정웅석·최창호, 181.

인 화폐를 위조한 경우에도 통화위조죄로 처벌할 수 있다고 한다. 이에 반하여, ② 긍정설[27]은 진화가 존재하지 않은 화폐를 만들어 낸 행위를 위조라고 할 수 없고, '통용하는'의 의미를 확장하여 '통용될' 화폐까지 포함하는 것으로 보는 것은 죄형법정주의에 어긋나는 해석이어서 허용될 수 없다고 한다. 예를 들면, 한 국은행이 5만원권을 발행하기 이전에, 발행권한이 없는 제3자가 행사할 목적으로 5만원권을 만든 경우 위 ①의 부정설 및 ③의 견해에 의하면 통화위조죄에 해당하나, 위 ②의 긍정설에 의하면 이에 해당하지 않는다.

18   이 밖에 ③ 제3의 견해로 본죄는 원칙적으로 진정한 통화를 전제로 하는 것으로 발행 예정인 화폐를 본죄의 객체에 포함시킬 수 있는지와 위조·변조의 대상인 진화가 실제로 현존해야 하는가의 문제는 별개라고 보는 견해[28]도 있다. 이 견해에 의하면, 발행 예정인 화폐를 위조하는 경우 현재로서는 진정한 통화가 아니지만 곧 발행될 진화를 전제로 하는 것이므로 이것은 예측 가능한 장래의 진화를 본죄의 객체에 포함시킬 수 있는지 여부의 문제로 본죄의 보호목적에서 발행 예정인 통화에 대한 거래의 안전을 제외시킬 수 없기 때문에 발행 예정인 통화에 대한 위조·변조에 대하여도 본죄의 성립을 인정하여야 한다는 것이다. 다만, 발행 예정인 통화와 명목가치가 다른 화폐를 만드는 경우 진화를 전제로 하지 않은 것이므로 위조에 해당하지 않는다고 한다.

19   이에 대하여 판례[29]는 미국에서 발행된 적이 없는 미합중국 100만 달러 지폐를 위조한 사건에서, "외국에서 통용하지 않는, 즉 강제 통용력을 가지지 아니하는 지폐는 그것이 비록 일반인의 관점에서 통용할 것이라고 오인할 가능성이 있다고 하더라도 통화위조죄에 해당하지 않는다."고 판시한바 있다. 강제통

---

27 김성천·김형준, 639; 신동운, 형법각론(2판), 363.

28 이정원·류석준, 548.

29 대판 2004. 5. 14, 2003도 3487. 위 판결은 외국통화의 위조에 대하여 규정하고 있는 본조 제3
   항에 관한 것으로, 미합중국에서는 발행된 적이 없고 단지 관광용 기념상품으로 제조 및 판매된
   100만 달러 지폐와 과거에 발행되어 은행 간의 거래에서만 사용되었던 10만 달러 지폐에 대한
   위조외국통화취득죄가 성립하는지 여부, 즉 위 지폐들이 '외국에서 통용하는 외국의 화폐에 해
   당하는지 여부'가 문제된 사안으로 강제통용력이 인정되지 않는 외국화폐는 본조 제3항의 외국
   통화에 해당하지 않는다고 보았다.
     위 판결 해설은 최종길, "일반인의 관점에서 통용할 것이라고 오인할 가능성이 있는 외국의
   지폐가 형법 제207조 제3항에서 규정한 '외국에서 통용하는 외국의 지폐'에 해당하는지 여부",
   해설 50, 법원도서관(2004), 611-619.

용력이 인정되지 않는 지폐까지 위조의 대상에 포함시키는 경우, 형사처벌조항의 문언상 가능한 범위를 넘어서까지 유추해석 또는 확장해석을 하는 것으로 죄형법정주의에 반하여 허용될 수 없다는 것을 그 논거로 들고 있다. 판례는 진정한 통화가 있는 경우에만 통화위조죄가 성립할 수 있다고 보는 위 ②의 긍정설의 입장이다.

(c) 위조의 정도

통화위조에 해당하려면, 유통과정에서 일반인이 해당 통화를 진정한 통화라고 오인할 수 있을 정도의 외관을 갖추어야 한다.[30] 다만, 그 위조의 정도가 반드시 진정 통화와 흡사하다거나 누구든지 쉽게 그 진부를 식별하기 불가능한 정도의 것일 필요는 없다.[31] 따라서 통화의 외관상 진화로 오인될 수 있으면 위조에 해당하고, 종이의 질, 크기, 문자, 지문의 모양, 색채, 인장 또는 기호가 실제로 진화와 동일 또는 유사할 정도에 이를 것까지 요구하는 것은 아니다.[32]

판례는 ① 전자복사기를 이용하여 한국은행권 1만원권을 복사한 것으로 그 크기와 모양 및 앞뒤로 복사되어 있는 점은 진정한 한국은행권과 유사하나, 그 복사된 정도가 조잡하여 정밀하지 못하고 흑백으로만 복사되어 있는 경우,[33] ② 복사상태가 정밀하지 못하여 야간에 택시 운전사에게 위조된 통화를 제시하였으나 진정한 것으로 오인하지 않은 경우,[34] ③ 컬러복사기로 한국은행 5만원권의 앞면만을 복사하여 그중 일부만을 5만원권의 크기로 칼로 잘랐으나 일부는 자르지 않은 상태인 경우[35] 모두 일반인으로 하여금 진정한 통화로 오신케 할 정도의 새로운 화폐를 만들어 낸 것이라고 볼 수 없다며 통화위조죄를 인정하지 않았다. 다만, 외관상 진화로 오인될 수 있을 정도에 이르지 못하였더라도 통화유사물에 해당하고 판매 목적이 인정되는 경우 통화유사물제조죄가 성립할 수 있고, 행사할 목적이 인정된다면 통화위조미수죄가 성립할 여지가 있다.

---

30 대판 1985. 4. 23, 85도570; 대판 1986. 3. 25, 86도255.
31 대판 1985. 4. 23, 85도570.
32 김성돈, 630; 김일수·서보학, 535; 배종대, §107/6; 오영근, 542; 이영란, 596; 임웅, 681.
33 대판 1985. 4. 23, 85도570.
34 대판 1986. 3. 25, 86도255.
35 대판 2012. 3. 29, 2011도7704. 본 판결 평석은 오영근, "2013년도 형법판례 회고", 형사판례연구 〔22〕, 한국형사판례연구회, 박영사(2014), 521-556.

(나) 변조

(a) 변조의 의미

22　　　변조란 '진정한 통화를 가공하여 그 명목상의 가치 또는 실질적인 가치를 변경하거나 객관적으로 보아 일반인에게 기존 통화와 다른 가치를 지닌 진정한 화폐로 오인하게 할 정도의 새로운 물건을 만들어 내는 것'을 말한다.[36] 변조는 그 진화의 외관 내지 진화의 동일성이 상실되지 않을 것을 요건으로 한다는 점에서 위조와 구별된다.[37]

(b) 변조의 방법

23　　　변조의 방법에는 ① 통화의 모양과 문자를 변경하여 그 가액을 변경하는 방법과 ② 명목가치의 변경 없이 실질가치를 변경시키는 방법이 있다. 예를 들어, 한국은행권 5,000원짜리의 숫자에 0을 더하여 50,000원으로 변경하는 것은 문자의 변경을 통한 가액변경이라고 할 수 있다.[38] 한편 독일형법 제146조는 실제보다 더 높은 가치를 가진 통화로 오인할 만한 물건을 만든 경우에만 통화변조죄로 처벌하고 있으나,[39] 본조는 변조행위에 독일형법과 같은 제한이 없다. 따라서 우리 형법의 통화변조에는 실질가치를 감소시켜서 더 높은 가치를 갖는 것으로 오인시키는 것도 포함된다고 볼 수 있다.[40] 따라서 금화, 은화 또는 주화의 주변이나 일부를 손괴하여 실제 중량보다 감량하는 방법으로 실제 가치를 감소시키는 경우, 명목가치의 변경 없이 실질가치를 변경하는 것으로 통화변조죄에 해당될 수 있다.[41] 다만, 이에 대해서 금화나 은화가 통용되지 않는 현실에서 금화나 은화의 일부를 떼어 내어 실질가치를 감소시키는 것은 통용이나

---

36 대판 2002. 1. 11, 2000도3950.

37 김일수·서보학, 536; 이재상·장영민·강동범, § 30/12.; 임웅, 681.

38 다만, 진화로 오인할 수 있는 가능성이 있는 경우에 한하여 변조죄가 성립하고, 숫자 외에 전체를 변경하여 5,000원권을 50,000권의 외관을 가지게 변경한 경우는 동일성을 상실한 것으로 위조에 해당한다고 할 것이다(오영근, 543).

39 독일형법 제146조(통화위조·변조) ① 다음 각호의 1에 해당하는 자는 2년 이상의 자유형에 처한다.
　　1. 진정한 통화로 행사하거나 행사를 가능하게 할 목적으로 통화를 위조한 자 또는 실제보다 높은 가치의 외관을 갖게 할 목적으로 통화를 변조한 자

40 김성천·김형준, 641; 김일수·서보학, 536; 이재상·장영민·강동범, 551; 임웅, 681; 정성근·박광민, 623.

41 김성돈, 630; 정웅석·최창호, 181.

16　　　　　　　　　　　　　　　　〔이 순 옥〕

유통에 지장을 주지 않는 한 통화변조죄에 해당하지 않는바, 통화의 실질적인
가치를 변경시키는 방법의 변조는 불가능하고 다만 이 경우 사기죄가 성립될
가능성이 있다는 견해[42]도 있다.

다음으로, 발행연도를 변경하는 것과 같이 금액 또는 가치의 변경에 해당하   24
지 않는 행위도 통화변조에 해당하는지 여부가 문제된다. 금액 또는 가치의 변
경 외의 다른 내용을 변경하는 경우, 통화변조에 해당한다는 견해[43]가 있다. 그
러나 판례[44]는 1995년경 미국에서 진정하게 발행된 통화나, 화폐수집상들이
'골드'라고 부르며 수집하는 희귀화폐인 것처럼 만들기 위하여 진화인 위 화폐
의 발행연도 '1995.'을 '1928.'으로 빨간색으로 고치고, 발행번호와 미국 재무부
를 상징하는 문양 및 재무부장관의 사인 부분을 지운 후 빨간색으로 다시 가공
한 사안에서, 위와 같은 정도의 가공행위만으로는 기존 통화의 명목가치나 실질
가치가 변경되었다거나 객관적으로 보아 일반인으로 하여금 기존 통화와 다른
진정한 화폐로 오신하게 할 정도의 새로운 물건을 만들어 낸 것으로 보기는 어
렵다고 보아 통화변조죄를 부정하였다.

(c) 동일성 유지

변조는 진화의 외관이나 동일성을 상실하지 않는 범위 내에서 가공을 한 것   25
으로, 기존의 진화를 가공하여 그 외관이나 동일성을 상실하게 만들었다면, 그것
은 변조가 아니라 위조에 해당한다. 폐화를 녹여서 진화와 같은 위화(僞貨)를 만
든 경우뿐만 아니라 2개의 100원짜리 주화를 녹여서 500원짜리 동전을 만든 경
우[45]와 같이 진화를 이용하여 새로운 별개의 위화를 만든 경우에도 동일성이 상
실된 것이므로 변조가 아닌 위조행위에 해당한다.[46] 변조는 동일성의 유지를 요
건으로 하기 때문에 같은 종류의 화폐(같은 가액의 주화, 같은 가액의 지폐 등) 사이에
서만 인정되고, 다른 종류의 화폐 사이에서는 변조가 아닌 위조가 될 뿐이다.[47]

---

42 이정원·류석준, 547.
43 이 견해에 의하면, 2002년에 제조된 100원 짜리 동전을 2000년에 제조된 것으로 변경하는 경우
   에도 변조가 된다고 한다(오영근, 543).
44 대판 2004. 3. 26, 2003도5640.
45 김성돈, 630.
46 위 견해에 의하면, 같은 종류의 화폐 사이에서만 변조행위가 인정되고, 다른 종류의 화폐 사이
   에서는 위조행위가 인정된다(김성돈, 630; 정웅석·최창호, 181).
47 김성돈, 630.

26   다만, 통화의 위조 또는 변조는 그 법정형이 동일하기 때문에 위조를 변조
로 잘못 판단하였다고 하여도 모든 법령위반을 상소이유로 하지 않고, '판결에
영향을 미친' 법령위반만이 상소이유가 되는 것으로 규정하고 있는 우리 형사소
송법(§ 361의5(i), § 383(i)) 아래에서는 상소이유도 될 수 없어,[48] 그 구별의 실익이
크지 않다.[49]

(d) 변조의 정도 – 오인 가능성

27   통화변조 역시 위조와 같이 변조의 결과 일반인이 변조된 통화를 진화로
오인할 수 있는 정도의 외관이 형성되어야 한다. 이와 관련하여 판례는 ① 한국
은행권 10원짜리 주화의 표면에 하얀색 약품을 칠하여 100원짜리 주화와 유사
한 색채를 갖도록 색채만 변경한 경우,[50] ② 한국은행 발행 500원짜리 주화의
표면을 깎아내어 일본국의 500¥짜리 주화의 무게와 같도록 하면 이를 일본국
의 자동판매기 등에 투입하여 일본국의 500¥짜리 주화처럼 사용할 수 있는 사
실에 착안하여, 500원 주화의 앞면의 학 문양 부분을 선반으로 깎아내었더라도
앞면의 학 문양 일부가 깎여나가 무게가 약간 줄어들었을 뿐이고 그 크기와 모
양, 앞면의 다른 문양 및 500원이라는 액면이 표시된 뒷면의 문양은 그대로 남
아있는 경우,[51] 위와 같은 정도의 가공행위만으로는 일반인으로 하여금 기존 통
화와 다른 진정한 화폐로 오신하게 할 정도의 새로운 물건을 만들어 낸 것으로
보기는 어렵다며 통화변조죄가 성립하지 않는다고 보았다. 다만, 위 ②의 경우
한국은행의 허가 없이 영리목적으로 주화 500원권을 훼손한 것으로, 한국은행
법 제105조의2,[52] 제53조의2[53]에 의하여 처벌될 수 있다.[54]

---

48 最判 昭和 36(1961). 9. 26. 刑集 15·8·1525(유가증권에 관한 판례).
49 주석형법 [각칙(2)](5판), 390(박형준).
50 대판 1979. 8. 28, 79도639.
51 대판 2002. 1. 11, 2000도3950.
52 한국은행법 제105조의2(벌칙) 제53조의2를 위반하여 주화를 훼손한 자는 1년 이하의 징역 또는 1천만원 이하의 벌금에 처한다.
53 한국은행법 제53조의2(주화의 훼손 금지) 누구든지 한국은행의 허가 없이 영리를 목적으로 주화를 다른 용도로 사용하기 위하여 융해·분쇄·압착 또는 그 밖의 방법으로 훼손해서는 아니 된다.
54 우리나라의 구형 주화 10원권 동전에 구리함량이 높은 점에 착안하여 대량의 10원권 동전을 녹인 다음 구리만 추출하여 구리바를 만들어 판 경우에도, 통화를 위조 또는 변조한 것이 아니고 단순히 훼손하여 동일성을 상실한 제3의 물건을 만든 것에 해당하여, 위와 같이 한국은행법 제105조의2, 제53조의2에 의하여 처벌될 수 있다(2014. 11. 18, KBS NEWS, "구형 10원' 녹여 팔아 20억원 챙긴 일당 검거", http://news.kbs.co.kr/news/view.do?ref=A&ncd=2969025).

위조·변조의 고의로 실행에 착수하였으나 위조·변조의 정도에 이르지 못 **28**
한 경우, 즉 그 결과물이 진화로 오인될 가능성이 없는 경우 ① 판매의 목적이
있는 때에는 통화유사물제조죄가 성립할 수 있다는 견해,[55] ② 실행수단의 착오
로 인한 불능미수 또는 불능범에 해당한다는 견해[56]도 있으나, ③ 통화위조·변
조의 미수를 따로 처벌하고 있는 만큼 통화위조·변조미수죄에 해당한다[57]고 보
아야 할 것이다.

2. 주관적 구성요건

(1) 고의

통용하는 대한민국의 화폐·지폐 또는 은행권을 위조 또는 변조하려는 고의가 **29**
있어야 한다. 따라서 위조·변조의 객체가 통용하는 통화가 아님에도 불구하고 통
용하는 통화라고 생각하고 이를 위조·변조한 경우 구성요건적 착오에 해당한다.

(2) 행사할 목적

본죄는 초과주관적 구성요건요소로서 행위자에게 행사할 목적이 있을 것이 **30**
요구되는 목적범이다. 따라서 통화를 위조·변조할 때 그 위조·변조 통화를 진
정한 통화로서 사용할 목적이 있어야 한다.

진정한 통화로서 유통할 목적이 없이, 자신의 신용력을 과시하거나 증명하 **31**
기 위하여,[58] 또는 학교 교재로 사용 또는 진열용 표본으로 사용하기 위하여,[59]
사용하지 않을 단순한 시험용으로 화폐를 제작한 경우,[60] 장식용 또는 개인의
기념용으로 통화를 제작한 경우에는 통화를 지불수단으로 사용할 것이 아니어
서 행사할 목적을 인정하기 어렵다.

행사할 목적은 행위자가 직접 유통할 목적에만 국한되지 않고, 위화를 사용 **32**
하려는 자에게 판매하는 경우와 같이 타인을 개입시켜 진정한 통화로 유통되게
할 목적인 때에도 행사할 목적이 인정된다.[61] 누군가가 행사할지도 모른다고 생

---

55 임웅, 681.
56 김일수·서보학, 537; 이정원·류석준, 546.
57 김성돈, 631; 박상기·전지연, 형법학(총론·각론 강의)(5판), 764.
58 대판 2012. 3. 29, 2011도7704
59 김성돈, 631; 김일수·서보학, 537; 신동운, 364.
60 김일수·서보학, 537.
61 김선복, 497; 김성돈, 595, 김일수·서보학, 537; 배종대, § 107/8, 오영근, 543, 이재상·장영민·강

각하는 미필적 고의를 가지고 통화를 위조·변조한 경우에도 행사의 목적이 인정된다.[62]

3. 죄수 및 다른 죄와의 관계

(1) 죄수

33   여러 종류의 통화를 각각의 기회에 위조·변조한 경우 각 종류마다 통화위조·변조죄가 성립하고, 각 위조·변조죄는 실체적 경합범관계에 있다. 그러나 동일한 기회에 동일한 인쇄기 등을 이용하여 동종의 통화를 여러 개 위조·변조한 경우에는 포괄하여 1죄가 된다는 것이 다수설[63]이다. 그러나 동일한 기회에 천원권, 만원권, 오만원권 등 여러 종류의 통화를 위조한 때에는 각 통화의 종류별로 통화위조죄가 성립하고, 실체적 경합범에 해당한다고 보아야 한다.[64]

(2) 다른 죄와의 관계

34   행사할 목적으로 통화를 위조·변조한 다음, 실제로 이를 행사한 경우 통화위조·변조죄와 그 행사죄의 관계에 대하여는 견해가 대립한다.

35   이에 대하여, ① 상상적 경합관계에 해당한다는 견해(상상적 경합설)가 있다.[65] 위 견해는 목적범에서 목적을 달성할 때까지의 행위는 하나의 행위가 된다고 할 수 있으므로 위조·변조와 행사행위가 하나로서 상상적 경합관계에 있다고 한다. ② 위조·변조통화행사죄 1죄만 성립한다는 견해(법조경합설)도 있다.[66] 이에 따르면, 두 죄는 법조경합 중 보충관계에 해당하기 때문에 위조·변조죄가 따로 성립하지 않는다고 본다. ③ 위조·변조와 행사의 구체적인 사정에 따라 각 범죄의 관계가 달라진다는 견해도 있다.[67] 이에 따르면, 위조통화 등의 행사행위가 행위자의 위조행위 시 처음부터 의도한 범행계획에 상응하는 것이라면 법조경합의 흡수관계가 되어 위조·변조죄만 성립하고 행사행위는 불가벌적 사후행위가

동범, § 30/14; 임웅, 682, 정성근·박광민, 624; 진계호·이존걸, 형법각론(6판), 636.

62 주석형법 [각칙(2)](5판), 391(박형준).

63 김성돈 631; 김일수·서보학, 537; 배종대, § 107/9; 이재상·장영민·강동범, § 30/15; 임웅, 682; 정성근·박광민, 624; 정웅석·최창호, 182; 진계호·이존걸, 636.

64 임웅, 682

65 배종대, § 107/9; 이재상·장영민·강동범, § 30/15.

66 김선복, 489; 오영근, 545; 임웅, 682.

67 김일수·서보학, 541; 정영일, 324.

                                        〔이 순 옥〕

된다. 그러나 행사행위가 위조행위와 무관하게 새로운 종류의 결단에 의하여 이루어진 경우에는 두 죄가 별개의 독립된 행위로서 실체적 경합이 된다고 한다. ④ 두 죄의 실체적 경합이 된다는 견해(실체적 경합설)(다수설)가 있다.[68]

통화위조 및 행사죄에 관한 직접적인 판례는 없지만, 문서 또는 유가증권의 위조죄와 그 행사죄에 대하여 판례[69]는 두 죄를 실체적 경합으로 보고 있는바, 통화에 관한 죄에서도 같은 법리를 적용할 수 있을 것이다. 　36

위조·변조죄가 행사할 목적을 요구하는 목적범이라고 해도 목적 달성과 범죄의 성립은 별개의 문제로, 목적범에 있어서 그 목적 달성 여부는 범죄의 완성에 영향을 주는 것이 아니므로 위조행위가 완료되면 위조죄는 일단 기수가 된다고 보아야 하는 점,[70] 위조·변조죄와 그 행사죄 두 죄는 각각의 독립된 불법을 가진 범죄로 그 불법내용과 책임내용이 완전히 일치한다고 볼 수 없고, 이 때문에 입법자가 이를 독립된 2개의 행위로 보아 따로 규정하고 있는 점[71] 등을 종합할 때, 두 죄는 실체적 경합관계로 봄이 타당하다(위 ④의 견해).[72] 　37

4. 처 벌

무기 또는 2년 이상의 징역에 처한다. 　38

위 죄를 범한 자를 유기징역에 처할 경우 10년 이하의 자격정지 또는 2천만 원 이하의 벌금을 병과할 수 있다(§209). 본죄의 미수범(§212) 및 예비·음모(§213)도 처벌한다. 　39

---

68 김신규, 형법각론 강의, 630; 김성돈 632; 김성천·김형준 647; 박찬걸, 형법각론(2판), 703; 손동권·김재윤, §37/12; 신동운, 369; 원혜욱, 형법각론, 400; 이정원·류석준, 551; 이형국·김혜경, 618; 정성근·박광민, 624; 정성근·정준섭, 466; 정웅석·최창호, 182; 진계호·이존걸 636; 최호진, 740; 주석형법 〔각칙(2)〕(5판), 392(박형준).

69 대판 1956. 3. 2, 4288형상343(사문서위조죄와 위조사문서행사죄); 대판 2001. 2. 9, 2000도1216(공도화변조죄와 변조공도화행사죄); 대판 2004. 1. 17, 2001도3178(유가증권위조죄와 위조유가증권행사죄).

70 김성돈, 632.

71 이정원·류석준, 551.

72 이와 비슷한 구조인 사문서위조죄와 위조사문서행사죄 사건에서 판례는 "예금자 명의의 예금청구서를 위조한 다음 이를 은행원에게 제출 행사하였다면 사문서위조, 위조사문서행사의 각 범죄가 성립하고 이들은 실체적 경합관계에 있다."고 판시한 바 있다(대판 1991. 9. 10, 91도1722).

Ⅲ. 내국유통 외국통화위조·변조죄(제2항)

1. 객관적 구성요건

(1) 객체

40   본죄의 객체는 '내국에서 유통하는 외국의 화폐·지폐·은행권'이다.

(가) 내국유통

41   '내국'이란 제2조의 '대한민국 영역 내'를 의미하는 것으로 북한을 포함한다. 따라서 북한에서 통용되는 러시아 또는 중국 화폐를 위조·변조한 경우, 외국통용 외국통화가 아닌 '내국유통 외국통화'에 해당하여 본죄가 성립하게 되는 것이다.[73]

42   '유통하는'이란 강제통용력이 없이 사실상 거래의 지급수단으로서 사용되는 것을 의미한다. 즉, 강제통용력이 없다는 점에서 본조 제1항, 제3항에 규정된 '통용하는'과 다르다.[74] 적어도 '외국화폐'로서 유통되어야 하는 것으로, 단순히 수집 또는 연구의 대상으로 유통되는 것은 본항에 해당하지 않는다는 견해[75]도 있다. 다만 대한민국 영역 전체에서 유통될 필요는 없고, 이태원 등 특정한 일부 지역에서만 유통되어도 본죄가 성립된다. 또한, '내국유통'이란 강제통용과는 다른 개념으로 국내에서 유통이 금지되어 있으나 사실상 거래의 지급수단으로 사용되고 있으면 본죄가 성립된다.[76] 판례[77]는 북한에서 통용되는 소련군표는 내국에서 유통하는 외국의 통화에 해당한다고 보았다.

(나) 외국통화

43   외국의 화폐·지폐·은행권, 즉 외국통화는 원칙적으로 해당국에서 원칙적으로 강제통용력을 가진다. 그러나 해당국에서 강제통용력이 없는 경우에도 우리나라에서 유통되고 있으면 본죄의 외국통화에 해당한다는 것이 통설[78]이다.

---

73 손동권·김재윤, § 37/13; 정영일, 319; 정웅석·최창호, 182.

74 대판 2003. 1. 10, 2002도3340. 본조 제2항 소정의 내국에서 '유통하는'이란, 같은 조 제1항, 제3항 소정의 '통용하는'과 달리, 강제통용력이 없이 사실상 거래 대가의 지급수단이 되고 있는 상태를 가리킨다.

75 오영근, 541.

76 김성돈, 632; 김일수·서보학, 538; 손동권·김재윤, § 37/13; 정성근·박광민, 625; 정웅석·최창호, 182.

77 대판 1948. 3. 24, 4281형상10.

78 김성돈, 632; 김일수·서보학, 538; 손동권·김재윤, § 37/13; 오영근, 541; 이재상·장영민·강동범, § 30/16; 이형국·김혜경, 618; 임웅, 683.

통설에 따르면, 외국에서 '통용'되는 외국통화에 대한 위조·변조에 대하여는 별도로 규정하고 있는바(§ 207③), 본죄에서의 외국통화는 외국에서 강제통용되는 것일 필요가 없고, '국내에서 유통'하는 것이면 충분하다고 해석함이 상당하다. 따라서 강제통용력이 없는 외국의 기념주화도 국내에서 유통되면 본죄의 객체가 될 수 있다.[79] 그러나 본죄의 외국통화는 외국에서 '통용되는 것'이어야 한다는 소수설[80]도 있다.

판례[81]는 스위스 내에서 1998년까지 일반 상거래에 사용되었으나, 현재 통용되지 않고 있는 스위스 화폐(진폐)가 2020년 4월 30일까지 스위스 은행에서 신권과의 교환이 가능하고, 대한민국 국내은행에서도 신권과 마찬가지로 환전이 되며 이태원 등 일부 지역에서 지급수단으로 일부 사용된 경우에도, "지급수단이 아니라 은행이 매도가격과 매수가격의 차액 상당의 이득을 얻기 위하여 하는 외국환매매거래의 대상으로서 상품과 유사한 것에 불과한 것으로, 이태원 등 관광지에서 지급수단으로 사용된다고 하더라도 이는 관광객과 상인 사이에 상인이 정한 일정한 환율로 계산하여 사용될 뿐 아니라 다시 타인에게 이전됨이 없이 은행에서 환전되는 것으로서 이러한 경우 상인은 이 사건 스위스 화폐를 은행에서의 매수환율보다 낮은 가격에 매수하여 은행에 매도함에 따른 차익을 목적으로 이를 취득한 것으로서 지급수단이라기보다는 은행에서 환전하는 경우와 마찬가지로 외국환거래의 대상으로 봄이 상당하여, 이 사건 스위스 화폐의 진폐는 내국에서 '유통하는' 화폐라고 볼 수 없다."고 하였다.

위 판례에 의하면 본국인 스위스에서 강제통용력을 상실한 것이더라도 본죄의 외국통화에는 해당할 수 있다. 그러나 외국에서 강제통용력을 상실했더라도 본조 제2항이 적용되려면 내국에서 지급수단으로서 유통하는 것이어야 하는데, 위 스위스 화폐는 국내은행에서 환전도 가능하고 일부 지역에서 물품대금 지급수단으로 사용되었지만, 그 실질이 지급수단이 아닌 '외국환매매의 대상'으로서의 상품과 유사한 경우에 해당하여 내국에서 유통하는 것이라고 볼 수 없다고 본 것이다. 일본 판례 중에는 미군시설에서 교환의 매개물로서 미군에 의

44

45

---

79 김성돈, 632.
80 정영일, 320.
81 대판 2003. 1. 10, 2002도3340.

해 발행된 달러 표시 군표(軍票)는 점령군시설 외에서 유통이 인정되지 않지만 외국통화위조죄(§ 149①)[82]의 성립을 긍정한 것이 있다.[83]

46   본조에서 '외국'은 국가로서 실재하는 것이어야 하지만, 반드시 국제법상 승인된 국가일 필요는 없다.[84]

(2) 행위

47   행사할 목적으로 내국에서 유통하는 외국통화를 위조 또는 변조하여야 한다. 위조 또는 변조의 의미는 **내국통화위조·변조죄**(§ 207①)에서와 같다.

2. 주관적 구성요건

48   내국에서 유통되는 외국의 화폐·지폐 또는 은행권을 위조 또는 변조한다는 고의 외에도 초과주관적 구성요건으로서 '행사할 목적'을 요건으로 하는 진정목적범이다. 따라서 통화를 위조·변조할 당시에 진화(眞貨)로서 유통할 목적이 인정되어야 한다.

3. 처 벌

49   1년 이상의 유기징역형에 처한다.

50   본죄를 범한 자를 징역에 처할 경우 10년 이하의 자격정지 또는 2천만원 이하의 벌금을 병과할 수 있다(§ 209). 본죄의 미수범(§ 212) 및 예비·음모(§ 213)도 처벌한다.

---

82 일본형법은 각칙 제16장(통화위조의 죄)에서 통화위조 및 행사 등(§ 148), 외국통화위조 및 행사 등(§ 149), 위조통화 등 취득[수득(收得)](§ 150), 미수죄(§ 151), 취득 후 지정행사 등(§ 152), 통화위조 등 준비(§ 153)에 관하여 규정하고 있다. 그중 제149조 제1항은 "행사할 목적으로 일본국 내에서 유통하고 있는 외국의 화폐, 지폐 또는 은행권을 위조하거나 변조한 자는 2년 이하의 유기징역에 처한다."고 규정하고 있다. 참고로 2022년 6월 17일 일본형법 개정(법률 제67호)으로 징역형과 금고형이 '구금형'으로 단일화되어 형법전의 '징역', '구금', '징역 또는 구금'은 모두 '구금형'으로 개정되었고, 부칙에 의하여 공포일로부터 3년 이내에 정령으로 정하는 날에 시행 예정이다. 그러나 현재 정령이 제정되지 않아 시행일은 미정이므로, 본장에서 일본형법 조문을 인용할 때는 현행 조문의 '징역' 등의 용어를 그대로 사용한다.
83 最判 昭和 30(1955). 4. 19. 刑集 9·5·898.
84 김성돈, 633; 김일수·서보학, 538; 배종대 § 107/11; 임웅, 683, 정성근·박광민, 625; 정영일, 320; 진계호·이존걸, 637. 일본 판례도 같은 입장이다[大判 大正 3(1914). 11. 14. 刑錄 20·2111].

Ⅳ. 외국통용 외국통화위조 · 변조죄(제3항)

1. 객관적 구성요건

(1) 객체

본죄의 객체는 외국에서 '통용하는' 외국의 화폐 · 지폐 또는 은행권이다. 판   51
례[85]는 '외국에서 통용'한다는 것의 의미에 대하여 그 외국에서 강제통용력을 가
지는 것을 의미하는 것으로, 외국에서 강제통용력을 가지지 아니하는 지폐는 그
것이 비록 일반인의 관점에서 통용할 것이라고 오인할 가능성이 있다고 하더라
도 이에 포함되지 않는다고 본다. 이러한 경우까지 외국통용 외국통화에 포함시
키면 처벌조항을 문언상 가능한 의미와 범위를 넘어서까지 확장해석하는 것인
바, 허용될 수 없다.[86] 따라서 강제통용력이 없는 외국통화의 경우 외관상 진화
로 오인 가능한 경우에도 본조 제3항에서 정한 외국에서 통용하는 외국의 지폐
에 해당한다고 할 수 없다. 다만, 외국에서 강제통용력을 상실한 것이라도 내국
에서 유통되는 것이면 본조 제2항의 내국유통 외국통화위조 · 변조죄의 객체가
될 수는 있다.

(2) 행위

본죄의 실행행위는 행사할 목적으로 위조 또는 변조하는 것이다.   52

위조 또는 변조의 의미는 **내국통화 위조 · 변조죄**에서 살펴본 바와 같다.   53

2. 주관적 구성요건

본죄가 성립하려면 외국에서 통용하는 외국의 화폐 · 지폐 또는 은행권을 위   54
조 또는 변조한다는 고의가 필요하다. 뿐만 아니라 초과주관적 구성요건으로서
행사할 목적이 요구되는 진정목적범에 해당하고, 위와 같이 위조 또는 변조한
외국의 통화를 진정한 통화로서 사용하려는 목적이 있어야 한다.

---

85 대판 2004. 5. 14, 2003도3487. 강제통용력이 인정되지 않는 미합중국 100만 달러, 10만 달러
   지폐를 위조한 것임을 알면서 취득한 사안에서, 위 100만 달러 및 10만 달러는 본조 제3항의 외
   국통용 외국통화가 아니라고 판시하였다.
86 대판 2004. 5. 14, 2003도3487.

3. 죄 수

55   미국의 달러(United States dollar, ISO 4217 USD)를 위조·변조한 경우, 형식상 외국통용 외국통화임이 분명하므로 본조에 해당한다. 그러나 미국 달러의 경우 외국에서 통용하는 외국통화이자 국내에서 사실상 유통되고 있는 외국통화에도 해당하는바, 이를 위조·변조한 경우에는 '내국유통 외국통화'에 관한 본조 제2항 위반죄만 성립하고, '외국통용 외국통화'에 관한 본죄는 이에 흡수된다고 해석함이 상당하다.

4. 외국인의 국외범 문제

56   본죄가 제5조 제4호[87]에서 정한 외국인의 국외범에 해당하는지와 관련하여 견해가 대립한다. ① 제5조의 형법의 장소적 적용범위와 관련하여 '세계주의'에 입각하여 있다고 해석하면서 외국인의 국외범도 본조에 의하여 처벌할 수 있다고 하는 견해(긍정설),[88] ② 제5조는 세계주의가 아니라 '보호주의'를 규정한 것이라고 해석하면서 본죄는 제5조의 적용대상이 아니라는 견해(부정설)[89]가 대립한다. 위 ②의 부정설에 의하면, 외국인이 외국에서 통용되는 외국통화를 외국에서 위조·변조한 경우 '내국유통 외국통화'와는 달리 우리나라의 거래 안전과 공공의 신용이라는 보호법익에 추상적 위험조차 없어서 본조에 의하여 처벌할 수 없다고 한다.[90]

5. 처 벌

57   10년 이하의 징역에 처한다.

58   본죄로 유기징역에 처할 경우 10년 이하의 자격정지 또는 2천만 원 이하의 벌금을 병과할 수 있다(§ 209). 본죄의 미수범(§ 212) 및 예비·음모(§ 213)도 처벌한다.

---

87 제5조(외국인의 국외범) 본법은 대한민국영역외에서 다음에 기재한 죄를 범한 외국인에게 적용한다.
　　4. 통화에 관한 죄
88 이정원·류석준, 544; 이재상·장영민·강동범, § 30/3; 임웅, 678.
89 김성돈, 633; 손동권·김재윤, § 37/3; 신동운, 359; 오영근, 539; 정성근·박광민, 620; 정웅석·최창호, 183.
90 김성돈, 634; 오영근, 539.

V. 위조·변조통화·외국통화행사등죄(제4항)

1. 객관적 구성요건

(1) 객체

본조는 위조 또는 변조된 내국통화·내국유통 외국통화·외국통용 외국통화   59
를 객체로 한다. 따라서 위조된 외국의 화폐, 지폐 또는 은행권이 강제통용력을
가지지 않고,[91] 국내에서 사실상 거래 대가의 지급수단이 되고 있지도 않는 경
우[92]에는 그 화폐 등을 행사하더라도 본죄를 구성하지 않고, 위조사문서행사죄
또는 위조사도화행사죄로 의율할 수 있을 뿐이다.[93]

이때 위조·변조된 통화는 객관적으로 일반인이 보기에 진정통화로 오신하   60
게 할 정도이어야 하는데, 전자복사기를 이용하여 흑백으로 복사한 10,000권의
사본은 일반인이 보아도 진정한 통화로 오신하기 어려워 본죄의 객체에 해당하
지 않는다. 그러나 그 위조나 변조의 정도가 반드시 진정통화와 동일, 흡사하거
나 일반인이 쉽게 그 진위 여부를 식별하기가 불가능한 정도일 필요는 없다.[94]

---

91 본조 제3항의 외국통용 외국통화에 해당하지 않는다.
92 본조 제2항의 내국유통 외국통화에 해당하지 않는다.
93 대판 2013. 12. 12, 2012도2249. 「위 10만 파운드화[주: 영국 중앙은행(BANK OF ENGLAND)에
    서 1971년에 발행한 5파운드화 권종을 스캐너 등을 사용하여 10만 파운드화로 위조한 것으로,
    일반 모조지 위에 5파운드화 특유의 도안(앞면: 여왕의 초상화, 두 마리 말이 끄는 전차와 천사
    등, 뒷면: 웰링턴 공작의 상반신, 전쟁 중에 싸우는 군인들)이 표시되어 있고 그 전면에 "BANK
    OF ENGLAND, I PROMISE TO PAY THE BEARER ON DEMAND THE SUM OF ONE
    HUNDRED THOUSAND POUNDS, LONDON FOR THE GOV AND COMP OF THE BANK OF
    ENGLAND" 등의 기재와 "BU68 953130", "￡100000" 등의 표시가 되어 있는 것]는 형법 제207
    조 제3항에서 정한 외국에서 통용하는 외국의 화폐 등이나 형법 제207조 제2항에서 정한 국내
    에서 유통하는 외국의 화폐 등에 해당하지 않으므로, 피고인이 이를 행사하였다고 하더라도 형
    법 제207조 제4항에서 정한 위조통화행사죄를 구성하지 않는다고 할 것이고, 한편 비록 위 10만
    파운드화가 영국 지폐의 외관을 갖고 있다고 하더라도, 영국 중앙은행 "CHIEF CASHIER"의 의
    사의 표현으로서 그 내용이 법률상 또는 사회생활상 의미 있는 사항에 관한 증거가 될 수 있는
    것이므로, 형법상 문서에 관한 죄의 객체인 '문서 또는 도화'에 해당한다고 할 것이다. 따라서 피
    고인이 이 부분 공소사실 기재와 같이 위 10만 파운드화를 행사한 행위는 위조사문서행사죄 또
    는 위조사도화행사죄로 의율할 수 있다고 보아야 한다.」
94 대판 1985. 4. 23, 85도570.

(2) 행위

(가) 행사

61　　'행사'란 위조 또는 변조된 통화를 진정한 통화로서 유통되도록 하는 것을 의미한다.[95] 따라서 지불수단으로서 유통하게 하는 것이 아닌 위화를 단순히 박람회 또는 전시회장에 전시하거나 자신의 신용력을 과시하기 위하여 제시하는 것은 통화를 유통시킨 것이 아니므로 행사에 해당하지 않는다.[96] 또한, 위화를 진정한 통화에 표시된 가치가 아닌 명목가치 이하의 '위화'로서 매매하는 것 역시 유통에 해당한다고 보기 어렵기 때문에 행사에 해당하지 않는다.[97] 그러나 위화를 진정한 통화로서 화폐수집상에게 판매하는 경우, 화폐수집상이 이를 진화로 유통시킬 가능성을 배제할 수 없기 때문에 이를 인식하였다면 행사에 해당한다.[98]

62　　다만 진정한 통화로서 유통하면 충분하고, 그것이 유상이든 무상이든 무방하다.[99] 따라서 위조 또는 변조된 통화를 진정한 통화라고 하면서 다른 사람에게 '증여'한 경우[100]에도 본죄가 성립한다. 또한 행사의 목적이나 동기가 무엇인지는 행사죄의 성립에 영향을 미치지 않고, 위화를 교부한 행위 자체가 적법한 것인지 위법한 것인지 여부도 문제가 되지 않는다.[101] 따라서 위화를 물품대금으로 지급하거나 은행에 예금 또는 다른 사람에게 대여하는 행위, 다른 진정한 통화와 교환하는 행위, 교회 헌금함에 투입하거나 기부하는 행위와 같이 적법한 행사는 물론, 도박자금으로 제공하는 행위,[102] 뇌물로 공여하는 행위와 같이 위법한 경우도 모두 본조의 행사에 포함한다.[103]

---

95 대판 1979. 7. 10, 79도840.
96 김성돈, 634; 배종대, § 107/14; 손동권·김재윤, § 37/17; 이재상·장영민·강동범 § 30/20, 이정원·류석준, 549; 임웅, 685; 정영일, 322.
97 김일수·서보학, 540; 배종대, § 107/14; 손동권·김재윤, § 37/17; 오영근, 544; 이재상·장영민·강동범 § 30/20, 이정원·류석준, 549; 임웅, 685; 정성근·박광민, 627; 정영일, 321.
98 김성돈, 635; 김일수·서보학 539; 손동권·김재윤, § 37/17; 정영일, 321.
99 대판 1979. 7. 10, 79도840.
100 대판 1979. 7. 10, 79도840.
101 신동운, 367; 이영란, 599; 이형국·김혜경, 621; 임웅, 685.
102 大判 明治 41(1908). 9. 4. 刑錄 14·755.
103 독일 판례 가운데에는 위조된 통화를 버린 경우도 누군가가 그것을 발견해서 진정한 것으로서 사용할 가능성이 현저한 때에는, 그것을 유통되도록 하는 것에 해당된다고 본 것이 있다 (Entscheidungen des Bundesgerichtshofs in Strafsachen, Band 35, p.21).

　　위조문서행사죄와는 달리 위조통화임을 알고 있는 자에게 그 위조통화를 　63
교부한 경우에도 그 상대방이 이를 유통시킬 것이라는 점을 예상 또는 인식하
고 교부하였다면, 그 교부행위로 인하여 통화에 대한 공공의 신용 또는 거래의
안전을 해할 위험이 발생하게 되므로 위조통화행사죄가 성립한다.[104] 이에 대하
여 본죄에서의 행사는 위화를 진정한 통화로 유통시키는 것을 의미하므로, 위조
통화임을 알고 있는 자에게 그 위조통화를 교부하는 행위를 본죄의 행사로 파
악하는 것은 정범과 공범의 관계를 오인하는 것이라는 비판[105]이 있다.[106]

　　한편, 위조통화라는 사실을 알지 못하는 사람에게 위조통화를 교부하면서 　64
특정을 물품을 구입하여 오도록 한 경우와 같이 간접정범 방식에 의한 행사도
가능하다.[107] 본죄의 미수범도 처벌하는데, 위조통화행사자가 그 사실을 알지
못하는 사람에게 위조통화를 교부하는 것은 간접정범의 실행의 착수에 불과하
고, 위조통화를 받은 사람이 이를 지불수단으로 사용하였을 때 비로소 위조통화
행사죄가 기수가 된다고 보아야 할 것이다.[108]

　　위화를 행사할 때 진정한 통화라고 상대방에게 알릴 필요가 없다.[109] 따라 　65
서 위화를 공중전화기나 자동판매기 등 기계설비에 투입하는 행위 등도 행사에
포함된다.[110] 그러나 동전의 크기, 무게 등을 비슷하게 만들었으나 외관상 진정
한 통화로 볼 수 없어 위조·변조된 통화라고 볼 수 없는 경우에도 자판기 등
기계설비가 정상적인 통화로 인식할 수 있는 것을 사용하여 재물 또는 이익을

104　대판 2003. 1. 10, 2002도3340.
105　김성천·김형준 646; 이정원·류석준, 550.
106　우리나라와는 달리 일본형법은 위조·변조통화의 행사죄 외에 행사할 목적으로 타인에게 교부하
　　는 행위를 교부죄로 처벌하고 있다(§ 148①). 여기서 '교부'는 위조·변조통화라는 사실을 말하거
　　나 이미 위조·변조통화라는 것을 알고 있는 사람에게 그 점유를 이전하는 것을 말하는데[大判
　　明治 43(1910). 3. 10. 刑錄 16·402], 하급심 판례 중에는 행사할 목적으로 건네주었으나 상대방
　　이 위조통화라는 것을 안 경우 위조통화행사미수죄가 성립한다는 판례[東京高判 昭和 53(1978).
　　2. 8. 高刑集 31·1·1]가 있다. 이 판례에 대해서는 행사죄의 고의로 객관적으로는 교부죄의 구
　　성요건을 실현한 것이므로 추상적 사실의 착오에 관한 판례에 의하면 교부죄가 성립한다는 견해
　　[西田 外, 注釈刑法(2), 361(佐伯仁志)]가 있다.
107　김성돈, 635; 이형국·김혜경, 621; 정영일, 321.
108　이 견해도 위조통화를 교부받은 상대방이 위조통화를 유통할 것이라는 것을 처음부터 예상하고
　　교부한 것이라면, 교부한 때에 행사죄의 기수에 해당한다고 본다(임웅, 685).
109　이재상·장영민·강동범 § 30/20.
110　김일수·서보학 539; 손동권·김재윤, § 37/17; 신동운 357; 이정원·류석준, 549; 이형국·김혜경,
　　621; 임웅 685; 정성근·박광민, 627; 진계호 538; 정영일, 321.

〔이 순 옥〕　　　　　**29**

취득한 경우 본조의 행사죄에는 해당되지 않지만, 제348조의2에 규정된 '편의시
설부정이용죄'에 해당할 수 있다.[111]

66   본죄의 행사는 위화의 점유가 이전되면서 진정한 통화로서 유통될 때 기수
에 해당하는 것으로 위화를 교부하였지만, 상대방이 위화임을 알고 그 수령을
거절한 경우 본죄의 미수에 해당한다.[112] 반면, 상대방이 위화임을 알지 못한
채 교부받았지만, 위조 또는 변조된 것을 확인하고 반환한 경우, 이미 점유의
사실상 이전이 완료된 상태이므로 위조통화행사죄 기수가 성립한다.[113] 일본 판
례도 위조통화라는 것이 밝혀져 바로 반환받더라도 행사죄가 성립하지만,[114] 처
음부터 상대방이 이상하게 생각하고 받기를 거부한 경우에는 미수죄만 성립한
다고[115] 판시하였다.

          (나) 수입

67   일반적으로 '수입'이란 국외에서 국내로 반입하는 것을 의미하고, 이때 '국
외'는 외국의 영해, 영공 내의 지역 및 우리나라의 영해, 영공 내에 있는 외국
국적의 선박, 항공기 내의 장소를 의미한다.

68   본죄에서 언제를 수입의 종료시점, 즉 범행의 기수시점으로 볼 것인가 여부
에 대하여는 견해가 대립한다.

69   관세법 제234조 제3호에서는 수출 또는 수입금지 품목으로 '화폐·채권이나
그 밖의 유가증권의 위조품·변조품 또는 모조품'을 규정하고 있고, 이를 위반하
는 경우에는 관세법 제269조 제1항에서 형사처벌하고 있으며,[116] 관세법 제2조
제1호는 '수입'의 의미에 대하여 "외국의 물품을 우리나라에 반입(보세구역을 경유
하는 것은 보세구역으로부터 반입하는 것을 말한다)하거나 우리나라에서 소비 또는 사
용하는 것(우리나라의 운송수단 안에서의 소비 또는 사용을 포함하며, 제239조 각 호의 어느
하나에 해당하는 소비 또는 사용은 제외한다)을 말한다."라고 규정하고 있다. 즉, 관세
법상 '수입'의 의미는 대상물품이 사실상 관세법에 의한 구속으로부터 벗어나

---

111 주석형법 [각칙(1)](5판), 398(박형준).
112 이형국·김혜경, 621; 임웅, 685.
113 이형국·김혜경, 621; 임웅, 685.
114 大判 昭和 7(1932). 6. 15. 刑集 11·837.
115 東京高判 昭和 53(1978). 2. 8. 高刑集 31·1·1.
116 관세법 제269조(밀수출입죄) ① 제234조 각 호의 물품을 수출하거나 수입한 자는 7년 이하의
    징역 또는 7천만원 이하의 벌금에 처한다.

내국물품이 되거나, 이와 같은 모습으로 자유롭게 유통될 수 있는 상태로 옮겨지는 것을 의미한다.[117] 한편 판례[118]는 향정신성의약품을 휴대하고 일본으로부터 선박을 이용하여 부산항에 도착한 다음 세관 여구검사장 내에서 신체검사를 받는 과정에서 위 향정신성의약품이 발각된 밀수사건에서, 통관절차의 완료 여부는 수입죄의 기수에서 고려할 필요가 없고, 위와 같은 향정신성의약품을 선박이나 항공기로부터 양륙하거나 지상에 반출한 때에 수입죄의 기수에 이른다고 보았다.

관세법상 규정 및 판례의 태도를 종합하면, 관세법상 수입행위의 종료시점　70 은 밀수입하는 화물인 경우 원칙적으로 양륙하는 때(지상반출)이고, 보세구역 등을 경유하는 화물의 경우는 통관절차를 완료하여 물품을 반입한 때가 기수가 된다고 볼 수 있다.[119] 이러한 관세법상 수입의 의미를 본조에 그대로 적용할 수도 있다. 그러나 위화의 경우 금제품으로 정상적인 통관절차를 거쳐서 수입되는 경우는 없을 것이고 마약류와 같이 밀수입되는 경우가 대부분일 것인 점,[120] 위조·변조통화의 수입 또는 수출의 의미에 대하여는 형사법적으로 많은 논의가 있는 것이 아니고 판례 또한 많지 않은 점 등을 종합할 때, 비교적 많은 판례 및 학설이 축적되어 있는 마약류의 수입과 관련된 논의를 중심으로 위조통화의 '수입'의 종료시점에 대하여 살펴볼 필요가 있다.[121]

일단, 육로를 통하여 수입한 경우에는 국경선을 넘어 우리나라 영토에 들어　71

---

117 최성국, "우리나라 마약류범죄에 관한 고찰", 청연논집 10, 사법연수원(2013), 353.
118 대판 1994. 3. 11, 93도3416. 「향정신성의약품관리법 소정의 향정신성의약품수입죄의 경우에 있어서는, 위 법이 향정신성의약품의 오용 또는 남용으로 인한 보건위생상의 위해를 방지하기 위하여 필요한 규제를 행함을 목적으로 하는 것으로서(같은 법 제1조 참조), 이러한 위해발생의 위험성은 위 의약품의 양륙 또는 지상반출에 의하여 이미 발생하고, 그것이 통관선 안에 있는가 밖에 있는가의 여부는 위 법에 정한 규제의 취지나 목적의 관점에서는 특별히 중요한 의미를 가지는 것이 아님에 비추어 볼 때, 위와 같은 의약품을 선박이나 항공기로부터 양륙하거나 지상에 반출함으로써 기수에 달하는 것이라고 해석함이 타당하다.」
　　본 판결 해설은 김용균, "향정신성의약품관리법상 향정신성의약품수입죄의 기수시기", 해설 21, 법원행정처(1994), 669-678.
119 대판 1990. 7. 10, 90도1049; 대판 2000. 4. 25, 99도5479.
120 마약류의 수입에서 관세법상의 수입의 의미를 그대로 적용할 것인지에 대하여 견해의 대립이 있는 바, 이와 같은 견해의 대립은 위화의 수입의 의미에도 그대로 적용될 수 있다[최성국(주 117), 353].
121 주석형법 〔각칙(2)〕(5판), 399(박형준).

오면 수입에 기수에 이른다는 점에 대하여는 의견이 대체로 일치한다. 그러나 해로에 의한 경우와 항공기에 의한 경우에는 기수시점에 대하여 견해가 대립하는데, ① 육지로 양륙된 때 또는 항공기로부터 지상으로 반출된 때를 기수로 본다는 것이 다수설[122] 및 판례[123]의 입장이다.[124] 다만, ② 선박이나 항공기가 우리나라 영해 또는 영공에 들어온 때를 수입시기로 보는 영해설 또는 영역설,[125] ③ 수입이란 법률상으로 통관절차가 완료된 때를 의미하기 때문에 양륙은 수입의 실행의 착수에 해당하고, 통관절차가 모두 완료된 때에 수입이 기수가 된다는 통관설,[126] ④ 항공기를 이용한 경우 착륙 시, 선박을 이용한 경우에는 영해로 들어온 때에 수입이 기수에 이른다는 견해[127]도 있다. 위화를 양륙 또는 항공기에서 지상으로 반출하는 단계에서 본죄의 보호법익인 우리나라 통화거래의 안전 및 통화에 대한 공공의 신용을 해할 위험이 발행하였다고 볼 수 있는바(추상적 위험범), 다수설 및 판례의 견해가 타당하다.

72   다수설 및 판례[128]에 의하면, 위조·변조된 통화를 우리나라로 수입하는 것이 최종 목적이 아니고 경유지인 우리나라 공항에서 환적을 위하여 항공사 측에 의하여 일시적으로 지상반출 또는 양륙된 경우, 결국 다른 나라로 반출될 것으로 일시적으로 보세구역에 머무는 경우에도 통화에 대한 공공의 신용 및 거래의 안전에 추상적 위험이 발생하였다고 볼 수 있기 때문에 수입에 해당한다고 볼 수 있다.

---

122 김일수·서보학, 540; 배종대, § 107/14; 손동권·김재윤, § 37/17; 신동운, 368; 오영근, 545; 이재상·장영민·강동범, § 30/21; 이형국·김혜경, 621; 임웅, 686; 정성근·박광민, 627; 정영일, 322; 정웅석·최창호, 184; 진계호·이존걸, 538.
123 위화(僞貨)수입죄에 대한 것은 아니라, 향정신성의약품수입죄의 기수시기에 대하여 판단한 판례로 "향정신성의약품을 선박이나 항공기로부터 양륙하거나 지상에 반출함으로써 기수에 달한다."라고 판시하였다(대판 1994. 3. 11, 93도3416; 대판 2019. 5. 16, 2019도97; 대판 2019. 5. 16, 2019도97).
124 일본 판례도 같은 입장이다[大判 明治 40(1907). 9. 27. 刑錄 13·1007 및 각성제수입에 관한 最判 昭和 58(1983). 9. 29 刑集 37·7·1110; 最決 平成 13(2001). 11. 14. 刑集 55·6·763].
125 김동윤, "향정신성의약품의 수입의 의의 및 기수시기", 형사재판의 제문제(2권), 박영사(1999), 320.
126 유기천, 형법학(각론강의 하)(전정신판), 78.
127 김성천·김형준, 646.
128 국외에서 국외로 운반 중인 필로폰이 경유지인 국내 공항에서 환적을 위하여 항공사 측에 의하여 일시적으로 지상반출된 경우, 필로폰의 오용 또는 남용으로 인한 보건위생상의 위해발생의 위험성이 이미 발생하였으므로 향정신성의약품의 수입에 해당한다(대판 1998. 11. 27, 98도2734).

또한 위화의 양륙을 위하여 밀접한 행위를 할 때 수입죄의 실행의 착수가 73
인정되는데, 실행의 착수가 인정되는지 여부는 각 개별사건마다 범행의 방법 및
태양 등을 종합적으로 고려하여 판단하여야 할 것이다. 수입죄의 실행의 착수는
그 수입의 경로에 따라 달라질 수 있다. 먼저, 육로를 이용한 경우 위화 등이
우리나라 국경 쪽으로 이동할 때 실행의 착수를 인정할 수 있다.[129] 그러나 선
박을 이용한 경우 선박이 항구에 도착하여 양륙을 위하여 선박에서 외화를 반
출하기 위한 행위를 개시한 때에 실행의 착수를 인정할 수 있다.[130] 항공기를
이용하면서 위화를 휴대하지 않고 화물 또는 휴대하지 않는 수화물로 항공사
측에 맡긴 경우 외국 공항에서 이를 적재한 상태에서 출발하면 우리나라 영토
에 바로 도착하므로, 외국공항에서 수화물을 맡긴 때, 또는 항공기가 외국공항
에서 이륙한 때를 수입죄의 실행의 착수시점으로 볼 수도 있다.[131] 한편, 국제
우편 등을 이용하여 수입하는 경우에는 국내에 거주하는 사람이 수신인으로 명
시되어 발신국의 우체국 등에 위화가 들어 있는 우편물을 제출할 때 범죄의 실
행의 착수가 있었다고 볼 수 있을 것이나, 피고인이 위화를 송부받을 국내주소
를 외국에 있는 자에게 알려준 것만으로는 수입행위의 실행의 착수에 해당한다
고 보기는 어렵고, 수입의 예비행위라고 할 수는 있다.[132]

(다) 수출

'수출'이란 국내에서 국외로 반출하는 것을 의미한다.[133] 그 기수시기에 대하 74
여는, ① 항공기에 의한 경우 이륙하였을 때 기수가 된다는 '이륙시설',[134] 해로를
이용하는 경우에도 육지로부터 이탈하였을 때를 기수시기로 보는 것이 다수

---

129 최성국(주 117), 353.
130 다만, 판례는 "관세를 포탈할 범의를 가지고 선박을 이용하여 물품을 영해 내에 반입한 때에는
   관세포탈죄의 실행의 착수가 있었다고 할 것이고, 선박에 적재한 화물을 양육하는 행위 또는 그
   에 밀접한 행위가 있음을 요하지 아니한다고 할 것이다."라고 하여, 관세포탈범죄의 실행의 착
   수는 영해 내 반입 시로 보고 있다(대판 1984. 7. 24, 84도832).
131 이은모, "약물범죄에 관한 연구", 연세대학교 박사학위논문(1991), 155.
132 향정신성의약품 수입행위로 인한 마약류관리에관한법률위반(향정)죄의 기수시기에 관한 판례이
   나, 위조통화수입죄에도 준용될 수 있을 것으로 보인다(대판 2019. 5. 16, 2019도97).
133 관세법 제2조 제2호에도 수출의 정의에 대하여 "내국물품을 외국으로 반출하는 것"이라고만 되
   어 있어 언제 수출의 기수가 되는지에 대하여는 해석이 필요하다.
134 김성천·김형준, 646; 김일수·서보학, 540; 배종대, §107/14; 손동권·김재윤, §37/17; 오영근,
   535; 이재상·장영민·강동범 §30/21; 이형국·김혜경, 622; 임웅, 686; 정성근·박광민, 627; 정
   영일, 322; 진계호·이존걸, 639.

설[135]이다. 그 외에도, ② 항공기를 이용하는 경우 이륙 시에, 선박을 이용하는 경우 우리의 영해를 이탈한 때를 기수시기로 보는 견해,[136] ③ 대한민국의 선박이나 항공기를 이용하여 수출하는 경우에는 적어도 영해나 영공을 이탈하는 시점 또는 외국에 상륙하는 시점에 기수가 되고, 외국의 선박이나 항공기를 통해 수출하는 경우에는 내륙을 떠나는 시점에 기수에 이른다고 보는 견해[137]도 있다.

75   위 ③의 견해에 따르면, 다수설의 입장은 사람이 직접 위화(僞貨)를 가지고 외국의 선박이나 비행기를 탑승한 경우에만 타당하고, 국내선박이나 국내항공기를 이용하여 수출하는 경우에는 제4조[138]를 고려할 때, 국내선박 또는 항공기 안은 역시 국내와 동일하기 때문에, 이를 이용하여 수출하는 경우 영공이탈시점 또는 외국에 상륙한 시점을 기수시기로 보아야 한다는 것이다.[139]

2. 주관적 구성요건

76   위조 또는 변조한 통화를 행사한다는 고의가 있어야 한다. 따라서 금품을 강요하는 강도나 인질범에게 재물로서 위화임을 알면서 제공하는 경우에도 행사의 고의가 인정된다.[140] 그러나 수입 또는 수출죄의 경우에는 고의 외에도 행사할 목적이라는 초과주관적 구성요건요소가 필요하다. 행사할 목적이 없이 단순한 호기심으로 수집하기 위하여 위화를 수입한 경우에는 수입죄에 해당하지 않는다.[141]

3. 죄수 및 다른 죄와의 관계

(1) 죄수

77   수개의 위조통화를 수회에 걸쳐서 따로 행사한 경우에는 수개의 행사죄는 각

---

135 김일수·서보학, 540; 배종대, § 107/14; 손동권·김재윤, § 37/17; 임웅, 686; 정성근·박광민, 627; 정웅석·최창호, 184; 진계호·이준걸, 639.
136 위 견해는 수출 시 비행기를 이용할 경우 이륙 시에, 선박을 이용하는 경우 영해를 이탈하는 시점이 기수라고 한다(김성천·김형준, 646).
137 오영근, 545.
138 제4조(국외에 있는 내국선박 등에서 외국인이 범한 죄) 본법은 대한민국영역외에 있는 대한민국의 선박 또는 항공기내에서 죄를 범한 외국인에게 적용한다.
139 김성돈, 587; 오영근, 535.
140 다만, 이 경우 긴급피난에 해당할 수는 있다(김성돈, 635).
141 주석형법 〔각칙(1)〕(5판), 402(박형준).

각 실체적 경합범관계에 있다. 그러나 수개의 위조통화를 한꺼번에 동시에 행사한 경우는 상상적 경합범관계에 있는 것이 아니라, 단순히 1개의 행사죄가 성립한다.[142] 수개의 위화를 일괄수입하거나 일괄수출한 경우에도 마찬가지이다.[143]

그러나 위조 또는 변조된 통화를 수입 또는 수출한 후 행사한 경우에는 수 **78**
입·수출죄와 행사죄의 실체적 경합범이 성립한다.

(2) 사기죄와의 관계

위조 또는 변조된 통화를 이용하여 재물 또는 재산상 이익을 취득한 경우 **79**
에는 사기죄도 함께 성립한다. 이때 행사죄와 사기죄(§ 347①)의 관계에 대하여는 견해가 대립한다. ① 위조통화행사죄에는 위조통화를 무상으로 증여하는 경우 등 특정한 경우 외에는 위조통화를 진정통화처럼 행사하여 상대방을 기망하여 상대방의 재산권을 침해하는 기망적 요소가 포함되어 있으므로 사기죄는 행사죄에 흡수되는 법조경합관계에 있다는 견해(법조경합설),[144] ② 위조통화행사죄와 사기죄는 별개의 법익을 침해하는 것이므로 두 죄의 실체적 경합범이라는 견해(실체적 경합설),[145] ③ 행사죄와 사기죄는 각각 보호법익을 달리하는 것이지만 위조통화행사죄는 위조된 통화를 진정한 통화처럼 유통한다는 기망행위를 내포하고 있고 1개의 행위로 인한 것이기 때문에 상상적 경합범의 관계라는 견해(상상적 경합설)[146]가 대립한다.

판례[147]는 "위조통화행사죄에 관한 규정이 사기죄의 특별규정이라고 볼 수 **80**
없고, 통화위조죄에 관한 규정은 공공의 거래상의 신용 및 안전을 보호하는 공공적인 법익을 보호함을 목적으로 하고 있고, 사기죄는 개인의 재산법익에 대한 죄이어서 양 죄는 그 보호법익을 달리하고 있으므로 위조통화행사죄와 사기죄의 실체적 경합범관계에 있다."고 판시하여, 위 ②의 견해와 같다(실체적 경합

---

142 김성돈, 635; 김일수·서보학, 541; 오영근 545; 이형국·김혜경, 622; 임웅, 686; 정성근·박광민, 627.
143 김성돈, 635; 김일수·서보학, 541; 정성근·박광민, 627.
144 신동운, 369; 오영근, 545; 이정원·류석준, 552; 유기천, 230.
145 김성천·김형준, 647; 박찬걸, 703; 진계호·이존걸, 539.
146 김신규, 634; 김성돈, 636; 김일수·서보학, 541; 배종대, § 108/15; 손동권·김재윤, § 37/20; 원혜욱, 400; 이재상·장영민·강동범, § 30/23; 이영란, 584; 이형국·김혜경, 622; 임웅, 686; 정성근·박광민, 628; 정성근·정준섭, 469; 정웅석·최창호, 185; 진계호·이존걸, 640; 홍영기, § 105/16.
147 대판 1979. 7. 10, 79도840.

설).[148] 이에 의하면, 위조통화행사죄와 사기죄는 별개의 범죄이므로 위조통화
행사죄로 기소되어 판결이 확정된 경우에도 그 기판력이 사기죄에 미치지 않게
된다. 상상적 경합설은 위와 같은 실체적 경합설에 대하여 사기죄와 행사죄의
보호법익이 다르다는 것은 두 죄가 각각 성립한다는 점에 대한 근거일 뿐, 두
죄의 관계가 실체적 경합범이라는 점에 대한 근거라고 볼 수 없고, 행사와 기망
은 사실상 하나의 동일한 행위이므로 이를 별개의 행위라고 평가할 수 없다며
실체적 경합설을 비판한다.[149]

81   한편, 일본의 판례[150]와 통설[151]은 위 ①의 견해와 같이 사기죄는 위조통화
행사죄에 흡수된다고 본다.

(3) 기타

82   위조통화행사죄는 그 상대방에게 진정통화임을 고지할 것을 요건으로 하지
않기 때문에 자판기 등 편의시설에 위조·변조통화를 투입하여 재물을 취득한
경우 위조·변조통화행사죄 외에 제348조의2 편의시설부정이용죄가 성립하고,
두 죄는 실체적 경합관계가 될 것이다(판례 취지).[152] 또한 처음부터 위조·변조
통화임을 알고 행사할 목적으로 취득한 다음 이를 나중에 행사한 경우, 위조·
변조통화취득죄와 위조·변조통화행사죄가 성립하고, 두 죄는 실체적 경합범관
계에 있게 된다.[153]

4. 처 벌

83   위조·변조된 '내국통화'의 행사·수입·수출의 경우는 무기 또는 2년 이상의
유기징역형에(제1항), 위조·변조된 '내국통용 외국통화'의 행사등의 경우는 1년 이
상의 유기징역형에(제2항), 위조·변조된 '외국통용 외국통화'의 행사등의 경우는

---

148 한편, 판례는 위조유가증권을 이용하여 재물을 편취한 경우에도 위조유가증권행사죄와 사기죄의
   실체적 경합범으로 보고 있다(대판 1983. 11. 22, 83도2495).
149 김성돈, 636.
150 大判 明治 43(1910). 6. 30. 刑錄 16·1314.
151 西田 外, 注釈刑法(2), 362(佐伯仁志).
152 사기죄와 위조통화행사죄를 상상적 경합범이라고 보는 견해에 의하면, 위조통화행사죄와 편의시
   설부정이용죄 역시 같은 취지에서 상상적 경합범관계에 있다고 본다(김성돈, 636; 김일수·서보
   학, 541; 정성근·박광민, 628).
153 김성돈, 636.

10년 이하의 유기징역형에(제3항) 각 처한다(제4항).

    각 죄를 유기징역에 처하는 경우 10년 이하의 자격정지 또는 2천만 원 이하   84
의 벌금을 병과할 수 있다(§ 209). 위 죄의 미수범은 처벌하지만(§ 212), 예비·음모
행위는 처벌하지 않는다.

〔이 순 옥〕

제208조(위조통화의 취득)

행사할 목적으로 위조 또는 변조한 제207조 기재의 통화를 취득한 자는 5년 이하의 징역 또는 1천500만원 이하의 벌금에 처한다. 〈개정 1995. 12. 29.〉

Ⅰ. 취 지

1   본죄[(위조·변조)(통화·외국통화)취득죄]는 행사할 목적으로 위조 또는 변조한 제207조 기재의 대한민국이나 외국의 통화를 취득함으로써 성립하는 범죄이다. 즉 본죄의 객체는 제207조에 규정된 통화에 한정되고, 행사할 목적을 초과주관적 구성요건으로 하는 진정목적범이다. 외국인이 대한민국의 영역 외에서 본조의 범죄를 범한 경우에도 처벌하고(§ 5①), 본죄의 미수범도 처벌한다(§ 212).

Ⅱ. 객관적 구성요건

1. 객 체

2   본죄의 객체는 제207조 각 항에 기재된 통화이다. 즉, 통용하는 대한민국의 통화(§ 207①), 내국유통 외국통화(§ 207②), 외국통용 외국통화(§ 207③)를 위조·변조한 물건이다.

2. 행 위

3   본죄의 실행행위는 '취득'[1]이다.

---

1 일본형법 제150조는 '수득(收得)'이라는 용어를 사용하고 있다. 여기서 '수득'이란 위조·변조통화

여기서 취득이란 위조·변조된 통화(이하, 위조·변조통화라 한다.)를 자기의 점   4
유로 옮겨 처분권을 획득하는 일체의 행위를 의미한다. 그 취득방법 및 원인에
제한이 없다. 따라서 취득이 유상인지 무상인지 여부 및 적법한지 위법한지 여
부는 문제가 되지 않는다.[2] 위조·변조된 통화를 구입하거나 교환·증여받은 경
우는 물론, 절취 또는 편취하는 방법으로 위화를 취득하는 경우도 본죄에 포함
된다.[3]

'취득'은 장물취득죄(§ 362①)에서의 취득과 같이 자신이 그 물건을 임의로   5
처분할 수 있는 상태, 즉 소유의 의사 내지 고의를 필요로 한다. 따라서 단순히
제3자를 위하여 위조·변조통화를 보관하게 된 경우,[4] 임대차·사용대차와 같이
소유의 의사 없이 위조·변조통화를 보관하게 된 경우[5]에는 본죄의 취득이라고
하기는 어렵다. 위조·변조통화라는 것을 알고 점유이탈물인 통화를 취득하는
경우 본죄가 성립한다.[6]

그러나 위조·변조통화를 보관하던 자가 이를 횡령하는 것도 본죄의 '취득'   6
에 해당하는지에 관하여는 견해의 대립이 있다. ① 부정설(다수설)[7]은 이미 위
조·변조통화를 소지하고 있던 자가 이를 횡령하는 경우, 즉 위탁물인 통화를
횡령한 경우 점유의 이전이 없기 때문에 취득행위에 해당하지 않는다고 한다.
그러나 ② 긍정설[8]은 점유의 이전이 취득행위를 판단하는 절대적 기준이라고
볼 수 없고, 취득은 사실상 자기 지배 아래에 두는 것을 의미하므로, 단순히 위

라는 사실을 알면서 이를 취득하는 것을 말한다[西田 外, 注釈刑法(2), 364(佐伯仁志)].

2 김성돈, 형법각론(8판), 637; 김일수·서보학, 새로쓴 형법각론(9판), 542; 손동권·김재윤, 새로운
   형법각론, § 37/22; 이재상·장영민·강동범, 형법각론(12판), § 30/25; 정성근·박광민, 형법각론
   (전정3판), 629.
3 김성돈, 637.
4 주석형법 [각칙(1)](5판), 406(박형준).
5 오영근, 형법각론(7판), 546.
6 김성돈, 637; 김일수·서보학, 542; 손동권·김재윤, § 37/22; 정성근·박광민, 629.
7 김성돈, 589; 배종대, 형법각론(13판), § 108/2; 손동권·김재윤, § 37/22; 신동운, 형법각론(2판),
   369; 오영근, 546; 이영란, 형법학 각론강의(3판), 601; 이재상·장영민·강동범, § 30/25; 이형국·
   김혜경, 형법각론(2판), 623; 임웅, 형법각론(9정판), 687; 정성근·박광민, 629; 정웅석·최창호,
   형법각론, 186; 진계호·이존걸, 형법각론(6판), 641.
8 김성천·김형준, 형법각론(6판), 648; 이정원·류석준, 형법각론, 554; 정영일, 형법강의 각론(3판),
   323; 西田 外, 注釈刑法(2), 364(佐伯仁志)(본죄는 행사의 예비단계를 처벌하려는 것이므로 영득
   행위를 배제할 이유는 없다고 한다).

조·변조통화의 보관을 위탁받은 자가 행사할 목적으로 그 반환을 거부하는 경우에는 그 시점에 취득죄가 성립할 수 있다고 한다. 위 ②의 긍정설에 의하면, 위조·변조통화의 보관을 위탁받은 자가 이를 영득하기 위하여 위탁자를 살해하거나 위탁자에게 반환요구를 불가능하게 할 정도의 폭행 또는 협박을 한 경우에는 점유의 이전이 없이도 본죄가 성립한다고 한다.[9] 그러나 점유이탈물이 위조·변조통화인 경우에는 취득의 대상이 될 수 있다.[10]

7   위조·변조 공범자 사이에서 위조·변조통화를 교부하여 수수하는 것은 취득에 해당하지 않는다는 것이 통설[11]의 입장이다.

III. 주관적 구성요건

8   취득할 당시 위조·변조통화라는 점을 알고 있어야 하는데, 이때 미필적 고의만으로 충분하다. 위조·변조통화라는 사실을 알지 못하고 취득한 경우에 본죄는 성립하지 않지만, 이를 알고 난 다음 행사를 하였다면 제210조의 위조·변조통화지정행사죄가 성립한다.

9   본죄는 취득 시에 초과 주관적 구성요건으로서 '행사할 목적'이 있어야 한다.

IV. 실행의 착수시기

10   본죄의 실행의 착수시기는 행사할 목적으로 위조·변조통화를 취득하기 위한 행위를 직접적으로 개시한 때라고 보아야 할 것이다.[12] 위조·변조통화 중간판매상에게 위조·변조통화를 주문하거나 즉시 이를 입수할 수 있다는 예견하에 중간판매상과 인수를 위한 협상을 개시한 때 실행의 착수가 있다고 보아야 한다.[13] 다만, 위조·변조통화의 점유를 이전받거나 독자적인 처분권을 확보하였

---

 9 이정원·류석준, 554.
10 김성돈, 637; 김일수·서보학, 542; 손동권·김재윤, § 37/22; 정성근·박광민, 629.
11 김성돈, 637; 손동권·김재윤, § 37/22; 신동운, 369; 오영근, 546; 이영란, 601; 이재상·장영민·강동범, § 30/25; 이형국·김혜경, 623; 임웅, 687; 정성근·박광민, 629; 진계호·이존걸, 641.
12 주석형법 〔각칙(1)〕(5판), 407(박형준).
13 김일수·서보학, 543.

다면 이때는 이미 본죄의 기수에 해당한다.[14]

V. 죄수 및 다른 죄와의 관계

1. 죄 수

동일한 기회에 서로 다른 종류의 위조·변조통화를 여러 개 취득한 경우에   11
도 행위는 하나라는 점에서 전체로서 1개의 취득죄가 성립한다.[15]

2. 다른 죄와의 관계

(1) 위조·변조통화지정행사죄와의 관계

위조·변조통화라는 사실을 알고 취득한 자가 이를 행사한 때에는 본죄와   12
위조·변조통화지정행사죄의 관계에 대하여 견해가 대립한다. ① 본죄와 지정행
사죄 모두 성립하고 실체적 경합범 관계에 있다는 견해(실체적 경합설),[16] ② 법
조경합 중 보충관계에 있어 지정행사죄 1죄만 성립한다는 견해(법조경합설),[17] ③
지정행사죄가 처음의 범죄계획에 의하여 이루어진 것이라면 법조경합 중 보충
관계에 해당하여 지정행사죄만 처벌하고 취득행위는 불가벌적 사전행위이나,
처음의 범죄계획과는 달리 새로운 종류의 결의에 의하여 행사행위가 이루어진
경우는 별개의 독립적인 범죄로서 실제적 경합이 된다는 견해[18]가 있다.

(2) 재산범죄와의 관계

위조·변조통화임을 알면서 이를 절취, 횡령, 편취한 경우, 재산범죄가 따로   13
성립하는지에 대하여 견해가 대립한다. ① 다수설[19]은 금제품(禁制品)도 재산죄
의 객체에 해당하기 때문에 본죄와 각 재산죄의 상상적 경합관계가 성립한다고
본다. 그 밖에 ② 위조·변조통화는 절대적 금제품으로서 재산죄의 객체가 될 수

---

14 김일수·서보학, 543.
15 주석형법 [각칙(1)](5판), 407(박형준).
16 김성돈, 637; 김성천·김형준, 649; 손동권·김재윤, §37/23; 박찬걸, 형법각론(2판), 705; 이형국·
   김혜경, 624; 정성근·박광민, 629; 진계호·이존걸, 641.
17 오영근, 547; 임웅, 686
18 김일수·서보학, 543.
19 김일수·서보학, 543; 손동권·김재윤, §37/23; 박찬걸, 705; 오영근, 547; 이영란, 602; 임웅, 687;
   정성근·박광민, 629; 진계호·이존걸, 641.

없으므로 본죄만 성립한다는 견해,[20] ③ 재물이 아닌 것(금제품)을 재물로 오인하고 절취한 것이므로 절도죄 등 재산범죄의 불능미수가 성립하고, 본죄와 상상적 경합관계에 있다는 견해[21]도 있다.

VI. 처 벌

14   5년 이하의 징역 또는 1천 500만 원 이하의 벌금에 처한다.

15   본죄로 유기징역에 처하는 경우 10년 이하의 자격정지 또는 2천만 원 이하의 벌금을 병과할 수 있다(§ 209). 위 죄의 미수범은 처벌하나(§ 212), 예비·음모행위는 처벌하지 않는다.

〔이 순 옥〕

---

20 김신규, 형법각론 강의, 635; 배종대, § 108/3; 진계호·이존걸, 641.
21 이형국·김혜경, 624.

제209조(자격정지 또는 벌금의 병과)

제207조 또는 제208조의 죄를 범하여 유기징역에 처할 경우에는 10년 이하의 자격정지 또는 2천만원 이하의 벌금을 병과할 수 있다. 〈개정 1995. 12. 29.〉

본조는 제207조의 내국통화, 국내통용 외국통화, 외국통용 외국통화의 위   1
조·변조 및 동행사죄의 죄, 제208조의 위조·변조통화취득죄를 범한 사람을 유
기징역형에 처할 경우 부가적으로 자격정지 또는 벌금형을 병과하여 가중처벌
할 수 있도록 한 규정이다.

다만, 본조는 필요적 병과가 아닌 임의적 병과규정이다.   2

〔이 순 옥〕

제210조(위조통화 취득 후의 지정행사)
제207조에 기재한 통화를 취득한 후 그 사정을 알고 행사한 자는 2년 이하의 징역 또는 500만원 이하의 벌금에 처한다.
[전문개정 2020. 12. 8.]

구 조문
제210조(위조통화취득후의 지정행사) 제207조 기재의 통화를 취득한 후 그 정을 알고 행사한 자는 2년 이하의 징역 또는 500만원 이하의 벌금에 처한다.

Ⅰ. 취 지

1   본죄[(위조·변조)(통화·외국통화)지정행사죄]는 제207조에 기재한 위조 또는 변조된 대한민국이나 외국의 통화를 그 위조 또는 변조사실을 알지 못한 상태에서 취득한 다음, 그 사정을 알고 행사함으로써 성립하는 범죄이다. 이는 통화위조·변조·행사죄의 수정적 구성요건이자 감경적 구성요건에 해당한다.[1]

2   제207조 제4항의 행사죄나 제208조의 위조·변조통화취득죄에 비하여 본죄의 법정형이 낮은 근거에 대하여, 위조·변조된 통화(이하, 위조·변조통화라 한다.)임을 알지 못하고 취득한 다음 나중에 위조·변조통화임을 알게 된 경우 범죄의 동기가 유혹적일 뿐만 아니라 이를 사용하지 않을 적법행위의 기대가능성이 낮기 때문이라는 견해(책임감경요소)[2]가 있다.[3] 그러나 이에 대하여 위조·변조통화

---

1 주석형법 〔각칙(1)〕(5판), 410(박형준).
2 김일수·서보학, 새로쓴 형법각론(9판), 544; 배종대, 형법각론(13판), § 108/4; 손동권·김재윤, 새로운 형법각론, § 37/24; 오영근, 형법각론(7판), 547; 이재상·장영민·강동범, 형법각론(12판), § 30/27; 이정원·류석준, 형법각론, 555; 이형국·김혜경, 형법각론(2판), 625; 임웅, 형법각론(9정판), 688; 정성근·박광민, 형법각론(전정3판), 630; 정성근·정준섭, 형법강의 각론(2판),

임을 알고 난 다음 이를 행사하는 것은 위조·변조통화행사죄의 불법과 동일하고, 이러한 점을 양형단계에서 고려하는 것은 가능하나 두 죄의 법정형에 현저한 차이를 두는 것은 오히려 위조·변조통화임을 알지 못한 채 취득한 자로 하여금 그 행사를 묵인하는 입법이므로 폐지되어야 한다는 견해[4]도 있다.

외국인이 대한민국의 영역 외에서 본조의 범죄를 범한 경우에도 처벌하지   3
만(§5①), 본죄의 미수범은 처벌하지 않는다(§121).

II. 객관적 구성요건

1. 객 체

본죄의 객체는 제207조의 위조·변조된 대한민국이나 외국의 통화이다. 즉,   4
위조·변조된 내국통화, 내국유통 외국통화, 외국통용 외국통화가 그 객체이다.
이때 위조·변조통화는 객관적으로 보아 유통과정에서 일반인이 진화로 오인할
정도의 외관을 갖춰야 한다.[5]

2. 행 위

본죄의 행위는 ① 위조·변조통화임을 알지 못한 채 취득한 후, ② 나중에   5
그 사정을 알게 되었음에도 불구하고 행사하는 것이다. 이때, '행사'란 진정한
통화로 유통되게 하는 것을 의미한다.

'취득'은 적법하게 취득한 경우뿐만 아니라 위법하게 취득한 경우도 포함된   6

471; 진계호·이존걸, 형법각론(6판), 642; 최호진, 형법각론, 741; 홍영기, 형법(총론과 각론),
   §105/13.
3 일본형법 제152조(수득후지정행사등)는 그 법정형을 '위조·변조통화의 액면금의 3배 이하의 벌
   금 또는 과료(다만, 2,000엔 이하로 할 수 없음)'로 정하고 있는데, 이처럼 법정형이 낮은 것은
   위조·변조통화의 취득으로 생긴 손해를 타인에게 전가하는 행위는 유형적으로 적법행위의 기대
   가능성이 낮기 때문이라고 한다[西田 外, 注釈刑法(2), 365(佐伯仁志)].
4 위 견해는 입법론적으로 위조·변조통화행사죄는 본죄를 포괄하여야 하는 것으로 본죄를 폐지
   하고 위조·변조통화행사죄로 처벌해야 한다고 한다(이정원·류석준, 556).
5 판례는 한국은행권 5만원권의 앞면만을 전자복사기로 복사한 경우, 크기와 모양이 유사할 뿐 진
   정한 한국은행권의 색채를 갖추지 못하였고 뒷면이 백지로 되어 있는 지폐를 사용한 사안에서,
   진정한 통화로 오인할 정도의 외관이 되지 못한다는 이유로 본죄가 성립하지 않는다고 판시하였
   다(대판 2017. 3. 9, 2016도13349).

[이 순 옥]   **45**

다는 것이 다수설[6]이다. 다만, 위법하게 취득하여 행사한 경우에는 본죄가 성립하지 않는다는 소수설[7]도 있다. 소수설은 본조가 제207조 제4항의 행사죄에 비하여 그 법정형을 낮게 하여 책임을 감경시킨 것은 위조·변조통화라는 것을 알지 못하고 적법하게 취득한 자의 경우에 한정되는 것이고, 위조·변조통화라는 점을 알지 못한 채 이를 절취 또는 편취하는 등 범죄행위로 취득한 자가 나중에 위조·변조통화라는 점을 알면서도 이를 행사한 경우까지 책임을 감경하는 것이라고 해석할 수 없다는 것을 근거로 위법하게 취득한 경우에는 본조가 적용되지 않는다고 한다.[8] 그러나 위조·변조통화임을 알지 못하고 취득한 이상, 그 취득의 방법이 적법한지 위법한지는 본죄의 성립과 무관하다고 보아야 할 것이다. 본죄의 구성요건에 적시되어 있지 않는 취득방법의 적법 여부에 따라 같은 행위에 대한 법률적 평가가 제207조 제4항 위조통화행사죄 또는 제210조 위조통화지정행사죄로 달라지는 것은 적절하지 않다.[9]

7   '행사'의 의미는 제207조 제4항 행사죄의 '행사'와 동일한 내용으로, 위조·변조통화를 진정한 통화로 유통시키는 것을 의미한다. 따라서 위조·변조통화를 유통시킨 것이 아니라 단순히 전시·제시한 경우 행사에 해당하지 않는다. 한편, 행사행위가 유상이든 무상이든, 행사행위 자체가 적법하든 위법하든 본죄의 성립에는 영향이 없다.

8   위조라는 사정을 알았지만 위조통화를 행사할 목적이 없이 취득한 후에 나중에 위조통화를 행사한 경우, 취득 당시 위조라는 사정을 알았기 때문에 위조통화지정행사죄에 해당하지 않고, 취득 시에 행사할 목적이 없었기 때문에 위조통화취득죄에 해당하지도 않는다. 다만, 나중에 이를 행사한 부분에 대하여는 위조통화행사죄(§ 207④)가 성립할 수 있다.[10]

---

6 김성돈, 형법각론(8판), 633; 배종대, 557; 손동권·김재윤, § 37/24; 이재상·장영민·강동범, § 30/28; 이정원·류석준, 555; 임웅, 688; 정성근·박광민, 630; 정영일, 형법강의 각론(3판), 323; 정웅석·최창호, 형법각론, 186; 진계호·이존걸, 642.
7 김일수·서보학, 545.
8 위 견해는 위조·변조통화인 줄 모르고 절취, 편취, 갈취한 자가 후에 위조·변조통화임을 알고 행사한 경우 '책임감경적 심정가치'라고 할 수 없고, 이 경우 위조·변조통화행사죄만 성립한다고 한다(김일수·서보학, 545)
9 주석형법 〔각칙(1)〕(5판), 412(박형준).
10 김성돈, 638; 오영근, 548; 임웅, 689.

Ⅲ. 주관적 구성요건

본죄는 최초 취득 당시에는 위조·변조통화라는 사실을 알지 못하였으나, 　9
행사 당시에는 위조·변조사실을 알면서 이를 진정한 통화로 오인하도록 하여
유통시킨다는 고의가 필요하다.

다만, 본조에서 다른 조항과 달리 '그 사정을 알고'라는 표현을 사용하고 있 　10
는 점을 들어 통화에 관한 다른 죄와 고의를 달리 해석하는 견해[11]도 있다. 위
견해에 의하면 본죄의 고의는 위조·변조통화라는 점에 대하여 충분하고 확실한
인식, 즉 최고도의 인식을 요하는 '지정고의'가 있어야 하고, 위조·변조통화일지
도 모른다는 정도의 의문을 가진 경우에는 본죄의 고의가 있었다고 보기 어렵
다고 한다. 그러나 '그 사정을 알고'라는 표현은 위조·변조통화라는 사실을 안
다는 것을 의미하는 것일 뿐, 위 표현을 이유로 본조의 고의를 다른 통화죄의
고의와 구분할 필요는 없다고 생각된다.[12] 본조의 고의는 취득 당시에는 위조·
변조의 사정을 알지 못하였으나, 행사 당시 그러한 사정을 알고 행사한다는 인
식과 의사가 있으면 충분하다.

Ⅳ. 다른 죄와의 관계

위조·변조통화라는 사실을 알지 못한 채 취득한 후 나중에 그 사정을 알 　11
면서도 타인에게 이를 행사하여 재물을 편취한 경우, ① 본죄와 사기죄가 모두
성립하고 두 죄는 상상적 경합관계라는 견해(다수설),[13] ② 본죄와 사기죄가 모
두 성립하고 두 죄는 실체적 경합관계라는 견해,[14] ③본죄는 항상 기망적 요소
를 포함하고 있고, 사기죄가 그 법정형이 더 높기 때문에 사기죄만 성립한다는
견해,[15] ④ 본죄만 성립하고 사기죄는 성립하지 않는다는 견해[16] 등이 있다. 본

11 김일수·서보학, 544.
12 김성돈, 638; 정성근·정준섭, 471.
13 김성돈, 638; 김일수·서보학, 545; 이형국·김혜경, 625; 배종대, §108/4; 손동권·김재윤, §37/24;
　이정원·류석준, 550; 임웅, 688; 정성근·박광민 630; 진계호·이존걸, 642.
14 김신규, 형법각론 강의, 637; 박찬걸, 형법각론(2판), 706
15 오영근, 548. 이 견해는 위조통화행사죄(§207④)와 사기죄의 관계에 대해서는 위조통화행사죄
　만 성립하나, 본죄와 사기죄의 관계에 대해서는 사기죄만 성립한다고 한다.
16 정웅석·최창호, 186.

죄만 성립한다는 위 ④의 견해에 의하면, 이러한 경우 본죄 외에 사기죄가 성립한다면 결국 사기죄의 무거운 형으로 처벌되게 되기 때문에 본죄를 제207조 제4항에 비하여 가벼운 법정형으로 규정한 취지가 몰각된다고 하면서, 이러한 경우 사기죄는 성립되지 않는다고 한다.

12   그러나 사기죄와 본죄는 그 보호법익이 다르므로 각각 별도로 성립한다고 보아야 하고,[17] 사기죄의 기망의 수단이 위조·변조통화이고, 범죄자가 취득 당시에 알지 못하였다가 사기죄 범행 당시에 위조·변조통화임을 알면서도 진화로 속이고 재물을 편취한 경우를 단순히 가볍게 처벌할 필요는 없으므로 각각 별도로 범죄가 성립하고,[18] 두 죄는 상상적 경합관계라고 할 것이다(위 ①의 견해).

V. 처 벌

13   2년 이하의 징역 또는 500만 원 이하의 벌금에 처한다.

14   본죄의 미수범은 처벌하지 않는다(§ 212).

〔이 순 옥〕

---

17 김성돈, 638.
18 주석형법 〔각칙(1)〕(5판), 413(박형준).

제211조(통화유사물의 제조 등)

① 판매할 목적으로 내국 또는 외국에서 통용하거나 유통하는 화폐, 지폐 또는 은행권에 유사한 물건을 제조, 수입 또는 수출한 자는 3년 이하의 징역 또는 700만원 이하의 벌금에 처한다. 〈개정 1995. 12. 29.〉
② 전항의 물건을 판매한 자도 전항의 형과 같다.

I. 취 지

　　본죄는 판매할 목적으로 내국 또는 외국에서 통용하거나 유통하는 화폐, 지폐 또는 은행권에 유사한 물건을 제조·수입·수출하거나(제1항)〔통화유사물(제조·수입·수출)죄〕 이러한 통화유사물을 판매한(제2항)(통화유사물판매죄) 자를 처벌하는 규정이다. 통화의 진정을 보호하기 위하여 우리나라 통화뿐만 아니라 외국통화 유사물까지 그 제조·수입·수출행위에 대하여 처벌하고 있는 것이다. 그러나 그 객관적인 상태가 진정한 통화에 이를 정도가 아니고, 진정한 통화로 유통시키는 것도 아니기 때문에 통화에 대한 거래의 안전과 신용을 침해할 위험이 낮다는 점을 고려하여 통화위조·변조죄 등보다 그 법정형을 감경하여 규정하고 있다.[1]

1

　　제1항의 통화유사물제조·수입·수출죄는 판매의 목적이 필요한 진정목적범이지만, 제2항의 통화유사물판매죄는 목적범이 아니다. 본조의 국외범도 처벌하고(§ 5(iv)), 그 미수범도 처벌한다(§ 212).

2

---

1 정성근·정준섭, 형법강의 각론(2판), 472; 주석형법 〔각칙(2)〕(5판), 414(박형준).

II. 객관적 구성요건

1. 객 체

3   본죄의 객체는 내국 또는 외국에서 통용하거나 유통하는 화폐, 지폐 또는 은행권에 유사한 물건, 즉 통화유사물이다.

4   이때 '통화유사물'이란 진정한 통화와 그 외관이 유사하지만, 일반인이 이를 진정한 통화로 오인할 정도에는 이르지 못한 모조품을 의미한다.[2] 따라서 진화로 오인하게 할 정도에 이른 경우 위조가 되고, 이러한 정도에 미치지 않은 경우에만 통화유사물이 된다.[3] 다만, 본죄는 진정한 통화가 발행되지 않은 상태에서 통화모조품 등을 통화에 관한 범죄에 포함시키기 위하여 도입된 규정으로 통화유사물은 진정한 통화를 전제로 하지 않고 진화가 없는 통화모조품도 객체에 해당한다는 소수설[4]도 있다.

5   통화유사물제조 등을 형사처벌하는 이상, 통화유사물의 경우에도 공공의 신용에 어느 정도의 영향을 줄 수 있는 정도의 외관은 갖추어야 하는바, 블루마블게임(Blue Marble Game)과 같은 보드게임에 사용되는 통화 모양의 장난감의 경우 '통화유사물'에 해당한다고 보기도 어렵다. 이에 대하여는 형사처벌의 대상이 되는 '통화유사물'의 개념이 불명확하고 통화유사물을 제조·수입·수출 또는 판매하더라도 통화에 대한 공공의 신용이나 거래 안전을 해할 정도의 추상적 위험조차 없기 때문에 본죄는 비범죄해야 한다는 견해[5]가 있다.

2. 행 위

6   제1항의 죄의 행위는 통화유사물의 제조, 수입, 수출이고, 제2항의 죄의 행위는 판매이다.

---

2 최호진, 형법각론, 742; 홍영기, 형법(총론과 각론), §105/14; 주석형법 [각칙(1)](5판), 414(박형준).
3 김성돈, 형법각론(8판), 639; 김일수·서보학, 새로쓴 형법각론(9판), 545; 배종대, 형법각론(13판), §108/6; 손동권·김재윤, 새로운 형법각론, §37/25; 이재상·장영민·강동범, 형법각론(12판), §30/31; 이형국·김혜경, 형법각론(2판), 626; 임웅, 형법각론(9정판), 690; 정영일, 형법강의 각론(3판), 323.
4 신동운, 형법각론(2판), 372.
5 김성돈, 639; 오영근, 형법각론(7판), 548.

(1) 제조

통화유사물의 제조란 통화발행권이 없는 사람이 위조의 정도에 이르지 않 　7
은 통화유사물을 만드는 것, 즉 모조품을 만드는 것을 의미한다.

(2) 수입·수출

수입이란 국외로부터 국내로 반입하는 것을 의미하고, 수출이란 국내에서 　8
국외로 반출하는 것을 의미하는 것으로, 제207조(통화의 위조 등)에서의 '수입·수
출'과 같은 내용이다.

(3) 판매

판매는 매매, 교환 등 통화유사물을 '유상'으로 양도하는 것을 의미한다. 판 　9
매의 상대방이 불특정 다수인이어야 하는지에 대하여는 견해의 대립이 있다.
① 긍정설[6]은 판매란 통화유사물을 불특정 또는 다수인에게 유상으로 양도한
경우를 의미한다고 한다. 따라서 1인에게 1회 유상으로 양도한 경우 원칙적으
로는 판매에 해당하지 않지만, 이 경우에도 불특정 또는 다수인을 상대로 할 의
사가 있는 경우에는 판매에 해당한다고 본다. 그러나 ② 부정설[7]은 판매의 상
대방이 불특정인 또는 다수인인지 여부는 본죄의 성립에 영향이 없다고 한다.

판매행위는 일단 통화유사물의 점유가 상대방에게 이전되면 기수가 된다. 　10

Ⅲ. 주관적 구성요건

고의가 있어야 하고, 본조 제2항의 '판매'를 제외하고 '제조·수입·수출'의 경 　11
우 판매할 목적이라는 초과주관적 구성요건요소가 필요하다.

Ⅳ. 죄 수

(1) 동일한 기회에 여러 개의 통화유사물을 제조하거나, 동일한 기회에 일 　12

---

6 김성돈, 639; 배종대, § 108/6; 신동운, 372; 이재상·장영민·강동범, § 30/32; 이형국·김혜경, 형
　법각론(2판), 626; 정성근·박광민, 형법각론(전정3판), 631; 진계호·이존걸, 형법각론(6판), 643.
7 김일수·서보학, 546; 손동권·김재윤, § 37/25; 오영근, 549; 이영란, 형법학 각론강의(3판), 605;
　임웅, 690; 정영일, 323.

괄하여 수입·수출하는 경우 포괄일죄가 된다.[8] 통화유사물을 제조한 다음 수출·판매하거나 수입·판매하는 경우에는 각각 실체적 경합범관계에 있다고 보아야 한다.

13   (2) 여러 개의 통화유사물을 불특정 다수인을 상대로 반복하여 판매하는 경우, 일정한 기간 동안 일련성·반복성을 가진 판매의 경우에는 포괄일죄가 성립할 수 있다.[9]

V. 처 벌

14   3년 이하의 징역 또는 700만 원 이하의 벌금에 처한다.

〔이 순 옥〕

---

8 주석형법 〔각칙(1)〕(5판), 416(박형준).
9 정성근·박광민, 632.

제212조(미수범)
제207조, 제208조와 전조의 미수범은 처벌한다.

본죄는 제207조 통화위조·변조 및 행사·수입·수출죄, 제208조 위조통화   1
취득죄, 제211조 통화유사물제조·수입·수출·판매죄의 미수범을 처벌한다는 취
지의 규정이다. 본조의 미수범 규정에 의하여 처벌되는 미수범은 외국인의 국외
범(§ 5(iv))도 포함된다.

본조의 미수범으로 처벌되기 위하여 해당 범죄에 대한 실행의 착수가 있어   2
야 하는데, 통화 위조·변조의 고의를 가지고 일단 실행행위에 착수하였으나 일
반인이 보았을 때 진화로 오인할 정도에 이르지 못한 것에 불과한 경우에도 위
조·변조의 미수에 해당한다.

동일한 기회에 여러 종류의 통화를 위조·변조한 경우, 포괄하여 1죄가 성   3
립하고, 동일한 기회에 위조·변조통화를 만들다가 일부는 기수에 이르고, 또 일
부는 미처 다 만들지 못한 채 중단된 경우에는 포괄하여 1죄로 볼 것인지, 일부
미완성된 위조·변조된 통화의 경우 미수범으로 보아야 하는지 문제되나, 이 경
우에도 포괄하여 1죄로 봄이 상당하다.[1]

행사죄에 있어서 그 상대방이 위조·변조된 통화임을 알고 이를 수령하기를   4
거부하는 경우는 미수에 해당하지만,[2] 상대방이 일단 수령한 후에 곧바로 위조·변
조된 통화임을 알아챈 후 반환한 것이라면 이미 행사죄는 기수가 성립한다.[3]

〔이 순 옥〕

---

1 주석형법 〔각칙(1)〕(5판), 417(박형준).
2 東京高判 昭和 53(1978). 2. 8. 高刑集 31·1·1.
3 大判 昭和 7(1932). 6. 15. 刑集 11·837.

제213조(예비, 음모)

제207조제1항 내지 제3항의 죄를 범할 목적으로 예비 또는 음모한 자는 5년 이하의 징역에 처한다. 단, 그 목적한 죄의 실행에 이르기 전에 자수한 때에는 그 형을 감경 또는 면제한다.

Ⅰ. 취 지

1　　본죄는 내국통화 위조·변조죄(§ 207①), 국내통용 외국통화 위조·변조죄(§ 207②), 또는 외국통용 외국통화 위조·변조죄(§ 207③)를 범할 목적으로 예비 또는 음모한 자를 처벌하기 위한 규정이다.[1]

2　　본죄의 예비·음모죄가 성립한 경우에도 실행의 착수 이전에 자수한 경우 그 형을 필요적으로 감경 또는 면제하도록 규정하고 있는데, 이는 위조·변조통화의 유통 전에 이를 방지하기 위한 형사정책적 필요 때문에 생긴 규정이다.[2]

Ⅱ. 객관적 구성요건

1. 예 비

3　　'예비'란 실행의 착수 이전에 범죄에 대한 준비행위를 하는 것을 의미한다. 위조·변조를 위한 인쇄기구, 음화지, 인화지, 지폐와 유사한 종이 등을 준비하

---

1 일본형법 제153조는 예비행위 가운데 '기계 또는 원료를 준비한 행위'만을 처벌하고 있다.
2 이재상·장영민·강동범, 형법각론(12판), § 30/35; 627; 이형국·김혜경, 형법각론(2판), 627; 정성근·박광민, 형법각론(전정3판), 632; 진계호·이존걸, 형법각론(6판), 643.

는 행위는 예비행위에 해당한다고 볼 수 있다.[3] 판례[4]는 한국은행권 10,000원권
을 사진찍어 그 필름 원판 7매와 이를 확대하여 현상한 인화지 7매를 만든 정도
에 그쳤다면, 아직 통화위조의 착수에는 이르지 아니하였고 그 준비단계로 예비
행위에 불과하다고 보았다.

한편 자신의 위조·변조의 목적이 아닌 타인의 위조·변조의 목적으로 예비한   4
경우(타인예비)도 포함되는지 여부가 문제된다. 총론상 타인예비가 예비의 개념에
포함되는지는 대해서는 긍정설과 부정설(통설)이 대립되는데,[5] 이러한 논의는 본조
에서도 그대로 적용된다고 할 것이다. 일본의 통설[6]·판례[7]는 이를 긍정하고 있다.

2. 음 모

'음모'란 2인 이상이 범행을 모의하는 것을 의미한다. 2인 이상의 사람이 통   5
화 위조 등의 범행을 모의한 후 범행에 필요한 자금을 모으거나 기계를 구입하
는 단계에서 발각된 경우 음모를 넘어선 것이나 실행의 착수에 이르지는 않은
것이므로 예비죄에 해당한다.[8]

III. 주관적 구성요건

본죄가 성립하기 위해서는 통화위조·변조행위를 위한 준비행위와 모의행위   6
를 할 고의와 위조·변조 등 기본범죄를 범할 목적이 있어야 한다. 통화위조·변
조죄의 경우 '행사할 목적'을 초과주관적 구성요건요소로 요구하고 있는바, 본조
의 예비·음모행위의 경우에도 위조·변조통화를 행사할 목적을 그 요건으로 한
다고 보아야 할 것이다.[9] 본범인 통화위조·변조의 목적과 행사할 목적, 이중의

3 김일수·서보학, 새로쓴 형법각론(9판), 547; 배종대, 형법각론(13판), §108/7.
4 대판 1966. 12. 6, 66도1317. 대법원은 통화위조미수죄로 기소된 위 사건에서 통화위조의 착수
   에 이르지 못하였다며 유죄를 선고한 원심판결을 파기하고 환송하였다.
5 이에 대해서는 이재상·장영민·강동범, 형법총론(11판), §30/19 참조.
6 西田 外, 注釈刑法(2), 366(佐伯仁志).
7 大判 昭和 7(1932). 11. 24. 刑集 11·1720.
8 주석형법 〔각칙(1)](5판), 418(박형준).
9 김성돈, 형법각론(8판), 639; 김일수·서보학, 547; 손동권·김재윤, 새로운 형법각론, §37/26; 오
   영근, 형법각론(7판), 550; 이재상·장영민·강동범, §30/35; 이형국·김혜경, 627; 진계호·이존
   결, 형법각론(6판), 755.

초과주관적 구성요건요소가 필요하다. 따라서 진정한 통화로 행사할 목적이 없이 사진 작품전시회 등을 위해 통화를 사진 촬영하여 그 필름원판과 이를 확대하여 현상한 인화지를 만든 경우에, 예비죄에 해당하지 않는다.

Ⅳ. 종범의 성립 여부 및 죄수

1. 종범의 성립 여부

7   본조의 예비·음모에 대한 종범, 즉 예비·음모행위를 용이하게 하는 행위를 한 경우 예비·음모죄의 방조범이 성립할 수 있는지 여부에 대하여는 견해의 대립이 있다.

8   ① 긍정설[10]은 본조가 예비, 음모행위를 독립된 구성요건을 규정한 것으로 보아, 이에 대한 방조범 역시 성립할 수 있다고 한다. 다만, 긍정설 중에는 본조의 예비·음모죄를 독립한 구성요건으로 보면서도 예비·음모죄의 종범은 그 불법성이 매우 낮아서 인정할 실익이 없다는 견해[11]도 있다.

9   그러나 ② 부정설[12]은 본조는 독일형법[13]처럼 예비행위에 해당하는 행위를 구체적으로 나열한 것도 아니고 독립한 구성요건이라고 볼 수 있는 정도의 행위방법이 명시된 규정도 아니기 때문에 미수범과 같이 수정된 구성요건이라고

---

10 김일수·서보학, 546.

11 배종대, § 108/7.

12 손동권·김재윤, § 37/26; 이영란, 형법학 각론강의(3판), 606; 이재상·장영민·강동범, § 30/34; 이형국·김혜경, 627; 임웅, 형법각론(9정판), 691; 정성근·박광민, 632.

13 독일형법은 각칙에서 예비죄를 처벌하는 규정을 별도로 마련하면서, 아래와 같이 그 예비행위의 유형에 대하여 구체적으로 규정하고 있다[법무부, 독일형법(2008) 참조].
    독일형법 제149조(통화 및 우표·인지 등 위조의 예비) ① 다음 각호의 1에 해당하는 물건을 제조, 취득하거나 타인으로 하여금 취득하게 하거나, 판매에 제공하거나, 보관하거나 타인에게 양여함으로써 통화 또는 우표·인지 등의 위조를 예비한 자는 통화위조의 예비에 해당하는 경우 5년 이하의 자유형 또는 벌금형에 처하며, 우표·인지 등 위조의 예비에 해당하는 경우에는 2년 이하의 자유형 또는 벌금형에 처한다.
      1. 인쇄판, 판목, 인쇄용조판, 전기판, 요형활자판, 연판, 컴퓨터 프로그램 또는 기타 범행에 적합한 기구
      2. 화폐 또는 우표·인지 등의 발행 용도로 사용되고 위조를 특별히 방지 하고 있는 지질과 동일하거나 유사한 용지
      3. 위조방지를 위한 홀로그램 기타 구성부분

보아야 하므로 예비·음모행위에 대한 방조는 있을 수 없다고 한다.

판례[14]는 제32조 제1항의 종범이란 정범이 범죄의 실현에 착수한 경우를 10 말하는 것이므로 종범이 처벌되기 위하여는 정범의 실행의 착수가 있는 경우에만 가능하고, 형법 전체의 정신에 비추어 정범이 실행의 착수에 이르지 아니한 예비의 단계에 그친 경우에는 이에 가공하는 행위가 예비의 공동정범이 되는 경우를 제외하고는 종범의 성립을 부정하고 있다(부정설). 일본 판례는 긍정설의 입장이다.[15]

2. 죄 수

위조·변조행위를 위하여 예비·음모한 사람이 위조·변조행위의 실행의 착수 11 까지 했으나 미수에 그친 경우 또는 위조·변조행위 기수에 이른 경우, 그 예비·음모죄는 따로 성립하지 않고 해당 범죄의 기수 또는 미수행위에 흡수된다.[16]

V. 처 벌

5년 이하의 징역에 처한다. 12

단, 그 목적한 죄의 실행에 이르기 전에 자수한 때에는 필요적으로 그 형을 13 감경 또는 면제한다.

〔이 순 옥〕

---

14 대판 1976. 5. 25, 75도1549; 대판 1979. 11. 27, 79도2201.
15 大判 昭和 4(1929). 2. 19. 刑集 8·84.
16 大判 大正 5(1916). 12. 12. 刑錄 22·1925.

제19장 유가증권, 우표와 인지에 관한 죄

〔총 설〕

I. 규 정

본장은 유가증권, 우표·인지에 관한 죄에 대하여 규정하고 있다.   1

첫째, 유가증권에 관한 죄는 크게 유가증권위조·변조죄(§ 214, 215), 허위유   2
가증권작성죄(§ 216), 위조·변조 또는 허위작성유가증권행사등죄(§ 217)로 구분하
여 규정되어 있다.

유가증권위조·변조죄는 '작성 또는 기재 권한이 없는 자'가 유가증권을 작   3
성하거나 권리의무에 관한 사항을 기재하는 것을 의미하는 것으로, 이에는 유
가증권위조·변조죄(§ 214①), 유가증권의 권리의무에 관한 기재의 위조·변조죄
(§ 214②), 자격모용에 의한 유가증권작성죄(§ 215)가 있다.

허위유가증권작성죄(§ 216)는 '작성권한이 있는 자'가 허위의 유가증권을 작   4
성하거나 유가증권에 허위의 사항을 기재하는 것을 의미한다. 위조·변조 또는
허위작성유가증권행사등죄(§ 217)는 위조·변조 또는 허위작성유가증권을 행사하
거나 행사할 목적으로 수입 또는 수출하는 것을 의미한다.

따라서 유가증권위조·변조죄, 자격모용에 의한 유가증권작성죄는 유가증권   5
의 '유형위조'를 처벌하는 규정이고, 허위유가증권작성죄는 '무형위조'를 처벌하
는 규정이라고 할 수 있다.

6   유가증권에 관한 죄의 미수범은 처벌하고(§ 223), 유가증권위조·변조죄(§ 214),
자격모용에 의한 유가증권작성죄(§ 215)의 경우 예비·음모행위도 처벌한다(§ 224).
유가증권에 관한 죄를 범한 자를 징역에 처하는 경우 10년 이하의 자격정지 또는
2천만 원 이하의 벌금을 병과할 수 있다(§ 220). 임의적 병과규정이므로 위 각 죄로
징역형에 처할 때 자격정지 또는 벌금형을 반드시 병과해야 하는 것은 아니다.

7   둘째, 우표와 인지에 관한 죄는 인지·우표등위조·변조죄(§ 218①), 위조·변
조인지·우표등행사죄(§ 218②), 위조·변조인지·우표등취득죄(§ 219), 인지·우표
등의 소인말소죄(§ 221), 인지·우표등의 유사물제조등죄(§ 218)로 규정되어 있다.
소인말소죄를 제외한 우표·인지에 관한 죄는 모두 미수범을 처벌하고(§ 223), 인
지·우표 등 위조·변조죄(§ 218①)의 경우 예비·음모행위도 처벌한다(§ 224). 인
지·우표등위조·변조죄(§ 218①), 위조·변조인지·우표등행사죄(§ 218②), 위조·변
조인지·우표등취득죄(§ 219)를 범한 자를 징역에 처하는 경우 10년 이하의 자격
정지 또는 2천만 원 이하의 벌금을 병과할 수 있다(§ 220). 유가증권에 관한 죄와
마찬가지로 임의적 병과규정이므로, 위 각 죄로 징역형에 처할 때 자격정지 또
는 벌금형을 반드시 병과해야 하는 것은 아니다.

8   우표와 인지는 유가증권의 일종이기 때문에 우리 형법은 유가증권에 대한
죄에서 함께 규율하고 있는 것이다.[1]

9   유가증권의 일종인 수표의 경우, 부정발행, 수표의 위조·변조죄 등에 대하
여 특별법인 부정수표 단속법을 따로 두고 있다. 부정수표 단속법은 부정수표
발행 등의 행위에 대하여 고의범 외에 과실범에 대하여도 처벌규정을 두고 있
을 뿐만 아니라(§ 2), 형법상 다른 유가증권의 위조·변조행위와 달리 수표의 위
조·변조행위에 대하여 '행사할 목적'이라는 초과주관적 구성요건을 요구하지 않
고 있다(§ 5).[2] 따라서 수표의 위조·변조행위에 대하여는 1년 이상의 유기징역
및 수표금액의 10배 이하의 벌금에 처하도록 하는 부정수표 단속법 제5조에 따
라서 처벌이 되고, 본법의 유가증권위조·변조죄 규정을 적용하지 않는다.

---

1 우표와 인지에 관한 입법례는 크게 2종류가 있다. 예컨대 일본은 형법에 따로 규정하지 않고 우
 편법, 우표류모조등단속법, 인지범죄처벌법, 인지등모조단속법 등 특별법에서 규율하고 있고, 프
 랑스(§ 443-1)는 유가증권에 관한 죄에 포함시켜 규정한다.
2 부정수표 단속법 제5조(위조·변조자의 형사책임) 수표를 위조하거나 변조한 자는 1년 이상의 유
 기징역과 수표금액의 10배 이하의 벌금에 처한다.

본장의 조문 구성은 아래 [표 1]과 같다.   10

[표 1] 제19장 조문 구성

조 문		제 목	구성요건	죄 명	공소시효
§214	①	유가증권의 위조 등	ⓐ 행사할 목적으로 ⓑ 대한민국 또는 외국의 공채증서 기타 유가증권을 ⓒ 위조 또는 변조	유가증권(위조, 변조)	10년
	②		ⓐ 행사할 목적으로 ⓑ 유가증권의 권리의무에 관한 기재를 ⓒ 위조 또는 변조		
§215		자격모용에 의한 유가증권의 작성	ⓐ 행사할 목적으로 ⓑ 타인의 자격을 모용하여 ⓒ 유가증권을 작성하거나 유가증권의 권리 또는 의무에 관한 사항을 기재	자격모용유가증권 (작성, 기재)	10년
§216		허위유가증권의 작성 등	ⓐ 행사할 목적으로 ⓑ 허위의 유가증권을 작성하거나 유가증권에 허위사항을 기재	허위유가증권작성, 유가증권허위기재	7년
§217		위조유가증권 등의 행사 등	ⓐ 위조, 변조, 작성 또는 허위기재한 §214 내지 §216 유가증권을 ⓑ 행사하거나 행사할 목적으로 수입 또는 수출	(위조유가증권, 변조유가증권, 자격모용유가증권, 자격모용기재유가증권, 허위작성유가증권, 허위기재유가증권) (행사, 수입, 수출)	10년
§218		인지·우표의 위조등	ⓐ 행사할 목적으로 ⓑ 대한민국 또는 외국의 인지, 우표 기타 우편요금을 표시하는 증표를 ⓒ 위조 또는 변조	(인지, 우표, 우편요금증표) (위조, 변조)	10년
			ⓐ 위조 또는 변조된 대한민국 또는 외국의 인지, 우표 기타 우편요금을 표시하는 증표를 ⓑ 행사하거나 행사할 목적으로 수입 또는 수출	(위조, 변조) (인지, 우표, 우편요금증표) (행사, 수입, 수출)	

조 문		제 목	구성요건	죄 명	공소시효
§219		위조인지·우표등의 취득	ⓐ 행사할 목적으로 ⓑ 위조 또는 변조된 대한민국 또는 외국의 인지, 우표 기타 우편요금을 표시하는 증표를 ⓒ 취득	(위조, 변조)(인지, 우표, 우편요금증표)취득	5년
§221		소인말소	ⓐ 행사할 목적으로 ⓑ 대한민국 또는 외국의 인지, 우표 기타 우편요금을 표시하는 증표의 소인 기타 사용의 표지를 ⓒ 말소	(인지, 우표, 우편요금증표) 소인말소	5년
§222	①	인지·우표유사물의 제조 등	ⓐ 판매할 목적으로 ⓑ 대한민국 또는 외국의 공채 증서, 인지, 우표 기타 우편요금을 표시하는 증표와 유사한 물건을 ⓒ 제조, 수입 또는 수출	(공채증서, 인지, 우표, 우편요금증표)유사물 (제조, 수입, 수출)	5년
	②		ⓐ §222①의 물건을 ⓑ 판매	(공채증서, 인지, 우표, 우편요금증표)유사물판매	
§223		미수범	§214 내지 §219, §222의 미수	(§214 내지 §219, §222 각 죄명)미수	
§224		예비, 음모	ⓐ §214, §215, §218①의 죄를 범할 목적으로 ⓑ 예비, 음모	(§214, §215, §218①의 각 죄명)(예비, 음모)	5년

II. 연 혁

11   1995년 12월 29일 형법 제정 이래 정치·경제·사회 등 모든 영역의 발전과 윤리의식의 변화로 발생한 법규범과 현실과의 괴리를 해소하기 위한 형법 일부 개정(법률 제5057호, 1996. 7. 1. 시행)[3]이 있었다.

12   본장과 관련해서는 일부 죄에서 선택형으로 벌금형을 추가하고, 인지·우표 위조죄 등에 우편법 제20조를 반영하여, '우편요금을 표시하는 증표'를 행위의 객체로 추가하는 등의 변화가 있었다. 우선, 법정형으로 징역형으로만 규정되어 있던 제216조 허위유가증권작성죄에 3천만 원 이하의 벌금형을, 제219조 위조

---

3 형법 개정이유(법률 제5057호).

〔이 순 옥〕

인지·우표등의 취득죄에 1천만 원 이하의 벌금형을 선택할 수 있도록 추가하였
다. 그리고 제220조의 자격정지에 병과할 수 있었던 2만 5천 환 이하의 벌금형
을 2천만 원 이하의 벌금으로, 제221조 소인말소죄의 1만 환 이하의 벌금형을
300만 원 이하의 벌금으로,[4] 제222조 우표등의 유사물의 제조등죄의 1만 5천
환 이하의 벌금형을 500만 원 이하의 벌금으로 변경하였다.

Ⅲ. 보호법익

유가증권에 관한 범죄는 ① 행사할 목적으로 유가증권을 위조·변조 또는　　　13
허위작성하거나, ② 위조·변조·허위작성한 유가증권을 행사·수입·수출하는
것을 내용으로 한다.

유가증권의 일종인 우표와 인지에 관한 범죄는 유가증권의 한 종류인 ①　　　14
우표와 인지를 위조·변조하거나, ② 위조·변조한 우표·인지를 행사·수입·수
출·취득하는 것을 내용으로 한다.

유가증권은 재산적 권리·의무에 관한 문서의 일종으로 이에 관한 죄는 문　　　15
서에 관한 죄의 특별규정에 해당한다.[5] 그러나 현대사회에서 유가증권은 거래
에서 중요한 지급수단으로 사용되고 있어 강한 유통성을 지니게 되어 문서보다
는 통화와 유사한 기능을 갖게 되었다.[6] 이러한 점을 고려하여 문서에 관한 죄
와 별도의 장으로 구분하여 유가증권에 관한 죄를 규정하면서 통화에 관한 죄
뒤에 규정하고, 유가증권의 일종인 우표와 인지에 관한 죄도 유가증권에 관한
죄와 함께 규정하였다. 이에 따라 유가증권의 발행인이 국가인 경우와 사인인
경우를 구별하지 않고 사문서에 관한 죄의 형보다 무겁게 처벌하되, 통화에 관
한 죄의 형보다는 가볍게 처벌하고 있다.[7]

4　제221조의 경우 벌금형의 액수 변경 이외에도 '소인무효'라고 규정하던 것을 '소인말소'라고 변경
　하였다.
5　김성돈, 형법각론(8판), 640; 배종대, 형법각론(13판), § 109/2; 정성근·박광민, 형법각론(전정3
　판), 633; 정웅석·최창호, 형법각론, 187.
6　일본형법이 문서위조죄 다음에 본죄를 규정한 것은(각칙 제18장) 문서죄로서의 성격을 강조하였
　으나, 독일형법(§ 151)과 오스트리아형법(§ 237)은 유가증권에 대한 죄를 통화에 관한 죄와 함께
　규정하고 있다[이재상·장영민·강동범, 형법각론(12판), § 31/2].
7　주석형법 [각칙(2)](5판), 421(박형준).

16   따라서 유가증권, 우표와 인지에 관한 죄의 보호법익은 유가증권 등의 진정
에 대한 거래의 안전과 공공의 신용이라고 할 수 있고, 그 보호의 정도는 추상
적 위험범이다.[8] 다만 이에 대하여 위조·변조유가증권(또는 우표와 인지)의 행사
죄만 따로 떼어내어 구체적 위험범이라고 보는 견해,[9] 위조인지·우표취득죄와
인지·우표유사물판매죄는 결과범으로 보는 견해[10]도 있다.

17   유가증권, 우표 또는 인지는 국내거래에 한정되지 않고 국제 간 거래에도
그 지급수단으로서 기능하고 있는 것으로 국제적인 유통성도 함께 가지기 때문
에 그 진정성을 해하는 행위에 대하여 국제적인 대응이 필요하다. 따라서 형법
은 우리나라의 유가증권, 우표 또는 인지나 외국의 그것과 구별하지 않고 동등
하게 처벌하고 있으며, 외국인의 국외범의 경우에도 이를 적용하여 처벌할 수
있도록 규정하고 있다(§ 5(v)).

〔이 순 옥〕

---

8 김성돈, 640; 배종대, § 109/2; 오영근, 형법각론(7판), 550; 이영란, 형법학 각론강의(3판), 607;
   임웅, 형법각론(9정판), 692; 정웅석·최창호, 188; 최호진, 형법각론, 142; 주석형법 〔각칙(2)〕(5판),
   422(박형준). 다만 일부 죄명에 대하여는 보호의 정도를 달리 판단하는 견해도 있는데, 이에 대
   하여는 후술한다.
9 이상돈, 형법강론(3판), 797.
10 정성근·박광민, 633; 정성근·정준섭, 형법강의 각론(2판), 474.

제214조(유가증권의 위조 등)

① 행사할 목적으로 대한민국 또는 외국의 공채증서 기타 유가증권을 위조 또는 변조한 자는 10년 이하의 징역에 처한다.

② 행사할 목적으로 유가증권의 권리의무에 관한 기재를 위조 또는 변조한 자도 전항의 형과 같다.

Ⅰ. 취 지

본조 제1항은 행사할 목적으로 대한민국 또는 외국의 공채증서 기타 유가증   **1**
권을 위조 또는 변조함으로써 성립하는 범죄〔유가증권(위조·변조)죄〕이고, 제2항은
행사할 목적으로 유가증권의 권리·의무에 관한 기재를 위조 또는 변조함으로써
성립하는 범죄〔유가증권기재(위조·변조)죄〕[1]이다.

본조 제1항은 유가증권위조·변조죄의 기본적 구성요건으로 증권 '발행'에   **2**
관한 위조·변조행위를 처벌하는 규정이고, 제2항은 유가증권에 관한 '권리의무'
에 관한 기재, 즉 배서, 인수, 보증 등 부수적 증권행위에 관한 기재를 위조·변
조하는 행위를 처벌하는 규정으로 그 법정형은 동일하다.[2]

본조의 죄는 유가증권에 대한 공공의 신용과 거래의 안전을 보호법익으로   **3**
하는 추상적 위험범이고, 초과주관적 구성요건으로 '행사할 목적'을 필요로 하는

---

1 공소장 및 불기소장에 기재할 죄명에 관한 예규(개정 대검예규 제1264호, 2022. 1. 27.) 〈별표
  1〉 형법 죄명표에 의하면, 본조 제1항과 제2항을 따로 구분하지 않고 '유가증권위조죄, 유가증
  권변조죄'로 하고 있으나, 여기에서는 편의상 제1항과 제2항의 죄를 위와 같이 구분하여 사용
  한다.

2 주석형법 〔각칙(2)〕(5판), 423(박형준).

진정목적범이다(통설).[3]

II. 유가증권위조·변조죄(제1항)

1. 객관적 구성요건

(1) 객체

4   본죄의 객체는 '대한민국 또는 외국의 공채증서 기타 유권증권'이다.[4]

(가) 공채증서

5   '공채증서'란 국가 또는 지방자치단체에서 발행하는 국채, 공채, 지방채의 증권으로 유가증권의 일종이다. 본죄에서 '공채증서 기타 유가증권'을 그 객체로 설시하고 있는바, 공채증서는 유가증권 중 한 종류의 예시라고 볼 수 있다.

(나) 유가증권

(a) 개념

6   제214조 내지 제217조의 객체로 대한민국 또는 외국 공채증서 기타 '유가증권'을 들고 있으나, 유가증권의 개념에 대하여는 별도로 규정하고 있지 않다.[5] 판례는 본조의 유가증권의 의미에 대하여 "증권상에 표시된 재산상의 권리의 행사와 처분에 그 증권의 점유를 필요로 하는 것을 총칭하는 것으로서 재산권이 증권에 화체된다는 것과 그 권리의 행사와 처분에 증권의 점유를 필요로 한다는 두 가지 요소를 갖추면 족하지 반드시 유통성을 가질 필요는 없고, 또한 위

---

3 김성돈, 형법각론(8판), 640; 배종대, 형법각론(13판), §109/2; 오영근, 형법각론(7판), 552.

4 일본형법 제162조(유가증권위조등)는 제1항에서 행사할 목적으로 공채증서, 관청의 증권, 회사의 주권 기타 유가증권을 위조하거나 변조한 자는 3월 이상 10년 이하의 징역을 처한다고 규정하고, 제2항에서 행사할 목적으로 유가증권에 허위의 기입을 한 자도 전항과 같다고 규정하고 있다. 그 밖에 우리 형법의 자격모용에 의한 유가증권의 작성(§215), 허위유가증권의 작성 등 (§216)과 같은 별도 규정을 두지 않고, 위 조문만으로 해결하고 있다. 참고로 2022년 6월 17일 일본형법 개정(법률 제67호)으로 징역형과 금고형이 '구금형'으로 단일화되어 형법전의 '징역', '구금', '징역 또는 구금'은 모두 '구금형'으로 개정되었고, 부칙에 의하여 공포일로부터 3년 이내에 정령으로 정하는 날에 시행 예정이다. 그러나 현재 정령이 제정되지 않아 시행일은 미정이므로, 본장에서 일본형법 조문을 인용할 때는 현행 조문의 '징역' 등의 용어를 그대로 사용한다.

5 유가증권이라는 용어를 사용하고 있는 법률은 상법 제46조 제1호, 제2호, 제136조, 제153조, 민사소송법 제122조, 제462조, 민사집행법 제210조, 증권거래법 제1조, 제2조, 형사소송법 제100조 제3항 등이 있다. 각 법률상 유가증권의 의미가 모두 동일한 것은 아니나, 본장에서는 상법상 유가증권의 개념을 위주로 살펴보기로 한다[주석형법 〔각칙(2)〕(5판), 424(박형준)].

유가증권은 일반인이 진정한 것으로 오신할 정도의 형식과 외관을 갖추고 있으면 된다."고 판시한[6] 바 있다.[7] 결국 본죄에서의 유가증권이란, ① 재산권이 증권에 화체되어 있을 것, ② 권리의 행사와 처분에 증권의 점유가 필요할 것, 2가지의 요건을 갖추고 있는 것을 의미한다.

유가증권의 발행자에는 국가, 지방자치단체나 그 밖의 공공단체뿐만 아니라 사인(私人)도 포함된다.

7

(b) 재산권이 화체된 증권

유가증권은 재산권이 증권에 화체된 것이어야 한다. 이때, 유가증권에 화체된 재산권은 채권·물권·사원권 등으로 사법상의 재산권에 해당하면 그 종류에는 제한이 없고, 기명식·무기명식·지시식 증권이어도 상관이 없다.[8] 권리가 증권에 화체되면 증권의 소지자는 당연히 권리자로 추정되고, 그 증권의 점유만으로 당연히 권리행사를 할 수 있게 된다.[9] 반면에 권리자라도 그 증권의 점유를 상실하면 제권판결(상 §360, 민소 §475 이하 등) 등 증권의 실권절차를 밟지 않고서는 권리를 행사할 수 없게 된다.[10]

8

1) 유가증권의 종류

약속어음,[11] 수표, 화물상환증, 선하증권, 창고증권, 주권, 문화상품권, 백화점 상품권 등의 상품권, 복권,[12] 경마의 승마(勝馬)투표권,[13] 영화관람권, 승차권,[14] 스키장의 리프트 탑승권,[15] 기재된 금액의 한도 내에서 상품을 구매할 수

9

---

6 대판 1995. 3. 14, 95도20; 대판 1998. 2. 27, 97도2483; 대판 1998. 11. 24, 98도2967; 대판 2001. 8. 24, 2001도2832.
7 일본 판례도 유가증권은 재산상의 권리가 증권에 표시되고, 그 표시된 권리의 행사에 관하여 증권의 점유가 필요한 것을 말한다고 같은 취지의 판시를 하고 있다[最決 平成 3(1991). 4. 5. 刑集 45·4·171].
8 김성돈, 642.
9 신동운, 형법각론(2판), 379.
10 대판 2007. 5. 31, 2006도8488.
11 대판 2001. 8. 24, 2001도2832.
12 最判 昭和 33(1958). 1. 16. 刑集 12·1·25.
13 주석형법 [각칙(2)](5판), 425(박형준). 일본 판례는 이를 유가증권으로 본 것도 있고[東京高判 昭和 34(1959). 11. 28. 高刑集 12·10·974], 양도금지를 이유로 이를 부정한 판례도 있다[大判 昭和 9(1934). 3. 31. 刑集 13·362]. 경륜의 승자(勝者)투표권은 유가증권이라고 한 판례도 있다[名古屋高判 昭和 27(1952). 12. 22. 判特 30·23].
14 最決 昭和 25(1950). 9. 5. 刑集 4·9·1620(급행권).
15 대판 1998. 11. 24, 98도2967. 「회원용 리프트탑승권은 유가증권의 일종으로, 리프트 탑승권을

있는 권리가 화체된 구두회사의 할부구매전표,[16] 일본국 대장대신(大藏大臣)이
발행한 국채환부금 상환잔액에 대한 잔고확인증,[17] 일반 공중전화카드[18] 등은
재산권이 화체된 것으로 권리의 행사 또는 처분 시 증권의 점유를 필요하므로
유가증권이라고 볼 수 있다.

2) 유가증권인지 여부가 문제되는 경우

10

목욕탕의 의류보관표, 고속버스나 항공기의 수화물보관증,[19] 기명식 승선표,
물품구입증,[20] 인보험증권,[21] 정기예금증서[다만, 양도성예금증서(CD)는 제외]·예탁
금증서,[22] 예금통장[23]과 같이 채무자가 증권의 소지자에게 채무를 이행하면 그

발매할 권한 없이 발매기를 임의 조작함으로써 리프트탑승권을 부정 발급한 행위가 유가증권인
리프트탑승권을 위조하는 행위에 해당한다.」

16 대판 1995. 3. 14, 95도20. 「구두회사의 "할부구매전표"가 그 소지인이 판매회사의 영업소에서
그 취급상품을 그 금액의 한도 내에서 구매할 수 있는 권리가 화체된 증권으로서 그 권리의 행
사와 처분에 증권의 점유를 필요로 하는 것임이 인정된다면 유가증권에 해당한다.」

17 대판 2007. 7. 13, 2007도3394. 「일본국 대장대신이 발행한 것으로서 국채환부금 상환잔액이 남아
있음을 확인하는 잔고확인증은 이부국고채권으로 교환할 수 있는 재산상의 권리가 화체되어 있고
또 이를 특정은행에 제시하여 그 권리를 행사하는 것으로 볼 수 있으므로 유가증권에 해당한다.」

18 대판 1998. 2. 27, 97도2483. 「공중전화카드는 그 표면에 전체 통화가능 금액과 발행인이 문자로
기재되어 있고, 자기(자기)기록 부분에는 당해 카드의 진정성에 관한 정보와 잔여 통화가능 금액
에 관한 정보가 전자적 방법으로 기록되어 있어, 사용자가 카드식 공중전화기의 카드 투입구에 공
중전화카드를 투입하면 공중전화기에 내장된 장치에 의하여 그 자기정보가 해독되어 당해 카드가
발행인에 의하여 진정하게 발행된 것임이 확인된 경우 잔여 통화가능 금액이 공중전화기에 표시됨
과 아울러 그 금액에 상당하는 통화를 할 수 있도록 공중전화기를 작동하게 하는 것이어서, 공중
전화카드는 문자로 기재된 부분과 자기기록 부분이 일체로써 공중전화 서비스를 제공받을 수 있는
재산상의 권리를 화체하고 있고, 이를 카드식 공중전화기의 카드 투입구에 투입함으로써 그 권리
를 행사하는 것으로 볼 수 있으므로, 공중전화카드는 형법 제214조의 유가증권에 해당한다.」
    일본 판례도 같은 취지이다[最決 平成 3(1991). 4. 5. 刑集 45·4·171]. 본 판결 평석은 오영
근, "유가증권위조죄 해석상의 문제점", 형사판례연구 〔7〕, 한국형사판례연구회, 박영사(1999),
386-402.

19 오영근, 552.

20 물품의 교부를 위해서는 증서의 제시가 필요하다고 해도 권리가 화체된 것인지 여부를 알 수 없
는 물품구입증은 유가증권이라고 하기 어렵다(대판 1972. 12. 26, 72도1688).

21 대판 2006. 11. 23, 2004다45356. 「보험증권은 '면책증권'에 불과하여 보험증권을 제출할 수 없
는 경우 다른 방법으로 그 권리를 증명하여 약관대출을 신청하는 등 권리를 행사할 수 있다.」

22 대판 1984. 11. 27, 84도2147. 「정기예탁금증서는 예탁금반환채권의 유통이나 행사를 목적으로
작성된 것이 아니고 채무자가 그 증서 소지인에게 변제하여 책임을 면할 목적으로 발행된 이른
바 면책증권에 불과하여 위 증서의 점유가 예탁금반환채권을 행사함에 있어 그 조건이 된다고
볼 수 없는 것이라면 위 증권상에 표시된 권리가 그 증권에 화체되었다고 볼 수 없을 것이므로
위 증서는 형법 제216조, 제217조에서 규정된 유가증권에 해당하지 아니한다.」
    일본 판례도 같은 취지이다[最決 昭和 31(1956). 12. 27. 刑集 10·12·1798].

23 大判 昭和 6(1931). 3. 11. 刑集 10·75.

소지인이 진정한 권리자가 아니어도 채무자가 책임을 면하게 되는 '면책증권'은
재산권이 화체되어 있다고 볼 수 없어 유가증권이라고 볼 수 없다. 일본 판례 중
에는 회원 지위의 양도에 관하여 골프장의 승인이 필요하다고 증서에 기재되어
있는 골프장 회원입회보증금예탁증서는 회원 지위의 취득에 관하여 개인적 적격
성 유무가 고려되는 것이므로 유가증권에 해당하지 않는다고 한 것이 있다.[24]

　　계약서, 차용증서, 영수증과 같이 단순히 법률관계의 존부 또는 내용을 증
명하기 위한 '증거증권'[25] 역시 재산권이 화체되어 있다고 볼 수 없어, 유가증권
에 해당하지 않는다.　　　　　　　　　　　　　　　　　　　　　　　　　　　　11

　　또한, 지폐, 우표, 인지 등 권리가 문서화된 것이 아니라 증권 자체가 금전
적 가치를 지니는 '가치증권'도 재산권이 화체된 것이라고 볼 수 없으므로 본조
의 행위객체인 유가증권이라고 볼 수 없다.[26]　　　　　　　　　　　　　　　　12

　　한편, 신용카드를 유가증권으로 볼 수 있는지 여부에 대하여는 견해가 대립
한다. 신용카드업자가 발행한 신용카드의 유가증권성을 긍정하는 견해[27]도 있
지만, 다수설[28]은 신용카드에는 카드사용의 권한 사항만 기록된 것일 뿐 카드
자체에 재산권이 화체되어 있다고 보기 어렵기 때문에 신용카드의 유가증권성
을 부정한다. 이에 대하여 판례[29]는 "신용카드는 이를 소지함으로써 신용구매가
가능하고 금융의 편의를 받을 수 있다는 점에서 경제적 가치가 있다 하더라도,
그 자체에 경제적 가치가 화체되어 있거나 특정의 재산권을 표창하는 유가증권
이라고 볼 수 없다"고 판시하여 부정설의 입장이다.[30] 따라서 신용카드를 위조　13

24　最決 昭和 55(1977). 12. 22. 刑集 34·7·747.
25　주석형법 〔각칙(2)〕(5판), 425(박형준).
26　다만 우표, 인지는 유가증권위조죄 등의 객체인 유가증권은 아니고, 넓은 의미에서 유가증권의
　　일종이라고 볼 수 있으나 통화와 유사한 특수성을 가지고 있다〔김성돈, 642; 김일수·서보학, 새
　　로쓴 형법각론(9판), 550; 이재상·장영민·강동범, 형법각론(12판), §31/5; 정성근·박광민, 형법
　　각론(전정3판), 635〕.
27　박상기·전지연, 형법학(총론·각론)(5판), 768; 백형구, 형법각론(개정판), 511.
28　김성돈, 642; 김성천·김형준, 형법각론(5판), 소진(2015), 653; 김일수·서보학, 551; 배종대,
　　§110/6; 손동권·김재윤, 새로운 형법각론, §38/9; 신동운, 379; 이재상·장영민·강동범, §31/5;
　　이형국·김혜경, 형법각론(2판), 631; 임웅, 694; 정성근·박광민, 635; 정영일, 형법강의 각론
　　(3판), 325.
29　대판 1999. 7. 9, 99도857.
30　다만, 판례는 일반 신용카드가 아니라 한국외환은행 소비조합이 그 소속조합원에게 발행한 신용
　　카드로 엘칸토(주) 제품 대금 30,000원짜리 구두 2족을 구입할 수 있도록 신용카드에 기재된 것

하거나 변조한 행위, 위조되거나 변조된 신용카드를 판매 또는 사용한 행위, 행사할 목적으로 위조되거나 변조된 신용카드 등을 취득한 행위는 유가증권에 관한 형법의 규정이 아닌 여신전문금융업법 제70조 제1호, 제2호, 제5호에서 따라 처벌된다. [31]

14   현금카드, 후불식 공중전화카드인 KT 카드,[32] 카드 일련번호 입력식 국제전화카드[33] 등도 재산권이 화체되어 있지 않기 때문에 유가증권이라고 보기 어렵다.

3) 유가증권에 화체된 권리

15   유가증권에 화체된 권리는 채권, 물권, 사원권 등 '사법상 재산권'이면 그 종류를 불문한다. 따라서 재산권이 아닌 공법상 지위나 권한을 표시하는 여권, 국적증서, 노인우대증, 영업허가장, 임명장, 유언증서 등은 유가증권이라고 할 수 없다.[34] 유가증권에 화체된 채권은 금전채권에 한정되지 않고 특정물 인도청

인 경우, 그 카드에 의해서만 신용구매의 권리를 행사할 수 있는 점에서 재산권이 증권에 화체되었다고 볼 수 있으므로 유가증권이라고 보고, 그 금액을 변경한 것을 유가증권변조행위로 보았다(대판 1984. 11. 27, 84도1862).

31 여신전문금융업법 제70조(벌칙) ① 다음 각 호의 어느 하나에 해당하는 자는 7년 이하의 징역 또는 5천만원 이하의 벌금에 처한다.
　　1. 신용카드등을 위조하거나 변조한 자
　　2. 위조되거나 변조된 신용카드등을 판매하거나 사용한 자
　　5. 행사할 목적으로 위조되거나 변조된 신용카드등을 취득한 자

32 절취한 후불식 전화카드를 공중전화기에 넣어 사용한 사건에서, 후불식 전화카드는 사용자에 관한 각종 정보가 전자기록되어 있는 자기띠가 카드번호와 카드발행자 등이 문자로 인쇄된 플라스틱 카드에 부착되어 있는 것으로, 그 자기띠 부분은 카드의 나머지 부분과 불가분적으로 결합되어 전체가 하나의 사문서를 구성한다고 보았다. 즉, 후불식 전화카드를 유가증권이 아닌 사문서로 본 것이다. 위 사건에서 대법원은 권리의무에 관한 타인의 사문서를 부정행사한 경우에 해당한다며 유죄로 판결한 바 있다(대판 2002. 6. 25, 2002도461).

33 대판 2011. 11. 10, 2011도9620. 「국제전화카드는 그 소지자가 공중전화기 등에 카드를 넣어 그 카드 자체에 내장된 금액을 사용하여 국제전화서비스를 이용하는 것이 아니라, 카드 뒷면의 은박코팅을 벗기면 드러나는 카드일련번호를 전화기에 입력함으로써 카드일련번호에 의해 전산상 관리되는 통화가능금액을 사용하여 국제전화서비스를 이용하는 것으로서, 그 카드 자체에는 카드일련번호가 적혀 있을 뿐 자기띠 등 전자적인 방법으로 통화가능금액에 관한 정보 등은 입력되어 있지 않은 점, 또한 카드의 소지자가 카드를 분실하는 등으로 카드를 실제 소지하고 있지 않더라도 카드일련번호만 알고 있으면 국제전화서비스를 이용하는 데 아무런 지장이 없을 뿐만 아니라 카드일련번호만을 다른 사람에게 알려주는 방법으로 그 사람으로 하여금 카드를 소지할 필요 없이 국제전화서비스를 이용할 수 있도록 하는 것도 가능하다. 위와 같은 사정에 비추어 보면, 이 사건 국제전화카드는 재산권이 증권에 화체되어 있다고 할 수 없고 그 권리의 행사와 처분에 증권의 점유를 필요로 한다고 할 수도 없으므로 형법 제214조의 유가증권에 해당한다고 보기 어렵다.」

34 주석형법 〔각칙(2)〕(5판), 425(박형준).

구권, 노무의 급부청구권 등도 포함된다.

(c) 권리행사 및 처분을 위해서 증권의 점유 내지 소지가 필요할 것

본죄의 유가증권은 증권에 재산권이 화체되어 있고, 권리의 행사나 처분을 16
위해서 증권의 점유 또는 소지를 필요로 한 것이어야 한다. 채무자가 그 증서의
소지인에게 변제하여 책임을 면할 목적으로 발행된 것으로 증권의 소지인이 당
연히 권리자로 인정되는 것이 아니고, 증서의 점유가 권리행사의 요건이 아닌
바, 본조의 유가증권이 아니다. 따라서 공중접객업소 발행의 신발표·물품보관
증, 철도수화물상환증, 우편예금통장, 무기명정기예금증서, 정기예탁금증서[35]
등의 면책증권은 유가증권이라고 할 수 없다.[36] 그러나 은행에서 정기예금증서
에 대하여 발행하는 '양도성예금증서(Certificate of Deposit, CD)'는 무기명 예금증
서의 일종으로서 예금채권 및 이자를 표창할 뿐만 아니라, 금융시장에서 자유롭
게 매매할 수 있고 그 권리의 이전 및 행사에 증권의 소지가 요구되는 것으로,
유가증권에 해당한다고 볼 수 있다.[37]

(d) 유가증권의 원본일 것

본죄의 유가증권은 원본만이 그 객체에 해당하는지 아니면 유가증권 사본 17
도 본죄의 객체가 될 수 있는지 여부가 문제된다. 판례[38]는 'COPY NON
NEGOTIABLE'이라고 찍힌 선하증권은 원본이 아닌 사본임을 명백히 알 수 있
어 증권 자체에 운송물 인도청구권이 화체되어 있다고 보기 어렵다는 이유로
유가증권이 될 수 없다고 판시하였다. 사문서위조 등 문서에 관한 죄에서 사본
을 문서로 보는 것[39][40]과 달리, 판례는 전자복사기 등을 이용하여 기계적으로

---

35 대판 1984. 11. 27, 84도2147.
36 김성돈, 643.
37 김성돈, 643; 김일수·서보학, 551; 박상기·전지연, 768; 배종대, §110/6; 오영근, 553; 이정원·류
   석준, 형법각론, 560; 임웅, 695; 주석형법 〔각칙(2)〕(5판), 425(박형준).
38 다만, 사본임이 명백한 선하증권 사본의 경우에도 이를 위조하였음이 분명하다면 위조사문서행
   사죄의 대상이 될 수 있다(대판 2010. 5. 13, 2008도10678).
39 사문서위조 및 위조사문서행사죄, 공문서위조죄 및 위조공문서행사죄 등 문서에 관한 죄의 경우,
   전자복사기로 복사한 문서의 사본, 사본을 다시 복사한 문서의 재사본도 객체에 해당한다[대판
   1989. 9. 12, 87도506(전); 대판 1996. 5. 14, 96도785; 대판 2000. 9. 5, 2000도2855].
40 대판 2016. 7. 14, 2016도2081. 변호사인 피고인이 대량의 저작권법위반 형사고소 사건을 수임
   하여 피고소인 30명을 각각 형사고소하면서 하나의 고소위임장에만 소속 변호사회에서 발급한
   진정한 경유증표 원본을 첨부하고, 나머지 고소장에는 고소위임장과 일체로 복사한 경유증표를
   고소장에 첨부하여 접수한 사안에서, 사문서위조 및 동행사의 객체에 위와 같은 복사한 경유

복사한 유가증권의 사본은 본죄의 객체에 해당하지 않고 유가증권 '원본'만이 본죄의 객체에 해당한다고 본 것이다.[41]

(e) 유가증권의 형식

18   본죄의 유가증권에는 법률상 일정한 형식을 요구하는 법률상의 유가증권, 법률상 일정한 형식이 요구되지 않는 사실상의 유가증권 모두 포함되고,[42] 유가증권 자체가 사법상 유효하지 않아도 무방하다.[43]

19   법률상 유가증권인 어음·수표, 주권, 화물상환증, 창고증권, 선하증권 등의 경우 그 법정요건을 제대로 갖추지 못한 경우 사법상 효력이 없지만, 일반인이 진정한 것으로 오인할 수 있는 정도의 외관이 갖추어졌다고 하면 본죄의 유가증권에 해당할 수 있다. 따라서 발행일자의 기재가 없는 수표,[44] 대표이사의 기명만 있고 날인이 없어 상법상 무효(상 § 356)인 주권,[45] 문방구 약속어음용지를 이용하여 작성된 어음[46] 역시 본죄의 객체에 해당한다. 유가증권에 대한 거래의 안전과 공공의 신용은 유가증권의 사법상 효력과는 무관하기 때문에 사법상 유효하지 못한 유가증권도 본죄의 객체에 포함된다고 보는 것이다.[47] 다만, 발행인의 날인 없는 위조 가계수표와 위조약속어음은 일반인이 진정한 것으로 오신할 정도의 형식과 외관을 갖춘 것이라고 보기 어렵기 때문에 본조의 유가증권에 해당하지 않는다.[48]

20   탑승권, 상품권, 복권, 경마의 승마투표권, 극장입장권 등과 같은 사실상의

증표도 그 객체에 해당한다고 판시하였다.

41 대판 2007. 2. 8, 2006도8480.

42 이재상·장영민·강동범, § 31/6.

43 대판 1979. 9. 25, 78도1980.

44 대판 1973. 6. 12, 72도1796. 「수표요건을 흠결하여 실체법상 무효라고 해도 일반인으로 하여금 진정한 수표라고 오인할 정도의 것이면 위조죄가 성립한다.」

45 대판 1974. 12. 24, 74도294. 「대표이사의 날인이 없어 상법상 무효인 주권이라도 발행인인 대표이사의 기명을 비롯한 그 밖의 주권의 기명을 비롯한 주권의 기재요건을 모두 구비하고 회사의 사인까지 날인하였다면 일반인으로 하여금 일견 유효한 주권으로 오신시킬 정도의 외관을 갖추었으므로 형법 제214조 소정의 유가증권에 해당한다.」

46 대판 2001. 8. 24, 2001도2832. 「증권이 비록 문방구 약속어음 용지를 이용하여 작성되었다고 하더라도 그 전체적인 형식·내용에 비추어 일반인이 진정한 것으로 오신할 정도의 약속어음 요건을 갖추고 있으면 당연히 형법상 유가증권에 해당한다.」

47 이재상·장영민·강동범, § 31/6.

48 대판 1992. 6. 23, 92도976.

유가증권도 본죄의 유가증권에 포함된다.[49] 본조의 유가증권은 기명식·무기명식·지시식 증권 등 어떤 형식이라도 무방하다. 형법상 유가증권에 관한 죄는 유통성보다는 권리의 증권 화체성을 중시하며 거래질서유지를 위해 증권의 진실성에 대한 신뢰보호라는 측면에서 유가증권의 개념을 정립하기 때문에[50] 상법 등 관련 법률에 의해 규정되는 유가증권보다 그 범위가 넓고 외관상 진정한 것으로 오인할 만한 것이면 그 형식에 구애받지 않고 모두 본조의 유가증권에 포함된다.

(f) 유가증권의 발행자

본죄의 유가증권의 발행자는 그 자격을 달리 제한하고 있지 않기 때문에 국가, 지방자치단체 등 공공단체뿐만 아니라 자연인, 법인, 단체를 포함한 사인(私人) 모두 발행자가 될 수 있다. 따라서 유가증권의 발행자가 법인이 아닌 법인격 없는 단체이어도 무방하다.[51] 뿐만 아니라, 그 발행자의 국적이 우리나라로 제한되지 않기 때문에 외국 또는 외국법인 또는 외국 단체인 외국의 공채증서 기타 유가증권도 모두 본조의 유가증권에 포함된다.

21

본죄의 유가증권은 형식상 일반인이 유효한 유가증권으로 오인할 수 있는 외관을 갖추고 있으면 되는 것으로,[52] 발행 명의인이 실재할 필요도 없다. 따라서 유가증권의 발행인이 사자(死者) 또는 허무인이라고 해도 무방하다는 것이 통설[53] 및 판례[54]의 입장이다.

22

(g) 유가증권의 유통성 불요

본죄의 유가증권은 유통성을 요건으로 하지 않는다는 것이 통설[55] 및 판례[56]

23

---

49 주석형법 〔각칙(2)〕(5판), 431(박형준).
50 김성돈, 643.
51 주석형법 〔각칙(2)〕(5판), 430(박형준).
52 대판 2001. 8. 24, 2001도2832.
53 김성돈, 643; 김일수·서보학, 552; 박상기·전지연, 768; 배종대, §110/7; 신동운, 379; 오영근, 553; 이재상·장영민·강동범, §31/8; 이정원·류석준, 561; 임웅, 696; 정성근·박광민, 637; 정영일, 326; 정웅석·최창호, 형법각론, 189; 최호진, 형법각론, 747; 홍영기, 형법(총론과 각론), §106/5.
54 대판 1971. 7. 27, 71도905; 대판 2011. 7. 14, 2010도1025.
55 김성돈, 643; 배종대, §110/7; 이영란, 형법학 각론강의(3판), 606; 이재상·장영민·강동범, §31/9; 이정원·류석준, 561; 이형국·김혜경, 631; 손동권·김재윤, §38/12; 정성근·박광민, 637; 정웅석·최창호, 189; 정영일, 326.
56 대판 2001. 8. 24, 2001도2832.

〔이 순 옥〕　　　　　　　　　　　　　　　　　　　　　　**73**

의 입장이다. 본법은 통화에 관한 죄(제18장), 유가증권에 관한 죄(제19장), 문서에 관한 죄(제20장)를 각각 별도의 장에서 규정하고 있다. 이와 같이 유가증권에 관한 죄를 통화에 관한 죄와 별도로 규정하고 이유에 대하여는 유가증권은 통화와 달리 유통성을 그 요건으로 하지 않기 때문이라고 설명되기도 한다.[57]

24   본죄의 유가증권이 특별한 취급을 받는 것은 유통성 때문이 아니라 재산권이 화체되어 있는 증권이기 때문으로,[58] 그 권리의 행사 또는 처분에 증권의 점유 또는 소지가 요건이면 충분하고 유통성이 있어야 유가증권이 되는 것은 아니다. 따라서 재산권이 증권에 화체되어 있고 권리행사를 위해서 증권의 점유가 필요하지만, 증권 자체에 유통성이 없는 극장입장권, 놀이동산 관람권, 대중교통의 승차권, 승마투표권, 복권 등도 본죄의 유가증권에 포함된다.[59]

(2) 행위

(가) 위조

25   본조 제1항의 위조는 유가증권의 '발행'에 관한 위조·변조행위를 처벌하는 규정이기 때문에 기본적 증권행위에 대한 것이어야 하고, 제2항의 배서·인수·보증 등 부수적인 증권행위에 대한 위조행위는 포함되지 않는다. 따라서 본죄에서의 '위조'란, ① 작성권한이 없는 자가 ② 타인의 명의의 유가증권을 작성하는 것을 의미한다.

(a) 타인 명의

26   위조는 유가증권을 작성할 권한 없이 '타인의 명의'를 모용 또는 사칭하여 유가증권을 작성하는 것을 의미한다. 따라서 대리권 또는 대표권 없는 행위자가 자신을 대리권자 또는 대표권자로 표시한 경우에는 위조에 해당하지 않는다. 다만, 이 경우 정당한 대리인 또는 대표자가 아니면서 그의 자격을 사칭한 것으로 제215조의 자격모용에 의한 유가증권작성죄가 성립할 수 있다.

27   한편, 어음 등 유가증권의 발행권자의 명칭은 반드시 본명이어야 하는 것은 아니다. 발행인의 명칭은 상호, 별명 그 밖의 거래상 본인을 가리키는 것으로 인식되는 칭호이면 어느 것이나 사용할 수 있다.[60] 따라서 망부의 사망 후 그의

---

57 주석형법 [각칙(2)](5판), 431(박형준).
58 신동운, 380; 이재상·장영민·강동범, § 31/9; 정성근·박광민, 637.
59 주석형법 [각칙(2)](5판), 431(박형준).
60 주석형법 [각칙(2)](5판), 433(박형준).

명의를 평소에 피고인을 표시하는 명칭으로 거래상 사용하는 경우와 같이 종전부터 타인 명의를 거래상 자기를 표시하는 명칭으로 사용해왔던 경우, 그 타인의 명의를 사용하여 어음 등을 발행하였더라도 위조라고 볼 수 없다.[61]

(b) 작성권한

본조의 위조는 '작성권한 없는 자'의 유가증권 작성행위를 처벌하는 것이다. 예컨대, 회사를 대리 또는 대표하여 유가증권을 발행할 권한이 없는 사원이 회사 명의의 유가증권을 작성하면 위조에 해당한다.[62] 그러나 타인 명의로 유가증권을 작성하였다고 해도 명의자의 승낙 또는 포괄적인 위임이 있는 경우, 작성권한이 있는 자에 의한 유가증권 작성이므로 위조에 해당하지 않는다.[63] 다만, 사망한 자 A의 처 B로부터 사망자 A의 인장을 교부받아 생존했던 시점을 발행일자로 하여 A 명의의 유가증권을 작성한 경우, 사망한 자의 처 B의 위임은 사망한 명의자 A의 승낙으로 볼 수 없어 위조에 해당한다고 보아야 할 것이다.[64]

위조에 해당하는지 여부는 작성자가 그 문서를 적법하게 작성할 수 있는 권한을 가지고 있는지 여부에 따라 달라지는 것으로, 작성권한이 없음에도 불구하고 정당한 권한이 있는 자의 이름을 모용하거나 허무인을 정당한 대리권자로 표시하여 증권을 작성한 경우 위조에 해당한다.[65]

1) 대리권이나 대표권을 갖는 자

타인의 대리 또는 대표자격으로서 문서를 작성하는 경우, 그 대표자 또는 대리인은 자기를 위하여 작성하는 것이 아니고 본인을 위하여 작성하는 것으로서, 그 문서는 대리인 또는 대표인 명의의 문서가 아니라 본인의 문서이고, 본인에 대하여서만 효력이 생긴다.[66] 따라서 대리인 또는 대표인 명의로 문서를

28

29

30

---

61 대판 1982. 9. 28, 82도296. 「타인의 명칭이라도 통상 그 명칭은 자기를 표시하는 것으로 거래상 사용하여 그것이 그 행위자를 지칭하는 것으로 인식되어 온 경우에는 그것을 어음상으로도 자기를 표시하는 칭호로 사용할 수 있다 할 것이므로 피고인이 그 망부의 사망 후 그의 명의를 거래상 자기를 표시하는 명칭으로 사용하여 온 경우에는 피고인에 의한 망부 명의의 어음발행은 피고인 자신의 어음행위라고 볼 것이고 이를 가리켜 타인의 명의를 모용하여 어음을 위조한 것이라고 할 수 없다.」
62 最決 昭和 40(1965). 6. 3. 刑集 19·4·431.
63 대판 1960. 5. 31, 4292형상588.
64 대판 2011. 7. 14, 2010도1025.
65 김성돈, 644. 신동운, 384.
66 대판 1975. 9. 23, 74도1684.

작성하는 경우에는 위 문서가 위조에 해당하는지 여부는 대리인 또는 대표인으로부터 그 문서 작성에 관하여 위임 또는 승낙을 받았는지 여부에 따라 판단할 것이 아니라, 작성자가 본인을 위하여 그 문서를 적법하게 작성할 수 있는 권한이 있는지 여부에 따라서 판단하여야 한다.[67] 예를 들어, 주식회사 A의 대표이사 甲이 은행과의 당좌거래약정이 전(前) 대표이사 乙 명의로 되어 있어 당좌거래명의를 변경함이 없이 그대로 전 대표이사 乙 명의를 사용하여 수표를 발행하였다고 해도, 수표의 발행인은 전 대표이사 乙이 아니라 A 회사이므로, A 회사 명의의 수표를 발행할 권한이 있는 사람인 甲이 그 작성권한에 의해 발행한 것이므로 위조행위에 해당하지 않는다.[68] 이때 전 대표이사인 乙의 위임 또는 승낙이 없었다고 해도 위조행위에 해당한다고 볼 수 없다.

2) 대리권(대표권)의 남용

31   주식회사의 적법한 대표이사는 회사의 영업에 대하여 재판상 또는 재판 외의 모든 행위를 할 권한이 있는바, 이러한 대표이사가 대표 자격을 표시하여 허위로 또는 대표권을 남용하여 약속어음을 작성하는 경우에도 작성권한이 있는 자에 의한 행위이므로, 유가증권위조에 해당하지 않는다고 판시한 바가 있다.[69] 따라서 대리인 또는 대표자가 대리 또는 대표권자임을 표시하고 증권을 작성할 수 있는 일반적·포괄적 권한이 있는 경우, 그 대리인 또는 대표자가 그 권한 범위 내에서 권한을 남용하여 자기 또는 제3자의 이익을 도모할 목적으로 유가증권을 작성하면 유가증권위조죄가 성립하지는 않는다고 보아야 할 것이다. 유가증권 작성의 목적이 본인을 위한 것인지 여부는 본인과 작성자 사이의 내부적 관계에만 영향을 미칠 뿐, 증권발행에 관한 대외적 관계에 아무런 영향이 없기 때문이다.[70] 다만, 이 경우 배임죄 또는 허위유가증권작성죄가 성립될 수는 있다. 본죄는 유가증권에 관한 거래의 안전을 보호하는 것을 목적으로 하는 것이므로, 대외적인 관계에서 영향이 없는 권한남용의 경우에는 위조죄를 인정하지

---

67 대판 1975. 9. 23, 74도1684; 대판 2008. 11. 27, 2006도2016; 대판 2008. 12. 24, 2008도7836.
68 대판 1975. 9. 23, 74도1684.
69 대판 2015. 11. 27, 2014도17894. 「대표이사가 직접 주식회사 명의의 문서를 작성하는 행위는 자격모용사문서작성 또는 위조에도 해당하지 않고, 그 내용이 허위이거나 자기 또는 제3자의 이익을 위한 것으로서 대표권 남용에 해당하는 경우에도 마찬가지이며 이러한 법리는 유가증권을 작성하는 경우에도 마찬가지이다.」
70 주석형법 [각칙(2)](5판), 434(박형준).

않는 것이 타당하다.

3) 대리권(대표권)의 초월

본인의 대리인 또는 대표권자이지만 대리권 또는 대표권의 권한의 범위를   32
명백히 초월하거나 권한범위 밖의 행위를 하여 '본인 또는 회사 명의'의 유가증
권을 작성한 경우에는, 유가증권위조죄가 성립될 수 있는지에 관하여 견해가 대
립된다. ① 대리인 또는 대표자가 본인의 대리인 또는 대표권자로 표시하여 유
가증권을 작성하는 경우, 그 법률효과는 본인에게 귀속되기 때문에 권한 없이
유가증권을 작성한 것이라고 하면서 유가증권위조의 성립을 긍정하는 견해,[71]
② 대리권이나 대표권을 초월한 행위는 당해 유가증권 발행행위에 대하여 대리
권 또는 대표권이 없는 경우이므로, 자격모용에 의한 유가증권작성죄가 성립할
뿐 유가증권위조죄가 성립하지 않는다는 견해,[72] ③ 대리인·대표인 '자격모용
인지, 명의모용인지'에 따라 구분해야 한다는 견해[73]가 있다. 위 ③의 견해에 의
하면, 대리인·대표인 명의로 유가증권을 발행한 경우 그 권한초월의 범위가 '자
격'에 대한 모용이므로 자격모용유가증권작성죄가, 대리권 또는 대표권을 준 '본
인 또는 회사' 명의로 유가증권을 발행한 경우에는 그 '명의'를 모용한 것으로
유가증권위조죄가 성립한다고 한다.[74]

유가증권의 경우 작성명의인 본인에 의하여 발행되는 경우보다 대리인이나   33
대표 또는 기관의 명의로 발행되는 경우가 더 많은 것이 현실이다. 본인 명의의
유가증권 작성에 대하여 일반적·포괄적 권한이 아니라 본인의 구체적 수권에
의하여 일정한 범위 내에서만 대리 등의 방식으로 유가증권을 작성할 권한이
있는 사람이 그 권한의 범위를 초월하여 유가증권을 작성한 경우는, 유가증권위
조죄가 성립한다고 보아야 할 것이다.[75] 따라서 작성권한 있는 자의 보조자로서
단지 기계적인 사무만을 취급하는 자가 작성권한자의 구체적 지시나 승낙의 범
위를 넘어 유가증권을 작성하거나,[76] 조합의 내규에 따라 전무이사의 결재를 얻

---

71 김일수·서보학, 552; 최호진, 749.
72 배종대; § 110/9; 이재상·장영민·강동범, § 31/23; 이형국·김혜경, 632; 정웅석·최창호, 190.
73 김성돈, 644; 정성근·정준섭, 형법강의 각론(2판), 476.
74 김성돈, 644.
75 정영일, 327.
76 大判 昭和 18(1943). 3. 31. 法律新聞 4837·10(경리과장의 감독을 받아 일상경비 지출 등을 위
     하여 필요한 한도 내에서 회사 대표자 명의의 수표를 발행할 권한이 있을 뿐인 경리직원이 자신

어 조합장 명의로 유가증권을 발행하도록 되어 있는 단순 기안자·보조자인 직원이 결재를 받지 않고 독단적으로 작성한 경우[77]는 위조에 해당한다. 또한 주식회사의 지배인이 회사의 내부규정 등에 의하여 제한된 권한범위를 벗어나 회사 명의의 유가증권을 작성한 경우, 유가증권위조죄에 해당할 수 있다.[78]

(c) 위조의 방법

34   위조의 방법은 제한이 없다. 약속어음과 같이 유통성을 가진 유가증권의 위조는 일반거래의 신용을 해하게 될 위험성이 매우 크기 때문에 적어도 행사할 목적으로 외형상 일반인이 진정하게 작성된 유가증권이라고 오신할 수 있으면 허무인[79] 명의 또는 사자 명의로 유가증권을 작성한 경우에도 모두 위조에 해당할 수 있고,[80] 찢어진 타인의 약속어음을 이용하여 어음의 외형을 갖춘 경우에도 유가증권위조죄가 성립한다.[81]

1) 간접정범에 의한 위조

35   유가증권위조의 경우 간접정범의 형태로 위조행위를 하는 것도 가능하다. 예를 들면, 유가증권을 영수증이라고 속이는[82] 등 타인을 기망하여 그 타인으로 하여금 유가증권의 발행인으로 서명날인하게 한 후 임의로 어음요건 등을 기재하여 발행한 경우 간접정범에 의한 유가증권위조죄에 해당할 수 있다.[83] 다만 작성권한이 있는 자를 도구로 기망하여 완전한 유가증권을 작성한 경우, 유가증권 자체는 진정하게 성립되었다고 볼 수 있기 때문에 유가증권위조죄 성립하지

이 사용하기 위하여 수표를 작성한 경우).

77 最決 昭和 43(1968). 6. 25. 刑集 22·6·490(약속어음 발행).

78 대판 2012. 9. 27, 2012도7467. 주식회사 A 은행의 지배인은 원칙적으로 회사의 영업에 관하여 재판상 또는 재판 외의 모든 행위를 할 권한이 있으므로, 지배인이 직접 주식회사 명의 문서를 작성하는 행위는 위조나 자격모용사문서작성에 해당하지 않는 것이 원칙이지만, 회사 내부규정 등에 의하여 제한된 범위를 벗어나 회사 명의의 문서를 작성한 경우 사문서위조죄에 해당한다는 판례이나, 유가증권위조의 경우에도 참고할 수 있다.

79 最判 昭和 30(1955). 5. 25. 刑集 9·6·1080. 「작성 명의인이 실재할 필요는 없고, 허무인 명의라도 실재한다고 여겨지는 사람이면 위조가 된다.」

80 대판 1971. 7. 27, 71도905; 대판 2011. 7. 14, 2010도1025.

81 대판 1976. 1. 27, 74도3442.

82 오영근, 554.

83 김성돈, 645, 배종대, §110/10; 이재상·장영민·강동범, §31/17; 이정원·류석준, 562; 이형국·김혜경, 633. 일본 판례도 어음위조의 의도를 숨기고 타인을 기망하여 발행인으로 서명토록 한 어음용지를 이용한 경우에 위조죄를 인정하였다[大判 大正 15(1926). 11. 2. 刑集 5·480].

않고 사기죄만 성립한다.[84]

2) 백지어음, 백지수표와 관련된 문제

　어음취득자에게 어음요건을 보충시키도록 하기 위하여 그중 일부를 기재하 36
지 않은 채 미완성인 상태로 발행된 백지어음에 대하여 취득자가 이미 정해져
있던 보충권의 한도를 넘어 보충을 한 경우, 발행인의 서명날인이 있는 기존의
약속 어음용지를 이용하여 새로운 약속어음을 발행하는 것에 해당하므로 위와
같은 보충권의 범위를 초월한 행위는 유가증권위조죄를 구성한다.[85] 이러한 법
리는 백지수표의 보충권남용에서도 그대로 적용할 수 있다.[86]

　한편, 백지인 액면을 보충·할인하여 달라는 의뢰를 받고 백지어음을 교부 37
받은 자가 보충권의 한도를 넘어서 보충한 후 자신의 채무를 변제하는 데 위와
같이 위조한 약속어음을 사용한 경우 유가증권위조죄가 성립하는 것은 당연하
나, 횡령죄가 성립되는지 여부가 문제된다. 이러한 경우 보충권의 남용행위로
인하여 생겨난 새로운 약속어음에 대하여는 발행인과의 관계에서 보관자의 지
위에 있다 할 수 없으므로, 횡령죄가 성립될 수는 없지만 발행자에 대한 배임죄
가 성립될 수는 있다.[87]

　그러나 어음금액의 보충권의 한도 자체가 처음부터 일정한 금액 등으로 특 38
정되어 있지 아니하고 그 행사방법에 대하여도 특별한 정함이 없어서 다툼이
있는 경우, 결과적으로 보충권의 행사가 그 범위를 일탈하게 되었다 하더라도
그 점만 가지고 바로 백지보충권의 남용 또는 그에 대한 범의가 있다고 단정할
수는 없고, 이러한 경우 보충권 일탈의 정도, 보충권행사의 원인 및 경위 등에
관한 심리를 통하여 신중히 이를 인정하여야 한다.[88]

　타인에 의해 위조된 백지어음이라는 사실을 알면서 이를 구입하여 백지인 39

---

84 이정원·류석준, 563; 정성근·박광민, 639. 일본 판례도 수표 발행권한이 없는 은행 직원이 허위
　　서류를 작성하여 발행권한이 있는 상사를 기망하여 수표를 발행토록 하여 교부받은 경우, 사기
　　죄로 의율해야 한다고 판시하였다[大判 昭和 17(1942). 3. 16. 刑集 21·121].

85 대판 1989. 12. 12, 89도1264.

86 다만, 백지수표의 경우 유가증권위조죄가 성립하는 경우에도 백지수표의 발행인은 그 보충권의
　　범위 내에서는 수표부도로 인한 부정수표 단속법 제2조 제2항의 죄책을 진다(대판 1999. 6. 1,
　　99도1201).

87 대판 1995. 1. 20, 94도2760.

88 대판 1989. 12. 12, 89도1264.

액면란에 금액을 기입하여 완성하는 경우[89]는 물론, 처음부터 약속어음을 위조할 목적으로 타인을 기망하여 약속어음용지에 발행인으로 기명날인하게 한 다음, 발행인 몰래 다른 어음요건을 기재한 경우[90]에도 백지어음의 위조행위와 구분되는 별개의 위조행위로서 유가증권위조죄가 성립한다. 그러나 이미 어음요건이 기재된 약속어음에 발행인을 기망하여 기명날인하게 한 다음 이를 교부받은 경우는 유효하게 성립된 약속어음에 대한 사기죄가 성립하고, 따로 유가증권위조죄는 성립하지 않는다.[91] 발행권자를 기망하여 이미 기재한 수표용지에 날인하게 하는 것도 마찬가지로 사기죄에 해당한다.[92]

(d) 위조의 정도

40   위조의 정도는 외형상 일반인이 진정한 유가증권으로 오신할 정도이면 충분하다.[93] 이때 일반인이 진정한 유가증권으로 오신할 정도인지 여부는 유가증권의 형식과 외관을 종합적으로 보아 판단하여야 한다.

41   권한 없이 문방구 약속어음 용지를 이용하여 약속어음을 작성한 경우에도 그 외관상 일반인이 진정한 것으로 오인할 수 있는 정도이면 형법상 유가증권위조죄에 해당하나,[94] 인쇄된 약속어음용지를 사용하였더라도 유가증권인 약속어음을 발행할 의도로 약속어음을 작성한 것이라기보다는 소비대차의 증표로 발행한 것으로 보이고 발행인의 날인이 없으며, 발행인이 아닌 피고인이 임의로 무인한 것만 있는 경우 그 작성방식에 비추어 일반인이 진정한 약속어음으로 오인할 정도의 형식과 외관을 갖춘 것이라고 보기 어려워 본조의 유가증권위조에 해당한다고 보기 어렵다.[95]

42   위조된 유가증권이 반드시 사법상 유효한 정도의 요건을 갖출 필요도 없다.[96] 발행인 명의의 인장이 명백하지 않은 수표,[97] 대표이사의 날인이 없는 주

---

89 대판 1982. 6. 22, 82도677.
90 주석형법 [각칙(2)](5판), 436(박형준).
91 김신규, 617; 오영근, 555; 이재상·장영민·강동범, §31/17; 이정원·류석준, 563.
92 배종대, §110/10.
93 대판 2011. 7. 14, 2010도1025.
94 대판 2001. 8. 24, 2001도2832.
95 대판 1992. 6. 23, 92도976.
96 이재상·장영민·강동범, §31/16.
97 대판 1973. 6. 12, 72도1796.

권[98]인 경우에도, 그 외관에 비추어 일반인이 진정한 수표 또는 주권이라고 오신할 정도이면 위조에 해당한다고 볼 수 있다.[99]

　　한편, 폐공중전화카드의 '자기기록부분'에 전자정보를 기록하여 사용 가능한 　43
공중전화카드를 만든 것이 '위조'에 해당하는지 여부에 대하여는 견해가 대립한다. 판례[100]는 공중전화카드의 그 표면에 전체 통화가능 금액과 발행인이 문자로 기재되어 있고, 자기기록 부분에는 당해 카드의 진정성에 관한 정보, 잔여 통화가능 금액에 관한 정보가 전자적 방법으로 기록되어 있어, 공중전화카드는 문자로 기재된 부분과 자기기록 부분이 일체로 보아야 한다는 이유로, 전자기록부분을 변경한 것도 위조가 될 수 있다는 긍정설[101]의 입장이다. 그러나 이에 대하여는 전자기록부분은 문자나 가독적인 부호로 표시된 것이 아니기 때문에 위조의 대상이 될 수 없고, 전자기록 등 특수매체기록의 권한 없는 조작은 형법상 '위작'이라는 별개의 개념으로 포섭되어야 하는 것이므로 위조에 해당하지 않는다는 부정설[102]도 있다.

　(나) 변조

　'변조'는 ① 진정으로 성립된 ② 타인 명의의 유가증권의 내용에 ③ 권한이 　44
없는 자가 ④ 유가증권의 동일성을 해치지 않는 범위 내에서 그 내용에 변경을 가하는 것을 의미한다.

　(a) 진정하게 성립된 유가증권

　변조는 이미 진정하게 성립된 유가증권을 전제로 한다. 진정하게 성립된 　45
유가증권의 발행일, 지급기일, 지급인의 주소, 액면금액[103] 등을 권한 없이 변경한 경우 유가증권변조죄가 성립한다.

　　변경된 것의 내용이 진실인지 여부, 변경된 기재내용이 법률상 유효한지 여 　46
부는 변조죄의 성립에 영향이 없다. 그러나 내용의 변경으로 그 동일성이 상실

98　주석형법 〔각칙(2)〕(5판), 435(박형준).
99　일본 판례는 발행지의 기재를 흠결한 약속어음이라도 무방하고〔大判 明治 35(1902). 6. 5. 刑錄 8·6·42〕, 수취인과 발행일의 기재가 없는 약속어음이라도 백지어음이라고 오신케 할 정도의 기재가 있는 경우에는 유가증권에 해당한다〔東京高判 昭和 58(1983). 5. 26. 東高刑時報 4=5=6·18〕고 한다.
100 대판 1998. 2. 27, 97도2483.
101 배종대, § 110/10.
102 김성돈, 645; 오영근, 555.
103 대판 2006. 1. 26, 2005도4764.

된 때에는 변조가 아니라 유가증권위조죄가 성립한다.

47   판례[104]에 의하면, 유가증권변조죄는 진정하게 성립된 유가증권을 전제로 하는 것으로 위조·변조된 유가증권은 변조의 대상이 될 수 없다. 따라서 A가 백지약속어음의 액면란을 부당보충하는 방법으로 위조한 다음, 권한 없는 B가 위 약속어음의 액면란을 임의로 변경한 경우,[105] 권한 없이 약속어음의 지급기일을 변조한 다음, 그 후 위와 같이 변조된 부분을 재차·삼차 변경한 경우에는 진정하게 성립된 유가증권이라고 할 수 없으므로 유가증권변조죄가 성립하지 않는다.[106]

(b) 타인 명의의 유가증권

48   변조는 자기 명의의 유가증권이 아닌 타인 명의의 유가증권의 내용을 권한 없이 변경하는 것이다.[107] 따라서 타인에게 속한 자기 명의의 유가증권을 권한 없이 변경한 경우에는 문서손괴죄 또는 허위유가증권작성죄에 해당할 수 있음은 별론으로 하고, 유가증권변조죄가 성립하지 않는다.[108] 따라서 주권 작성에 관한 일반적인 권한을 가지고 있는 회사의 대표이사가 그 대표권을 남용하여 자기 또는 제3자의 이익을 위하여 주주명 등 주권의 기재사항을 임의로 변경한 경우에도, 회사의 대표이사의 자격에서 대표권에 기하여 변경한 것으로, 이는 타인 명의의 유가증권을 변경한 것이라고 볼 수 없으므로 유가증권변조죄가 성립하지 않는다.[109]

(c) 권한 없는 변경

49   변조는 권한 없는 사람이 그 내용을 변경한 것을 의미하는 것으로, 타인 명의의 유가증권의 내용을 변경하더라도 그 권한을 위임받은 경우 등 권한이 있는 경우에는 변조라고 할 수 없다. 따라서 약속어음의 발행인으로부터 어음금액이 백지인 약속어음의 할인을 위임받은 자가 위임 범위 내에서 어음금액을 기재한 후 어음할인을 받으려고 하다가 그 목적을 이루지 못하자 유통되지 아니

---

104 대판 2006. 1. 26, 2005도4764; 대판 2008. 12. 24, 2008도9494; 대판 2012. 9. 27, 2010도15206.
105 대판 2006. 1. 26, 2005도4764; 대판 2008. 12. 24, 2008도9494.
106 대판 2012. 9. 27, 2010도15206.
107 대판 2006. 1. 13, 2005도6267.
108 대판 1978. 11. 14, 78도1904; 대판 1980. 4. 22, 79도3034.
109 대판 1978. 11. 14, 78도1904; 대판 1980. 4. 22, 79도3034.

〔이 순 옥〕

한 당해 약속어음을 원상태대로 발행인에게 반환하기 위하여 어음금액의 기재를 삭제하는 것은, 그 권한 범위 내에 속한다고 할 것이므로 이를 유가증권변조라고 볼 수 없다.[110] 비록 진실에 부합하는 내용의 변경이라고 하더라도 권한 없이 변경한 경우에는 변조행위에 해당한다.

변조도 위조와 마찬가지로 그 사실을 알지 못하는 제3자를 이용하여 간접 **50** 정범의 형태로 범할 수도 있다. 판례[111]는 한국외환은행 소비조합이 그 소속조합원에게 특정 회사의 대금 3만 원짜리 구두 2켤레를 구입할 수 있다는 내용이 기재된 신용카드를 발급하였는데, 이를 제3자가 빌린 다음 구두를 구매하면서 신용카드를 제시받은 상점 점원에게 자신이 위 금액을 정정할 수 있는 권리가 있는 것처럼 기망하여 상점 점원으로 하여금 카드의 금액란을 정정하도록 한 것이라면, 간접정범에 의한 유가증권변조죄에 해당한다고 판시하였다.

(d) 동일성 유지

변조는 그 유가증권의 동일성을 해하지 않는 한도에서 변경을 가하는 것을 **51** 의미한다.[112] 유가증권에 변경을 가함으로써 유가증권이 동일성을 상실하는 경우에는 위조이지 변조는 아니다. 따라서 유가증권 발행인의 성명을 변경하거나,[113] 약속어음 용지에 필요사항을 임의로 기재하여 새로운 유가증권을 만들거나, 실효된 유가증권을 이용하여 발행일 또는 유효기간 등 종기를 변경하여 유효한 유가증권의 외관을 갖도록 하는 것은, 변조가 아니라 위조에 해당한다.[114]

다만, 위조와 변조는 그 죄에 있어서 차이가 크지 않고 동일한 법조에 의하 **52** 여 처벌되므로 그 구별의 실익이 크지 않다. 이런 점에서 위조를 변조라고 판단한 경우에도 법령위반의 상소이유에 해당하지 않는다고 할 것이다.[115]

2. 주관적 구성요건

본죄는 고의범으로 유가증권을 위조 또는 변조한다는 점에 대한 고의가 필 **53**

---

110 대판 2006. 1. 13, 2005도6267.
111 대판 1984. 11. 27, 84도1862.
112 대판 2006. 1. 13, 2005도6267.
113 주석형법 〔각칙(2)〕(5판), 437(박형준).
114 김성돈, 646; 배종대, §110/11; 손동권·김재윤, §38/19; 이재상·장영민·강동범, §31/18; 임웅, 697; 정성근·박광민, 640; 정영일 327.
115 最判 昭和 36(1961). 9. 26. 刑集 15·8·1525.

요하다. 또한, 초과주관적 구성요건으로 '행사할 목적'이 요구된다. 이때 행사할
목적이란 진정한 유가증권으로 사용할 목적을 의미한다.[116]

54   통화위조죄 등에서 '행사할 목적'에 유통시킬 목적을 요구하는 것과 달리
유가증권위조죄에서는 유통시킬 것을 목적으로 하는 것은 아니다.[117] 따라서 자
신의 신용력을 증명하기 위하여 타인에게 보일 목적으로 유가증권을 위조한 경
우에도 본죄의 행사할 목적이 있다고 볼 수 있다.[118] 자신이 직접 위조유가증권
을 행사하지 않고 제3자로 하여금 행사하게 하려는 경우에도 행사할 목적에 해
당한다.[119]

55   행사할 목적은 진정한 유가증권으로서 사용하겠다는 확정적인 인식까지는
필요하지 않고, 미필적 인식만으로도 충분하다.[120] 다만 수표위조·변조의 경우
는 부정수표 단속법 제5조에 따라 처벌되는데, 동 조항에서 "수표를 위조 또는
변조한 자는 1년 이상의 유기징역과 수표금액 10배 이하의 벌금에 처한다."고
하여 행사할 목적을 따로 요구하지 않고 있다. 판례[121]도 부정수표 단속법 제5
조는 "수표의 강한 유통성과 거래수단으로서의 중요성을 감안하여 유가증권 중
수표의 위조·변조행위에 관하여는 범죄성립요건을 완화하여 초과주관적 구성
요건인 '행사할 목적'을 요구하지 않는다."고 판시하고 있다.

3. 공 범

56   타인이 행사할 목적으로 유가증권을 위조한다는 사실을 알면서 공동가담

---

116 김성돈, 646; 배종대, §110/13; 주석형법 〔각칙(2)〕(5판), 438-439〔판례도 "유가증권죄에 있어서
   의 '행사할 목적'이란 다른 사람으로 하여금 그 유가증권이 정당한 권한에 기하여 작성된 것으로
   오신하게 할 목적을 말하며, 여기에는 해당 유가증권을 본래의 용법에 따라서 사용하고자 하는
   경우뿐만 아니라 그 유가증권이 진정하게 성립한 것임을 전제로 하여 일정한 다른 용도에 사용
   할 목적이 있는 경우도 포함한다."고 판시하였다(대판 2008. 7. 24, 2007도3001)고 소개한다.
117 제207조에서 정한 '행사할 목적'이란 유가증권위조의 경우와 달리 위조·변조한 통화를 진정한
   통화로서 유통에 놓겠다는 목적을 말하므로, 자신의 신용력을 증명하기 위하여 타인에게 보일
   목적으로 통화를 위조한 경우에는 행사할 목적이 있다고 할 수 없다(대판 2012. 3. 29, 2011도
   7704).
118 김일수·서보학, 554; 정성근·박광민, 640.
119 주석형법 〔각칙(2)〕(5판), 439(박형준).
120 주석형법 〔각칙(2)〕(5판), 439(박형준). 독일에서도 마찬가지이다(Entscheidungen des Bundes-
   gerichtshofs in Strafsachen, Band 23, p.292).
121 대판 2008. 2. 14, 2007도10100; 대판 2019. 11. 28, 2019도12022.

의 의사로 공동 실행하면 공동정범이 성립한다. 예컨대 위조유가증권의 인쇄를 의뢰받은 자가 스스로는 행사할 생각이 없지만 위조한다는 사실을 알면서 이를 수락하여 인쇄한 경우, 유가증권위조죄의 공동정범이 된다.[122] 그리고 위조한다는 사실을 알면서 위조한 유가증권의 교부를 조건으로 돈을 빌려준 경우, 돈을 빌려줌으로써 위조의 결의를 강화시켰다면 방조범이 성립할 수 있을 것이다.[123]

4. 죄수 및 다른 죄와의 관계

(1) 죄수

　통설[124] 및 판례[125]는 유가증권위조죄의 죄수는 원칙적으로 위조한 유가증권의 장수(매수)를 기준으로 한다. 각각의 유가증권마다 그 진정에 대한 공공의 신용을 보호할 필요가 있기 때문이다.[126] 그러나 이에 대하여는 위조·변조행위의 수에 따라야 한다는 견해,[127] 사회적 의미의 사건, 즉 소송법상의 의미의 사건 수에 따라 경합범과 포괄일죄 여부를 판단하여야 한다는 견해[128]도 있다.

　동일한 일시·장소에서 동일한 기회에 여러 장의 유가증권을 순차적으로 위조한 경우, 각 유가증권위조죄의 관계에 대하여는 견해가 대립한다. 일부 견해[129] 및 판례[130]는 유가증권의 매수대로 유가증권위조죄가 성립하고, 각 유가증권위조죄는 실체적 경합범관계에 있다고 한다.[131] 그러나 각 유가증권위조죄

57

58

---

122 大判 大正 15(1926). 12. 23. 刑集 5·584. 이 경우에도 범인으로부터는 아무런 말을 듣지 않고 우연히 의뢰자가 행사할 목적으로 유가증권을 위조한다는 것을 알면서 인쇄해 준 경우라면 편면적 종범이 될 수 있을 뿐이다[大塚 外, 大コン(3版)(8), 276(岡田雄一)].
123 大塚 外, 大コン(3版)(8), 277(岡田雄一). 그러나 오래전의 일본 판례 중에는 공모는 물론, 교사범과 방조범의 성립을 부정한 것이 있다[大判 明治 44(1911). 2. 2. 刑錄 17·27].
124 김성돈, 646; 김일수·서보학, 554; 이재상·장영민·강동범, §31/20; 이형국·김혜경, 634; 임웅, 698; 정성근·박광민, 640; 정웅석·최창호, 191.
125 대판 1983. 4. 12, 82도2938.
126 주석형법 [각칙(2)](5판), 440(박형준).
127 오영근, 556.
128 위 견해에 의하면 동일한 일시, 장소에서 유가증권 2장을 위조하여 한꺼번에 어음할인을 하는 방법으로 행사하였다면, 1개의 유가증권위조죄와 사기죄의 성립하고, 두 죄는 상상적 경합범관계에 있으며, 행사죄는 불가벌적 사후행위라고 한다(이상돈, 802).
129 백형구, 513; 임웅, 698.
130 주석형법 [각칙(2)](5판), 440(박형준).
131 일본 판례도 마찬가지이다[東京高判 昭和 33(1958). 10. 2. 高刑集 11·9·530(우편보통환증서)]

는 상상적 경합범의 관계에 있다는 견해,[132] 포괄일죄라는 견해[133]도 있다.

59   1매의 유가증권에 수개의 위조 또는 변조행위가 있는 경우에는 포괄일죄에
해당한다는 것이 통설[134]이다. 그러나 이에 대하여는 포괄일죄가 아니라 전체적
으로 하나의 위조·변조행위로서 단순일죄로 보는 견해[135]도 있다. 하나의 유가
증권이 여러 사람의 명의로 공동발행된 경우 각 명의자마다 1개의 유가증권위조
죄가 성립하나, 사회통념상 1개의 행위이므로 상상적 경합범관계에 있다.[136]

(2) 다른 죄와의 관계

(가) 본조 제1항과 제2항의 관계

60   본조 제1항의 유가증권위조·변조죄는 유가증권의 발행과 같은 기본적 증
권행위에 대한 위조 또는 변조이고, 본조 제2항은 배서·인수·보증 등 부수적인
증권행위에 대한 위조행위로 그 객체가 다르다. 다만, 동일인 명의의 1매의 유
가증권에 대하여 기본적 증권행위와 배서·인수·보증 등 부수적 증권행위 모두
위조·변조된 경우, 본조 제2항의 유가증권기재의 위조·변조죄는 흡수되어 본
조 제1항의 유가증권위조·변조죄만 성립한다.[137]

(나) 인장·기명·서명위조죄와의 관계

61   타인의 인장·기명·서명 등을 이용하여 유가증권을 위조·변조한 경우, 인
장등위조죄(§239①) 및 위조인장등행사죄(§239②)는 불가벌적 수반행위로서 본죄
에 흡수된다.[138]

---

132 김성돈, 647; 김신규, 619; 배종대, §110/14; 손동권·김재윤, §38/24; 이재상·장영민·강동범, §31/20; 정성근·박광민, 640.

133 오영근, 556(단순일죄 또는 포괄일죄라고 한다); 진계호·이존걸, 651.

134 김성돈, 647; 김일수·서보학, 554; 배종대, §110/14; 손동권·김재윤, §38/24; 이재상·장영민·강동범, §31/20; 이형국·김혜경, 634; 임웅, 698; 정성근·박광민, 640; 진계호·이존걸, 651.

135 오영근, 546; 정웅석·최창호, 191.

136 주석형법〔각칙(2)〕(5판), 441(박형준).

137 김신규, 619; 김일수·서보학, 554; 손동권·김재윤, §38/24; 오영근, 556; 이영란, 616; 이재상·장영민·강동범, §31/20; 이형국·김혜경, 634; 임웅, 698; 정성근·박광민, 640, 진계호·이존걸, 651; 정웅석·최창호, 192. 일본 판례도 하나의 어음에 발행인의 서명을 위조함과 동시에 배서인의 서명을 위조한 경우, 포괄하여 유가증권위조죄(일형 §162①)만 성립한다고 한다〔最決 昭和 38(1963). 5. 30. 刑集 17·3·492〕.

138 김성돈, 647; 김신규, 620; 김일수·서보학, 554; 배종대, §110/15; 손동권·김재윤, §38/24; 오영근, 556; 이영란, 616; 이재상·장영민·강동범, §31/21; 이형국·김혜경, 634; 임웅, 698; 정성근·박광민, 640; 진계호·이존걸, 651.

〔이 순 옥〕

(다) 절도죄·사기죄·횡령죄와의 관계

　　절취, 편취 또는 횡령한 어음용지, 인장 등을 이용하여 이를 위조·변조한 **62**
때에는 절도죄, 사기죄 또는 횡령죄와 본죄가 각각 성립하고, 각 죄는 실체적
경합범관계에 있다.[139] 각 재산죄와 본죄는 그 범의나 피해법익 등이 전혀 다
른 별개의 범죄행위이기 때문에 어음용지 등의 절취, 편취, 횡령 등의 행위가
위조·변조의 전 단계에 이루어진 행위라고 해도 이를 포괄적으로 1개의 행위라
고 할 수는 없다.[140]

　　발행자가 회수한 약속어음을 세 조각으로 찢어서 폐지로 되어 쓸모없이 보 **63**
이는 약속어음을 타인의 주거에 들어가서 임의로 가지고 나온 다음, 약속어음
파지면을 이용·조합하여 어음의 외형을 갖춘 경우, 새로운 약속어음을 작성한
것으로 행사의 목적이 있는 이상 유가증권위조죄가 성립함은 물론, 그 위조를
위한 전 단계의 행위에 대하여 주거침입죄 및 절도죄가 성립한다.[141]

(라) 행사죄와의 관계

　　위조·변조한 유가증권을 행사한 때에는 본죄와 위조·변조유가증권행사죄 **64**
의 실체적 경합범이 된다는 것이 판례[142]의 입장이다. 그러나 통화에 관한 죄에
서 살펴본 바와 같이 본죄와 그 행사죄의 관계에 대하여, ① 실체적 경합범관계
라는 견해,[143] ② 상상적 경합범관계라는 견해,[144] ③ 위조유가증권행사죄와 유
가증권위조죄는 목적과 수단의 관계, 즉 법조경합 중 보충관계에 있기 때문에
위조유가증권행사죄만 성립한다는 견해,[145] ④ 원칙적으로 유가증권위조·변조
죄와 동 행사죄는 두 죄가 시간적으로 일관된 고의에 의한 범해진 경우 법조경
합관계이지만, 두 죄의 행위나 고의가 시간적으로 단절된 경우 실체적 경합관계
라는 견해,[146] ⑤ 행사행위가 행위자의 위조·변조행위 당시에 처음부터 의도했

139　대판 1996. 5. 31, 94도2119.
140　대판 1996. 5. 31, 94도2119.
141　대판 1976. 1. 27, 74도3443.
142　대판 2004. 1. 27, 2001도3178.
143　김성돈, 647; 김성천·김형준, 656; 손동권·김재윤, §38/24; 이형국·김혜경, 634.
144　배종대, §110/15; 이재상·장영민·강동범, §31/21.
145　오영근, 557; 이영란, 616; 임웅, 698.
146　정영일, "유가증권에 관한 죄의 판례연구", 형사판례연구 〔4〕, 한국형사판례연구회, 박영사(1996),
　　　150(위 90도5777, 82도296, 89도1264 판결 평석).

던 범행계획의 일환인 경우 행사행위는 불가벌적 사후행위에 해당하고 유가증권위조죄만 성립한다는 견해,[147] ⑥ 원칙적으로 유가증권위조죄만 성립하지만 위조행사 시 행사목적과 다른 새로운 종류의 행사이거나 새로운 결단에 의한 것이면 실체적 경합관계에 있다는 견해[148] 등이 대립한다.

65   다만, 유가증권 중 하나인 수표를 위조·변조한 경우 부정수표 단속법 제5조가 우선 적용되기 때문에 본죄는 적용되지 않는다. 그러나 부수적 증권행위에 해당하는 수표 내용의 기재사항에 대한 위조·변조는 부정수표 단속법이 아니라 본조 제2항이 적용된다.

5. 처 벌

66   10년 이하의 징역에 처한다.

67   징역에 처하는 경우에는 10년 이하의 자격정지 또는 2천만 원 이하의 벌금을 병과할 수 있다.

68   본죄의 미수범(§ 223)은 물론, 예비·음모죄(§ 224)는 처벌한다. 그리고 대한민국 영역 외에서 본죄를 범한 외국인도 처벌한다(외국인의 국외범)(§ 5(v)).

69   위조 또는 변조한 유가증권은 유가증권위조·변조죄와의 관계에서는 범죄행위로 인하여 생긴 물건이고(§ 48①(ii)), 행사죄와의 관계에서는 범죄행위에 제공한 물건이므로(§ 48①(i)) 몰수할 수 있다. 그리고 유가증권의 일부가 몰수에 해당하는 때에는 그 부분을 폐기한다(§ 48③).

Ⅲ. 유가증권기재위조·변조죄(제2항)

1. 객관적 구성요건

(1) 객체

70   유가증권 기재의 위조·변조의 객체는 유가증권 자체가 아니라 '유가증권의 권리의무에 관한 기재'이다. 즉, 배서·인수·보증, 그 밖의 부수적 증권행위가

---

147 김선복, 신형법각론, 512.
148 김일수·서보학, 554.

위조·변조의 객체인 것이다.

(2) 행위

(가) 위조

본죄에서의 '위조'란 ① 약속어음 작성 등 기본적 증권행위가 진정하게 성립 71
된 이후에 ② 권한이 없는 자가 ③ 배서·인수·보증 등의 부수적인 증권행위에
대하여 타인의 명의를 모용하는 것을 의미한다.[149] 즉, 기본적 증권행위가 진정
하게 성립된 이후에 부수적 증권행위에 대하여 작성명의를 모용하는 것이다.

예를 들면, 다른 점포체인의 명의를 사용하여 영업하고 그 체인 대표자 72
A의 명의를 사용할 수 있도록 하는 내용의 명의임대차계약이 체결된 경우에,
명의대여자 A의 승낙(점포체인의 대표자로부터 체인의 지점장으로 임명받는 형식) 없이
제1의 명의임차인 B로부터 지점의 영업권을 사실상 매수한 제2의 명의임차인
C가 명의대여자 A의 승낙 없이 본래의 명의대여자 A의 명의로 어음을 '배서'하
고 이를 행사하였다면, 제2의 명의임차인 C는 유가증권의 부수적 사항인 배서
를 위조한 것으로, 본죄의 책임을 진다.[150] 이때 A가 명의대여자로서 책임을 지
는지 여부는 유가증권위조죄의 성립과 무관하다.

다수설[151] 및 판례[152]는 본조는 '진정하게 성립된 유가증권'을 전제로 그에 73
대한 부수적 증권행위의 위조를 처벌하는 규정이라고 한다. 즉, 위조 또는 변조된
유가증권의 부수적 증권행위를 위조한 경우에는 본죄가 성립하지 않는다고 본다.

그러나 다른 유가증권과 달리, 어음의 경우 어음법 제7조,[153] 제69조[154]에 74

---

149 대판 1984. 2. 28, 83도3284.
150 대판 1984. 2. 28, 83도3284.
151 김성돈, 647; 김일수·서보학, 555; 박상기·전지연, 769; 배종대, § 110/17; 이재상·장영민·강동
　　범, § 31/22; 이정원·류석준, 563; 임웅, 699; 정성근·박광민, 641.
152 대판 1989. 12. 8, 88도753; 대판 2003. 1. 10, 2001도6553.
153 어음법 제7조(어음채무의 독립성) 환어음에 다음 각 호의 어느 하나에 해당하는 기명날인 또는
　　서명이 있는 경우에도 다른 기명날인 또는 서명을 한 자의 채무는 그 효력에 영향을 받지 아니
　　한다.
　　1. 어음채무를 부담할 능력이 없는 자의 기명날인 또는 서명
　　2. 위조된 기명날인 또는 서명
　　3. 가공인물의 기명날인 또는 서명
　　4. 그 밖의 사유로 환어음에 기명날인 또는 서명을 한 자나 그 본인에게 의무를 부담하게 할
　　　　수 없는 기명날인 또는 서명
154 어음법 제69조(변조와 어음행위자의 책임) 환어음의 문구가 변조된 경우에는 그 변조 후에 기명

의하여 기본증권인 본래 어음이 위조·변조된 것인 경우에도, 그 배서, 인수 등 어음에 부수적인 증권행위를 한 사람은 그 행위에 따른 채무를 부담하도록 규정되어 있기 때문에 이러한 경우 비록 기본어음이 위조·변조된 어음이라도 진정한 것으로 오인할 만한 외관을 갖춘 것이라면, 이에 대하여 배서 등 부수적 증권행위에 관하여 위조한 경우에도 본죄의 '기재의 위조'에 해당하는 것으로 보아야 한다는 견해도 있다.[155]

(나) 변조

75   유가증권의 권리의무에 관한 기재의 '변조'란 진정하게 성립된 유가증권에 대하여 타인 명의의 부수적 증권행위에 속하는 기재 내용을 권한 없이 변경하는 것[156]을 의미한다. 어음·수표에서 권한 없이 타인이 한 진정한 배서 부분에 변경을 가하거나, 배서인 주소, 발행일자, 지급일자 등 부수적 증권행위 부분을 변경하는 것이다. 자기 명의의 유가증권에 타인이 배서한 후 그 증권의 기재사항 중 발행일자, 지급일자 등을 변경한 경우 변조행위에 해당한다.[157] 즉, '어음발행인'이라 하더라도 어음상에 권리의무를 가진 자의 동의를 받지 아니하고 어음의 기재 내용에 변경을 가하였다면, 유가증권의 권리의무에 관한 기재를 변조한 것에 해당한다.[158] 예를 들어 어음발행인인 A가 어음을 회수한 후 어음에 남아 있는 B 명의 배서의 담보적 효력을 이용하기 위하여 이미 경과된 지급기일을 임의로 변경한 후 제3자 C에게 어음을 교부한 경우, 어음발행인 A는 유가증권기재변조의 죄책을 진다.[159]

2. 주관적 구성요건

76   유가증권의 권리의무에 관한 기재, 즉 부수적 증권행위에 해당하는 부분을

날인하거나 서명한 자는 변조된 문구에 따라 책임을 지고 변조 전에 기명날인하거나 서명한 자는 원래 문구에 따라 책임을 진다.

155 주석형법 [각칙(2)](5판), 444(박형준).

156 대판 1989. 12. 8, 88도753.

157 김일수·서보학, 555.

158 대판 2003. 1. 10, 2001도6553. 본 판결 해설은 허부열, "어음의 발행인이 약속어음을 회수한 후 지급일자를 임의로 변경한 행위가 형법 제214조 제2항 소정의 유가증권 변조에 해당하는지 여부", 해설 45, 법원도서관 (2004), 591-600.

159 대판 2003. 1. 10, 2001도6553.

위조·변조한다는 것에 대한 고의와 초과주관적 구성요건요소로 위조·변조된 유가증권을 행사할 목적이 있어야 한다.

3. 처 벌

10년 이하의 징역에 처한다.   77

징역에 처하는 경우에는 10년 이하의 자격정지 또는 2천만 원 이하의 벌금   78
을 병과할 수 있다.

본죄의 미수범(§223)은 물론, 예비·음모죄(§224)는 처벌한다. 그리고 대한민   79
국 영역 외에서 본죄를 범한 외국인도 처벌한다(외국인의 국외범)(§5(v)).

〔이 순 옥〕

제215조(자격모용에 의한 유가증권의 작성)

행사할 목적으로 타인의 자격을 모용하여 유가증권을 작성하거나 유가증권의 권리 또는 의무에 관한 사항을 기재한 자는 10년 이하의 징역에 처한다.

I. 취 지

1   본죄[자격모용유가증권(작성·기재)죄]는 행사할 목적으로 대리권 또는 대표권이 없는 사람이 타인의 자격을 모용하여 자신이 대리권자 또는 대표권자인 것처럼 유가증권을 작성하거나 유가증권의 권리 또는 의무에 관한 사항을 기재함으로써 성립하는 범죄이다. 고의 외에 초과주관적 구성요건으로 행사할 목적을 요구하는 진정목적범이다.

II. 객관적 구성요건

1. 타인의 자격 모용

(1) 의의

2   본죄에서 '타인의 자격을 모용'한다는 것의 의미는 대리권 또는 대표권이 없는 사람이 타인의 대리인 또는 대표자인 것처럼 그 자격을 사칭하는 것을 의미한다. 처음부터 대리권 또는 대표권이 없는 사람, 대리권 또는 대표권을 가지고 있었으나 이를 상실한 사람, 그리고 대리인·대표권자가 그 권한을 초월하거나 그 권한 밖의 사항에 관하여 자기 명의의 유가증권을 작성한 경우, 모두 여기에 해당한다.[1] 대리권자 또는 대표권자로서 유가증권을 작성하는 경우, 그 유

---

1 김성돈, 형법각론(8판), 648.

가증권의 명의자는 본인이므로, 권한이 없는 사람이 자기를 본인의 대리인 또는 대표권자로 표시하여 유가증권을 작성하였다면, 본죄가 성립하는 것으로 '유형위조'의 한 형태이다.[2]

(2) 대리권 또는 대표권 상실

대리권 또는 대표권을 가지고 있던 사람이 일정한 사유에 의하여 이를 상실하였음에도 불구하고 종전의 대리권 또는 대표권을 사칭하여 유가증권을 작성하는 경우 본죄에 해당한다.[3]

판례는 ① 직무집행정지가처분결정을 송달받은 대표이사가 대표이사 명의의 유가증권을 작성한 경우, 비록 그것이 회사 업무의 중단을 막기 위한 긴급한 인수인계행위라고 하더라도 직무집행이 정지되어 직무집행의 권한이 없는 이상 본죄에 해당한다고 한다.[4] 또한, ② 주식회사의 전임 대표이사 甲이 대표이사의 권한을 실질적으로 행사하는 자로서 후임 대표이사 A의 승낙을 얻어 잠정적으로 이전부터 사용하여 오던 자기 명의(甲)로 된 위 회사 대표이사의 명판을 이용하여 甲 자신을 위 회사의 대표이사로 표시하여 약속어음을 발행·행사한 경우, 비록 그것이 실질적인 대표이사로서 권한을 행사하는 甲이 은행과의 당좌계약을 변경하는데 시일이 걸려 잠정적으로 전임 대표이사인 자신의 명판을 사용한 것이라고 해도, 이것은 합법적인 대표이사로의 권한행사라고 할 수 없고 권한 범위 밖의 일이므로 본죄에 해당한다고 보았다.[5]

(3) 권한의 남용 또는 초월

대리권이나 대표권이 있는 사람이 자기 또는 제3자의 이익을 위해 그 권한을 남용하여 본인 또는 회사의 유가증권을 작성한 경우, 즉 자격이 있는 사람이 단순히 권한을 남용한 경우, 원칙적으로는 본죄는 성립하지 않고 허위유가증권 작성죄 또는 배임죄가 문제될 수 있다.[6]

2　주석형법 〔각칙(2)〕(5판), 445(박형준).

3　김성돈, 648; 김일수·서보학, 새로쓴 형법각론(9판), 556; 신동운, 형법각론(2판), 387; 정영일, 형법강의 각론(3판), 329.

4　대판 1987. 8. 18, 87도145.

5　대판 1991. 2. 26, 90도577. 본 판결 평석은 정영일, "유가증권에 관한 죄의 판례연구", 형사판례연구 〔4〕, 한국형사판례연구회, 박영사(1996), 150-171.

6　김성천·김형준, 형법각론(5판), 658; 오영근, 형법각론(7판), 558; 이영란, 형법학 각론강의(3판), 617; 이재상·장영민·강동범, 형법각론(11판), §31/23; 이정원·류석준, 형법각론, 566; 임웅, 형

6　　　그러나 대리권 또는 대표권이 있는 사람이 그 권한의 범위 외의 사항 또는 권한의 범위를 명백하게 초월하여 본인 또는 회사 명의의 유가증권을 발행한 경우에는 권한이 없는 자가 발행한 경우와 마찬가지이므로 자격모용유가증권작성죄가 성립한다.[7] 그러나 대리인·대표자 자격을 표시하지 않고 본인이나 회사의 명의로 유가증권을 발행한 경우(B 회사의 이사 甲이 B 회사 명의로 유가증권을 발행할 권한이 없음에도 불구하고 대리인 또는 대표자 자격 표시 없이 발행인을 'B 회사'로 하여 유가증권을 발행한 경우)에는, 자격모용유가증권작성죄가 아니라 유가증권위조죄가 성립할 것이다. 다만, 이 경우에도 대리인·대표인 '자격모용'인지, '명의모용'인지에 따라 구분해야 한다는 견해[8]가 있다. 위 견해에 의하면, 대리인·대표인 명의로 유가증권을 발행한 경우(B 회사 대표이사 甲) 그 권한초월의 범위가 '자격'에 대한 모용이므로 자격모용유가증권작성죄가 성립하나, 대리권 또는 대표권을 준 '본인 또는 회사' 명의로 유가증권을 발행한 경우(B 회사)에는 그 '명의'를 모용한 것으로 유가증권위조죄가 성립한다고 한다.[9]

7　　　다만, 甲이 본인 A의 대리권 또는 B 회사 대표권이 없음에도 불구하고, 대리인 또는 대표인의 자격을 표시한 것에 그치지 않고, 증권행위자 자신의 이름에 무단으로 타인의 명의를 사용한 때(A의 대리인 丙, B 회사 대표이사 丙)에는 본죄가 아니라 유가증권위조죄가 성립한다고 보아야 할 것이다.[10]

(4) 본인의 실재 여부

8　　　자격자인 본인이 실재 존재하지 않는 경우, 예컨대 실재하지 않는 허무인의 대리인, 유령회사의 대표자 자격을 표시하여 유가증권을 작성한 경우, 본죄가 성립하는지 여부에 대하여는 견해가 대립한다.

9　　　이에 대하여, ① 허무인 또는 유령회사 등 일반인이 진정한 것으로 오인이 가능한 경우에는 유가증권에 관한 거래의 신용을 해할 수 있기 때문에 유가증권위조죄와 마찬가지로 본죄의 성립을 긍정하는 견해(긍정설),[11] ② 자격모용에

　　　법각론(9정판), 700; 주석형법 [각칙(2)](5판), 446(박형준).
　7 김성천·김형준, 658; 배종대, 형법각론(13판), § 110/18; 이영란, 617; 이재상·장영민·강동범, § 31/23; 이형국·김혜경, 634; 손동권·김재윤, 새로운 형법각론, § 38/25; 정영일, 329.
　8 김성돈, 648.
　9 김성돈, 648.
　10 김성돈, 648; 손동권·김재윤, § 38/25
　11 주석형법 [각칙(2)](5판), 447(박형준).

의한 유가증권작성죄는 실제하는 본인의 자격을 모용한 것을 처벌하는 규정이
므로 본인이 실재하지 않는 경우 본죄의 성립을 부정하는 견해(부정설)[12]가 있
다. 판례[13]는 피고인이 자신을 존재하지 않는 유령회사의 대표이사인 것처럼 기
재하고 그 명의의 인장을 찍어서 회사 명의의 약속어음을 발행한 경우, 자격모
용유가증권작성죄가 아니라 허위유가증권작성죄가 성립한다고 보았는바, 본죄
에 있어서 본인이 실재할 것을 요구하는 위 ①의 긍정설의 입장이다.[14]

(5) 자격모용인지 불분명한 경우

유가증권을 작성하는 자가 타인의 대리인 또는 대표자 자격에 관한 형식적　　　10
기재 없이 회사나 단체의 명의를 기재한 경우, 행위자의 개인 자격에서의 행위
인지, 대리인 또는 대표권자의 자격을 모용한 것으로 회사·단체의 유가증권행
위인지 모호한 경우가 있다.[15]

이에 대하여 판례[16]는 "상사회사의 어음행위에 있어서 그 대표자 또는 대리　　　11
인의 표시방법에는 특별한 규정이 없으므로 어음상 대표자 또는 대리인 자신을
위한 어음행위가 아니고 본인을 위한 어음을 한다는 취지를 인식할 수 있는 정
도의 표시가 있으면 대표 또는 대리관계의 표시로서 적법하다."고 판시한 바 있
다. 따라서 구체적인 사실관계에서 그 증권에 기재된 회사·단체명이 단순히 유
가증권행위자의 소속을 나타난 것인지 아니면 회사·단체 명의의 유가증권으로
볼 수 있는지에 따라 본죄의 성립 여부가 달라질 수 있는 것이다.[17] 한편, 판
례[18]는 "법인의 어음행위는 어음행위의 서면성, 문언성에 비추어 법인의 대표자
또는 대리인이 그 법인의 대표자 또는 대리권자임을 어음면상에 표시하고 기명
날인하는 대리방식에 의하든가, 법인의 대표자로부터 대리권을 수여받고 직접
법인의 대표자의 명의로 서명할 수 있는 권한이 주어져 있는 자의 대행 방식에

---

12 부정설에 의하면, 실재하지 않는 자의 자격의 모용하여 유가증권을 작성한 경우 허위유가증권작
　 성죄가 성립한다[오영근, 558; 이영란; 617; 이상돈, 형법강론(3판), 803; 진계호·이존걸, 형법각
　 론(6판), 654].
13 대판 1970. 12. 29, 70도2389.
14 판례의 태도에 비추어 보면, 판례는 본죄에 있어서는 본인이 실재할 것을 요건으로 한다고 볼
　 수 있다.
15 주석형법 [각칙(2)](5판), 447-448(박형준).
16 대판 1978. 12. 13, 78다1567.
17 주석형법 [각칙(2)](5판), 448(박형준).
18 대판 1987. 4. 14, 85다카1189.

의하여 이루어져야 한다."고 판시하고 있는바, A 회사 대표이사인 甲이 약속어음을 발행하면서 약속어음의 발행인란에 '피고인 甲 개인의 성명'을 기재한 다음, 피고인의 이름 밑에 '주식회사 A 대표이사 甲'이라는 인장을 날인하여 어음을 교부한 경우, 이러한 기재만으로는 피고인이 A 회사의 대표이사의 자격을 모용한 것이라고 볼 수 없다.[19]

2. 유가증권의 작성 및 권리 또는 의무에 관한 사항의 기재

12　　　본조 전단의 '유가증권을 작성하거나'라는 부분의 의미는 유가증권 발행행위, 즉 기본적 증권행위를 의미한다.

13　　　그리고 본조의 후단에 '유가증권의 권리 또는 의무에 관한 사항을 기재'한다는 것의 의미는 이미 작성된 유가증권을 전제로 하여 그 증권에 배서, 보증, 인수 등 부수적 증권행위를 하는 것을 의미하는 것으로, 그 구체적인 의미는 제214조 제2항의 유가증권기재 위조·변조죄에서 '유가증권의 권리의무에 관한 기재'와 같은 의미이다.

III. 주관적 구성요건

14　　　본조의 구성요건은 타인의 대리권, 대표권 등 자격을 모용하여 유가증권을 작성하거나 유가증권의 권리·의무에 관한 사항을 기재한다는 점에 대한 고의 외에도, 초과주관적 구성요건요소로 이와 같이 작성된 유가증권을 행사할 목적이 있어야 한다.

IV. 처　벌

15　　　10년 이하의 징역에 처한다.

16　　　징역에 처하는 경우에는 10년 이하의 자격정지 또는 2천만 원 이하의 벌금을 병과할 수 있다.

---

19 대판 1974. 11. 26, 74도1708.

　　본죄의 미수범(§ 223)은 물론, 예비·음모죄(§ 224)는 처벌한다. 그리고 대한민　　17
국 영역 외에서 본죄를 범한 외국인도 처벌한다(외국인의 국외범)(§ 5(v)).

〔이 순 옥〕

제216조(허위유가증권의 작성 등)

행사할 목적으로 허위의 유가증권을 작성하거나 유가증권에 허위사항을 기재한 자는 7년 이하의 징역 또는 3천 만원 이하의 벌금에 처한다. 〈개정 1995. 12. 29.〉

I. 취 지

1   본죄는 유가증권을 작성할 권한이 있는 사람이 행사할 목적으로 허위의 유가증권을 작성하거나(전단)(허위유가증권작성죄), 유가증권에 허위사항을 기재함으로써(후단)(유가증권허위기재죄) 성립하는 범죄로서, 권한이 있는 사람만이 주체가 될 수 있는 진정신분범이다. 문서죄에 있어서 '무형위조'에 해당하는 범죄이다. 고의 외에 초과주관적 구성요건요소로 행사할 목적을 요구하는 진정목적범이다.

II. 객관적 구성요건

1. 객 체

2   본죄의 객체는 유가증권이다.

3   본죄는 유가증권을 작성·기재할 권한이 있는 사람이 기본적 증권행위를 하면서 허위내용을 기재하여 유가증권을 작성하거나, 부수적 증권행위를 하면서 유가증권에 허위의 사항을 기재하는 것이다. 이때 허위사항을 기재하는 유가증권은 실체법상 유효한 것에 한정하지 않고, 절대적 요건 결여 등으로 실체법상 무효인 유가증권[1]은 물론, 위조된 증권[2]이라도 일단 유가증권 자체가 일반인으

---

1 대판 1975. 6. 10, 74도2594.

〔이 순 옥〕

로 하여금 유효한 유가증권이라고 오신하게 할 수 있을 정도의 외관을 구비한 것이면 본죄의 객체에 해당한다. 그러나 유가증권의 원본이 아닌 기계적 사본인 경우 본죄의 객체에 해당하지 않는다.[3]

이때, 유가증권은 반드시 행위자 자기 명의로 된 것일 필요는 없고, 타인의 명의로 작성된 것이어도 무방하다.   4

2. 행 위

(1) 허위의 유가증권 작성 및 유가증권에 허위사항 기재

본조 전단의 '허위의 유가증권 작성'이란 작성권한 있는 사람이 타인의 작 성명의를 모용하지 않고 기본적 증권행위에 관해서 진실에 반하는 허위내용을 기재하는 것을 의미한다.[4] 이때 유가증권에 허위내용을 기재하더라도 그 권리 관계에 아무런 영향을 미치지 못하는 사항인 경우, 본죄가 성립하지 않는다.[5] 예를 들어, 은행을 통하여 지급이 이루어지는 약속어음의 발행인이 그 발행을 위하여 은행에 신고된 것이 아닌 발행인의 다른 인장을 날인한 경우, 그것이 발 행인의 인장인 이상 어음의 효력에는 아무런 영향이 없으므로 본죄가 성립하지 않는다.[6]

본조 후단의 '유가증권에 허위사항의 기재행위'는 기재권한이 있는 사람이 기존의 유가증권에 배서·인수·보증과 같은 부수적 증권행위에 대하여 진실에 반하는 허위의 내용을 기재하는 것을 의미한다. 다만, 이 경우에도 어음 배서인 의 주소를 허위로 기재하는 것과 같이 허위의 기재가 권리관계에 아무런 영향 을 미치지 않는 사항인 경우에는 본죄가 성립하지 않는다.[7] 다만, 이 경우에도 배서인 주소를 허위기재한 결과 배서인의 인적 동일성을 해하여 배서인이 누구

5

6

---

2 大判 明治 43(1910). 2. 1. 刑錄 16·97(약속어음); 大判 大正 10(1921). 2. 2. 刑集 27·32(화물 상환증)(각 일형 §162②의 유가증권허위기재죄 관련).

3 주석형법 〔각칙(2)〕(5판), 449(박형준).

4 김성돈, 형법각론(8판), 649; 김일수·서보학, 새로쓴 형법각론(9판), 556; 손동권·김재윤, 새로운 형법각론, §38/28; 오영근, 형법각론(7판), 559; 이재상·장영민·강동범, 형법각론(12판), §31/25; 임웅, 형법각론(9정판), 701; 정웅석·최창호, 형법각론, 195.

5 정영일, 형법강의 각론(3판), 331.

6 대판 2000. 5. 30, 2000도883.

7 대판 1986. 6. 24, 84도547.

인지 알 수 없게 만드는 경우에는, 어음상 권리관계에 영향을 미치므로 본죄에 해당한다.

7   대리권 또는 대표권을 가진 사람이 그 권한을 남용하여 본인 또는 회사 명의의 유가증권을 발행한 경우에 본죄가 성립되는지 여부에 대하여는 견해가 대립한다. 본죄는 물론 유가증권위조죄도 성립하지 않는다는 견해[8]도 있으나, 유가증권위조·변조죄에서 검토한 바와 같이 권한남용의 경우는 권한범위 내에서는 본인 또는 회사의 의사에 반하여 허위내용을 기재한 것이 되므로 배임죄 또는 본죄에 해당한다는 것이 다수설 및 판례의의 견해이다.

8   다만 어음법에 의하면 기본어음이 위조·변조된 것이라고 하더라도 거기에 배서 등의 부수적 증권행위를 한 사람은 자신이 기명날인한 배서 등 어음행위에 대하여는 의무를 부담하는데(§7, §69), 반드시 기본어음이 유효할 필요가 없고 진정하고 유효한 외관을 가진 것이면 충분하다. 따라서 위조·변조된 유가증권에 허위의 내용을 기재한 경우, 당해 유가증권이 위조 또는 변조된 것인지를 안 경우는 물론 알지 못하였더라도 본죄가 성립한다.[9]

(2) 작성권한 있는 사람의 허위 작성 또는 기재

9   본조는 유가증권 작성 또는 유가증권의 권리·의무에 관한 사항에 대하여 작성 또는 기재의 '권한이 있는 사람'의 허위작성·기재를 전제로 한다. 따라서 작성권한이 없는 사람이 허위의 내용을 기재한 경우 본죄가 아니라 유가증권위조죄[10] 또는 자격모용에 의한 유가증권작성죄에 해당한다.[11] 자기 명의로 새로이 유가증권을 작성하면서 허위내용을 기재한 경우뿐만 아니라, 자기 명의로 작성한 유가증권의 부수적인 증권행위 부분에 허위기재를 하는 경우도 본죄에 포함된다.[12]

10   다만, 수표의 발행일은 이를 실제 발행일보다 뒤의 날짜로 기재한 경우에도 수표발행일의 기재가 실제 발행일로서 의미를 가지는 것이 아니라 지급제시기

---

8 정영석, 형법각론(5전정판), 171.
9 주석형법 〔각칙(2)〕(5판), 449(박형준). 일본 판례도 같은 입장이다〔大判 大正 10(1921). 2. 2. 刑集 27·32〕.
10 이재상·장영민·강동범, §31/25.
11 주석형법 〔각칙(2)〕(5판), 451(박형준).
12 주석형법 〔각칙(2)〕(5판), 451(박형준).

〔이 순 옥〕

간의 기산일로서의 기재되는 것이기 때문에 이것만으로는 허위유가증권작성죄가 성립되지 않는다.[13]

본죄는 유가증권의 작성 또는 기재의 권한을 가진 사람을 전제로 하여 규정된 무형위조의 한 형태이나, 권한이 없는 사람을 이용한 간접정범의 형태로 본죄를 범할 수 있는지에 대하여는 의견이 대립한다. ① 부정설[14]은 본죄는 작성권한 또는 기재권한을 가진 사람만이 범할 수 있는 범죄로서 '진정신분범'이므로 간접정범의 형태로 범할 수 없고, 작성권한이 없는 사람, 즉 신분이 없는 사람은 제33조의 공동정범, 교사 또는 방조의 형태로만 가담할 수 있다고 한다. 이에 반하여, ② 긍정설[15]은 신분범인 작성권자에게 허위신고를 하는 방법으로 작성권자를 기망하여 허위내용의 유가증권(화물상환증, 창고증권 등)을 작성하게 한 다음 이를 교부받은 경우에는 간접정범의 형태로 본죄를 범할 수 있다고 한다. 위 ②의 긍정설에 의하면, 유가증권의 배서, 보증 등 허위사항의 기재 또한 같은 방법으로 간접정범의 형태로 범할 수 있다고 한다.[16] 일본 판례는 간접정범의 형태로 본죄를 범할 수 있다는 위 ②의 긍정설의 입장이다.[17]

(3) 판례의 사례

(가) 허위유가증권작성을 인정한 사안

① 지급은행과 전혀 당좌거래사실이 없거나 과거의 거래가 정지되었음에도 불구하고 그러한 사유가 없는 것으로 가장하여 수표를 발행한 경우,[18] ② 甲이 실재하지 아니한 유령회사 A 명의로 약속어음을 발행하면서 위 A 회사의 대표라고 기재하고 자기 명의(甲)의 인장을 찍어서 약속어음을 발행한 경우,[19] ③ 약속어음 작성권자 A의 승낙 내지 위임을 받아 약속어음을 작성함에 있어서 발행인 A 명의 아래 진실에 반하는 내용인 피고인의 인장을 날인하여 언뜻 보기에

11

12

---

13 주석형법 〔각칙(2)〕(5판), 451(박형준); 大塚 外, 大コン(3版)(8), 276(岡田雄一).
14 부정설에 의하면, 이 경우 원칙적으로 비신분자에 대하여 허위공문서작성죄의 간접정범을 인정할 수 없는 것과 같은 논리라고 한다(김성돈, 649).
15 김일수·서보학, 557; 배종대, 형법각론(13판), §111/2; 이형국·김혜경, 형법각론(2판), 587; 정성근·정준섭, 형법강의 각론(2판), 480; 정영일, 33; 주석형법 〔각칙(2)〕(5판), 451(박형준).
16 김일수·서보학, 557.
17 大判 大正 8(1919). 2. 12. 刑錄 25·101(화물상환증); 大判 大正 11(1922). 4. 1. 刑集 1·194(창고증권).
18 대판 1956. 6. 26, 4289형상128.
19 대판 1970. 12. 29, 70도2389.

유효한 듯한 약속어음을 발행한 경우,[20] ④ 선하증권에 기재된 화물을 인수하거나 확인하지도 아니하고 또한 선적할 선편조차 예약하거나 확보하지도 않은 상태에서 수출면장만을 확인한 채 실제로 선적한 사실이 없는 화물을 선적하였다는 내용의 선하증권(일명, 선선하증권)을 발행한 경우,[21] ⑤ 주권발행의 권한을 위임받은 자가 행사의 목적으로 발행일자를 소급하여 그 기재일자에 발행된 것처럼 허위내용을 기재한 주권을 발행한 경우,[22] 판례는 모두 허위유가증권작성죄를 인정하였다.

(나) 허위유가증권작성죄를 부정한 사안

13   ① 선일자수표의 발행인이 해당은행과 거래가 계속되는 동안 당좌거래은행에 잔고가 없음을 알면서도 수표를 발행하여 지급제시일에 자금부족으로 그 수표가 부도난 경우,[23] ② 원인채무가 존재하지 않음에도 불구하고 약속어음을 발행한 경우,[24] ③ 배서인의 주소를 허위기재하였으나, 배서인의 인적 동일성을 해하여 배서인이 누구인지 알 수 없는 경우가 아닌 경우,[25] ④ 은행을 통하여 지급이 이루어지는 약속어음의 발행인이 그 발행을 위하여 은행에 신고된 것이 아닌 발행인의 다른 인장을 날인한 경우,[26] ⑤ 주권발행 전에 주식을 양도받은 자에게 주권을 발행한 경우,[27] ⑥ 자기앞수표의 발행인이 수표의뢰인으로부터 수표자금을 입금받지 아니한 채 자기앞수표를 발행한 경우,[28] 판례는 수표 또는

---

20 대판 1975. 6. 10, 74도2594.

21 화물이 선적되기도 전에 선선하증권을 발행하는 것이 해운업계의 관행이었다고 해도 허위유가증권작성죄가 성립하고, 이를 죄가 되지 않는다고 인식하였다고 해도 정당한 이유가 있다고 볼 수 없다(대판 1995. 9. 29, 95도803).

22 대판 1974. 1. 15, 73도2041.

23 다만, 이 경우 부정수표 단속법 제2조 제2항 또는 제3항에 해당할 수 있다고 판시하였다(대판 1960, 11, 30, 4293형상787).

24 대판 1977. 5. 24, 76도4132. 「약속어음은 원인채무의 존부와 상관없이 약속어음상의 문언에 따라 어음상의 권리의무관계가 발생하기 때문에 원인채무가 없다고 해도 허위유가증권작성죄에 해당한다고 보기 어렵다.」

25 대판 1986. 6. 24, 84도547.

26 신고된 인장이 아니라고 해도 발행인의 인장인 이상 어음의 효력에는 아무런 영향이 없기 때문에 허위유가증권작성죄가 성립하지 않는다(대판 2000. 5. 30, 2000도883).

27 대판 1982. 6. 22, 81도1935. 「주권 발행 전에 주식을 양도받은 자에게 주권을 발행한 경우 구 상법 제335조 제3항 본문 '주권발행전에 한 주식의 양도는 회사에 대하여 효력이 없다'는 규정에 의하여 무효일지라도 권리의 실체관계와는 부합하는 것인바, 허위의 주권발행의 범의가 있다고 보기 어렵다.」

28 자기앞수표의 발행인이 수표의뢰인으로부터 수표자금을 입금받지 못한 채 자기앞수표를 발행하

약속어음의 효력에 영향이 없거나 실체관계에 부합하는 것이라는 등의 이유로 허위유가증권작성죄의 성립을 부정하였다. 판례는 원인채무의 존부 여부와 관계없이 어음상 권리가 발생하고, 수표자금 입금 여부와 무관하게 수표의 효력이 발생한다는 이유로 허위작성 또는 기재가 아니라고 본 것이다. 따라서 판례에 의하면, 유가증권의 효력에 영향을 미칠 기재사항이 아닌 다른 기재에 대하여 허위가 있는 경우 허위유가증권작성죄가 인정되지 않는다.

III. 주관적 구성요건

허위의 유가증권을 작성, 또는 유가증권에 허위사항을 기재한다는 점에 대한 고의와, 초과주관적 구성요건요소로 이와 같이 작성된 유가증권을 행사할 목적이 있어야 한다.

14

IV. 죄수와 다른 죄와의 관계

1. 죄 수

약속어음을 위조한 사람이 이어서 그 어음에 자기 명의로 배서 등의 부수적 증권행위를 하면서 허위내용을 기재한 경우, 죄수관계 등에 대하여는 견해가 대립한다. ① 유가증권위조죄 외에 유가증권허위기재죄가 따로 성립함을 긍정하는 견해[29]와 ② 어음위조 및 허위사항기재행위 등 일련의 행위를 종합하여 배서담보가 있는 약속어음 1통을 위조한 것으로 유가증권위조죄의 포괄일죄로 보아야 하고 본조의 유가증권허위기재죄는 따로 성립하지 않는다는 견해[30]가 있다. 위 ②의 견해에 의하더라도 약속어음을 위조한 다음 수일이 경과하여 그 어음에 배서 등 부수적 어음행위를 하면서 허위사항을 기재한 경우는 유가증권허

15

였다고 해도 그 수표는 유효하기 때문에 허위유가증권작성죄가 성립하지 않는다(대판 2005. 10. 27, 2005도4528).

29　배종대, §111/3.

30　이형국·김혜경, 637; 정성근·박광민, 형법각론(전정3판), 645. 일본 판례의 입장이다[最決 昭和 38(1963). 5. 30. 刑集 17·3·492].

위기재죄가 성립하고, 두 죄는 실체적 경합관계에 있다고 보아야 할 것이다.

16　　　자기 명의로 1통의 허위내용의 유가증권을 작성하면서 곧바로 그 증권의
권리의무에 영향을 미칠 기재사항 여러 개에 대하여 허위내용을 기재하는 경우,
별도로 수개의 유가증권허위기재죄가 성립하는 것이 아니라 1통의 허위유가증
권작성죄만 성립한다.[31]

2. 다른 죄와의 관계

17　　　대리인이나 대표권을 가진 사람이 대리권 또는 대표권을 남용하여 그 권한
의 범위 내에서 그 위임의 취지에 반하여 유가증권을 작성하여 본인에게 손해
를 입힌 경우, 본죄와 배임죄가 성립될 수 있고, 두 죄는 상상적 경합관계에 있
다고 보아야 할 것이다.[32]

V. 처 벌

18　　　7년 이하의 징역 또는 3천만 원 이하의 벌금에 처한다.

19　　　징역에 처하는 경우에는 10년 이하의 자격정지 또는 2천만 원 이하의 벌금
을 병과할 수 있다.

20　　　본죄의 미수범은 처벌하고(§223), 대한민국 영역 외에서 본죄를 범한 외국인
도 처벌한다(외국인의 국외범)(§5(v)).

〔이 순 옥〕

---

31 주석형법 〔각칙(2)〕(5판), 454(박형준).
32 주석형법 〔각칙(2)〕(5판), 454(박형준); 大塚 外, 大コン(3版)(8), 279(岡田雄一).

제217조(위조유가증권 등의 행사)

위조, 변조, 작성 또는 허위기재한 전3조 기재의 유가증권을 행사하거나 행사할 목적으로 수입 또는 수출한 자는 10년 이하의 징역에 처한다.

Ⅰ. 취 지

본죄[(위조유가증권·변조유가증권·자격모용유가증권·자격모용기재유가증권·허위작성　　1
유가증권·허위기재유가증권)(행사·수입·수출)죄]는 위조, 변조, 허위 작성 또는 허위 기재한 유가증권을 행사하거나 행사할 목적으로 수입 또는 수출함으로써 성립하는 범죄이다. 본죄는 유가증권의 유통질서를 보호하기 위하여 규정된 것이다.[1] 이중 행사죄는 목적범이 아니지만, 수입·수출죄는 초과주관적 구성요건으로 행사할 목적을 요구하는 진정목적범이다. 본조는 위조통화행사죄에 상응하는 것이라고 볼 수 있다.

Ⅱ. 객관적 구성요건

1. 객 체

본죄의 객체는 '위조, 변조, 작성 또는 허위기재한 유가증권'이다.　　2

위조·변조·허위작성 또는 허위기재된 유가증권의 '사본'을 행사하는 경우　　3
에도 본죄에 해당하는지에 대하여는 견해가 대립한다. ① 긍정설[2]은 복사문서

---

1 대판 2007. 1. 11, 2006도7120.
2 김일수·서보학, 새로쓴 형법각론(9판), 558; 손동권·김재윤, 새로운 형법각론, §38/31; 오영근, 형법각론(7판), 561; 정성근·박광민, 형법각론(전정3판), 646; 정성근·정준섭, 형법강의 각론

〔이 순 옥〕　　**105**

의 문서성을 인정한 제237조의2[3]에 비추어 복사한 유가증권도 본죄의 객체에 해당하고, 특히 현대사회의 기술발달로 복사문서가 원본만큼 정교하여 복사본의 경우에도 진정한 유가증권의 외관을 갖추고 있기 때문에 전자복사기 등을 이용하여 기계적으로 복사한 사본도 본죄의 객체에 포함시켜야 한다고 주장한다. 그러나 ② 부정설[4]은 복사문서에 대하여서만 문서성을 따로 인정한 제237조의2 규정은 주의규정이 아닌 특별규정으로 보아야 하고, 사본에는 재산권이 표창될 수 없는바,[5] 사본은 본죄의 객체가 될 수 없다고 한다.

4   판례는 위조한 유가증권을 사본하여 소장에 첨부한 사안,[6] 허위작성된 선하증권을 팩스(모사전송기)로 전송한 사안,[7] 위조하여 행사한 선하증권에 'COPY NON NEGOTIABLE'이라고 찍혀 있어 선하증권의 사본임을 알 수 있었던 사안[8]에서, 본죄의 유가증권은 '원본'을 의미하는 것이므로 사본은 이에 해당하지 않는다고 판시하였는바, 위 ②의 부정설의 입장이다. 다만 그 유가증권 사본이 진정한 사문서로 보기에 충분한 형식과 외관을 갖추고 있는 경우, 위 선하증권에 작성명의자의 서명·날인이 되어 있지 않다고 하더라도, 위조사문서행사죄의 대상인 문서에 해당하는 것으로 위조사문서행사죄는 성립한다고 보았다.[9]

5   본죄의 객체에는 행사자 자신이 위조·변조·허위작성 또는 허위기재된 유가증권뿐만 아니라, 타인이 이미 위조·변조·허위작성·허위기재한 유가증권도 포함된다.[10] 물론 타인이 작성한 위조 등 유가증권을 행사하는 경우, 행위자가

(2판), 481; 최호진, 형법각론, 757; 홍영기, 형법(총론과 각론), § 106/19. 다만 칼라복사본의 경우 유가증권성을 인정하여야 하고, 흑백복사본의 경우 유가증권성을 부정하여야 한다는 견해도 있다(정웅석·최창호, 형법각론, 196).

3 제237조의2(복사문서등) 이 장의 죄에 있어서 전자복사기, 모사전송기 기타 이와 유사한 기기를 사용하여 복사한 문서 또는 도화의 사본도 문서 또는 도화로 본다.

4 김성돈, 형법각론(8판), 650; 신동운, 형법각론(2판), 393; 이영란, 형법학 각론강의(3판), 620; 이정원·류석준, 형법각론, 568; 이형국·김혜경, 형법각론(2판), 638; 임웅, 형법각론(9정판), 703; 정영일, 형법강의 각론(3판), 331.

5 이정원·류석준, 568.

6 대판 1998. 2. 13, 97도2922.

7 대판 2007. 2. 8, 2006도8480.

8 대판 2010. 5. 13, 2008도10678.

9 위 사안은 주위적 공소사실인 위조유가증권행사죄에 대하여 무죄를, 예비적 공소사실인 위조사문서행사죄에 대하여 유죄를 선고하였다(대판 2010. 5. 13, 2008도10678).

10 주석형법 [각칙(2)](5판), 455(박형준).

이러한 위조 등의 사정을 알고 행사한 경우이어야 한다. 본죄의 규정목적은 성립 또는 내용에서 진실에 반하는 증권이 진정한 것인 것처럼 유통되는 것을 금지하여 유가증권에 대한 공공의 신뢰 및 거래질서의 안전을 보호하는 것을 목적으로 하기 때문에, 누가 위조·변조 등의 행위를 한 것인지, 유가증권 위조·변조자 등이 처벌받는지와는 관계없이 그 행사행위를 처벌할 필요가 있다.

2. 행 위

(1) 행사

'행사'란 위조·변조·허위작성·허위기재된 유가증권을 진정한 것처럼, 또는 내용이 진실한 유가증권인 것처럼 사용하는 것을 의미한다.[11]　　**6**

(가) '유통시킬 것'을 요건으로 하는지 여부

본죄의 '행사'의 의미에 대하여 '유통되게 할 것'을 요건으로 하는지에 대하여는 견해가 대립한다.　　**7**

이에 대해서는, ① 위조통화행사죄의 행사와는 달리 반드시 그 유가증권을 유통시킬 것까지는 요구하지 않는다는 부정설[12]이 통설 및 판례의 입장이다. 따라서 ⓐ 위조 등 유가증권을 친족에게 제시한 경우,[13] ⓑ 타인에게 어음할인을 의뢰하기 위하여 이를 열람하도록 한 경우,[14] ⓒ 자신의 자산신용상태를 속이기 위하여 '견질용 어음'으로 보여준 경우,[15] ⓓ 진정한 어음인 것처럼 증거자료로서 법원에 제출·송부하는 경우,[16] ⓔ 미리 오락기에 일련번호가 모두 같은 위조된 상품권을 여러 장 투입해 두고 그 후 오락기 이용자가 게임에서 당첨이 되면 오락기에서 자동으로 그 당첨액수에 상응하는 상품권이 배출되도록 한 경우,[17]　　**8**

11　大判 明治 44(1911). 3. 31. 刑錄 17·482.
12　김성천·김형준, 형법각론(5판), 소진(2015), 661; 김일수·서보학, 558; 손동권·김재윤, § 38/31; 신동운, 394; 이영란, 620; 이재상·장영민·강동범, 형법각론(12판), 박영사(2019), § 31/27; 이형국·김혜경, 638; 임웅, 703; 정성근·박광민, 646; 정영일, 332; 정웅석·최창호, 197; 홍영기, § 106/21.
13　김일수·서보학, 558.
14　大判 昭和 13(1938). 12. 6. 刑集 17·907.
15　大判 昭和 7(1932). 5. 5. 刑集 11·578.
16　大判 昭和 11(1936). 2. 24. 刑集 15·155.
17　대판 2007. 4. 12, 2007도796.

ⓕ 위조한 공중전화카드를 공중전화기의 카드 투입구에 넣는 경우[18]도 본죄의
행사에 해당한다. 즉, 이 견해는 위조·변조유가증권행사죄는 유가증권을 비치,
열람제공, 제시, 제출, 교부 외에 송부, 우송 등도 모두 행사의 한 방법으로, 타
인이 '진정한 유가증권으로 인식·열람할 수 있는 상태'에 둠으로써 행위는 종료
하고 기수에 이른다고 한다.[19] 다만 부정설에 의하더라도 행사의 상대방이 위조
한 유가증권을 진정한 것으로 인식할 수도 없는 상태, 즉 봉투 속에 위조한 유
가증권을 넣어 두고, 위조된 유가증권을 봉투에서 꺼내거나 보여주지도 않은 채
'봉투 속에 진정한 유가증권이 있다.'라고 말을 하면서 봉투채로 건네준 경우,
위조한 유가증권을 타인에게 인식시킬 수 있는 상태에 둔 것이 아니기 때문에
위조유가증권행사죄가 성립하지 않는다.[20]

9   이에 반하여 ② 긍정설[21]은 본죄가 유가증권에 대한 공공의 신용과 거래의
안전을 보호법익으로 하고 있는 점을 감안하면, 단순히 제시·교부·비치만으로
는 행사에 해당한다고 볼 수 없고, 유통시키는 경우에만 본죄의 '행사'에 해당한
다고 한다. 이에 의하면, 위조유가증권을 제시하고 돈을 빌린 경우 사기죄만 성
립하고, 위조유가증권행사죄는 성립하지 않는다.[22] 또한 행사행위를 개시하였을
때 행사죄의 실행의 착수에 해당하고, 위조 등 유가증권을 유통시킬 때 행사죄
의 기수가 된다고 한다.[23]

        (나) 위조 등 유가증권임을 알지 못한 채 취득한 사람이 그 사정을 알면서 행사한 경우

10   통화의 경우 위조통화를 선의로 취득한 후 그 사정을 알고 행사한 사람에
대하여 위조통화지정행사죄(§ 210)를 따로 두면서 그 형을 감경하고 있으나, 유
가증권의 경우 이러한 조항이 없다. 따라서 위조 등 유가증권인 것을 알지 못한
채 취득한 사람이 그 사실을 알고 난 후에 이를 진정한 유가증권인 것처럼 행사
한 경우에도 본죄가 성립한다.[24] 그러나 위조어음에 진정하게 기명·날인한 어

---

18 대판 1998. 2. 27, 97도2483. 일본 판례도 같은 취지이다[最決 平成 3(1991). 4. 5. 刑集 45·4·
   171(변조 전화카드를 카드식 공중전화기에 사용한 행위)].
19 김일수·서보학, 558.
20 대판 2010. 12. 9, 2010도12533.
21 오영근, 561.
22 오영근, 561.
23 오영근, 562.
24 주석형법 [각칙(2)](5판), 456(박형준).

음채무자(인수·배서인)에게 어음을 제시하여 변제를 요구하는 것은 어음법상의 정당한 권리행사이므로 본죄는 성립하지 아니한다.[25]

(다) 위조의 사정을 아는 상대방에게 교부한 경우

유가증권의 위조 등 사실에 대하여 알고 있는 사람에게 이를 교부한 경우 11 에도 본죄가 성립하는지 여부에 대해서는 견해가 대립한다.

위조·변조사문서·공문서행사죄의 경우, 그 상대방이 위조 또는 변조인 사 12 정을 알지 못한 경우에만 행사죄의 죄책을 진다.[26] 그러나 ① 통설[27]은 위조· 변조 또는 허위작성된 유가증권임을 알고 있는 사람에게 이를 교부한 경우에도 피교부자의 유통 가능성을 인식하고 교부한 때에는 본죄의 죄책을 진다고 한다. 위조 또는 허위작성된 유가증권행사죄를 처벌하는 목적은 유가증권의 유통질서 를 보호하고자 하는 것인 만큼, 문서의 신용성을 보호하고자 하는 위조·변조사 문서·공문서행사죄와는 달리 그 위조의 사정을 알고 있는 사람에게 교부한 경 우에도 피교부자가 유통시킬 것임을 인식하였다면, 그 교부행위 자체가 유가증 권의 유통질서를 해할 우려가 있기 때문에 처벌할 필요가 있는 것이다.[28] 즉, 위조 등 유가증권행사죄의 경우 그 상대방이 위조 등의 사정을 알았는지 여부 보다는 피교부자가 이를 유통시킬 것을 교부자가 알았는지 여부를 기준으로 본 죄의 성립 여부를 판단하여야 하는 것이다.

판례도 위조사문서행사와는 달리, "교부자가 진정 또는 진실한 유가증권인 13 것처럼, 위조유가증권을 행사하였을때뿐만 아니라 위조유가증권임을 알고 있는 자에게 교부하였더라도 피교부자가 이를 유통시킬 것임을 인식하고 교부하였다 면 그 교부행위 그 자체가 유가증권의 유통질서를 해할 우려가 있어 처벌의 이 유와 필요성이 충분히 있다고 할 것이므로 위조유가증권행사죄가 성립한다."고 판시하여,[29] 통설과 같은 입장이다.

그러나 이에 대하여, ② 행사죄는 유가증권의 행사에 의하여 실해가 발생 14

25 大判 大正 3(1914). 11. 28. 刑錄 20·2277.
26 대판 1986. 2. 25, 85도2798.
27 손동권·김재윤, §38/31; 이영란, 621; 이형국·김혜경, 638; 임웅, 703; 정성근·박광민, 646; 정영일, 332; 정웅석·최창호, 197; 홍영기, §106/22.
28 주석형법 〔각칙(2)〕(5판), 457(박형준).
29 대판 1983. 6. 14, 81도2492; 대판 1995. 9. 29, 95도803.

하거나 상대방이 이를 인식하여야 하는 것은 아니지만, '유가증권의 본래적 용법'에 따라 사용한 경우에만 행사가 인정될 수 있다는 견해[30]도 있다. 위 견해에 따르면, 단순히 신용을 보이기 위하여 제3자에게 유가증권을 보이는 행위는 유가증권의 본래적 용법에 따른 사용이 아니기 때문에 행사에 해당한다고 보기 어렵고, 결국 이미 위조유가증권임을 알고 있는 사람에게 유가증권의 용법에 따른 사용이 불가능하므로, 이때에는 공동정범 또는 방조범만 인정될 수 있다고 한다.[31]

15   한편 판례[32]는 위조·변조 또는 허위작성된 유가증권을 행사할 의사가 분명한 사람에게 교부하여 그가 이를 행사한 때에는, 위조·변조유가증권 등 행사죄의 공동정범이 성립된다고 한다. 따라서 허위의 선하증권을 발행하여 타인에게 교부하여 줌으로써 그 타인으로 하여금 이를 행사하여 그 선하증권상의 물품대금을 지급받게 한 경우 허위유가증권행사죄와 사기죄의 공동정범이 된다.[33]

16   그러나 위조 등 유가증권의 교부자와 피교부자가 함께 유가증권 위조·변조 또는 허위작성을 공모하였거나 위조 등 유가증권을 행사하여 그 이익을 나누어 갖기로 공모한 경우, 그들 사이의 위조유가증권의 교부행위는 그들 이외의 사람에게 행사함으로써 범죄를 실현하기 위한 전단계의 행위에 불과한 것으로서 위조유가증권은 아직 범인들의 수중에 있다고 볼 것이지 행사되었다고 볼 수는 없으므로 행사죄는 성립하지 않는다.[34]

17   한편, 위와 같이 공범 사이에 위조유가증권을 교부한 행위가 사기 또는 공갈죄 등 다른 목적범죄를 실현하기 위한 전단계 행위인 경우에도 그 위조유가증권 행사가 보증채무 부담 등과 같은 법적 교류의 수단으로 사용되었다면, 목적범죄와 본조의 행사죄는 그 보호법익이 다르기 때문에 불가벌적 사전행위가 아니라 목적범죄와 행사죄가 중첩하는 범위 내에서 두 죄 모두가 성립하고, 두 죄는 상상적 경합관계에 있다고 보아야 한다는 견해[35]도 있다.

---

30 이정원·류석준, 568.
31 김성천·김형준, 661; 이정원·류석준, 568.
32 대판 1995. 9. 29, 95도803.
33 화물이 선적되기도 전에 허위로 선선하증권을 발행하여 교부하고, 그 피교부자로 하여금 선선하증권상의 물품대금을 지급받게 한 사안이다(대판 1985. 8. 20, 83도2575).
34 대판 2003. 6. 27, 2003도2372; 대판 2007. 1. 11, 2006도7120; 대판 2010. 12. 9, 2010도12553.
35 이상돈, 형법강론(2판), 1019-1020.

〔이 순 옥〕

(2) 수입 · 수출

'수입'이란, 대한민국 외에서 대한민국 내로 위조유가증권 등을 반입하는 것 　18
이고, '수출'이란 대한민국 내에서 대한민국 외로 이를 반출하는 행위를 의미한
다.[36] 수입 · 수출의 의미는 위조 · 변조통화 수입 · 수출죄의 수입 · 수출과 그 내
용이 같다.

III. 주관적 구성요건

본죄는 위조 · 변조 또는 허위작성 · 허위기재된 유가증권을 행사한다는 고의 　19
가 필요하다. 다만 위조 · 변조 또는 허위작성 · 허위기재된 유가증권을 수입 · 수
출하는 경우에는 고의 외에도 초과주관적 구성요건요소로 행사할 목적이 있어
야 한다.

IV. 죄수 및 다른 죄와의 관계

1. 죄 수

본죄는 행사한 유가증권의 장수(매수)를 기준으로 죄수가 결정된다. 따라서 　20
여러 장의 위조 등 유가증권을 한꺼번에 행사한 경우 수개의 행사죄가 성립하
고, 그 죄들은 상상적 경합관계에 있다는 것이 통설[37]의 입장이다. 그러나 이에
대하여는 여러 장의 위조 등 유가증권을 일괄하여 행사하는 경우는 물론 여러
사람에게 여러 장의 위조 등 유가증권을 행사한 경우에도, 하나의 행위에 의하
여 한 번에 공공의 신용이라는 하나의 법익을 침해한 것이어서 1죄[38] 또는 포괄
일죄가 된다고 보아야 한다는 견해[39]도 있다.

한편 1장의 위조유가증권을 할인받기 위하여 여러 사람에게 제시하는 경우, 　21
수개의 행사죄의 실체적 경합범에 해당한다는 견해[40]와 포괄일죄에 해당한다는

---

36 주석형법 [각칙(2)](5판), 457, 458(박형준).
37 김일수 · 서보학, 559; 유기천, 형법학(각론강의 하)(전정신판), 198; 이형국 · 김혜경, 638; 정성근 · 박
　광민, 647; 정웅석 · 최창호, 197; 진계호 · 이존걸, 형법각론(6판), 658.
38 임웅, 703.
39 김성돈, 651; 김성천 · 김형준, 662.

견해[41]가 대립된다. 위조 등 유가증권행사죄의 경우 유가증권을 유통시킬 필요
는 없는데, 약속어음의 할인을 위하여 여러 사람에게 어음을 보여준 경우와 같
이 단순한 제시만으로 행사죄가 성립하고, 각 행사죄는 실체적 경합범으로 보는
것이 타당하다.[42]

2. 다른 죄와의 관계

(1) 유가증권위조죄 등과의 관계

22   유가증권을 위조·변조 또는 허위작성, 또는 이에 허위기재한 사람이 그 후
에 이를 행사한 경우 두 죄 모두 성립하고, 이들은 실체적 경합범관계에 있다는
것이 통설[43] 및 판례[44]의 입장이다. 이러한 유가증권을 수입·수출한 경우도 같
다. 그 밖의 견해에 대한 자세한 내용은 **유가증권위조·변조죄(§ 214)의 죄수관계**
에서 설명한 것과 같다.

(2) 사기죄와의 관계

23   위조유가증권 등을 기망을 수단으로 이용하여 재물 또는 재산상 이익을 취
득한 경우, 죄수 등에 대해서 역시 견해가 대립한다. ① 위조유가증권 등 행사
죄는 그 보호법익이 유가증권의 진정성에 대한 공공의 신용을 보호법익으로 하
는 반면, 사기죄(§ 347)는 개인의 재산이므로 별개의 범죄로서 실체적 경합관계
라는 견해,[45] ② 위조유가증권 등의 행사죄와 사기죄는 상상적 경합관계에 있다
는 견해(통설),[46] ③ 위조유가증권 등을 유통시켜야만 행사죄가 성립한다고 하면
서 위조유가증권 등을 기망의 수단으로 삼는 경우에는 사기죄만 성립한다고 하
는 견해,[47] ④ 법조경합 중 흡수관계에 해당하여 사기죄는 별도로 성립하지 않

---

40 임웅, 703.

41 김일수·서보학, 559; 유기천, 198; 이형국·김혜경, 638; 정성근·박광민, 647; 진계호·이존걸, 658.

42 주석형법 〔각칙(2)〕(5판), 458(박형준).

43 김성돈, 651; 김성천·김형준, 656; 손동권·김재윤, § 38/32; 이정원·류석준, 568; 이형국·김혜경,
   638; 정성근·박광민, 647; 정웅석·최창호, 197.

44 대판 2004. 1. 27, 2001도3178.

45 김성천·김형준, 662; 이형국·김혜경, 638; 주석형법 〔각칙(2)〕(5판), 458(박형준).

46 김성돈, 652; 김일수·서보학, 559; 박상기·전지연, 형법학(총론·각론 강의)(4판), 762; 배종대,
   형법각론(13판), § 111/4; 손동권·김재윤, § 38/32; 이재상·장영민·강동범, § 31/29; 임웅, 703;
   정성근·박광민, 647; 진계호·이존걸, 658.

47 오영근, 562.

는다는 견해[48] 등이 있는데, 위조유가증권 등의 행사 자체가 사기죄에서의 기망
행위에 해당하므로 위 ②의 견해가 타당하다.

V. 처 벌

　　10년 이하의 징역에 처한다.　　　　　　　　　　　　　　　　　　　　24

　　징역에 처하는 경우에는 10년 이하의 자격정지 또는 2천만 원 이하의 벌금　25
을 병과할 수 있다.

　　본죄의 미수범은 처벌하고(§ 223), 대한민국 영역 외에서 본죄를 범한 외국인　26
도 처벌한다(외국인의 국외범)(§ 5(v)).

〔이 순 옥〕

---

48 이정원·류석준, 568.

제218조(인지·우표의 위조 등)

① 행사할 목적으로 대한민국 또는 외국의 인지, 우표 기타 우편요금을 표시하는 증표를 위조 또는 변조한 자는 10년 이하의 징역에 처한다. 〈개정 1995. 12. 29.〉
② 위조 또는 변조된 대한민국 또는 외국의 인지, 우표, 기타 우편요금을 표시하는 증표를 행사하거나 행사할 목적으로 수입 또는 수출한 자도 제1항과 형이 같다. 〈개정 1995. 12. 29.〉

Ⅰ. 취 지

1   본조는 행사할 목적으로 대한민국 또는 외국의 인지, 우표 기타 우편요금을 표시하는 증표를 위조 또는 변조함으로써 성립하는 범죄(§ 218①)[(인지·우표·우편요금증표)(위조·변조)죄]와 위조 또는 변조된 대한민국 또는 외국의 인지, 우표, 기타 우편요금을 표시하는 증표를 행사하거나, 행사할 목적으로 수입 또는 수출하는 행위를 처벌(§ 218②)[(위조·변조)(인지·우표·우편요금증표)(행사·수입·수출)죄]하는 규정이다.

2   인지, 우표 기타 우편요금을 표시하는 증표(이하, '인지 등'이라 한다.) 자체는 유가증권의 일종이다.[1] 그러나 일정한 재산권을 표창하는 것은 아니라는 점에서 일반적인 유가증권과는 구별되고, 증권 자체가 법률상 정해진 특정한 목적을 위하여 특정한 금액을 표시하고 동액 상당의 금전적 가치를 가지는 것[2]이라는

---

1 다만, 인지·우표가 특정한 재산권을 표창하는 것으로 보기는 어렵다는 점에 중점을 두어 유가증권이 아니라고 보는 견해도 있다. 위 견해에 의하면, 인지, 우표는 유가증권은 아니지만, 유가증권 또는 통화와 유사한 유통성을 지녔기 때문에 독립적으로 규정한 것이라고 한다[오영근, 형법각론(7판), 562; 이영란, 형법학 각론강의(3판), 622].
2 이러한 우표, 인지에 대하여 금전에 갈음하는 효력을 가지는 증권으로 금액권 또는 금권이라고

점에서 통화와 유사한 성질을 가지고 있기 때문에[3] 유가증권에 대한 규정과 구분하여 따로 별도로 조항을 두어 규정하고 있다.[4] 일반적인 유가증권의 경우 공시최고 방법을 통해 유가증권상의 추상적 권리를 증권으로부터 분리시키는 제권판결절차(민소 § 475 이하)가 있는데, 인지 등의 경우 제권판결절차에 의한 권리의 회복절차가 인정되지 않고 그 자체가 물리적으로 멸실하면 그 가치가 소멸한다. 인지, 우표의 이러한 특성 때문에 입법자가 유가증권에 관한 죄와 우표와 인지에 관한 죄를 따로 규율하였다고 설명하는 견해도 있다.[5]

우표와 인지에 관한 죄는 유가증권에 관한 범죄와 같이 인지 등의 진정성에 대한 공공의 신용과 거래의 안전을 보호하는 것을 목적으로 한다.[6] 인지 등은 유가증권의 일종으로 국제적인 거래의 안전성도 중요하기 때문에 국제적 대응이 필요한바, 외국의 인지 등과 대한민국의 인지 등을 포함하여 동등하게 처벌하고 있다. 　3

인지 등의 위조·변조죄(§ 218①), 위조·변조된 인지 등의 수입·수출죄(§ 218② 후단)의 경우, 초과주관적 구성요건으로 행사할 목적을 요구하는 진정목적범이다. 다만, 위조·변조인지 등의 행사죄(§ 218② 전단)는 목적범이 아니다. 　4

한편 우표를 떼어낸 죄에 대하여는 우편법 제54조[7]에서 따로 규율하고 있고, 우편법 제55조에서 그 미수범도 처벌하고 있다. 　5

표현하기도 한다[신동운, 형법각론(2판), 395; 최기원, 어음·수표법(5증보판), 박영사(2008), 19].
3 인지, 우표는 유가증권보다는 통화에 가까운 특수성이 인정되기 때문에 별도의 규정을 둔 것이다[김성돈, 형법각론(8판), 652].
4 이재상·장영민·강동범, 형법각론(12판), § 31/30.
5 신동운, 396.
6 주석형법 [각칙(2)](5판), 460(박형준).
7 우편법 제54조(우표를 떼어낸 죄) ① 우편관서에서 취급 중인 우편물에 붙어 있는 우표를 떼어낸 자는 50만원 이하의 벌금에 처한다.
② 제1항의 경우에 소인(消印)이 되지 아니한 우표를 떼어낸 자는 1년 이하의 징역 또는 1천만원 이하의 벌금에 처한다.

II. 인지·우표 등의 위조·변조죄(제1항)

1. 객관적 구성요건

(1) 객체

6   본죄의 객체는 '대한민국 또는 외국의 인지, 우표 기타 우편요금을 표시하는 증표'이다.

7   '인지(印紙)'란, 수입인지에 관한 법률(이하, 수입인지법이라 한다.), 인지세법, 민사소송 등 인지법 등 관련 법률에 따라 일정한 수수료나 인지세 등을 납부하는 방법으로 첩부(貼付)·사용하게 하기 위하여 정부 기타 발행권자가 일정한 금액을 표시하여 발행한 증표를 의미한다.[8]

8   우리나라의 수입인지는 기획재정부장관이 발행하고 관리하는데, 수입인지법 제2조 제1항에 의하면 '수입인지'에는 정보통신망을 통하여 발행하는 수입인지인 전자수입인지[9]를 포함한다. 기획재정부장관은 전자수입인지를 제외한 수입인지에 관한 관리 등의 업무에 대하여 한국은행에 위탁하고 있다(수입인지법 §9①).

9   '우표'란 정부 기타 발행권자가 일반인에게 우편요금의 납부용으로 첩부·사용할 수 있게 일정한 금액을 권면에 표시하여 발행한 증표를 의미한다.[10] 우편법 제1조의2 제5항에 의하면, '우표'는 우편요금, 즉 우편물의 발송인이나 수취인이 그 송달의 대가로 우편관서에 내야 하는 금액(우편법 §1의2(iv))의 선납과 우표수집 취미의 문화를 확산시키기 위하여 발행하는 증표를 말한다. 후자는 우표수집 취미의 문화를 확산시키기 위하여 일반적인 우표의 요금선납 기능을 간직하면서도 우표수집의 취미와 문화 확산이라는 특별한 의미와 목적을 담아 한정수량만 발행하는 특별우표로서 '기념우표'도 여기에 포함된다.[11]

---

8 김성돈, 652; 이재상·장영민·강동범, §31/30; 주석형법 [각칙(2)](5판), 461(박형준).
9 수입인지법 제2조(수입인지의 발행 및 관리) ② 전자수입인지는 발행 형태 및 과세문서의 특성에 따라 다음 각 호로 구분한다.
　　1. 종이문서용 전자수입인지: 종이문서에 첨부하는 출력물 형태의 전자수입인지
　　2. 전자문서용 전자수입인지: 전자문서에 붙이는 전자적 정보형태의 전자수입인지
10 김성돈, 652; 이재상·장영민·강동범, §31/30; 주석형법 [각칙(2)](5판), 462(박형준).
11 주석형법 [각칙(2)](5판), 462(박형준).

　　'우편요금을 표시하는 증표'란 우편엽서, 항공서신, 우편요금 표시 인영이　　10
인쇄된 봉투, 즉 우편요금 납부방법으로 사용한 증표를 의미한다(우편법 §1의
2(vi)). 예를 들면, 우표법 제20조에서 규정하는 바와 같이 요금 등의 납부방법으
로서 우표 이외에 우편요금을 표시하는 '요금별납' 또는 '요금후납'과 같은 스탬
프형 증표 등이 여기에 해당한다. 이러한 우표와 우편요금을 표시하는 증표는
과학기술정보통신부장관이 발행한다(우편법 §21①).

　　본죄는 외국에서 발행된 인지 등도 객체로 하고 있다. 이때 외국은 국제법　　11
상 승인된 국가일 필요는 없지만, 적어도 실재하는 국가이어야 한다.[12]

(2) 행위

　　본죄는 인지 등을 위조, 변조하는 행위를 처벌하고 있다. '위조'란, 인지 등　　12
을 발행할 권한이 없는 사람이 진정한 인지 등을 만드는 것을 의미한다. 다만,
진정한 인지 등에 찍힌 소인과 같은 사용의 표지를 지우는 행위는 제221조의
소인말소죄에 의하여 처벌해야 하는 것으로 본죄의 위조 또는 변조에는 해당하
지 않는다.

　　인지 등은 유가증권의 일종이긴 하지만, 대한민국뿐만 아니라 대부분의 국　　13
가가 그 작성권한을 독점하고 있다는 측면에서 보면, 유가증권보다는 통화와 유
사한 성격이라고 할 수 있다.[13]

2. 주관적 구성요건

　　인지 등을 위조·변조한다는 점에 대한 고의와 행사할 목적이라는 초과주관　　14
적 구성요건이 있어야 한다. 여기서 행사할 목적이란 유통성을 가지게 할 것까
지는 요구하지 않고, 유가증권위조·변조죄에서의 그것과 같이 진정한 인지 등
으로 오인하게 하여 사용할 목적을 의미한다.

　　이때 위조된 우표를 그 사정을 알고 있는 사람에게 교부하더라도 그 사람　　15
이 이를 진정하게 발행된 우표로서 사용할 것이라는 사정을 인식하면서 교부한
다면, 행사할 목적이 인정된다고 할 수 있다.[14]

12　주석형법 [각칙(2)](5판), 462(박형준).
13　이재상·장영민·강동범, §31/30.
14　대판 1989. 4. 11, 88도1105. 본 판결 해설은 김영식, "수집 대상으로서 우표와 위조우편취득죄

3. 처 벌

16   10년 이하의 징역에 처한다.

17   징역에 처하는 경우에는 10년 이하의 자격정지 또는 2천만 원 이하의 벌금을 병과할 수 있다.

18   본죄의 미수범(§ 223)은 물론, 예비·음모죄(§ 224)는 처벌한다. 그리고 대한민국 영역 외에서 본죄를 범한 외국인도 처벌한다(외국인의 국외범)(§ 5(v)).

Ⅲ. 위조·변조된 인지·우표 등의 행사·수입·수출죄(제2항)

1. 객관적 구성요건

(1) 객체

19   본죄의 객체는 이미 '위조·변조된 대한민국 또는 외국의 인지 등이다. 따라서 위조·변조에 이르지 않은 인지·우표유사물의 경우(§ 222)에는 본죄의 객체에 포함되지 않는다.

(2) 행위

(가) 행사

20   본죄의 '행사'란, 위조·변조 등 유가증권행사죄에서의 행사와 유사한 의미를 가지는 것으로, 이를 반드시 유통에 두어야 하는 것은 아니다.[15] 즉, 위조·변조된 인지 등을 진정한 것처럼 사용하는 것을 의미한다.

21   다만 '행사'는 반드시 인지 등의 본래 용도인 수수료나 우편요금 등의 납부용으로 사용하는 것에 한정되지 않고, 우표수집 대상으로서 매매하는 경우도 포함한다고 보는 것이 다수설[16] 및 판례[17]의 입장이다. 다만 이 경우에도 위조우표를 진정한 우표로서 판매하는 경우에만 행사에 해당하고, 위조우표를 위조우

및 동행사죄", 해설 11, 법원행정처(1990), 535-553.

15 손동권·김재윤, 새로운 형법각론, § 38/35.

16 김성돈, 652; 김성천·김형준, 형법각론(5판), 663; 김일수·서보학, 새로쓴 형법각론(9판), 561; 이영란, 623; 이형국·김혜경, 640; 임웅, 형법각론(9정판), 706; 정성근·박광민, 형법각론(전정3판), 648; 정영일, 형법강의 각론(3판), 334.

17 위조우표 액면가의 10배 또는 20배로 거래했던 사안에서 행사죄를 인정하였다(대판 1989. 4. 11, 88도1105).

표로서 판매하는 행위는 행사라고 볼 수 없다.[18] 이에 대하여 본죄의 보호법익은 우표의 진정에 대한 공공의 신용과 거래의 안전이라는 점에 비추어 볼 때, 우표수집의 대상으로 위조 또는 변조 우표를 매매하는 경우는 사기죄에 해당할수는 있지만, 본죄에 해당하지 않는다고 하는 견해[19]도 있다.

본죄의 행사 역시 위조·변조의 사정을 알고 있는 사람에게 교부하는 경우에도, 그 교부받은 자가 그 우표 등을 진정하게 발행된 우표 등으로 사용할 것이라는 사정을 인식하면서 교부하였다면, 본죄의 행사에 해당된다.[20] **22**

예를 들면, 피고인 甲, 乙, 丙이 모두 우표상인들로서 甲이 매수한 위조우표를 乙에게 판매하고, 乙이 다시 피고인 丙에게 판매한 경우, 비록 甲, 乙은 각각그 행사의 상대방인 乙, 丙이 위조수표라는 것을 알았다고 하더라도, 그들이 다른 사람에게 진정한 우표로 팔 수 있다는 점을 인식하면서 판매하였다면, 甲, 乙은 행사죄의 죄책을 진다.[21] **23**

(나) 수입·수출

본죄의 수입·수출의 의미 및 내용은 **위조통화 등의 수입·수출죄**(§207④), **24**
위조유가증권 등의 수입·수출죄(§217)에서와 같다.

2. 주관적 구성요건

본죄는 위조·변조된 인지 등을 진정한 것으로 사용한다는 고의가 있어야 **25**
한다. 그리고 행사죄의 경우에는 초과주관적 구성요건요소로 행사할 목적이 따로 요구되지는 않으나, 수입·수출죄의 경우에는 행사할 목적이 있어야 한다.

---

18 이정원·류석준, 형법각론, 569.
19 오영근, 563.
20 대판 1989. 4. 11, 88도1105.
21 대판 1989. 4. 11, 88도1105. 피고인들은 우표상인들로서 피고인 甲이 위조수표를 매수하여 피고인 乙, 피고인 丙의 순으로 그 일부씩을 전매한 사안에서, 위조우표의 정도가 일반인이 육안으로 진품과 구별하기 어려울 정도로 인쇄되어 있어서 피고인들로부터 전매한 사람이 다른 사람에게 진정한 우표로 팔 수도 있다는 점을 인식하면서 각 피교부자들에게 위 우표를 판매하였다면, 피고인들의 이 사건 각 행위는 각 행사할 목적으로 위 위조우표를 취득하고, 이를 행사한 것으로 볼 수 있다고 판시하였다. 이때, 피고인 丙은 제219조의 위조우표취득죄의 죄책을 진다.

3. 죄수 및 다른 죄와의 관계

26   인지 등의 위조·변조죄, 그 행사·수입·수출죄와 관련한 죄수 및 다른 죄
와의 관계는 통화위조죄 등의 경우에서와 같다.[22]

4. 처 벌

27   10년 이하의 징역에 처한다.

28   징역에 처하는 경우에는 10년 이하의 자격정지 또는 2천만 원 이하의 벌금
을 병과할 수 있다.

29   본죄의 미수범(§223)은 처벌한다. 그리고 대한민국 영역 외에서 본죄를 범
한 외국인도 처벌한다(외국인의 국외범)(§5(v)).

〔이 순 옥〕

---

22 주석형법 〔각칙(2)〕(5판), 465(박형준).

제219조(위조인지·우표등의 취득)

행사할 목적으로 위조 또는 변조한 대한민국 또는 외국의 인지, 우표 기타 우편요금을 표시하는 증표를 취득한 자는 3년 이하의 징역 또는 1천 만원이하의 벌금에 처한다. 〈개정 1995. 12. 29.〉

Ⅰ. 취　지

　　본죄[(위조·변조)(인지·우표· 우편요금증표)취득죄]는 행사할 목적으로 위조 또　　**1**
는 변조된 대한민국 또는 외국의 인지, 우표 기타 우편요금을 표시하는 증표(이하, '인지 등'이라 한다.)를 취득함으로써 성립하는 범죄이다. 위조·변조유가증권취득죄에 대하여는 따로 처벌하는 규정이 없으나, 위조·변조통화취득죄(§ 208)는 따로 처벌규정을 두고 있다. 본조는 인지 등이 통화와 유사한 성질을 갖는 점을 반영한 것으로 위조·변조통화취득죄에 상응하는 범죄라고 할 수 있다.[1] 초과주관적 구성요건요소로 행사할 목적을 요구하는 진정목적범이다.

Ⅱ. 객관적 구성요건

1. 객　체

　　본죄의 객체는 위조 또는 변조된 대한민국 또는 외국의 인지 등 그 의미는　　**2**
제218조(인지·우표의 위조 등)에서와 같다.

---

1 김성돈, 형법각론(8판), 653; 오영근, 형법각론(7판), 564.

〔이 순 옥〕　　　　**121**

2. 행 위

3   위조 또는 변조된 인지 등을 '취득'하는 것이다. 취득은 위조 · 변조통화취득
죄(§ 208)와 마찬가지로 위조 또는 변조된 인지 등을 자기의 점유로 옮겨 처분권
을 획득하는 일체의 행위를 의미한다.

4   본죄가 성립하려면, 취득할 때 인지 등이 위조 또는 변조되었다는 사정을
알면서 취득하여야 한다.[2] 따라서 처음에는 위조 또는 변조되었다는 것을 알지
못하였다가 나중에 이를 알고 계속하여 보관한 경우, 그것만으로는 본죄에 해당
하지 않는다.[3] 다만 이와 같은 보관에 그치지 않고 그 사정을 알면서도 이를 사
용한 경우, 제218조 제2항의 행사죄에 해당할 수는 있다.

5   본죄의 기수시기는 현실적으로 점유를 취득한 때이다.[4]

III. 주관적 구성요건

6   위조 · 변조된 대한민국 또는 외국의 인지 등이라는 사실을 알고 취득한다는
점에 대한 고의 이외에도 초과주관적 구성요건요소로 행사할 목적이 필요하다.
이때 행사할 목적이란 유가증권에 관한 죄에서의 행사할 목적과 같다.

IV. 죄수 및 다른 죄와의 관계

7   (1) 동일한 기회에 여러 개의 위조 · 변조된 인지 등을 취득한 경우에는 전
체로서 1개의 취득죄만 성립한다.[5]

8   (2) 본죄와 행사죄, 본죄와 절도죄, 본죄와 사기죄의 관계 등은 **위조 · 변조
통화취득죄**(§ 208) 부분에서 서술한 바와 같다(위조통화 대신 인지 등으로 대체).

---

2 김신규, 형법각론 강의, 661; 박찬걸, 형법각론(2판), 720; 이재상 · 장영민 · 강동범, 형법각론(12판),
   § 31/32; 정성근 · 정준섭, 형법강의 각론(2판), 484.
3 주석형법 〔각칙(2)〕(5판), 466(박형준).
4 오영근, 564.
5 주석형법 〔각칙(2)〕(5판), 467(박형준).

V. 처 벌

3년 이하의 징역 또는 1천만 원 이하의 벌금에 처한다.   9

징역에 처하는 경우에는 10년 이하의 자격정지 또는 2천만 원 이하의 벌금   10
을 병과할 수 있다.

본죄의 미수범(§ 223)은 처벌한다. 그리고 대한민국 영역 외에서 본죄를 범   11
한 외국인도 처벌한다(외국인의 국외범)(§ 5(v)).

〔이 순 옥〕

제220조(자격정지 또는 벌금의 병과)

제214조 내지 제219조의 죄를 범하여 징역에 처하는 경우에는 10년 이하의 자격정지 또는 2천만원 이하의 벌금을 병과할 수 있다. 〈개정 1995. 12. 29.〉

1   본조는 본법 제214조 내지 제219조의 죄를 범한 사람을 징역형에 처할 때 가중처벌하기 위하여 자격정지형 또는 벌금형을 부과하는 것이다. 유가증권에 관한 범죄 중에는 유가증권위조·변조(§ 214), 자격모용유가증권작성·기재(§ 215), 허위유가증권작성, 유가증권허위기재(§ 216), 위조유가증권등행사·수입·수출(§ 217)의 죄를 범한 사람을 징역에 처하는 경우, 위와 같이 10년 이하의 자격정지 또는 2천만 원 이하의 벌금을 병과할 수 있다.

2   인지·우표에 관한 범죄 중에는 인지·우표·우편요금증표위조·변조(§ 218①), 위조·변조인지·우표·우편요금증표행사·수입·수출(§ 218②), 위조·변조 인지·우표·우편요금증표취득죄(§ 219)를 범한 사람을 징역에 10년 이하의 자격정지형 또는 2천만 원 이하의 벌금형을 병과할 수 있다.

3   본조는 필요적 병과규정은 아니고 임의적 병과규정이다.

〔이 순 옥〕

제221조(소인말소)

행사할 목적으로 대한민국 또는 외국의 인지, 우표 기타 우편요금을 표시하는 증표의 소인 기타 사용의 표지를 말소한 자는 1년 이하의 징역 또는 300만원 이하의 벌금에 처한다. 〈개정 1995. 12. 29.〉

I. 취 지

본죄[(인지·우표·우편요금증표)소인말소죄]는 행사할 목적으로 대한민국 또는 외국의 인지, 우표 기타 우편요금을 표시하는 증표(이하, '인지 등'이라 한다.)의 소인(消印) 기타 사용의 표지를 말소함으로서 성립하는 범죄이다. 초과주관적 구성요건으로서 행사할 목적을 요구하는 진정목적범이다. 1

본죄는 이미 사용한 인지 등의 재사용을 방지하기 위하여 법령이 정한 바에 따라 권한 있는 사람이 한 소인 기타 사용의 표지를 없애는 행위를 처벌하는 규정으로서,1 인지 등에 사용의 표식으로 진정하게 찍혀 있는 소인의 흔적을 없애서 그 인지 등을 다시 진정한 것으로서 사용할 수 있는 위험을 막기 위한 것이다. 2

II. 객관적 구성요건

1. 객 체

본죄의 객체는 대한민국 또는 외국의 인지 등의 소인 기타 사용의 표지이다. 3

여기서 '소인'은 인지 등을 이미 사용하였다는 것, 즉 이미 요금을 지불하였다는 것을 표시하여 이를 무효화함으로써 다시 사용할 수 없도록 하기 위하여 4

---

1 주석형법 〔각칙(2)〕(5판), 467(박형준).

〔이 순 옥〕 **125**

날인하는 인장(스탬프)을 의미한다.

2. 행 위

5   본조의 행위는 인지 등의 소인 또는 그 표지를 말소하는 것이다.

6   '소인을 말소한다'는 것은 인지 등에 진정하게 찍혀 있는 소인의 혼적을 지
우는 것을 의미하고, '기타 사용의 표지를 말소한다'는 것은 인지 등에 진정하게
찍혀서 그 증표 등이 이미 사용되었다는 표지의 혼적을 소멸시켜 그 인지 등을
다시 사용할 수 있게 만드는 일체의 행위를 말한다.[2] 어떠한 의미에서는 변조의
특수한 형태라고 볼 수도 있다.[3]

7   이와 같이 사용의 표지 등을 지우는 수단 또는 방법이 무엇인지는 묻지 않는다.

Ⅲ. 주관적 구성요건

8   인지 등의 소인을 말소 또는 그 표지를 말소한다는 점에 대한 고의가 있어
야 하고, 이러한 행위에 대하여는 '행사할 목적'이라는 초과주관적 구성요건요소
가 필요하다.

Ⅳ. 처 벌

9   1년 이하의 징역 또는 300만 원 이하의 벌금에 처한다.

10   대한민국 영역 외에서 본죄를 범한 외국인도 처벌한다(외국인의 국외범)(§ 5(v)).
본죄의 미수범 처벌규정은 없다.

〔이 순 옥〕

---

2 김성돈, 형법각론(8판), 653; 김성천·김형준, 형법각론(5판), 664; 김일수·서보학, 새로쓴 형법각
   론(9판), 561; 배종대, 형법각론(13판), § 111/8; 손동권·김재윤, 새로운 형법각론, § 38/38; 신동운,
   형법각론(2판), 398; 오영근, 형법각론(7판), 564; 이영란, 형법학 각론강의(3판), 624; 이재상·장
   영민·강동범, 형법각론(12판), § 31/33; 이형국·김혜경, 형법각론, 640; 임웅, 형법각론(9정판),
   706; 정성근·박광민, 형법각론(전정3판), 649; 정영일, 형법강의 각론(3판), 335; 정웅석·최창호,
   형법각론, 198; 진계호·이존걸, 형법각론(6판), 660; 최호진, 형법각론, 760.
3 김일수·서보학, 561.

제222조(인지·우표유사물의 제조 등)

① 판매할 목적으로 대한민국 또는 외국의 공채증서, 인지, 우표 기타 우편요금을 표시하는 증표와 유사한 물건을 제조, 수입 또는 수출한 자는 2년 이하의 징역 또는 500만원 이하의 벌금에 처한다. 〈개정 1995. 12. 29.〉

② 전항의 물건을 판매한 자도 전항의 형과 같다.

Ⅰ. 취　지

본조는 판매할 목적으로 대한민국 또는 외국의 공채증서, 인지, 우표 기타 우편요금을 표시하는 증표(이하, '공채증서, 인지 등'이라 한다.)와 유사한 물건을 제조, 수입 또는 수출하거나(제1항)〔(공채증서·인지·우표·우편요금증표)유사물(제조·수입·수출)죄〕 판매하는 행위를(제2항)〔(공채증서·인지·우표·우편요금증표)유사물판매죄〕 처벌하는 규정이다. 본조 제1항의 제조, 수입·수출죄는 '판매할 목적'이라는 초과주관적 구성요건요소를 요구하는 진정목적범이다.

본죄는 대한민국의 공채증서, 인지 등과 유사한 물건뿐만 아니라 외국의 그것을 구분하지 않고 똑같이 처벌하고 있다. 이는 공채증서, 인지 등의 특수한 기능을 고려한 것으로 국제적인 단속이 필요하기 때문이다.[1]

공채증서, 인지 등은 유가증권의 일종이지만, 그 기능은 통화와 유사하기 때문에 제211조 통화유사물의 제조, 수입·수출, 판매에 대한 처벌규정에 대응하여 위와 같은 처벌규정을 마련한 것으로 보인다. 다만 공채증서, 인지 등의 유사물건은 위조 또는 변조에 이르지 않은 것으로서, 외관상 진정한 것으로 인식될 정도가 아니기 때문에 공공의 신용이나 거래의 안전을 해할 정도의 추상

1   1 주석형법 〔각칙(2)〕(5판), 471(박형준).

적 위험도 없으므로 본죄는 폐지되어야 한다는 주장도 있다.[2]

II. 객관적 구성요건

1. 객 체

4   본죄의 객체는 '대한민국 또는 외국의 공채증서, 우표 기타 우편요금을 표
시하는 증표와 유사한 물건'이다. 대한민국과 외국의 것을 모두 포함하기 때문
에 실재하기만 하면 어느 나라의 것이든 무방하다.

5   '유사한 물건'이란 제211조의 통화유사물제조등죄에서 살펴본 바와 같다.
즉, 진정한 공채증서, 인지 등과 유사하기는 하지만 일반인이 보기에 진정한 것
이라고 오신할 수 있는 정도의 외관을 갖추지 못한 것을 의미하는 것으로 일종
의 모조품과 같은 것이다.[3]

2. 행 위

6   '제조'란 권한이 없는 사람이 공채증서, 인지 등에 유사한 물건을 만드는 것
을 의미한다. '수입·수출'의 의미는 제207조(통화의 위조 등) 제4항, 제217조(위조
유가증권 등의 행사 등)에서의 수입·수출과 같은 의미이다.

7   본조의 제조행위는 판매할 목적으로 공채증서, 인지 등과 유사한 물건을 만
드는 것으로, 처음에는 유사한 물건을 만들 의사였으나 그 결과물이 일반인이
진정한 것으로 오인할 수 있는 정도의 정교함을 갖추게 되었다면 어떤 죄가 성
립하는지 여부가 문제된다. 이때 행위의 결과물은 제218조 제1항의 인지 등 위
조죄의 객체에 해당하나, 진정한 인지 등을 만들 고의 및 이를 행사할 목적이
있었다고 보기 어렵기 때문에, 본죄에 해당한다고 보아야 할 것이다.[4]

---

2 오영근, 형법각론(7판), 565.
3 김성돈, 형법각론(8판), 654; 김성천·김형준, 형법각론(5판), 665; 김일수·서보학, 새로쓴 형법
각론(9판), 562; 배종대, 형법각론(13판), § 111/9; 신동운, 형법각론(2판), 398; 오영근, 형법각론
(7판), 565; 이영란, 형법학 각론강의(3판), 625; 이재상·장영민·강동범, 형법각론(12판), § 33/34;
임웅, 형법각론(9정판), 707; 정성근·박광민, 형법각론(전정3판), 649; 정영일, 형법강의 각론(3판),
335; 정웅석·최창호, 형법각론, 198; 진계호·이존걸, 형법각론(6판), 634; 주석형법 〔각칙(2)〕
(5판), 471(박형준).
4 주석형법 〔각칙(2)〕(5판), 472(박형준).

'판매'란 불특정 또는 다수인에게 유상으로 양도하는 것으로, 수익의 유무는 　8
묻지 않는다.[5]

Ⅲ. 주관적 구성요건

본죄는 공채증서, 인지 등의 유사물 제조, 수입·수출 또는 판매에 대한 고의가　9
있어야 한다. 특히 제조, 수입 또는 수출의 경우, '판매할 목적'이 따로 요구된다.

Ⅳ. 죄 수

본죄의 죄수관계는 제211조의 통화유사물 제조 등에서 살펴본 바와 같다.　10
1회에 여러 개의 공채증서, 인지 등 유사물을 제조, 수입 또는 수출하는 경우에는
포괄하여 1죄가 성립한다. 공채증서, 인지 등 유사물을 제조한 다음 이를 수출,
판매하거나 수입, 판매하는 경우에는, 제조죄, 수입 또는 수출죄, 판매죄의 실체
적 경합범이 성립한다.

이때, '판매'란 공채증서, 인지 등 유사물을 유상으로 양도하는 것이기 때문　11
에 일단 인지 등 유사물의 점유가 상대방에게 이전된 때 판매행위는 기수가 된
다. 다만, 여러 종류의 공채증서, 인지 등 유사물을 불특정 다수인에게 반복적으
로 판매하는 경우, 일정한 기간 동안 일련성·반복성을 가진 판매행위에 해당하
고, 이는 포괄하여 1죄가 성립하는 것으로 볼 수 있다.

V. 처 벌

2년 이하의 징역 또는 500만원 이하의 벌금에 처한다.　12
본죄의 미수범(§ 223)은 처벌한다. 그리고 대한민국 영역 외에서 본죄를 범　13
한 외국인도 처벌한다(외국인의 국외범)(§ 5(v)).

〔이 순 옥〕

---

5 김성돈, 654; 김일수·서보학, 562.

제223조(미수범)
제214조 내지 제219조와 전조의 미수범은 처벌한다.

1   제214조 내지 제219조의 범죄, 제222조의 범죄의 경우 그 미수범도 처벌한다. 즉, 유가증권위조·변조죄(§ 214①), 기재사항위조·변조죄(§ 214②), 자격모용에 의한 유가증권작성 등의 죄(§ 215), 허위유가증권작성 등의 죄(§ 216), 위조·변조유가증권행사 등의 죄(§ 217), 인지·우표의 위조 등의 죄(§ 218①, ②), 위조인지·우표 등의 취득죄(§ 219), 인지·우표유사물의 제조 등의 죄(§ 222)의 미수범을 처벌하는 규정이다.

2   유가증권, 우표와 인지 등에 관한 죄 중에 소인말소죄(§ 221)의 경우에만 미수범을 처벌하지 않는다.

3   위 조항은 외국인의 국외범에 대하여도 적용된다(§ 5(v)).

〔이 순 옥〕

제224조(예비, 음모)
제214조, 제215조와 제218조 제1항의 죄를 범할 목적으로 예비 또는 음모한 자는 2년 이하의 징역에 처한다.

유가증권위조·변조죄(§214①), 기재사항위조·변조죄(§214②), 자격모용에 의한 유가증권작성 등의 죄(§215), 인지·우표위조·변조죄(§218①)를 범할 목적으로 예비 또는 음모하는 경우에 처벌하는 규정이다.   1

유가증권, 우표와 인지에 관한 죄 중에서 '무형위조'에 대해서는 따로 예비·음모행위를 처벌하지 않고, 공공의 신용 및 거래안전을 해할 위험성이 큰 '유형위조'에 해당하는 죄에 대해서만 예비·음모행위를 처벌하고 있다.   2

본조는 통화에 관한 죄에 대한 예비·음모를 처벌하는 제213조와는 달리 자수에 대하여 필요적 감면을 규정하지 않고 있다. 이에 대하여는 통화에 관한 죄와 그 성질이 유사하므로 자수에 관한 감면 특례규정을 두는 것이 필요하다는 견해,[1] 통화에 관한 죄의 제213조 규정을 유추적용하여야 한다는 견해[2] 등이 있다.   3

본죄가 성립하기 위해서는 유가증권위조 등을 위한 준비행위 또는 모의행위에 대한 고의 및 기본범죄를 범할 목적이 필요하다. 본조에는 명문으로 '행사할 목적'이 따로 명시되어 있지는 않지만, 그 기본범죄인 '유가증권위조·변조죄, 기재사항위조·변조죄, 자격모용에 의한 유가증권작성 등의 죄, 인지·우표위조·변조죄' 모두 초과주관적 구성요건요소로서 '행사할 목적'을 요구하므로, 그 예비·음모행위에도 초과주관적 구성요건요소로서 위조·변조·자격모용작성 유가증권 등을 행사할 목적이 있어야 한다고 해석함이 타당하다.[3]   4

위조·변조 등을 위하여 예비·음모한 사람이 결국 위조·변조행위의 실행의 착수까지 하였으나 미수에 그친 경우, 예비·음모죄가 아니라 각 기본범죄의   5

---

1 배종대, 형법각론(13판), §111/10; 손동권·김재윤, 새로운 형법각론, §38/40; 이재상·장영민·강동범, 형법각론(12판), §31/35; 임웅, 형법각론(9정판), 704; 정성근·박광민, 형법각론(전정3판), 649.
2 김일수·서보학, 새로쓴 형법각론(9판), 562.
3 주석형법 〔각칙(2)〕(5판), 475(박형준).

미수범(§ 223)이 성립하고 본죄는 이에 흡수된다. 마찬가지로 위와 같이 예비·음모행위를 한 사람이 기본범죄의 기수에 이른 경우에도, 본죄는 기수범에 흡수된다.[4]

6　　　본죄의 예비죄에 공동정범 외에 방조범이 성립할 수 있는지 여부에 대하여는 제213조의 통화에 관한 죄의 예비죄에서와 같은 견해 대립이 있다. 예비죄의 방조범을 인정하는 견해도 있으나,[5] 부정하는 것이 다수설[6] 및 판례[7]의 입장이다.

〔이　순　옥〕

---

4 주석형법 〔각칙(2)〕(5판), 476(박형준).
5 예비죄를 독립적 구성요건으로 보는 경우 예비행위에 대한 방조범까지 인정한다〔김일수·서보학, 새로쓴 형법총론(13판), 413〕.
6 이재상·장영민·강동범, 형법총론(10판), § 30/23.
7 대판 1979. 5. 22, 79도552; 대판 1979. 11. 17, 79도2201.

　　　　　　〔이　순　옥〕

[특별법] 부정수표 단속법

[총 설]

Ⅰ. 규 정

부정수표 단속법은 부정수표 등의 발행을 단속·처벌함으로써 국민의 경제 1
생활의 안전과 유통증권인 수표의 기능을 보장하는 것을 목적으로 한다(§1).

부정수표 단속법은 제1조 내지 제7조까지 총 7개의 조문으로 구성되어 있 2
는데, 제1조는 목적, 제2조 내지 제5조는 부정수표와 관련된 형사책임, 제6조는
형사소송법상의 특례, 제7조는 금융기관의 고발의무로 규정되어 있다. 먼저, 부
정수표 등과 관련된 형사책임에 대하여 살펴보면, 부정수표 발행인(§2①) 및 부
도수표 발행인(§2②)의 형사책임, 과실로 인하여 부정수표의 발행(§2①) 및 부도
수표의 발행(§2②) 결과가 발생한 경우의 책임(§2③), 발행인이 법인·단체 등인
경우 형사책임(§3), 거짓 신고자의 형사책임(§4), 위조·변조자의 형사책임(§5)이
있다.

부정수표 단속법 제2조 내지 제4조의 경우 수표에 대한 독립적인 구성요건 3
및 그 처벌규정이나, 제5조 수표의 위조·변조죄는 형법 제214조의 유가증권위
조·변조죄와 사실상 동일한 내용·형태의 규정으로 위 형법 규정에 대한 특별
규정이라고 할 수 있다. 다만, 부정수표 단속법 제5조에서는 '수표를 위조 또는
변조한 자'만을 그 처벌대상으로 규정하고 있어서 수표에 대한 모든 위조·변조

행위를 모두 규율하고 있다고 보기 어렵다. 따라서 수표에 관한 범죄 중 부정수표 단속법이 적용되지 않는 경우 유가증권에 관한 위 형법 규정을 적용하여 처벌할 수 있다.[1] 예를 들자면, 수표의 발행에 대한 위조 또는 변조가 아니라 수표의 권리의무에 관한 기재에 대하여 위조 또는 변조행위를 한 경우에는 부정수표 단속법 제5조가 아닌 형법 제214조 제2항에 의하여 처벌할 수 있다. 또한, 수표의 허위작성에 관한 행위, 위조·변조수표의 행사·수입·수출 등의 행위 역시 부정수표 단속법에서 따로 규정하고 있지 않기 때문에 형법 제216조, 제217조 규정이 적용될 수 있다. 대리권 또는 대표권의 자격을 모용하여 수표를 작성한 경우에는 반대견해가 있기는 하지만, 형법 제215조가 아닌 부정수표 단속법 제5조의 적용대상이라는 것이 일반적인 견해이다.

4   부정수표 단속법 제6조에서는 수표에 대한 범죄에 있어서 형사소송법의 특례를 규정하고 있는데, 그 내용을 보면, 부정수표단속법위반죄로 벌금형을 선고하는 경우 필요적으로 가납판결(형소 § 334①)을 하여야 한다는 것, 일반적인 형사사건에서 벌금형이 선고되는 경우 구속영장의 효력이 상실되나(형소 § 331), 부정수표단속법위반죄로 벌금형을 선고하는 경우 벌금을 가납할 때까지 피고인을 구속하도록 하고 있는데, 제6조는 형사소송법 제334조 제1항 및 제331조에 대한 특별규정이라고 할 수 있다.

5   부정수표 단속법 제7조에서는 금융기관 종사자가 직무상 제2조 제1항의 부정수표 또는 제5조의 위조·변조수표를 발견한 경우 48시간 내에, 제2조 제2항 부도수표를 발견한 때에는 30일 이내 수사기관에 고발할 의무를 부과하고, 이를 위반할 경우 100만 원 이하의 벌금에 처하도록 하고 있다.

6   부정수표 단속법의 처벌 관련 조문 구성은 [표 1]과 같다.

---

1 주석형법 〔각칙(2)〕(5판), 480(박형준).

[표 1] 부정수표 단속법 처벌 관련 조문 구성

조 문		제 목	구성요건	법정형	공소시효
§2	①	부정수표 발행인의 형사책임	각 호의 수표 발행 또는 작성 (i) 가공인물의 명의로 수표 발행 (ii) 금융기관(우체국 포함, 이하 같음)과의 수표계약 없이 발행하거나 금융기관으로부터 거래정지처분을 받은 후 발행한 수표 (iii) 금융기관에 등록된 것과 다른 서명 또는 기명날인으로 발행한 수표	5년↓ 또는 수표금액 10배↓	7년
	②		ⓐ 수표를 발행 또는 작성한 자 ⓑ 수표를 발행한 후 예금부족, 거래정지처분, 수표계약해제 또는 해지로 인하여 ⓒ 제시기일에 지급되지 아니하게 함	"	7년
	③		ⓐ 과실로 인하여 ⓑ ①, ②의 죄를 범한 때	3년↓ 또는 수표금액 5배↓	5년
	④		ⓐ ②, ③의 수표를 발행 또는 작성 ⓑ 수표를 회수하거나 수표 소지인이 명시한 의사에 반하는 경우 - 공소제기 불가	※ 공소제기조건 - 수표 미회수 - 수표 소지인의 처벌의사	
§3	①	법인·단체 등의 형사책임	ⓐ §2의 경우 발행인이 법인이나 그 밖의 단체인 경우 ⓑ 수표에 기재된 대표자 또는 작성자를 처벌(다만, 무과실 면책)	§2① 내지 ③의 벌금형	5년
	②		대리인 발행의 경우 본인 외 대리인도 처벌		
§4		거짓신고자의 형사책임	ⓐ 수표금액의 지급 또는 거래정지처분을 목적으로 ⓑ 금융기관에 거짓신고	10년↓ 또는 20만 원↓	10년
§5		위조· 변조자의 형사책임	ⓐ 수표를 ⓑ 위조 또는 변조	1년↑ 및 수표금액 10배↓	10년
§7	①	금융기관의 고발의무	금융기관에 종사하는 사람이 ⓐ 직무상 §2①(발행인이 법인 또는 그 밖의 단체인 경우 포함) 또는 §5에 규정된 수표를 발견한 때 48시간 이		

조 문	제 목	구성요건	법정형	공소시효
		내에 수사기관에 고발의무 ⓑ §2②에 규정된 수표를 발 견한 때에는 30일 이내에 수사기관에 고발의무		
②		①의 고발을 하지 아니함	100만 원↓	5년

II. 연 혁

7   부정수표 단속법은 1956년 5·16 군사혁명 이후 국가재건최고회의에서 "수표거래의 무질서를 근절하고 부정수표 등의 발행을 강력히 단속, 처벌함으로써 국민의 경제생활의 안정과 유통증권인 수표의 기능 및 그 피지급성을 보장"하는 것을 목적으로 1961년 7월 3일 법률 제645호로 제정 및 공포되어 같은 해 9월 1일 시행되었다.[2]

8   부정수표 단속법은 1961년 7월 3일 제정 이후 3차례의 개정을 거쳐서 오늘날에 이르렀는데 그 주요 내용은 아래와 같다.

1. 1차 개정

9   1996년 2월 26일 제1차 개정(법률 제1747호)[3]은 "부정수표 등의 발행을 단속·처벌함으로써 국민의 경제생활의 안전과 유통증권인 수표의 기능을 보장하려는 것"을 개정의 목적으로 한 것이었다. 이에 따라 부정수표 단속법 제2조 제1항 부정수표 발행죄, 제2조 제2항 부도수표 발행죄에 대한 과실범의 처벌규정(§2③) 및 허위신고자를 처벌하는 규정(§4)을 신설하였다.

10   구체적으로 살펴보면, 첫째, 부정수표 단속법 개정 이전에 제2조 제1항 부정수표 발행죄, 제2항 부도수표 발행죄에 대하여 과실이 있는 경우에도 처벌을 하는 것인지에 대하여 명확하게 규정하지 않고 있었기 때문에 과실범 처벌 여부에 관하여 학설의 다툼이 있었다. 판례[4]는 고의범의 경우에만 처벌한다고 해

---

2 우인성, "부정수표 단속법 제2조 제2항의 적용의 제한", 해설 98, 법원도서관(2014), 577(대판 2013. 12. 26, 2011도7185 해설).
3 법제처, 부정수표법(법률 제1747호) 제정·개정이유 참조.
4 대판 1965. 6. 29, 65도1; 대판 1965. 9. 21, 65도627.

석하였다. 그러나 이러한 판례의 태도가 부정수표의 발행을 증가시키고 이로 인해 부정수표 단속법이 형해화되었다는 비판이 있자, 제1차 개정을 통해서 과실이 있는 경우에도 처벌하는 규정(§2③)을 마련한 것이다.

두 번째, 부정수표 단속법 제정 당시에는 예상하지 못하였던 허위신고자에 대한 형사처벌 규정(§4)을 마련한 것이다. 수표의 발행인이 부정수표 발행자로서의 형사책임을 면하기 위하여 금융기관에 허위로 수표에 대한 분실 또는 도난 신고를 하는 경우, 금융기관은 수표금에 대하여 지급거절을 하게 되는데 이때 그 지급거절 사유가 예금부족 등이 아니기 때문에 부정수표 단속법에 의한 처벌이 어렵고 사기죄의 의율도 쉽지 않아 처벌의 공백이 있었다. 이를 해결하기 위하여 허위신고자를 처벌하는 규정(§4)을 마련한 것이다.

세 번째, 제1차 개정에서는 제2조 제2항에서 "수표를 발행하거나 작성한 자가 수표를 발행한 후에 예금부족, 거래정지처분이나 수표계약의 해제 또는 해지로 인하여 정시기일(呈示期日)에 지급되지 아니하게 한 때에도 전항과 같다."라고 개정하여, 개정 전에 '예금부족으로 정시기일(呈示期日)에 지급이 되지 아니한 수표'라는 표현을 좀 더 구체적이고 명확하게 하였다.

2. 2차 개정

1993년 12월 10일 제2차 개정(법률 제4587호)[5]은 "수표거래질서의 확보를 위한 본래의 법 기능을 그대로 유지하면서도 부도를 수습할 수 있는 시간적 여유를 부여하고, 부도수표를 회수한 경우에는 공소를 제기할 수 없도록 하는 등 부도를 낸 기업인의 기업회생을 도모하는 것"을 개정의 목적으로 한 것이었다. 이때, 제2조 제2항 부도수표 발행 및 작성죄, 제2조 제3항 과실에 의한 부도수표 발행 및 작성죄에 대하여 수표를 회수하거나 소지인의 의사에 반하여 처벌하지 못하도록 하는 반의사불벌죄 규정을 신설하고(§2④), 제2조 제2항의 부도수표 발행 및 작성죄에 대하여 금융기관의 고발의무기간을 48시간 이내에서 30일 이내로 연장하였다(§7). 금융기관의 고발의무기간을 연장하여 해당 기업으로 하여금 부도를 수습할 수 있는 시간적 여유를 부여하고자 한 것이다.

---

5 법제처, 부정수표법(법률 제4587호) 제정·개정이유 참조.

3. 3차 개정

14　　　2010년 3월 24일 제3차 개정(법률 제10185호)[6]은 정부에서 추진하였던 "알기 쉬운 법령 만들기 사업"에 따라 이루어진 것으로 "법 문장의 표기를 한글화하고 어려운 용어를 쉬운 우리말로 풀어쓰며 복잡한 문장은 체계를 정리하여 쉽고 간결하게 다듬음으로써 누구나 쉽게 읽고 잘 이해할 수 있으며 국민의 언어생활에도 맞는 법률이 되도록 하는 한편, 양벌 규정에 대한 헌법재판소의 위헌 결정(헌재 2007. 11. 29, 2005헌가10) 취지에 맞게 관련 규정을 정비하는 것"을 개정목적으로 한 것이었다.

15　　　이에 따라 양벌규정에 관한 제3조 제1항은 그 단서 조항에 "다만, 법인 또는 그 밖의 단체가 그 위반행위를 방지하기 위하여 해당 업무에 관하여 상당한 주의와 감독을 게을리하지 아니한 경우에는 그러하지 아니하다."라는 문언을 추가하게 되었다.

III. 목적 및 보호법익

16　　　수표는 발행인이 지급인(은행)에 대하여 수취인 그 밖의 수표의 정당한 소지인에게 일정한 금액을 지급하도록 위탁하는 '유가증권'이자 현금의 지급에 갈음하여 발행하는 '지급위탁(유가)증권'이라고 할 수 있다. 수표제도를 통하여 발행인은 금융기관인 은행으로 하여금 현금을 지급하게 함으로써 발행인이 거래 관계에서 스스로 금전을 지급해야 하는 번잡함과 위험을 피할 수 있고,[7] 수표 소지인은 수표를 적법하게 은행에 지급제시하여 수표금을 받을 수 있어서 편리하다.[8] 다만 수표는 그 본질적 기능이 현금과 동일한 '지급기능'인 점에서 신용기능을 제1차적 기능으로 하는 어음과 차이가 있는바,[9] 수표법은 수표가 신용증권화되는 것을 방지하기 위하여 여러 규정을 두고 있다.[10]

---

6 법제처, 부정수표법(법률 제10185호) 제정·개정이유 참조.
7 하상제, "부정수표 발행인의 형사책임", 자료 123, 법원도서관(2012), 217.
8 김대근·안성조, 부도수표의 형사처벌 현황과 개선방향, 한국형사정책연구원(2011), 23.
9 하상제(주 7), 217.
10 수표의 신용증권화 방지를 위한 수표법상의 규정으로는 인수의 금지(§4), 이자 기재의 부정(§7), 일람출금성(§28①), 단기(10일)의 지급제시기간(§29), 단기(6월)의 시효기간(§51) 등이 있다.

수표의 편리한 지급기능으로 인하여 기업이나 개인이 수표를 신용거래 및 지 　17
급수단으로 널리 이용함에 따라 수표의 유통성이 증가하였다. 이에 따라 수표상 발
행일을 실제 발행일보다 늦은 날로 기재한 선일자수표가 많이 이용되었다. 선일자
수표의 경우, 실제 수표자금이 없더라도 수표에 기재된 발행일까지 수표자금을 입
금하면 부도를 피할 수 있기 때문에 선일자수표는 현금대용으로 쓰이는 것이 아니
라 어음처럼 장래의 지급을 위하여 발행되어 신용증권화되는 경우가 많아졌다.[11]

수표법 제3조[12]는 이러한 수표의 남용가능성을 방지하고 수표의 지급성을 확　18
보하기 위하여 수표의 발행을 위해서 수표계약과 수표자금의 확보를 강제하고 지
급인을 자금이 있는 은행으로 한정하도록 하고 있으며, 이를 위반한 경우 제67조
에서 과태료를 부과하도록 하고 있었다. 그러나 수표법을 위반하여 발행하는 수
표라 하더라도 수표의 요건을 갖춘 이상 유효한 수표로 보고 있을 뿐만 아니라
(§3 단서, §28②),[13] 부정수표를 발행한 경우에도 수표법에는 과태료 규정만 있을
뿐(§67) 형사처벌규정이 없어 그 실효성이 없었던 것이 사실이다.[14] 물론 형법 제
214조 이하에서 유가증권위조·변조죄 등에 대하여 처벌하고 있어서 유가증권인
수표의 위조·변조 역시 위 조항에 따라 처벌은 가능하나, 형법 구성요건의 엄격
성으로 인하여 입증이 쉽지 않았다. 한편 어음교환소의 어음교환규약 제18조 및
시행세칙 제90조에 의하면, 부도수표의 경우 거래정지처분 등 일정한 제재를 규
정하고 있었으나, 이것 역시 어디까지나 사적(私的) 제재의 성격을 띠는 것으로서
이러한 제재만으로는 수표의 지급증권으로서의 공신력을 확보하기가 어려웠다.[15]

판례도 부정수표 단속법의 목적에 대하여 "부정수표가 남발됨으로써 유통　19
증권으로서의 수표기능과 그 피지급성에 대한 신뢰가 깨어지고 유통질서의 혼
란이 야기되어 국민경제의 안정을 해치는 사회현실을 앞에 놓고 이러한 부정수

11 이주원, 특별형법(8판), 643.
12 수표법 제3조(수표자금, 수표계약의 필요) 수표는 제시한 때에 발행인이 처분할 수 있는 자금이
　있는 은행을 지급인으로 하고, 발행인이 그 자금을 수표에 의하여 처분할 수 있는 명시적 또는
　묵시적 계약에 따라서만 발행할 수 있다. 그러나 이 규정을 위반하는 경우에도 수표로서의 효력
　에 영향을 미치지 아니한다.
13 수표법은 수표의 무인증권성, 지시증권성 등의 특징을 반영하여 수표가 예외적으로 신용증권화
　되는 경우에도 그 유효성을 인정하고 있다[하상제(주 7), 218].
14 이주원, 특별형법(8판), 644.
15 김대근·안성조, 부도수표의 형사처벌 현황과 개선방향, 24.

〔이 순 옥〕　　　　**139**

표의 발행을 제재하여 수표의 유통기능을 확보함으로써 경제질서의 안정을 도
모하고자 하는 현실적 필요에서 제정된 것이며, 단지 수표법에 규정된 형식적
요건의 준수를 독려하기 위한 수표법의 벌칙적 규정으로서 마련된 것은 아니
다."[16]라고 보고 있다. 즉, 수표와 관련된 범죄에 있어서는 형법 및 형사소송
법의 특별법으로 부정수표 단속법이 우선하여 적용되는 것으로, 그 보호법익은
부정수표로 인해 수표 소지인 등이 재산상 손해를 입었는지 여부를 따지는 형
법상의 재산범죄의 보호법익과 다르다.[17]

20   따라서 수표의 유가증권으로서의 성질과 부정수표 단속법의 목적 등을 종
합하여 보면, 부정수표 단속법은 '국민의 경제생활의 안전과 수표의 유통증권으
로서의 기능 및 공공의 신용'을 보호법익으로 하고 있다고 할 수 있다.[18]

Ⅳ. 적용대상

21   부정수표 단속법은 유가증권 중 '수표'만을 그 적용대상으로 한다. 이때 수
표란 발행인이 지급인에 대하여 수취인 등 정당한 수표 소지인에게 수표상 기재
된 금액을 지급할 것을 위탁하는 유가증권을 의미한다.[19] 수표법상 수표는 증권
의 본문에 '수표'라는 글씨가 적혀져 있어야 하고, 조건 없이 일정한 금액을 지급
할 것을 위탁한다는 것이 명시되어 있어야 하며, 지급인의 명칭, 지급지, 발행일
및 발행지, 발행인의 지명날인 또는 서명이 기재되어 있어야 한다(수표법 §1).[20]

22   수표의 종류는 ① 발행인 자신을 지급받을 자로 하여 발행하는 '자기지시수
표', ② 제3자의 계산으로 발행하는 '위탁수표', ③ 발행인 자신을 지급인으로 하
는 '자기앞수표'가 있다(수표법 §6). 다만 자기앞수표의 경우 수표의 위조·변조를

---

16 대판 1983. 5. 10, 83도340(전).

17 김대근·안성조, 부도수표의 현황과 개선방향, 34.

18 주석형법 [각칙(2)](5판), 478(박형준). 헌법재판소는 부도수표 발행인을 형사처벌하는 부정수표
 단속법 제2조 제2항은 수표의 지급증권성을 온전히 유지시킴으로써 수표의 기능을 보장하고 국
 민경제의 안전을 보호하기 위한 것이라고 한다(헌재 2011. 7. 28, 2009헌바627).

19 주석형법 [각칙(2)](5판), 478(박형준).

20 이때 지급지가 적혀 있지 아니한 경우에는 지급인의 명칭에 부기한 지(地)를 지급지로 보고, 지
 급인의 명칭에 여러 개의 지(地)를 부기한 경우에는 수표의 맨 앞에 적은 지(地)에서 지급할 것
 으로 하며, 위 기재나 다른 표시가 없는 경우에는 발행지에서 지급할 것으로 하며, 발행지가 적
 혀 있지 아니한 경우 발행인의 명칭에 부기한 지(地)를 발행지로 본다(수표법 §2).

처벌하는 부정수표 단속법 제5조의 적용대상에는 해당하나, 보통 그 발행인 및
지급인이 금융기관(은행)이기 때문에 지급의 확실성이 담보되고, 부정수표·부도
수표 발행인의 형사책임에 관한 부정수표 단속법 제2조가 적용될 여지가 없다.

　　한편, 개인 또는 개인사업자가 지급은행에 개인종합예금계좌를 개설하고 　　23
체결한 수표계약에 근거하여 발행하는 가계수표[21]도 부정수표 단속법의 적용을
받는 수표에 해당하고, 그 한도 내에서는 당좌수표와 동일하게 취급된다.[22] 따
라서 가계수표 1장당 발행한도액을 초과하여 발행한 가계수표도 유효한 수표로
서 수표법 제3조 단서에 따라서 수표상의 책임이 인정된다. 예를 들어, 가계수
표 용지에 부동문자로 '30만원 이하'라고 기재되어 있음에도 불구하고, 위 발행
한도액을 초과하여 발행한 가계수표도 유효한 수표이기 때문에 위 수표가 지급
되지 아니한 경우 발행자는 부정수표 단속법 제2조 제2항의 부도수표 발행인으
로서의 책임을 지게 된다.[23]

V. 부정수표 단속법에 대한 존폐 및 위헌 논의

　　부도수표 발행자의 책임, 즉 부정수표 단속법 제2조 제2항에 대하여는 존폐 　　24
여부 및 위헌성 여부에 대하여 의견이 대립한다.

1. 존폐 여부에 대한 논의

(1) 폐지론

　　폐지론은 어음채무 불이행의 경우 처벌하지 않는 것과의 형평성, 부정수표 　　25
단속법 제정 이후의 상황의 변화, 법제도의 실효성이 없음을 주된 근거로 주장
되고 있는데, 중소기업협동조합중앙회[24] 등이 폐지론을 피력한 바 있다.

---

21 가계수표는 개인 또는 개인사업자가 은행과 수표계약을 체결하고 개인종합예금계좌의 한도금액
　내에서 발행하는 것을 원칙으로 하는 것으로 그 한도를 넘어서도 발행 가능한 당좌수표와 다른
　점이 있다.
22 주석형법 〔각칙(2)〕(5판), 479(박형준).
23 대판 1995. 11. 24, 95도1663.
24 중소기업청, 문서번호 구개 55470-4, 1998. 3. 23. 수신 법무부장관, 중소기업계 건의사항 검토
　요청서[우인성(주 2), 613에서 재인용]. 그 밖에 폐지론으로는 김유근, 주요 형사특별법의 법체
　계의 정비와 통합 방안에 관한 연구: 경제범죄 관련 형사특별법의 처벌규정들의 형법에의 편입

26　　　폐지론은 구체적인 논거[25]로, ① 민사상의 채무불이행에 대한 제재는 민사적인 것에 국한되어야 하고 형사적 제재를 가해서는 안 되며, 어음상의 채무불이행을 처벌하지 않는 것과의 형평성에 비추어 봐도 형사처벌 규정은 법체계상으로도 맞지 않는다는 점, ② 부정수표 단속법이 제정된 1961년경의 경제상황에 비추어 현재는 수표거래가 보편화되었을 뿐만 아니라 수표의 공신력도 크게 확대된 점, ③ 수표부도에 대하여 일률적으로 형사처벌하는 것은 기업의 도산을 가속화할 뿐만 아니라 현금 유동성 부족으로 일시적으로 자금난이 발생한 기업이 합의금 등의 자금 마련을 위해 기업사냥꾼에게 헐값에 매각되는 등의 불합리한 상황이 초래되는 점 등을 들고 있다.

(2) 존치론

27　　　존치론[26]은 약 40년간 시행되어 온 부정수표 단속법의 순기능에 초점을 두고, 수표를 이용한 악덕부도 사범 처벌 필요성, 선의의 수표소지자 보호, 수표의 지급증권성 보장 등을 주된 근거로 부정수표 단속법 제2조 제2항을 존치하여야 한다고 주장한다.

28　　　존치론의 구체적인 논거[27]는, ① 수표의 악덕 부도 사범을 처벌할 필요가 있고 성실한 기업의 부도 후 자구의 노력 등은 인신구속 또는 양형에서 고려하면 충분하다는 점, ② 부정수표 단속법을 폐지할 경우 수표발행자의 행위에 대하여 사기죄가 적용될 수는 있으나 구성요건의 엄격성 때문에 입증에 많은 어려움이 있다는 점, ③ 신용증권인 어음과는 달리 지급증권인 수표는 수표거래질서 보호를 위해 그 지급성이 형벌권에 의하여 담보될 필요가 있다는 점 등을 들고 있다.

2. 위헌 여부에 대한 논의

29　　　위와 같은 사회적 논쟁 속에서 헌법재판소에서도 부정수표 단속법 제2조 제2항에 대하여 2000년 이후 2차례 위헌 여부에 대한 심판을 한 적이 있다.

(1) 헌재 2001. 4. 26, 99헌가13

30　　　헌법재판소는 2001년 4월 26일 부정수표 단속법 제2조 제2항의 위헌법률심

가능성을 중심으로, 한국형사정책연구원(2017), 235-236 참조.
25 우인성(주 2), 613-614.
26 헌재 1997. 6. 26, 96헌마148.
27 우인성(주 2), 612; 헌재 1997. 6. 26, 96헌마148 중 재정경제원장관 의견 참조.

판제청사건에서, 부정수표 단속법 제2조 제2항은 "① 부정수표 발행행위는 지급제시될 때에 지급거절될 것을 예견하면서도 수표를 발행하여 지급거절에 이르게 하는 것으로 그 보호법익은 수표거래의 공정성이며 결코 '계약상 의무의 이행불능만을 이유로 구금'되는 것이 아니므로 국제법 존중주의에 입각한다 하더라도 국제연합 인권규약 제11조의 명문에 정면으로 배치되는 것이 아니고, ② 수표는 현금의 대용물로서 금전지급증권이라는 수표 고유의 특성 때문에 수표의 피지급성의 보장이 어음의 경우보다 더욱 강력하게 요청되는 점에서 어음과는 성질을 달리하므로 지급거절될 것을 예견하고 수표를 발행하는 행위를 처벌한다고 하여 평등의 원칙에 반한다고 할 수는 없으며, ③ 과태료의 행정벌이나 금융상의 제재와 같은 대체수단만으로는 위 입법목적을 궁극적으로 달성하기에 부족했다는 그동안의 경험적 자각이 이와 같은 정책수단을 선택하게 한 것으로 이러한 결단은 원칙적으로 존중되어야 한다. 신용증권으로 변칙 발행된 수표 역시 이 사건 법률조항의 적용대상으로 보아야 하며 그렇다고 하여 이 사건 법률조항을 과잉입법이라 할 수 없으며, ④ 소지인이 처벌을 희망하지 아니하는 의사표시를 하면 수표발행인은 처벌을 받지 않게 되었고, 또한 금융기관의 고발은 단지 수사의 단서에 불과할 뿐이며 인신구속에 관하여는 형사소송법의 구속절차에 따르는 것으로서 이 사건 법률조항과는 무관하며 또한 이 사건 법률조항이 채무불이행 자체만으로 처벌하는 것도 아니므로 실질적 죄형법정주의나 적법절차조항에 위배되지 않는다."고 하면서 합헌결정을 한 바 있다.

(2) 헌재 2011. 7. 28, 2009헌바267

헌법재판소는 2011년 7월 28일 부정수표 단속법 제2조 제2항의 위헌소원 사건에서도, 99헌가13사건에서와 같은 취지로 위 조항은 과잉금지의 원칙 및 평등의 원칙에 반하지 않는다며 합헌결정을 한 바 있다. 특히 견질담보용 수표의 경우에도 제2조 제2항을 적용하는 것에 대하여, "신용목적으로 발행된 수표라 하더라도 일반적인 수표와 외관상 구별이 되지 않으므로 수표가 신용증권으로 발행되었는지 여부를 일반 공중으로서는 알 길이 없고, 언제든지 유통 가능성이 있다는 점에 근거한 것으로 신용목적으로 발행된 수표를 일반적인 수표와 동일하게 취급하는 데에는 여전히 합리적 이유가 있기 때문에 평등원칙에 위배되지 않는다."고 판시하였다.

(3) 결어

32   위 두 결정을 종합하여 보면, 헌법재판소는 부정수표 단속법 제2조 제2항은 수표의 '지급증권성', '유통증권성'을 보호하기 위한 것으로, 어음 등 다른 유가증권과 달리 취급하더라도 평등원칙에 반하지 않고 이를 위반한 경우 형사처벌을 하는 것이 필요하다는 입장이라고 할 수 있다.

33   그러나 수표부도의 이유를 구분함이 없이 수표부도의 결과가 발생하면 똑같이 처벌하는 것은 인간의 존엄성과 가치를 존중하도록 한 헌법 제10조, 적법절차의 원칙을 선언한 헌법 제12조에 반하여 위헌이라는 반대의견,[28] 부정수표 단속법 제2조 제2항의 문언 자체만으로는 '수표를 작성하거나 발행하는 행위'인지 아니면 '제시기일에 지급되지 아니하게 한 행위'인지 여부, 범죄의 성립시기, 고의의 내용 및 존재시기 등이 명확하지 않아 명확성의 원칙에 반하여 위헌이라는 반대의견[29]도 존재한다.

〔이 순 옥〕

---

28 위 99헌가13 결정에서 헌법 제10조, 제12조 위반으로 위헌이라는 권성 재판관의 반대의견이 있다. 반대의견은, "수표의 부도를 내는 사람들 가운데에는 정말 열심히 기업을 경영하였으나 경제여건이 뜻밖으로 변화하여 눈물을 흘리면서 부도를 내는 사람이 있는 반면에 고의로 부도를 내거나 상대를 속여 돈을 융통하고는 부도를 내버리는 불성실한 사람도 있다. 이러한 두 가지 종류의 사람을 구별하지 않고 똑같이 취급하는 것이 바로 이 법률조항인데 이것은 사람을 사람답게 대접하는 처사가 아니다. 나타난 사실의 이면과 경위를 살피지 아니한 채 사실의 외면만을 기준으로 하여 획일적으로 일을 처단하는 것은 국가의 입장으로서는 매우 편리하다. 그러나 국가의 편의만을 생각하여 외면만을 보고 사람을 다루는 것은 문명한 사회의 법이라는 평가를 받기 어렵다. 국가권력에 대하여 사람을 사람답게 대접할 것을 명하는 문명사회 헌법의 기본정신은 인간의 존엄성을 선언하고 있는 우리 헌법 제10조에 잘 드러나 있고, 국가의 법이 법답게 만들어질 것을 요구하는 헌법정신은 적법절차를 규정한 우리 헌법 제12조의 기초가 되고 있다. 그렇다면 일단 부도가 나기만 하면 옥석(玉石)을 구분(俱焚)함으로써, 성실하지만 그러나 불운한 사람을, 사람답게 대접하지 않는 이 법률조항은 헌법 제10조와 제12조에 위반되어 위헌임이 분명하다."고 하였다.

29 위 2009헌바267 결정에서 '명확성의 원칙'에 반한다는 재판관 2명의 반대의견이 있다. 반대의견은, "이 사건 법률조항의 문언 자체만으로는 범죄를 구성하는 행위가 '수표를 작성하거나 발행하는 행위'인지 아니면 '제시기일에 지급되지 아니하게 한 행위'인지 여부, 범죄가 언제 성립하는지, 고의의 내용은 무엇이고 언제 존재하여야 하는 것인지 매우 모호하여 수범자로서는 이 사건 법률조항에 의하여 처벌되는 행위가 무엇인지 예측하기 어렵다. 나아가 이 사건 법률조항은 수표발행인의 고의가 개입될 수 없는 거래정지처분을 구성요건으로 규정함으로써 고의범을 처벌하는 이 사건 법률조항의 해석에 불명확성을 가중하고 있다. 따라서 이 사건 법률조항은 죄형법정주의의 명확성원칙에 반하여 헌법에 위반된다."고 하였다.

제2조(부정수표 발행인의 형사책임)

① 다음 각 호의 어느 하나에 해당하는 부정수표를 발행하거나 작성한 자는 5년 이하의 징역 또는 수표금액의 10배 이하의 벌금에 처한다.

  1. 가공인물의 명의로 발행한 수표

  2. 금융기관(우체국을 포함한다. 이하 같다)과의 수표계약 없이 발행하거나 금융기관으로부터 거래정지처분을 받은 후에 발행한 수표

  3. 금융기관에 등록된 것과 다른 서명 또는 기명날인으로 발행한 수표

② 수표를 발행하거나 작성한 자가 수표를 발행한 후에 예금부족, 거래정지처분이나 수표계약의 해제 또는 해지로 인하여 제시기일에 지급되지 아니하게 한 경우에도 제1항과 같다.

③ 과실로 제1항과 제2항의 죄를 범한 자는 3년 이하의 금고 또는 수표금액의 5배 이하의 벌금에 처한다.

④ 제2항과 제3항의 죄는 수표를 발행하거나 작성한 자가 그 수표를 회수한 경우 또는 회수하지 못하였더라도 수표 소지인의 명시적 의사에 반하는 경우 공소를 제기할 수 없다.

[전문개정 2010. 3. 24.]

I. 개 요

1   본조는 수표거래의 유통질서를 해할 위험성이 큰 유형의 수표발행·작성행위를 제한적으로 열거하여 형사처벌하는 규정으로,[1] 부정수표 발행인의 형사책임이라는 제목으로 협의의 '부정수표(§ 2①)'와 '부도수표(§ 2②)'와 관련된 형사책임을 구별하여 규정하고 있다.[2]

2   본조 제1항의 '부정수표(不正手票)'라는 표현은 수표법상으로는 존재하지 않는 개념이지만 부정수표 단속법에서 사용하고 있는 개념이고, 실무상 제2항의 범죄를 칭하는 '부도수표(不渡手票)'라는 용어 역시 경제상의 용어로 법률적으로 확정되지 않은 것이었으나 일반적으로 사용되고 있었다.[3]

3   본조 제1항 각 호는 부정수표의 유형을 열거하고 있는데, 이것은 처음부터 위법하게 발행·작성된 수표를 의미한다.[4] 제1항의 부정수표는 ① 가공인물의 명의로 발행한 수표(§ 2①(i)), ② 금융기관(우체국을 포함, 이하에서도 같음)으로부터 거래정지처분을 받은 후에 발행한 수표(§ 2①(ii)), ③ 금융기관에 등록된 것과 다른 서명 또는 기명날인으로 발행한 수표(§ 2①(iii))로 3가지 유형이 있는데, 위 각 수표를 작성 또는 발행함으로써 제1항의 범죄가 성립하며, 나중에 그 부정수표가 실제로 지급거절될 것을 요건으로 하지 않는다.[5]

4   본조 제2항에서 명시적으로 '부도수표'라는 표현을 직접 사용하고 있지는 않지만, 일반적으로 제1항과 구별하여 제2항을 '부도수표' 발행인의 형사책임을 규정한 것으로 보고 있다. 본조 제2항의 부도수표 발행·작성죄는 수표를 발행하거나 작성한 자가 수표를 발행한 후에 예금부족, 거래정지처분이나 수표계약의 해제 또는 해지로 인하여 제시기일에 지급되지 아니하게 한 경우에 처벌하

---

1 주석형법 [각칙(2)](5판), 482(박형준).
2 부정수표법(1966. 2. 26. 법률 제1747호로 개정되기 전의 법률) 제정 당시에는 제2조에 부정수표의 정의규정을 두고 있었고, 이때 부정수표의 개념에 현행 부정수표 단속법 제2조 제2항의 부도수표도 포함되어 있었다.
3 조용호, "부정수표 단속법 제2조 제2항의 문제점", 어음·수표법에 관한 제문제(하), 자료 31, 법원행정처(1986), 693.
4 이러한 이유에서 부정수표 단속법 제2조 제1항의 부정수표를 '위법발행수표'라고 칭하기도 한다 [김대근·안성조, 부도수표의 현황과 개선방향, 한국형사정책연구원(2011), 22].
5 주석형법 [각칙(2)](5판), 482(박형준).

〔이 순 옥〕

는 것으로서, 제1항의 부정수표와 그 개념을 달리하는 것이다.[6] 다시 말해, 부도수표는 수표의 발행·작성 당시에는 적법하게 발행되었으나 예금부족 등 '발행 후의 사정'으로 인하여 지급거절된 경우를 의미한다.

　본조 제1항은 수표 발행 당시의 형식적 불법성에 근거하여 처벌하는 것인　**5**
반면, 제2항은 수표 발행 당시에는 외관상·형식상 적법하나 사후에 지급불능상태를 야기한 것, 즉 사후적으로 발생한 결과에 대하여 실질적 불법성을 인정하여 처벌하는 것으로 두 죄의 성격은 다르다.[7] 이러한 차이점 때문에 본조 제2항의 부도수표 발행·작성의 경우 제1항과 달리 부도수표를 회수하거나 수표 소지인의 명시한 의사에 반하여 공소제기를 할 수 없도록 하고(§2④), 금융기관의 종사자가 부도수표를 발견한 경우 30일의 고발유예기간을 두어 금융기관이 수표발행인 등의 자구노력의 정도 등을 감안하여 고발시기를 조절할 수 있도록 하였다(§7①). 그러나 제1항의 부정수표가 발행 또는 작성된 경우, 그 자체가 제1항의 구성요건을 충족하여 처벌대상이 되고, 사후에 그 수표금이 지급되지 않더라도 제2항의 죄는 따로 성립하지 않는다.[8]

　본조의 성격에 대하여 제1항의 범죄는 '위험범'이라는 것이 지배적인 견해　**6**
이다. 즉, 부정수표 단속법의 보호법익이 '수표거래의 공정성'이므로 제1항의 범죄는 부정수표 발행·작성행위 그 자체만으로 수표의 기능을 저해할 위험이 있으므로 나중에 지급제시되어 지급거절 되었는지 여부와는 무관하게 범죄가 성립하는 '추상적 위험범(또는 순수한 위험범)'이라고 본다.[9]

　그러나 제2항의 '부도수표 발행' 범죄의 성격에 대하여는 견해가 대립한다.　**7**
① 제2항의 범죄는 예금부족, 거래정지처분 등으로 인하여 제시기일에 지급거

6　부도수표를 광의의 부정수표에 포함시키기도 한다. 판례는 제2조 제2항의 부도수표 발행인의 죄책이 문제되는 사안에서 부도수표라는 표현을 쓰지 않고 '부정수표'라는 표현을 사용하기도 하였으나[대판 1983. 5. 10, 83도340(전)], 제2조 제2항을 '부도수표' 발행죄로 표현하기도 한다(대판 1995. 9. 29, 94도2464).

7　이주원, 특별형법(8판), 652.

8　실무상 문제되는 부정수표단속법위반 사건의 대부분은 제2조 제2항의 부도수표 발행·작성에 관한 것이다.

9　주석형법 〔각칙(2)〕(5판), 483(박형준); 김정환·김슬기, 형사특별법(2판), 490; 김유근, 주요 형사특별법의 법체계의 정비와 통합 방안에 관한 연구: 경제범죄 관련 형사특별법의 처벌규정들의 형법에의 편입가능성을 중심으로, 한국형사정책연구원(2017), 218.

〔이 순 옥〕　　　　　　　　　**147**

절이라는 결과가 발생한 것을 요건으로 하는 '침해범'이라는 견해,[10] ② 지급거절이라는 결과는 구성요건의 문제가 아니라 처벌조건에 불과하므로 제2항의 부도수표를 발행한 때 그 범죄도 기수에 이르는 것으로 '위험범'이라는 견해[11]가 있다.

8   제1항, 제2항에서는 모두 고의범만을 처벌하고 있으나, 앞서 살펴본 바와 같이 제1차 부정수표 단속법 개정으로 본조 제3항에서는 과실에 의하여 제1항 및 제2항의 죄를 범한 경우를 따로 처벌하고 있다.

II. 부정수표의 발행·작성죄(제1항)

1. 취 지

9   본죄는 ① 가공인물 명의로 수표를 발행 또는 작성하거나(제1호), ② 금융기관과 수표계약 없이 또는 거래정지처분을 받은 이후에 수표를 발행 또는 작성하거나(제2호), ③ 금융기관에 등록된 것과 다른 서명 또는 기명날인으로 수표를 발행 또는 작성한(제3호) 경우에 성립하는 범죄이다.

10   이때 수표의 '발행'이라 함은 수표용지에 수표의 기본요건을 작성하여 그 상대방에게 교부함으로써 성립하는 수표행위를 의미하고, 수표의 '작성'이란, 수표요건을 기재하여 발행인이 기명날인 또는 서명을 하는 행위를 의미한다.[12]

11   부정수표 단속법 제2조 제1항은 수표의 '발행' 또는 '작성'과 같은 기본적 증권행위에 대하여만 규율하고 있으므로, 부정수표에 '배서', '보증' 등의 부수적 증권행위를 한 경우에는 위 규정이 적용될 수 없다.[13]

---

10 김정환·김슬기, 형사특별법(2판), 490(침해범이라고 해석하게 될 여지가 있다); 김대근·안성조, 부도수표의 현황과 개선방향, 34; 조용호(주 3), 694.

11 우인성, "부정수표 단속법 제2조 제2항의 적용의 제한", 해설 98, 법원도서관(2014), 580.

12 최준선, 어음·수표법(11판), 삼영사(2019), 457.

13 대판 2019. 11. 28, 2019도12022. 본 판결 평석은 김영미, "부정수표단속법 제5조(수표의 위조·변조)의 적용범위", 특별형법 판례100선, 한국형사판례연구회·대법원 형사법연구회, 박영사(2022), 372-374.

〔이 순 옥〕

2. 객관적 구성요건

(1) 주체

　　본죄의 주체는 수표의 발행자 또는 작성자로 '진정신분범'이다.[14] 본죄의 주 　　12
체는 자연인이든 법인 그 밖의 단체라도 무방하고, 발행인이 법인이나 그 밖의 단
체일 때에는 그 수표에 적혀 있는 대표자 또는 작성자를 포함한다(§3①). 본인을
위하여 대리인이 수표를 발행한 때에는 본인뿐만 아니라 그 대리인도 처벌한다
(§3②). 이때 대리인이 발행한 수표란 수표상에 대리인이 본인(발행인)을 위해 하
는 것이라는 것(대리문구)을 기재하여 대리인이 기명날인한 경우를 의미하는 것
으로, 즉 수표상에 ① 본인 표시, ② 대리관계의 표시, ③ 대리인의 기명날인이
모두 기재되어 있어야 한다.[15]

(2) 객체 - 부정수표의 종류

(가) 가공인물 명의로 발행한 수표(제1호)

　　'가공인물의 명의'라고 함은 '수표발행인의 명의가 개인인 경우 주민등록표상 　　13
의 성명과 일치하지 않는 것을, 법인인 경우에는 법인 등기사항증명서에 기재된
상호·명의와 일치하지 않는 것'을 의미한다(부수령 §2②). 실제 존재하지 않는 가
공인물 명의로 수표를 발행하게 되면 나중에 수표금 지급에 대하여 책임을 질
사람이 없게 되어서, 수표의 유통질서를 심각하게 저해하게 된다. 따라서 이러한
경우 수표 자체를 '부정수표'로 보아 발행·작성하지 못하도록 하고, 수표금 지급
여부와 상관없이 발행·작성행위 그 자체를 형사처벌하고자 하는 것이다.[16]

　　한편, 유가증권에 기재되어야 할 명칭은 반드시 행위자의 본명에 한하는 것 　　14
은 아니다. 이미 사망한 사람의 명의 또는 가명, 상호, 별명 등을 거래상 본인을
가리키는 것으로 사용해 왔고, 거래의 상대방도 그 칭호를 본인으로 인식하여
왔다면, 본명이 아니더라도 그 명칭은 그 행위자를 지칭하는 것이기 때문에 타
인 명의를 모용한 것이라고 볼 수 없어서 제214조의 유가증권위조죄가 성립되
지 않는다는 것이 판례[17]의 입장이다. 따라서 사망한 타인 명의 또는 가명 등으

14　주석형법 〔각칙(2)〕(5판), 484(박형준); 조용호(주 3), 695.
15　대판 1981. 7. 28, 80도1603.
16　주석형법 〔각칙(2)〕(5판), 486(박형준).
17　대판 1982. 9. 28, 82도296; 대판 1996. 5. 10, 96도527(甲이 자신의 본명을 사용하지 않고 A라

로 수표를 발행한 경우에도 종래부터 거래상 자기를 표시하는 명칭으로 사용해 온 경우 타인 명의를 모용한 것이라고 볼 수 없어서 부정수표 단속법 제5조 수표위조죄 역시 성립하지 않는다. 그러나 위와 같이 수표발행인이 평소 본인으로 인식되어 오던 타인 명의로 수표를 발행한 경우, 주민등록표상의 성명과 일치하지 않는 이름으로 수표를 발행한 것으로 '가공인물 명의'로 수표를 발행한 것이 되어 부정수표 단속법 제2조 제1항 제1호 부정수표발행죄는 성립할 수 있다.[18]

(나) 금융기관과의 수표계약 없이 발행한 수표(제2호 전단)

(a) 금융기관

15   부정수표 단속법상의 '금융기관'은 '수표법과 그 밖의 법령에 따라 수표의 지급사무를 처리하는 은행 및 그 은행과 같이 취급되는 사람 또는 시설'을 의미한다(부수령 §2①). 다만 이때 금융기관은 국내법의 적용을 받는 금융기관을 의미하고, 외국의 금융기관의 경우 은행법 제1조에 의하여 대한민국 내에 있는 외국 금융기관의 지점이나 대리점만이 국내법의 적용을 받기 때문에 국내에 지점 또는 대리점이 없는 외국은행을 지급인으로 하는 당좌수표를 발행한 경우 본조 제1항을 적용하여 처벌할 수 없다.[19] 부정수표 단속법 제7조는 위와 같은 금융기관에 대하여 고발의무를 부과하고 이를 위반한 경우 100만 원 이하의 벌금에 처하는 등 제재규정까지 갖추고 있는바, 위와 같은 고발의무에 비추어 볼 때 본조의 수표 지급인으로서의 은행은 '국내법의 적용을 받는 금융기관'에 한정하는 것으로 해석함이 타당하다.[20]

16   여기서 '은행'은 은행업을 규칙적·조직적으로 경영하는 한국은행 외의 모든 법인을 의미하는 것으로(은행법 §2①(ii)), 시중은행을 포함한다.

17   '은행과 같이 취급되는 사람 또는 시설'이란 우체국, 관련 법률에 따라 신용사업을 하는 지역농업협동조합, 지역축산업협동조합, 품목별·업종별 협동조합, 지구별 수산업협동조합, 업종별 수산업협동조합 및 수산물가공 수산업협동조합,

---

는 가명을 사용하여 거래를 하고, 약속어음, 가계수표 등에 배서를 해 왔고 피해자들뿐만 이라 다른 사람들도 甲을 A라고 인식하고 거래한 경우 甲이 A 이름으로 배서한 경우 유가증권위조죄에 해당하지 않는다고 판시).

18 주석형법 [각칙(2)](5판), 486(박형준).

19 대판 1974. 11. 12, 74도2920.

20 김대근·안성조, 부도수표의 현황과 개선방향, 52.

새마을금고중앙회, 상호저축은행중앙회, 신용협동조합중앙회를 의미한다.[21]

(b) 수표계약의 부존재 또는 무효

본조의 '수표계약'은 은행을 지급인으로 하여 발행인과 은행 사이에 예금계　　18
약을 체결하고 은행이 예금자를 위하여 수표의 지급보증을 하거나 그 지급할
것을 약정하여 지급의무를 부담하는 계약을 의미하는 것으로,[22] 수표의 지급사
무를 금융기관에 위탁하는 위임계약의 일종이라고 보는 것이 통설이다.[23] 따라
서 금융기관과 수표계약을 체결하지 않은 상태에서 수표를 발행하는 경우(무거
래수표), 그 지급인이 존재하지 않게 되는 것으로 처음부터 수표 소지인이 수표
금의 지급을 받을 수 없어 이를 '부정수표'로 규정한 것이다.[24] 다만 은행이 발
행인인 동시에 지급인인 '자기앞수표'의 경우, 위와 같은 수표계약이 존재하지
않지만 은행이 지급의무를 부담하기 때문에 그 성질에 비추어 부정수표에 해당
하지는 않는다고 본다.[25]

수표계약이 무효인 경우 그 계약에 따라 발행된 수표는 '수표계약 없이 발행　　19
한 수표'에 해당한다. 수표법 제3조에서는 수표의 지급기능에 관한 공신력을 보

21　부정수표 단속법 시행령 제2조(금융기관의 범위 등) ① 「부정수표 단속법」(이하 "법"이라 한다)
　　에 따른 금융기관은 「수표법」과 그 밖의 법령에 따라 수표의 지급 사무를 처리하는 은행 및 은
　　행과 같이 취급되는 사람 또는 시설로 한다.
　　수표법 적용 시 은행과 동일시되는 사람 또는 시설의 지정에 관한 규정[타법개정 2016. 10. 25.
　　(대통령령 제27556호, 시행 2016. 12. 1.)]
　　「수표법」을 적용할 경우 은행과 동일시(同一視)되는 사람 또는 시설은 다음과 같다. "1. 우체국,
　　2. 「농업협동조합법」 제57조제1항제3호의 신용사업을 하는 지역농업협동조합, 3. 「농업협동조
　　합법」 제106조제3호의 신용사업을 하는 지역축산업협동조합, 4. 법률 제6018호 농업협동조합법
　　부칙 제14조에 따라 신용사업을 하는 품목별·업종별 협동조합, 5. 「수산업협동조합법」 제60조
　　제1항제3호의 신용사업을 하는 지구별 수산업협동조합, 7. 법률 제4820호 수산업협동조합법중
　　개정법률 부칙 제5조에 따라 신용사업을 하는 업종별 수산업협동조합 및 수산물가공 수산업협
　　동조합, 8. 「새마을금고법」 제67조제1항제5호의 신용사업을 하는 새마을금고중앙회, 9. 「상호저
　　축은행법」 제25조의2제1항의 업무를 하는 상호저축은행중앙회, 10. 「신용협동조합법」 제78조제
　　1항제5호의 신용사업을 하는 신용협동조합중앙회"
22　대판 1970. 11. 24, 70다2046. 「수표발행인이 은행을 지급인으로 하는 것은 그들 사이의 당좌에
　　금계약이나 대월계약에 의하여 지급인인 은행이 예금자를 위하여 수표의 지급보증을 하거나 그
　　지급할 것을 약정하는 것이고 특별한 사정이 없는 한 수표발행인에 대하여까지 지급할 의무를
　　지는 것은 아니다.」
23　이주원, 특별형법(8판), 648.
24　금융기관과 수표계약 없이 발행한 수표를 지급제시하는 경우 '무거래'로 부도처리하게 된다(어음
　　교환업무규약 시행세칙 §67①(ii)).
25　하상제, "부정수표 발행인의 형사책임", 자료 123, 법원도서관(2012),, 225.

장하기 위하여 수표는 ① 지급인을 '은행'으로 하여서만 발행할 수 있고, ② 지급은행에 발행인이 처분할 수 있는 '수표자금'이 있어야 하며, ③ 위 지급은행과 발행인 사이에 발행인이 수표자금을 수표에 의하여 처분할 수 있는 '명시적 또는 묵시적 계약'이 있는 경우에만 발행할 수 있도록 하고 있다.[26] 따라서 당좌거래계약을 체결할 권한이 없는 사람이 조합대표자의 명의를 모용하여 조합대표자 명의의 당좌계정약정서 등 관계문서를 위조하는 방법으로 은행과 조합 사이의 수표계약을 체결한 다음 수표를 발행한 경우, 위와 같이 권한 없는 사람이 체결한 은행과 조합 사이의 수표계약은 무효이다. 위와 같이 무효인 수표계약에 의하여 발행된 수표 역시 은행과 계약 없이 발행한 수표에 해당하고, 그 발행인 등은 본조 제1항 제2호 위반죄가 성립한다.[27]

20   본죄에서 수표계약 없이 수표를 발행한 것인지 여부를 판단하는 기준 시점은 '발행 당시'로, 수표를 발행한 후 지급제시 전에 수표계약이 체결되었다고 해도 본죄의 성립에는 영향이 없다.[28]

(다) 금융기관으로부터 거래정지처분을 받은 후 발행한 수표(제2호 후단)

21   '거래정지처분(또는 부도처분)'은 어음교환소가 부도어음·수표의 발행인에게 예금부족, 무거래 등 어음교환업무규약 시행세칙(이하, 시행세칙이라 한다.)이 정하는 부도사유[29]가 있을 때 당좌예금 및 가계당좌예금거래를 일정한 기간 동안 정지(강제해지)시키는 제도이다.[30] 어음교환소에서 거래정지처분을 하는 경우 어음

---

26 그러나 위 규정을 위반한 경우에도 수표의 효력에는 영향이 없다(수표법 §3 단서).

27 조합의 상무이사가 대표자인 이사장의 직무를 대행하는 경우에도 이사장이 조합 명의로 하여야 할 업무인 수표계약의 체결은 이사장의 위임이 있어야 유효한 것이 된다(대판 1983. 10. 25, 83도2257).

28 박혜진, "경제형법으로서의 부정수표 단속법에 관한 연구", 고려대학교 석사학위논문(2002), 29.

29 시행세칙 제67조 제1항에서 부도사유를 "1. 예금부족 또는 지급자금의 부족 이하 예금부족이라 한다. 2 무거래 3. 형식불비(법정요건누락, 인감불선명 정정인누락 또는 상이, 지시금지위배, 횡선조건 위배, 금액·발행일자오기, 배서불비, 인수표시없음, 약정용지상위), 4. 안내서미착, 5. 사고신고서접수(분실, 도난, 피사취, 계약불이행), 6. 위조, 변조, 7. 제시기간경과 또는 미도래("제시기간 미도래"는 수표의 경우 제외), 8. 인감서명상이("서명상이"는 가계수표의 경우 제외), 9. 지급지상위, 10. 법적으로 가해진 지급제한(이하 법적제한 이라 한다), 11. 가계수표 장당 최고 발행한도 초과(제14조의 본인확인필인이 찍힌 경우는 제외, 이하 "한도초과"라 한다.)"로 열거하고 있다.

30 다만, 국고수표, 자기앞수표, 원화표시여행자수표, 표지어음 등은 부도사유가 있어도 거래정지처분을 하지 않는다(시행세칙 §91(ii)).

의 지급의무자를 거래정지처분 대상자로 지정하여 그 명단을 모든 참가은행[31]에 통지하여야 한다(시행세칙 §92).[32] 참가은행은 거래정지처분 대상자가 된 발행인 과 만 2년간 당좌예금 및 가계당좌예금거래를 할 수 없게 되고(시행세칙 §93①),[33] 기존의 당좌예금 및 가계당좌예금거래 역시 즉시 해지하고, 아직 사용하지 않은 수표용지 전부를 회수하여야 한다(시행세칙 §93②).[34] 그 결과, 거래정지처분을 받 은 수표의 발행인은 수표를 이용할 수 없게 되고, 참가은행으로부터 신규대출을 받을 수 없음은 물론 기존대출에 대하여 기한의 이익을 상실하게 된다.[35]

　　위와 같은 거래정지처분은 은행과 수표발행인의 관계에서 은행의 부작위의 　22 무를 규정한 것으로, 엄밀히 말하면 은행과 수표 발행인 사이의 사적(私的) 제재 이나,[36] 위 제도는 부도어음·수표 발행인을 일정기간 동안 금융기관과의 거래 에서 배제시켜 어음·수표 거래의 안정성 및 유통성 확보하고, 금융거래 질서유 지 강화하고자 하는 공적인 목적을 함께 가지고 있다.[37] 이와 같은 거래정지처 분 이후에는 지급인인 금융기관에 의한 수표금의 지급이 보장되지 않기 때문에 그 발행행위 자체를 부정수표 발행에 포함시켜 금지한 것이다.[38]

　　수표의 발행인이 거래은행으로부터 거래정지 처분을 받은 후 수표를 발행 　23 한 경우 비록 발행인이 이를 일반에 유통하기 위한 것이 아니라 피해자와의 채 권채무를 확인하기 위한 증표로 발행한 것이라고 하더라도, 그러한 원인행위와 무관하게 본조 제1항 제2호의 부정수표발행죄로 처벌된다.[39] 위 수표가 수표법

---

31 어음교환업무규약 제3조(용어의 정의) 이 규약에서 사용하는 용어의 정의는 다음과 같다.
　　1. "참가은행"이라 함은 교환소의 사업에 직접 참가하는 자로서 제5조의 일반참가은행과 제6
　　조의 특별참가은행을 말한다.
32 시행세칙 제92조(거래정지처분의 통지) 교환소는 제89조 또는 제90조에 의한 거래정지처분이 있
　　을 경우 이를 당일중 제81조 제2항의 방법으로 참가은행에 통지하여야 한다.
33 시행세칙 제93조(거래정지처분에 따른 조치) ① 참가은행은 거래정지일로부터 만 2년간 거래정
　　지처분을 받은 자와 당좌예금 및 가계당좌예금거래를 할 수 없다.
34 시행세칙 제93조(거래정지처분에 따른 조치) ② 참가은행은 거래정지처분을 받은 자와의 당좌
　　예금 및 가계당좌예금거래를 즉시 해지하고 아직 사용하지 않은 수표용지와 어음용지 전부를 회
　　수하여야 한다.
35 이주원, 특별형법(8판), 648.
36 이주원, 특별형법(8판), 649.
37 주석형법 [각칙(2)](5판), 488(박형준).
38 김대근·안성조, 부도수표의 현황과 개선방향, 53.
39 대판 1993. 9. 28, 93도1835.

상 유효하다 할 수 없더라도 수표가 갖는 유통증권으로서의 실제적 기능에는
아무런 영향이 없으므로 그 발행 목적 및 수표법상 효력과는 상관없이 본죄의
죄책이 인정되는 것이다.

24   발행인이 거래정지 처분 전 백지수표를 발행하였다가 은행으로부터 거래정
지처분을 받은 후 소지인의 양해 아래 수표를 회수한 다음, 백지수표의 발행일
등을 보충하거나 발행일을 정정한 경우, 최초의 발행 시를 본조 제1항 제2호의
'수표발행일'로 보아야 한다.[40] 따라서 위 백지수표 발행은 거래정지처분 전이었
기 때문에 본죄가 인정되지 않는다.

25   그러나 발행인이 이미 발행한 수표를 소지인의 양해 아래 회수하였다가 거
래정지처분 후 그 사정을 알지 못하는 제3자에게 위 수표의 발행일을 보충하여
교부한 경우에는 본죄의 거래정치처분 후 수표발행으로 볼 수 있다.[41] 즉, 발행
인이 발행일이 백지인 백지수표를 A에게 교부한 후 A의 양해 아래 수표를 회수
하였다가 거래정지처분을 받은 다음, 그 사정을 모르는 제3자(B)에게 발행일을
보충 또는 정정하여 재교부한 경우, 제3자(B)의 입장에서 볼 때, 수표를 새로이
발행하는 행위와 다르지 않다. 이 경우 발행인은 거래정지처분 후 백지수표를
보충하여 '제3자(B)에게 교부한 때'를 기준으로도 본조 제1항 제2호의 부정수표
발행의 책임을 져야 한다.[42]

        (라) 금융기관에 등록된 것과 다른 서명 또는 기명날인으로 수표(제3호)

26   수표법 제1조에 의하면, '발행인의 기명날인 또는 서명'은 수표의 '필요적 기
재사항'[43] 중 하나로서 수표요건에 해당한다. 이때, '기명'이란 수표행위자의 '명
칭'을 의미하는 것으로 반드시 본명에 의하여야 하는 것은 아니고, 상호, 아호(雅
號), 별명 그 밖의 거래상 본인을 가리키는 것으로 인식되는 칭호이면 유효한 '기

---

40 대판 2000. 9. 5, 2000도2840; 대판 2004. 2. 13, 2002도4464.
41 검사가 최초 백지수표 발행시를 발행일로 보아 그로부터 5년의 공소시효가 도과하였다며 공소권
    없음 처분을 한 사안에 대하여 헌법소원이 제기된 사건이다(헌재 2007. 4. 26, 2005헌마1220).
42 이 경우 최초 백지수표 발행 시가 아닌 백지수표를 보충하여 제3자(B)에게 교부한 시점부터 본
    죄의 공소시효가 진행된다(헌재 2007. 4. 26, 2005헌마1220).
43 수표법 제1조는 "1. 증권의 본문 중에 그 증권을 작성할 때 사용하는 국어로 수표임을 표시하는
    글자, 2. 조건 없이 일정한 금액을 지급할 것을 위탁하는 뜻, 3. 지급인의 명칭, 4. 지급지(支給
    地), 5. 발행일과 발행지(發行地), 6. 발행인의 기명날인(記名捺印) 또는 서명"을 수표의 필요적
    기재사항으로 적시하고 있다.

명'이 된다. 따라서 어떤 명칭을 거래상으로 사용하여 통상 그 행위자를 칭하는 것으로 인식되어 온 경우에는 그 명칭을 적어도 무방하다.[44] 기명은 서명과는 달리 자필일 필요가 없고, 고무인 등의 명판을 만들어 찍어도 무방하다.[45]

　'날인'이란 수표행위자의 의사에 의하여 그의 인장을 찍는 것으로 인장의 종류에 제한이 없어 반드시 인감도장일 필요는 없으나, 무인 내지 지장은 이에 포함되지 않는다고 본다.[46] 기명 또는 날인 중 어느 하나라도 금융기관에 등록된 것과 다른 경우 본죄에 해당한다. 수표의 발행인은 금융기관에 '신고'하여 '등록'된 서명 또는 기명날인과 동일한 서명 또는 기명날인을 하여 수표를 발행하여야 하는데, 이때 가계수표를 제외한 수표는 신고된 서명과 다른 서명을 하여 수표를 발행한 경우 부도사유에 해당한다.[47]

　실무상 참가은행은 당좌수표나 약속어음을 발행하고자 하는 사람에게 기명날인에 사용할 '명판'과 '인감'을 신고하도록 하고, 기명과 날인 둘 중 하나 또는 둘 다 신고된 것과 다른 경우 '인감서명상이'의 부도사유를 적용한다.[48] 가계수표의 경우, 대부분의 참가은행이 서명에 의한 발행을 인정하면서도 인감을 함께 신고하도록 하고 있다.[49] 서명만으로 가계수표를 발행하도록 하는 경우 서명을 대조하여 그 진위를 가려내는 것이 쉽지 않기 때문에 인감을 함께 신고하도록 하는 것이다. 한편 자필서명 및 날인으로 발행하는 가계수표의 경우, 서명은 특별히 거래은행에 신고하지 않기 때문에 그 성명이 일치하면 필체가 상이하더라도 부도처리하지 않으나 성명이 다르게 기재된 경우에는 지급거절하며, 인감까지 함께 신고받은 가계수표의 경우 서명필체가 동일하더라도 신고된 인감과 다른 인감이 찍혀 있는 경우 '인감서명상이'의 부도사유로 보고 있다.[50] 은행에 등록한 것과 다른 서명 또는 기명날인으로 수표를 발행하였다고 해도 그 사유만

27

28

44　대판 1996. 5. 10, 96도527.
45　이주원, 특별형법(8판), 649.
46　이주원, 특별형법(8판), 649.
47　시행세칙 제67조(부도사유) ① 수표, 약속어음 또는 환어음을 부도반환 할 때 적용할 부도사유는 다음과 같이 정한다.
　　8. 인감서명상이("서명상이"는 가계수표의 경우 제외)
48　금융결제원, 어음교환업무규약해설(2016). 174.
49　금융결제원, 어음교환업무규약해설(2016). 174.
50　금융결제원, 어음교환업무규약해설(2016). 174.

으로는 수표법상 무효한 수표가 되는 것은 아니다. 그러나 이러한 수표는 발행 시부터 부도가 확정적으로 예정되어 있어 지급인인 금융기관에 의해 수표금 지급이 보장되지 않기 때문에 본조 제1항 제3호에서 '부정수표'의 하나로 규정하여 그 발행행위 자체를 금지하고자 하는 것이다.

(3) 행위 - 수표의 발행 · 작성

29   본죄는 수표의 발행 또는 작성만을 그 행위태양으로 하고 있다. 따라서 배서, 보증 등의 부수적 증권행위는 이에 포함되지 않는다. 즉, 부정수표에 배서 · 보증을 하였다고 해도 본죄에 해당하지 않는다.[51]

(가) 수표의 발행

30   수표의 발행이란 금융기관과 수표계약을 체결한 자(수표법 § 3)가 '수표용지에 수표의 기본요건(수표법 § 1)을 작성하여 상대방에 교부하는 행위'를 의미한다.[52] 따라서 수표의 기본요건을 작성하기만 하고 아직 교부하지 않은 경우에는 발행을 한 것으로 볼 수 없다. 따라서 발행인이 수표요건을 기재하여 기명날인한 수표를 보관하던 중에 타인이 이를 절취하여 유통시킨 경우에는 수표의 발행이라고 보기 어렵고, 이 경우 발행인은 본죄의 책임을 지지 않는다.[53]

31   따라서 이미 적법하게 발행된 수표의 발행일자 등을 수표 소지인의 양해 아래 정정하는 수표 문언의 사후 정정행위는 '수표의 발행'이라고 할 수 없다.[54] 수표 소지인과 함께 수표의 발행일자 등을 정정하거나, 법인의 대표자가 이미 수표를 발행한 후 그 대표자가 아닌 타인이 대표자 본인의 위임이나 동의 없이 정정한 경우에도, 이러한 정정행위를 수표의 발행이라고 볼 수 없다.[55]

32   금액을 백지로 한 백지수표의 발행은 수표의 발행에 해당하나,[56] 이미 적법

---

51 이주원, 특별형법(8판), 650.
52 대판 2008. 1. 31, 2007도727.
53 이주원, 특별형법(8판), 650.
54 대판 1967. 12. 29, 67도1429; 대판 1981. 9. 8, 81도1495; 대판 2000. 9. 5, 2000도2840; 대판 2008. 1. 31, 2007도727.
55 대판 2008. 1. 31, 2007도727. 「타인이 법인 대표자의 위임이나 동의 없이 수표의 발행일자를 정정한 경우 그 타인이 정정하기 전의 발행일자로부터 기산된 지급제시기간 내에 지급제시가 이루어지지 않는 한, 그 수표를 발행한 대표자 본인을 부도수표발행죄로도 처벌할 수는 없다.」
56 다만, 백지수표의 발행인은 보충권의 한도 내에서만 부정수표단속법위반죄의 죄책을 지게 되고 그 보충권의 범위를 초과하는 금액에 대하여는 형사책임을 부담하지 않는다(대판 1995. 9. 29, 94도2464).

하게 발행된 백지수표의 금액이나 발행일을 기입하여 완성하는 것은 보충권의 행사로서 이러한 보충행위는 수표의 발행으로 볼 수 없다.[57]

(나) 수표의 작성

수표의 작성이란 '발행인이 아닌 자'가 발행인과 공모하거나 그의 포괄적인 위임하에 부정수표를 만드는 것을 의미한다.[58] 수표의 작성행위는 발행과 동일시할 수 있을 정도의 외관을 갖추어야 하는데,[59] 발행인의 지시에 따라 수표금액, 발행년월일 등 수표의 요건을 대신 기입하는 정도의 기계적인 행위는 수표의 작성행위라고 볼 수 없다.[60] 따라서 경리담당사원이 사장의 서명날인이 된 수표용지에 사장의 지시를 받아 기계적으로 금액만 기입한 경우 이에 해당하지 않는다.[61] 한편 수표의 발행에 있어 발행인의 기명날인 외에 피고인의 날인을 별도의 요건으로 하여 은행과 당좌거래 약정을 하고 피고인이 그 약정에 따라 발행인의 부정수표에 날인한 경우, 본죄의 작성에 해당한다고 보기는 어렵지만 부정수표 발행의 공동정범에 해당할 수 있다.[62]

(다) 문제가 되는 경우

(a) 수표문언의 사후 정정

이미 적법하게 발행된 수표의 발행일자 등을 수표 소지인의 양해 아래 정정하는 수표 문언의 사후 정정행위는 '수표의 발행'이라고 할 수 없다.[63] 수표 소지인과 함께 수표의 발행일자 등을 정정하거나, 법인의 대표자가 이미 수표를 발행한 후 그 대표자가 아닌 타인이 대표자 본인의 위임이나 동의 없이 정정한 경우에도, 이러한 정정행위를 수표의 발행이라고 볼 수 없다.[64]

33

34

---

57 대판 1981. 9. 8, 81도1495; 대판 2004. 2. 13, 2002도4464.
58 대판 1975. 12. 9, 74도2650. 「부정수표 단속법 제2조에서 말하는 부정수표를 작성한 자라고 함은 수표상의 요건을 대리기입하는 것 같은 기계적인 행위를 한 자를 지칭하는 것이 아니고, 발행인과 공모하거나, 그의 위임아래 부정수표를 만드는 자를 말한다고 해석하여야 될 것이다.」
59 대판 1975. 12. 9, 74도2650.
60 타인이 발행한 수표에 피해자의 요구대로 수표금액과 발행년월일을 기재한 것은 수표의 작성한 자라고 볼 수 없다(대판 1967. 12. 29, 67도1429).
61 대판 1971. 12. 23, 75도2737.
62 대판 1973. 1. 16, 72도2705.
63 대판 1967. 12. 29, 67도1429; 대판 1981. 9. 8, 81도1495; 대판 2000. 9. 5, 2000도2840; 대판 2008. 1. 31, 2007도727.
64 타인이 법인 대표자의 위임이나 동의 없이 수표의 발행일자를 정정한 경우 그 타인이 정정하기 전의 발행일자로부터 기산된 지급제시기간 내에 지급제시가 이루어지지 않는 한, 그 수표를 발

(b) 백지보충권의 행사

35   금액을 백지로 한 백지수표의 발행은 수표의 발행에 해당하나,[65] 이미 적법하게 발행된 백지수표의 금액이나 발행일을 기입하여 완성하는 것은 보충권의 행사로서 이러한 백지 보충행위는 수표의 발행으로 볼 수 없다.[66] 예를 들면, 피고인 甲이 A로부터 수표계약 없이 발행된 금액 및 발행일이 백지인 수표를 할인명목으로 교부받아 금액 및 발행일자를 기입한 다음 다른 사람(B)에게 양도하였고, B가 은행에 적법하게 지급제시하였으나 지급거절된 경우, 甲에게는 본조 제1항의 죄책이 인정되지 않는다.[67] 다만 보충권의 범위를 초과한 경우, 보충권 남용행위는 수표의 발행 또는 작성이라고 볼 수는 없지만, 형법상 유가증권위조죄가 성립할 수 있다.[68]

3. 주관적 구성요건 – 고의

36   본죄는 고의범으로 발행한 수표가 각 호의 부정수표에 해당한다는 점에 대한 인식과 의사가 있어야 한다.[69] 예를 들면, 거래정지처분 후 수표발행으로 기소된 피고인이 수표발행 당시에 거래정지처분이 되었다는 사실을 알지 못하였다면 본죄가 성립하지 않는다. 다만, 이때 고의는 미필적으로도 충분하다. 과실로 본조의 수표를 발행한 경우 본조 제3항에 의하여 처벌된다.

4. 기수시기

37   본죄는 위험범이므로, 부정수표를 발행하거나 작성한 때 바로 기수에 이른다.[70] 따라서 수표의 발행 당시 수표계약이 없었다면 그 후에 지급제시 전에 수표계약이 체결되었다고 해도 이미 성립한 본죄(부수 § 2①(ii) 전단)의 성립에는 영

행한 대표자 본인을 부도수표발행죄로도 처벌할 수는 없다(대판 2008. 1. 31, 2007도727).

65 백지수표의 발행인은 보충권의 한도 내에서만 부정수표단속법위반죄의 죄책을 지게 되고 그 보충권의 범위를 초과하는 금액에 대하여는 형사책임을 부담하지 않는다(대판 1995. 9. 29, 94도2464).

66 대판 1981. 9. 8, 81도1495; 대판 1971. 12. 23, 75도2737; 대판 2004. 2. 13, 2002도4464.

67 대판 1981. 9. 8, 81도1495.

68 대판 1995. 9. 29, 94도2464. 본 판결 해설은 길기봉, "백지수표가 부당보충된 경우 발행인의 부정수표단속법상의 형사책임", 해설 24, 법원도서관(1996), 604-612.

69 대판 1965. 2. 23, 64도669.

70 주석형법 [각칙(2)](5판), 488(박형준).

향이 없고, 은행으로부터 지급정지처분 이후에 수표를 발행한 이상, 그 후 수표 대금이 정상적으로 결제가 되었다고 해도 본죄(부수 §2①(ii) 후단)는 성립한다. 본죄는 부정수표 단속법 제2조 제1항 각 호의 사유를 인식하고, 수표를 발행한 때에 성립한다고 해석할 것이므로, 일반사면령에 의하여 사면된 것인지 여부를 결정할 때에도 수표발행 시를 기준으로 하여야 한다.[71]

5. 처 벌

10년 이하의 징역 또는 수표금액의 10배 이하의 벌금에 처한다. 　38

본죄에는 본조 제4항이 적용되지 않기 때문에, 수표가 나중에 회수되거나 　39
수표 소지인이 처벌을 원하지 아니하는 의사를 표시하였다고 하더라도 처벌된다. 따라서 본죄는 반의사불벌죄가 아니다.

Ⅲ. 부도수표의 발행·작성죄(제2항)

1. 취 지

본조 제2항은 제1항과는 달리 수표를 발행할 당시에는 형식적으로 적법한 　40
수표였으나, 수표발행 후 예금부족, 거래정지처분, 수표계약의 해제 또는 해지로 인하여 지급제시기일에 그 수표금이 지급되지 아니하게 한 경우 처벌한다. 즉, 사후적인 '지급불능상태의 야기'에 대한 실질적 불법성을 이유로 처벌하는 범죄이다.[72] 따라서 본죄는 수표발행인이 수표가 지급거절될 것이라는 것을 인식하였거나 이를 예견하고 있음에도 수표자금을 따로 확보하지 않고 지급거절되도록 방치함으로써 성립하는 범죄라고 할 수 있다.[73]

본조 제1항은 수표가 사후에 지급불능되었는지 여부는 범죄의 성립과 무관 　41
하고, 수표의 회수 또는 피해자의 처벌불원의사표시와 상관없이 처벌한다. 그러나 본조 제2항은 지급불능이 범죄의 구성요건요소이고, 부도수표를 회수하거나 피해자의 처벌불원의사표시가 있으면 공소를 제기할 수 없는 반의사불벌죄이다.

---

71 대판 1966. 9. 27, 65도324.
72 이주원, 특별형법(8판), 652.
73 김대근·안성조, 부도수표의 현황과 개선방향, 58.

2. 객관적 구성요건

(1) 주체

(가) 수표의 발행자 또는 작성자(신분범)

42   본죄는 수표의 발행자 또는 작성자가 '진정신분범'으로서 행위주체가 된다.[74] 다만 수표의 발행명의인과 수표의 요건을 작성한 직접 발행자가 다른 경우, 본죄의 '수표의 발행자 또는 작성자'는 그 수표의 지급인인 금융기관과의 사이에 실질적인 자금관계가 있는 사람만을 의미한다.[75] 따라서 수표를 발행 또는 작성한 사람이 다르고 명의인이 수표 발행에 전혀 관여하지 않은 경우, 수표명의인이 아니라 직접 수표를 발행하거나 작성한 사람, 즉 수표용지에 수표의 기본요건을 작성한 사람[76]이 본조의 행위주체가 된다.

43   예를 들면, ① 주식회사의 임직원 甲이 퇴임한 대표이사 A 명의의 당좌거래 약정을 해지하지 않고 그 대표이사 A 명의의 명판과 인감을 사용하여 수표를 발행하여 부도가 났다면 퇴임한 대표이사 A가 아닌 실제 수표를 발행한 사람 甲이 본조 제2항의 죄책을 진다.[77] 마찬가지로 ② 대표이사 甲이 경영하던 회사를 乙에게 양도하면서 쓰다 남은 당좌수표와 대표이사 직인을 주면 이를 은행에 반납하고 새로운 대표이사 명의로 당좌거래 명의를 변경하겠다는 양수인 乙의 말을 믿고 이를 교부하였으나, 乙이 양도인 甲 몰래 그 수표에 액면금액을 기재하고 보관하고 있던 甲의 대표이사 직인을 날인하여 甲 명의로 수표를 발행하였고 부도에 이르렀다면, 이때 수표의 발행자는 甲이 아닌 乙이고, 乙이 본조 제2항의 책임을 진다.[78] 한편, 타인의 기망에 의하여 수표를 발행한 수표발행인 역시 그 수표가 부도난 경우 본조의 죄책을 면할 수 없다.[79]

44   수표의 작성자는 실제 행위를 한 사람이므로 자연인에 한정되지만, 발행인은 자연인뿐만 아니라 법인 그 밖의 단체도 가능하다. 다만, 수표의 발행인이

74 제1항에서 설명한 '발행자 또는 작성자'의 의미와 같다.
75 대판 1988. 8. 9, 87도2555.
76 대판 2019. 11. 28, 2019도12022.
77 대판 1984. 2. 28, 83도2565.
78 甲, 乙 모두 부정수표 단속법 제2조 제2항으로 기소되었으나, 甲은 부정수표 단속법 제2조 제2항의 발행자 또는 작성자에 해당하지 않고, 甲이 乙의 수표사용을 묵시적으로 승인한 것이라고 단정할 수 없다는 이유로 무죄가 선고되었다(대판 1983. 6. 14, 82도2103).
79 대판 1987. 11. 24, 87도2127.

법인 그 밖의 단체일 때에는 그 수표에 적혀 있는 대표자 또는 작성자도 부도수표 발행·작성죄로 처벌된다(§3).

(나) 공동정범

본죄는 앞서 살펴보았듯이 진정신분범으로, 발행명의인이나 직접 작성자가 아니더라도 형법 제33조에 의하여 신분범과 공동정범이 될 수 있다. 또한, 수표 발행명의인이나 작성자 등과 순차 공모하여 수표를 유통시키고 이를 결제하지 아니한 제3자도 본죄의 공동정범이 될 수 있고,[80] 처음부터 수표금 지급의 의사가 없었다면 사기죄가 성립될 수도 있다.

수표 발행명의인이 아니더라도 본죄의 공동정범이 될 수 있다.[81] 예를 들어, 주식회사와 은행이 당좌거래약정을 체결하면서 그 회사의 대표이사 甲이 발행하는 수표에 발행인의 날인 외에 상무이사 乙의 날인을 요건으로 하여 계약하였고, 그 후 실제로 회사 대표이사 甲이 발행한 수표에 상무이사 乙이 날인하였다면, 위 상무이사 乙은 수표의 발행자도 작성자도 아니지만 대표이사 甲의 부도수표 발행행위에 대한 공동정범이 될 수 있다.[82]

수표의 직접 작성자가 아닌 명의대여자도 공동정범이 될 수 있다.[83] 신용불량자인 乙로부터 그가 운영하는 회사의 형식상 대표이사(일명, '바지사장')가 되어 달라는 부탁을 받고 甲이 형식상 대표이사로서 은행과 수표계약을 체결하였고, 그 후 회사 명의로 발행된 수표가 부도가 난 경우, 명의대여자 甲이 대표이사 명의를 대여한 후 회사의 경영에 전혀 관여하지 않고, 실질적으로는 제3자인 乙이 위 회사를 운영하였다고 하더라도 甲은 실제 수표를 발행한 乙과 본죄의 공동정범이 될 수 있다.[84] 다만, 이 경우 형식상 대표이사가 단순히 대표이사 명의를 대여한 것을 넘어 수표발행 당시부터 지급제시일에 수표금이 지급되지 않을 가능성이 있음을 예견할 수 있었던 경우(지급거절의 고의가 인정되는 경우) 본죄의 죄책이 인정된다. 만약, 甲이 자신의 명의를 대여할 때 乙이 신용불량자임을 알고 있었고, 명의대여 후 단기간 내에 발행된 수십억 원에 달하는 수표들이 발

---

80 대판 1993. 7. 13, 93도1341.
81 이주원, 특별형법(8판), 653.
82 대판 1973. 1. 16, 72도2735.
83 이주원, 특별형법(8판), 653.
84 대판 2007. 5. 10, 2007도1931.

행되고 결제되지 않은 사정 등이 있는 경우 甲은 수표부도의 점에 대한 예견가
능성이 있었다고 볼 수 있다.[85]

(2) 객체

48   본죄의 객체는 수표법상 수표이다.

49   당좌수표, 가계수표 등은 이에 해당하나, 은행이 발행인이 되는 자기앞수
표는 그 성질상 본죄의 객체에 해당하지 않는다.[86] 수표법 제6조 제3항에 의하
면, 수표는 발행인이 자기 자신을 지급인으로 하여 발행할 수 있으나(자기앞수
표), 수표법 제3조에서 수표 지급인의 자격을 은행으로 한정하고 있기 때문에
자기앞수표는 지급인이 은행일 수밖에 없다. 따라서 자기앞수표는 은행이 발행
인이자 지급인이 되는 것으로 발행의뢰인이 분실, 도난 등의 사고 신고와 동시
에 지급정지를 요청하여 은행이 지급하지 않을 수는 있으나, 이것은 예금부족,
거래정지처분, 수표계약의 해제 또는 해지에 해당하지 않는바, 본조가 적용되
지 않는다.[87]

50   한편 본죄의 객체는 반드시 수표법상 유효한 수표만이 해당하는 것은 아니
고, 수표법상 무효의 수표이더라도 실제 유통증권으로서 기능에 영향이 없는 경
우는 본죄의 객체에 해당한다.[88] 다만 수표법상 수표요건을 흠결한 경우 원칙적
으로 지급제시를 하더라도 적법한 지급제시라고 볼 수 없으므로, 수표의 적법한
지급제시를 요건으로 하는 본죄가 성립되지 않는다. 백지수표, 불완전수표, 발
행한도금액을 초과한 수표, 선일자수표, 수표요건이 정정된 수표, 강행법규에
위반한 수표 등의 경우, 본죄의 객체가 되는지 여부가 문제된다.

(가) 백지수표

(a) 백지보충권을 행사한 경우

51   백지수표는 수표요건 중 일부를 백지로 하여 기명날인 또는 서명된 '미완

---

85 대판 2007. 5. 10, 2007도1931.

86 김정환·김슬기, 형사특별법(2판), 496; 이주원, 특별형법(8판), 654.

87 김대웅, "부정수표 단속법 제2조 제2항 및 제4조의 범죄에 관하여", 청연논총 7, 사법연수원(2010), 267.

88 대판 1993. 9. 28, 93도1835; 대판 1995. 12. 22, 95도1263. 위 95도1263 판결의 해설은 이성호, "무인에 의한 수표문언의 정정의 효력과 부정수표단속법위반죄의 성부", 해설 24, 법원도서관 (1996), 613-627.

성'의 수표를 의미한다. 백지수표의 보충권이 행사되어 백지가 보충된 후 지급제시되는 경우 발행 당시부터 수표법상 수표요건을 모두 갖추어 발행된 수표와 마찬가지로 보기 때문에, 백지수표는 '유통증권'에 해당하고 본죄의 객체에 해당한다.[89]

　　다만 백지수표를 발행한 목적과 경위, 수표 소지인 지위의 공공성, 발행인과의 계약관계 및 그 내용, 예정된 백지보충권 행사의 사유 등에 비추어, 백지수표를 교부받은 수표 소지인이 이를 제3자에게 유통시킬 가능성이 없을 뿐만 아니라 장차 백지보충권을 행사하여 지급제시를 하게 될 때에는 이미 당좌거래가 정지된 상황에 있을 것이라는 점이 그 수표 발행 당시부터 명백하게 예견되는 등의 특별한 사정이 인정된다면, 그 백지수표는 유통증권성을 가지지 아니한 단순한 '증거증권'에 지나지 아니하는 것으로서 위 수표는 본죄의 객체에 해당하지 않는다.[90] 즉, ① 발행인과 그 직접 교부 상대방 외에 제3자에게 수표가 유통될 가능성이 없고, ② 수표발행 경위 등에 비추어, 그 상대방의 지급제시가 지급거절이 예상되는 상황에서만 이루어지도록 예정된 경우, 위 수표는 지시증권성이 상실된 유가증권으로서 '신용증권'의 기능만 갖는 것이어서 지급거절이 되더라도 부정수표 단속법의 보호법익인 '수표의 유통증권으로서의 기능 및 공공의 신용'이 침해되지 않기 때문에 본법의 적용대상이 아니다.[91]

　　한편 금액란이 백지인 수표의 소지인이 보충권을 남용하여 그 금액을 부당보충한 경우, 그 발행인은 보충권의 범위 내에서는 본죄의 수표의 발행자에 해당한다. 이것은 수표의 소지인이 백지보충권의 범위를 초월하여 발행인의 서명날인이 있는 기존의 수표용지를 이용하여 새로운 수표를 발행하는 것으로 유가

52

53

---

89 대판 1973. 7. 10, 73도1141; 대판 2013. 12. 26, 2011도7185.
90 대판 2013. 12. 26, 2011도7185. 시공회사가 파산, 부도 등 보증사고가 발생하여 시공책임을 이행할 수 없게 되자, 대한주택보증이 승계시공을 한 다음 그 구상권 행사에 관한 담보 목적으로 백지수표를 발행한 경우, 위 수표를 교부받은 당시부터 약관에 규정된 보증사고가 발생하여 승계시공에 의하여 아파트를 완공한 이후에야 비로소 백지보충권을 행사할 것을 예정하고 있었음이 명백하므로, 위 백지수표는 그 발행 당시부터 유가증권으로서 유통될 가능성은 배제되어 있었고, 단지 증거증권 또는 채무이행의 압박수단에 지나지 아니하는 것이어서 부도수표 발행의 죄책을 지울 수 없다고 판시하였다.
　　본 판결 해설 및 평석은 신동헌, "부정수표 단속법 제2조 제2항의 적용 제한", 특별형법 판례 100선, 박영사(2022), 352-355; 우인성(주 12), 574-632.
91 우인성(주 12), 631.

증권위조죄의 죄책이 인정되는 경우에도 마찬가지이다.[92] 따라서 백지수표의 발행인은 그 보충권의 범위를 초과한 부분에 대하여는 본죄의 책임을 지지 않지만, 보충권의 범위 내에서는 본죄의 부도수표 발행에 대한 형사책임을 지게 된다.[93] 백지수표가 부당보충된 경우 발행인은 보충권을 남용한 사람뿐만 아니라 악의 또는 중대한 과실에 의하여 수표를 취득한 제3자에 대해서도 '보충권의 범위 내'에서는 책임이 있기 때문이다(수표법 §13).[94]

54   예를 들면, 5,000만 원 상당을 액면금으로 하여 백지수표를 발행하였으나 소지인이 약정을 위반하여 액면금을 7,000만 원으로 기재한 다음 지급제시하여 지급거절된 경우, 발행인은 보충권 범위 내인 5,000만 원 상당에 대해서는 본조 제2항의 부도수표 발행의 책임이 인정되나, 이를 초과하는 2,000만 원에 대해서는 부도수표 발행의 책임이 인정되지 않는다.

55   한편, 백지수표가 거래 당사자 甲, 乙 사이에서 당시 거래되고 있던 소비대차 채무원리금 전부를 담보하기 위해 교부된 것인 경우, 乙이 백지보충권을 행사할 때 채무원리금의 범위가 정해지는 것이고, 이때 소비대차계약상의 이율이 이자제한법을 초과한 것이라고 해도 약정한 이율에 의한 이자를 포함한 채무원리금의 합계액이 보충권의 범위 내에 있다고 보아야 할 것이다.[95] 따라서 이 경우 발행인은 그 채무원리금 합계액 전부에 대하여 부도수표 발행의 죄책을 진다.[96]

(b) 보충권의 소멸시효기간 경과 후의 보충

56   백지보충권의 소멸시효기간이 완성된 이후에 백지를 보충하여 행사한 경우 이것은 적법한 보충이라고 할 수 없고, 이 경우 수표가 예금부족 등의 사유로 지급거절되더라도 본죄가 성립하지 않는다.[97] 발행일을 백지로 한 백지수표의 경우 백지보충권의 소멸시효기간은 '백지보충권을 행사할 수 있는 때'로부터 6개월

---

92 대판 1989. 12. 12, 89도1264. 본 판결 평석은 정영일, "유가증권에 관한 죄의 판례연구", 형사판례연구 [4], 한국형사판례연구회, 박영사(1996), 150-171.
93 대판 1999. 6. 11, 99도1201.
94 수표법 제13조(백지수표) 미완성으로 발행한 수표에 미리 합의한 사항과 다른 내용을 보충한 경우에는 그 합의의 위반을 이유로 소지인에게 대항하지 못한다. 그러나 소지인이 악의 또는 중대한 과실로 인하여 수표를 취득한 경우에는 그러하지 아니하다.
95 대판 2001. 6. 29, 2000도1698.
96 대판 2001. 6. 29, 2000도1698.
97 대판 2002. 1. 11, 2001도206.

인바, 위 6개월을 도과하여 백지를 보충한 다음 지급제시하였다면 본죄의 책임을 물을 수 없다.[98]

(나) 불완전수표

취득 시 보충권에 의하여 보충할 수 없는 수표요건이 흠결된 불완전수표는 원칙적으로 무효이다(수표법 §2).[99] '발행지의 흠결'과 '발행일의 흠결'은 아래에서 보는 바와 같이 다르게 취급된다.

57

(a) 발행지 흠결

수표의 발행지란 실제로 수표의 발행행위를 한 장소를 의미하는 것이 아니라 수표상의 효과를 발생시킬 것으로 의욕하는 장소를 의미한다. 수표의 발행지에 관련된 수표법 규정 및 국제사법의 관련 규정들을 살펴보면, 수표에 있어서 발행지의 기재는 발행지와 지급지가 국토를 달리하거나 세력을 달리하는 수표 기타 국제수표에 있어서는 수표행위의 중요한 해석 기준이 되는 것이지만, 국내에서 발행되고 지급되는 이른바 국내수표에 있어서는 별다른 의미를 가지지 못한다.[100] 따라서 국내수표의 경우 수표요건 중 발행지는 실제적으로 의미가 없는 요건으로서 이를 기재하지 않았다고 해도 유통증권으로서 실제적 기능에 아무런 영향이 없다.[101] 따라서 발행지 기재의 흠결이 있는 경우에도 이를 이유로 지급거절되지 않고 유통되고 있는 이상 본항의 적용대상이 된다.[102]

58

---

98 대판 2002. 1. 11, 2001도206. 본 판결 평석은 이천현, "백지수표의 보충권 소멸시효 경과 후의 보충", 특별형법 판례100선, 박영사(2022), 356-359.

99 불완전수표와 백지수표와 차이점은 백지보충권의 유무에 있다. 백지수표는 수표요건이 일부 백지로 되어 있지만, 이에 대하여 백지보충권이 부여되어 있는 것으로 원칙적으로 유효이다. 그러나 불완전수표는 수표요건이 흠결되고 백지보충권도 부여되지 않은 것으로 원칙적으로 무효이다[이주원, 특별형법(8판), 657].

100 대판 1999. 8. 19, 99다23383(전).

101 대판 1983. 5. 10, 83도340(전).

102 대판 1983. 5. 10, 83도340(전). 판결 당시에는 발행지 기재가 흠결된 경우(발행지를 백지로 발행하였다가 보충함이 없이 지급제시된 경우 포함) 수표법상 유효한 수표가 아니라고 보았다. 즉, 수표의 사법상 효력을 부정한 것이다. 그러나 대판 1999. 8. 19, 99다23383(전)에서 대법원은 "수표면의 기재 자체로 보아 국내수표로 인정되는 경우에 있어서는 발행지의 기재는 별다른 의미가 없는 것이고, 발행지의 기재가 없는 수표도 완전한 수표와 마찬가지로 유통·결제되고 있는 거래의 실정 등에 비추어, 그 수표면상 발행지의 기재가 없는 경우라고 할지라도 이를 무효의 수표로 볼 수는 없다."라고 판시한 이후 현재까지 수표면의 기재로 보아 국내수표인 경우 발행지 기재가 없는 경우에도 사법상 유효한 수표라고 보고 있다[이주원, 특별형법(8판), 657].

〔이 순 옥〕　　　　　　　　　　**165**

(b) 발행일 흠결

59   발행일이 흠결된 수표는 본죄의 객체에 해당하지 않는다. 수표의 발행일을 보충하지 않고 지급제시하면 수표법이 정하는 지급제시기간 내에 적법하게 지급제시된 것인지 여부를 확정할 수 없게 되는바, 본조 제2항의 적용대상이 아니다.[103] 판례도 수표의 발행일란의 연, 월, 일 중에 월의 기재가 없는 수표(발행일란에 1982년 월 4일로 기재)는 발행일의 기재가 없는 수표로 볼 수밖에 없고, 이러한 수표는 수표법 소정의 지급제시기간 내에 제시되었는지 여부를 확정할 수 없기 때문에 본항의 적용대상이 아니라고 판시한 바 있다.[104]

(다) 발행한도의 초과

60   발행인과 지급인인 은행과 약정한 발행한도를 초과하여 발행한 수표도 본조 제2항의 대상이 된다. 수표법 제3조 단서에 의하면, 수표자금에 관한 수표계약에 위반하여 수표를 발행한 경우에도 수표로서의 효력에는 영향을 미치지 아니하므로 발행한도액을 초과하여 발행한 가계수표도 수표로서의 효력에는 아무런 영향이 없고,[105] 발행인은 수표에 기재된 금액에 대하여 본조 제2항의 죄책을 진다. 예를 들어, 발행인이 지급은행과 수표 한 장당 발행금액을 30만원 이하로 약정하여 수표 표면에 '30만 원 이하'라고 인쇄된 가계수표 용지를 받은 다음, 발행인이 발행한도액을 초과하여 액면금을 '1,500,000'원으로 기재하여 제3자에게 발행하였다면, 위와 같이 부동문자로 기재된 '30만 원 이하'라는 문구는 단지 수표계약의 일부 내용을 제3자가 알 수 있도록 수표 문면에 기재한 것에 불과한 것으로 인적항변사유에 불과할 뿐 수표의 대외적 효력에 영향을 미치는 것은 아니다.[106] 따라서 위와 같은 수표도 본조 제2항의 적용대상에 해당한다.

(라) 수표요건의 정정

61   수표발행인과 소지인은 수표의 발행 당시에 기재된 수표요건을 나중에 합의하여 정정할 수 있다. 따라서 수표의 액면금액, 발행일자 등 수표요건이 적법하게 정정되었다면, 정정 후 수표가 본조 제2항의 적용대상이 되고 적법한 정정

---

103 대판 1983. 5. 10, 83도340(전).
104 대판 1983. 5, 10, 83도340(전).
105 대판 1998. 2. 13, 97다48319.
106 대판 1995. 11. 24, 95도1663.

166   〔이 순 옥〕

이 되지 않았다면, 정정 전의 수표가 본조 제2항의 적용대상이 된다.[107] 따라서 수표상에 기재된 액면금액과 발행일자 등을 그 지급제시기간이 경과한 후에 정정하였더라도 발행인이 소지인의 양해 아래 적법하게 발행일자를 정정한 경우에는, 그 정정된 발행일자로부터 기산하여 지급제시기간 내에 지급제시가 되었다면 예금부족이나 무거래 등을 이유로 한 지급거절에 대하여 발행인은 본조 제2항의 책임을 져야 한다.[108]

(a) 수차례 정정으로 정정내용을 확정할 수 없게 된 경우

수표는 문언증권이자 유통증권이므로 그 문언에 따라 해석함이 원칙으로, 문언에 기재된 내용에 의하여 수표법 소정의 지급제시기간 내에 제시되었는지의 여부를 확정할 수 있어야 하며, 그렇지 못한 경우에는 본조 제2항의 구성요건을 충족하지 못하여 본죄의 객체가 될 수 없다.[109] 따라서 수표의 발행일을 수차례 정정한 결과 수표의 기재 그 자체로 발행일을 특정할 수 없게 된 경우, 위 수표는 적법한 지급제시가 있었는지 알 수가 없기 때문에 적법한 발행일의 기재라고 볼 수 없어 본조 제2항의 적용대상이 될 수 없다.　　　62

예를 들면, ① 무거래로 지급거절된 후 다시 지급제시하기 위하여 처음 기재한 발행일을 정정한 결과 '97년 1106월 6일'로 기재되어 있는 경우,[110] ② 수표의 발행일을 수차례 정정하는 과정에서 이전의 발행일이 발행일자란에 유효하게 남아 있는 상태에서, 발행일의 정정을 위해 추가로 숫자를 기재한 곳이 발행일란이 아니라 발행일란으로부터 약 1cm 간격을 두고 우측 변에 있는 금융기관이 내부결재용으로 사용하는 칸인 경우,[111] 이것은 발행일의 적법한 정정기재라고 볼 수 없다. 즉, 위와 같은 방법으로 발행일자를 정정한 경우 발행일을 특정할 수 없기 때문에 이러한 수표는 본조 제2항의 적용대상이 될 수 없다.　　　63

---

107 김정환·김슬기, 형사특별법(2판), 498; 이주원, 특별형법(8판), 658.

108 대판 2014. 11. 13, 2011도17120. 본 판결 평석은 박정난, "수표요건의 정정과 부수법위반죄 여부", 특별형법 판례100선, 박영사(2022), 360-363.

109 대판 1999. 1. 26, 98도3013.

110 대판 1999. 1. 26, 98도3013.

111 발행일란에는 여전히 2000. 2. 29.의 횡서기재를 그대로 둔 상태에서 금융기관의 내부결재용 칸에 3/28이라고 기재하여 2000. 3. 29. 지급제시한 경우, 발행일란의 횡서기재가 지워지지 않은 채 유효한 발행일 기재로서 남아 있기 때문에 금융기관의 내부결재용 칸에 추가로 한 발행일의 기재는 발행일의 정정기재로서 적법 유효한 것이라고 볼 수 없다고 판시하였다(대판 2003. 9. 5, 2003도3099).

〔이 순 옥〕　　　　　　　　　**167**

(b) 무인(拇印)에 의하여 수표요건이 정정된 경우

64　　　　기명날인이 아닌 무인에 의하여 정정한 수표도 본조 제2항의 적용대상이 되는지 문제된다. 수표법상 발행·배서·보증·지급보증 등 이른바 수표행위를 함에 있어서는 기명날인을 그 요건으로 하고, 여기서 말하는 기명날인에는 무인을 포함하지 아니한다.[112] 그러나 판례는 위와 같은 '수표행위'와 수표문언의 '사후 정정행위'와는 서로 구별되는 것으로서,[113] 이미 기명날인의 요건을 갖추어 적법하게 발행된 수표의 발행일자나 액면 등을 정정하는 경우에도 반드시 정정하는 곳에 기명날인이나 또는 날인을 하여야만 그 정정행위가 유효한 것이라고 볼 수는 없고, 정정하는 곳에 무인을 사용하여 정정한 수표도 본조 제2항의 적용대상이 된다고 보았다.[114] 특히 "부정수표 단속법의 입법목적은 국민의 경제생활의 안정과 유통증권인 수표의 기능을 보장하고자 함에 있으므로 수표법상 유효한 수표가 아닌 경우에도 실제로 유통증권으로서의 기능에 아무런 영향이 없이 유통되고 있는 것이라면, 이는 부정수표 단속법 제2조 제2항의 적용대상에서 제외될 수 없는 것으로,"[115] 수표가 정정된 문언에 따라 실제로 유통증권으로서의 기능을 가지고 있다면, 그 수표는 정정된 문언에 따라 본조 제2항이 적용될 수 있다고 보았다.[116]

(c) 발행인이 발행일자 정정날인을 거부한 경우

65　　　　은행원이 수표발행인의 요구에 따라 그 발행일자를 정정하였으나 발행인이 그 정정인의 확인을 거부함으로써 정정인을 받지 못한 채 위 정정 전의 지급제시기간 경과 후에 위 수표들이 지급제시되었다면, 이는 본조 제2항의 적용대상

---

112 약속어음의 서명에 가름하는 기명날인을 함에는 날인은 인장을 압날하여야 하고 무인으로 한 진출행위는 무효이고(대판 1956. 4. 26, 4288민상424), 배서날인에는 기명무인은 포함되지 않으므로 기명무인으로서 한 어음행위는 무효이다(대판 1962. 11. 1, 62다604)라고 판시한 바, 수표행위에 있어서 기명날인에는 무인을 포함하지 않는다고 보아야 한다.

113 부정수표 단속법이 규정하는 수표의 발행이라 함은 수표용지에 수표의 기본요건을 작성하여 상대방에 교부하는 행위를 일컫는다 할 것이고, 이미 적법하게 발행된 수표의 발행일자 등을 수표소지인의 양해 아래 정정하는 수표문언의 사후 정정행위는 수표의 발행행위와는 서로 구별되는 것으로서 수표 발행일의 사후 정정행위는 부정수표 단속법에서 규정하는 수표의 발행이라고 할 수 없다(대판 2007. 5. 10, 2006도8738).

114 대판 1995. 12. 22, 95도1263.

115 대판 1995. 12. 22, 95도1263.

116 이주원, 특별형법(8판), 659.

이 아니다.[117] 위 수표는 적법하게 정정된 수표로볼 수 없기 때문에 정정 전의 수표 문언에 따라 본조 제2항이 적용된다.

(d) 지급거절문구가 은행과의 합의하에 삭제된 경우

당좌수표를 지급제시하여 은행이 지급거절문구를 기재한 후 지급제시인이 　66
지급은행과의 합의하에 지급거절문구가 삭제된 상태로 이를 반환받아 다시 지급
제시한 경우, 위 수표 역시 본조 제2항의 적용대상이 된다.[118] 왜냐하면, 당좌수
표에 기재된 지급거절문구가 지급은행에 의하여 삭제된 상태로 이를 반환받아 소
지하게 됨으로써 위 당좌수표는 지급제시되기 이전의 상태와 마찬가지의 유통상
태에 놓이게 되었다고 볼 수 있는 점, 발행인으로서도 위 당좌수표를 회수한 원래
의 소지인이 이를 지급제시할 수 있을 것임을 예상하고 있었던 점, 국민 경제생활
의 안정과 유통증권인 수표의 기능을 보장하고자 하는 부정수표 단속법의 입법
목적을 종합할 때, 위 당좌수표는 본항의 적용대상인 수표에 해당하고, 발행인은
위 당좌수표에 대하여 부도수표발행의 죄책을 부담하여야 하는 것이다.[119]

(마) 선일자수표

선일자수표란 발행인이 수표를 발행하면서 실제 발행일을 수표상 발행일로 　67
기재하지 않고 수표의 발행일을 장래의 특정한 날짜로 기재하여 발행한 수표를
의미한다. 선일자수표는 발행인이 실제 수표를 발행하는 날에는 수표자금이 없
으나 수표에 기재된 발행일자에는 수표자금을 마련할 수 있을 것으로 예상되는
경우 그 수표금의 지급시기를 늦추기 위하여 발행한다.[120] 그 예로 선일자수표의
발행인과 수표 소지인은 수표상 기재된 발행일 이전에는 수표를 지급제시하거나
유통하지 않기로 하는 특약(지급제시금지특약 또는 유통금지특약)을 하거나 수표를 담
보목적 또는 증서로서 보관하는 것만을 목적(견질용)으로 발행하는 경우를 들 수
있다.[121] 선일자수표의 경우 신용증권으로서의 성질이 강한 것이지만, 이를 부정
수표 단속법의 적용대상에서 제외하는 경우 현실사회에서 가장 강력한 담보수단
으로 사용되는 수표가 사실상 유통되지 아니하거나 딱지 수표로 전락할 가능성

---

117 대판 1985. 7. 9, 84도1405.
118 대판 1998. 6. 12, 97도3126.
119 대판 1998. 6. 12, 97도3126.
120 김정환·김슬기, 형사특별법(2판), 499; 이주원, 특별형법(8판), 660.
121 이주원, 특별형법(8판), 660.

이 크기 때문에 선일자수표 역시 본조의 적용대상에 포함된다고 보아야 한다.[122]

68   수표 소지인이 위와 같은 약정을 위반하여 수표상에 기재된 발행일 이전에 수표를 지급제시한 경우, 그 제시된 날에 수표금을 지급하여야 하는 것으로(수표법 §28②) 수표의 일람출급성은 그대로 인정된다. 즉 수표법은 선일자수표 자체의 유효성은 인정하면서도, 약정을 위반하고 발행일자 이전에 지급제시한 경우에도 적법한 지급제시로 본다. 따라서 선일자수표의 소지인이 이와 같은 제시금지특약을 위반하여 지급제시하였으나 예금부족 등으로 지급거절된 경우에도, 수표부도의 고의가 인정된다면 본조 제2항의 죄책이 인정된다.[123]

69   판례[124]는 발행인이 선일자수표 발행 후 수표계약이 해지되어 그 지급제시기일에 지급되지 않은 사건에서, "발행 당시에 수표 금액에 상당한 예금도 없었고 수표금 지급을 위한 당좌예금에 대한 확보책도 없었다면 수표를 발행할 당시부터 수표 부도에 관한 고의를 인정할 수 있다."고 판시한 바 있다. 다만 수표발행인이 수표를 견질용으로 발행하면서 다른 담보를 충분히 제공하고 원인채무를 변제하였는데 소지인이 반환의무에 위배하여 지급제시한 경우와 같이, "수표의 발행인이 지급거절이라는 결과발생을 예견하지 아니하였거나 특별한 사정이 있어 수표가 지급제시되지 않으리라고 믿고 있었고 그와 같은 믿음이 정당한 것으로 수긍되는 것이라면, 본조 제2항의 죄책이 인정되지 않는다."[125]고 보았다. 판례는 선일자수표가 강력한 담보로 사용되고 있는 현실을 반영하여 이를 본항의 객체로 보면서도, 본죄의 죄책을 지는지 여부는 선일자수표의 특성을 고려하여 수표상의 발행일자가 아닌 '실제 수표가 발행'된 시점에 '부도수표 발행에 대한 고의'가 있었는지 여부에 따라 판단한 것이다.

  (바) 강행법규위반으로 발행된 수표

70   수표를 발행하는 것 그 자체가 강행법규를 위반하는 행위로 법률상 무효행위인 경우, 위 수표는 처음부터 유통증권으로서의 기능이 인정될 수 없고, 이러한 수표는 본조 제2항의 적용대상이 아니다.[126] 예를 들어, 학교법인의 이사회

122 우인성(주 12), 623.
123 대판 1981. 9. 22, 81도1181.
124 대판 1980. 2. 26, 79도1198; 대판 1981. 9. 22, 81도1661.
125 대판 1992. 9. 22, 92도1207.
126 이주원, 특별형법(8판), 660.

결의와 관할청의 허가 없이 발행한 수표는 강행법규인 사립학교법을 위반한 것
으로서 법률상 효력이 없는바, 본조 제2항의 적용대상이 될 수 없다.[127]

(3) 행위

본죄의 행위는 '수표를 적법하게 발행한 이후에 예금부족, 거래정지처분이　71
나 수표계약의 해제 또는 해지로 인하여 제시기일에 지급되지 않게 한 경우'에
성립하는 것이다.

(가) 수표의 발행 이후

수표의 '발행'이라 함은 수표용지에 수표의 기본요건을 작성하여 상대방에　72
교부하는 행위를 의미한다. 따라서 이미 적법하게 발행된 수표의 발행일자 등을
수표 소지인의 양해 아래 정정하는 수표문언의 사후 정정행위는 수표의 발행이
라고 할 수 없다.[128] 따라서 정정 전의 수표 발행행위만이 본조의 수표 발행에
해당한다. 법인의 대표자 甲이 수표를 발행한 후 그 대표자가 아닌 乙이 대표자
본인의 위임이나 동의 없이 발행일자를 정정한 경우, 수표 소지인이 乙이 정정
하기 전의 발행일자로부터 기산된 지급제시기간 내에 지급제시를 하지 않는 한,
그 수표를 발행한 대표자 본인 甲은 부도수표 발행의 책임을 지지 않는다.[129]
이미 적법하게 발행한 백지수표의 금액이나 발행일을 기입하는 행위 역시 보충
권의 행사로서 수표의 발행으로 보지 않는다.[130]

(나) 적법한 지급제시

본죄가 성립하려면 지급제시기일에 수표가 적법하게 지급제시되어야 한다.[131]　73
따라서 지급제시기간이 경과한 후에 지급제시되었거나, 지급제시기간 내에 제
시되었는지 여부를 확정할 수 없는 경우[132]에는 지급거절되더라도 본죄에 해당
하지는 않는다.

---

127 이러한 수표 발행행위는 무효이기 때문에 학교법인은 그 소지인에게 수표금을 지급할 의무가 없
　　으므로 그로 인하여 학교법인이 민법상 사용자책임 또는 법인의 불법행위책임을 부담하는 등의
　　특별한 사정이 없다면 배임죄도 성립하지 않는다(대판 2010. 3. 25, 2009도14585).
128 대판 2007. 5. 10, 2006도8738.
129 대판 2008. 1. 31, 2007도727.
130 대판 2004. 2. 13, 2002도4464.
131 대판 1982. 9. 14, 82도1531.
132 대판 2003. 9. 5, 2003도3099.

(a) 지급제시기간

74   국내수표의 지급제시기간은 발행일로부터 10일이므로(수표법 § 29①), 통상적인 수표의 경우 발행일로부터 10일이 경과하기 전에 실제로 제시된 날이 지급제시일이다. 지급제시기간 중 휴일은 제시기간에 산입하지만, 수표 지급제시기간 말일이 법정휴일일 때에는 그 말일 이후의 제1거래일까지 기간을 연장한다(수표법 § 60②).[133] 이때 거래일은 국경일·공휴일·일요일·기타의 일반휴일 등 법정휴일 이외의 날을 의미한다(어음법 § 81 참조). 위 '기타의 일반휴일'이란 지방휴일 또는 관습적 휴일 등을 의미하는데, 거래의 안전을 보장하기 위해서는 위와 같은 기타의 일반휴일 역시 미리 명확하게 정해져 있어야 할 필요가 있다.[134]

75   수표법 제29조 제4항은 수표의 지급제시기간을 수표에 적힌 발행일부터 기산한다고 규정하고 있고, 같은 법 제61조는 "이 법에 규정하는 기간에는 그 초일을 산입하지 아니한다."고 규정하고 있는바, 지급 제시기간을 산출함에 있어 수표에 기재된 발행일자를 초일로 산입할 것인지 또는 그 다음 날부터 기산할 것인지가 문제된다. 판례[135]는 위 수표법 제29조 제4항의 규정은 수표가 실제로 발행된 날과 수표에 발행일로 기재된 날이 서로 다른 경우에 그 수표 제시기간을 기산함에 있어서 수표에 '기재된 발행일'을 기준으로 한다는 원칙을 밝힌 것이므로, 수표의 지급제시기간을 산정함에 있어서 수표법 제61조에 따라 초일은 산입하지 않고 수표상에 '적힌 발행일 다음날부터' 기산한다고 한다. 따라서 수표상에 기재된 발행일자의 다음날부터(초일불산입) 기산하여 10일 이내에 수표가 지급제시되어야 한다.

76   수표소지인이 직접 발행인의 거래은행에 제시하지 않고 자신의 거래은행을 통하여 제시한 경우, 수표소지인의 거래은행을 수표소지인의 대리인으로 보아 수표소지인이 자기 거래은행에 지급제시하였을 때가 아니라 '발행인의 거래은행에 수표가 도달했을 때' 수표의 지급제시가 있는 것으로 해석하여야 한다.[136]

---

133 수표법 제60조(수표에 관한 행위와 휴일) ② 수표에 관한 행위를 하기 위하여 특히 수표의 제시 또는 거절증서나 이와 같은 효력이 있는 선언의 작성을 위하여 법령에 규정된 기간의 말일이 법정휴일일 때에는 그 말일 이후의 제1거래일까지 기간을 연장한다. 기간 중의 휴일은 그 기간에 산입한다.

134 이주원, 특별형법(8판), 662.

135 대판 1982. 4. 13, 81다1000, 81다카552.

136 조용호(주 3), 698.

(b) 선일자수표의 경우

다만, 선일자수표의 경우 보통은 발행인과 소지인 사이에 발행일 이전에 지　　77
급제시하지 않겠다는 특약이 있는 경우가 대부분이나, 이러한 특약에도 불구하
고 선일자수표는 발행일 이전에도 지급제시가 가능하다(수표법 §28②). 따라서
수표상에 기재된 발행일 도래 이전에 선일자수표를 지급제시한 경우에도 적법
한 지급제시로 보아[137] 예금부족 등으로 지급거절되면 본죄에 해당한다.

(c) 발행일이 백지인 상태로 지급제시한 경우

발행일을 백지로 한 백지수표에 발행일을 보충하지 않은 채 지급제시된 경　　78
우, 본항의 구성요건 중 하나인 적법한 지급제시라고 볼 수 없어서 원칙적으로
무죄를 선고하여야 한다.[138] 그러나 수표가 그 제시기일에 제시되지 아니한 사실
이 공소사실 자체에 의하여 명백하다면 이 공소사실에는 범죄가 될 만한 사실이
포함되지 아니하는 때에 해당하므로 무죄가 아니라 형사소송법 제328조 제1항
제4호[139]에 의하여 공소기각의 결정을 하여야 한다.[140] 그러나 외관상 발행일이
보충되지 않은 것으로 보이지만, 발행인란에 연필로 발행일자를 기재하였다가
지운 흔적이 있어 당좌수표가 지급제시 당시에 발행일이 기재되어 있었다고 볼
여지가 충분한 경우에는 적법한 지급제시가 있었던 것으로 볼 수 있다.[141]

(d) 발행일을 정정한 경우

발행인이 지급제시기간이 경과한 후에 소지인의 양해 아래 적법하게 발행　　79
일자를 정정한 경우에는, 그 정정된 발행일자로부터 기산하여 지급제시기간 내
에 지급제시되었다가 예금부족 등으로 거절되었다면, 적법한 지급제시가 있었
던 것에 해당하여 본조 제2항의 죄책을 진다.[142] 그러나 발행인의 위임이나 동

---

137 주석형법 [각칙(2)](5판), 494(박형준).
138 우인성(주 12), 604.
139 형사소송법 제328조(공소기각의 결정) ① 다음 경우에는 결정으로 공소를 기각하여야 한다.
　　4. 공소장에 기재된 사실이 진실하다 하더라도 범죄가 될 만한 사실이 포함되지 아니하는 때
140 대판 1973. 12. 11, 73도2173.
141 대판 1995. 4. 21, 94도3155.「기록상에는 발행일이 지워진 수표가 첨부되어 있으나, 위 수표의
　　발행일 부분에 연필로 발행일을 1992. 12. 2.로 기재하였다가 제시한 흔적이 있고(지급제시일은
　　1992. 12. 3.), 관련자의 진술에 은행에 지급제시될 당시에 발행일을 기재하였다가 지웠다고 하
　　는 내용이 있는 경우 법원은 위 수표가 지급제시될 당시에 수표상에 발행일이 기재되어 있는지
　　여부, 그 발행일자가 삭제된 일시 및 경위를 밝혀야 한다.」
142 대판 2014. 11. 13, 2011도17120.

의가 없이 발행일자가 정정된 경우에는, 발행인은 최초 발행일자로부터 지급제
시기간 내에 지급제시가 이루어지지 않는 한 수표발행인은 부도수표 발행의 책
임을 지지 않는다.[143]

(e) 백지보충권 소멸 후 지급제시한 경우

80   발행일을 백지로 하여 발행된 수표의 백지보충권의 소멸시효는 다른 특별
한 사정이 없는 한 그 수표발행의 원인관계에 비추어 발행 당사자 사이에 수
표상의 권리행사가 법률상 가능하게 된 때부터 진행한다.[144] 발행일을 백지로
하여 발행된 수표의 백지보충권의 소멸시효기간은 백지보충권을 행사할 수 있
는 때로부터 6개월인바(수표법 §51), 백지보충권의 소멸시효가 완성된 다음 수
표상의 백지를 보충하여 지급제시하였다면 이 또한 적법한 지급제시라 볼 수
없기 때문에 그 수표가 예금부족 등으로 지급거절된 경우에도 본조 제2항의
죄책을 물을 수 없다.[145] 그러나 '백지보충권을 행사할 수 있는 때'에 관하여는
당사자가 명시적 또는 묵시적으로 합의를 할 수 있고, 그 합의된 때를 연기하
거나 변경할 수도 있다.[146] 따라서 합의에 의하여 정한 지급제시 유예약정기
한으로부터 6개월 이내에 백지보충권을 행사하여 지급제시한 경우 지급제시
는 적법하다.

(다) 지급거절

81   본죄가 성립하기 위해서는 제시기일에 적법하게 지급제시하였음에도 지급
거절되어야 하고, 그 원인된 행위가 ① 예금부족, ② 거래정지처분이나 ③ 수표
계약의 해제 또는 해지로 인한 것이어야 한다.

(a) 지급거절 사유

82   고의범에 해당하는 본죄의 특성상 위 3가지 지급제한사유에 대하여 예시적
인 것으로 보아야 한다는 견해[147]도 있으나, 위 사유는 제한적으로 열거된 것으

---

143 대판 2008. 1. 31, 2007도727.
144 대판 1997. 5. 28, 96다25050.
145 대판 2002. 1. 11, 2001도206; 대판 2001. 11. 27, 2001도3184.
146 대판 2007. 6. 29, 2007도2250.
147 다만, 부정수표 단속법 제2조 제2항의 지급거절사유를 예시적인 것으로 보아야 한다는 견해도
   있다. 위 견해는 지급거절사유는 어음교환소규약에 의한 부도반환사유에 해당하고, 이 사유에는
   예금부족 외에도 '무거래' 등 여러 사유가 있기 때문에 이러한 것도 본항의 지급거절 사유에 포
   함시켜야 한다고 보는 것이다(김대근·안성조, 부도수표의 현황과 개선방향, 71).

로 위 3가지에 한정된다고 봄이 타당하다. 판례[148]도 같은 취지이다.

① '예금부족'이란 발행인과 지급은행 사이에 수표계약은 체결되어 있으나 　83
발행인이 지급자금을 예금하지 않거나 부족한 경우를 의미한다. ② '거래정지처
분'은 앞서 살펴본바와 같이 어음교환소가 어음·수표의 지급의무자가 적법하게
지급제시된 어음·수표를 정당한 이유 없이 결제하지 못한 경우 모든 참가은행
이 그 발행인에게 일정기간(2년) 동안 당좌예금거래를 금지시키는 처분을 의미
한다.[149] ③ '수표계약의 해제 또는 해지'는 수표를 발행할 당시에는 수표계약이
있었으나 그 수표를 지급제시하기 전에 계약이 해제 또는 해지된 경우를 의미
한다. 이것은 은행거래정지처분에 따른 강제해지이든 일방 당사자에 의한 임의
해지이든, 두 당사자 간의 합의해지이든 불문한다.[150]

수표가 발행인 또는 작성자의 책임으로 돌릴 수 있는 사유로 인하여 지급거　84
절되었다 하더라도 위 3가지 사유에 해당하지 않는다면, 본조 제2항의 죄책이 인
정되지 않는다. ① 채무자회생 및 파산에 관한 법률상의 보전처분[151]이 내려진
후 은행이 그 보전처분에 따른 결과 수표금을 지급을 할 수 없게 되어 지급거절
된 경우, 그 수표에 기재된 지급거절사유가 '예금부족'이라고 해도 본조 제2항에
해당하지 않는다.[152] 또한, ② 당좌수표가 그 발행인의 허위의 사고신고서 제출
및 지급정지 의뢰로 지급되지 않은 경우에도 본조 제2항의 지급거절사유에 해당
하지 않는다. 당좌수표가 지급거절될 당시 그 수표의 당좌계정의 예금잔고가 부
족하여 발행인의 사고신고서 제출 및 지급정지 의뢰가 없었더라도 예금부족으로
인하여 지급이 거절될 수밖에 없었다거나 제출된 사고신고서의 내용이 허위임이

---

148 대판 2006. 10. 26, 2006도5147.
149 주석형법 [각칙(2)](5판), 493(박형준).
150 김정환·김슬기, 형사특별법(2판), 500; 이주원, 특별형법(8판), 663.
151 채무자회생 및 파산에 관한 법률 제43조(가압류·가처분 그 밖의 보전처분) ① 법원은 회생절차
　 개시의 신청이 있는 때에는 이해관계인의 신청에 의하거나 직권으로 회생절차개시신청에 대한
　 결정이 있을 때까지 채무자의 업무 및 재산에 관하여 가압류·가처분 그 밖에 필요한 보전처분
　 을 명할 수 있다. 이 경우 법원은 관리위원회의 의견을 들어야 한다.
152 판례는 수표가 발행회사에 대한 회사정리법상의 보전처분이 있은 후에 지급제시가 되었다면 비
　 록 은행이 지급거절사유를 '예금부족'으로 하였다 하더라도 그 지급거절이 회사정리법에 의하여
　 가해진 지급제한에 따른 것인 이상 위 수표의 발행행위는 부정수표 단속법 제2조 제2항 위반의
　 범죄를 구성하지 않는다고 판시하였다(대판 1990. 8. 14, 90도1317). 회사정리법은 2006년 4월
　 1일부터 회사정리법, 파산법, 개인채무자회생법을 통합한 '채무자회생 및 파산에 관한 법률'에
　 포함되어 기업의 정리절차도 위 법에 의하여 규율되고 있다.

〔이 순 옥〕　　　　　**175**

밝혀졌다고 하더라도, 이러한 사유는 본조 제2항에 해당하지 않는다.[153] 다만, 이 경우 부정수표 단속법 제4조의 허위신고죄가 인정될 수 있다.

(b) 지급거절 증명

85
'지급되지 아니하게 한 때'라 함은 수표법 제39조의 지급거절의 증명이 있는 때를 의미한다(부수령 §2④). 따라서 예금부족 등으로 수표금의 지급이 거절되었지만 지급거절 증명이 없는 경우에는 본죄는 성립하지 않는다. 통상의 경우 수표에 지급제시된 날을 적고 날짜를 부기한 지급제시은행의 선언문이 기재된 것이 지급거절 증명이 되는 것으로, 이러한 지급거절 증명이 없는 경우 부도수표에 해당하지 않는다. 일단 위와 같은 지급거절의 증명이 있은 후 은행에 그 수표금액을 입금하여 변제하였다 하더라도 부정수표 발행인의 형사책임을 면할 수 없다.[154]

3. 주관적 구성요건 – 고의

(1) 고의의 의미

86
본죄는 예금부족 등으로 인하여 지급제시일에 수표금이 지급되지 아니할 것이라는 결과발생을 인식하였거나 예견가능성이 있음에도 수표를 발행하는 경우에 성립하는 고의범이다.[155] 이때 고의의 내용은 '수표발행·작성에 대한 고의(인식과 의사)'와 '지급거절(부도)에 대한 고의(인식과 의사)' 모두를 필요로 한다. 이때, '지급거절의 고의'라 함은 예금부족 등의 사유로 인하여 제시기일에 지급되지 아니할 것이라는 것을 예견하였거나 미필적으로나마 예견할 수 있었다는 점에 대한 고의를 의미한다.[156] 예를 들어, 행위자가 수표금 지급을 위한 당좌예금의 확보방법도 마련하지 않은 채 수표를 발행하여 지급거절에 이르게 한 경우, 원칙적으로 본죄의 고의가 인정된다고 할 수 있다.

87
이러한 고의가 있는지 여부에 대한 판단은 '수표의 발행·작성 시'를 기준으로 하여야 한다. 다만, 이에 대하여는 수표 발행 당시에는 충분한 예금잔고가

---

153 다만, 허위신고자 및 그 공모자는 부정수표 단속법 제4조의 허위신고죄로 처벌될 수는 있다(대판 2006. 10. 26, 2006도5147).
154 대판 1983. 10. 25, 83도2202; 대판 1988. 12. 6, 88도1406.
155 대판 1994. 11. 8, 94도1799.
156 대판 1981. 9. 22, 81도1661; 대판 1996. 3. 8, 95도2114; 대판 2003. 9. 26, 2003도3394.

176   〔이 순 옥〕

있었고 지급거절에 대한 예견가능성이 없었다고 해도 나중에 고의로 예금부족
사태를 야기하거나 당좌계약을 해지하여 제시기일에 지급되지 못하게 한 경우
에도 본죄의 고의를 인정하여야 한다는 반대견해[157]도 존재한다. 위 반대견해는
① 본조 제2항의 고의를 수표발행 시에 있어야 하는 것으로 해석하면 위와 같
이 사후에 고의가 생긴 경우를 처벌하지 못하고, ② 본조 제2항은 수표발행 후
에 부도의 고의가 생긴 경우까지 처벌하는 규정으로 해석할 수 있으며, ③ 본조
제2항의 규정 형식이 수표발행 후에 고의가 생긴 경우를 배제하는 것이라고 볼
수 없다는 점을 논거로 한다.

　　위와 같은 반대견해는 입법론상으로는 가능할 수 있다. 그러나 본조 제2　　**88**
항의 해석상 범죄 성립 및 기수시기는 수표의 발행·작성 시로 보아야 하고,
본죄의 성립시기를 수표의 발행·작성한 때로 보는 이상 그 고의 역시 위 시
점을 기준으로 하는 것이 논리적으로 타당하다.[158] 다만, 수표발행·작성 당시
지급거절에 대하여 미필적 고의가 없었으나 나중에 위와 같이 예금이 부족하
거나 당좌계약을 해지하게 된 경우, 처음 수표 발행 시에 이와 같은 사정을
예견하지 못한 것에 대하여 과실이 있으면 본조 제3항에 따른 과실범이 성립
할 수 있다.

　　본죄의 고의는 미필적 고의만으로 충분하므로 지급제시를 하지 않겠다는　　**89**
특약이나 수표를 발행하게 된 경위 또는 지급하지 못하게 된 경위 등에 대내적
인 사유가 있다는 사정만으로는 부정수표 발행의 고의를 부정하기 어렵다.[159]
이러한 미필적 고의조차 인정되지 않는 경우에는 본죄가 성립하지 않는다. 다만
발행인이 그와 같은 결과 발생, 지급거절을 예견하지 아니하였거나 특별한 사정
이 있어 수표가 지급제시되지 않으리라고 믿고 있었고, 그와 같은 믿음이 정당
한 것으로 수긍되는 예외적인 경우에는 예견가능성이 부정될 수 있다. 예를 들
어, 수표발행인이 개인의 채무를 담보하기 위하여 백지수표를 발행한 후 그 채
무를 모두 변제하였으나 수표를 반환받지 못한 상태에서 수표 소지인이 발행인
이 연대보증한 회사의 채무를 변제받기 위하여 수표를 지급제시한 경우, 발행인

157 김대웅(주 87), 267-268; 조용호(주 3), 709-710.
158 김정환·김슬기, 형사특별법(2판), 501; 이주원, 특별형법(8판), 664.
159 대판 1997. 4. 22, 97도487; 대판 2017. 3. 9, 2016도21618.

에게 본조의 고의가 있다고 보기 어렵다.[160]

(2) 고의가 인정되는 경우

(가) 자금상황 악화에도 불구하고 수표금 지급을 위한 자금 확보책도 없이 수표를 발행한 경우

90   ① 수표발행 당시 자금사정이 악화되어 거의 파탄상태에 이르렀다고 보여짐에도 수표금액에 상당한 예금이나 명확한 수표금 지급을 위한 당좌예금의 확보책도 없이 수표를 발행한 경우,[161] ② 주식회사의 대표이사인 피고인이 회사가 피고인 명의의 수표를 발행하는 데 필요한 사무를 포괄하여 동 회사의 전무이사, 관리부장, 경리과장들에게 위임하였다 하더라도, 피고인도 회사가 수년 전부터 부채가 누적되었고 회사 차입금 중 상당부분이 사채로 그 사채들을 선일자수표의 발행에 의하여 정리하고 있다는 사실을 알았으며 부도난 수표들의 발행일자가 대부분 예금부족으로 거래정지된 시점과 인접한 경우[162]에는 피고인에게 수표부도에 대한 고의가 인정된다.

(나) 수표발행인이 거래은행과의 가계수표종합예금의 평균잔고유지의무를 불이행하여 수표가 지급거절된 경우

91   피고인이 거래은행과 가계종합예금 거래계약을 체결함에 있어서 약정한 기간 중의 예금평균잔고유지조건을 지키지 못하여서 거래은행이 피고인에 대한 차월혜택의 이익을 박탈하고 가계수표의 지급을 거절한 경우, 위 은행의 부도처리에는 아무 잘못이 없고 이와 같은 예금평균잔고유지조건 거래약정내용을 알고 있던 피고인으로서는 부정수표단속법위반의 고의가 없었다고 할 수 없다.[163] 비록 거래은행으로부터 별도의 서면으로 해지 통지를 하지 않았다고 해도 해지는 효력이 있고, 피고인에게 수표부도에 대한 고의가 인정된다.

---

160 대판 2000. 9. 5, 2000도2190.
161 대판 1981. 9. 22, 81도1661; 대판 1985. 12. 24, 85도1862; 대판 1988. 3. 8, 85도1518; 대판 2000. 3. 14, 99도4923.
162 이 경우 피고인은 각 발행수표가 부도될 것이라는 것을 예측한 것으로 볼 수 있다(대판 1970. 7. 21, 70도1047).
163 대판 1983. 10. 11, 83도2088.

(다) 발행인이자 소지인인 회사가 거래은행과의 수표대전상의 계수조정 목적으로 발행한
　　수표가 지급거절된 경우

　판례는 수표의 발행인이자 소지인인 회사가 거래은행 사이의 수표대전상의　92
계수조성을 목적으로 본건 수표를 발행하여 은행의 자기 예금구좌에 입금하였고,
수표가 부도될 경우 위 은행 지점에서 자기앞수표로 막아주겠다는 말을 믿고 수
표를 발행한 것이라고 할지라도 부도수표 발행의 고의를 인정하였다.[164] 부정수
표 단속법의 입법취자가 부정수표 등의 발행을 단속·처벌함으로써 국민 경제생
활의 안정과 유통증권인 수표의 기능을 보장하는 것을 것이기 때문에 피고인이
수표발행 당시에 거래은행이 위 수표가 지급제시되었을 때, 약속과 달리 부도를
막아주지 못하여 수표금이 지급되지 아니하는 결과가 발생할지도 모른다는 것을
알고도 이를 발행한 것이라면 부도수표 발행의 고의가 인정된다고 본 것이다.[165]

　(라) 수표 소지인 등이 약정에 위반하여 유통 또는 지급제시한 경우

　수표가 피고인의 의사에 의하여 발행되어 거래의 유통에 제공된 이상, ①　93
당좌수표가 '견질담보'로 발행된 것이며 이 수표가 담보하는 은행채무에 대하여
는 별도로 인적·물적 담보가 제공되어 있어 이들 수표는 모든 인적·물적 담보
가 실행된 후에 제시하기로 하는 묵시적 합의가 있었다는 등의 대내적 사정만
으로는 본죄의 고의를 부정할 수 없고, 따라서 부도수표 발행의 죄책을 면할 수
없다.[166]

　② 피고인이 A에게 위 수표의 할인을 의뢰하였는데 A가 이를 타에 유통시　94
키고 할인금을 교부하지 아니함으로써 결국 부도가 발생하게 된 것이라고 하더
라도 이러한 사정은 인적 항변사유에 불과하고, 이러한 사정의 존부 여하에 따
라 위 수표의 대외적 효력에 어떠한 영향을 미치는 것이 아니므로 피고인은 부
도수표 발행에 대한 고의가 인정된다.[167] 종합해 보면, 수표발행 경위 등과 같은
대내적 사정은 원칙적으로 부도수표발행죄의 성립에 영향을 미치지 않는다고

164 대판 1980. 4. 8, 79도2255. 그러나 위 사건 항소심은 피고인이 이와 같은 은행 측의 약속을 믿었
　　기 때문에 수표발행 당시에 그 수표가 제시기일에 지급되지 아니하는 결과가 발생할 것이라는 것
　　을 예상할 수 없었다는 취지에서 무죄를 선고한 바 있다(서울형사지판 1979. 7. 11, 78노8471).
165 대판 1980. 4. 8, 79도2255.
166 대판 1981. 9. 22, 81도1181; 대판 1982. 4. 13, 80도537.
167 대판 1996. 4. 26, 96도435.

〔이 순 옥〕　　　　　　　　　**179**

할 수 있다.

　(마) 수표의 실질적 발행자가 아닌 명의대여자에게 수표발행의 고의가 인정되는 경우

95　　　피고인 甲은 신용불량자인 A의 부탁을 받고 피고인을 대표이사로 하는 수표계약(B 주식회사 대표이사 甲)의 체결을 허락한 다음 그 계약에 따른 수표의 발행을 용인하였고, 그 후 단기간 내에 발행된 수십억 원에 달하는 수표들이 결제되지 아니한 경우, 피고인 甲은 A가 발행하는 수표들이 제시일에 지급되지 않을 가능성이 있다고 예견할 수 있었다고 봄이 상당하여 부도수표 발행의 고의가 인정된다.[168] 피고인 甲이 대표이사 명의를 대여한 후 대표이사로서 위 B 주식회사의 경영에 전혀 관여한 사실이 없다고 하여도, 위와 같은 사정이 있다면 피고인 甲에게는 본조 제2항의 죄책이 인정될 수 있다. 다만, 피고인 甲이 위 수표들의 발행 이전에 위 허락을 철회하여 발행을 반대하였다는 등의 특별한 사정이 있는 경우 고의가 부정될 수 있다.[169]

(3) 고의가 부정되는 경우

　(가) 사후 사정변경에 의하여 수표부도가 발생한 경우

96　　　① 피고인이 10여 년간 거래관계로 발행한 수표를 정상적으로 결제하여 왔는데 수표의 제시일 직전의 화재로 피고인의 점포가 전부 소실되어 영업을 하지 못하게 됨으로써 예금부족의 결과가 야기되어 지급이 거절된 경우,[170] ② 피고인이 수표발행 이후 사채업을 정상적으로 영위하다 새로운 사업 분야인 레미콘 업체를 인수하면서 자금사정이 악화되어 수표를 결제할 수 없게 된 경우,[171] ③ 국민학교 아동급식용 식빵의 제조회사의 대표이사가 그 식빵의 원료인 밀가루, 설탕 등을 외상으로 매입하면서 선일자수표를 발행하고 각 교육구청으로부터 지급받은 식빵대금으로 위 수표결제를 하여 왔는데, 위 식빵에 대한 중독사고가 발생하여 그 대금을 받지 못하므로 인하여 수표 부도가 발생한 경우[172] 등 수표 발행 이후 사후적 사정변경에 의하여 수표를 결제할 수 없었던 경우에는 수표발행 당시부터 지급거절의 고의가 인정된다고 보기 어렵다.

---

168 대판 2007. 5. 10, 2007도1931.
169 대판 2007. 5. 10, 2007도1931.
170 대판 1981. 3. 24, 81도115.
171 대판 1997. 4. 11, 97도249.
172 대판 1979. 12. 11, 79도1334.

　　　　　　　　　　　　　〔이 순 옥〕

(나) 당좌수표 발행명의인에게 수표발행 고의가 부정되는 경우

① 피고인이 피고인 명의로 은행과 당좌수표계약을 체결하고 수표거래를 함 97
에 있어서 A의 요청이 있으면 수표장을 떼어 주어 피고인 명의의 수표를 작성하
여 사용하게 하다가 서울로 이사하면서, A에게 현금과 수표거래에 필요한 고무
인과 인감도장을 맡기고 당시까지 발행한 수표로서 미지급된 수표금의 결제와
그 결제가 끝나는 대로 위 수표계약의 해지를 의뢰하였고, 서울로 이사한 뒤 수
개월 후에 A로부터 해결되었으니 안심하라는 연락을 받아 그 계약이 해지된 것
으로 알고 8년여를 경과하였으나, A가 피고인의 고무인과 인감을 보관함을 기화
로 위 수표계약을 해지하지 아니하고 피고인 명의로 수표거래를 하여 오다가 피
고인이 알지 못하는 상태에서 수표의 부도를 발생한 경우,[173] ② 피고인이 회사
의 형식상 대표이사로서 당좌거래계약을 체결한 사실이 있다고 하더라도 회사의
실질적인 대표자 A가 모든 업무를 단독으로 처리하여 피고인은 회사의 경영에
전혀 관여한 바가 없고, A가 피고인과 아무런 상의도 없이 보관하고 있던 대표
이사 직인을 이용하여 수표를 발행하였으나 피고인은 부도된 당좌수표의 발행사
실도 모르고 있었고 회사의 자금사정에 대하여도 전혀 모르고 있었던 상황에서
위 수표가 부도가 난 경우[174] 등은 비록 수표 발행 명의인 경우라도 피고인은 수
표발행 당시 그 수표들이 제시일에 지급되지 않을 것이라는 결과발생을 인식하
였거나 예견가능성이 있었다고 볼 수 없다.[175]

따라서 수표발행 명의인이라도 회사 운영 및 수표발행에 대하여 전혀 관여 98
한 바가 없고, 회사의 자금사정에 대하여 알지 못하였던 경우에는 지급거절에 대
한 고의가 인정되기 어렵다.

(다) 수표의 원인채무를 변제하였음에도 불구하고, 소지인이 반환의무를 위반하여 지급
　　제시한 경우

① 피고인이 A로부터 돈을 빌리고 그 채무를 담보하기 위하여 소위 견질용 99
으로 수표를 발행하였으나 A의 요구에 따라 여러 부동산에 근저당권설정등기
또는 가등기를 하는 방법으로 충분한 담보를 제공하였고, A는 피고인이 원리금

173 대판 1981. 8. 25, 81도1596.
174 대판 1994. 11. 8, 94도1799.
175 대판 1994. 11. 8, 94도1799.

을 다 갚을 때까지 위 수표를 담보로만 보관하고 있겠다고 각서까지 써 주어서
피고인이 제공한 다른 담보가 있는 한 A가 수표를 지급제시하지 아니할 것으로
믿었고, 그 후 수표의 원인된 채무가 모두 변제되어서 피고인은 이 수표가 지급
제시되지 아니하고 반환될 것으로 믿고 있었음에도 불구하고, 그 소지인인 A가
피고인에게 수표를 반환하여야 할 의무를 위배하여 백지로 된 발행일을 무단기
재하여 부당하게 지급제시한 경우,[176] ② 피고인이 자신의 개인의 채무를 담보
하기 위하여 백지수표를 발행한 후 그 채무를 모두 변제하였으나 수표를 반환받
지 못한 상태에서 수표 소지인 A가 피고인이 연대보증한 회사의 채무를 변제받
기 위하여 수표를 지급제시한 경우,[177] 피고인에게 수표들이 제시일에 지급되지
않을 것이라는 결과 발생을 인식하였거나 예견가능성이 있었다고 볼 수 없다.

4. 기수시기 – 공소시효의 기산점 관련

100   본죄의 성립시기는 '수표를 발행·작성한 때'이다. 판례[178]도 예금부족으로
인하여 제시일에 지급되지 아니할 것이라는 결과 발생을 예견하고 발행인이 '수
표를 발행한 때'에 본죄가 바로 성립하는 것으로, 수표금의 지급이 거절된 때에
성립하는 것은 아니라고 한다. 이에 따르면, 본죄의 공소시효의 기산일은 수표
금의 지급거절일이 아닌 '수표의 발행일'이다. 다만 수표의 발행일이라 함은 수
표상의 기재된 발행일자를 의미하는 것은 아니라 수표의 실제 발행일을 의미하
는 것으로,[179] 수표를 실제로 작성하여 교부한 날부터 본죄의 공소시효가 진행
된다. 판례는 '수표를 발행·작성한 때'를 본죄의 기수시기로 보고, 기수시기와
범죄종료시기를 따로 구분하지 않고 있다.[180]

101   본죄의 성립시기를 '수표발행 시'가 아니라 지급인의 '지급거절 시'로 보아
야 한다는 반대의견도 있다. 공소시효는 원칙적으로 범죄행위가 종료된 때에 진
행하는 것으로(형소 § 251①), 공소시효의 기산점에 관한 형사소송법 제252조 제1
항의 '범죄행위'는 당해 범죄행위의 결과까지도 포함하는 것으로 해석함이 상당

---

176 대판 1992. 9. 22, 92도1207.
177 대판 2000. 9. 5, 2000도2190.
178 대판 1996. 5. 10, 96도800; 대판 2003. 9. 26, 2003도3394.
179 대판 1986. 3. 11, 85도2640.
180 이주원, 특별형법(8판), 667.

한 점,[181] 부정수표 단속법 제2조 제2항이 수표를 발행한 후 '제시기일에 지급되지 아니하게 한 때'를 구성요건적 결과로 규정하여 그 문언과 형식이 '결과범'과 유사한 점 등을 종합할 때, '지급거절 시'가 범죄행위의 종료이자 공소시효의 기산점이라고 보아야 한다는 것이다.[182] 특히, 판례와 같이 수표를 발행한 때 본죄가 성립한다고 본다면, 수표의 발행 당시에는 충분한 예금잔고가 있었고 부도에 대한 범의도 없었지만, 나중에 수표 발행 후 비로소 범의가 생겨서 예금인출, 수표계약의 해지 등과 같은 행위를 한 경우 수표 발행 시에는 고의가 없어서 본죄가 성립할 수 없다는 이론적인 문제가 있다는 것이다.

　그러나 1966년 2월 26일 부정수표 단속법 제2조를 개정하면서 부도수표 발행을 부정수표 발행과 다른 항으로 구분한 것[183]은 종래 구성요건을 구체화한 것에 불과하고,[184] 위와 같은 개정의 취지가 제2항의 범죄를 제1항과 범죄성립시기를 달리 취급하고자 한 것이라고 할 수 없다.[185] 본조 제1항의 범죄의 성립시기가 법문상 명백하게 '수표발행 시'라고 해석되므로, 제2항도 같이 해석할 필요가 있는 점, 수표발행 당시 지급거절이 예견되더라도 실제로는 지급이 된 경우 또는 수표발행 당시 지급거절 등에 대한 고의가 없었지만 추후 지급거절의 범의가 생긴 경우 예견가능성이 있어 과실범으로 처벌할 수 있음은 별론으로 하고 본죄의 고의범으로 처벌할 수 없음이 명백한 점[186] 등에 비추어, 본죄의 성립시기는 '수표의 발행·작성 시'라고 보는 판례의 입장이 타당하다.

102

181 대판 2003. 9. 26, 2002도3924.
182 김유근, 주요 형사특별법의 법체계의 정비와 통합 방안에 관한 연구, 한국형사정책연구원(2017), 222; 조용호(주 3), 716; 하상제(주 25), 245.
183 부정수표 단속법(법률 제645호) 제정 당시에는 제2조에서 부정수표의 정의에 대하여 규정하면서 제4호에 "예금부족으로 정시기일에 지급이 되지 아니한 수표"라고 표현하였으나, 개정을 통해 부정수표 단속법(법률 제1747호) 제2조 제2항에서 "수표를 발행하거나 작성한 자가 수표를 발행한 후에 예금부족·거래정지처분이나 수표계약의 해제 또는 해지로 인하여 제시기일에 지급되지 아니하게 한 때에도 전항과 같다."라고 범죄구성요건을 구체화하고, 제3항에서 제1항 및 제2항에 대한 과실범 처벌규정을 신설하였다.
184 조용호(주 3), 708.
185 이주원, 특별형법(8판), 668.
186 만일 반대견해처럼 수표의 '지급거절 시'를 기수시기로 보면, 수표발행인에게 더욱 불리하게 공소시효가 연장될 여지도 있으나 이를 인정할 만한 근거가 없다[이주원, 특별형법(8판), 668].

〔이 순 옥〕　　　　　**183**

5. 처 벌

103　　10년 이하의 징역 또는 수표금액의 10배 이하의 벌금에 처한다.

104　　본죄는 수표가 나중에 회수되거나 수표 소지인이 처벌을 원하지 아니하는 의사를 표시한 경우 처벌되지 않는다(§2④). 즉, 본죄는 반의사불벌죄에 해당한다.

6. 소송법적 문제

105　　부정수표단속법위반의 공소사실을 증명하기 위하여 제출되는 수표는 그 '서류의 존재 또는 상태 자체가 증거가 되는 것'이어서 '증거물인 서면'에 해당한다.[187] 따라서 수표는 어떠한 사실을 직접 경험한 사람의 진술에 갈음하는 대체물이 아니므로, 그 증거능력은 '증거물'의 예에 의하여 판단하여야 하고, 이에 대하여는 형사소송법 제310조의2에서 정한 전문법칙이 적용될 여지가 없다.[188]

106　　다만 수표 원본이 아니라 전자복사기를 사용하여 복사한 '수표사본'이 증거로 제출되었고 피고인이 이를 증거로 하는 데 부동의한 경우, 위 수표 사본을 증거로 사용하기 위해서는 ① 수표 원본을 법정에 제출할 수 없거나 제출이 곤란한 사정이 있고, ② 수표 원본이 존재하거나 존재하였으며 ③ 증거로 제출된 수표 사본이 이를 정확하게 전사한 것이라는 사실이 증명되어야 한다.[189] 위와 같은 점이 전부 증명되는 경우 수표사본의 증거능력을 인정하여야 하고, 위 수표사본의 액면금 부분의 필적이 다른 당좌수표들과 다르다는 등의 사정은 증명력의 문제일 뿐 증거능력의 문제는 아니다.[190]

107　　'증거물인 서면'은 본래는 증거물이지만 증거서류의 성질도 함께 가지고 있으므로, 이에 대한 증거조사의 방법은 증거서류의 조사방식인 낭독·내용고지 또는 열람의 절차와 증거물의 조사방식인 제시의 절차가 함께 이루어져야 하므로, 원칙적으로 증거신청인으로 하여금 그 서면을 제시하면서 낭독하게 하거나 이에 갈음하여 그 내용을 고지 또는 열람하도록 하여야 한다.[191] 따라서 수표에 대하여 피고인이 증거부동의를 하는 경우, 검사는 수표를 제시하면서 그 내용에

187 대판 2015. 4. 23, 2015도2275.
188 대판 2015. 4. 23, 2015도2275.
189 대판 2015. 4. 23, 2015도2275.
190 대판 2015. 4. 23, 2015도2275.
191 대판 2013. 7. 26, 2013도2511.

〔이 순 옥〕

대하여 고지하거나 열람하게 하면 될 것이다.

Ⅳ. 과실에 의한 부정수표·부도수표의 발행·작성(제3항)

1. 과실범

본조 제3항은 본조는 과실로 제2조 제1항의 부정수표를 발행·작성한 행위,　108
제2항의 부도수표를 발행·작성한 행위를 처벌하는 규정이다.

본조 제1항의 부정수표 발행의 과실범은 행위자가 정상의 주의를 게을리하　109
여 수표가 제1항 각 호의 사유에 해당한다는 사실을 인식하지 못한 경우를 의
미하고, 본조 제2항의 부도수표 발행의 과실범은 수표를 발행하거나 작성한 자
가 정상의 주의를 게을리한 과실로 인하여 그 수표가 예금부족, 거래정지 처분
이나 수표계약의 해제 또는 해지로 인하여 제시기일에 지급되지 못하는 것을
예견하지 못한 것을 의미한다.[192]

수표의 발행·작성 시에는 수표 부도의 고의가 없었으나 수표를 발행한 후　110
고의가 생긴 경우 형법은 사후고의를 인정하지 않으므로 이러한 경우 만일 수
표부도 결과에 대한 예견가능성이 있었다면 본조 제3항의 과실범이 성립할 여
지가 있다. 이때 과실은 정상의 주의의무를 소홀히함으로써 ① 수표발행 시 제
시기일에 그 수표가 지급되지 아니하게 하는 예금부족 등의 원인행위가 있을
것과 ② 이로 인해 금융기관이 수표에 대하여 지급거절하는 결과가 발생할 것
이라는 것을 예견하였음에도 불구하고 회피하지 못한 것을 의미한다.[193] 이때
지급거절될 것이라는 점을 예견하지 못한 과실의 유무는 부정수표 발행할 당시
그 발행인의 계층·지위·직업, 거래상황, 자금능력 등을 기초로 수표의 발행일
자, 발행한 수표의 매수·액면금, 실제 발행일과 수표면상의 발행일 사이의 간
격, 예금잔고, 당좌대월한도의 부족유무, 지급제시일 무렵의 자금상황 등 여러
가지를 종합적으로 판단하여야 한다.[194]

한편 본조 제2항의 부도수표 발행 과실범의 주체는 어디까지나 수표를 발　111

---

192 대판 1984. 2. 28, 83도2565.
193 안성조, "부정수표 단속법상 과실범 처벌의 정당성", 경찰법연구 12-2, 한국경찰법학회(2014), 121.
194 조용호(주 3), 707.

행하거나 작성한 자 '본인'을 의미하는 것으로, 퇴임하는 대표이사가 자기 명의
의 수표가 발행되지 못하도록 제반조치를 취하지 않아 회사임직원이 퇴임한 대
표이사 명의의 수표를 발행하였다고 하더라도 이미 퇴임한 대표이사는 본죄의
주체가 될 수 없어 본죄의 죄책이 인정되지 않는다.[195]

112   본조 제3항의 과실범처벌조항은 폐지되어야 한다는 비판이 있다.[196] 과실
범 폐지론은 ① 미국 등 다른 나라의 입법례에 수표발행에 있어 과실이 있는
경우에도 처벌하는 나라는 없는 점, ② 자금관리를 소홀히 하거나 경기가 좋지
않은 상황에서 기업활동을 하던 사업자가 다른 사업자의 부도에 이은 연쇄부도
등으로 부도가 나는 경우 예견가능성이 있는 경우로 본항의 처벌대상이 되는데,
과실 파산은 처벌하지 않으면서 수표발행자에 대해 과실이 있는 경우까지 처벌
하는 것은 형평에 맞지 않는 점 등을 논거로 들고 있다. 그러나 현실에서는 '미
필적 고의'와 '인식있는 과실'의 구별이 쉽지 않을 뿐만 아니라 판례가 고의범의
성립을 넓게 인정하기 때문에, 실무상 본죄로 기소되는 경우는 거의 없다.[197]

2. 처 벌

113   3년 이하의 금고 또는 수표금액의 5배 이하의 벌금에 처한다.

114   본죄는 수표가 나중에 회수되거나 수표 소지인이 처벌을 원하지 아니하는
의사를 표시한 경우 처벌되지 않는 반의사불벌죄이다(§ 2④).

3. 공소장변경의 가부 및 요부

115   고의범인 본조 제1항 또는 제2항 위반의 공소사실을 제3항 위반의 공소사
실로 변경하는 것은 기본적 사실관계가 동일하기 때문에 가능하다.

116   그러나 고의범으로 기소된 본조 제2항 위반의 공소사실을 공소장변경 없이
본조 제3항 위반의 공소사실, 즉 과실범으로 처단할 수는 없다.[198] 고의범에서

---

195 대판 1984. 2. 28, 83도2565.
196 이러한 비판 및 과실범 처벌의 정당성에 관한 논의는 김유근, 주요 형사특별법의 법체계의 정비
   와 통합 방안에 관한 연구, 227-230; 안성조(주 193), 122-130; 윤성승, "부도수표에 대한 법적
   규제 검토 - 부정수표 단속법을 중심으로 -", 경찰법연구 6-2, 한국경찰법학회(2008), 296-297.
197 하상제(주 25), 251.
198 대판 1981. 12. 8, 80도2824.

과실범으로 변경하는 것은 구성요건의 질적 변경을 가져오는 것이기 때문에 공소장변경 없이 법원이 본조 제2항으로 기소된 것을 본조 제3항으로 처단하는 것은 위법하다.

V. 공소부제기 사유(제4항)

1. 입법취지 및 적용대상 범죄

(1) 수표회수 및 수표 소지인의 처벌불원

본조 제4항은 "제2항과 제3항의 죄에 대하여 수표를 발행하거나 작성한 자가 그 수표를 회수한 경우 또는 회수하지 못하였더라도 수표 소지인의 명시적 의사에 반하는 경우 공소를 제기할 수 없다."고 규정하고 있다.　117

위 규정은 1993년 12월 10일 제2차 개정 부정수표 단속법(법률 제4787호)에서 처음 도입된 것으로, "수표거래질서의 확보를 위한 본래의 법 기능을 그대로 유지하면서도 부도를 수습할 수 있는 시간적 여유를 부여하고, 부도수표를 회수한 경우에는 공소를 제기할 수 없도록 하는 등 부도를 낸 기업인의 기업회생을 도모"[199]하는 것을 목적으로 한다.　118

부도수표가 모두 회수된 경우 수표발행인과 소지인 사이에서 부도수표채권의 변제방법 등에 대하여 원만히 합의된 것으로 추정되므로, 수표가 회수되거나 소지인이 처벌을 원하지 않는 경우와 같이 당사자 사이에 원만히 합의된 민사사안까지 형사처벌하는 것은 오히려 부도수표 발행기업을 도산시킬 우려가 있고, 기업의 보호육성을 위한 규제완화라는 정책적 차원에서 볼 때 불합리하기 때문에, 제2차 부정수표 단속법 개정에서 새롭게 도입한 것이다.[200]　119

(2) 적용대상 범죄

본조 제4항은 ① 본조 제2항의 고의에 의한 부도수표의 발행·작성, ② 본조 제3항의 과실에 의한 부정수표의 발행·작성 및 ③ 과실에 의한 부도수표의 발행·작성에만 적용되는 것이다. 따라서 본조 제1항의 '고의에 의한 부정수표　120

---

199 법제처, 부정수표 단속법(법률 제4587호) 개정이유 참조.
200 김대근·안성조, 부도수표의 현황과 개선방향, 79.

의 발행·작성'의 경우, 그 수표를 회수하거나 소지인이 그 처벌불원의 의사를
표시한 때에도 공소제기가 가능할 뿐만 아니라 유죄판결에 아무런 영향이 없다.
수표가 회수되지 않았다는 사실 또는 소지인이 처벌불원의 의사표시를 하지 않
았다는 사실은 '소극적 소송조건'으로 직권조사사항이다. 따라서 당사자가 주장
하지 않더라도 수사기관이나 법원이 조사·판단하여야 한다.[201]

2. 수표의 회수 또는 소지인의 명시한 의사에 반하지 않을 것

(1) 수표의 회수

(가) 처벌불원의사표시와 동일한 취급

121   '부정수표의 회수'는 수표의 회수사실 자체가 소극적 소추조건으로, 소지인
의 의사가 구체적 또는 개별적으로 외부에 표출되지 않더라도 부정수표가 회수
되면 그 소지인은 더 이상 수표상의 권리를 행사할 수 없게 된다.[202] 따라서 부
정수표가 회수되었다면, 소지인이었던 사람이 처벌을 희망하는 경우에도 공소를
제기할 수 없다. 이와 같이 부정수표가 회수된 경우 공소를 제기할 수 없도록 하
는 취지는 부정수표가 회수된 경우 수표 소지인이 부정수표 발행자 또는 작성자
의 처벌을 희망하지 아니하는 것과 마찬가지로 본다는 것이다.[203] 따라서 부도수
표의 회수 역시 수표 소지인의 처벌을 희망하지 않는 의사표시와 같이, 제1심 판
결 선고 이전까지 수표가 회수되어야 공소기각의 판결을 선고하는 것으로, 제1
심 판결 선고 이후에 수표가 회수된 경우 공소기각의 판결을 선고할 수 없다.[204]

(나) 공범에 의한 수표 회수

122   수표가 공범에 의하여 회수된 경우에도 그 소추조건으로서 효력은 회수 당
시의 소지인의 의사와 관계없이 다른 공범자에게도 당연히 미치므로, 그 부도
수표를 회수하지 않는 다른 공범자에 대하여도 공소기각의 판결을 선고하여야
한다.[205]

123   이때, 부도수표를 발행한 공범 중 1인이 수표를 회수하여 소지인이 된 다음

---

201 대판 2001. 4. 24, 2000도3173; 대판 2009. 12. 10, 2009도9939.
202 주석형법 [각칙(2)](5판), 503(박형준).
203 대판 1994. 10. 11, 94도1832; 대판 1995. 2. 3, 94도3122; 대판 2009. 12. 10, 2009도9939 등.
204 대판 1994. 10. 11, 94도1832; 대판 1995. 2. 3, 94도3122; 대판 2009. 12. 10, 2009도9939 등.
205 대판 1999. 5. 14, 99도900; 대판 2005. 10. 7, 2005도4435; 대판 2009. 12. 10, 2009도9939 등.

다른 공범에 대하여 처벌을 희망하는 경우, 다른 공범을 처벌할 수 있는지 여부가 문제된다. 예를 들어, 甲, 乙이 공모하여 부도수표를 발행하고 甲이 수표를 회수한 다음 수표 소지인으로서 乙에 대하여 처벌을 원한다는 의사를 표시한 경우, 수표발행자 또는 그 공범도 처벌불원의 의사표시를 할 수 있는 수표 소지인에 포함되는지 여부가 문제된다. 이에 대하여 판례206는 부도수표가 공범에 의하여 회수되는 경우에도 당연히 그 효력은 다른 공범에게 미치고, 이러한 결론은 부도수표를 실제로 회수한 공범이 다른 공범에 대하여 처벌을 원한다고 하더라도 마찬가지라고 판시한 바 있다.207

　판례는 위와 같은 결론에 대한 논거로 "① 부정수표의 회수는 수표 소지인이 수표를 여전히 소지하면서 단순히 처벌을 희망하지 아니하는 의사만을 표시하는 경우와는 달리 그 회수사실 자체가 소극적 소추조건이 되고, 그 소지인의 의사가 구체적·개별적으로 외부에 표출되지도 아니하며, 부정수표가 회수되면 그 회수 당시의 소지인은 더 이상 수표상의 권리를 행사할 수 없게 되는 점, ② 부정수표 단속법 제2조 제4항의 규정 내용에 비추어, 부정수표를 돌려주거나 처벌을 희망하지 아니하는 의사를 표시할 수 있는 수표 소지인이라 함은 그 수표의 발행자나 작성자 및 그 공범 이외의 자를 말하는 것으로 봄이 상당하므로, 부정수표가 그 발행자나 작성자 및 그 공범에 의하여 이미 회수된 경우에는 그 수표에 관한 한 처벌을 희망하지 아니하는 의사를 표시할 수 있는 수표 소지인은 더 이상 존재하지 아니하게 되는 점, ③ 부정수표 단속법 제2조 제4항의 규정 형식상 '수표 소지인의 명시한 의사'는 수표를 회수하지 못하였을 경우에 소추조건이 되도록 규정되어 있는 점" 등을 들고 있다.208 부정수표가 공범 甲에 의하여 회수된 경우에 그 소추조건으로서의 효력은 회수 당시 소지인의 의사와 관계없이 다른 공범자 乙에게도 당연히 미치는 것으로, 부정수표를 실제로 회수한 공범 甲이 다른 공범자 乙의 처벌을 원한다고 하여도 그 공범 乙을 처벌할 수 없다.

124

---

206 대판 1999. 5. 14, 99도900. 본 판결 평석은 이순욱, "공범에 의한 부도수표의 회수", 특별형법판례100선, 박영사(2022), 364-367.
207 판례에 의하면, 처벌불의의 의사를 표시할 수 있는 소지인은 수표의 발행자나 작성자 및 그 공범 이외의 자를 의미한다[주석형법 [각칙(2)](5판), 503(박형준)].
208 대판 1999. 5. 14, 99도900.

125   한편 공범 중 먼저 기소된 甲이 자신에 대한 제1심 판결 선고 후에 부도수표를 회수하였는데, 나중에 기소된 공범자 乙에 대한 제1심 재판이 진행 중인 경우, 나중에 기소된 乙에게 수표회수의 효력을 인정할 수 있는지 여부가 문제되는데, 乙에 대한 재판에서도 위 수표는 '제1심 판결 선고 후'에 회수한 것이므로 乙에 대하여 공소기각판결을 할 수 없다.[209]

(2) 소지인의 명시한 의사에 반하지 않을 것
(가) 수표 소지인의 의미

126   '수표 소지인의 명시한 의사'란 부도수표 발행인 또는 작성인의 처벌을 원하지 않거나 처벌을 원한다는 의사표시를 철회하는 명백한 의사를 의미하는 것이다.[210] 수표 소지인의 처벌불원의 의사표시는 수표가 회수되지 못한 경우에 문제되는 것이다.[211]

127   처벌불원의 의사표시를 할 수 있는 소지인이란 이러한 의사를 표시할 당시의 수표 소지인을 말하는 것으로, 통상의 경우 지급인에게 ① '수표를 지급제시한 자'가 이에 해당하나, ② 수표에 대한 지급거절 이후 당해 수표를 적법하게 환수받아 실제로 이를 소지한 자, ③ 지급거절 당시의 소지인으로부터 지급거절 이후에 수표를 적법하게 양수받아 이를 소지한 자도 이에 해당한다.[212] 만약 지급거절 이후 당해 수표가 전자에게 환수되었고, 그 소지인이 환수받은 수표를 분실하였다면, 그 '분실 당시의 소지인'이 처벌불원의 의사를 표시할 수 있다.[213] 수표의 최초 수령인일 뿐 최종 소지인이 아닌 경우에는, 수표 소지인에 해당하지 않기 때문에 그가 처벌불원의 의사표시를 하였다고 해도 수표발행인에 대하여 공소제기 또는 처벌에 영향을 미치지 않는다.[214] 한편, ④ '제권판결'

---

209 논거로 공범인 甲에 의하여 이미 부도수표가 회수되었다면 ① 처벌불원의 의사표시를 할 수 있는 수표 소지인이 존재하지 않게 되는 점, ② 수표를 회수한 공범을 소지인으로 보면 다른 공범의 처벌 여부를 공범관계에 있는 자의 의사에 맡기는 것이 되어 반의사불벌죄를 규정한 부정수표 단속법의 입법취지에 부합하지 않는 점을 근거로 들 수 있다[이주원, 특별형법(8판), 673].
210 주석형법 [각칙(2)](5판), 503(박형준).
211 이주원, 특별형법(8판), 673.
212 대판 1999. 1. 26, 98도3013.
213 대판 2000. 5. 16, 2000도123; 대판 2001. 4. 24, 2000도3172.
214 A가 피고인으로부터 당좌수표를 최초로 수령하여 B에게 양도하였고, B가 적법하게 지급제시하였으나 지급거절되어 B가 수표를 계속 소지하고 있는 상태에서, A가 피고인에 대하여 처벌불원의 의사표시를 한 경우, 최초의 수표 수령인인 A는 처벌불원의 의사표시를 할 수 있는 수표소지

을 받은 자도 처벌불원의 의사표시를 할 수 있는 수표 소지인에 해당한다. 제권
판결이란 공시최고절차를 거쳐서 증권의 효력을 소멸시키는 것으로, 제권판결
을 받으면 그 증권은 증권으로서의 효력을 잃게 되고, 제권판결을 받은 자는 증
권을 소지하지 않더라도 판결정본에 의하여 당연히 권리자로 추정되어 권리를
행사할 수 있게 되기 때문이다.[215]

　　판례[216]에 의하면, 수표의 소지인에는 그 수표의 발행자, 작성자 및 그 공　　128
범은 포함되지 않는다. 따라서 부도수표를 발행한 공범이 수표를 회수한 다음
다른 공범을 상대로 처벌을 원하는 의사표시를 하였다고 해도 위 공범은 본조
제4항의 수표 소지인에 해당하지 않으므로 공범을 처벌할 수는 없다.

(나) 수표 미회수 상태에서 공범 중 일부에 대한 처벌불원

　　수표가 아직 회수되지 않은 상태에서 수표 소지인이 부도수표 발행의 공범　　129
중 일부에 대하여서만 처벌불원의 의사를 표시한 경우, 그 다른 공범을 처벌할
수 있는지 여부가 문제된다. 이것은 친고죄에서 고소 또는 고소취소불가분의 원
칙을 규정한 형사소송법 제233조를 반의사불벌죄에도 적용할 수 있는지 여부의
문제이기도 하다. 판례[217]는 반의사불벌죄의 경우 고소불가분의 원칙이 적용되
지 않는다고 한다. 따라서 위와 같이 수표 소지인이 공범 중 일부에 대하여만
처벌불원의 의사표시를 한 경우 그 의사표시의 효력은 다른 공범에게는 미치지
않고, 그 다른 공범은 본죄로 처벌된다. 예를 들어 甲, 乙이 공모하여 부도수표
를 발행하여 수표 소지인 A가 적법하게 지급제시하였으나 지급거절된 경우, 수
표를 회수하지 못한 상태에서 A는 乙에 대하여만 처벌불원의 의사표시를 할 수
있다. 이러한 경우에 乙에 대하여 수사 중이라면 검사는 공소권없음 처분(검찰사
건사무규칙 §115③(iv))을 하여야 하고, 제1심 재판 중이라면 법원은 공소기각의

　　인에 해당하지 않는다고 보았다(대판 2017. 3. 9, 2016도21618).
215　이주원, 특별형법(8판), 673.
216　대판 1999. 5. 14, 99도900.
217　대판 1994. 4. 26, 93도1689. 「형사소송법이 고소와 고소취소에 관한 규정을 하면서 제232조 제
　　1항, 제2항에서 고소취소의 시한과 재고소의 금지를 규정하고 제3항에서는 반의사불벌죄에 제1
　　항, 제2항의 규정을 준용하는 규정을 두면서도, 제233조에서 고소와 고소취소의 불가분에 관한
　　규정을 함에 있어서는 반의사불벌죄에 이를 준용하는 규정을 두지 아니한 것은 처벌을 희망하지
　　아니하는 의사표시나 처벌을 희망하는 의사표시의 철회에 관하여 친고죄와는 달리 공범자 간에
　　불가분의 원칙을 적용하지 아니하고자 함에 있다고 볼 것이지, 입법의 불비로 볼 것은 아니다.」

판결(형소 § 327(ii) 또는 (iv))[218]을 하여야 한다. 이때 A가 乙에 대하여 한 처벌불원의 의사표시의 효력이 甲에게는 미치지 않기 때문에 甲에 대하여 공소제기 또는 유죄판결 선고가 가능하다.

(3) 기타 - 수표 소지인의 처벌불원의사표시와 동일한 효력 인정 여부

130　　　수표가 부도된 후 그 수표가 '제권판결'에 의하여 무효가 되어 발행인 등에게 수표금의 지급을 구할 수 없게 된 경우, 이러한 사유만으로 본조 제4항의 수표회수 또는 수표 소지인의 처벌불원 의사표시에 준하여 취급할 수는 없다.[219] 비록 제권판결에 의하여 수표가 무효로 되는 동시에 그 공시최고신청인이 그 수표상의 권리를 행사할 수 있게 되어(민소 § 496, § 497), 수표 소지인이 그 수표 발행인 등에게 수표금의 지급청구를 할 수 없지만, 이것을 소지인이 발행인 등에 대하여 처벌불원의 의사표시를 한 것과 동일하게 볼 수 없다.[220]

131　　　또한, 본죄를 범한 발행인이 수표소지인의 행방을 알지 못하거나 그 소지인과의 사이에 회수와 관련하여 의견이 일치하지 않는 경우, ① 수표액면금 상당액을 은행에 입금하였다는 내용의 입금표를 제출하거나, ② 위 액면금에 상당하는 금액을 수표 소지인 앞으로 '변제공탁'을 하는 경우가 있는데, 위와 같은 입금 또는 변제공탁을 부도수표의 회수 또는 소지인의 처벌불원 의사표시가 있는 것과 동일하게 취급할 수는 없다고 보아야 할 것이다.[221] 판례[222]도 수표 소지인이 변제공탁금을 이의 없이 수령하였더라도 공소제기 불가사유로 규정하고 있는 수표 소지인의 처벌불원의사표시 또는 수표회수와 동일하게 취급될 수 없

---

218 乙에 대한 수사 중에 수표 소지인 A의 처벌불원의 의사표시가 있었음에도 공소가 제기된 것이라면, 법원은 형사소송법 제327조 제2호에 따라 공소기각판결을 하여야 하고, 乙에 대한 기소 이후에 A가 처벌불원의 의사표시를 한 경우라면 법원은 형사소송법 제327조 제6호에 따라 공소기각판결을 하여야 한다(대판 2002. 10. 11, 2002도1228).

219 대판 1996. 1. 26, 95도1971; 대판 2006. 5. 26, 2006도1711.

220 제권판결을 받은 것만으로는 수표의 회수 또는 수표 소지인의 처벌불원의 의사표시가 있는 것으로 볼 수 없다. 그러나 부도수표에 대하여 제권판결을 받은 사람은 권리자로 추정되어 발행인을 상대로 처벌불원의 의사표시를 할 수 있는 수표 소지인에 해당할 수 있다. 다만, 제권판결을 받은 사람이 처벌불원의 의사표시를 하는 것 외에 다른 사람이 자신이 부도수표의 최후소지인이라고 주장하면서 처벌불원의 의사표시를 하는 경우, 누가 처벌불원의 의사표시를 할 수 있는 최후의 소지인에 해당하는지 여부는 사실인정의 문제이다. 따라서 '부도수표의 환수 또는 양수에 의한 소지 경위, 처벌불원의 의사표시를 하는 이유, 분실 경위, 향후 권리행사 여부, 공시최고신청 여부, 분실신고 여부 등을 종합적으로 고려하여' 결정하여야 한다[이주원, 특별형법(8판), 674].

221 이주원, 특별형법(8판), 675.

222 대판 1994. 10. 21, 94도789.

다고 판시한 바 있다.

3. 수표의 회수 또는 소지인의 처벌불원의사표시의 효과

수표의 회수는 반의사불벌죄에서 처벌불원의 의사표시가 있는 경우와 그 법적 효과가 동일하다.　　　132

(1) 공소제기 전

공소를 제기하기 전에 수표가 회수되거나 소지인이 처벌불원의 의사를 수사 　133
기관에 표시한 경우, 검사는 검찰사건사무규칙 제115조 제3항 제4호에 따라 불
기소(공소권없음)처분을 하여야 한다. 만일 공소제기 전 이와 같은 사유가 있었음
에도 불구하고 공소제기가 된 경우 형사소송법 제325조 제2호 공소제기가 법률
의 규정에 위반한 때에 해당하는바, 공소기각판결을 하여야 한다.

(2) 공소제기 후

공소제기 후에 제1심 판결 선고 전에 수표가 회수되거나 소지인이 처벌불 　134
원의 의사를 표시한 경우, 법원은 형사소송법 제327조 제6호에 의하여 공소기
각의 판결을 하여야 한다.[223]

(3) 그 밖의 문제

수표의 회수 또는 소지인의 처벌불원의 의사표시는 형사소송법 제232조 제 　135
1항, 제3항에 비추어 '제1심 판결 선고 전'에 하여야 하는 것으로, 항소심에서
수표가 회수되거나 소지인이 처벌불원의 의사를 표시한 경우에는 공소기각판결
을 선고할 수 없다.[224]

피고인의 소재불명인 경우 제1심은 궐석재판으로 진행되는데, 이 경우 소 　136
송촉진 등에 관한 특례법(이하, 소송촉진법이라 한다.) 제23조 본문[225]의 특례 규정
에 의하여 판결이 선고된 이후에 피고인이 책임질 수 없는 사유로 공판절차에
출석할 수 없었다는 점이 인정되는 경우, 소송촉진법 제23조의2[226]에 의한 재심

---

223 대판 2002. 10. 11, 2002도1228.
224 대판 2002. 10. 11, 2002도1228.
225 소송촉진법 제23조(제1심 공판의 특례) 제1심 공판절차에서 피고인에 대한 송달불능보고서가 접
　　수된 때부터 6개월이 지나도록 피고인의 소재를 확인할 수 없는 경우에는 대법원규칙으로 정하
　　는 바에 따라 피고인의 진술 없이 재판할 수 있다. 다만, 사형, 무기 또는 장기 10년이 넘는 징
　　역이나 금고에 해당하는 사건의 경우에는 그러하지 아니하다.
226 소송촉진법 제23조의2(재심) ① 제23조 본문에 따라 유죄판결을 받고 그 판결이 확정된 자가 책

이 청구되고 재심개시의 결정이 내려지는 경우가 있다. 이러한 사안에서는 부도수표 회수나 수표 소지인의 처벌을 희망하지 아니하는 의사의 표시도 그 '재심의 제1심 판결 선고 전까지' 하면 된다.[227] 위와 같은 재심청구는 피고인이 제1심의 공판절차에서 적절한 방어를 할 기회를 가지지 못하였기 때문에 허용된 것으로, 피고인에게 재심의 제1심 판결 선고 전까지 수표회수 또는 수표 부도를 수습할 수 있는 기회를 부여함이 타당하기 때문이다.

137   그러나 피고인이 제1심 법원에 소송촉진법 제23조의2에 따른 재심을 청구하지 않고 형사소송법 제345조[228]에 따라 항소권회복청구를 하여 항소심재판이 진행되었다면, 항소심은 제1심이라고 할 수 없기 때문에 항소심절차에서 처벌을 희망하는 의사표시를 철회할 수는 없다.[229] 따라서 반의사불벌죄 사건에서 항소심회복청구에 의하여 개시된 항소심에서 수표 소지인이 처벌불원의 의사를 표시하였더라도 공소기각의 판결을 할 수 없다.

138   여러 장의 수표가 발행된 경우, 각 수표마다 별개의 범죄가 성립하는 것이기 때문에 회수 또는 처벌불원의사표시 역시 수표마다 개별적으로 판단하여야 한다.[230] 일단 처벌불원의 의사를 표시한 경우 이는 확정적으로 그 효력이 발생하는 것이어서, 제1심 판결 선고 전이라고 하더라도 이를 다시 철회할 수는 없다.[231]

139   이와 같은 수표의 회수 또는 처벌불원의 의사표시의 부존재는 '소극적 소송

임을 질 수 없는 사유로 공판절차에 출석할 수 없었던 경우 「형사소송법」 제424조에 규정된 자는 그 판결이 있었던 사실을 안 날부터 14일 이내[재심청구인(再審請求人)이 책임을 질 수 없는 사유로 위 기간에 재심청구를 하지 못한 경우에는 그 사유가 없어진 날부터 14일 이내]에 제1심 법원에 재심을 청구할 수 있다.

227 대판 2002. 10. 11, 2002도1228.
228 형사소송법 제345조(상소권회복청구권자) 제338조 내지 제341조의 규정에 의하여 상소할 수 있는 자는 자기 또는 대리인이 책임질 수 없는 사유로 인하여 상소의 제기기간 내에 상소를 하지 못한 때에는 상소권회복의 청구를 할 수 있다.
229 반의사불벌죄인 근로기준법위반 사건에서 "형사소송법 제232조 제1항 및 제3항은 반의사불벌죄에서 처벌을 희망하는 의사표시는 제1심 판결 선고 전까지 철회할 수 있다고 규정하고 있다. 반의사불벌죄에서 처벌을 희망하는 의사표시의 철회를 어느 시점까지로 제한할 것인지는 형사소송 절차 운영에 관한 입법정책의 문제로, 위 규정은 국가형벌권의 행사가 피해자의 의사에 의하여 좌우되는 현상을 장기간 방치하지 않으려는 목적에서 철회 시한을 획일적으로 제1심 판결 선고 시까지로 제한한 것"이라는 이유로 항소심회복절차에 따라 항소심이 개시된 경우 항소심절차에서 처벌을 희망하는 의사표시를 철회할 수 없다고 판시하였다(대판 2016. 11. 25, 2016도9470).
230 이주원, 특별형법(8판), 671.
231 대판 2001. 4. 24, 2000도3172.

조건'으로서 직권조사사항이므로, 당사자가 항소이유로 주장하지 않은 경우에도 법원은 이를 직권으로 조사·판단하여 공소기각판결을 하여야 하고, 만일 그렇지 않은 경우 절대적 항소사유가 된다.[232]

VI. 죄수 및 다른 죄와의 관계

1. 죄 수

본조 제1항, 제2항의 수표를 발행하거나 작성한 사람이 수표를 발행한 후에　　140
예금부족 거래정지처분이나 수표계약의 해제 또는 해지로 인하여 제시기일에 지급되지 아니하게 한 경우 그 수표마다 하나의 죄가 성립하고, 각각의 죄들은 모두 실체적 경합관계에 있다.[233] 따라서 그 부정수표에 대하여 각각 공소가 제기되어 각기 형이 선고되었다고 하더라도, 이는 헌법상 일사부재리의 원칙에 반하는 이중처벌에 해당하지 않는다.[234]

2. 다른 죄와의 관계

(1) 사기죄와의 관계

사기죄(§347)의 수단으로 수표를 발행하여 이후에 부도가 난 경우, 사기죄　　141
와 부정수표단속법위반죄가 성립하고, 두 죄는 그 행위의 태양과 보호법익을 달리하기 때문에 실체적 경합관계에 있다.[235] 위와 같은 경우 사기죄로 공소제기되어 확정된 후 나중에 부정수표단속법위반죄로 기소되더라도 위 사기죄의 확정판결의 효력은 부정수표단속법위반죄에 미치지 않는다.

다만, 수표의 발행인이 그 지급기일에 결제되지 않을 것이라는 사정을 예견　　142
하면서도 이를 발행하고, 거래상대방을 속여 그 할인을 받거나 물품을 매수하였다면 위 발행인의 사기행위는 이로써 완성되는 것이고, 위 거래상대방이 그 수표를 타에 양도함으로써 전전유통되고 최후소지인이 지급기일에 지급제시하였

---

232 대판 2001. 4. 24, 2000도3172; 대판 2002. 3. 15, 2002도158.
233 대판 1982. 11. 23, 82도2396; 대판 1986. 3. 11, 85도2809.
234 대판 1986. 3. 11, 85도2809.
235 대판 1983. 11. 22, 83도2495; 대판 1992. 3. 31, 91도2828.

으나 부도처리되었다고 하더라도 특별한 사정이 없는 한 그 최후소지인에 대한 관계에서 발행인의 행위를 사기죄로 의율할 수 없다.[236]

(2) 배임죄와의 관계

143　　사기죄와는 달리, 당좌수표를 조합 이사장 명의로 발행하여 그 소지인이 지급제시기간 내에 지급제시하였으나 거래정지처분의 사유로 지급되지 않은 부정수표단속법위반죄와 '동일한' 수표를 발행하여 조합에 대하여 재산상 손해를 가한 업무상배임죄(§356, §355②)는 상상적 경합관계라고 할 수 있다.[237] 이러한 경우 위와 같은 부도수표 발행사실이 곧 조합에 재산상 손해를 가한 것으로 그 사회적 사실관계가 기본적인 점에서 동일하다고 할 것이어서, 1개의 행위가 수개의 죄에 해당하는 경우로서 상상적 경합관계에 있다.

〔이 순 옥〕

---

236 대판 1998. 2. 10, 97도3040.
237 대판 2004. 5. 13, 2004도1299.

제3조(법인·단체 등의 형사책임)

① 제2조의 경우에 발행인이 법인이나 그 밖의 단체일 때에는 그 수표에 적혀 있는 대표자 또는 작성자를 처벌하며, 그 법인 또는 그 밖의 단체에도 해당 조문의 벌금형을 과(科)한다. 다만, 법인 또는 그 밖의 단체가 그 위반행위를 방지하기 위하여 해당 업무에 관하여 상당한 주의와 감독을 게을리하지 아니한 경우에는 그러하지 아니하다.

② 대리인이 수표를 발행한 경우에는 본인을 처벌하는 외에 그 대리인도 처벌한다.

[전문개정 2010. 3. 24.]

부정수표 단속법 제2조의 부정수표 등의 발행인 또는 작성자에는 법인 또는 그 밖의 단체도 포함된다. 발행인이 법인 그 밖의 단체인 경우 그 수표에 기재된 대표자 또는 작성자를 처벌하고, 법인 그 밖의 단체에는 해당 조문의 벌금형으로 처벌한다.   1

다만, 본조 제1항 단서에 의하면, 법인 그 밖의 단체가 그 위반행위를 방지하기 위한 상당한 주의와 감독을 게을리하지 않는 경우에는 법인 그 밖의 단체를 처벌할 수 없다. 위 단서의 규정은 기존의 양벌규정이 영업주 등의 과실이 없는 경우에도 자동적으로 종업원의 행위에 대하여 처벌하도록 규정하고 있어 책임주의에 반한다며 위헌을 선언한 2007년 헌법재판소의 위헌결정[1] 취지에 맞추어 2010년 3월 24일 부정수표 단속법 개정 당시에 신설된 것이다.[2] 따라서   2

---

1 헌재 2007. 11. 29, 2005헌가10. 심판대상 사건은 보건범죄단속에 관한 특별조치법 제6조 위헌제청사건으로, 헌법재판소는 "이 사건 법률조항이 종업원의 업무 관련 무면허의료행위가 있으면 이에 대해 영업주가 비난받을 만한 행위가 있었는지 여부와는 관계없이 자동적으로 영업주도 처벌하도록 규정하고 있고, 그 문언상 명백한 의미와 달리 '종업원의 범죄행위에 대해 영업주의 선임감독상의 과실(기타 영업주의 귀책사유)이 인정되는 경우'라는 요건을 추가하여 해석하는 것은 문리해석의 범위를 넘어서는 것으로서 허용될 수 없으므로, 결국 위 법률조항은 다른 사람의 범죄에 대해 그 책임 유무를 묻지 않고 형벌을 부과함으로써, 법정형에 나아가 판단할 것 없이, 형사법의 기본원리인 '책임 없는 자에게 형벌을 부과할 수 없다'는 책임주의에 반한다."고 하면서 위헌결정을 하였다.

2 법제처, 부정수표 단속법(법률 제10185호) 개정이유 참조.

법인 또는 단체가 부정수표의 발행인으로 그 대표자 또는 작성자의 부정수표
단속법 제2조 위반 행위를 방지하기 위하여 상당한 주의와 감독을 하였다면 법
인 또는 단체는 본조 제1항 단서에 따라 형사책임을 면할 수 있게 되었다.

3   한편 본조 제2항은 대리인이 부정수표를 발행한 경우에는 본인 외에도 그
대리인도 처벌하고 있는데, 이는 수표상에 대리인이 본인(발행인)을 위한 것이
라는 대리문구를 기재하고 대리인이 기명날인 경우, 즉 수표상에 ① 본인표시,
② 대리관계의 표시, ③ 대리인의 기명날인이 기재되어 있는 경우를 전제로 한
것이다.[3]

〔이 순 옥〕

---

3 대판 1981. 7. 28, 80도1603.

제4조(거짓 신고자의 형사책임)

수표금액의 지급 또는 거래정지처분을 면할 목적으로 금융기관에 거짓 신고를 한 자는 10년 이하의 징역 또는 20만원 이하의 벌금에 처한다.
[전문개정 2010. 3. 24.]

Ⅰ. 취 지

부정수표 단속법 제4조는 수표의 유통기능을 보장하기 위하여 수표금액의 지급 또는 거래정지처분을 면탈할 목적으로 금융기관에 거짓 신고(허위신고)를 한 자를 처벌하는 규정이다.[1] 본조는 1966년 2월 26일 부정수표 단속법 개정을 통해 신설된 것으로 그 법정형이 부정수표발행·작성죄(§ 2)보다 높게 규정되어 있지만, 수표에 대한 거짓 신고는 실제 상거래에서 자주 발생하고 있고, 거짓 신고의 주된 대상은 선일자수표이다.[2]

Ⅱ. 행위 주체

본죄(거짓신고죄)는 수표금액의 지급 또는 거래정지처분을 면할 목적을 필요로 하는 목적범으로 본죄의 주체는 '발행인'에 한정되는 '진정신분범'이다.[3] 본죄는 '수표금액의 지급 또는 거래정지처분을 면하게 할 목적'이 아니라 '수표금액

---

1 대판 2004. 7. 22, 2004도1168.
2 이주원, 특별형법(8판), 683.
3 다만, 부정수표 단속법 제4조의 주체를 수표의 발행인에 한정할 필요가 없다는 반대의견도 존재한다. 반대의견은 법조문이 명문으로 발행인을 주체로 한정하고 있지 않은 점, 부정수표나 위조·변조된 수표와 달리 정상적으로 발행된 수표를 대상으로 하는 제4조의 허위신고의 경우 발행인이 아니더라도 허위신고를 통하여 유가증권인 수표의 기능을 저해한 사람을 처벌할 필요가 있다는 점 등을 논거로 든다[심희기 외, 형사특별법 판례 50선, 집현재(2020), 190].

의 지급 또는 거래정지처분을 면할 목적'을 요건으로 하고 있는데, 수표금액의 지급책임을 부담하는 자 또는 거래정지처분을 당하는 자는 '발행인'에 한정되기 때문이다.[4] 따라서 발행인이 아닌 자는 본죄의 주체가 될 수 없고, 발행인이 아닌 자는 거짓 신고의 고의 없는 발행인을 이용하여 간접정범의 형태로 본죄를 범할 수도 없다.[5] 신분이 없는 사람은 단독으로는 진정신분범의 정범이 될 수 없는바, 신분이 없는 사람이 신분자를 이용하여 단독정범의 형태인 진정신분범의 간접정범이 될 수도 없는 것이다.[6]

3   또한, 타인으로부터 명의를 차용하여 수표를 발행하는 경우, 명의차용인 역시 본죄의 주체가 될 수 없다.[7] 왜냐하면, 수표가 제시됨으로써 당좌예금계좌에서 수표금액이 지출되거나 거래정지처분을 당하게 되는 자는 결국 수표의 지급인인 은행과 당좌예금계약을 체결한 자인 수표의 발행명의인이 되고, 명의차용인의 경우 수표가 제시된다고 하더라도 수표금액이 지출되거나 거래정지처분을 당하게 되는 자에 해당된다고 볼 수 없기 때문이다.[8] 예를 들어, 피고인이 거짓 신고의 고의가 없는 A 법인 대표이사 B를 이용하여 거짓 신고를 하였다면, 피고인에게는 본죄의 죄책을 물을 수 없다. 다만, 타인으로부터 명의를 차용하여 수표를 발행한 명의차용인이 수표의 발행명의인과 공모하여 거짓 신고를 한 경우 본죄의 주체가 될 수 있다.[9]

4   법인을 대표하는 자연인인 대표이사가 법인의 기관으로서 수표의 지급 또는 거래정지처분을 면할 목적으로 허위의 분실신고를 한 경우, 비록 법인의 대표이사가 직접 그 수표금액의 지급책임을 부담하거나 거래정지처분의 대상은 아니지만, 그 대표이사는 본죄의 주체가 될 수 있다.[10] 법인 명의로 발행된 수표에 대하여 허위신고를 하는 경우 법인이 아니라 실제 거짓 신고행위를 한 자

4 대판 2003. 1. 24, 2002도5939.
5 대판 1992. 11. 10, 92도1342. 본 판결 해설 및 평석은 김이수, "부정수표 단속법 제4조의 허위신고죄의 주체", 해설 18, 법원행정처(1993), 891-899; 이윤제, "부수법 제3조의 허위신고죄의 주체", 특별형법 판례100선, 박영사(2022), 368-371.
6 다만, 이때 발행인이 분실신고가 허위임을 인식하였다면 발행인이 아닌 자는 허위신고죄의 공동정범 또는 교사범, 방조범이 될 수 있다[김이수(주 5), 899].
7 대판 2003. 1. 23, 2002도5939; 대판 2007. 3. 15, 2006도7318; 대판 2014. 1. 23, 2013도13804.
8 대판 2003. 1. 23, 2002도5939; 대판 2007. 3. 15, 2006도7318; 대판 2014. 1. 23, 2013도13804.
9 대판 1995. 12. 12, 94도3348; 대판 2007. 5. 11, 2005도6360.
10 대판 1998. 11. 27, 98도2455.

〔이 순 옥〕

연인인 대표기관이 그 범죄행위에 대한 형사책임을 지는 것이므로, 대표이사가 발행명의인이 아니지만 본죄의 죄책을 지게 되는 것이다.

Ⅲ. 행위 - 거짓 신고

　　본죄의 행위인 '거짓 신고'의 사유는 주로 '분실, 도난 또는 피사취'이다.　　　5

　　분실 또는 도난의 경우 공시최고신청을 요하기 때문에 수표를 사기당하였　　6
다는 이유로 거짓 신고를 하는 것이 대부분이다.[11] 예를 들자면, 수표의 발행인
이 수취인과의 다툼이 생기자 수표를 사기당하였다며 수사기관에 고소장을 제
출하고, 수표금액의 지급을 면할 목적으로 지급은행에 위와 같은 고소장 사본을
첨부하여 사취계를 제출하거나,[12] 발행인이 채무지급 또는 담보를 위하여 수표
를 발행하였으나, 채권자가 이를 제3자에게 양도하여 그 제3자가 은행에 지급제
시하자 수표금액의 지급 또는 거래정지 처분을 면탈할 목적으로 '수표를 수령한
사실도 이를 발행한 사실도 없다'고 거짓 신고를 한 경우[13] 등이 있다.

　　이때 '거짓 신고'의 의미는 무고죄와 마찬가지로 그 신고사실이 객관적 진　　7
실에 반하는 거짓이라는 점에 대하여 적극적인 증명이 있어야 한다.[14] 따라서
신고사실의 진실성을 인정할 수 없다는 점만으로는 곧 신고사실이 객관적 진실
에 반하는 거짓 사실이라고 단정하여 본죄의 성립을 인정하기는 어렵다.[15]

　　한편, 거짓 신고의 상대방은 수사기관이 아닌 '금융기관'에 한정된다.[16] 수표　　8
발행인이 금융기관이 아닌 수사기관에 수표를 사취당하였다면서 사기죄로 고소하
였으나 금융기관이 피사취신고를 하지 않은 경우,[17] 수표발행인이 수표수취인 또
는 현재의 소지인에 대하여 당해 수표가 분실, 도난 또는 사취당한 것이라는 것을
내용증명 등의 방법으로 고지하더라도 본죄의 거짓 신고에 해당하지 않는다.[18]

11　이주원, 특별형법(8판), 684.
12　대판 1972. 5. 9, 72도570.
13　대판 2004. 7. 22, 2004도1168.
14　대판 2014. 2. 13, 2011도15767.
15　대판 2014. 2. 13, 2011도15767.
16　대판 1972. 5. 9, 72도570.
17　대판 1972. 5. 9, 72도570.
18　이주원, 특별형법(8판), 684.

Ⅳ. 기수시기

9   본죄는 금융기관에 '거짓 신고를 한 때'에 기수가 된다.[19] 다만, 본죄는 부
정수표 단속법 제2조 제2항 부도수표 발행과는 달리 수표가 반드시 적법하게
지급제시되어 거짓 신고를 한 발행인이 수표금의 지급의무를 실제로 부담하게
될 것을 전제로 하지 않는다. 따라서 거짓 신고의 대상이 된 수표가 발행일이
보충되지 않은 상태로 지급제시된 경우도, 본죄의 성립에는 영향이 없다.[20]

Ⅴ. 주관적 구성요건

10   본죄 성립하기 위해서는 고의(미필적 고의 포함) 외에 초과주관적 구성요건요
소로서 '수표금액의 지급 또는 거래정지처분을 면할 목적'이 있어야 한다.

Ⅵ. 처 벌

11   10년 이하의 징역 또는 20만 원 이하의 벌금에 처한다.

〔이 순 옥〕

---

19 대판 1972. 5. 9, 72도570.
20 대판 2004. 7. 22, 2004도1168.

제5조(위조·변조자의 형사책임)
수표를 위조하거나 변조한 자는 1년 이상의 유기징역과 수표금액의 10배 이하의 벌금에 처한다.
[전문개정 2010. 3. 24.]

Ⅰ. 취 지

본조는 수표를 위조하거나 변조한 행위를 처벌하는 규정이다. 일반적인 유가증권 위조·변조의 경우 형법 제214조에 따라 10년 이하의 징역에 처하도록 규정되어 있으나, 강한 유통성과 거래수단으로서의 중요성을 가진 수표의 위·변조행위에 관하여는 그 형을 가중하여 처벌하려는 취지에서 본조에서 따로 1년 이상의 유기징역 및 수표금액의 10배 이하의 벌금에 처하도록 규정한 것이다.[1] 따라서 본조는 수표 위조·변조행위를 가중처벌하기 위하여 만든 특별법이라고 할 수 있다.[2]

본조의 수표는 부정수표 단속법 제2조와는 달리 모든 수표를 대상으로 하고, 유가증권 중 수표의 경우 다른 유가증권 위조·변조보다 범죄성립요건을 완화하여 초과주관적 구성요건인 '행사할 목적'도 요구하지 아니한다.[3]

한편, 수표의 위조·변조가 아닌 위조·변조수표를 '행사'한 경우, 수표의 발행에 관한 위조·변조가 아닌 수표의 배서 등 '권리의무'에 관한 기재를 위조·변조한 경우,[4] 수표의 '허위작성'행위 등에 대해서는 부정수표 단속법에서 따로 규

1 대판 2008. 2. 14, 2007도10100.
2 대판 2019. 11. 28, 2019도12022.
3 대판 2008. 2. 14, 2007도10100.
4 대판 2019. 11. 28, 2019도12022.

율하지 않는다. 따라서 이 경우 뒤에서 살펴보는바와 같이 유가증권에 관한 형법상의 규정을 적용하여 처벌한다. 본조에서 위조·변조의 수단 및 방법, 위조·변조가 인정되기 위한 정도, 죄수, 다른 범죄와의 관계 등 구체적인 내용은 유가증권의 위조·변조와 동일하다.

II. 수표의 위조

1. 위조의 의미

4   수표위조란 권한 없이 타인 명의로 수표를 만드는 것을 의미한다. 타인의 인장을 위조하거나 이를 도용하여 사용 또는 다른 이유로 날인된 타인의 인영을 수표에 사용한 경우나 이미 실효한 수표를 가공하여 새로운 수표를 만든 경우는 위조에 해당한다.[5] 백지보충권이 없는 사람이 보충권을 행사하여 수표를 완성한 경우, 예를 들어 수표를 발행할 권한이 없는 은행의 대부계 대리가 예금 담당 대리가 자리를 비운 사이에 백지의 자기앞수표 용지를 임의로 가지고 나와 백지를 보충하여 자기앞수표를 발행한 행위[6]는 수표의 위조에 해당한다.

5   본조는 수표의 강한 유통성 또는 공신력을 보호하고자 하는 것이므로, 수표위조죄에서의 위조의 정도는 일반인이 유효한 수표라고 오신할 정도의 형식과 외관을 갖춘 것이면 된다.[7] 따라서 수표가 수표요건을 결하여 실체법상 무효의 것이라 해도 수표의 외관이 일반인으로 하여금 진정한 수표라고 신용하게 할 정도의 것이라면 수표위조죄는 성립한다.[8] 예를 들면, 타인 명의의 수표를 발행하였으나 그 이름 아래 발행인 명의가 아닌 자신의 인장을 날인하였으나 날인한 인장이 명백하지 않아서 그 외관상 일반인으로 하여금 진정한 수표라고 신용하게 할 정도의 것인 경우, 위 수표가 수표요건을 결하여 실체법상 무효의 것이라 해도 수표위조죄는 성립된다.[9] 그러나 발행인의 날인이 없는 가

---

5 이주원, 특별형법(8판), 678.
6 대판 1997. 11. 28, 96다21751.
7 이주원, 특별형법(8판), 678.
8 대판 1973. 6. 12, 72도1796.
9 대판 1973. 6. 12, 72도1796.

〔이 순 옥〕

계수표[10] 또는 발행인의 날인 대신 피고인의 무인만 있는 가계수표[11]의 경우, 일반인이 진정한 것으로 오신할 정도의 형식과 외관을 갖춘 수표라 할 수 없어 수표위조죄가 성립하지 않는다.

2. 위조 여부가 문제되는 경우

(1) 백지수표의 보충권 남용

금액란이 백지인 수표의 소지인이 보충권을 남용하여 그 금액을 부당보충하는 경우, 백지보충권의 범위를 초월한 부분에 대하여는 발행인의 서명날인이 있는 기존의 수표용지를 이용하여 새로운 수표를 발행하는 것과 같이 볼 수 있기에 수표위조죄가 성립한다.[12]

(2) 이미 위조된 백지수표의 금액란을 기입하여 완성

타인이 위조한 액면과 지급기일이 백지로 된 수표를 구입하여 행사의 목적으로 백지인 액면란에 금액을 기입하여 그 위조수표를 완성하는 행위는 기존의 백지수표를 위조한 것과 별개로 수표위조죄가 성립한다.[13]

(3) 수표위조범과 공모하여 이미 위조된 수표의 액면금·지급기일 등을 무단 변경

타인이 수표를 위조한 다음 그 수표를 위조한 사람과 공모하여 위조된 수표의 금액란을 임의로 변경한 경우에는 수표위조죄에 해당하지 않는다. 이러한 행위는 개념상으로 위조행위에 해당할 수 있으나, 최초 위조행위와 별개의 위조죄가 되는 것은 아니다.[14] 예를 들면, 甲이 권한 없이 위조한 수표에 대하여 乙이 甲과 공모하여 그 수표의 금액란을 임의로 변경한 경우, 이는 당초의 수표위조죄와 별개의 새로운 유가증권위조가 된다고 보기 어렵다.[15]

10　대판 1985. 9. 10, 85도1501.
11　판례는 약속어음에 발행인이 날인 대신 발행인이 아닌 피고인의 무인만 있는 경우 형식과 외관을 갖춘 약속어음이라고 보기 어렵다고 판시하였는바, 이러한 것은 수표의 경우에도 그대로 적용될 것이다(대판 1992. 6. 23, 92도976 참조).
12　다만, 이 경우에도 백지보충권의 범위 내에서 발행인에게 부정수표 단속법 제2조 제2항의 책임이 인정된다(대판 1995. 9. 29, 94도2464; 대판 1999. 6. 11, 99도1201).
13　약속어음의 사례이긴 하나, 수표의 경우도 동일하게 볼 수 있다(대판 1982. 6. 22, 82도677).
14　이주원, 특별형법(8판), 680.
15　유가증권변조죄의 경우 진정으로 성립된 유가증권의 내용을 권한 없는 사람이 그 동일성을 해치지 않는 한도에서 변경을 가하는 것을 의미하는 것으로, 이미 타인에 의하여 위조되거나 변조된 약속어음의 기재사항을 권한 없이 변경해도 새롭게 유가증권변조죄는 성립하지 않는다고 본다.

(4) 타인 명의의 수표를 발행

9   수표발행인은 반드시 수표행위자의 본명을 사용하여 수표를 발행하여야 하는 것이 아니고, 상호, 별명 그 밖의 거래상 본인을 가리키는 것으로 인식되는 칭호를 사용하여 수표를 발행할 수도 있다. 비록 그 칭호가 발행인의 본명이 아니라 하더라도 통상 그 명칭을 자기를 표시하는 것으로 거래상 사용하여 그것이 그 발행인을 지칭하는 것으로 인식되어 왔다면 그것을 수표상 자기를 표시하는 칭호로 사용할 수 있다.[16] 이러한 경우 타인 명의의 수표발행이라도 본조의 수표위조죄에 해당하지 않는다. 다만, 앞서 살펴본바와 같이 부정수표 단속법 제2조 제1항 제1호 가공인물의 명의로 발행한 수표(부정수표)에 해당할 수는 있다.[17]

(5) 허무인 명의의 수표 발행

10   실재하지 않는 '허무인' 명의 유가증권이라도 행사할 목적이 인정되고 외형상 일반인이 진정하게 작성된 유가증권이라고 오신할 만한 것이면 유가증권위조죄가 성립한다는 것이 판례[18]의 입장이다. 그러나 허무인 명의의 수표를 발행한 경우 수표위조죄가 성립하는지에 대하여는, ① 부정수표 단속법 제5조 수표위조죄에 해당한다는 견해[19]와 ② 가공인물 명의로 수표를 발행한 것에 해당하여 부정수표 단속법 제2조 제1항 제1호의 부정수표 발행·작성죄에 해당한다는 견해,[20] ③ 두 죄가 모두 성립하고 상상적 경합관계에 있다는 견해[21]가 대립한다.

11   위 ①의 부정수표 단속법 제5조로 처벌하여야 한다는 견해는 제2조 제1항은 부정수표의 발행 자체를 단속한다는 '행정적 규제'의 성격을 가지고 있는 점, 제5조는 수표의 위조라는 범죄행위에 대하여 '형사적 제재'를 가한다는 성격을 강한

이러한 법리는 수표의 경우도 마찬가지로 적용될 수 있다. 수표변조죄 역시 진정하게 성립된 수표를 전제로 하는 것이어서, 타인에 의하여 위조된 수표의 기재사항을 권한없이 변경하여도 수표변조죄를 인정하기 어렵다(대판 2006. 1. 26, 2005도4764; 대판 2008. 12. 24, 2008도9494; 대판 2012. 9. 27, 2010도15206).

16 대판 1996. 5. 10, 96도527.
17 이주원, 특별형법(7판), 665.
18 대판 1971. 7. 27, 71도905.
19 박혜진, "경제형법으로서의 부정수표 단속법에 관한 연구", 69; 이일권, "부정수표 단속법에 관한 연구", 연세대학교 석사학위논문(1996), 72 참조[주석형법 [각칙(2)](5판), 510(박형준)에서 재인용].
20 이주원, 특별형법(8판), 679.
21 김정환·김슬기, 형사특별법(2판), 515.

〔이 순 옥〕

점을 들어, 행사할 목적으로 허무인 명의로 수표를 발행한 것이 형법상 유가증권
위조죄에 해당하는 범죄인 경우 제5조 수표위조죄로 처벌하여야 한다는 것이다.
위 ②의 '부정수표 발행·작성죄'에 해당한다는 견해는 수표의 경우 형법에 대한 특
별법으로 부정수표 단속법을 제정하고 있는 점, 부정수표 단속법 제2조 제1항 제1
호에 가공인물 명의의 수표 발행·작성에 대하여 별도로 규정하고 있는 점에 비추
어 허무인 명의의 수표의 경우 제2조 제1항 제1호로 의율함이 타당하다고 한다.[22]

(6) 자격모용하여 수표를 발행한 경우

　대리권 또는 대표권이 없는 사람이 자격을 모용하여 유가증권을 작성한 경　　**12**
우 형법 제215조(자격모용유가증권작성)가 적용되나, 수표의 경우 이러한 규정을
별도로 마련하고 있지는 않다. 자격모용에 의한 유가증권작성 역시 넓은 의미의
위조행위에 해당하는 점, 수표위조의 경우 형법에 대한 특별법인 부정수표 단속
법으로 가중처벌하고자 하는 것이 취지인 점 등을 종합하면, 이러한 경우에도
수표위조죄에 해당한다고 봄이 타당하다.[23]

　그러나 주식회사 대표이사 명의 변경 후에 현(現) 대표이사가 전(前) 대표이　　**13**
사 명의를 그대로 사용하여 수표를 발행한 경우와 같이 법인의 대리권 또는 대
표권을 가진 자연인이 본인을 위한 수표발행 권한이 있는 경우, 수표위조죄가
성립하지 않는다. A 회사의 대표이사가 甲에서 乙로 변경된 후 은행과의 종전
당좌거래명의를 변경함이 없이 그대로 전(前) 대표이사 甲의 명의를 이용하여
수표를 발행한 경우에도, 위 수표는 본인인 A 회사 명의의 수표로서 효력을 가
지는 것이므로, 변경된 대표이사 乙이 수표를 발행할 권한이 있다면 수표위조죄
에 해당하지는 않는다.[24] 타인의 대리 또는 대표자격으로 문서를 작성하는 경
우, 그 대표자 또는 대리인은 자기를 위하여 작성하는 것이 아니고 본인을 위하
여 작성하는 것으로서 그 문서는 본인의 문서이고 본인에 대하여서만 효력이
생기는 것이므로 乙이 본인인 A 회사에 대하여 권한 없이 수표를 발행한 것이
아니므로 수표위조죄는 성립하지 않는다.[25] 이때, 乙이 전임 대표이사 甲의 위

---

22 이주원, 특별형법(8판), 679.
23 주석형법 [각칙(2)](5판), 509(박형준).
24 대판 1975. 9. 23, 74도1684.
25 대판 1975. 9. 23, 74도1684.

임 또는 승낙을 받지 못하였다고 해도 마찬가지이다.

Ⅲ. 수표의 변조

14   수표의 변조란 ① 진정하게 성립된 수표의 내용을 ② 권한이 없는 사람이 ③ 그 수표의 동일성을 해하지 않는 범위 내에서 임의로 변경을 가하는 것을 의미한다.[26] 행위자에게 변경의 권한이 없는 경우에는 진실에 합치하도록 변경한 것이라고 해도 수표변조죄에 해당한다.[27]

15   수표변조의 대상이 되는 것은 유가증권변조죄와 마찬가지로 '진정하게 성립된 수표'이어야 한다. 따라서 이미 타인이 위조 또는 변조한 수표의 기재사항을 권한 없이 변경한 경우에는 변조에 해당하지 않는다.[28] 예를 들면, 甲이 위조한 당좌수표(발행인 A 명의)라는 것을 알면서도 이를 교부받은 乙이 위 수표의 액면금을 1억 원에서 4억 원으로 변경한 경우, 위 수표는 이미 甲에 의하여 위조된 수표이므로 乙에게 수표변조죄의 죄책이 인정되지 않는다.

16   한편 수표변조는 '타인이 발행한 수표'이어야 하므로, 타인에게 속한 자기명의의 수표에 대하여는 수표변조죄가 성립되지 않고, 허위유가증권작성죄 또는 문서손괴죄가 성립될 수 있을 뿐이다.[29]

17   권한 없이 수표의 일부 기재를 변경한 경우에도 수표의 내용을 변경할 정도에 이르지 못한 단순한 '자구수정'이나 내용에 실질적 영향이 없는 '단순한 사실기재'[30]의 경우는 변조행위에 해당하지 않는다.[31] 한편 그 내용의 변경이 수표의 동일성을 해하는 정도인 경우, 이는 변조가 아니라 위조행위에 해당한다. 따라서 수표용지에 필요한 사항을 임의로 기재하여 새로운 수표를 만들거나, 이미

---

26 대판 1984. 11. 27, 84도1862; 대판 2003. 1. 10, 2001도6553.

27 대판 1984. 11. 27, 84도1862; 대판 2003. 1. 10, 2001도6553.

28 대판 2006. 1. 26, 2005도4764; 대판 2008. 12. 24, 2008도9494; 대판 2012. 9. 27, 2010도15206.

29 대판 1978. 11. 14, 78도1904.

30 판례는 사문서변조죄와 관련하여 피고인의 본명은 B이나 일상 거래상 A로 통용된 경우 공소외 C 작성의 A 앞으로 된 영수증에 피고인이 'A'라는 기재 옆에 피고인의 본명인 'B'를 기재한 경우, B의 기재로 영수증의 내용에 영향을 미쳤다고 보여지지 않고, 새로운 증명력을 가한 것이 아니므로 사문서변조죄에 해당하지 않는다고 판시한 바 있다. 위 판례에서 제시한 '변조'의 의미를 수표변조죄의 '변조'의 의미에도 그대로 적용할 수 있다(대판 1981. 10. 27, 81도2055).

31 이주원, 특별형법(8판), 681.

실효된 수표를 가공하여 새로운 수표를 만드는 것은 그 동일성이 인정되지 않는 것이므로, 수표위조죄에 해당할 뿐 변조라고 볼 수는 없다.[32]

Ⅳ. 고의범

본죄는 고의범으로, 수표를 위조 또는 변조한다는 점에 대한 인식과 의사가 필요하다. 그러나 본죄는 형법상 유가증권변조죄와는 달리, '행사할 목적'을 따로 요구하지 않고 있으므로 목적범이 아니다.[33] 따라서 수표를 위조·변조한다는 점에 대한 고의가 있다면 따로 행사할 목적이 없더라도 본죄가 인정된다.

18

Ⅴ. 관련 문제 - 형법규정과의 관계

본조는 '수표를 위조 또는 변조한 자'에 대하여만 규정하고 있어, 위 위조 또는 변조의 대상에 수표의 권리의무에 관한 기재도 포함할 것인지 여부가 문제된다. 형법 제214조는 유가증권위조·변조행위에 대하여 규율하면서 기본적 증권행위에 대한 것과 권리의무에 관한 것을 구분하여 규율하고 있는 점, 수표위조·변조죄의 법정형은 제214조에 비하여 대폭 가중되어 있는 점 등을 종합할 때, 배서 등과 같이 수표의 '권리의무'에 관한 기재의 위조·변조는 본조가 아니라 제214조 제2항에 따라 처벌되는 것이라고 보는 것이 일반적이다.[34] 판례[35]도 본조는 제214조의 가중처벌규정이므로 그 처벌범위가 지나치게 넓어지지 않도록 제한적으로 해석할 필요가 있다는 이유로, 본조에서 처벌하는 행위는 수표의 '발행'에 관한 위조·변조를 말하고, 수표의 배서를 위조·변조한 경우에는 수표의 권리의무에 관한 기재를 위조·변조한 것으로서, 제214조 제2항에 해당하는지 여부는 별론으로 하고, 본조에는 해당하지 않는다고 판시하였다.

19

---

32 이주원, 특별형법(8판), 681.

33 대판 2008. 2. 14, 2007도10100.

34 이주원, 특별형법(8판), 677; 박혜진, "경제형법으로서의 부정수표 단속법에 관한 연구", 68.

35 대판 2019. 11. 28, 2019도12022. 본 판결 평석은 김영미, "부정수표 단속법 제5조(수표의 위조·변조)의 적용범위", 특별형법 판례100선, 한국형사판례연구회·대법원 형사법연구회, 박영사(2022), 372-374.

20   위조·변조한 수표를 '행사'한 경우에는 본죄와 위조유가증권행사죄(§ 217)가 각 성립하고, 두 죄는 실체적 경합관계이다.[36] 이때 위조수표임을 알고 있는 사람에게 교부하였다고 하더라고 피교부자가 이를 유통시킬 것임을 인식하고 교부하였다면, 그 교부행위 그 자체가 유가증권의 유통질서를 해할 우려가 있어 처벌의 이유와 필요성이 충분히 있으므로 위조유가증권행사죄가 성립한다고 보아야 할 것이다.[37]

21   그러나 위조·변조한 수표의 공범 사이에서 이를 교부하였다면, 이때에는 위조·변조유가증권행사죄는 성립하지 않는다. 수표위조·변조행위의 공범 사이에서 이를 교부하는 행위는 그들 이외의 자에게 행사함으로써 범죄를 실현하기 위한 전 단계의 행위에 불과한 것으로서, 위조·변조된 수표는 아직 범인들의 수중에 있다고 볼 것이지 행사되었다고 볼 수는 없기 때문이다.[38]

VI. 처 벌

22   1년 이상의 유기징역 및 수표금액 10배 이하의 벌금에 처하고, 징역형과 벌금형은 필요적으로 병과하여야 한다.[39]

23   다만, '수표금액'란이 백지인 상태로 수표가 위조된 경우에도 금액 보충권을 수표금액으로 보아 벌금형을 부과할 수 있는지 여부가 문제된다. 판례[40]는 "수

---

36 대판 2004. 1. 27, 2001도3178.

37 대판 2010. 12. 9, 2010도12553.

38 예를 들어, 甲과 乙이 수표를 위조하여 甲이 乙로부터 돈을 차용하는 것처럼 가장하기로 공모한 다음, 乙이 위조된 자기앞수표가 들어 있는 봉투를 공범 甲과 A를 통해 그 위조사실을 알지 못하는 D가 함께 있는 자리에서 甲에게 교부하였는데, 甲이 위조한 자기앞수표를 봉투에게 꺼내 D에게 보여주지 않았다면 D가 위조수표를 인식하였다고 볼 수 없고, 乙이 甲에게 위조수표가 들어있는 봉투를 준 행위는 공범끼리 교부한 것으로서 이를 가지고 위조유가증권을 행사한 것으로 볼 수는 없다(대판 2010. 12. 9, 2010도12553).

39 이러한 법정형은 행사할 목적을 요구하지 않고 있는 구성요건의 규정방식과 더불어 수표라는 비현금 지급결제수단의 특수성을 감안하더라도 다른 법률규정과의 균형을 현저히 일탈한 것이라는 견해도 있다[김유근, 주요 형사특별법의 법체계의 정비와 통합 방안에 관한 연구; 경제범죄 관련 형사특별법의 처벌규정들의 형법에의 편입가능성을 중심으로, 한국형사정책연구원(2017), 231].

40 대판 2005. 9. 28, 2005도3947. 수표금액이 백지인 수표를 위조한 사람이 그 위조수표를 교부하면서 보충권을 수여한 사안에서, "수표의 금액이 실제로 보충되기 전까지는 수표금액이 얼마로 정하여질지 알 수 없으므로 그 보충권의 상한액을 수표금액으로 보아 이를 기준으로 벌금형을 병과할 수도 없다."고 판시하였다.

〔이 순 옥〕

표금액란이 백지인 채로 수표가 위조된 후 그 수표금액이 아직 보충되기 전에 발견된 경우 벌금액수의 상한을 정하는 기준이 되는 수표금액이 정하여져 있지 아니하여 병과할 벌금형의 상한을 정할 수 없으므로 결국 벌금형을 병과할 수 없다."고 하였다.

〔이 순 옥〕

제6조(「형사소송법」의 특례)

이 법에 따라 벌금을 선고하는 경우 「형사소송법」제334조제1항에 따른 가납판결(假納判決)을 하여야 하며, 구속된 피고인에 대하여는 같은 법 제331조에도 불구하고 벌금을 가납할 때까지 계속 구속한다.

[전문개정 2010. 3. 24.]

1   형사소송법은 법원은 벌금, 과료, 또는 추징의 선고를 하는 경우에 판결의 확정 후에는 집행할 수 없거나 집행하기 곤란할 염려가 있다고 인정한 때에는 직권 또는 검사의 청구에 의하여 피고인에게 벌금, 과료 또는 추징에 상당한 금액의 가납을 명할 수 있는 것으로 규정하고 있다(형사소송법, 이하 '형소' §334①). 이러한 가납명령은 원칙적으로 법원의 재량에 속하는 것이다. 피고인의 재산상태의 급격한 악화가 예상되거나 재산은닉, 도망의 염려가 현저한 경우 이러한 집행불능 또는 집행곤란 사유에 해당한다.[1]

2   본조는 위 형사소송법 규정과는 달리 부정수표단속법위반죄로 벌금을 선고하는 경우 필요적으로 가납을 명하는 판결을 선고하도록 하고 있다. 부정수표단속법위반죄의 경우 그 벌금형의 집행의 실효성을 확보하기 위하여 필요적 가납명령으로 규정하고 있다.

3   한편, 형사소송법은 무죄, 면소, 형의 면제, 형의 선고유예, 형의 집행유예, 공소기각 또는 벌금이나 과료를 과하는 판결이 선고된 때에는 구속영장은 효력을 잃는 것으로 규정하고 있다(형소 §331). 즉, 원칙적으로 벌금형이 선고되는 경우 구속영장은 효력을 잃는 것으로, 판결의 확정을 기다릴 필요도 없이 검사는 즉시 피고인에 대한 석방지휘를 하여야 하고, 이에 따라 피고인은 석방된다. 그러나 부정수표단속법위반죄의 경우 형사소송법에 대한 특례를 규정하여, 부정수표단속법위반죄로 벌금형을 선고하는 경우에는 반드시 가납판결을 하도록 하고, 벌금을 가납할 때까지 피고인을 계속하여 구속하도록 하고 있다.

〔이 순 옥〕

---

1 이주원, 특별형법(8판), 686.

제7조(금융기관의 고발의무)

① 금융기관에 종사하는 사람이 직무상 제2조제1항(발행인이 법인이나 그 밖의 단체인 경우를 포함한다) 또는 제5조에 규정된 수표를 발견한 때에는 48시간 이내에 수사기관에 고발하여야 하며, 제2조제2항(발행인이 법인이나 그 밖의 단체인 경우를 포함한다)에 규정된 수표를 발견한 때에는 30일 이내에 수사기관에 고발하여야 한다.

② 제1항의 고발을 하지 아니하면 100만원 이하의 벌금에 처한다.

[전문개정 2010. 3. 24.]

Ⅰ. 부정수표 및 위조·변조수표에 대한 고발의무

금융기관에 종사하는 사람이 직무상 부정수표 단속법 제2조 제1항의 부정수표 또는 제5조의 위조·변조수표를 발견한 때에는 48시간 내에 수사기관에 고발하여야 한다.

1

Ⅱ. 부도수표에 대한 고발의무

금융기관의 종사자는 부정수표 단속법 제2조 제2항의 부도수표를 발견한 때에는, 위조·변조수표를 발견한 경우와는 달리 30일 이내에 수사기관에 고발하도록 하고 있다. 위 규정은 부도수표의 발행인에게 부도 수습의 여유를 부과하기 위하여 고발기간을 48시간에서 30일로 연장한 것이다. 그러나 고발 이후에도 부도수표가 회수되는 경우 처벌받지 않기 때문에 금융기관에서는 실무상 부도일로부터 2-3일 이내에 고발을 하고 있다.[1]

2

---

1 이주원, 특별형법(8판), 685.

Ⅲ. 고발의무가 있는 금융기관의 범위

3   본조의 고발의무가 인정되는 금융기관은 국내법의 적용을 받는 금융기관에 한정된다고 해석하여야 한다.[2]

〔이 순 옥〕

---

2 따라서 외국의 금융기관 중 은행법 제1조의 규정에 의하여 대한민국 내에 있는 지점이나 대리점에 종사하는 사람의 경우에는 이와 같은 고발의무가 있으나, 이에 해당하지 않는 사람은 고발의무가 있다고 보기 어렵다(대판 1974. 11. 12, 74도2920).

〔이 순 옥〕

제20장 문서에 관한 죄

〔총 설〕

Ⅰ. 규 정

문서에 관한 죄는 행사할 목적으로 문서를 위조·변조 또는 자격을 모용하여 문서를 작성하거나, 허위문서를 작성하거나, 위조·변조 또는 허위작성된 문서를 행사하거나, 문서를 부정행사하는 것 또는 전자기록을 위작·변작하거나, 위작·변작한 전자기록을 행사하는 것을 내용으로 하는 범죄이다. 형법은 각칙 제20장 제225조부터 제237조의2까지 문서에 관한 죄를 규정하고 있어 통화에 관한 죄와 유가증권에 관한 죄 다음으로 규정하고 있으나, 문서에 관한 죄가 공공의 신용에 대한 죄의 가장 기본적인 구성요건에 해당하는 죄로 이해하고 있다.[1]

공문서에 대한 죄를 먼저 규정하고, 이어 사문서에 대한 죄를 규정하면서,

1

2

---

[1] 김성돈, 형법각론(5판), 618; 김일수·서보학, 새로쓴 형법각론(9판), 563.

뒤에 미수범 처벌규정과 자격정지형의 병과 및 복사문서 등에 관한 규정을 두고
있다. 형법은 1995년 12월 29일 법률 제5057호로 개정되면서 ① 공전자기록 위
작·변작죄(§ 227의2)와 사전자기록 위작·변작죄(§ 232의2)를 신설하고, ② 공정증
서원본 등의 불실기재죄(§ 228), 위조 등 공문서의 행사죄(§ 229), 위조사문서 등의
행사죄(§ 234)의 객체에 전자기록 등 특수매체기록을 추가하고, ③ 대법원 판례[2]
취지를 반영하여 전자복사기, 모사전송기 기타 유사한 기구를 사용하여 복사한
문서 또는 도서의 사본을 문서 또는 도서로 보는 제237조의2를 신설하였다.

3   형법에 규정된 문서에 관한 죄를 표로 정리하면 다음과 같다.

[표 1] 제20장 조문 구성

조 문		제 목	구성요건	죄 명	공소시효
§ 225		공문서 등의 위조·변조	ⓐ 행사할 목적으로 ⓑ 공무원 또는 공무소의 문서 또는 도화를 ⓒ 위조 또는 변조	(공문서, 공도화) (위조, 변조)	10년
§ 226		자격모용에 의한 공문서 등의 작성	ⓐ 행사할 목적으로 ⓑ 공무원 또는 공무소의 자격을 모용하여 ⓒ 문서 또는 도화를 ⓓ 작성	자격모용 (공문서, 공도화) 작성	10년
§ 227		허위공문서작성 등	ⓐ 행사할 목적으로 ⓑ 그 직무에 관하여 ⓒ 문서 또는 도화를 ⓓ 작성 또는 변개	허위(공문서, 공도화) (작성, 변개)	7년
§ 227의2		공전자기록 위작·변작	ⓐ 사무처리를 그르치게 할 목적으로 ⓑ 공무원 또는 공무소의 전자기록 등 특수매체기록을 ⓒ 위작 또는 변작	공전자기록등 (위작, 변작)	10년
§ 228	①	공정증서원본 등의 불실기재	ⓐ 공무원에 대하여 허위신고를 하여 ⓑ 공정증서원본 또는 이와 동일한 전자기록 등 특수매체기록에 ⓒ 불실의 사실을 기재 또는 기록하게 함	(공정증서원본, 공전자기록등)불실기재	7년

---

2 대판 1989. 9. 12, 87도506(전).

조 문	제 목	구성요건	죄 명	공소시효
②		ⓐ 공무원에 대하여 허위신고를 하여 ⓑ 면허증, 허가증, 등록증 또는 여권에 ⓒ 불실의 사실을 기재하게 함	(면허증, 허가증, 등록증, 여권)불실기재	5년
§ 229	위조 등 공문서의 행사	ⓐ § 225 내지 § 228에 의하여 만들어진 공문서 등을 ⓑ 행사	(위조, 변조) (공문서, 공도화)행사, 자격모용작성 (공문서, 공도화) 행사, 허위(작성, 변개) (공문서, 공도화)행사, (위작, 변작) 공전자기록등행사, 불실기재(공정증서원본, 공전자기록등, 면허증, 허가증, 등록증, 여권)행사	5년- 10년
§ 230	공문서 등의 부정행사	ⓐ 공무원 또는 공무소의 문서 또는 도화를 ⓑ 부정행사	(공문서, 공도화) 부정행사	5년
§ 231	사문서 등의 위조·변조	ⓐ 행사할 목적으로 ⓑ 권리·의무 또는 사실증명에 관한 타인의 문서 또는 도화를 ⓒ 위조 또는 변조	(사문서, 사도화) (위조, 변조)	7년
§ 232	자격모용에 의한 사문서의 작성	ⓐ 행사할 목적으로 ⓑ 타인의 자격을 모용하여 ⓒ 권리·의무 또는 사실증명에 관한 문서 또는 도화를 ⓓ 작성	자격모용 (사문서, 사도화)작성	7년
§ 232의2	사전자기록위작·변작	ⓐ 사무처리를 그르치게 할 목적으로 ⓑ 권리·의무 또는 사실증명에 관한 타인의 전자기록 등 특수매체기록을 ⓒ 위작 또는 변작	사전자기록등 (위작, 변작)	7년
§ 233	허위진단서 등의 작성	ⓐ 의사, 한의사, 치과의사 또는 조산사가 ⓑ 진단서, 검안서 또는 생사에 관한 증명서를 ⓒ 허위로 작성	허위(진단서, 검안서, 증명서)작성	5년

조 문	제 목	구성요건	죄 명	공소시효
§ 234	위조사문서 등의 행사	ⓐ § 231 내지 § 233에 의하여 만 들어진 사문서 등을 ⓑ 행사	(위조, 변조) (사문서, 사도화)행사, 자격모용작성 (사문서, 사도화)행사, (위작, 변작) 사전자기록등행사, 허위작성(진단서, 검안서, 증명서)행사	5년- 7년
§ 235	미수범	§ 225 내지 § 234의 미수	(§ 225-§ 234 각 죄명) 미수	
§ 236	사문서의 부정행사	ⓐ 권리·의무 또는 사실증명에 관한 타인의 문서 또는 도화를 ⓑ 부정행사	(사문서, 사도화) 부정행사	5년
§ 237	자격정지의 병과	§ 225 내지 § 227의2 및 그 행사죄 에 대한 자격정지 임의적 병과		
§ 237의2	복사문서 등	ⓐ 전자복사기, 모사전송기 기타 이 와 유사한 기기를 사용하여 복 사한 문서 또는 도화의 사본을 ⓑ 문서 또는 도화로 간주		

II. 연혁 및 입법례

1. 연 혁

4   원래 문서는 서면상의 증거, 즉 법률적 처분에 관한 서면상 증인 역할을 하
는 것으로 보아 그 진정을 보호하게 되었다.[3] 오늘날 형법전에 규정되어 있는 문
서에 관한 죄의 근원은 로마시대의 「꼬르넬리아 성서위조 처벌법」(Lex Cornelia
testamenteria nummaria 671-674년)'의 제정으로 보고 있고, 문서위조죄의 시작은 유
언장 위조로부터 시작되었다고 보고 있다.[4] 고대 독일의 문서위조죄 관념도 로
마법을 계수하여 독일법상 문서의 개념은 '문서의 형식'의 진정에 중점을 두고
있었고, 1871년 독일제국형법부터 문서위조죄를 개인적 법익에 관한 죄로 규정

---

3 주석형법 [각칙(2)](4판), 478(오기두).
4 최병조, "로마법상의 문서위조죄 - Lex Cornelia de falsis에 관한 소고", 서울대학교 법학 58-4
   (2017. 12.), 11.

하였다.[5] 독일제국형법은 일본을 거쳐 우리 형법에 영향을 미쳤다.

2. 입법례[6]

위와 같은 연혁에 따라 독일은 독일형법 제23장에서 문서위조죄를 재산죄   5
와 함께 규정하면서 위조·변조와 행사를 동일한 조문에서 규정하고 있고,[7] 다
만 우리 형법과 같이 무형위조에 대하여는 공문서와 허위진단서작성죄만 처벌
하고 있다. 그러나 독일형법의 해석에서도 문서위조죄를 규정한 것이 재산을 보
호하기 위한 것이 아니라고 하여 문서위조죄의 독자성을 인정하고 있다. 영미법
도 독일법과 마찬가지로 공문서와 사문서를 구별하고 있지 않다. 반면 일본형법
은 제17장에서 문서에 관한 죄[8]를 규정하면서 우리 형법과 같이 공문서와 사문
서를 구별하여 규정하고 있으나, 자격모용에 의한 문서 작성죄와 부정행사죄에
관한 규정을 두고 있지 않다.[9]

---

5 주석형법 〔각칙(상)〕, 377(손해목).
6 영국, 미국, 프랑스, 독일, 일본의 문서위조죄에 관한 상세한 입법례는, 서주연·이성기·손병
  현·정배근·이동희, "문서위조죄", Global Standdard 마련을 위한 쟁점별 주요국 형사법령 비
  교연구 (Ⅲ), 한국형사법무정책연구원(2021), 17-109 참조.
7 독일형법 제267조 ① 법적 거래에서의 기망을 목적으로 부진정 문서를 작성하거나 진정한 문서
  를 변조하거나 부진정 문서 또는 변조된 문서를 행사한 자는 5년 이하의 자유형 또는 벌금에 처
  한다.
8 일본형법 제17장 문서위조의 죄

조문	제목	비고
제154조	조서(詔書)위조등	
제155조	공문서위조등	① 유인(有印)공문서위조, ② 유인공문서변조, ③ 무인(無印)공문서위조·변조
제156조	허위공문서작성등	
제157조	공정증서원본불실기재등	미수 처벌
제158조	위조공문서행사등	미수 처벌
제159조	사문서위조등	① 유인사문서위조, ② 유인사문서변조, ③ 무인사문서위조·변조
제160조	허위진단서등작성	
제161조	위조사문서등행사	미수 처벌
제161의2	전자적기록부정작출 및 공용(供用)	① 전자적기록부정작출, ② 전자적기록(공무소·공무원)부정작출, ③ 부정작출전자적기록공용(미수 처벌)[③에 한하여 미수 처벌]

9 우리 형법은 일본 개정형법가안의 영향을 받은 것이라고 한다[신동운, 형법각론(2판), 425].

〔김 정 훈〕   **219**

Ⅲ. 보호법익

6　　　문서는 관념 내지 사상을 표시하는 수단으로서의 확실성 때문에 현대사회에 있어서 문화적·법률적·경제적 측면에서 가장 중요한 거래수단으로서의 중추적 역할을 하고 있다.[10] 문서에 관한 죄의 보호법익은 '문서의 진정에 대한 거래의 안전과 공공의 신용'이라는 것이 통설이다.[11] 판례도 문서에 관한 죄의 보호법익은 문서 자체의 가치가 아니라 '문서의 진정에 대한 공공의 신용'이라고 일관되게 판시하고 있으며,[12] '문서의 증명력과 문서에 들어 있는 의사표시의 안정·신용'이라고 판시하기도[13] 한다.

7　　　문서에 관한 죄는 사기죄에서의 '기망'의 수단으로 사용되거나 그 밖의 재산범죄의 수단으로 사용되는 경우가 많고, 문서 위조로 인하여 명의인의 신용이 훼손되거나 위조문서의 행사로 인하여 이를 신뢰한 상대방으로 하여금 재산상 손해를 입게 하는 결과를 야기하는 경우가 많다. 그리고 실제로 문서죄를 사기죄와 같은 장에서 규정하거나,[14] 재산죄 중의 한 장으로 규정하고 있는 입법례[15]가 있다. 그러나 문서에 관한 죄는 재산죄에 한하지 않고 널리 다른 범죄의 수단으로 사용될 수 있으므로, 재산범죄와는 별개의 성격을 가진 범죄로 이해하여야 한다. 우리 형법은 문서에 관한 죄를 통화에 관한 죄(제18장), 유가증권, 우표와 인지에 관한 죄(제19장) 다음에 제20장으로 규정하고 있고, 뒤이어 인장에 관한 죄(제21장)를 규정하고 있어 사회적 법익에 대한 범죄로 규정하고 있다.

8　　　문서에 관한 죄의 보호법익이 거래의 안전과 공공의 신용인 이상, 문서에 관한 죄는 거래의 안전과 공공의 신용을 해할 위험이 구체적으로 발생하거나

10　이재상·장영민·강동범, 형법각론(12판), §32/1.

11　김성돈, 619; 김일수·서보학, 564; 박상기·전지연, 형법학(총론·각론 강의)(4판), 764; 배종대, 형법각론(13판), §112/2; 손동권·김재윤, 새로운 형법각론, §39/1; 신동운, 399; 오영근, 형법각론(5판), 556; 이재상·장영민·강동범, §32/1; 임웅, 형법각론(9정판), 708; 정성근·박광민, 형법각론(전정2판), 613; 정영일, 형법강의 각론(3판), 336.

12　대판 1989. 9. 12, 87도506(전)(문서위조·동행사죄); 대판 2005. 2. 24, 2002도18(전)(문서위조죄); 대판 2016. 7. 14, 2016도2081(문서위조·동행사죄); 대판 2017. 12. 22, 2017도14560(자격모용사문서작성죄) 등.

13　대판 2022. 8. 19, 2020도9714(문서에 관한 죄).

14　미국 모범형법전 제224.1조.

15　독일형법 제267조.

그러한 결과가 발생할 필요 없이 법적 거래에서 문서가 갖는 증거기능에 일반
적인 위험만 있으면 기수에 이른다고 보고 있으므로, 보호받는 정도는 추상적
위험범으로서의 보호이다.[16]

오늘날 컴퓨터의 발달에 따라 전자기록 등 특수매체기록이 문서의 기능을   9
대신하거나 보완하게 됨에 따라 문서에 관한 죄를 전자기록 등 특수매체기록으
로 확장하는 형법 개정이 이루어진 것도 이러한 맥락에서 이해할 수 있다. 따라
서 전자기록 위작·변작죄의 보호법익도 거래의 안전과 공공의 신용이고, 보호
받는 정도는 추상적 위험범으로서의 보호이다.[17]

Ⅳ. 문서에 관한 죄의 본질

문서에 관한 죄의 보호법익이 거래의 안전과 공공의 신용이라는 점에서는   10
다툼이 없으나, 문서에 관한 죄를 처벌하는 본질에 관하여는 문서의 어떤 부분
에 대한 허위를 처벌하느냐에 따라 형식주의와 실질주의라는 두 가지 입법형식
이 있다. 또한 문서의 어떤 부분에 대한 허위를 위조개념으로 포섭하느냐가 문
제될 수 있는데, 이와 관련하여서는 어떤 내용의 허위를 처벌하는지에 관한 입
법형식(형식주의와 실질주의)의 차이에 따라 각기 다른 위조개념으로 유형위조와
무형위조를 설정하고 있다.

1. 형식주의와 실질주의

형식주의는 문서의 성립의 진정을 보호대상으로 하여야 하므로, 문서의 작   11
성명의에 허위가 있으면 처벌하여야 한다는 입장으로, 문서의 성립의 진정이 인
정되지 않으면 그 내용의 진실성에 관계없이 문서위조죄로 처벌되고, 반대로 성
립의 진정이 인정되면 그 내용이 진실과 일치하지 않아도 처벌할 수 없다는 입
장이다. 반면에 실질주의는 문서에 표시된 내용의 진실을 보호대상으로 하여야

---

16 김신규, 형법각론 강의, 664; 김일수·서보학, 564; 박찬걸, 형법각론(2판), 721; 배종대, §112/3;
   손동권·김재윤, §39/1; 오영근, 556; 이재상·장영민·강동범, §32/4; 임웅, 709; 정성근·박광민,
   613; 정성근·정준섭, 형법강의 각론(2판), 419; 정영일, 336.
17 김성돈, 644; 김일수·서보학, 587; 손동권·김재윤, §39/56; 오영근, 578; 이재상·장영민·강동
   범, §32/101; 임웅, 735; 정성근·박광민, 639.

하므로, 문서의 내용을 허위로 작성하는 행위를 처벌하여야 한다는 입장으로, 문서에 표시된 사실이 객관적 진실과 일치할 때에는 문서의 성립에 허위가 있어도 처벌할 수 없고, 내용이 허위인 경우에는 작성명의가 진정하여도 처벌된다는 입장이다. 독일형법은 원칙적으로 형식주의를 취하고 있어 문서명의인과 문서작성자가 일치하지 않는 문서만을 문서에 관한 죄에서 처벌하고 있고, 프랑스형법은 원칙적으로 실질주의를 취하고 있어 문서명의인과 문서작성자가 일치하는 문서인지 관계없이 내용이 허위인 경우만을 문서에 관한 죄에서 처벌하고 있다.[18]

12   그러나 실제 입법례는 대부분 형식주의와 실질주의를 절충하는 방식에 서있다고 이해하고 있고,[19] 우리 형법도 기본적으로는 형식주의를 채택하면서 실질주의를 보충적으로 가미하고 있는 입법태도를 취하고 있다. 즉, 공문서와 사문서 모두 문서의 작성명의인을 기준으로 위조와 변조를 처벌하고 있어 형식주의를 채택하면서 공문서의 경우에는 허위공문서작성죄를 처벌하고 있어 실질주의를 관철하고 있고, 사문서의 경우에는 진단서, 검안서 등 제한적인 범위 내에서만 실질주의를 가미하고 있다. 판례[20]도 사문서에 대한 위조 또는 변조의 경우 문서내용의 진실 여부는 문제되지 않는다고 판시함으로써 우리 형법의 입법태도를 재확인하고 있다.[21] 한편 우리 형법은 공문서와 사문서 모두에 대하여 외관상 의사표시의 주체는 일치하나 그 자격이 일치하지 않는 자격모용에 의한 문서작성죄를 처벌하고 있는데, 이를 위조죄와 같은 형으로 처벌하고 있으므로, 형식주의의 관점에서 규율하고 있다고 이해할 수 있다.[22]

---

18 김성돈, 620; 이재상·장영민·강동범, §32/5.

19 신동운, 399; 이재상·장영민·강동범, §32/6.

20 대판 1983. 10. 25, 83도2257; 대판 1985. 1. 22, 84도2422 등.

21 일본형법도 기본적으로 형식주의를 채택하고 있다는 것이 통설과 판례[大判 昭和 18(1943). 12. 29. 刑集 22·349]의 입장이다. 이러한 형식주의 근거에 대하여, 종래 ① 공문서·사문서를 불문하고 유형위조를 처벌하는 것은 '문서의 명의인과 작성자와의 인격의 동일성에 대한 기망'이기 때문이고, 사문서에 대해서는 무형위조를 예외적으로만 처벌하는 것은 공문서보다 중요성이 덜하여 처벌할 필요가 없기 때문이라고 설명되었다. 그러나 최근에는 이 외에 ② 문서의 증거로서의 이용가능성을 속이는 행위가 문서위조죄라는 견해(증거범죄설), ③ 의사표시의 의사표시자에의 귀속의 유무에 착안하여 유형위조의 성부를 검토하는 견해(귀속설), ④ 유형위조에 의하여 명의인으로서의 작성자에게 책임을 추급할 수 없게 되므로 처벌한다는 견해(책임추급설) 등이 주장되고 있다[이에 대한 상세는 西田 外, 注釈刑法(2), 371-374(今井猛嘉)].

22 신동운, 400.

2. 유형위조와 무형위조

유형위조(有形僞造)는 정당한 작성권한이 없는 사람이 타인 명의의 문서(부진 13
정문서)를 작성하는 것으로, 문서의 의사표시의 주체인 명의인과 실제로 그 문서
를 작성한 자가 일치하지 않는 문서를 작성하는 것을 말한다. 반면, 무형위조(無
形僞造)는 문서의 작성명의에는 거짓이 없으나 허위 내용의 문서(허위문서)를 작
성하는 것을 말한다.

형식주의를 원칙으로 하는 우리 형법은 유형위조를 '위조'라고 하고 있고, 14
무형위조를 '작성'으로 표현하면서 양자를 구별하고 있다. 자격모용 문서 작성죄
에 관하여는 형식적으로 의사표시의 주체 명의로 문서가 작성되고, 실질적 자격
이 없다는 점에서 외관을 중시하여 '작성'이라고 표현하고 있다. 앞서 살펴본 바
와 같이 공문서의 경우에는 유형위조와 무형위조를 모두 처벌하고 있고, 사문서
의 경우에는 유형위조를 처벌하면서 예외적으로 진단서, 검안서 등에 대한 무형
위조를 처벌하고 있다.

V. 문서의 개념

1. 문서의 의의

형법상 문서에 관한 죄의 객체는 문서이다. 15

문서는 광의의 문서와 협의의 문서로 구별되는데, 광의의 문서는 ① 문자 16
또는 이에 대신할 수 있는 가독적(可讀的) 부호로, ② 계속적으로 물체상에 기
재된, ③ 의사 또는 관념의 표시인, ④ 원본 또는 이와 사회적 기능, 신용성 등
을 동일시할 수 있는 기계적 방법에 의한 복사본으로서, ⑤ 그 내용이 법률상,
사회생활상 주요 사항에 관한 증거로 될 수 있는 것을 말한다. 이러한 광의의
문서 중 발음적 부호를 사용한 것을 협의의 문서라고 하고, 형상적 부호를 사
용한 것을 도화(圖畵)라고 한다.[23] 협의의 문서와 도화는 개념상 구별되지만, 형
법 조문에서는 보통 나란히 규정되어 있어 양자를 구별할 실익은 적다. 위와
같이 문서에 관한 죄의 객체인 문서에 해당하려면 ① 계속적 기능(繼續的 機能,

---

23 신동운, 400; 임웅, 711.

perpetuierungsfunktion), ② 증명적 기능(證明的 機能, Beweisfunktion), ③ 보장적 기능(保障的 機能, Garantiefunktion)을 갖추어야 한다.

17   판례도 형법상 문서에 관한 죄에 있어서 문서라 함은, 문자 또는 이에 대신할 수 있는 가독적 부호로 계속적으로 물체상에 기재된 의사 또는 관념의 표시인 원본 또는 이와 사회적 기능, 신용성 등을 같게 볼 수 있는 기계적 방법에 의한 복사본으로서 그 내용이 법률상, 사회생활상 주요 사항에 관한 증거로 될 수 있는 것을 말한다고 판시하여,[24] 학설상 광의의 문서와 동일하게 보고 있다. 그리고 사람의 동일성을 표시하기 위하여 사용되는 일정한 상형인 인장이나 사람의 인격상의 동일성 이외의 사항에 대하여 그 동일성을 증명하기 위한 부호인 기호와는 구분되며, 이른바 생략문서라는 것으로 그것이 사람 등의 동일성을 나타나는 데에 그치지 않고 그 이외의 사항도 증명, 표시하는 한 이는 인장이나 기호가 아니라 문서로서 취급하여야 한다고 판시하고 있다.[25] 개별적으로 문서에 해당하여 문서 위조·변조죄가 성립하는지 문제되는 여러 사안은 문서의 세 가지 개념표지로 나누어 살펴보기로 한다.

(1) 계속적 기능(繼續的 機能, perpetuierungsfunktion)

18   문서는 유체물에 결합되어 있는 사람의 의사표시이므로, 일정한 내용의 의사 또는 관념이 문자 또는 부호에 의하여 표시됨으로써 계속성을 가져야 한다. 학자에 따라 영속적 기능(永續的 機能),[26] 지속적 기능(持續的 機能),[27] 유지기능(維持機能)[28]이라고 표현하기도 한다.

(가) 의사표시

19   '의사표시'는 사법상의 의사표시를 포함하는 넓은 개념으로 단순한 사상 또는 관념의 표시를 의미한다. 따라서 문서는 타인에게 사상의 내용을 전달하여 인식할 수 있는 것이어야 하고, 이러한 의미에서 문서의 본질은 문서의 존재가 아니라 그 속에 포함되어 있는 내용, 즉 의사표시에 있다.[29] 따라서 물건의 존

---

24 대판 1989. 9. 12, 87도506(전); 대판 2006. 1. 26, 2004도788; 대판 2007. 11. 29, 2007도7480; 대판 2008. 4. 10, 2008도1013; 대판 2020. 12. 24, 2019도8443; 대판 2022. 8. 19, 2020도9714.
25 대판 1995. 9. 5, 95도1269; 대판 2007. 7. 12, 2007도2837.
26 신동운, 401; 정성근·박광민, 617.
27 임웅, 712.
28 김일수·서보학, 567.
29 김성돈, 622; 배종대, §112/10; 이재상·장영민·강동범, §32/10; 정성근·박광민, 617.

재 자체나 그 형상이 증명의 대상이고 의사의 표시라고 볼 수 없는 검증의 목적
물이나 단순한 증거기호물에 불과한 표지나 표시물(번호표, 명찰, 문패, 물품예치표,
신발표, 제조상품의 일련번호, 상품포장에 찍힌 회사표시 등)은 문서가 아니다. 또한, 외
적 상황을 기계적으로 복사한 기록(자동차의 주행미터기, 전기·수도·전화통화료의 사
용미터기 등)도 문서가 아니다.[30] 그러나 상품에 찍힌 제조일자, 유통기한, 가격표
시 등은 의사표시 내용을 담고 있으므로, 문서로 볼 수 있다.[31] 과거 복사문서에
관하여도 문서에 해당하는지 견해의 대립이 있었으나, 판례의 변경[32] 및 형법의
개정으로 논쟁이 일단락되었는데, 뒤에서 상세히 살펴본다. 판례는 십지지문 지
문대조표는 수사기관이 피의자의 신원을 특정하고 지문대조조회를 하기 위하여
직무상 작성하는 서류로서 비록 자서란에 피의자로 하여금 스스로 성명 등의 인
적사항을 기재하도록 하고 있다 하더라도 사문서가 아니라고 보고 있다.[33]

　　한편, 예술가의 서명 또는 낙관에 관하여는 예술가가 자기의 작품이라는 의
사를 표현한 것이므로, 문서에 해당한다는 긍정설[34]이 있으나, 통설은 특정인이
자신의 동일성을 표시하는 상형이나 문자에 불과하여 문서가 아닌 인장에 해당
한다는 부정설[35]의 입장이다. '의사표시'의 관점에서 보면, 사실증명에 관한 문
서라기보다는 단순한 표시라고 보아야 하므로, 부정설이 타당하다.[36]

　　(나) 의사표시의 방법

　　의사 또는 관념의 표시는 문자 또는 문자를 대신할 수 있는 시각적 부호에
의한 것이어야 한다[가시성(可視性)]. 문자와 부호는 의사 또는 관념의 표현가능
성과 가독성에 의의가 있다. 문서는 시각적 방법에 의하여 표시된 것을 의미하
므로, 청각적 방법에 의하여 그 내용을 이해할 수 있는 음반, 녹음테이프 등은
문서가 아니다. 한편 컴퓨터에 입력된 자료 기타 특수매체기록은 출력되지 않는

20

21

30　김성돈, 622; 이재상·장영민·강동범, §32/10; 정성근·박광민, 618.
31　김일수·서보학, 567.
32　대판 1989. 9. 12, 87도506(전).
33　대판 2000. 8. 22, 2000도2393.
34　이재상·장영민·강동범, §32/12.
35　김성돈, 623; 김일수·서보학, 568; 박찬걸, 725; 배종대, §112/12; 손동권·김재윤, §39/6; 오영
　　근, 558; 이형국·김혜경, 형법각론(2판), 647; 임웅, 713; 정성근·박광민, 619; 정성근·정준섭,
　　422; 정영일, 337; 정웅석·최창호, 형법각론, 201; 최호진, 형법각론, 766; 홍영기, 형법(총론과
　　각론), §100/5.
36　大判 大正 2(1913). 12. 19. 刑錄 19·1481도 같은 취지이다.

한, 문자·부호에 의한 가독성이 없어 문서라고 할 수 없으나, 형법은 1995년 12월 29일 법률 제5057호로 개정되면서 ① 공전자기록 위작·변작죄(§ 227의2)와 사전자기록 위작·변작죄(§ 232의2)를 신설하고, ② 공정증서원본 등의 불실기재죄(§ 228), 위조 등 공문서의 행사죄(§ 229), 위조사문서 등의 행사죄(§ 234)의 객체에 전자기록 등 특수매체기록을 추가하였다.

22   의사 또는 관념의 표시가 문자에 의하는 경우에는 어느 나라의 언어인지 불문하고, 현재 통용되고 있는 언어일 필요가 없다. 문자에 의하는 경우 반드시 문장의 형식을 갖추고 있어야 할 필요가 없으므로, 의사표시의 내용이 생략되어 있는 이른바 생략문서는 그 증명·표시하는 의미내용을 일반인이 독해할 수 있는 한 문서에 해당하고,[37] 다만 별도의 보충에 의하여만 비로소 의사표시를 인정할 수 있는 공백문서(空白文書)는 문서에 포함되지 않는다.[38] 판례도 회사의 법인명판과 인감도장만 찍힌 단순한 백지는 문서가 아니라고 판시하였다.[39] 부호에 의하는 경우에는 속기용 부호, 전신부호 또는 맹인용 점자가 이에 해당한다. 상형적 부호에 의한 의사표시의 경우 도화와 구별하기 위하여 발음적 부호에 의한 경우만 문서에 해당한다는 견해[40]가 있으나, 문자에 대신할 수 있는 가독적 부호면 되고 반드시 발음적 부호임을 요한다고 보기는 어렵다.[41] 다만, 본인만이 해독할 수 있거나 특정한 당사자 사이에서만 이해될 수 있는 부호로 기재된 것은 공공의 신용을 해할 염려가 없으므로 문서가 아니다.

          (다) 의사표시의 계속성

23   문서는 반드시 영구적일 필요는 없으나, 법적 거래에 있어서 문서로서의 기능을 하기 위하여 어느 정도 계속성을 갖춘 상태여야 한다. 이러한 점에서 모래나 눈 위에 쓴 문자, 판자 위에 물로 쓴 문자, 칠판에 쓴 문자 등은 문서에 해당

---

37 대판 1995. 9. 5, 95도1269[구청 세무계장 명의의 소인(消印)을 세금 영수필 통지서에 날인하는 의미는 은행 등 수납기관으로부터 그 수납기관에 세금이 정상적으로 입금되었다는 취지의 영수필 통지서가 송부되어 와서 이에 기하여 수납부 정리까지 마쳤으므로 이제 그 영수필 통지서는 보관하면 된다는 점을 확인함에 있는데, 소인이 가지는 의미가 위와 같은 것이라면 이는 하나의 문서로 보아야 한다고 한 사례].

38 정영일, 337.

39 대판 2002. 12. 10, 2002도5533.

40 임웅, 713; 정영일, 337.

41 김성돈, 623; 김일수·서보학, 567; 배종대, § 112/11; 신동운, 401; 이재상·장영민·강동범, § 32/12; 정성근·박광민, 618.

〔김 정 훈〕

하지 않는다. 계속성이 인정되는 이상 물체에 표시하는 방법에는 제한이 없으므로, 반드시 종이일 필요는 없고, 목편·도자기·피혁·석재 등도 문서가 될 수 있으며, 의사표시의 방법에 관하여도 연필·잉크·먹으로 쓰거나, 염료를 사용하여 천이나 피혁에 글씨를 염색하거나 실을 이용하여 자수하거나, 약품을 사용하여 목재나 금속판을 태워 글씨를 현출시킨 것도 문서가 된다.[42]

실제 사안에서 가장 문제되는 것은 컴퓨터로 작성된 이미지 파일이 문서에 해당하는지 여부이다. 판례는 컴퓨터 모니터 화면에 나타나는 이미지는 이미지 파일을 보기 위한 프로그램을 실행할 경우에 그때마다 전자적 반응을 일으켜 화면에 나타나는 것에 지나지 않아서 계속적으로 화면에 고정된 것으로 볼 수 없으므로, 형법상 문서에 관한 죄에서의 '문서'에 해당하지 않는다고 판시하면서, ① 자신의 이름과 나이를 속이는 용도로 주민등록증의 이름·주민등록번호란에 글자를 오려붙인 후 이를 컴퓨터 스캔장치를 이용하여 이미지 파일로 만든 사안,[43] ② 진정한 공인중개사 자격증의 사진 위에 피고인의 사진을 붙여 복사하고 그 성명·주민등록번호란에 임의 기재한 후 컴퓨터 스캔을 한 사안,[44] ③ 피고인이 대가를 지불하고 성명불상자로부터 위조된 국립대학교 졸업증명서 파일을 받은 사안,[45] ④ 컴퓨터를 이용하여 타인의 금융거래내역을 임의로 입력한 사안,[46] ⑤ 피고인이 석탄 수입을 중개하는 과정에서 보관하고 있던 서류 스캔 파일 중 다른 회사의 직인 및 서명 부분을 오려내고 새로운 직인 및 서명을 붙여넣은 후 PDF(Portable Document Format) 파일로 변환하여 저장한 사안[47]에서 위와 같은 입장을 유지하였다.

다만, 이에 관하여는 컴퓨터로 작성한 이미지 파일이나 전자문서의 중요성을 고려하여 복사문서를 문서로 인정한 것과 같이 판례가 변경될 필요가 있다는 주장도 제기되고 있기는 하나, 뒤에서 살펴보는 바와 같이 전자문서 및 전자기록 등 특수매체기록의 개념에 비추어 이미지 파일을 형법상 문서에 해당한다

24

25

---

42 김성돈, 623; 이재상·장영민·강동범, § 32/14.
43 대판 2007. 11. 29, 2007도7480. 본 판결 평석은 김혜경, "문서위조죄에서의 복사와 행사의 개념", 형사판례연구 [18], 한국형사판례연구회, 박영사(2010), 252-284.
44 대판 2008. 4. 10, 2008도1013.
45 대판 2010. 7. 15, 2010도6068.
46 대판 2017. 9. 21, 2017도10596.
47 대판 2018. 4. 24, 2018도1852.

고 보기는 어렵다고 생각한다. 그러나 판례에 의하더라도 위조된 문서를 컴퓨터 화면상에서 보게 하는 경우에는 문서의 행사에 해당하고,[48] 이미지 파일을 프린터로 출력하면 문서가 된다.[49]

(2) 증명적 기능(證明的 機能, Beweisfunktion)

26   문서는 일정한 법률관계와 사회생활의 중요사항을 증명할 수 있어야 한다. 문서의 증명적 기능은 객관적 증명능력과 주관적 증명의사가 있어야 한다. 일정한 법률관계를 증명하는 문서란 권리의무의 발생·변경·소멸에 관하여 기재된 문서를 말한다. 사회생활상의 중요사항을 증명하는 문서란 권리의무 이외의 사항으로서 거래상 중요한 사실증명에 사용될 수 있는 문서를 말한다.[50] 형법은 제231조 이하에서 '사문서'를 '권리·의무 또는 사실증명에 관한 문서'라고 규정함으로써 이를 명시하고 있으나, 공문서의 경우에도 마찬가지로 보아야 한다.[51] 따라서 단지 사상만을 표시하고 있는 소설, 시가와 단순한 예술작품인 서화나 개인의 일기장, 문안편지, 메모나 비망록, 강의초안 등은 문서가 아니다.[52] 한편 일반적으로 학자의 학문적 의견이나 사상을 담은 논문은 문서가 아니나, 공문서가 자연, 과학 등 분야의 실험·연구보고서인 경우에는 실험의 전제가 되는 객관적 조건 및 실험수치가 정확한 확인절차를 거쳐 파악되거나 산출된 것인지 여부가 연구결과의 신뢰성에 결정적인 영향을 끼치므로 그 확인절차상의 한계 내지 오차·오류의 존재가능성에 대한 아무런 언급 없이 객관적으로 진실에 부합하지 않는 수치 등을 연구보고서에 기재하였다면 허위의 공문서에 해당한다.[53]

27   일정한 법률관계를 증명하는 문서의 예로는 재산관계에 관한 각종 계약서, 청구서, 영수증, 위임장, 혼인·출생·입양 등 신분관계에 관한 각종 신고서, 행정관청에 대한 여권발급·주민등록증발급·인감증명서교부 등 신청서, 유언장, 고소·고

---

48 대판 2008. 10. 23, 2008도5200. 본 판결 평석은 설범식, "위조문서행사죄에서 말하는 '행사'의 방법", 형사재판의 제문제(6권), 박영사(2009), 221-234.
49 대판 2011. 11. 10, 2011도10468.
50 대판 2012. 5. 9, 2010도2690 등.
51 김성돈, 623; 김일수·서보학, 570; 배종대, §112/14; 오영근, 555; 이재상·장영민·강동범, §32/16.
52 독일 판례 가운데에는 일찍이, 연애편지가 불륜행위를 증명하는 - 설령 그 사실이 특정되어 있지 않더라도 - 문서로서 이용될 수 있다고 본 것이 있다(Entscheidungen des Reichsgerichts in Strafsachen, Band 32, p.56; Band 56, p.114; Band 62, p.218).
53 대판 2008. 1. 17, 2007도6987.

발장 등이 있다. 사회생활상의 중요사항을 증명하는 문서는 ① 법률관계의 발생·
변경·소멸의 전후과정을 증명하는 것이 주된 취지인 문서와 ② 직접적인 법률관
계에 단지 간접적으로만 연관된 의사표시 내지 권리의무의 변동에 사실상으로만
영향을 줄 수 있는 의사표시를 내용으로 하는 문서 등을 말하고, 그 예로는 신분증
명서, 주민등록표, 추천서, 안내서, 이력서, 이사회 회의록, 업무일지 등이 있다.

　　판례가 사실증명에 관한 문서로 인정하고 있는 사례[54]로는, 타인 명의의 탄   28
원서,[55] 검찰에 제출한 참고인 진술서,[56] 비리사실을 기재하면서 타인에 대한
처벌을 요구하는 진정서,[57] 자신의 신분을 감추기 위하여 타인의 인적사항과 주
소를 기재한 택배 발송인란의 출력물[58] 등이 있고, 명시적인 판시가 있는 것은
아니나 판례는 행정부처의 대변인이 작성한 보도자료가 일정한 사실 확인을 포
함하고 있는 경우 문서성을 긍정한[59] 바 있다. 반면, 인터넷 홈페이지 게시판에
다른 사람 명의로 기재한 댓글 수준의 게시글,[60] 타인 명의로 인사상 조치를 요
구하였으나 구체적인 사실의 적시 없이 단지 인사에 대한 불만의 의견을 표출
하는 내용의 건의문·호소문[61]의 문서성을 부정하였다.

　　증명의사는 작성자 또는 행사자의 중요한 사실을 증명하기 위한 의사를 말   29
한다. 처음부터 증명의사를 가지고 작성된 문서를 목적문서, 작성 후에 증명의
사가 발생한 문서를 우연문서라고 한다. 증명의사는 확정적인 것을 요하므로,
단순한 초안, 초고 등은 문서가 아니고, 가계약서, 가영수증 등과 같이 기한부
의사로 작성된 것도 확정적 증명의사가 있는 한 문서에 해당한다. 또한 앞서 살
펴본 바와 같이 생략문서라는 것으로 그것이 사람 등의 동일성을 나타나는 데

54 일본 판례는 사실증명에 관한 문서란 실제 사회생활에 관계가 있는 사항을 증명하기에 충분한
　　문서라고 하면서, ① 사립학교 입시에서의 마크시트식 답안[最決 平成 6(1994). 11. 29. 刑集
　　48·7·453], ② 일반여권발급신청서[東京地判 平成 10(1998). 8. 19. 判時 1653·154], ③ 구직
　　시에 사용된 이력서[最決 平成 11(1999). 12. 20. 刑集 53·9·1495], ④ 우편송달보고서[最決
　　平成 16(2004). 11. 30. 刑集 58·8·1005]의 문서로서의 사실증명관련성을 인정하였다.
55 대판 1989. 10. 24, 88도1296; 대판 1990. 1. 23, 87도2625.
56 대판 1999. 7. 23, 98도2787.
57 대판 2002. 12. 10, 2002도3686.
58 대판 2018. 1. 25, 2017도14992.
59 대판 2017. 6. 8, 2016도3411; 대판 2019. 3. 14, 2018도18646.
60 대판 2006. 12. 21, 2006도6535.
61 대판 2009. 4. 23, 2008도8527.

에 그치지 않고 그 이외의 사항도 증명, 표시하는 한 문서에 해당한다. 판례는 은행의 접수일부인,[62] 영수필통지서의 소인,[63] 자신의 선거용 홍보물에 검인 형식으로 날인한 문구[64]를 문서로 보고 있고, 그 외에 백지위임장, 은행의 입출금 전표 등도 문서에 해당한다.

30   문서의 증명능력에 관하여는 문서의 명의인과 작성자가 일치하는 진정문서만이 문서에 관한 죄의 객체가 되는지, 아니면 명의인과 작성자가 불일치하는 부진정문서도 문서에 관한 죄의 객체가 되는지 견해의 대립이 있다. ① 다수설은 문서 위조란 작성자가 명의인인 것처럼 기망하는 외관상의 문서를 작성하는 행위이므로 문서에 관한 죄의 객체는 진정문서에 한하고, 부진정문서는 해당문서가 위조 또는 변조되었다는 사실을 조사하기 위한 검증의 목적물에 불과하다고 한다.[65] 소수설로는 ② 문서에 관한 죄의 보호법익이 문서의 진정에 대한 거래의 안전과 공공의 신용이므로 진정문서뿐 아니라 부진정문서도 문서에 관한 죄의 객체가 된다고 하는 견해,[66] ③ 문서 위조는 외관상 진정문서처럼 보이는 부진정문서를 권한 없이 작성하는 행위라는 이유로 위조의 객체와 위조의 모방대상을 구별하여 문서 위조의 행위의 객체는 부진정문서로 보고, 문서 변조는 명의인이 아닌 자가 이미 존재하는 진정문서의 내용을 권한 없이 변경하는 행위이므로 문서 변조의 행위의 객체는 항상 진정문서라고 보는 견해,[67] ④ 문서 위조의 객체는 진정문서와 부진정문서 전부이고, 문서 변조의 객체는 진정문서만이라는 견해[68]가 있다. 판례는 이미 허위로 작성된 공문서가 공문서변조죄의 객체가 되지 않는다고 하여, 문서 변조의 객체는 진정문서에 한한다고 판시하였다.[69]

   (3) 보장적 기능(保障的 機能, Garantiefunktion)

31   문서에는 의사 또는 관념을 표시한 주체, 즉 작성명의인이 있어야 하고, 작성명의인을 알 수 없는 것은 문서라고 할 수 없다. 명의인은 자연인뿐 아니라

---

62 대판 1979. 10. 30, 77도1879.
63 대판 1995. 9. 5, 95도1269.
64 대판 2007. 7. 12, 2007도2837.
65 배종대, §112/16; 이재상·장영민·강동범, §32/18; 정성근·박광민, 620; 정영일, 338.
66 김성돈, 628; 오영근, 561.
67 임웅, 716.
68 손동권·김재윤, §39/11.
69 대판 1986. 11. 11, 86도1984.

법인과 법인격 없는 단체를 포함한다. 명의인이 작성한 것으로 볼 수 있는 형식
과 외관을 갖춘 이상 명의인의 서명·날인이 반드시 필요한 것은 아니다. 작성
명의인의 형식과 외관의 문제는 완성된 문서인지 여부의 문제와도 관련되어 있
는데, 판례는 묘지분양신청서에 신청인의 인장이 날인되어 있지 않고 주민등록
번호가 기재되어 있지 않은 경우,[70] 채권계약서의 입회인으로 타인의 상호와 성
명을 기재하고 인장이 날인되어 있지 않은 경우,[71] 이사회 회의록에 참석자들의
날인이 없으나 다음 이사회에서 낭독되어 이의 없이 인정된 경우,[72] 차용증에
연대보증인의 이름과 주민등록번호 및 주소를 기재한 경우[73]에는 문서임을 인
정하였다. 반면, 토지사용에 관한 책임각서 등을 작성하면서 작성명의인의 서명
이나 날인은 하지 않고 다만 피고인이 자신의 이름으로 보증인란에만 서명·날
인한 경우[74]에는 사문서위조죄의 성립을 부정하였다.

(가) 작성명의인의 특정

작성명의인은 의사 또는 관념 표시의 주체가 누구인지 인식할 수 있어야   32
하므로, 특정되어야 한다. 다만, 문서의 내용·전체 맥락·형식·외관 등으로 보
아 특정인임을 확인할 수 있을 정도면 충분하다. 판례도 문서에 작성명의인이
명시되어 있지는 않더라도, 문서의 내용·형식·체제 등에 비추어 그 문서 자체
에 의하여 그 작성명의인을 판별할 수 있으면 문서죄의 객체[75]에 해당하고, 명
의인이 명시되지 않은 경우라도 문서의 형식, 내용 등에 의하여 누가 작성하였
는지를 추지(推知)할 수 있을 정도면 충분하다고 판시하고 있다.[76] 일반적으로
익명이나 가명에 의한 문서의 경우 형법상 문서에 해당한다고 보기 어려우나,
위 판례의 태도에 따를 때 익명으로 시험답안지를 작성한 경우에도 이름 대신
특정한 번호를 가지고 작성한 경우 특정이 가능하다고 보아야 한다.[77]

---

70 대판 1989. 8. 8, 88도2209.
71 대판 2000. 2. 11, 99도4819.
72 대판 2003. 5. 30, 2003도1174.
73 대판 2007. 5. 10, 2007도1674.
74 대판 1997. 12. 26, 95도2221.
75 대판 1992. 5. 26, 92도353.
76 대판 1992. 5. 26, 92도353; 대판 1995. 11. 10, 95도2088; 대판 1997. 6. 27, 95도1964; 대판
   2009. 3. 26, 2008도6895.
77 김일수·서보학, 571; 정성근·박광민, 621.

33   판례는 정부 부처의 대변인이 작성한 보도자료에 대하여 작성명의인을 추
지(推知)할 수 있다는 전제에서 문서에 해당한다고 보았고,[78] 새마을금고 총무부
장이 이사장의 결재를 받지 않고 작성한 대의원 피선거권자명단에는 작성명의
인이 표시되어 있지 않고 원활한 대의원선거의 진행을 위하여 선거구별로 1통
씩 명단을 작성한 경우 문서성을 부정하였다.[79]

        (나) 작성명의인의 실재(實在) 여부

34   문서의 작성명의인이 있어야 한다는 점에서 작성명의인이 실제로 존재하여
야 하는지 문제가 될 수 있고, 주로 사자(死者) 또는 허무인 명의 문서가 문제
될 수 있다.

35   통설은 공문서와 사문서를 구별하지 않고 사자와 허무인 명의의 문서라도
공문서와 사문서의 구별 없이 일반인에게 진정한 문서로 오신될 염려가 있다면
모두 문서에 해당한다고 보고 있다.[80]

36   판례는 종래 공문서의 경우 공무원 또는 공무소가 실존하지 않아도 그 공
무소가 실존하고 그 산하 공무원이 실존하는 것으로 일반인이 오인할 우려가
있고, 실존하는 공무원이 작성한 문서로 볼 수 있는 정도의 형식과 외관을 갖춘
이상 공문서위조죄가 성립한다고 판시하면서도,[81] 사문서의 경우에는 작성명의
인이 이미 사망하고 그 문서의 작성일자가 명의인의 생존 중의 일자로 된 경우
가 아닌 경우에는 자격모용사문서작성죄의 성립을 부정하는[82] 등, 사자 또는 허
무인 명의의 문서성을 인정하지 않았다. 그러나 그 후 전원합의체 판결을 통하
여 사문서의 경우에도 작성명의인이 허무인이거나 문서의 작성일자 전에 사망
한 경우에도 문서위조죄가 성립한다고 판시하여,[83] 공문서와 사문서의 구별 없
이 모두 사자 또는 허무인 명의의 문서성을 인정하게 되었다.[84] 이러한 법리는

---

78 대판 2017. 6. 8, 2016도3411; 대판 2019. 3. 14, 2018도18646.

79 대판 1992. 5. 26, 92도353.

80 김성돈, 625; 김일수·서보학, 572; 박상기·전지연, 769; 배종대, §112/22; 손동권·김재윤, §39/13;
   이재상·장영민·강동범, §32/22; 임웅, 718; 정성근·박광민, 622; 정영일, 339.

81 대판 1968. 9. 17, 68도981.

82 대판 1992. 12. 24, 92도2322.

83 대판 2005. 2. 24, 2002도18(전). 본 판결 해설은 박종민, "허무인 명의의 사문서위조", 해설
   56(2005년 상반기), 법원도서관(2005), 263-275.

84 일본 판례도 사자 명의 문서[最判 昭和 26(1951). 5. 11. 刑集 5·6·1102], 허무인 명의 문서[最
   決 平成 11(1999). 12. 20. 刑集 53·9·1495]에 대한 문서성을 인정하고 있다.

자연인뿐 아니라 법인에도 적용되므로, 법인의 문서작성자로 표시된 사람이 실
존하지 않는 경우,[85] 해산등기를 마쳐 그 법인격이 소멸한 법인 명의의 사문서
를 위조한 경우[86]에도 사문서위조가 성립한다.

(다) 작성명의인과 작성자의 구별

작성명의인과 문서를 실제로 작성한 사람이 반드시 같을 필요는 없다. 작   37
성명의인이 다른 사람으로 하여금 문서를 작성하게 한 경우, 의사 또는 관념의
주체인 작성명의인이 문서 작성의 주체가 되고(정신성설 또는 의사설),[87] 실제로
문서를 작성한 사람은 작성보조자에 불과하다. 문서에 대한 공공의 신용은 작성
명의인에 대한 신용을 토대로 하고 있으므로, 의사 또는 관념의 표시내용의 보증
인으로 인식되는 명의인이 존재하는 경우에 문서로서의 보호가치가 인정된다.[88]

이에 대하여 승낙자 또는 대리권을 부여한 자는 작성자가 아니고, 실제로   38
작성한 사람을 기준으로 보아야 한다는 견해(물체화설, 행위설 또는 사실설)가 있다.
그러나 이 견해는 형식적 사고에 그쳐 문서의 진정성을 제대로 파악하지 못하
는 견해로 채택하기 어렵다. 형법은 대리권이 없는데도 대리권이 있는 것처럼
가장하여 문서를 작성한 경우 자격모용에 의한 문서작성죄로 처벌하고 있는데,
대외적으로는 진정한 작성명의인이 현출되어 있다는 점에서 '위조'가 아닌 '작성'
이라는 용어를 사용하고 있는 것도 이러한 맥락에서 이해할 수 있다.

사문서위조죄의 객체가 되는 문서의 진정한 작성명의인이 누구인지에 관하   39

---

85 대판 2003. 9. 26, 2003도3729.
86 대판 2005. 3. 25, 2003도4943.
87 일본에는 작성자의 개념을 둘러싸고 ① 물리적으로 문서를 작성한 사람이 작성자라는 물체화설
(행위설·사실설)과 ② 자신의 의사표시를 문서로써 고정화시킨 사람을 작성자라고 하는 정신성
설(의사설)(통설)이 대립되어 활발한 논의가 있다. 예컨대 B가 A의 승낙을 얻어 A 명의의 문서
를 작성한 경우, 위 ①설에 의하면 B가 작성자로서 명의자 A의 문서를 작성하였으므로 유형위
조에는 해당하지만 승낙에 의하여 위법성이 조각되어 처벌할 수 없고, 위 ②설에 의하면 A가 작
성자이므로 명의자와 작성자가 같아 유형위조가 되지 않는다. 그런데 문서위조죄의 보호법익은
명의인의 이익이 아니므로 승낙에 의한 위법성조각을 인정할 수 없다는 비판이 있어 일본에서도
위 ①설을 지지하는 학자는 아주 소수이다. 위 ②설에서도 ⓐ 의사에 기하여 문서를 작성하게
한 사람이 작성자라는 의사설, ⓑ 문서로서 구체화된 의사표시의 효과가 귀속하는 사람을 작성
자라고 하는 효과귀속설, ⓒ 문서를 작성한 것 자체에 대하여 법적인 책임을 지는 사람을 작성
자라고 하는 책임추급설, ⓓ 문서인 의사·관념 표시의 귀속주체를 작성자라고 하는 귀속설(문
서의 증거로서의 이용가능성을 속이는 행위가 문서위조죄라고 하는 증거범죄설에서의 주장)이
있다. 이러한 논의의 상세에 대해서는 西田 外, 注釈刑法(2), 399-404(今井猛嘉) 참조.
88 임웅, 717.

〔김 정 훈〕   **233**

여 문서의 표제나 명칭만으로 이를 판단하여서는 안 되고, 문서의 형식과 외관
은 물론 문서의 종류, 내용, 일반 거래에서 그 문서가 가지는 기능 등 제반 사정
을 종합적으로 참작하여 판단하여야 하므로,[89] 구체적 사실관계에 따라 개별적
으로 작성명의인이 누구인지 판단하여야 한다.

40   판례는 ① 부가가치세 과세사업자가 재화나 용역을 공급하는 때에 이를 공
급받은 자에게 작성·교부하여야 하는 세금계산서의 작성권자는 공급자로 보아
공급받는 란에 임의로 다른 사람을 기재하였다고 하여 그 사람에 대한 사문서
위조죄가 성립하지 않는다고 판시하였고,[90] ② 투자보증서에 법인명과 피고인
개인 성명이 모두 기재되어 있으나 작성한 투자보증서의 형식과 외관, 내용 및
작성경위에 비추어 법인이 아닌 피고인 개인 명의의 문서로 인정한 바 있으
며,[91] ③ 피고인이 집합건물 관리규약동의서의 구분소유자 대표자란에 권한 없
이 그 구분소유자의 이름을 기재하고 뒤에 '代'라고만 기재하고 대리인의 이름
을 기재하지 않은 경우 대리인 자격을 모용한 사람이 누구인지 알 수 없고, 문
서의 작성명의인을 그 구분소유자로 오신하기에 충분하므로 자격모용사문서작
성죄가 아닌 사문서위조죄가 성립한다고 판시하였다.[92]

(4) 문서의 원본성(복사문서)

41   문서는 의사 또는 관념이 확정적으로 직접 기록된 것이어야 한다. 명의인
의 의사 또는 관념이 다른 매개체의 개입 없이 직접 표시되어 있는 상태를 문서
의 원본성(原本性)이라고 한다. 문서의 증명적 기능을 제대로 발휘하기 위하여
명의인의 의사 또는 관념과 문서 사이에 오류 개입의 여지를 차단하여야 하기
때문이다. 다만, 가계약서, 가영수증 등과 같이 본계약서나 본영수증이 작성될
때까지 시한부로 본계약서와 본영수증으로서의 역할을 대신하는 경우에는 문서
에 해당한다.

42   문서의 원본성과 관련하여 문제되는 개념으로는 복본, 등본, 초본, 사본이
있다. 복본(複本)은 명의인이 증명을 위하여 원본과 동일한 내용을 여러 통 작성

---

89 대판 1996. 2. 9, 94도1858; 대판 1997. 6. 27, 95도1964; 대판 2001. 3. 23, 2001도299.
90 대판 2007. 3. 15, 2007도169.
91 대판 2016. 10. 13, 2015도17777.
92 대판 2018. 4. 12, 2015도7773.

한 것으로 문서에 해당한다. 등본, 초본, 사본에 관하여는 원본이 아니므로 원
칙적으로 문서에 해당하지 않고, '원본과 상위 없음'이라는 인증이 기재된 경우
에 한하여 문서로 인정할 수 있다는 견해가 통설[93] 및 판례[94]였다. 그러나 판례
는 그 견해를 변경하여 사진기나 복사기 등을 사용하여 기계적인 방법에 의하
여 원본을 복사한 문서에 대하여도 원본에 대신하는 증명수단으로서의 기능이
증대되고 있고, 사회적 신용을 보호할 필요가 있다는 이유로 문서에 해당한다고
판시하였다.[95] 형법은 1995년 12월 29일 법률 제5057호로 개정되면서 판례의
취지에 따라 전자복사기, 모사전송기 기타 이와 유사한 기기를 사용하여 복사한
문서 또는 도화의 사본도 문서 또는 도화로 본다는 제237의2를 신설하여 입법
적으로 해결하였다. 판례는 복사문서를 재사본한 경우에도 문서위조죄의 객체
에 해당한다고 판시하고 있다.[96]

2. 문서의 종류

(1) 공문서와 사문서

공문서는 공무원 또는 공무소가 직무에 관하여 작성한 문서를 말한다. 즉,   43
공무원 또는 공무소가 작성명의인인 문서이다. 이때 공무원 또는 공무소는 우리
나라의 공무원 또는 공무소를 의미하므로, 외국의 공무원 또는 공무소가 작성한
문서는 공문서가 아니다.[97] 다만, 국제협약이나 조약에 의하여 국내에서도 동일
한 효력을 가지는 외국의 공문서는 공문서에 해당한다. 판례는 홍콩 교통국장
명의의 국제운전면허증이 문서에 해당한다고 보아 사문서위조죄를 인정한 바
있다.[98] 그리고 작성명의인이 공무원 또는 공무소인 경우에도 직무상 작성한 것
이 아니면 공문서에 해당하지 않는다.[99]

93 김성돈, 626; 김일수·서보학, 568; 배종대, §112/24; 신동운, 406; 임웅, 714; 정영일, 340.
94 대판 1981. 12. 22, 81도2715; 대판 1983. 9. 13, 83도1829; 대판 1985. 11. 26, 85도2138; 대판
   1988. 1. 19, 87도1217.
95 대판 1989. 9. 12, 87도506(전).
96 대판 2000. 9. 5, 2000도2855; 대판 2004. 10. 28, 2004도5183.
97 김성돈, 626; 김일수·서보학, 591; 배종대, §112/26; 손동권·김재윤, §39/15; 신동운, 412; 오영근,
   564; 이재상·장영민·강동범, §32/26; 임웅, 719; 정성근·박광민, 643.
98 대판 1998. 4. 10, 98도164.
99 김성돈, 627; 김일수·서보학, 592; 배종대, §112/26; 손동권·김재윤, §39/21; 신동운, 429; 오영근,
   565; 이재상·장영민·강동범, §32/26; 정성근·박광민, 643; 정영일, 347.

44   사문서는 사인(私人) 명의로 작성된 문서를 말한다. 사인에는 자연인 외에 법인을 포함하고, 내·외국인을 불문한다. 그러나 모든 문서가 형법상 문서죄의 객체가 되는 것은 아니고, 권리·의무 또는 사실증명에 관한 문서이어야 한다.

45   한편, 하나의 문서에 공무원 또는 공무소의 명의의 작성 부분과 사인 명의의 작성 부분이 함께 있는 공·사병존문서가 있을 수 있다. 예컨대, ① 법원이 작성하여 교부한 협의이혼확인서 다음에 공무소의 간인으로 연결된 이혼(친권자지정)신고서를 첨부하는 경우와 같이 두 개의 문서가 하나로 결합된 형태, ② 수사관계서류에 사인(私人)의 서명을 받는 경우와 같이 하나의 공문서에 사인 명의의 서명이 개입된 형태, ③ 각종 증명원, 등기권리증, 내용증명우편과 같이 사문서에 공무원 또는 공무소가 직무상 일정한 사항을 기입한 형태가 있을 수 있다. 위 ①의 형태와 같은 복합문서의 경우에는 사문서를 떼어내고 새로운 사문서를 붙였다고 하더라도 공문서변조 및 변조공문서행사죄가 성립하지 않고,[100] 위 ②의 형태와 같은 경우에는 각 기재 부분에 따라 문서 전체는 공문서, 사인의 서명 부분은 사문서 또는 사서명(私署名)으로 보고 있으며, 위 ③의 형태와 같은 경우에는 공무원 또는 공무소의 증명문구가 기재된 후 증명의 대상이 된 사문서 부분을 변조한 경우에는 공문서변조죄가 성립한다.[101]

(2) 진정문서, 부진정문서와 허위문서

46   진정문서는 문서의 명의인과 작성자가 일치하는 문서를 말한다. 부진정문서 또는 위조문서는 문서의 명의인과 작성자가 일치하지 않는 문서를 말한다. 부진정문서의 경우에는 작성자가 명의인의 승낙 없이 타인 명의를 모용하여 문서를 작성한 경우만 형법적으로 문제가 된다. 허위문서는 작성명의인이 작성하였으나, 그 내용이 허위인 문서를 말한다. 공문서 전체와 사문서 중 진단서 등이 형법적으로 문제가 된다.

(3) 개별문서, 전체문서와 결합문서

47   개별문서는 개개의 문서가 개별적으로 의사 또는 관념을 표시한 것으로 인

---

100 대판 2009. 1. 30, 2006도7777.
101 대판 1985. 9. 24, 85도1490. 다만 이 사안은 인감증명서의 사용용도 기재 변경에 관한 사안인데, 이후 인감증명법이 개정되어 부동산매도용 이외의 용도기재 변경은 더 이상 공무원이 작성한 증명문구에 의하여 증명되는 부분이 아니므로, 현재는 공문서변조죄가 성립하지 않는다(대판 2004. 8. 20, 2004도2767).

정되는 독립된 문서를 말하고, 보통의 문서가 여기에 해당한다. 전체문서는 개
개의 문서가 계속적·전체적으로 결합하여 전체가 의사 또는 관념의 통일된 표
시내용을 갖는 문서를 말하고, 예금통장, 상업장부, 소송기록 등이 여기에 해당
한다. 결합문서는 문서가 검증의 목적물인 다른 문서와 결합하여 통일된 증명내
용을 갖는 문서를 말하고, 확정일자인이 찍힌 임대차계약서, 사진을 첨부한 증
명서 등이 여기에 해당하며, 공·사병존문서 중 상당수가 결합문서에 해당한다.

(4) 단일 명의인 문서와 연명문서

단일 명의인 문서는 명의인이 1명인 문서를 말하고, 연명문서는 하나의 문 48
서가 여러 명의인 명의로 작성된 문서를 말한다. 여러 단계의 결재를 거치는 공
문이나 회의록 등이 연명문서에 해당한다. 연명문서의 경우 문서 위·변조죄에
서 죄수관계가 문제되는데, 판례는 문서에 2인 이상의 작성명의인이 있을 때에
는 각 명의인마다 1개의 문서가 성립되므로, 2인 이상의 연명으로 된 문서를 위
조한 때에는 작성명의인의 수대로 수개의 문서위조죄가 성립하고, 그 연명문서
를 위조하는 행위는 자연적 관찰이나 사회통념상 하나의 행위이므로, 수개의 문
서위조죄는 상상적 경합에 해당한다고 보고 있다.[102] 또한, 여러 단계의 결재를
거치는 공문에서 중간결재자 명의 부분에 대한 위·변조 및 허위공문서작성이
문제되는 사안이 많이 있는데, 이는 허위공문서작성죄 부분에서 살펴본다.

(5) 완전문서와 생략문서

문서의 내용 표시가 부분적으로 생략되어 있는 것을 생략문서 또는 약식문 49
서라고 하고, 내용 표시에 누락된 부분이 없는 것을 완전문서라고 한다. 생략문
서의 경우에도 사람 등의 동일성을 나타내는 데에 그치지 않고 그 이외의 사항
도 증명, 표시하는 한 문서에 해당한다. 판례가 생략문서로 인정한 사례는 앞서
문서의 의의 중 증명적 기능 부분에서 살펴본 바와 같다.

3. 도화의 개념

광의의 문서 중 발음적 부호를 사용한 것을 협의의 문서라고 하고, 형상적 50
부호를 사용한 것을 도화라고 한다. 지적도와 상해의 부위를 명백히 하기 위한

---

102 대판 1987. 7. 21, 87도564.

인체도가 이에 해당한다. 판례는 ① 가환지에 관한 경지정리확정지구 원도가 이해 관계인의 권리에 관한 사항을 기입한 것으로서 공무소가 비치한 도화라고 판시하였고,[103] ② 담뱃갑의 표면에 그 담배의 제조회사와 담배의 종류를 구별·확인할 수 있는 특유의 도안이 표시되어 있는 경우에는 그 담뱃갑 안에 들어 있는 담배가 특정 제조회사가 제조한 특정한 종류의 담배라는 사실을 증명하는 기능을 하고 있으므로, 담뱃갑이 문서 등 위조의 대상인 도화에 해당한다고 판시하였다.[104]

Ⅵ. 전자기록과 전자문서

1. 형법상 전자기록 등 특수매체기록

51   형법은 1995년 12월 29일 법률 제5057호로 개정되면서 제227조의2와 제232조의2를 신설하여 공전자기록 및 사전자기록 위작·변작죄를 별도로 규정하고, 그에 따라 제229조와 제234조에서 행사죄의 객체로도 규정하게 되었다. 전자기록이란 집적회로, 자기디스크, 자기테이프와 같은 일정한 매체에 전기적·자기적 방식으로 저장된 기록을 말하고, 특수매체기록이란 전기적 물체가 아닌 다른 문체, 즉 레이저광을 이용하는 광디스크 등에 기록하는 것을 말한다. 전기적 방식으로는 반도체기억집적회로(IC)에 의한 것이 있고, 그 예로는 컴퓨터 내의 롬(ROM)과 램(RAM) 등의 기록을 들 수 있다. 자기적 방식으로는 자기디스크나 자기테이프에 의한 것이 있고, 그 예로는 자기띠가 부착된 현금카드와 신용카드 등을 들 수 있다. 판례는 전자기록 등 특수매체기록에 대하여 일정한 저장매체에 전자방식이나 자기방식에 의하여 저장된 기록을 의미한다고 판시하면서,[105] 램(RAM)에 올려진 전자기록에 허구의 내용을 수정·입력한 경우에 사전자기록변작죄가 성립하고,[106] 경찰정보시스템에 허위사실을 입력한 경우 공전자기록위작죄가 성립한다고 보았다.[107] 한편, 일본형법 제7조의2는 전자적기록에 대하여

---

103 대판 1980. 8. 12, 80도1134.
104 대판 2010. 7. 29, 2010도2705.
105 대판 2003. 10. 9, 2000도4993.
106 대판 2003. 10. 9, 2000도4993.
107 대판 2005. 6. 9, 2004도6132.

"전자적 방식, 자기적 방식 그 밖의 지각에 의하여는 인식할 수 없는 방식으로 만들어지는 기록으로, 전자계산기에 의한 정보처리용으로 제공되는 것을 말한다."라고 규정하고 있다.

　　전자기록은 문서의 개념요소 중 증명적 기능을 갖고 있을 수 있으나, 계속 적 기능, 보장적 기능을 갖고 있지 않으므로 문서와 구별하는 것이 통설이다. 즉 전자기록 등 특수매체기록은 형법상 문서에는 해당하지 않지만, 이를 보호할 필요가 있어 별도의 규정을 두어 범죄의 구성요건을 정하고 있는 것으로 보아 야 한다. 한편, 판례는 과거 타인의 전화카드를 절취하여 이를 사용한 행위에 대하여 전화카드가 전화카드 회원이라는 사실을 증명하는 사문서에 해당하고, 그 자기띠 부분은 전화카드의 나머지 부분과 불가분적으로 결합되어 있음을 이 유로 사문서부정행사죄를 인정한 바 있다.[108]

52

2. 전자문서 및 전자거래 기본법상 전자문서

　　전자정보통신기술의 발전으로 현대사회는 종이로 된 문서보다는 전자문서 의 형식으로 자신의 의사 또는 관념을 표시하거나 사실을 증명하는 경우가 더 욱 많아졌다. 이에 전자문서 및 전자거래의 법률관계를 명확히 하고 전자문서 및 전자거래의 안전성과 신뢰성을 확보하며 그 이용을 촉진할 수 있는 기반을 조성하기 위하여 1999년 2월 8일 법률 제5834호로 전자거래기본법을 제정하였 고, 이후 법령명을 변경하여 현재 전자문서 및 전자거래 기본법(이하, 전자문서법 이라 한다.)으로 전자문서 및 전자거래에 관한 법률관계를 규율하고 있다.

53

　　전자문서법은 전자문서를 "정보처리시스템에 의하여 전자적 형태로 작성· 변환되거나 송신·수신 또는 저장된 정보"로(§ 2⑴), 정보처리시스템을 "전자문서 의 작성·변환, 송신·수신 또는 저장을 위하여 이용되는 정보처리능력을 가진 전 자적 장치 또는 체계"로(§ 2⑵), 전자거래를 "재화나 용역을 거래할 때 그 전부 또 는 일부가 전자문서 등 전자적 방식으로 처리되는 거래"로(§ 2⑸) 각 정의하고 있 다. 그리고 전자문서법은 다른 법률에 특별한 규정이 있는 경우를 제외하고 모 든 전자문서 및 전자거래에 적용하고(§ 3), 전자문서는 전자적 형태로 되어 있다

54

---

108 대판 2002. 6. 25, 2002도461.

는 이유만으로 법적 효력이 부인되지 않는다(§ 4①).

55   한편 전자문서법 외에도 전자문서에 관한 정의 규정을 두고 있는 여러 법률이 있는데, 그 대표적인 것으로 전자서명법 제2조 제1호,[109] 정보통신망 이용촉진 및 정보보호 등에 관한 법률 제2조 제1항 제5호[110]를 들 수 있다. 그 외에도 민사소송 등에서의 전자문서 이용 등에 관한 법률,[111] 약식절차 등에서의 전자문서 이용 등에 관한 법률[112]에 의하여 전자소송의 형태로 진행되는 소송에서 전자문서를 제출할 수 있도록 규정하고 있고,[113] 헌법재판소 사무관리 규칙 제3조 제1호[114] 및 선거관리위원회 사무관리규칙 제3조 제1호에서도 공문서에 전자문서를 포함하는 규정을 두고 있다.

56   앞서 살펴본 바와 같이 전자기록 등 특수매체기록에 관하여 형법에 별도로 규정을 두고 있는 점에 비추어 형법상 문서에 해당하지 않는다고 보아야 한다는 견해가 통설이나, 전자문서법을 근거로 하여 형법상 문서의 개념을 수정하여야 한다는 견해[115]가 있다. 그 근거로는 형법상 문서에 관한 죄에서의 보호법익

---

109 전자서명법 제2조(정의) 이 법에서 사용하는 용어의 뜻은 다음과 같다.
    1. "전자문서"란 정보처리시스템에 의하여 전자적 형태로 작성되어 송신 또는 수신되거나 저장된 정보를 말한다.
110 정보통신망 이용촉진 및 정보보호 등에 관한 법률 제2조(정의) ① 이 법에서 사용하는 용어의 뜻은 다음과 같다.
    5. "전자문서"란 컴퓨터 등 정보처리능력을 가진 장치에 의하여 전자적인 형태로 작성되어 송수신되거나 저장된 문서형식의 자료로서 표준화된 것을 말한다.
111 민사소송 등에서의 전자문서 이용 등에 관한 법률 제2조(정의) 이 법에서 사용하는 용어의 뜻은 다음과 같다.
    1. "전자문서"란 컴퓨터 등 정보처리능력을 가진 장치에 의하여 전자적인 형태로 작성되거나 변환되어 송신·수신 또는 저장되는 정보를 말한다.
112 약식절차 등에서의 전자문서 이용 등에 관한 법률 제2조(정의) 이 법에서 사용하는 용어의 뜻은 다음과 같다.
    1. "전자문서"란 형사사법정보시스템에 의하여 전자적인 형태로 작성되어 송신·수신되거나 저장되는 정보로서 문서형식이 표준화된 것을 말한다.
113 형사소송과 관련하여, 2021년 10월 19일 형사사법절차에서의 전자문서 이용 등에 관한 법률이 제정되어 2024년 10월 20일부터 시행된다.
114 헌법재판소 사무관리 규칙 제3조(정의) 이 규칙에서 사용하는 용어의 정의는 다음과 같다.
    1. "공문서"란 헌법재판소 내부나 대외적으로 공무상 작성 또는 시행되는 문서(도면·사진·디스크·테이프·필름·슬라이드·전자문서 등의 특수매체기록을 포함한다. 이하 같다) 및 헌법재판소에서 접수한 모든 문서를 말한다.
    5. "전자문서"란 컴퓨터 등 정보처리능력을 가진 장치에 의하여 전자적인 형태로 작성, 송수신 또는 저장된 문서를 말한다.
115 이정훈, "형법상 문서와 전자기록과의 관계", 비교형사법연구 5-2, 한국비교형사법학회(2003), 345-

인 '거래의 안전과 공공의 신용'과 전자문서법 제1조에서 밝히고 있는 보호법익
인 '전자거래의 안전성과 신뢰성'이 거의 동일하고, 전자문서법 제2조 제5호는
전자거래를 '재화나 용역의 거래'로 규정하고 있으나, 법률 전체로는 재화나 용
역에 한정되어 적용되는 것이 아니라 의사표시에 관한 사항도 포함되어 있다는
점을 들고 있다. 그러나 형법이 문서와는 별개로 전자기록 등 특수매체기록에
관한 규정을 신설하여 전자문서를 형법상 문서에 포함시킬 실익이 없어졌고, 문
서의 개념과 사전자기록 및 공전자기록 위작·변작죄에 관한 판례의 태도 등에
비추어 형법상 문서의 개념을 수정할 필요는 없다고 보아야 한다.[116] 즉 전자문
서는 문서의 개념요소 중 증명적 기능을 갖고 있으나, 계속적 기능과 보장적 기
능을 갖고 있지 않으므로 형법상 문서로 포섭하기는 어렵다고 보아야 한다.[117]

　　전자문서법은 공인전자문서센터에 보관된 전자문서나 그 밖의 관련 정보를　　57
위조 또는 변조하거나 위조 또는 변조된 정보를 행사하는 것을 금지하고 있고
(§ 31의12①), 이를 위반하는 경우에는 10년 이하의 징역 또는 1억 원 이하의 벌
금에 처하도록 규정하고 있다(§ 43①(i)). 위 조항의 적용은 공전자기록위·변작죄
(§ 227의2), 사전자기록위·변작죄(§ 232의2)에 관한 해석을 원용할 수 있다. 그리고
전자문서법상 전자문서가 형법상 전자기록 등 특수매체기록에 해당하는 경우에
는 전자문서 위조·변조행위는 전자문서법위반죄에 해당하고, 형법상 전자기록
위·변작죄는 일반법·특별법관계에 의한 법조경합관계로서 전자문서법위반죄만
성립한다.[118]

349.
116 이정훈(주 115)의 논문은 형법상 전자기록 등 특수매체기록에 관한 규정을 새롭게 신설하였다고
　　하더라도, 타인의 전화카드를 부정하게 사용한 대판 2002. 6. 25, 2002도461을 들면서 형법이
　　전자기록부정행사죄에 관한 규정을 두고 있지 않으므로, 여전히 형법상 문서의 개념을 수정할
　　실익이 있다고 주장한다.
117 다만, 향후 기술적 보완을 통하여 보장적 기능을 갖출 수는 있다고 생각한다.
118 주석형법〔각칙(2)〕(5판), 531(김태업).

VII. 행위태양

1. 문서의 위조

(1) 위조의 개념

58   위조란 작성권한 없는 사람이 타인 명의를 모용하여 문서를 작성하는 것을 말한다. 위조의 개념에 관하여는 최광의, 광의, 협의 및 최협의로 나누어 설명하고 있다.[119]

59   ① 최광의의 위조는 문서에 관한 죄의 구성요건적 행위를 총칭하는 개념으로 위조, 변조, 자격모용에 의한 문서작성, 허위문서작성 및 위조문서 등의 행사를 모두 포함한다. ② 광의의 위조는 최광의의 위조 중 위조문서 등의 행사를 제외한 나머지 행위유형을 가리킨다. 광의의 위조는 유형위조와 무형위조로 나누어진다. 유형위조는 작성권한 없는 사람이 타인 명의를 사용하여 문서를 작성하는 행위이고, 유형위조로 인하여 작성된 문서를 부진정문서라고 한다. 무형위조는 작성권한 있는 사람이 진실에 반하는 내용의 문서를 작성하는 행위이고, 무형위조로 인하여 작성된 문서를 허위문서라고 한다. ③ 협의의 위조는 광의의 위조에서 무형위조를 제외한 것, 즉 유형위조만을 가리키고, 유형위조는 다시 작성권한 없는 사람이 타인의 작성명의를 함부로 사용하여 새로운 문서를 만들어 내는 위조와 이미 진정하게 성립된 문서의 내용에 동일성을 해하지 않을 정도로 변경을 가하는 변조로 구별된다. ④ 최협의의 위조는 유형위조 중 변조를 제외한 것을 가리킨다. 공문서위조죄(§ 225), 사문서위조죄(§ 231)의 구성요건에 해당하는 '위조'이다. 결국 형법전에서 규정하고 있는 '위조'는 최협의의 위조로 해석하여야 한다.

(2) 위조의 요건

(가) 작성권한이 없는 사람

60   작성권한이 없는 사람이란 타인 명의의 문서를 작성할 정당한 권한이 없는 사람을 말한다. 작성권한의 유무는 법규·계약·거래관행·당사자의 의사 등을 고려하여 개별적·구체적으로 판단하여야 한다.[120] 문서의 작성권한은 구체적으로 판단하여야 하므로, 공무원이라고 하더라도 구체적인 작성권한에 속하지 않

---

119 신동운, 413; 이재상·장영민·강동범, § 32/34.
120 김성돈, 631; 김일수·서보학, 575; 배종대, § 113/5; 임웅, 723; 정성근·박광민, 628.

는 공문서를 작성한다면 공문서위조죄에 해당한다. 공무원이 구체적 직무집행에 관계없는 공문서를 작성한 경우에는 허위공문서작성죄가 아닌 공문서위조죄가 성립한다. 작성권한이 없는 사람이 작성한 문서의 내용이 진실이라고 하더라도 위조에 해당하는 반면, 작성권한이 있는 사람이 허위의 내용을 기재하더라도 사문서의 경우에는 유형위조만을 처벌하고 있으므로 위조가 되지 않는다.

명의인의 유효한 명시적·묵시적 승낙이나 양해가 있거나 현실적 승낙이 없 61
었더라도 행위 당시의 객관적 사정을 토대로 당연히 승낙하였을 것으로 추정되는 경우에는 위조가 되지 않는다.121 그러나 명의인의 명시적인 승낙이나 동의가 없다는 것을 알고 있으면서도 명의인이 문서작성 사실을 알았다면 승낙하였을 것이라고 기대하거나 예측한 것만으로는 그 승낙이 추정된다고 단정할 수 없다.122 명의인의 사전승낙은 구성요건해당성을 배제하는 승낙(양해)에 해당하나, 사후승낙은 유효한 승낙이 아니므로 위조에 해당한다.123 작성권한의 유무는 행위 당시를 기준으로 하는 것이 원칙이다. 다만 판례는 자격모용사문서작성죄가 문제된 사안에서, 주주총회에서 해임된 대표이사가 문서를 작성한 뒤 주주총회결의의 취소판결이 확정된 경우에는 그 결의에 의하여 해임된 대표이사가 소급하여 자격을 회복하므로 자격모용사문서작성죄가 성립하지 않는다고 판시하였다.124

명의인으로부터 문서 작성권한을 위임받은 경우에도 권한 초월과 남용이 62
문제되는 경우가 있다. 문서작성을 위임받은 사람이 위임받지 않은 내용이나 위임받은 권한을 초월하여 내용을 기재하여 명의인의 의사에 반하는 사문서를 작성한 경우에는 사문서위조죄가 성립하고,125 단지 위임받은 권한의 범위 내에서 이를 남용하여 문서를 작성한 경우에는 사문서위조죄가 성립하지 않는다.126 구체적인 사안에서 권한초월에 해당하는지 아니면 권한남용에 불과한지를 구별하

---

121 대판 2003. 5. 30, 2002도235.
122 대판 2008. 4. 10, 2007도9987; 대판 2011. 9. 29, 2010도14587; 대판 2013. 9. 12, 2013도6446; 대판 2017. 1. 25, 2016도16797.
123 대판 1999. 5. 14, 99도202; 대판 2008. 2. 28, 2007도11337; 대판 2009. 7. 9, 2009도3524.
124 대판 2018. 11. 29, 2016도15089.
125 대판 1994. 7. 29, 93도1091; 대판 1997. 3. 28, 96도3191; 대판 2003. 8. 22, 2003도1368; 대판 2007. 6. 15, 2007도33; 대판 2008. 3. 27, 2008도46; 대판 2008. 10. 9, 2008도6189.
126 대판 2005. 10. 28, 2005도6088; 대판 2006. 9. 28, 2006도1545; 대판 2012. 3. 15, 2011도11520.

는 것은 쉽지 않은데, 위임자의 의사에 반하는지 여부, 위임자에게 실질적인 손
해를 초래하였는지 여부 등을 종합하여 판단하여야 한다. 다만, 대리권이나 대
표자격이 있는 사람이 권한을 초과한 경우에는 어떤 죄에 해당하는지에 관하여
문서위조죄에 해당한다는 견해[127]가 있으나, 다수설은 자격모용문서작성죄에
해당한다고 보고 있다.[128] 판례는 권한을 초월한 경우와 마찬가지로 사문서위조
죄가 성립한다고 보고 있다.[129]

(나) 타인 명의의 모용

63 위조의 본질은 타인의 명의를 모용하는 데 있다. 타인의 명의를 모용한다
는 것은 실질적인 명의인에 대한 착오를 야기·유지하기 위한 행위, 즉 동일성
의 기망·사칭을 의미한다. 문서의 기재내용이 진실한지 여부는 문제되지 않고,
문서의 실제 작성자가 표시될 필요가 없다. 명의인이 실제로 존재할 필요는 없
고, 사자나 허무인 명의를 모용하는 것도 위조가 될 수 있다. 앞서 살펴본 바와
같이 작성명의인의 특정이 실제 사안에서는 중요할 수 있다. 작성명의인이 특정
된 이후 명의인과 실제 작성자가 다른 경우에는 위조죄가 성립한다. 명의인을
기망하여 문서를 작성하게 하는 경우에 서명날인자의 의사에 반하는 문서를 작
성하게 하였다면 위조죄가 성립하나,[130] 명의인이 문서를 작성하게 된 동기에
관하여 착오가 있을 뿐 문서의 내용과 작성 자체가 명의인의 의사에 기한 것인
경우에는 위조죄가 성립하지 않는다.[131]

64 한편 작성자가 본명 대신 가명이나 위명을 사용하여 사문서를 작성한 경우
위조에 해당하는지 문제된다. 판례는 ① 피고인이 실존하는 다른 사람의 이름으
로 회사에 입사한 뒤 그 명의로 사직원, 근로계약서, 서약서 등을 작성한 경우,[132]

---

127 김성돈, 633; 김일수·서보학, 577.
128 배종대, § 113/6; 오영근, 576; 이재상·장영민·강동범, § 32/36; 임웅, 724; 정성근·박광민, 630.
129 대판 1997. 3. 28, 96도3191; 대판 2005. 10. 28, 2005도6088.
130 대판 1976. 7. 13, 74도2035; 대판 1992. 3. 31, 91도2815.
131 정영일, 343.
132 대판 1979. 6. 26, 79도908. 「사문서에 관한 작성명의자가 실제의 본명 대신에 가명 또는 위명
    을 사용한 경우에 위조가 되지 않는 것은 그 작성명의자의 인격 자체의 동일성이 그대로 유지됨
    으로써이고 위명자와 본명자의 인격이 상이할 때에는 위조죄가 성립한다고 봄이 상당할 것이다.
    흔히들 보는 바 전과있는 자가 타인의 이름을 모용하여 이력서를 위조하는 경우와 이 사건에 있
    어서 피고인이 이력을 속여 취직을 하기 위하여 실존하는 A의 명의를 모용한 것은 다를 바 없
    고, 일단 취직이 된 후 3년이 지났다고 해서 피고인이 A 이름으로 가명을 쓰는 것으로 확정이

② 피고인이 다방 업주로부터 선불금을 받고 종업원으로 취업하기 위하여 선불금의 반환을 약속하는 내용의 현금보관증을 작성하면서 가명과 허위의 출생연도를 기재한 경우[133] 사문서위조죄가 성립한다고 판시하였다. 즉, 가명이나 위명을 사용하여 사문서를 작성한 경우에는 '인격의 동일성에 관한 기망'이 있었는지 여부에 따라 사문서위조죄의 성립 여부를 판단하여야 한다.[134]

    (다) 문서의 작성

    문서의 작성방법에는 제한이 없으므로 새로운 문서를 작성하는 경우뿐 아니라 기존문서를 이용하는 경우도 포함한다. 기존의 미완성 문서에 가공하여 문서를 완성하거나 동일성을 상실시킬 정도로 별개의 독립된 새로운 증명력을 가지는 문서를 작성하는 경우에도 위조죄가 성립한다. 판례는 ① 유효기간이 경과한 문서의 발행일자를 정정하여 새로운 유효한 문서를 작성하는 경우,[135] ② 백지의 동의서 양식에 명의인으로부터 도장을 날인받은 다음 명의인의 의사에 반하는 내용을 보충한 경우,[136] ③ 타인의 주민등록증을 복사기와 컴퓨터를 이용하여 전혀 별개의 주민등록증 사본을 창출시킨 경우[137] 위조에 해당한다고 판

65

되고, 또 그것이 공지의 사실이 된 것이라 보기는 어렵다 하지 않을 수 없다. 그리고 B 명의의 신원보증서 또한 피고인이 피보증인으로서 A를 피고인인 것 같이 기만하여 작성된 것이라면 그 또한 위조죄가 된다 하지 않을 수 없다.」
    본 판결 해설은 지홍원, "실존하는 타인의 이름으로 문서를 작성한 경우 위명자와 본명자의 인격이 상이할 때 사문서 위조죄의 성부", 해설 1-2, 법원행정처(1980), 313 이하.

133 대판 2010. 11. 11, 2010도1835.
134 일본 판례는 유형위조에 대하여 종래 우리 판례와 마찬가지로 '작성권한 없는 사람이 타인 명의를 모용하여 문서를 작성하는 것'이라고만 판시하였으나[大判 明治 43(1910). 12. 20. 刑錄 16·2265], 그 후 '사문서위조의 본질은 문서의 명의인과 작성자 사이의 인격의 동일성을 속이는 점'에 있다고 판시하였다[最判 昭和 59(1984). 2. 17. 刑集 38·3·336]. 이러한 입장에서 ① 재입국허가신청서에 호적상 본명 외에 보통 부르는 이름인 속칭을 기재한 경우[最判 昭和 59(1984). 2. 17. 刑集 38·3·336], ② 변호사 자격이 없는 사람이 실재 변호사가 자신과 성명이 같다는 것을 이용하여 변호사인 것처럼 명의를 '변호사 A'로 하여 변호사보수청구권 등의 문서를 작성한 경우[最決 平成 5(1993). 10. 5. 刑集 47·8·7], ③ 지명수배 중인 사람이 취직하기 위하여 허위 이름, 생년월일, 주소, 경력 등을 기재하고 자신의 얼굴사진을 붙인 이력서 등을 작성하여 취업하려는 곳에 제출한 경우[最決 平成 11(1999). 12. 20. 刑集 53·9·1495], ④ 제네바조약에 의한 국제운전면허의 발급권이 없는 단체인데도 마치 발급권이 있는 단체인 것처럼 그 단체 명의로 국제운전면허증과 거의 비슷한 문서를 작성한 경우[最決 平成 15(2004). 10. 6. 刑集 57·9·987]에 문서위조죄의 성립을 인정하였다.
135 대판 1980. 11. 11, 80도2126.
136 대판 1992. 3. 31, 91도2815.
137 대판 2004. 10. 28, 2004도5183.

〔김 정 훈〕

시하였다.

66 　작성된 문서는 형식과 내용에 있어서 완전할 것을 요하지 않는다. 일반인으로 하여금 진정한 문서로 오인할 정도로 문서로서의 외관과 형식을 갖추면 충분하고, 반드시 작성 명의인의 서명이나 날인이 있어야 하는 것은 아니다. 명의인에게 손해가 발생할 것을 요하지도 않는다. 일반인이 진정한 문서로 오신하기에 충분한 정도인지 여부는, 문서의 형식과 외관은 물론 문서의 작성 경위, 종류, 내용 및 거래에 있어서 그 문서가 가지는 기능 등 여러 가지 사정을 종합하여 판단하여야 한다.[138]

67 　판례는 ① 매수인 명의의 매매계약서를 작성하면서 매수인 성명을 기입하였으나 매수인 명의의 서명이나 날인이 없는 경우,[139] ② 공문서인 출근통지서에 발신기관명이 기재되어 있지 않고, 작성명의인란에 공무소나 그 담당 공무원의 직위가 기재되어 있지 않은 경우,[140] ③ 인감증명서 용도란에 행정용 봉투에서 오려낸 부분을 붙이고 단체의 한자 직인과 한글 직인을 날인하였으나, 글자색과 활자체가 다르고 날인된 도장색이 달라 기존 인감증명서 기재 부분과 확연히 구분되는 경우[141]에는 위조죄의 성립을 부정하였다. 반면, ④ 문서에 법인과 대표명이 새겨진 고무명판을 찍고 서명·날인이 없는 경우,[142] ⑤ 은행조회서에 작성명의인과 다소 다른 명칭이 기재되었으나 외견상 작성명의인이 작성한 것으로 오인할 수 있는 경우[143]에는 위조죄의 성립을 긍정하였다.

2. 문서의 변조

68 　변조란 진정하게 성립한 타인 명의의 문서내용에 정당한 권한 없이 동일성을 해하지 않는 범위에서 변경을 가하는 것을 말한다.[144] 타인 명의의 진정문서

---

138 대판 1988. 3. 22, 88도3; 대판 1997. 12. 26, 95도2221; 대판 2011. 2. 10. 선고 2010도8361. 일본 하급심 판례도 같은 취지이다[大阪地判 平成 8(1996). 7. 8. 判タ 960·293 (객관적 형상뿐 아니라 문서의 종류·성질이나 사회에서의 기능, 그로 인하여 상정되는 문서 행사의 행태도 함께 고려하여야 한다.)].
139 대판 1988. 3. 22, 88도3.
140 대판 1992. 5. 26, 92도699.
141 대판 2020. 12. 24, 2019도8443.
142 대판 1987. 1. 20, 86도1867.
143 대판 1999. 1. 29, 98도4031.
144 대판 2017. 12. 5, 2014도14924. 독일의 하급심 판례 가운데에는, 차량의 번호판에 빛을 반사하

를 객체로 한다는 점에서 위조와 차이가 있으나, 권한 없는 사람의 의미는 위조
와 다르지 않다. 변조는 이미 진정하게 성립된 문서를 동일성을 해하지 않는 범
위에서 변경하는 것이므로, 허위 작성된 공문서는 공문서변조죄의 객체가 되지
않는다.[145] 그리고 권한 없는 사람에 의하여 변조된 부분은 진정하게 성립된 부
분이라고 할 수 없으므로, 권한 없는 사람에 의하여 이미 변조된 부분을 다시
권한 없이 변경하였다고 하더라도 변조에 해당하지 않는다.[146] 기존 문서를 변
경하여 동일성이 상실되는 경우에는 위조에 해당한다.

　　변조와 구별되는 개념으로 변개가 있다. 변개는 작성권한 있는 사람이 기　　　69
존의 문서를 허위로 변작하는 것을 말한다. 기존의 문서를 객체로 한다는 점에
서는 변조와 같으나 작성권한 있는 사람의 행위라는 점에서 변조와 다르다. 형
법은 허위공문서작성죄(§ 227)에서 변개를 행위태양으로 규정하고 있다. 진정하
게 작성된 공문서를 변개한 경우 문서손괴죄에 해당하는지 문제가 될 수 있으
나, 허위공문서작성죄가 문서손괴죄보다 무거운 법정형을 두고 있으므로 변개
로 인하여 공문서의 효용의 전부 또는 일부가 멸실되었다고 하더라도 문서손괴
죄가 별도로 성립한다고 볼 수 없다.[147] 진단서 등을 제외하고는 무형위조를 처
벌하지 않는 사문서의 경우에는 '변개'라는 행위태양을 규정하고 있지 않은데,
사문서의 경우 자기 명의의 문서라도 이미 타인에 접수되어 있는 문서에 대하
여 문서를 무효화시켜 사용하지 못하거나 문서의 소유자의 의사에 반하여 손괴
하는 경우에는 문서손괴죄가 성립한다.[148]

3. 허위문서의 작성

　　허위문서의 작성은 문서의 작성권한 있는 사람이 진실에 반하는 허위 내용　　70
의 문서를 작성하는 것, 즉 무형위조 행위를 말한다. 작성권한 없는 사람이 문

는 포일을 붙여, 평상시에는 번호판이 인식되지만 교통단속기에 의해서는 그 인식을 불가능하게
한 사안에서 변조를 인정한 것이 있다(OLG Düsseldorf, 03.02.1997 - 2 Ss 267/96 - 73/96 III).
그런데 독일연방법원은 그와 같은 행위가 변조에는 해당되지 않는다고 판시하였다(BGH, 21.09.
1999 - 4 StR 71/99).
145 대판 1986. 11. 11, 86도1984.
146 대판 2012. 9. 27, 2010도15206; 대판 2020. 6. 4, 2020도3809.
147 정영일, 356.
148 대판 1982. 12. 28, 82도1807; 대판 1987. 4. 14, 87도177.

서를 작성하는 유형위조 행위는 위조에 해당하고, 작성된 문서의 내용이 허위인지 여부가 문제되지 않는다. 공무원이라고 하더라도 문서의 작성권한이 없는 경우에는 허위공문서작성죄가 아닌 공문서위조죄가 성립한다. '허위'란 표시된 내용과 진실이 부합하지 아니하여 그 문서에 대한 공공의 신용을 위태롭게 하는 경우를 말하고,[149] 사실에 관한 것뿐 아니라 의견과 판단에 관한 것도 포함한다. 기재내용이 법규를 위반하여 법률상 효력이 없더라도 그 내용이 진실에 합치되면 허위가 아니다. 허위문서의 작성방법에는 제한이 없다. 작위뿐 아니라 부작위에 의하여도 작성할 수 있으므로, 고의로 기재할 내용을 누락한 경우에도 여기에 해당한다. 허위문서의 작성 중 형법이 규율하는 대상은 공문서(§ 227)와 사문서 중 진단서 등(§ 233)이다. 그리고 공무원에 대하여 허위신고를 하여 공정증서원본 또는 이와 동일한 전자기록 등 특수매체기록에 허위의 내용, 즉 불실의 사실을 기재하게 하는 경우에는 공정증서원본 등의 불실기재죄(§ 228)가 성립한다.

4. 자격모용 문서의 작성

71　　자격모용 문서의 작성이란 대리권 또는 대표권이 없는 사람이 타인의 대리권 또는 대표권이 있는 것처럼 가장하여 문서를 작성하는 것을 말한다. 우리 형법은 일본 개정형법가안의 영향을 받아 위조와 구별되는 자격모용에 의한 공문서 등의 작성죄(§ 226)와 자격모용에 의한 사문서의 작성죄(§ 232)를 별도로 규정하고 있다.[150] 이 점에서 위조로 포섭하여 처벌하는 독일형법이나 일본형법과 다르다.

72　　자격을 모용하여 문서를 작성하는 행위과 구별되는 개념으로 ① 단순한 자격사칭과 ② 동명이인의 자격사칭이 있다.[151] 위 ①의 단순한 자격사칭이란 자신의 이름으로 문서를 작성하면서 가지고 있지 않은 자격을 마음대로 기재하는 경우이다. 예컨대, 박사학위를 취득하지 않은 사람이 박사학위 자격을 기재하여 자기 명의로 문서를 작성하는 것을 말한다. 이 경우 자격을 함부로 부기하였다

---

149 대판 1985. 6. 25, 85도758; 대판 2022. 8. 19, 2020도9714.
150 신동운, 414.
151 이하 내용은 신동운, 414-415에서 인용하였다.

고 하더라도 사회 일반인으로 하여금 타인의 명의로 작성된 문서로 오인하게 할 염려가 없으므로 문서에 관한 죄로 규율되지 않는다. 다만, 경범죄 처벌법 제3조 제1항 제7호(관명사칭 등)는 국내외의 공직, 계급, 훈장, 학위 또는 그 밖에 법령에 따라 정하여진 명칭이나 칭호 등을 거짓으로 꾸며 대거나 자격이 없으면서 법령에 따라 정하여진 제복, 훈장, 기장 또는 기념장, 그 밖의 표장 또는 이와 비슷한 것을 사용한 사람을 10만 원 이하의 벌금, 구류 또는 과료의 형으로 처벌한다고 규정하고 있다. 위 ②의 동명이인의 자격사칭이란 자격을 가지고 있지 않은 사람이 자격을 가지고 있는 동명이인의 명의로 문서를 작성하는 경우를 말한다. 이 경우 단순히 자신의 작성명의에 자격을 함부로 부기한 것이 아니라 타인의 작성명의를 함부로 사용한 것이므로, '인격의 동일성에 관한 기망'이 있는 이상 유형위조에 해당하여 문서위조죄에 해당한다.[152]

자격모용에 의한 문서 작성은 대리권 또는 대표권이 없는 사람이 그 자격 이 있는 것처럼 가장하는 행위이나, 반드시 대리인 또는 대표자라고 명시하여야 하는 것은 아니고, 작성명의인을 위하여 법률행위를 한다는 것을 인식할 수 있을 정도의 표시가 있으면 충분하다.[153] 다만, 적어도 자신을 문서를 작성한 사람으로 인식할 수 있어야 자격모용에 의한 문서작성죄가 성립한다. 자격모용에 의한 문서작성은 넓은 의미에서 유형위조에 속한다고 보고 있고,[154] 법정형이 문서위조죄의 그것과 동일하다는 점에서 이를 별도의 구성요건으로 규정하고 있는 실익은 크지 않다. 그러나 판례는 자격모용에 의한 문서작성과 문서위조는 양립할 수 없는 것으로 보고 있어 이를 달리 적용할 경우 파기사유로 보고 있다.[155] 그리고 대리권 또는 대표권 있는 사람이 권한을 넘어 문서를 작성한 경우 문서를 작성한 자의 이름이 문서에 현출되었는지를 기준으로 자격모용에 의한 문서작성죄와 문서위조죄를 구별하고 있다. 낙찰대금완납증명원에 대리인으로 자신의 이름을 쓰고 날인한 경우에는 자격모용사문서작성죄에 해당하고,[156]

73

---

152 일본 판례는 변호사 자격이 없는 사람이 실재 변호사가 자신과 성명이 같다는 것을 이용하여 변호사인 것처럼 명의를 '변호사 A'로 하여 변호사보수청구권 등의 문서를 작성한 경우에 사문서 위조죄의 성립을 인정하였다〔最決 平成 5(1993). 10. 5. 刑集 47·8·7〕.
153 대판 2017. 12. 22, 2017도14560.
154 임웅, 734.
155 대판 2008. 1. 17, 2007도6987; 대판 2018. 4. 12, 2015도7773.
156 대판 2004. 11. 12, 2004도3774.

이미 타인 명의로 날인이 되어 있던 백지문서에 대리인의 자격을 명시하지 않고 보충한 경우[157]와 타인의 승낙을 받지 않고 타인 이름 뒤에 '代'라고 기재하였을 뿐 자신의 이름을 기재하지 않은 경우[158]에는 사문서위조죄에 해당한다.

Ⅷ. 죄 수

1. 일반적 죄수관계

74　　　문서에 관한 죄의 죄수(罪數)를 결정하는 기준에 관하여는 ① 문서의 수를 표준으로 해야 한다는 견해, ② 범죄의사를 기준으로 하는 견해, ③ 위조행위의 수를 기준으로 하고 보호법익을 부차적인 기준으로 하는 견해,[159] ④ 보호법익을 기준으로 하고 범죄의사 등을 함께 고려하여야 한다는 견해[160] 등이 있다. 판례는 문서에 2인 이상의 작성명의인이 있을 때에는 각 명의인마다 한 개의 문서가 성립되므로 2인 이상의 연명으로 된 문서를 위조한 때에는 작성명의인의 수대로 수개의 문서위조죄가 성립하되, 수개의 문서위조 행위는 자연적 관찰이나 사회통념상 하나의 행위라고 보아 상상적 경합범관계에 있다고 판시하여 명의인의 수를 기준으로 죄수를 판단하고 있다.[161]

75　　　여러 사람 명의의 문서의 위조가 문제되는 것은 연명문서의 경우인데, 여러 단계의 결재를 거치는 공문이나 여러 명의 의사 또는 관념이 표시된 회의록 등이 그 예이다. 회의록의 경우에는 위와 같은 기준에 따라 죄수를 결정하면 되나, 여러 단계를 거치는 공문의 경우에는 중간결재자 명의의 내용을 위조한 경우 범죄의 성립 및 죄수관계가 문제된다. 판례는 허위공문서작성죄의 경우 중간결재한 자가 허위공문서작성죄의 주체가 될 수 없고 간접정범만 가능하다고 판시하여,[162] 죄수관계가 문제되지 않는다고 한다. 다만, 문서위조·변조죄의 경우

---

157 대판 1992. 12. 22, 92도2047.

158 대판 2018. 4. 12, 2015도7773.

159 임웅, 728; 정성근·박광민, 636.

160 김성돈, 637; 김일수·서보학, 584; 배종대, §113/17; 손동권·김재윤, §39/93.

161 대판 1987. 7. 21, 87도564. 본 판결 해설은 강종쾌, "복수인명의의 문서를 위조한 경우의 죄수와 범죄의 경합", 해설 8, 법원행정처(1988), 447-454.

162 대판 2000. 6. 9, 98도2708; 대판 2010. 4. 29, 2010도875.

에는 중간결재자도 결재 단계별로 문서명의인의 의사가 다를 수 있으므로, 개별 사실관계에 따라 중간결재자도 문서명의인으로 보아 죄수관계가 문제될 여지가 있을 수 있다고 생각한다.

위조·변조한 문서를 행사한 경우, ① 문서위조·변조죄와 위조·변조문서행   76
사죄는 상상적 경합관계에 있다는 견해,[163] ② 문서 위조·변조 당시의 의도와
그 행사 시의 의도를 비교하여 법조경합에 해당하는 흡수관계 또는 실체적 경
합관계로 보는 견해,[164] ③ 문서위조·변조죄는 법조경합 중 보충관계에 있어
위조·변조문서행사죄만 성립한다는 견해[165]가 있으나, 다수설[166]과 판례[167]는
실체적 경합관계로 보고 있다. 독일형법은 수단이 되는 문서의 위조·변조와 목
적이 되는 위조·변조문서의 행사를 동일한 조문에 함께 규정하고 있어 위조·
변조와 행사라는 두 개의 행위를 협의의 포괄일죄로 보고 있고, 일본형법은 우
리 형법과 같이 별도의 조문을 두고 있으나 총칙에서 목적과 수단의 관계에 있
는 죄를 견련범(牽連犯)[168]으로 보아 과형상 일죄로 파악하고 있는 것과는 다르
므로,[169] 다수설과 판례의 태도가 우리 형법의 해석에 부합한다. 한편 한꺼번에
수개의 문서를 행사한 경우에는 수개의 문서명의인이 다르다고 하더라도 상상
적 경합관계에 있다.

2. 다른 죄와의 죄수관계

(1) 문서손괴죄와의 관계

자기 명의로 작성된 타인 소유의 문서를 소유자의 동의 없이 내용을 변경   77
한 경우에는 사문서에 대한 무형위조가 처벌되지 않으므로, 문서손괴죄(§366)만
성립한다. 반대로 타인 명의로 된 자기 소유의 문서를 작성 명의인의 동의 없이

---

163 배종대, §113/17; 이재상·장영민·강동범, §32/46.
164 김일수·서보학, 584.
165 오영근, 573; 임웅, 729.
166 김성돈, 638; 박상기·전지연, 787; 손동권·김재윤, §39/93; 신동운, 424; 정성근·박광민, 636.
167 대판 1991. 9. 10, 91도1722.
168 일본형법 제54조(1개의 행위가 2개 이상의 죄명에 저촉하는 경우 등의 처리) ① 1개의 행위가
   2개 이상의 죄명에 저촉하거나 범죄의 수단 또는 결과인 행위가 다른 죄명에 저촉할 때에는 가
   장 무거운 형에 의하여 처단한다.
169 신동운, 424.

변경하면 문서변조죄만 성립한다. 타인 소유의 타인 명의의 문서를 권한 없이 임의로 변경한 경우에는 사문서손괴는 사문서변조죄에 흡수되어 사문서변조죄만 성립한다.[170]

(2) 다른 범죄에 이용한 경우

78   문서에 관한 죄와 다른 범죄가 함께 성립하는 경우에는 실체적 경합관계가 되는 것이 원칙이다.

79   타인 명의의 문서나 타인의 성명을 모용한 위조문서를 만들어 수사기관에 무고한 경우에는 문서위조죄와 무고죄(§ 156)는 실체적 경합관계에 있다. 다만, 위조문서행사죄와 무고죄의 관계에 대하여는 자연적 행위가 하나라는 점에서 상상적 경합관계에 있다고 보아야 한다. 타인을 비방하는 내용의 문서를 위조한 뒤 이를 행사하여 명예를 훼손한 경우에는 문서위조죄와 명예훼손죄(§ 307)의 실체적 경합관계를 인정한다.[171] 명의인에게 문서의 내용을 오신시켜 간접정범의 방법으로 문서를 작성하게 한 경우에는 문서위조죄가 성립하고, 그 문서를 제3자에게 행사하여 금원을 편취한 경우에는 사기죄(§ 347)와 위조문서행사죄 사이의 상상적 경합관계를 인정하여야 한다는 견해[172]가 있으나, 사기죄와 위조문서행사죄의 실체적 경합관계에 있다고 보아야 한다.[173]

(3) 인장위조죄와의 관계

80   문서를 위조하는 과정에서 위조인장을 사용한 경우 인장위조죄(§ 238①, § 239①)는 불가벌적 수반행위에 해당하므로, 사문서위조죄에 흡수된다는 것이 통설[174]과 판례[175]이다. 그러나 인장의 위조자와 문서위조자가 서로 다를 때 인장위조죄가 성립함은 당연하다. 문서위조죄의 객체가 되지 않는 문서에 사용된 인장을 위조한 경우에는 인장위조죄가 성립한다.

(4) 여신전문금융법위반죄와의 관계

81   도난·분실 또는 위조된 신용카드를 사용하여 물품을 구입하면서 매출전표

---

170 김성돈, 638; 임웅, 730.
171 대판 2009. 4. 23, 2008도8527.
172 김일수·서보학, 585; 박상기 외, 문서와 범죄, 집현재(2017), 66(이창현).
173 대판 1991. 9. 10, 91도1722.
174 김성돈, 638; 김일수·서보학, 585; 박상기·전지연, 798; 오영근, 569; 임웅, 730; 정성근·박광민, 637.
175 대판 1978. 9. 26, 78도1787.

에 명의인의 이름으로 서명하여 교부한 때에는 여신전문금융업법[176]상 신용카
드부정사용죄(§ 70①(ii)-(iv))가 성립하는데, 부정사용죄의 구성요건적 행위인 신
용카드의 사용행위에 대금결제를 위하여 가맹점에 신용카드를 제시하고 매출표
에 서명하여 이를 교부하는 일련의 행위를 가리키므로 별도의 사문서위조 및
위조사문서행사죄가 성립하지 않고,[177] 사기죄와 신용카드부정사용죄의 실체적
경합관계만 인정된다.[178]

IX. 몰 수

위조·변조된 문서는 범죄행위로 인하여 생긴 물건(§ 48①(ii))으로 볼 수 있   82
고, 다른 범죄에 위조·변조된 문서가 이용된 경우에는 범죄행위에 제공하였거
나 제공하려고 한 물건(§ 48①(i))으로 볼 수 있으므로, 제48조 제1항 제1호, 제2
호의 요건을 충족하는 경우에 몰수가 가능하다. 그러나 위조·변조된 문서가 선
의의 제3자를 보호하기 위하여 효력을 인정할 필요가 있거나 문서의 일부만 위
조·변조된 때에는 그 전부를 몰수할 수 없고,[179] 문서의 주된 부분이 위조·변
조된 경우에 진정한 부분만으로 독립하여 효력을 가지지 못할 때에는 그 전부
를 몰수할 수 있다.[180] 그리고 문서, 도화, 전자기록 등 특수매체기록의 일부가
몰수에 해당하는 때에는 그 부분을 폐기한다(§ 48③).

〔김 정 훈〕

---

176 예전에는 신용카드업법이었다가 1997년 8월 28일 여신전문금융업법이 제정되었다.
177 대판 1992. 6. 9, 92도77.
178 대판 1996. 7. 12, 96도1181.
179 이재상·장영민·강동범, § 32/48.
180 김일수·서보학, 585; 배종대, § 113/19; 이재상·장영민·강동범, § 32/48; 정성근·박광민, 637.

제225조(공문서등의 위조·변조)
행사할 목적으로 공무원 또는 공무소의 문서 또는 도화를 위조 또는 변조한 자는 10년 이하의 징역에 처한다. 〈개정 1995. 12. 29.〉

Ⅰ. 의의와 성격

1   본죄[(공문서·공도화)(위조·변조)죄]는 행사할 목적으로 공무원 또는 공무소의 문서 또는 도화를 위조 또는 변조함으로써 성립하는 범죄이다.[1] 객체가 공문서로 사회적 신용력과 증거력이 크고 공공의 신용을 보호할 필요가 있으므로, 사문서위조·변조죄에 비하여 가중하여 무겁게 처벌하고 있다.[2]

---

[1] 일본형법은 유인(有印)공문서위조죄(§ 155①), 유인공문서변조죄(§ 155②), 무인(無印)공문서위조변조죄(§ 155③)로 나누어 규정하고 있는데, 그 조문은 아래와 같다. 참고로 2022년 6월 17일 일본형법 개정(법률 제67호)으로 징역형과 금고형이 '구금형'으로 단일화되어 형법전의 '징역', '구금', '징역 또는 구금'은 모두 '구금형'으로 개정되었고, 부칙에 의하여 공포일로부터 3년 이내에 정령으로 정하는 날에 시행 예정이다. 그러나 현재 정령이 제정되지 않아 시행일은 미정이므로, 본장에서 일본형법 조문을 인용할 때는 현행 조문의 '징역' 등의 용어를 그대로 사용한다.
일본형법 제155조(공문서위조등) ① 행사할 목적으로 공무소 또는 공무원의 인장 또는 서명을 사용하여 공무소 또는 공무원이 작성하여야 할 문서 또는 도화를 위조하거나, 위조한 공무소 또는 공무원의 인장 또는 서명을 사용하여 공무소 또는 공무원이 작성하여야 할 문서 또는 도화를 위조한 자는 1년 이상 10년 이하의 징역에 처한다.
② 공무소 또는 공무원이 날인하거나 서명한 문서 또는 도화를 변조한 자도 전항과 같다.
③ 전2항에 규정한 것 외에, 공무소 또는 공무원이 작성해야 할 문서 또는 도화를 위조하거나, 공무소 또는 공무원이 작성한 문서 또는 도화를 변조한 자는 3년 이하의 징역 또는 20만엔 이하의 벌금에 처한다.
[2] 大判 昭和 6(1931). 3. 11. 刑集 10·75. 이처럼 가중처벌하는 것은 문서작성자의 신분에 의한 차별은 아니다[最決 昭和 34(1959). 9. 22. 刑集 13·11·2985].

본죄는 행사할 목적이 있어야 하는 목적범이고, 추상적 위험범이며, 결과범   2
이고, 미수범(§ 235)을 처벌하고 있다.

II. 주 체

행위의 주체에는 아무런 제한이 없다.   3

공문서의 유형위조를 처벌하는 조항이나, 공무원뿐 아니라 공무원 아닌 사   4
람도 공무원의 명의를 모용하여 문서를 위조하면 공문서위조죄가 성립한다. 공
문서작성을 보조하는 공무원이나 보충기재의 권한만 위임받은 공무원이 권한을
넘어 임의로 공문서를 작성한 경우에도 허위공문서작성죄가 아닌 공문서위조죄
가 성립한다.³ 행위의 주체가 공무원인 경우 허위공문서작성죄와의 구별이 문
제되는데, 이는 뒤에서 살펴본다. 다만, 공무원이라고 하더라도 직무상 작성한
것이 아니면 공문서위조죄가 성립하지 않는다.⁴

III. 객 체

1. 공문서

공문서는 공무원 또는 공무소가 직무에 관하여 작성한 문서를 말한다. 즉,   5
공무원 또는 공무소가 작성명의인인 문서이다. 대표적으로 주민등록증, 운전면허
증, 부동산등기부와 같은 각종 공부(公簿), 지방자치단체장의 명의로 발급된 영수
증·허가서, 국·공립학교의 졸업증명서·성적증명서 등이 있다.

(1) 작성명의인

공문서의 명의인은 공무원 또는 공무소이다. 공무원은 법령의 근거에 의하   6
여 국가 또는 지방자치단체 및 이에 준하는 공법인의 사무에 종사하는 사람을

---

3 대판 1981. 7. 28, 81도898; 대판 2017. 5. 17, 2016도13912.

4 김성돈, 형법각론(5판), 627; 김일수·서보학, 새로쓴 형법각론(9판), 592; 배종대, 형법각론(13판),
  § 113/26; 손동권·김재윤, 새로운 형법각론, § 39/21; 신동운, 형법각론(2판), 429; 오영근, 형법
  각론(5판), 564; 이재상·장영민·강동범, 형법각론(12판), § 32/26; 정성근·박광민, 형법각론(전
  정2판), 643; 정영일, 형법강의 각론(3판), 347.

말한다. 공무소란 공무원이 직무를 집행하는 관공서 등의 관청을 말한다. 공문서의 작성주체인 공무소는 그곳에서 근무하는 모든 기관구성원이 아니라 특별히 관청의 의사표시에 관한 문서작성권한을 가진 행정청, 즉 기관의 장, 의장 또는 서기 등에 국한한다. 예컨대, 등기소의 직인이 찍힌 등기필표시의 부동산 등기권리증은 공무소가 작성한 공문서에 해당한다. 공문서 작성명의인으로서 공무소와 공무원은 공문서의 형식으로 구별할 수 있으므로, 국립대학교 총장 명의의 졸업증명서는 공무원이 작성한 공문서이고, 교육부장관 명의의 학위등록증은 공무소가 작성한 공문서이다.[5]

7   명의인이 공무원 또는 공무소인 이상 공법관계에서 작성된 것인지, 사법관계에서 작성된 것인지를 불문한다.[6] 사인의 의사를 표시한 문서라도 문서의 작성명의인이 공무원이면 공문서에 해당한다. 공무원이 사문서에 인증 또는 확인한 경우에는 문서 전체가 공문서에 해당한다. 공증인법에 따라 공증인가 합동법률사무소에서 작성한 사서증서인증서도 공문서에 해당한다.[7] 공무원이 그 직무에 관하여 사문서 사본에 '원본대조필'이라고 기재하고 도장을 날인하였다면 그 기재 자체가 공문서로 된다.[8] 반면, 가정법원에서 작성한 이혼의사확인서등본 뒤에 간인·첨부된 이혼신고서는 공문서인 이혼의사확인서등본의 일부로 취급될 수 없고,[9] 주취운전자 적발보고서 및 주취운전자 정황진술보고서의 각 운전자란에 타인의 서명을 한 경우 그 서명 부분은 공문서의 일부가 아닌 사문서에 해당한다.[10]

8   행위주체가 공무원과 공무소가 아닌 경우에는 형법이나 그 밖의 특별법에 의하여 공무원 등으로 의제되는 경우를 제외하고는 계약 등에 의하여 공무와 관련되는 업무를 일부 대행하는 경우가 있다고 하더라도 공무원 또는 공무소가 될 수 없다.[11] 판례는 국토해양부장관의 위탁을 받은 선박안전기술공단 이사장

5 김일수·서보학, 591.
6 김성돈, 640; 손동권·김재윤, §39/21; 신동운, 429; 오영근, 565; 이재상·장영민·강동범, §32/52; 임웅, 형법각론(9정판), 732; 정성근·박광민, 643; 정영일, 347.
7 대판 2005. 3. 24, 2003도2144.
8 대판 1981. 9. 22, 80도3180.
9 대판 2009. 1. 30, 2006도7777.
10 대판 2004. 12. 23, 2004도6483.
11 대판 1996. 3. 26, 95도3073; 대판 2008. 1. 17, 2007도6987.

명의의 선박검사증서[12]와 국토교통부장관의 위탁을 받은 화물자동차운송사업협
회 이사장 명의의 대·폐차수리통보서[13]에 대하여 형법이 규정하고 있는 뇌물에
관한 죄를 적용할 때에만 공무원으로 의제하므로, 공문서에 해당하지 않는다고
판시하였다.[14] 그러나 판례는 금융위원회의 설치 등에 관한 법률 제69조 및 같
은 법 시행령 제23조 규정은 금융감독원장 등 금융감독원의 집행간부 및 실·국
장급 부서장의 장 등 위 시행령에서 정한 직원에게 공무원과 동일한 책임을 부
담시킴과 동시에 그들을 공무원과 동일하게 보호해 주기 위한 필요에서 모든
벌칙의 적용에 있어서 공무원으로 본다고 해석하여야 하므로, 금융감독원장 명
의의 문서는 공문서에 해당한다고 판시하였다.[15]

문서의 작성명의인의 실재(實在) 여부에 관하여 통설은 실재 여부가 문제되 　9
지 않는다는 입장이다. 판례는 사문서의 경우에는 과거 사자(死者) 또는 허무인
명의의 문서성을 인정하지 않다가 판례 변경을 통하여 사자 또는 허무인 명의
의 문서성을 인정하였으나, 공문서의 경우에는 일관되게 공무원 또는 공무소가
실존하지 않아도 그 공무소가 실존하고 그 산하 공무원이 실존하는 것으로 일
반인이 오인할 우려가 있고, 실존하는 공무원이 작성한 문서로 볼 수 있는 정도
의 형식과 외관을 갖춘 이상 공문서위조죄가 성립한다고 보고 있다.[16]

공무원 또는 공무소는 우리나라의 공무원 또는 공무소를 의미하고, 국제협 　10
약이나 조약에 의하여 국내에서도 동일한 효력을 가지는 외국의 공문서는 공문
서에 해당함은 앞서 본 바와 같다. 판례는 홍콩 교통국장 명의의 국제운전면허
증을 사문서로 인정한 바 있다.[17]

(2) 직무관련성 및 작성권한

공무원이 작성하더라도 직무상 작성한 것이 아니면 공문서가 아니다. 즉, 　11

---

12 대판 2016. 1. 14, 2015도9133.
13 대판 2016. 3. 24, 2015도15842.
14 한국환경공단이 환경부장관의 위탁을 받아 건설폐기물 인계·인수에 관한 내용 등의 전산처리를
　　위하여 구축·운영하고 있는 올바로시스템이 공전자기록위작죄의 객체에 해당하지 않는다고 판
　　시한 대판 2020. 3. 12, 2016도19170도 같은 취지이다.
15 대판 2021. 3. 11, 2020도14666.
16 대판 1968. 9. 17, 68도981; 대판 1969. 1. 21, 68도1570; 대판 1987. 9. 22, 87도1443; 대판
　　1992. 11. 27, 92도2226.
17 대판 1998. 4. 10, 98도164.

공무원 명의의 편지 또는 개인 채무부담의 의견표시가 기재된 문서[18]는 공문서
에 해당하지 않는다. 학교기성회는 학부모들이 학교를 후원할 목적으로 조직한
사설단체이므로, 교육공무원이 기성회 간사 자격으로 작성한 허위의 지출결의
서는 공문서에 해당하지 않는다.[19] 그리고 문서를 작성하는 권한은 법령에 의한
것인지, 내규에 의한 것인지, 관례에 의한 것인지를 불문한다.

12   지방자치단체를 당사자로 하는 계약의 이행완료에 관한 검사는 지방자치단
체의 장 또는 계약담당자의 직무권한에 속하는 사항으로서 이를 전문기관에 위
임하여 수행하게 한다고 하여 그 직무 소관이 달라지는 것은 아니고, 다만 이때
에는 전문기관으로부터 검사결과를 문서로 통보받아 확인하는 방법으로 그 직
무를 집행하게 되는 것이므로, 지방자치단체의 장 또는 계약담당자가 그 검사를
위임받아 수행한 전문기관으로부터 검사결과를 검사조서로 작성·보고받고 이
를 확인하여 승인하는 의미로 검사조서에 결재하였다면, 그와 같이 결재된 검사
조서는 공무원이 그 직무권한 내에서 작성한 문서로서 허위공문서작성죄의 객
체인 공문서에 해당한다.[20] 같은 취지로 도립대학 특성화사업단장인 교수가 교
육공무원의 직무권한으로 작성한 납품검수조서와 물품검수내역서는 공문서에
해당한다.[21]

(3) 문서의 형식

13   공문서는 사회일반인으로 하여금 공무원 또는 공무소의 권한 내에서 작성
된 것이라고 오신할 만한 형식과 외관을 갖추면 충분하고, 공무원 또는 공무소
의 직인이 없더라도 공문서가 될 수 있다. 명의인이 명시되지 않은 경우라도 문
서의 형식, 내용 등에 의하여 누가 작성하였는지를 추지할 수 있을 정도면 충분
하므로,[22] 정부부처의 대변인이 작성한 보도자료도 공문서에 해당한다.[23]

(4) 문서의 내용

14   공문서는 그 내용이 외부에 대한 내용인지, 내부에 대한 내용인지를 불문한

---

18 대판 1984. 3. 27, 83도2892.
19 대판 1971. 7. 27, 71도934.
20 대판 2010. 4. 29, 2010도875.
21 대판 2009. 9. 24, 2007도4785.
22 대판 1995. 11. 10, 95도2088.
23 대판 2019. 3. 14, 2018도18646.

〔김 정 훈〕

다. 명령, 훈시, 보고 등 내용을 기재한 문서도 공문서이므로,[24] 해운항만청의 고시로 작성의무가 부과되고 내부적으로 보관하는 문서도 공문서이다.[25] 피의자의 신원을 특정하고 지문대조조회를 하기 위하여 직무상 작성한 십지지문 지문대조표도 직무상 작성하는 서류로서 비록 자서란에 피의자로 하여금 스스로 성명 등의 인적사항을 기재하도록 하고 있다고 하더라도 이를 사문서로 볼 수는 없다.[26]

2. 공도화

공도화는 공무원 또는 공무소가 직무에 관하여 작성한 도화를 말한다. 공   15
도화로는 지적도, 도시계획도, 경지정리확정지구원도[27] 등이 있다. 도화가 공문서에 첨부되면 공문서의 일부로 되고, 공문서에 첨부한 도면에 간인이 날인되지 않았다는 이유만으로 공문서의 일부가 아니라고 할 수 없다.[28]

Ⅳ. 행 위

1. 위 조

(1) 위조의 개념

공문서의 위조란 공문서의 작성권한 없는 사람이 공무원 또는 공무소의 명   16
의를 이용하여 문서를 작성하는 것을 말한다. 다만, 공문서의 작성권한 없는 사람이 공무원의 자격을 모용하여 자신의 명의로 공문서를 작성하는 경우에는 자격모용공문서작성죄가 성립한다(§ 226).

그러나 문서의 작성권한을 갖는 공무원이 그 문서의 기재사항을 인식하고   17
그 문서를 작성할 의사로써 이에 서명날인하였다면, 설령 그 서명날인이 타인의 기망으로 착오에 빠진 결과 그 문서의 기재사항이 진실에 반함을 알지 못한 데 기인한다고 하더라도 그 문서의 성립은 진정하고 작성명의를 모용한 사실이 있

---

24 주석형법 [각칙(2)](5판), 542(김태업).
25 대판 1995. 4. 14, 94도3401.
26 대판 2000. 8. 22, 2000도2393.
27 대판 1980. 8. 12, 80도1134.
28 대판 1985. 6. 25, 85도540.

다고 할 수는 없으므로, 공무원 아닌 사람이 관공서에 허위 내용의 증명원을 제출하여 그 내용이 허위인 사정을 모르는 담당공무원으로부터 그 증명원 내용과 같은 증명서를 발급받은 경우 공문서위조죄의 간접정범으로 처벌할 수 없다.[29] 다만, 허위신고로 공정증서원본 또는 전자기록 등 특수매체기록에 불실의 사실을 기재하게 한 경우에는 공정증서원본등불실기재죄(§ 228)가 성립한다.

18   위조는 새로운 증명력을 작출하는 문서를 만들어 낸다는 점에서 본질적인 부분의 변경에 이르지 않은 변조와 구별된다. 이미 위조된 부분이 들어 있는 문서라고 하더라도 이를 이용하여 새로운 문서를 만들어내면 위조에 해당한다.

19   위조는 일반인이 공무원 또는 공무소의 권한 내에서 작성된 문서라고 믿을 수 있는 형식과 외관을 구비한 문서를 작성할 때 성립하므로, 이러한 정도에 이르지 못한 경우에는 공문서위조죄가 성립하지 않는다. 이때 일반인으로 하여금 공무원 또는 공무소의 권한 내에서 작성된 문서라고 믿게 할 수 있는지 여부는 그 문서의 형식과 외관은 물론 그 문서의 작성경위, 종류, 내용 및 일반 거래에 있어서 그 문서가 가지는 기능 등 여러 가지 사정을 종합적으로 고려하여 판단하여야 한다.[30] 판례는 ① 출근통지서가 앞머리에 발신기관명이 기재되어 있지 않고, 그 작성명의도 공무소인 시청이나 공무원인 그 시장 또는 보조기관인 과장이 아닌 A 과로만 기재되어 있으며, 본문의 내용도 A 과가 어느 기관인지 알기 어렵고 직인이나 관인의 날인 없이 B의 사인이 찍혀 있는 사안에서, 그 외관이 공문서라고 보기 어렵다고 보아 공문서로서의 외관과 형식을 갖추지 못하였다고 판시하였다.[31] 또한, ② 피고인이 행정용 봉투 중 '보내는 사람 서귀포시 동홍동장' 등이 기재된 부분을 오려내어 단체의 한자 직인과 한글 직인을 차례로 날인한 후 이를 서귀포시 동홍동장이 발행한 자신의 인감증명서 용도란에 붙였으나 오려붙인 부분의 글자색이 파란색이고 활자체도 다른 형태이며, 날인한 도장색이 붉은 색으로 구별되는 사안에서, 그 외관이 공문서라고 보기 어렵다고 판시하였다.[32]

---

29 대판 2001. 3. 9, 2000도938.
30 대판 1992. 11. 27, 92도2226.
31 대판 1992. 5. 26, 92도699.
32 대판 2020. 12. 24, 2019도8443.

〔김 정 훈〕

한편 판례는, ③ 국립경찰병원장 명의의 진단서에 직인과 계인을 날인하고　　20
환자의 성명과 병명 및 향후치료소견을 기재한 경우에는 진단서 발행번호나 의
사의 서명날인이 없더라도 이는 공문서로서 형식과 외관을 구비하였다고 보았
고,[33] ④ 포토샵 프로그램으로 타인의 주민등록증 모양의 이미지 파일을 만든
뒤 이를 컬러프린터로 접착라벨지에 출력한 출력물에 대하여는 공문서로서의
외관을 갖추었다고 본 원심의 판단을 그대로 수긍한[34] 바 있다.

(2) 보조기관인 공무원의 공문서위조죄 성립 여부

공무원이 아닌 사람이 공무원 또는 공무소의 명의를 모용하여 공문서를 작　　21
성한 경우는 물론이고, 공무원이라도 구체적인 작성권한에 속하지 않는 공문서
를 임의로 작성하는 경우에는 공문서위조죄가 성립한다. 따라서 작성권한 있는
공무원을 보좌하거나 보조하는 직무에 종사하는 공무원이라도 작성권한을 가진
공무원의 결재를 받지 않고 임의로 허위 내용의 공문서를 작성권자 명의로 작
성한 경우에는 공문서위조죄가 성립한다.[35] 그런데 작성권한을 가진 공무원의
결재를 받지 않는 등 절차를 위반하여 진정 내용의 공문서를 작성한 경우에도
공문서위조죄가 성립하는지 문제된다. 일본 판례는 시청 시민과 직원 전원이 시
민과장 전결사항인 인감증명서작성·발행사무를 위임받아 처리하고 있는데(1일
분 일괄결재), 시민과 조사계장인 피고인이 자택신축자금 대출을 위한 자신과 처
등의 인감증명서를 신청서 없이 발급하여 결제를 받지 않은 사안에서, 보조자도
'문서 내용의 정확성을 확보하는 등 수권의 기초가 되는 일정한 조건을 따르는
한' 작성권한을 가지므로 권한남용으로써 내부규율책임을 지는 것은 별론으로
하고 공문서위조죄는 성립하지 않는다고 판시하였다.[36]

또한 일정한 요건이 구비되었는지의 여부를 심사하여 그 요건이 구비되었　　22
음이 확인될 경우에 한하여 공문서 작성권자로부터 승낙을 얻은 다음 작성권자

---

33 대판 1987. 9. 22, 87도1443.
34 대판 2015. 9. 24, 2015도10175.
35 대판 1981. 7. 28, 81도898.
36 最判 昭和 51(1976). 5. 6. 刑集 30·4·591(제1·2심은 각 공문서위조죄를 인정). 위 판결 이전
　　에는 공문서위조죄의 성립을 인정한 판례가 다수였다. 위 판결에 대해서는 공문서에도 채택되어
　　있는 유형위조와 무형위조의 구별이 없게 되어 형법전이 전제로 하고 있는 형식주의에 반한다는
　　비판이 있다. 이에 대한 상세는 西田 外, 注釈刑法(2), 425-426(今井猛嘉).

〔김 정 훈〕　　　　　　261

의 직인을 사용하여 작성권자 명의의 공문서를 작성할 수 있는 권한을 수여받은 업무보조자인 공무원이, 작성권자의 승낙을 얻지 않은 채 공문서 용지에 허위내용을 기재하고 그 위에 작성권자의 직인을 날인하여 작성권자 명의의 공문서를 작성하였다면, 그 업무보조자인 공무원에 대하여 공문서위조죄가 성립한다. 즉, 사무위임자 또는 문서작성을 위탁한 사람의 의사에 반하여 위탁의 범위를 일탈하는 경우에는 공문서위조죄가 성립한다.

23   판례는 ① 시장으로부터 양곡인도사무를 전결사항으로 위임받아 양곡인도지령서를 작성할 권한을 부여받았으나 양곡인도의 지령을 받지 않고 양곡인도서를 작성한 경우,[37] ② 군청 소속의 도축장 검사원에게 적법한 도축신청과 서울축산기업 납세조합에서 발행한 지방우육 서울반입 실수요자확인증의 제출이 있는 경우에 한하여 백지반출증에 내용을 보충기재하여 반입실수요자에게 교부할 권한만이 위임되어 있었으나 적법한 도축신청과 실수요자확인증의 제출 없이 반출증을 작성한 경우,[38] ③ 동장의 업무처리를 보좌하는 동사무소의 사무장이 이륜자동차 사용신고필증의 작성·교부권한을 위임받았으나 신청인이 이륜자동차의 실제 소유자가 아니라는 사실을 알면서도 사용신고필증을 작성하여 교부한 경우,[39] ④ 국립기술품질원 품질안전부 생활용품안전과의 전기용품형식승인업무에 종사하면서 국립기술품질원장 명의의 형식승인서를 작성할 수 있는 권한을 위임받았으나 허위의 내용을 기재하여 형식승인서를 작성한 경우[40]에는 공문서위조죄에 해당한다고 보았다.

(3) 허위공문서작성죄와 공문서위조죄의 구별기준

24   위와 같이 공문서작성권한을 위탁받은 것이 아니라 공문서 작성권한이 있는 공무원을 보좌하여 공문서의 기안을 담당하는 공무원이 그 직위를 이용하여 행사할 목적으로 허위공문서를 기안하여 그 사정을 모르는 상사의 서명날인을 받아 공문서를 완성한 경우에는 공문서위조죄가 아닌 허위공문서작성죄의 간접정범이 성립한다.[41] 허위공문서작성죄의 간접정범에 관한 상세한 내용은 허위

---

37 대판 1965. 3. 16, 65도106.
38 대판 1984. 9. 11, 84도368.
39 대판 1996. 4. 23, 96도424.
40 대판 2001. 4. 27, 2000도6051.
41 대판 1990. 10. 30, 90도1912.

〔김 정 훈〕

공문서작성죄(§227) 부분에서 살펴본다. 반면에, 결재권자의 결재 등도 거치지 않고 마치 결재를 받은 것처럼 임의로 허위 내용의 공문서를 작성한 경우에는 공문서위조죄가 성립한다.[42]

(4) 공문서위조죄를 인정한 구체적 사례

(가) 비공무원의 공문서위조

- 대판 1980. 11. 11, 80도2126 유효기간이 경과하여 무효가 된 공문서상   25
  에 '정정의 경우에는 무효로 한다'는 기재가 있으나, 권한 없는 사람이 그
  유효기간과 발행일자를 정정하고 그 부분에 작성권한자의 직인을 압날하
  여 공문서를 작성한 사안
- 대판 1987. 9. 22, 87도1443 국립경찰병원장 명의의 진단서에 진단서
  발행번호나 의사의 서명날인이 없었으나, 직인과 계인을 날인하고 환자
  의 성명과 병명 및 향후치료의 소견을 기재한 사안
- 대판 1991. 9. 10, 91도1610 타인의 주민등록증에 붙어있는 사진을 떼
  어내고 피고인의 사진을 붙인 사안
- 대판 1992. 11. 27, 92도2226 '입금통보서'라는 제목으로 정보사령부 부
  지 매각 약정대금 명목의 일부 금원이 입금되어 약정이 확정되었다는 취
  지의 문서를 작성한 후 '국방부 시설국장 보좌관' 직위가 기재된 고무명
  판과 그 명의의 인장을 명의로 날인한 사안
- 대판 2000. 9. 5, 2000도2855 타인의 주민등록증사본의 사진란에 자신
  의 사진을 붙여 복사하여 행사한 사안

(나) 공무원의 공문서위조

- 대판 1962. 12. 20, 62도183 동회장이 거주증명서를 작성하면서 주민의   26
  이름 중 '봉(鳳)'을 '영(永)'으로 함부로 고쳐 새로운 거주증명서를 작성한 사안
- 대판 2010. 9. 9, 2010도1291 본부중대 소속 원사가 연대장으로부터 산
  지전용허가신청에 관한 승인을 받은 사실이 없는데도 인사과장에게 승인
  을 받았다고 거짓말을 하여 연대장 명의의 산지전용허가신청서에 날인을
  받은 사안

---

42 대판 1981. 7. 28, 81도898; 대판 1990. 10. 12, 90도1790.

- 대판 2017. 5. 17, 2016도13912 전투비행단 체력단련장 관리사장으로 근무하는 사람이 전투비행단장으로부터 결재를 받은 사실이 없는데도 담당자를 기망하여 전부비행단장 명의의 날인을 받아 골프장 전동카트 운영에 관한 수정합의서를 작성하게 한 사안

2. 변 조

(1) 변조의 개념

27   변조란 작성권한 없는 사람이 이미 진정하게 성립된 공무원 또는 공무소 명의의 문서에 대하여 동일성을 해하지 않을 정도로 변경을 가하여 새로운 증명력을 작출하는 것을 말하고, 공공적 신용을 해할 위험성이 있을 때 범죄가 성립한다.[43] 이때 일반인으로 하여금 공무원 또는 공무소의 권한 내에서 작성된 문서라고 믿을 수 있는 형식과 외관을 구비한 문서를 작성하면 공문서변조죄가 성립하는 것이고, 그 판단 기준은 공문서의 위조에서 살펴본 바와 같다.[44]

28   변조의 대상이 되는 문서는 이미 진정하게 성립한 문서이므로 허위로 작성된 공문서는 공문서변조죄의 객체가 되지 않는다.[45] 주민등록증의 사진을 교체하는 것과 같이 행위로 인하여 동일성을 해한다면 공문서위조죄가 성립하고,[46] 공문서변조죄가 성립하지 않는다. 또한 공공적 신용을 해할 위험성이 있어야 하므로, 이에 미치지 못하여 새로운 증명력을 작출하지 못한 경우에는 공문서변조죄가 성립하지 않는다.

29   판례는 ① 자신의 주민등록증 비닐커버 위에 검은색 볼펜을 사용하여 주민등록번호 전부를 덧기재하고 투명 테이프를 붙이는 방법으로 주민등록번호 중 출생연도를 나타내는 "71"을 "70"으로 고친 경우,[47] ② 내사결과보고서를 복사하면서 표지를 제외하고 '건의' 부분을 가린 채 복사하였으나, 복사된 내사결과보고서가 외견상 다른 문서의 일부분을 복사한 것일 가능성이 충분히 예상되고, 원본인 내사결과보고서의 표지와 '7. 건의' 부분의 내용이 복사된 내사결과보고

---

43 대판 2003. 12. 26, 2002도7339; 대판 2021. 2. 25, 2018도19043.
44 대판 1992. 11. 27, 92도2226(공문서위조); 대판 2021. 2. 25, 2018도19043(공문서변조).
45 대판 1986. 11. 11, 86도1984.
46 대판 1991. 9. 10, 91도1610.
47 대판 1997. 3. 28, 97도30.

〔김 정 훈〕

서의 내용과 상충하여 원본 전체의 내용을 오인하게 할 가능성이 없었던 경우[48] 공문서변조죄의 성립을 부정하였다. 그리고 ③ 인낙조서에 첨부되어 있는 도면 및 그 사본에 임의로 점선을 그었으나, 인낙조서 본문이나 도면에서 그에 대한 설명이 없어 특정한 의미 내용을 갖지 않는 단순한 도형에 불과한 경우[49] 공도화변조죄의 성립을 부정하였다.

　　한편 인감증명서가 발급된 후 사용용도란을 임의로 변경한 행위에 대하여 　　30 는, 개인작성 부분이더라도 공무원이 작성한 증명문구에 의하여 증명되는 부분으로 보아 공문서변조죄가 성립한다고 보았다가,[50] 인감증명법의 개정으로 부동산매도용 이외의 경우에는 인감증명서 신청 당시 사용용도란을 기재하여야 하는 것은 아니므로 사용용도란의 기재를 변경하였다고 하더라도 공무원 또는 공무소의 문서 내용에 변경을 가하여 새로운 증명력을 작출한 것으로 볼 수 없다고 보아 공문서변조죄의 성립을 부정하였다.[51]

(2) 공문서변조죄를 인정한 구체적 사례

* 대판 1970. 12. 29, 70도116 철도청 자재국장의 결재를 받은 원안문서　　31 인 철도청장 명의의 외자물자 구매의뢰서의 품목명세서의 공란에 가필할 권한이 없는 사람이 단순히 결재 과정에서 누락된 것으로 생각하고 외국 주소를 기재한 사안

* 대판 1971. 11. 23, 71도1735 대상 국유림이 이미 용도폐지되어 보존국유림지역이 아니라는 사실을 증명하는 공문서에 첨부되어 있는 도면 중 용도폐지된 구역임을 표시하는 도면을 발췌하여 없앤 사안

* 대판 1982. 12. 14, 81도81 건축허가 통지서에 첨부된 설계도면을 일부인이 소급 기재된 설계도면으로 바꿔 갈아끼운 사안

* 대판 1995. 3. 24, 94도1112 최종 결재권자를 보조하는 기안담당자가 토지가격 감정의뢰서에 첨부된 재산명세서상에 일부 기재가 누락된 토지가 있었으나 그 감정의뢰에 따른 감정을 하는 과정에서 그 누락사실이

---

48 대판 2003. 12. 26, 2002도7339.
49 대판 2000. 11. 10, 2000도3033.
50 대판 1985. 9. 24, 85도1490.
51 대판 2004. 8. 20, 2004도2767.

발견되어 감정평가사가 그 토지까지 감정하여 작성한 감정평가서를 송부하여 오자, 사후에 이를 일치시킨다는 생각에서 최종 결재권자의 승낙을 얻지 않고 위 재산명세서상에 그 누락된 토지들을 추가기재한 사안

- 대판 1996. 11. 22, 96도1862 재산세 과세대장의 작성 권한이 있던 사람이 인사이동되어 그 권한이 없어진 후 그 기재내용을 변경한 사안
- 대판 2009. 9. 10, 2009도5161 형사판결문 별지 범죄일람표에 기재된 피해총액을 변경 기재한 사안
- 대판 2016. 4. 28, 2015도20303 방위사업청 계약관리본부 장비물자 계약부장이 방위사업청 정책심의회의에서 의결된 지침 개정안의 내용을 임의로 삭제한 사안
- 대판 2021. 2. 25, 2018도19043 인터넷을 통하여 출력한 부동산 등기사항전부증명서 하단의 열람일시 부분을 수정 테이프로 지우고 복사하여 부동산의 권리관계를 증명하는 기준 시점이 표시되지 않도록 한 사안(피고인이 금전을 차용하면서 대여자에게 이를 교부한 사안)[52]

V. 주관적 구성요건

1. 고 의

32   본죄가 성립하기 위하여는 고의가 있어야 한다. 고의는 작성권한 없는 사람이 공문서를 위조 또는 변조한다는 점에 대한 인식과 의사이다. 공문서에 대

---

52 등기사항전부증명서의 열람 일시는 등기부상 권리관계의 기준 일시를 나타내는 역할을 하는 것으로서 권리관계나 사실관계의 증명에서 중요한 부분에 해당하고, 열람 일시의 기재가 있어 그 일시를 기준으로 한 부동산의 권리관계를 증명하는 등기사항전부증명서와 열람 일시의 기재가 없어 부동산의 권리관계를 증명하는 기준 시점이 표시되지 않은 등기사항전부증명서 사이에는 증명하는 사실이나 증명력에 분명한 차이가 있는 점, 법률가나 관련 분야의 전문가가 아닌 평균인 수준의 사리분별력을 갖는 일반인의 관점에서 볼 때 그 등기사항전부증명서가 조금만 주의를 기울여 살펴보기만 해도 그 열람 일시가 삭제된 것임을 쉽게 알아볼 수 있을 정도로 공문서로서의 형식과 외관을 갖추지 못했다고 보기 어려운 점을 종합하면, 피고인이 등기사항전부증명서의 열람 일시를 삭제하여 복사한 행위는 등기사항전부증명서가 나타내는 권리·사실관계와 다른 새로운 증명력을 가진 문서를 만든 것에 해당하고 그로 인하여 공공적 신용을 해할 위험성도 발생하였다는 이유로, 이와 달리 본 원심판결에 공문서변조에 관한 법리오해의 잘못이 있다고 한 사례이다.

한 인식도 필요하다. 최종 결재권자를 보좌하는 공무원이 최종 결재권자의 승인 없이 원문서에 없는 사항을 추가 기재한 경우에도 공문서변조의 고의를 충분히 인정할 수 있다.[53] 반면에, 작성권자의 사전 지시나 승낙을 얻은 경우[54]나 내부 결재 없이 토지대장의 공유지 연명부 원장의 오류를 정정한 경우[55]에 대하여는 공문서변조의 고의가 부정된다.

2. 행사할 목적

본죄가 성립하기 위하여는 고의 외에도 초과주관적 구성요건으로 행사할   33
목적이 필요하다. 행사할 목적이란 위조 또는 변조된 문서를 진정한 문서인 것처럼 사용할 목적, 즉 상대방에게 문서의 진정에 대한 착오를 일으킬 목적을 말한다.[56] 행사할 목적은 적극적 의욕이나 확정적 인식을 필요로 하지 않고, 미필적 인식이 있으면 충분하다.[57] 다만, 이에 대하여는 행사할 목적은 초과주관적 구성요건으로 적어도 직접적 인식임을 요한다는 견해가 있다.[58] 행사할 목적은 고의와도 그 내용을 달리하고, 위조공문서행사죄에서의 행사와도 다르다. 행사할 목적은 행위 당시에 존재해야 하나, 실제로 그 목적이 실현되었는지 여부는 범죄의 성립에 영향을 주지 않는다.

한편 행사할 목적이 신분범에서의 신분에 해당하는지가 문제된다. 판례는   34
모해위증죄(§152②)에서의 '모해할 목적'에 대하여, "위증을 한 범인이 형사사건의 피고인 등을 '모해할 목적'을 가지고 있었는가 아니면 그러한 목적이 없었는가 하는 범인의 특수한 상태의 차이에 따라 범인에게 과할 형의 경중을 구별하고 있으므로, 이는 바로 형법 제33조 단서 소정의 '신분관계로 인하여 형의 경중이 있는 경우'에 해당한다고 봄이 상당하다."고 판시하여,[59] 신분에 해당한다

---

53 대판 1995. 3. 24, 94도1112.
54 대판 1979. 8. 31, 79도1572.
55 대판 1982. 10. 12, 82도1485.
56 김성돈, 637; 김일수·서보학, 583; 배종대, §113/16; 신동운, 439; 이재상·장영민·강동범, §32/45; 정성근·박광민, 635.
57 대판 2006. 1. 26, 2004도788.
58 배종대, §113/16; 이재상·장영민·강동범, §32/45.
59 대판 1994. 12. 23, 93도1002. 본 판결 해설은 전병식, "목적범의 목적과 형법상 신분", 해설 22, 법원행정처(1995), 606-613.

고 하였다. 위 판례의 취지를 행사할 목적에도 준용하여 이를 신분이라고 할 경우, 예컨대 스스로 행사할 의사 없이 甲의 공문서위조행위에 관여한 乙은 제33조 본문에 의하여 공문서위조죄의 공범(특히, 공동정범)이 된다.

35   그러나 일본 판례는 행사할 목적의 신분성을 부정하고 있다. 즉, 외국통화위조죄(§149①)에서의 행사할 목적에 대하여, "자기가 행사하는 경우에 한정되지 않고 타인으로 하여금 진정한 통화로서 유통시킬 목적이어도 된다."고 하거나,[60] 공기호위조죄(§166①)에서의 행사할 목적에 대하여, "위조자 스스로 해당 공기호를 진정한 것으로서 사용할 의도를 가진 경우뿐 아니라, 제3자로 하여금 마찬가지로 사용케 할 의도를 가지거나, 나아가 제3자가 같은 의도를 가진 것을 인식하고 있는 경우에도 인정된다."라고[61] 판시하고 있다. 이처럼 행사할 목적의 신분성을 부정할 경우, 위 사례에서 乙은 제33조와는 관계없이 공범이 성립한다.[62]

VI. 처 벌

1. 법정형

36   10년 이하의 징역에 처한다.

37   본죄에 대하여는 10년 이하의 자격정지를 병과할 수 있다(§237). 형법은 일

---

60 最判 昭和 28(1953). 12. 25. 裁判集(刑事) 90·487.
61 東京高判 昭和 28(1953). 12. 25. 判特 39·238.
62 일본에서는 목적의 신분성에 대하여, ① 모든 목적은 신분이 아니라고 하는 견해, ② 모든 목적은 신분이라고 하는 견해, ③ 가감적 신분(§65②)에는 목적이 포함되고, 구성적 신분(§65①)에는 목적이 포함되지 않는다는 견해, ④ 구성요건해당행위의 주체를 특정지우는 목적(주체부속적 목적)은 신분에 포함되고, 구성요건적 행위 자체를 특정지우는 목적(행위구성적 목적)은 신분에 해당하지 않는다는 견해 등이 대립된다. 판례는 위와 같이 행사할 목적 외에 영리등목적유괴죄(§225)에서의 영리목적[大判 大正 14(1925). 1. 28. 刑集 4·14], 공직선거법상의 허위사실공표죄(§235②)에서의 당선되지 않게 할 목적[東京高判 昭和 53(1978). 5. 30. 判時 920·234], 독물극물단속법상의 판매목적저장죄(§3③)에서의 판매목적[東京地判 昭和 62(1987). 9. 3. 判時 1276·143]은 신분에 해당하지 않는다고 판시하였으나, 약물범죄(구 마약단속법 §64②, 대마단속법 §24② 등)에서의 영리목적[最判 昭和 42(1967). 3. 7. 刑集 21·2·417 등], 조직적인 범죄의 처벌 및 범죄수익의 규제 등에 관한 법률(조직범죄처벌법)상의 부정권익유지·확대목적[福岡地判 平成 30(2018). 10. 9. LEX/DB 25561674]은 신분에 해당한다고 판시하였다. 이에 대한 상세는 松原芳博, "目的犯と共犯", 硏修 864(2020. 6), 3-14 참조.

정 범죄에 대하여 보호주의를 채택하고 있는데, 본죄는 외국인의 국외범을 처벌
한다(§ 5(vi)).

2. 미수범의 처벌

본죄의 미수범은 처벌한다(§ 235). 위조·변조의사를 확정적으로 문서에 표   38
시하는 행위가 있는 때 실행의 착수가 있고, 일반인으로 하여금 진정문서라고
오신할 정도에 이르지 못할 때에만 미수죄가 성립한다. 판례는 종량제 쓰레기봉
투가 공문서에 해당하나, 이를 위조하기 위하여 필름을 제조한 경우 필름 자체
는 공문서가 아닌 이상 실행의 착수에 이르지 않았다고 보아, 공문서위조미수죄
의 성립을 부정하였다.[63]

〔김 정 훈〕

---

63 대판 2007. 2. 23, 2005도7430.

제226조(자격모용에 의한 공문서 등의 작성)

행사할 목적으로 공무원 또는 공무소의 자격을 모용하여 문서 또는 도화를 작성한 자는 10년 이하의 징역에 처한다. 〈개정 1995. 12. 29.〉

Ⅰ. 의의 및 구성요건

1   본죄[자격모용(공문서·공도화)작성죄]는 행사할 목적으로 공무원의 자격이 없거나 공무소의 대표 자격이 없는 사람이 공무원 또는 공무소의 자격을 모용하여 공문서 또는 공도화를 작성함으로써 성립하는 범죄이다. 일종의 유형위조로서 위조죄로 취급하는 독일이나 일본형법과는 달리 독립적 구성요건을 두고 있다는 점에서 우리 형법의 차별점이 있다.

2   공문서위조죄는 타인의 명의를 모용하는 것인 반면, 본죄는 타인의 권한만을 모용한다는 점에서 구별된다. 따라서 그 문서를 작성할 권한이 없는 경우, 권한을 초과한 경우, 권한이 소멸한 이후 그 자격을 표시하고 그 자격을 대표하는 사람의 명의를 사용한 경우에는 본죄가 아니라 공문서위조죄가 성립한다.[1]

3   본죄의 객체와 주관적 구성요건은 공문서위조·변조죄와 마찬가지이다. 본죄에서도 행사할 목적은 공무원 또는 공무소의 자격을 모용하여 작성된 공문서를 진정한 자격에 기한 문서인 것처럼 사용할 목적, 즉 행사의 상대방이 누구이든지 간에 그 상대방에게 문서의 진정에 대한 착오를 일으킬 목적이면 충분하고, 반드시 그 문서의 본래 용도에 사용할 목적에 한정되는 것은 아니다.[2]

---

1 김성돈, 형법각론(5판), 643; 배종대, 형법각론(13판), § 113/25; 오영근, 형법각론(5판), 575; 이재상·장영민·강동범, 형법각론(12판), § 32/55; 임웅, 형법각론(9정판), 734; 정영일, 형법강의 각론(3판), 350.
2 대판 2004. 1. 16, 2003도6790.

II. 구체적 사례

- 대판 1993. 4. 27. 92도2688 구청장이 다른 구청장으로 전보되었다는 　4
  내용의 인사발령을 전화로 통보받고도 전보 전 구청장의 권한에 속하는
  건축허가에 관한 기안용지의 결재란에 서명을 한 사안
- 대판 1993. 7. 27. 93도1435 국방부 합참자료실장이 부동산매매계약서
  와 영수증을 작성하면서 매도인란 또는 영수인란에 직함과 함께 이름을
  기재하고 그 옆에 자신의 도장을 날인한 후 그 상단에 '국방부장관'이라
  는 고무인을 날인하여 마치 자신이 국방부장관으로부터 적법한 문서작성
  권한을 부여받아 그 문서를 작성할 자격이 있는 것처럼 이를 모용하여
  위 부동산매매계약서와 영수증을 작성한 사안
- 대판 2008. 1. 17. 2007도6815 여수시 권한대행 및 직무대리규칙에 따
  라 사회복지과장이 부득이한 사유로 직무를 수행할 수 없는 때에는 여수
  시 사회복지계장이 과장을 대리하여 직무를 수행할 권한이 수여되어 있
  으나, 수여된 대리권을 초월하여 기초생활보장사업자금의 대여에 관한
  적법한 절차를 전혀 거치지 않은 채 허위로 기금을 지출하기 위하여 세
  출예산집행결의서와 지출결의서를 작성한 사안
- 대판 2008. 1. 17. 2007도6987 서울지방경찰청 101경비단 소속 보급과
  후생계 경리담당으로 근무하면서 식당 물품 구입 및 경비지출 업무에 종
  사하던 공무원이 주·부식구입요구서의 과장 결재란에 피고인 자신의 서
  명을 한 사안

III. 처 벌

공문서위조·변조죄와 마찬가지로 10년 이하의 징역에 처한다.　5

본죄에 대하여는 10년 이하의 자격정지를 병과할 수 있다(§ 237). 본죄의 외　6
국인의 국외범은 처벌하고(§ 5(vi)), 미수범도 처벌한다(§ 235).

〔김 정 훈〕

제227조(허위공문서작성등)
공무원이 행사할 목적으로 그 직무에 관하여 문서 또는 도화를 허위로 작성하거나 변개한 때에는 7년 이하의 징역 또는 2천만원 이하의 벌금에 처한다.
[전문개정 1995. 12. 29.]

Ⅰ. 의의와 성격

1　　본죄[허위(공문서·공도화)(작성·변개)죄]는 공무원이 행사할 목적으로 그 직무에 관하여 허위의 문서 또는 도화를 작성하거나 변개함으로써 성립하는 범죄이다. 공문서는 사문서에 비하여 사회적 신용성과 증명력이 크기 때문에 사문서와 달리 공문서의 경우 공무원의 무형위조를 처벌한다. 사문서의 경우에는 진단서 등에 한정하여 무형위조를 처벌하고 있다(§ 233). 독일형법은 제348조에서 직무상의 문서위조를 규정하면서 본죄를 공무원범죄인 직권남용의 일종으로 취급하나, 일본형법은 제156조에서 우리와 같이 문서에 관한 죄에서 규정하고 있다.

2　　본죄는 행사할 목적이 있어야 하는 목적범이고, 추상적 위험범이며, 결과범이고, 미수범을 처벌하고 있다. 본죄의 보호법익도 공문서의 내용의 진실에 대한 공공의 신용이다.

〔김 정 훈〕

II. 주 체

1. 공무원

본죄의 주체는 직무상 문서 또는 도화를 작성할 권한이 있는 공무원이므로,   3
진정신분범에 속한다. 따라서 피고인의 행위가 허위공문서작성죄에 해당한다고
하기 위하여는 피고인에게 그 작성권한이 있음을 확정하여야 한다.[1] 즉 허위공
문서작성죄가 성립하기 위하여는 직무권한 내에서 작성될 것을 요하는데, 직무
는 대외적인 것이거나 내부적인 것을 구별하지 않고, 그 직무권한이 반드시 법
률상 근거가 있음을 필요로 하는 것이 아니고 명령, 내규 또는 관례에 의한 직
무집행의 권한으로 작성하는 경우라도 포함된다.[2] 그리고 구체적인 행위가 공
무원의 직무에 속하는지 여부는 그것이 공무의 일환으로 행하여졌는가 하는 형
식적인 측면과 함께 그 공무원이 수행하여야 할 직무와의 관계에서 합리적으로
필요하다고 인정되는 것이라고 할 수 있는가 하는 실질적인 측면을 아울러 고
려하여 결정하여야 한다.[3]

공문서를 작성한 주체가 공무원이라고 하더라도 문서의 작성권한이 없는   4
경우에는 본죄의 주체가 될 수 없으므로, 공문서위조죄(§225) 또는 자격모용공
문서작성죄(§226)가 성립한다. 판례는 ① 사법경찰관 직무취급(특별사법경찰관)
권한이 없는 관세청 심리분실 행정서기보가 관세법위반 피의사건에 관하여 피
의자신문조서를 작성한 경우,[4] ② 호적계장이 면장 명의의 인감증명서를 작성
한 경우,[5] ③ 면장을 보조하는 권한만이 있는 면사무소 호적계장이 면장의 결재
없이 호적의 출생년란, 주민등록번호란에 허위내용의 호적정정 기재를 한 경
우,[6] ④ 구청 건설관리과 가로정비계장과 주임인 공무원이 구청장의 결재내용
과 달리 임의로 광고물표시허가증에 허위의 내용을 기재한 경우[7]에 공문서위조
죄가 성립한다고 판시하였다.

---

1 대판 1984. 3. 13, 83도3152.
2 대판 1995. 4. 14, 94도3401.
3 대판 2009. 9. 24, 2007도4785; 대판 2015. 10. 29, 2015도9010.
4 대판 1974. 1. 29, 73도1854.
5 대판 1981. 7. 28, 81도898.
6 대판 1990. 10. 12, 90도1790.
7 대판 1996. 10. 25, 95도2150.

5   작성권한 있는 공무원과 문서의 명의인은 반드시 일치해야 하는 것은 아니
므로, 명의인이 따로 있어도 그를 대리하여 전결권을 위임받거나 명의인의 대리
권·대표권을 가진 사람도 작성권한이 있으므로, 본죄의 주체가 된다. 판례는
소방서장 명의로 작성·발급되는 화재증명의 발급사무가 민원실장의 전결사항
으로 되어 있고 민원실장의 부재 중에는 방호과장이 대리 전결하도록 위임되어
있는 경우, 방호과장이 허위의 화재증명을 전결하였다면 허위공문서작성죄가
성립한다고 판시하였다.[8] 그리고 공무원에게 직무상 권한이 있는 이상 권한을
남용하여 공문서를 작성한 경우에는, 공문서위조죄가 성립하지 않고 허위공문
서작성죄가 성립한다.[9]

6   국가공무원법, 지방공무원법 등 각종 신분에 관한 법률에 의하여 공무원의
신분을 가지지 않은 사람을 본죄로 처벌하기 위하여는 그에 관한 특별규정이
있어야 하고, 수행하는 업무가 국가의 사무에 해당한다거나 소속된 기관에 행정
기관성이 인정된다는 사정만으로는 본죄가 성립하지 않는다. 판례는 ① 영상물
등급위원회 임직원이 영상물등급위원회장 명의의 접수일부인을 허위로 작성한
경우,[10] ② 선박안전기술공단 직원이 이사장 명의의 허위 선박검사증서를 작성
한 경우,[11] ③ 화물자동차운송사업협회의 직원이 대폐차수리통보서 발급업무를
담당하면서 이사장 명의의 허위 대폐차수리통보서를 작성한 경우[12]에 허위공문
서작성죄의 성립을 부정하였다.

2. 간접정범의 문제

(1) 작성권자를 보조하는 공무원의 경우

(가) 간접정범 성립 여부

7   작성권한 없는 공무원이 작성권한 있는 공무원을 이용하여 공문서를 작성
하는 방법으로는 ① 당해 문서작성과 무관한 공무원이 작성권한 있는 다른 공
무원으로 하여금 허위의 내용을 진실로 믿게 하여 허위공문서를 작성하게 하는

---

8 대판 1977. 1. 11, 76도3884.
9 김성돈, 형법각론(5판), 651.
10 대판 2009. 3. 26, 2008도93.
11 대판 2016. 1. 14, 2015도9133.
12 대판 2016. 4. 15, 2015도9772.

〔김 정 훈〕

경우와 ② 작성권한은 없으나 작성권자를 보조하는 부하공무원이 자신이 기안한 허위공문서를 그 사정을 모르는 작성권자의 결재를 받은 경우를 상정하여 볼 수 있다. 그러나 위 ①의 경우는 뒤에서 보는 공무원이 아닌 사람이 공무원으로 하여금 허위공문서를 작성하게 하는 경우와 다를 바 없으므로, 위 ②의 경우만이 간접정범 성립 여부가 문제된다.

먼저 이 부분에 관하여는 중간결재를 거치는 경우 중간결재자가 허위공문서 8 작성죄의 주체가 될 수 있는지 여부가 문제되는데, ① 문서에 관한 죄는 각 명의마다 별개의 죄가 성립하므로 허위내용의 기안문임을 알면서도 결재하였다면 최종결재 이전에라도 허위공문서작성죄가 성립한다는 견해와 ② 작성권한의 날인이 없는 기안문 자체는 어떠한 법적인 효력을 가진다고 볼 수 없으므로, 그 기안자나 중간결재자의 명의 부분은 독립한 문서라고 보기 어렵다는 견해를 상정하여 볼 수 있다. 그러나 최종결재가 이루어지지 않으면 공문서가 완성되었다고 보기 어렵고, 허위작성의 목적을 이룰 수 없기 때문에 중간결재자가 독자적으로 허위공문서작성죄의 주체가 된다고 보기는 어렵다. 판례도 공무원이 허위의 사실을 기재한 자동차운송사업변경허가신청 검토조서를 작성한 다음 이를 자동차운송사업변경허가신청 검토보고에 첨부하여 결재를 올려 최종 결재를 받은 뒤 자동차운송사업 변경허가가 이루어진 사안에서, 최종결재자가 아닌 공무원이 공동정범에 해당하지 않는다고 보아 허위공문서작성죄의 주체임을 부정하였다.[13]

결국 공문서의 기안을 담당하는 부하공무원이나 중간결재자가 모두 사정을 9 모르는 최종결재자의 작성권한을 이용하여 허위공문서를 작성한 경우 간접정범에 해당하는지 문제되고, 이에 관하여는 학설이 대립한다.

① 긍정설은 본죄의 본질이 공무원이라는 신분자의 권한남용을 방지하려는 10 데 있고, 본죄의 주체는 공무원 일반이 아닌 직무에 관하여 문서를 작성하는 공무원에 한정되므로, 보조공무원의 간접정범이 인정되고, 처벌의 필요성도 인정된다고 한다.[14] 한편, 보조공무원에게도 실질적 작성권자로서 독자적 정범적격이 인정된다는 전제에서 간접정범의 성립을 긍정하는 견해도 있다.[15]

---

13 대판 2011. 5. 13, 2011도1415.
14 신동운, 형법각론(2판), 447; 정영일, 형법강의 각론(3판), 354.
15 박찬걸, 형법각론(2판), 761; 배종대, 형법각론(13판), §114/23; 손동권·김재윤, 새로운 형법각론,

11   ② 부정설은 본죄의 정범적격은 작성권한 있는 공무원에 국한되고 작성권
자는 사실상의 작성권자가 아니라 작성명의인을 의미하므로, 작성명의인이 아
닌 보조공무원을 작성권한 있는 공무원의 범위에 포함시킬 수 없어 보조공무원
에게는 정범적격이 없고, 간접정범으로 처벌할 수 없으며, 위계공무집행방해죄
등으로 처벌하여야 한다고 한다.[16]

12   판례는 허위공문서작성죄의 주체는 그 문서를 작성할 권한이 있는 명의인
인 공무원에 한하고 그 공무원의 문서작성을 보조하는 직무에 종사하는 공무원
은 허위공문서작성죄의 주체가 될 수 없으므로, 보조 직무에 종사하는 공무원이
허위공문서를 기안하여 허위임을 모르는 작성권자의 결재를 받아 공문서를 완
성한 때에는 허위공문서작성죄의 간접정범에 해당한다고 판시하고 있다.[17] 그
러나 허위공문서가 작성되는 과정에 관여하였다고 하더라도, 보조공무원이라고
평가할 수 없다면, 허위공문서작성죄의 간접정범에 해당하지 않는다. 예를 들
어, 군청 산림과 소속 공무원이 허위 내용의 '산지이용구분 내역 통보'를 군청
민원봉사과에 보내 그 사정을 모르는 민원봉사과 소속 공무원으로 하여금 군수
명의의 임야에 관한 토지이용계획확인서를 작성·발급하게 하였다고 하더라도,
허위공문서작성죄의 간접정범에 해당하지 않는다.[18] 다만, 보조공무원이라고 하
더라도 최종결재자의 결재를 받지 않고 문서를 작성한 경우에는 허위공문서작
성죄의 간접정범이 아닌 공문서위조죄에 해당한다.[19]

(나) 구체적 사례

13   • 대판 1990. 2. 27. 89도1816 건설과 농지계 소속 토목기사보로서 농경
지 및 수리시설의 공사계획과 준공검사에 관한 업무를 담당하던 중 그

---

§ 39/52; 정성근·박광민, 형법각론(전정2판), 657; 정성근·정준섭, 형법강의 각론(2판), 450; 정
    웅석·최창호, 형법각론, 219; 주석형법 [각칙(2)](5판), 559(김태업).

16 김성돈, 657; 김신규, 형법각론 강의, 711; 김일수·서보학, 새로쓴 형법각론(9판), 605; 박상기·
    전지연, 형법학(총론·각론 강의)(4판), 782; 오영근, 형법각론(5판), 585; 이재상·장영민·강동범,
    형법각론(12판), § 32/73; 이정원·류석준, 형법각론, 610; 이형국·김혜경, 형법각론(2판), 675;
    임웅, 형법각론(9정판), 749.

17 대판 1977. 12. 13, 74도1990; 대판 1986. 8. 19, 85도2728; 대판 1990. 2. 27, 89도1816; 대판
    1992. 1. 17, 91도2837; 대판 2017. 5. 17, 2016도13912. 일본 판례도 같다[最判 昭和 32(1957).
    10. 4. 刑集 11·10·2464].

18 대판 2010. 1. 14, 2009도9963.

19 대판 1990. 10. 12, 90도1790.

〔김 정 훈〕

직무상 초안하는 문서에 그 내용이 허위라는 사실을 인식하면서도 허위사실을 기재한 공사준공검사조서 1통을 작성하고, 공문을 기안하여 그 사정을 모르는 군수로 하여금 결재하게 하여 군수 명의의 공문서를 작성한 사안

- 대판 1990. 10. 16. 90도1170 [20] 개인택시면허업무 등을 담당하던 군청 계장이 군수를 보좌하여 면허신청대상자 경력평정공고를 초안하면서 특정인의 우선순위를 높게 조작하여 개인택시면허를 무난히 받게 하는 데 사용할 목적으로 위 공고 중 개인택시면허발급예정 우선순위표의 예정순위를 허위 기재한 다음 그 사정을 모르는 군수의 결재를 받은 사안
- 대판 1990. 10. 30. 90도1912 면의 호적계장이 사정을 모르는 면장의 결재를 받아 허위내용의 호적부를 작성한 사안
- 대판 1992. 1. 17. 91도2837 공무원이 아닌 일반인으로부터 예비군훈련을 받았다는 확인서를 발급하여 달라는 부탁을 받고 예비군 동대장에게 허위 사실을 보고하여 확인서 발급을 지시받은 뒤 미리 예비군 동대장의 직인을 찍어 보관하고 있던 예비군훈련확인서 용지에 일반인의 인적사항과 훈련일자 등을 기재하여 교부한 사안
- 대판 2010. 4. 29. 2010도875 자생식물원 조성공사의 감리업체의 책임감리원이 그 공사를 감독하는 담당공무원과 공모하여 허위 내용의 준공검사조서를 작성한 다음 준공검사결과보고서에 첨부한 뒤 공무원들의 결재를 받아 준공검사조서를 사무실에 비치한 사안
- 대판 2011. 5. 13. 2011도1415 공무원이 허위의 사실을 기재한 자동차운송사업변경허가신청 검토조서를 작성한 다음 이를 자동차운송사업변경허가신청 검토보고에 첨부하여 결재를 올려 최종 결재를 받은 뒤 자동차운송사업 변경허가가 이루어진 사안

(2) 작성권자가 부하 공무원을 이용한 경우

작성권자가 사정을 모르는 부하 공무원으로 하여금 허위공문서를 작성하게 하였다면 허위공문서작성죄의 간접정범에 해당한다. 판례도 경찰서 보안과장이

14

---

[20] 본 판결 해설은 서태영, "면사무소 호적계장이 면장의 결재없이 허위내용의 호적증거기재를 한 경우 허위공문서작성죄의 성립여부", 해설 14, 법원행정처(1991), 477-483.

A의 음주운전을 눈감아주기 위하여 그에 대한 음주운전자 적발보고서를 찢어버리고 순경으로 하여금 다른 사람의 음주운전 사실을 적발하게 한 뒤 가짜 음주운전자 적발보고서를 작성하게 한 사안에서, 허위공문서작성죄와 허위작성공문서행사죄의 간접정범을 인정하였다.[21] 또한 대학교수가 납품업자와 공모하여 교육기자재를 납품받지 않았는데도 납품받은 것처럼 가장하여 대학교로부터 기자재대금을 편취하는 과정에서 조교로 하여금 대학교수 명의의 검수조서를 허위로 작성하게 한 사안에서, 작성권자인 대학교수가 작성권한이 없는 조교를 이용하여 허위공문서를 작성하였다고 보아 허위공문서작성죄의 간접정범을 인정한 원심을 수긍하였다.[22]

3. 공무원이 아닌 사람의 경우

15   앞서 살펴본 바와 같이 허위공문서작성죄의 주체는 공무원이고, 진정신분범에 해당한다. 공무원이 아닌 사람이 공무원을 이용하여 허위공문서를 작성하게 한 경우 간접정범에 해당하는지 문제되는데, 통설[23]은 공정증서원본등불실기재죄(§ 228)가 별도로 규정되어 있으므로 체계적 해석상 허위공문서작성죄의 간접정범이 될 수 없다고 보고 있다.

16   판례는 과거 공무원이 아닌 사람이 간접정범이 될 수 있다는 취지로 판시한 바 있으나,[24] 이후 판례를 변경하여[25] 현재는 어느 문서의 작성권한을 갖는 공무원이 그 문서의 기재사항을 인식하고 그 문서를 작성할 의사로써 이에 서명날인하였다면, 설령 그 서명날인이 타인의 기망으로 착오에 빠진 결과 그 문서의 기재사항이 진실에 반함을 알지 못한 데 기인한다고 하여도, 그 문서의 성립은 진정하며 여기에 하등 작성명의를 모용한 사실이 있다고 할 수는 없으므로, 공무원 아닌 사람이 관공서에 허위 내용의 증명원을 제출하여 그 내용이 허위인 사정을 모르는 담당공무원으로부터 그 증명원 내용과 같은 증명서를 발급

21 대판 1996. 10. 11, 95도1706.
22 대판 2017. 6. 19, 2017도4462.
23 김성돈, 655; 김일수·서보학, 604; 박상기·전지연, 781; 배종대, § 114/20; 손동권·김재윤, § 39/49; 신동운, 448; 오영근, 583; 이재상·장영민·강동범, § 32/71; 임웅, 747; 정성근·박광민, 655; 정영일, 353.
24 대판 1955. 2. 25, 4286형상39.
25 대판 1961. 12. 14, 4292형상645.

받은 경우, 공문서위조죄의 간접정범으로 의율할 수는 없다고 판시하여 통설과
같은 입장이다.[26] 한편 공무원이 공무원이 아닌 사람을 이용하여 간접정범의 형
태로 허위공문서작성죄를 범할 수 있으나, 공무원이 아닌 사람이 공무원을 이용
하여 간접정범의 형태로는 범할 수 없다는 점에서 부진정자수범에 속한다고 보
는 견해[27]가 있으나, 공무원이 아닌 사람이 간접정범에 해당하지 않는 것은 공
정증서원본등불실기재죄가 별도로 규정되어 있기 때문이므로, 이를 부진정자수
범으로 보는 것에는 쉽게 동의하기 어렵다.[28]

그러나 공무원이 아닌 사람도 공무원과 공모하여 허위공문서작성죄를 범한   17
경우에는 공범과 신분을 규정한 제33조 본문에 따라 공무원이 아닌 사람도 허
위공문서작성죄의 공동정범이 된다.[29] 마찬가지로 공무원이 아닌 사람이 건축
물조사 및 가옥대장 정리업무를 담당하는 지방행정서기를 교사하여 무허가 건
물을 허가받은 건축물인 것처럼 가옥대장 등에 등재하게 한 경우에는 허위공문
서작성죄의 교사범에 해당한다.[30]

Ⅲ. 객 체

1. 공문서 또는 공도화

본죄의 객체는 공문서 또는 공도화이다.   18

문서 또는 도화의 개념은 앞서 [총설]에서 설명한 바와 같다. 공문서 또는   19
공도화는 우리나라의 공무원 또는 공무소가 작성명의인으로 되어 있는 것[31]을
말한다. 본죄의 객체가 되는 문서는 문서상 작성명의인이 명시된 경우뿐 아니라

---

26 대판 2001. 3. 9, 2000도938.
27 임웅, 748.
28 김성돈, 651.
29 대판 2006. 5. 11, 2006도1663.
30 대판 1983. 12. 13, 83도1458.
31 대판 2022. 8. 19, 2020도9714. 위 판결은 전 대통령비서실장인 피고인이 세월호 침몰사고 진상
   규명을 위한 국정조사특별위원회의 국정조사(이하, 국조특위라 한다.)에 증인으로 출석하여 구
   두 답변한 것과 관련한 국회의원의 추가 서면질의에 대한 답변서는 비서실의 공식적인 답변을
   담고 있다는 점에서 피고인이 최종 작성권한을 가진 직무상 작성한 공문서에 해당한다고 한 원
   심의 판단을 수긍하였으나, 다만 그 내용이 허위가 아니라는 이유로 허위공문서작성죄의 성립을
   부정하였다.

〔김 정 훈〕   **279**

작성명의인이 명시되어 있지 않더라도 문서의 형식, 내용 등 그 문서 자체에 의하여 누가 작성하였는지를 추지할 수 있을 정도의 것이면 된다.[32] 한편 공무원인 의사가 작성한 허위진단서의 경우, 판례는 허위공문서작성죄와 허위진단서작성죄의 상상적 경합에 해당한다고 판시하였다가[33] 허위공문서작성죄만 성립한다고 입장을 변경하였다.[34]

2. 구체적 사례

20
* **대판 1975. 3. 25, 74도2855** 사법경찰리에게 피의자신문조서를 작성할 권한이 없으나 공문서를 작성할 직무권한은 반드시 법률상에 근거가 있음을 필요로 하는 것이 아니고 널리 명령 내규 또는 관례에 의한 직무집행의 권한으로 작성하는 경우도 포함한다고 보아, 사법경찰리가 작성한 피의자신문조서가 허위공문서에 해당한다고 본 사안

* **대판 1977. 8. 23, 74도2715(전)** 공증인가 합동법률사무소 명의로 작성된 사서증서에 관한 인증서가 허위공문서에 해당한다고 본 사안(대판 1992. 10. 13, 92도1064도 같은 취지)

* **대판 1980. 5. 13, 80도177** 건축법에 따라 군수에 의하여 건축사무기술검정사원으로 위촉된 건축사는 공무원에 준하는 자격을 가지는 사람이므로, 건축사가 작성한 허위의 준공검사조서가 허위공문서에 해당한다고 본 사안

* **대판 1981. 9. 22, 80도3180** 공무원이 원본과 다르지 않다는 사실을 확인하지 않고 '원본대조필'이라고 기재하고 도장을 날인한 사문서 사본이 허위공문서에 해당한다고 본 사안

* **대판 1990. 10. 16, 90도1199** 허위로 작성한 주민등록표에 작성명의인이 명시되어 있지는 않으나, 법령에서 정한 서식에 따른 세대주 등과 재작성일의 기재 및 확인자의 날인이 있고 본적확인란에 동사무소 사무장의 도장이 찍혀져 있어 위 문서의 형식, 내용 등 그 문서 자체만을 보아도 세대주의 변경으로 주민등록표를 다시 작성한 것임을 알 수 있다고

---

32 대판 1995. 11. 10, 95도2088.
33 대판 1955. 7. 15, 4288형상74.
34 대판 2004. 4. 9, 2003도7762.

보아 허위공문서에 해당한다고 본 사안

- 대판 1995. 11. 10, 95도2088 피의자신문조서 말미에 작성자의 서명, 날인이 없으나, 첫머리에 작성 사법경찰리와 참여 사법경찰리의 직위와 성명을 적어 넣어 문서 자체에 의하여 작성자를 추지할 수 있다고 보아 허위공문서에 해당한다고 본 사안

- 대판 2015. 10. 29, 2015도9010 국가정보원에서 해외 영사관에 파견된 영사가 공식적으로는 외교부 소속 사건사고 담당 영사로서, 비공식적으로는 국가정보원 소속 해외정보관으로 근무하면서 작성한 영사관 명의의 확인서와 사실확인서가 허위공문서에 해당한다고 본 사안

- 대판 2018. 10. 25, 2018도11121 수사접견 공문과 수사협조 공문은 수사 중인 사건과 관련하여 수사접견이나 수사자료가 필요하다는 사실을 확인하거나 증명하는 것이고, 이를 단순히 수사접견이나 수사자료를 요청한다는 의사표시에 불과하다고 볼 수 없으므로 허위공문서에 해당한다고 본 사안

- 대판 2019. 3. 14, 2018도18646 국가정보원의 대변인이 작성한 보도자료에 사실을 확인하는 부분이 포함되어 있는 경우에는 사실관계에 관한 증명적 기능을 수행하고, 문서의 형식과 내용, 체제에 비추어 국가정보원 대변인 명의인 점이 명백히 드러나므로 허위공문서에 해당한다고 본 사안 (외교통상부 명의의 보도자료를 공문서로 본 대판 2017. 6. 8, 2016도3411도 같은 취지)

Ⅳ. 행 위

1. 허위작성 또는 변개

(1) 허위작성

허위작성은 공무원이 작성권한 범위 내에서 진실에 반하는 허위의 내용을 기재하는 것을 말한다. 따라서 공문서를 작성하는 과정에서 법령 등을 잘못 적용하거나 적용하여야 할 법령 등을 적용하지 아니한 잘못이 있더라도 그 적용의 전제가 된 사실관계에 관하여 거짓된 기재가 없다면 허위공문서작성죄가 성

21

립할 수 없고, 이는 그와 같은 잘못이 공무원의 고의에 기한 것이라도 달리 볼 수 없다.[35] 공문서 작성 과정에서 법령 등을 잘못 적용하였다고 하여 반드시 진실에 반하는 기재를 하여 공문서를 작성하게 되는 것은 아니므로, 공문서 작성 과정에서 법령 등의 적용에 잘못이 있다는 것과 기재된 공문서 내용이 허위인지 여부는 구별되어야 한다.[36] 허위의 내용은 사실에 관한 것뿐 아니라 판단 내지 의견에 관한 것도 포함된다. 허위작성은 부작위에 의하여도 가능하므로, 공문서에 필요한 내용을 고의로 누락한 경우에도 본죄가 성립한다.

(2) 변개

22   변개는 작성권한 있는 공무원이 권한을 남용하여 기존의 진정한 공문서에 부당하게 변경을 가하여 허위내용의 문서를 만드는 것을 말한다. 변개는 허위작성과 함께 무형위조에 해당하고, 변조는 유형위조라는 점에서 차이가 있다. 1995년 12월 29일 법률 제5057호로 개정되기 전에는 '변작'이라는 표현을 사용하였는데, 의미에는 변함이 없으나 새롭게 문서를 만드는 것보다 고친다는 점을 분명히 하기 위하여 표현을 바꾸었다.

2. 신고에 의한 경우

23   공무원이 공무원이 아닌 사람의 신고에 따라 공문서를 작성하는 경우에도 허위공문서작성죄의 성립 여부가 문제될 수 있다. 공무원이 신고내용을 확인하지 않고 신고에 따른 공문서를 작성하거나 신고내용이 허위임을 인식하면서도 공문서를 작성한 경우가 이에 해당한다.

24   공무원에게 형식적 심사권과 실질적 심사권이 있는 경우로 나누어 살펴볼 수 있다. 실질적 심사권이 있는 경우(토지대장, 가옥대장과 같이 신고된 기재내용에 관하여 심사할 권한이 있는 경우)에는 신고내용을 심사하지 않거나 신고내용이 허위임을 인식하면서도 공문서를 작성하였다면 모두 허위공문서작성죄가 성립한다는 데에 별다른 의문이 없다. 다만, 형식적 심사권이 있는 경우(등기부, 가족관계등록부와 같이 신고된 기재내용에 관하여 심사한 권한이 없는 경우)에는 일정한 형식을 구비

---

35 대판 1996. 5. 14, 96도554; 대판 2000. 6. 27, 2000도1858; 대판 2003. 2. 11, 2002도4293; 대판 2021. 9. 16, 2019도18394.
36 대판 2021. 9. 16, 2019도18394.

〔김 정 훈〕

한 신고가 있으면 공무원의 그 내용이 허위임을 인식하는 경우에도 허위공문서 작성죄가 성립하지 않는다는 견해가 있으나, 공무원이 신고내용이 허위임을 인식하였다면 허위공문서작성죄가 성립한다고 보아야 한다.[37]

　　판례는 ① 공무원이 원본과 대조하지 않고 원본대조필을 날인한 경우,[38]　　25 ② 연립주택이 당초의 설계도대로 공사되어 있지 않은 것을 담당공무원이 세밀히 조사하지 않아 그 적합 여부를 제대로 알지 못하면서도 준공검사보고서 용지에 함부로 '적합'이라고 기재하고 서명날인을 하여 허위의 내용을 기재한 경우,[39] ③ 준공검사관이 준공검사를 하면서 수중, 지하 또는 구조물의 내부 등 시공 후 매몰된 부분의 검사는 공사감독관의 감독조서를 근거로 하여 검사를 행하면 되기는 하나, 실제로 검사하지 않은 것에 그치지 않고 매몰된 부분의 공사가 완성되지 않았다는 것을 알면서도 준공검사조서를 작성한 경우,[40] ④ 폐기물처리사업계획이 관계 법령의 규정에 적합하지 않음을 알면서도 적합하다는 내용으로 통보서를 작성한 경우,[41] ⑤ 신청인이 투기 목적으로 농지를 취득하려고 한다는 사정을 알면서도 농지취득자격증명통보서를 작성한 경우[42]에는 허위공문서작성죄가 성립한다고 판시하였다.

　　그러나 이와는 달리, ① 광업권양수인이 도시계획법령에 의한 계속작업허　　26 가를 신청하면서 허위사실을 기재한 계속작업허가 신청서를 제출하여 그 허가를 받았으나, 그 신청에 따른 군수 명의의 허가공문이 광업권양수인의 계속작업허가신청에 대하여 단지 이를 허가하는 내용에 불과한 경우,[43] ② 건축 담당 공무원이 건축허가신청서를 접수·처리하면서 건축법상의 요건을 갖추지 못하고 설계된 사실을 알면서도 기안서인 건축허가통보서를 작성하여 건축허가서의 작성명의인인 군수의 결재를 받아 건축허가서를 작성하였으나, 건축허가서가 건축법의 규정에 적합하다는 사실을 확인하거나 증명하는 것이 아닌

37　김성돈, 654; 김일수·서보학, 602; 배종대, § 114/19; 손동권·김재윤, § 39/39; 신동운, 446; 오영근, 582; 이재상·장영민·강동범, § 32/66; 임웅, 745; 정성근·박광민, 654; 정영일, 355.
38　대판 1981. 9. 22, 80도3180.
39　대판 1990. 10. 16, 90도1307.
40　대판 1995. 6. 13, 95도491.
41　대판 2003. 2. 11, 2002도4293.
42　대판 2007. 1. 25, 2006도3996.
43　대판 1983. 2. 8, 82도2211.

경우[44]에는 허위공문서작성죄의 성립을 부정하였다.

3. 구체적 사례

(1) 본죄의 성립을 긍정한 사례

27
- 대판 1983. 12. 13, 83도1458 건축물조사 및 가옥대장 정리업무를 담당하는 공무원이 무허가 건축물을 허가받은 건축물인 것처럼 가옥대장에 등재한 경우 허위공문서작성죄에 해당한다고 본 사안(가옥대장의 내용과 다른 내용을 기재한 가옥증명서를 발행한 경우 허위공문서작성죄에 해당한다고 본 대판 1973. 10. 23, 73도395도 같은 취지)

- 대판 1983. 12. 27, 82도3063 준공검사조서를 작성하면서 정산설계서를 확인하고 준공검사를 한 것이 아닌데도 마치 한 것처럼 준공검사용지에 '정산설계서에 의하여 준공검사'를 하였다는 내용을 기입하였다면, 준공검사조서의 내용이 객관적으로 정산설계서 초안이나 그 후에 작성된 정산설계서 원본의 내용과 일치한다거나 공사현장의 준공상태에 부합한다고 하더라도 허위공문서작성죄에 해당한다고 본 사안

- 대판 1985. 6. 25, 85도758 공무원이 인감증명서를 발행하면서 인감증명서의 인적사항과 인감 및 그 용도를 일치하게 기재하였다고 하더라도, 본인이 아닌 대리인에 의한 신청인데도 그 증명서의 본인란에 표시를 한 경우, 허위공문서작성죄에 해당한다고 본 사안(대판 1997. 7. 11, 97도1082도 같은 취지)

- 대판 1990. 8. 24, 90도1395 구청 재무과 소속 공공용지매각 사무담당 공무원이 대상자에 의한 구거(溝渠)부지의 점유, 사용이 전혀 없는데도, 마치 현장에 나가 상황을 조사한 결과 대상자가 구거부지를 계속 점유하면서 채소밭으로 사용하고 있는 사실이 확인된 것처럼 재산현황조사서를 허위로 작성하였다면, 허위공문서작성죄에 해당한다고 본 사안

- 대판 1990. 10. 16, 90도1307 연립주택이 당초의 설계도대로 공사되어 있지 않은 것을 담당공무원이 세밀히 조사하지 않아 그 적합 여부를 제대로 알지 못하면서도 준공검사보고서 용지에 함부로 '적합'이라고 기재

---

44 대판 2000. 6. 27, 2000도1858.

하고 서명날인을 하여 허위의 내용의 준공검사보고서를 작성하였다면, 허위공문서작성죄에 해당한다고 본 사안

• 대판 1996. 10. 11, 95도1706 경찰서 보안과장이 대상자의 음주운전을 눈감아주기 위하여 그에 대한 음주운전자 적발보고서를 찢어버리고, 부하로 하여금 일련번호가 동일한 가짜 음주운전 적발보고서에 다른 사람에 대한 음주운전 사실을 기재하게 하여 그 사정을 모르는 담당 경찰관으로 하여금 주취운전자 음주측정처리부에 다른 사람에 대한 음주운전 사실을 기재하도록 한 경우, 대상자가 음주운전으로 인하여 처벌을 받았는지 여부와는 관계없이 허위공문서작성죄의 간접정범에 해당한다고 본 사안

• 대판 1996. 10. 15, 96도1669 소유권이전등기와 근저당권설정등기의 신청이 동시에 이루어지고 그와 함께 등본의 교부신청이 있었는데, 등기공무원이 소유권이전등기만 기입하고 근저당권설정등기는 기입하지 않고 등기부등본을 발급하였다면, 비록 그 등기부등본의 기재가 등기부의 기재와 일치한다고 하더라도 그 등기부등본은 이미 접수된 신청서에 따라 기입하여야 할 사항 중 일부를 고의로 누락한 채 작성되어 내용이 진실하지 않다고 보아 허위공문서작성죄에 해당한다고 본 사안

• 대판 1997. 12. 26, 96도3057 임야도와 지적도상의 경계가 부합하지 않아 지적도의 경계 표시에 오류가 있음을 쉽게 확인할 수 있고, 측량을 하지 않고서도 그 정정이 가능한 경우에 해당한다고 볼 수 없는데도 토지 및 하천 등의 경계나 면적을 측량하지 않은 채 임야도를 기준으로 지적도상의 토지 및 하천 등의 경계를 정정하였다면, 적법한 업무처리라고 볼 수 없다고 보아 허위공도화작성죄에 해당한다고 본 사안

• 대판 2003. 2. 11, 2002도4293 폐기물처리사업계획 적합 통보서는 단순히 폐기물처리사업을 관계 법령에 따라 허가한다는 내용이 아니라, 폐기물처리업을 하려는 사람이 폐기물관리법에 따라 제출한 폐기물처리사업계획이 폐기물관리법 및 관계 법령의 규정에 적합하다는 사실을 확인하거나 증명하는 것이므로, 그 폐기물처리사업계획이 관계 법령의 규정에 적합하지 않다는 사실을 알면서 적합하다는 내용으로 통보서를 작성한 행위가 허위공문서작성죄에 해당한다고 본 사안

〔김 정 훈〕 **285**

- **대판 2006. 12. 22, 2004도7356** 공무원인 피고인의 감세지시에 따라 세무공무원 명의의 특별조사종결보고서가 약 23억 원이라는 추징세액에 맞추기 위해 근거자료와는 상관없이 적출금액을 임의로 조정하고, 각종 증빙자료 등을 통하여 탈루세액임이 확실한 추징세액 약 55억 7,300만 원을 고의로 누락시킨 채 작성된 것이라면, 허위공문서작성죄에 해당한다고 본 사안

- **대판 2007. 1. 25, 2006도3844** 공증담당 변호사가 법무사의 직원으로부터 인증촉탁서류를 제출받았을 뿐, 법무사가 공증사무실에 출석하여 사서증서의 날인이 당사자 본인의 것임을 확인한 바 없는데도 마치 그러한 확인을 한 것처럼 인증서에 기재한 경우, 허위공문서작성죄에 해당한다고 본 사안

- **대판 2010. 6. 24, 2008도11226** 경찰관이 현행범인 체포 과정에서 체포의 사유와 변호인 선임권을 고지하지 않았는데도 그와 달리 '체포의 사유 및 변호인 선임권 등을 고지 후 현행범인 체포한 것임'이라는 내용의 허위의 현행범인체포서와 "현행범인으로 체포하면서 범죄사실의 요지, 구속의 이유와 변호인을 선임할 수 있음을 고지하고 변명의 기회를 주었다."는 내용의 허위의 확인서를 작성한 경우, 허위공문서작성죄에 해당한다고 본 사안

- **대판 2013. 10. 24, 2013도5752** 실제로 현장확인을 하지 않고 동료 청원경찰에게 원상복구 여부에 대한 현장확인을 부탁한 다음, 그가 작성한 출장복명서가 진실한 것인지를 제대로 알지도 못하면서 자신이 직접 현장확인을 하여 보니 원상복구가 완료되었다는 내용의 출장복명서에 자신의 서명을 하여 출장복명서를 완성하였다면, 허위공문서작성죄에 해당한다고 본 사안

- **대판 2015. 10. 29, 2015도9010** 국가정보원에서 중국 소재 영사관에 파견된 영사가 공식적으로는 외교부 소속 사건사고 담당 영사로서, 비공식적으로는 국가정보원 소속 해외정보관으로 근무하면서 확인서를 작성하는 과정에서 중국 관할관청에 문의하거나 확인하지 않았는데도 직접 문의하고 확인하여 중국 관할관청으로부터 교부받은 것처럼 서류를 첨부한

경우, 허위공문서작성죄에 해당한다고 본 사안

- 대판 2018. 4. 12. 2018도1652 변호사가 공증사건을 취급하면서 번역인을 면담하여 그 신분과 번역능력 등을 확인하지 않았는데도 직원들이 백지서명지를 이용하여 작성한 번역문 인증서 용지에 마치 실제로 확인한 것처럼 서명·날인한 경우, 허위공문서작성죄에 해당한다고 본 사안

- 대판 2018. 10. 25. 2018도11121 검찰수사관이 풍문을 무마할 목적으로 검찰수사를 가장하여 관련 유포자들을 검찰청으로 출석시켜 조사하면서 자료 등을 제출받고, 지인의 민사소송에 유리한 자료를 수집하고 상대방을 압박하기 위하여 검사장 명의의 수사접견 요청 공문과 검사 명의의 수사협조 요청 공문을 허위로 작성한 경우, 그 내용은 수사접견이나 수사자료가 필요하다는 사실을 확인하거나 증명하는 것이라고 보아 허위공문서작성죄에 해당한다고 본 사안

- 대판 2019. 3. 14. 2018도18646 국가정보원 대변인이 국가정보원 직원에 의한 정치관여 및 선거개입 행위를 은폐하기 위하여 국가정보원에 의한 위법행위가 없었다는 내용의 보도자료를 작성하여 기자들에게 배포한 경우, 허위공문서작성죄에 해당한다고 본 사안

(2) 본죄의 성립을 부정한 사례

- 대판 1972. 12. 12. 72도1233 공무원이 신규주민등록신고를 한 사람에 대하여 전입신고 사실이 없다는 내용의 허위 확인서를 작성하였으나, 주민등록 신고에는 전입신고가 포함된다고 해석할 수 없고, 전입신고사실의 유무가 그 관할 동에 거주하는 유무와 반드시 일치하지는 않으므로, 위 확인서 작성행위가 허위공문서작성죄에 해당하지 않는다고 본 사안 ⟨28⟩

- 대판 1974. 4. 23. 74도716 우편집배인이 특별송달우편물 수취인의 소재에 관하여 같은 번지 내에 거주하는 여러 사람에게 문의해 보았으나 위 수취인의 거주 여부를 확인할 수 없어 부전용지의 수취인불명란에 표시를 하여 반송하였다면, 실제로 문의하지 않은 사람의 이름을 허위로 썼다고 하더라도, 그 공문서의 내용에 아무런 영향도 없고 그 공신력을 해친 것이라고 볼 수도 없다고 보아 허위공문서작성죄에 해당하지 않는다고 본 사안

〔김 정 훈〕   **287**

- **대판 1983. 2. 8. 82도2211** 광업권양수인이 도시계획법령에 의한 관할 군수의 계속작업허가를 신청하면서 종전의 광업권자가 실제로 작업한 사실이 전혀 없어 계속작업허가대상이 되지 않는데도 허위사실을 기재한 계속작업허가신청서를 제출하여 그 허가를 받은 경우, 군수 명의의 허가공문이 광업권양수인의 계속작업허가신청에 대하여 단지 이를 허가하는 내용에 불과하므로, 군청 공무원이 광업권양수인과 공모하여 허가서의 작성권자인 군수에게 허가서 발부를 품신하였다 하더라도 그 품신서에 "계속작업을 허가하고자 한다."는 내용을 기재한 것만으로는 허위공문서작성죄가 성립하지 않는다고 본 사안

- **대판 1996. 5. 14. 96도554** 세무담당공무원으로서는 자신의 법률적인 판단에 따라 취득세의 과세표준을 선택할 수 있으므로, 당사자로부터 뇌물을 받고 고의로 적용하여서는 안 될 조항을 적용하여 과세표준을 결정하고 그 과세표준에 기하여 세액을 산출하였다고 하더라도, 그 세액계산서에 허위내용의 기재가 없다면 허위공문서작성죄에는 해당하지 않는다고 본 사안

- **대판 1997. 3. 11. 96도2329** 교통사고 가해자가 사고발생 후 즉시 피해자를 구호조치하지 않고 사고현장으로부터 약 600m 정도 도주한 후 다시 사고현장으로 되돌아 와 경찰관에게 자신이 사고야기자라고 말하였는데, 교통사고 가해자의 사고 후의 행동이 기재된 가해자 및 피해자의 관련자 진술서만 첨부하고 교통사고 실황조사서의 사고원인기재란 중 사고도주 표시란에는 아무런 표시를 하지 않았다고 하더라도, 그 기재 누락만으로 허위내용이 되었다고 보기 어렵다고 보아 허위공문서작성죄가 성립하지 않는다고 본 사안

- **대판 2000. 6. 27. 2000도1858** 건축 담당 공무원이 건축허가신청서를 접수·처리하면서 건축법상의 요건을 갖추지 못하고 설계된 사실을 알면서도 기안서인 건축허가통보서를 작성하여 건축허가서의 작성명의인인 군수의 결재를 받아 건축허가서를 작성한 경우, 건축허가서는 그 작성명의인인 군수가 건축허가신청에 대하여 이를 관계 법령에 따라 허가한다는 내용에 불과하고 위 건축허가신청서와 그 첨부서류에 기재된 내용(건

축물의 건축계획)이 건축법의 규정에 적합하다는 사실을 확인하거나 증명하는 것은 아니므로, 군수가 그 건축허가통보서에 결재하여 건축허가신청을 허가한 경우 건축허가서에 표현된 허가의 의사표시 내용 자체에 어떠한 허위가 있다고 볼 수는 없다고 보아 건축허가서를 작성한 행위를 허위공문서작성죄로 처벌할 수 없다고 본 사안

• 대판 2021. 9. 16. 2019도18394 공사의 현장감독 공무원이 지방자치단체 입찰 및 계약 집행기준과 달리 기성검사에서 합격된 자재가 공사현장에 반입된 것만으로 기성부분을 인정하는 내용의 기성검사조서를 작성하였으나, 기성검사조서에는 그 전제가 되는 사실관계(자재의 제작 및 현장 반입 여부 등)에 관한 아무런 기재가 없고, 그 조서에 기재된 전체 기성고 비율과 준공금액이 위 기준과 다르다고 하더라도 객관적 진실에 반하여 허위라고 보기 어려우며, 그 조서가 자재의 제작 완료 여부 등을 세밀하게 확인하였음을 확인하거나 증명하는 내용이 아니라고 보아 허위공문서작성죄가 성립하지 않는다고 본 사안

• 대판 2022. 8. 19. 2020도9714 전 대통령비서실장인 피고인이 세월호 국조특위와 관련하여 국회에 제출한 답변서 중 '비서실에서 20-30분 단위로 간단없이 유·무선으로 보고를 하였다.'는 부분은 실제로 있었던 객관적 사실을 기반으로 하여 기재된 내용으로 이를 허위라고 볼 수 없고, 또한 답변서는 그 실질이 국조특위 이후 추가된 국회 질의에 대하여 서면으로 행한 '증언'과 다를 바 없을 뿐만 아니라, 국조특위에서 증언한 것과 내용 면에서 차이가 없고, 실제 작성·제출도 자료 취합과 정리를 담당한 실무자에 의하여 기존 증언 내용 그대로 이루어진 점 등에 비추어, 허위공문서작성죄에서 말하는 '허위'가 있다거나 그에 관한 피고인의 인식이 있었다고 보기 어렵다고 본 사안

〔김 정 훈〕　　　　　　　　　　　　　　　**289**

V. 주관적 구성요건

1. 고 의

(1) 고의의 내용

29   본죄의 고의는 ① 작성 또는 변개한 공문서의 내용이 허위라는 것,[45] ② 그 직무에 관한 것이라는 것, ③ 문서 또는 도화를 작성 또는 변개한다는 것에 대한 인식과 의사가 있어야 인정된다.

(2) 고의를 긍정한 사례

30
• 대판 1970. 6. 30. 70도1122 군 농로계장이 유용된 예산액지출의 내역에 대한 허위의 증빙서류를 작성하면서 상사인 건설과장이나 군수의 양해를 얻었다고 하더라도 허위공문서작성죄의 고의가 인정된다고 본 사안

• 대판 1983. 12. 27. 82도3063 준공검사조서를 작성하면서 정산설계서를 확인하고 준공검사를 하지 않았는데도 마치 한 것처럼 준공검사용지에 '정산설계서에 의하여 준공검사'를 하였다는 내용을 기입하였다면, 준공검사조서의 내용이 객관적으로 정산설계서 초안이나 그 후에 작성된 정산설계서 원본의 내용과 일치한다거나 공사현장의 준공상태에 부합한다고 하더라도, 허위공문서작성죄의 고의가 인정되고, 범죄가 성립한다고 본 사안

• 대판 2015. 10. 29. 2015도9010 국가정보원 직원들이 대상자의 출입경 기록을 통해 획득한 인식결과를 기재한 것에 불과한 것이 아니고, 대상자의 출입경 기록을 전혀 확인하지 않았는데도 확인한 것처럼 확인서와 사실확인서를 작성하였다면 허위공문서작성죄의 고의가 인정된다고 본 사안

(3) 고의를 부정한 사례

31
• 대판 1978. 4. 11. 77도3781 출장복명서에 '11:00 출발'을 '11:00 현지도착'이라고 기재하였으나, 특별히 도착시간을 은폐하여야 할 이유가 없는 한 단순히 오기라고 볼 여지도 있다면, 허위공문서작성죄의 고의를 인정하기 부족하다고 본 사안

---

45 대판 2013. 10. 24, 2013도5752; 대판 2022. 8. 19, 2020도9714.

- **대판 1982. 7. 27, 82도1026** 물품(미역)검사를 하면서 전체량의 일부만을 추출하여 실물검사를 하였는데도 이를 초과하여 외관검사를 행한 수량 중의 일정량을 실물검사한 것처럼 보고서를 작성하였다고 하더라도, 그것이 업무상 관행에 따른 것이라면 허위공문서작성의 인식이 없다고 본 사안

- **대판 1982. 12. 28, 82도1617** 제1군 재무과 평가계장직에 종사하다가 내무부 지방행정 연수원 입교의 명을 받고 사무인계서를 작성하면서 A 회사로부터 공사이행보증금의 지급담보로 교부받아 재무과 경리계의 금고에 보관 중인 당좌수표 3매에 관한 사항을 정확히 기재하여야 하는데도 이에 관한 사항을 기재하지 않았으나, 그 이유가 위 공사이행보증금의 일부는 지급받고 일부만이 미수인 관계로 미수금이 얼마인지를 기재하여 후임자에게 미수금을 징수할 수 있도록 하면 충분한 것으로 알고 부주의로 기재를 누락한 것이라면, 허위공문서작성죄의 고의가 부정된다고 본 사안

- **대판 1985. 5. 28, 85도327** 대수선허가 면적보다 1층은 1.12평, 2층은 0.25평이 더 증축된 것을 알면서도 허가된 면적대로 준공되었다는 준공검사보고서를 작성하였다고 하더라도, 통상 있을 수 있는 사소한 차이에 불과하여 허위공문서작성죄의 고의가 부정된다고 본 사안

- **대판 2001. 1. 5, 99도4101** 공무원이 여러 차례의 출장반복의 번거로움을 회피하고 민원사무를 신속히 처리한다는 방침에 따라 사전에 출장조사한 다음 출장조사내용이 변동없다는 확신하에 출장복명서를 작성하고 다만 그 출장일자를 작성일자로 기재한 경우, 허위공문서작성죄의 고의를 인정할 수 없다고 본 사안

2. 행사할 목적

본죄가 성립하기 위하여는 고의 외에도 초과주관적 구성요건으로 행사할 목적이 필요하다. 행사할 목적이란 허위작성 또는 변개한 공문서를 진정하게 작성된 문서인 것처럼 사용할 목적을 말한다. 행사할 목적은 적극적 의욕이나 확정적 인식을 필요로 하지 않고, 미필적 인식이 있으면 충분하다고 보는 판례

32

의 입장[46]은 본죄에서도 달리 보기 어렵다. 다만, 학설상으로는 이에 대한 견해의 대립이 있음은 앞서 **공문서위조·변조죄**(§ 225)에서 살펴본 바와 같다.

VI. 다른 죄와의 관계

1. 직무유기죄와의 관계

33   공무원이 위법사실을 발견하고도 직무상 조치 없이 이를 은폐하기 위하여 허위공문서를 작성한 경우, 부작위범인 직무유기죄(§ 122)와 작위범인 허위공문서작성죄와의 관계가 문제된다. 통설은 허위공문서작성죄와 직무유기죄는 법조경합의 관계에 있어 허위공문서를 작성하는 것이 곧 직무유기가 되는 경우에는 허위공문서작성죄만 성립하고, 부작위범인 직무유기죄는 별도로 성립하지 않는다고 하고 있다(흡수관계).[47]

34   판례는 ① 세무서 주세계장이 주세범칙 사건을 수사하고 관계서류를 은폐하기 위하여 허위의 전말서나 진술조서를 작성한 경우,[48] ② 신축건물에 대한 착공 및 준공검사를 마치고 관계서류를 작성하면서 허가조건 위배사실을 숨기기 위하여 허위의 복명서 등을 작성한 경우,[49] ③ 예비군 중대장이 예비군대원의 훈련 불참 사실을 고의로 은폐할 목적으로 허위내용의 학급편성명부를 작성하고 그 후 소속대대장에게 보고하지 않은 경우,[50] ④ 경찰관이 A의 도박범행을 은폐하기 위하여 근무일지를 허위로 작성한 경우,[51] ⑤ 폐수배출시설 등 지도·단속 업무를 담당하는 공무원이 A 회사의 폐수배출시설 폐쇄명령 불이행 사실을 은폐하는 데 행사할 목적으로 그 출장복명서의 폐쇄명령 이행사항 확인란을 허위로 작성한 경우[52]에 허위공문서작성죄의 성립만 인정하였고, 직무유기죄의 성립을 부정하였다.

---

46 대판 2006. 1. 26, 2004도788.
47 김성돈, 657; 박상기·전지연, 780; 배종대, § 114/24; 손동권·김재윤, § 39/55; 신동운, 450; 이재상·장영민·강동범, § 32/74; 임웅, 751; 정성근·박광민, 658.
48 대판 1971. 8. 31, 71도1176.
49 대판 1972. 5. 9, 72도722.
50 대판 1982. 12. 28, 82도2210.
51 대판 1999. 12. 24, 99도2240.
52 대판 2004. 3. 26, 2002도5004.

그러나 직무유기행위가 먼저 이루어지고, 이를 은폐하기 위하여 허위공문서　35
가 작성된 경우에는 하나의 행위에 관한 흡수관계가 성립하지 않으므로, 실체적
경합관계에 있다고 보아야 한다. 판례는 농지사무를 담당하고 있는 공무원이 농
지불법전용사실을 알고도 아무런 조치를 취하지 않다가 불법전용된 농지를 원상
복구하고 적법절차를 거쳐 다시 신청하기 전에는 농지의 전용을 허가하여 주어서
는 안 되는데도 일시전용허가를 하여 주기 위하여 허위의 현장출장복명서를 작성
한 경우에는 허위공문서작성이 농지불법전용사실을 은폐하기 위한 것이 아니라고
보아, 직무유기죄와 허위공문서작성죄의 실체적 경합관계를 인정하였다.[53]

한편, 이와 대비하여 판례는 출원에 대한 심사업무를 담당하는 공무원이 출　36
원인의 출원사유가 허위라는 사실을 알면서도 부하공무원으로 하여금 기안문을
작성하게 한 다음 스스로 중간결재를 하고 최종적으로 결재권자인 국장의 결재
를 받은 경우, 부작위범인 직무유기죄가 성립하지 않는다고 하면서 작위범인 위
계공무집행방해죄가 성립한다고 판시하였다.[54] 이 사안에서 허위공문서작성죄
의 간접정범을 긍정할 수는 있다고 보인다.

2. 공정증서원본불실기재죄와의 관계

허위공문서작성죄는 작성권한 있는 공무원의 무형위조를 처벌하는 것이므　37
로, 작성권한 있는 공무원이 공정증서원본에 허위내용을 기재한 경우에는 허위
공문서작성죄가 성립할 뿐 별도로 공정증서원본불실기재죄(§ 228①)가 성립하지
는 않는다.

3. 허위진단서작성죄와의 관계

공무원인 의사가 허위진단서를 작성한 경우 문제된다. 학설상으로는 ① 허　38
위공문서작성죄와 허위진단서작성죄(§ 233)의 상상적 경합관계가 성립한다는 견
해,[55] ② 허위공문서작성죄만 성립한다는 견해,[56] ③ 허위진단서작성죄만 성립

---

53 대판 1993. 12. 24, 92도3334.
54 대판 1997. 2. 28, 96도2825.
55 이재상·장영민·강동범, § 32/74; 임웅, 751; 정성근·박광민, 647.
56 김성돈, 650; 박상기·전지연, 779; 배종대, § 114/24; 오영근, 585; 정영일, 354.

한다는 견해[57]가 있다. 판례는 허위공문서작성죄와 허위진단서작성죄의 상상적 경합에 해당한다고 판시하였다가[58] 허위공문서작성죄만 성립한다고 입장을 변경하였다.[59] 공무원인 의사가 작성한 진단서를 공문서가 아니라고 배척할 수는 없고, 하나의 진단서에 대하여 동시에 두 죄가 성립한다고 보는 것은 자연스럽지 않고 법조경합 관계에 있다고 보아야 하므로, 허위공문서작성죄만 성립한다는 판례가 타당하다.

4. 수뢰후부정처사죄와의 관계

39   예비군 중대장이 그 소속 예비군으로부터 금원을 교부받고 그 예비군이 예비군훈련에 불참하였는데도 참석한 것처럼 허위내용의 중대학급편성명부를 작성, 행사한 경우에는 수뢰후부정처사죄(§ 131①) 외에 별도로 허위공문서작성죄와 허위작성공문서행사죄가 성립하고, 두 죄는 수뢰후부정처사죄와 각각 상상적 경합관계에 있다. 비록 허위공문서작성죄와 허위작성공문서행사죄는 아래에서 보는 바와 같이 실체적 경합관계에 있으나, 두 죄가 수뢰후부정처사죄와 상상적 경합관계에 있으므로, 전체적으로 가장 중한 죄에 정한 형으로 처단하면 된다(연결효과에 의한 상상적 경합관계).[60]

5. 허위작성공문서행사죄의 관계

40   공무원이 허위로 작성한 공문서를 행사한 경우, 학설상으로는 견해의 대립이 있으나, 허위공문서작성죄와 허위작성공문서행사죄의 실체적 경합관계에 있다고 보아야 한다.

---

57 김일수·서보학, 597.
58 대판 1955. 7. 15, 4288형상74.
59 대판 2004. 4. 9, 2003도7762. 본 판결 해설은 민유숙, "허위진단서작성죄와 허위공문서작성죄의 관계", 해설 50, 법원도서관(2004), 620-644.
60 대판 1983. 7. 26, 83도1378.

VII. 처 벌

1. 법정형

7년 이하의 징역 또는 2천만원 이하의 벌금에 처한다.   41

본죄에 대하여는 10년 이하의 자격정지를 병과할 수 있다(§ 237). 형법은 일   42
정 범죄에 대하여 보호주의를 채택하고 있는데, 본죄의 외국인의 국외범은 처벌
한다(§ 5(vi)).

2. 미수범의 처벌

본죄의 미수범은 처벌한다(§ 235). 허위공문서작성의사를 확정적으로 문서에   43
표시하는 행위가 있는 때 실행의 착수가 있고, 공문서가 완성되었다고 보기 어
려울 때만 미수죄가 성립한다. 실제 사례를 찾아보기는 어렵다.[61]

〔김 정 훈〕

---

61 판례 중에는 "한개의 공문서에 작성자가 2인 이상일 경우에도 1인의 작성행위의 완료로서 그
   1인의 공문서 작성행위는 완료 되는 것이며 나머지 다른 사람의 서명 날인이 없다 하여 전체의
   허위공문서가 작성되지 않는다고 볼 것이 아니다."고 한 것이 있다(대판 1973. 6. 26, 73도733).

제227조의2(공전자기록위작·변작)

사무처리를 그르치게 할 목적으로 공무원 또는 공무소의 전자기록등 특수매체기록을 위작 또는 변작한 자는 10년 이하의 징역에 처한다.
[본조신설 1995. 12. 29.]

Ⅰ. 의의와 성격

1   본죄[공전자기록등(위작·변작)죄]는 사무처리를 그르치게 할 목적으로 공무원 또는 공무소의 전자기록 등 특수매체기록을 위작 또는 변작함으로써 성립하는 범죄이다. 전자기록 등 특수매체기록에 대하여 문서와 같은 형법적 보호가 가능하도록 1995년 12월 29일 형법 개정에 의하여 신설된 규정이다. 컴퓨터 등 정보처리장치가 확대되어 종래의 종이문서를 대신하여 정보를 기록·저장하는 수단으로 사무처리에 널리 이용되고 있어 문서에 못지 않은 사회적 기능을 갖게 되었다.[1] 한편 일본형법은 제161조의2 제1항에서 사전자기록부정작출죄를, 제2항에서 공전자기록부정작출죄를 규정하고 있어 문서의 위조·변조와는 다른 용어를 사용하고 있다.

2   앞서 [총설]에서 살펴본 바와 같이 본죄는 기존의 문서개념을 확대한 것이 아니라 문서의 개념으로 포섭되기 어려운 전자기록 등 특수매체기록의 기능을 보호하기 위함이다. 본죄의 보호법익은 공전자기록 등 특수매체기록에 대한 거래의 안전과 공공의 신용이다. 본죄는 사무처리를 그르치게 할 목적이 있어야 하는 목적범이고, 추상적 위험범이며, 결과범이고, 미수범(§ 235)을 처벌하고 있다.

---

[1] 이재상·장영민·강동범, 형법각론(12판), § 32/100.

296   〔김 정 훈〕

II. 객관적 구성요건

1. 주 체

시스템을 설치·운영하는 주체와의 관계에서 전자기록의 생성에 관여할 권   3
한이 없는 사람이 본죄의 주체가 됨에는 아무런 의문이 없다. 다만, 유형위조뿐
아니라 무형위조, 즉 권한이 있는 사람이 이를 남용하여 허위의 정보를 입력하
는 경우에도 본죄가 성립할 수 있는지 문제되는데, 아래 '위작'의 개념에서 살펴
보는 바와 같이 작성권한 있는 공무원이 권한을 남용하는 경우에도 본죄가 성
립한다.[2]

2. 객 체

본죄의 객체는 공무원 또는 공무소의 전자기록 등 특수매체기록이다.   4

전자기록이란 집적회로, 자기디스크, 자기테이프와 같은 일정한 매체에 전   5
기적·자기적 방식으로 저장된 기록을 말하고, 특수매체기록이란 전기적 물체가
아닌 다른 물체, 즉 레이저광을 이용하는 광디스크 등에 기록하는 것을 말한다.
전기적 방식으로는 반도체기억집적회로(IC)에 의한 것이 있고, 그 예로는 컴퓨터
내의 롬(ROM)과 램(RAM) 등의 기록을 들 수 있다. 자기적 방식으로는 자기디스
크나 자기테이프에 의한 것이 있다. 형법에서는 업무방해죄(§ 314②), 비밀침해죄
(§ 316②), 재물손괴죄(§ 366)에서 전자기록 등 특수매체기록을 객체로 규정하고
있는데, 그 개념은 동일하다.

판례는 본죄의 객체인 전자기록은 그 자체로는 물적 실체를 가진 것이 아   6
니어서 별도의 표시·출력장치를 통하지 않고는 보거나 읽을 수 없고, 그 생성
과정에 여러 사람의 의사나 행위가 개재됨은 물론 추가 입력한 정보가 프로그램
에 의하여 자동으로 기존의 정보와 결합하여 새로운 전자기록을 작출하는 경우
도 적지 않으며, 그 이용 과정을 보아도 그 자체로서 객관적·고정적 의미를 가
지면서 독립적으로 쓰이는 것이 아니라 개인 또는 법인이 전자적 방식에 의한
정보의 생성·처리·저장·출력을 목적으로 구축하여 설치·운영하는 시스템에서

---

2 대판 2005. 6. 9, 2004도6132.

쓰임으로써 예정된 증명적 기능을 수행하는 것이라고 판시하였고,[3] 아래 구체적
사례에서 보는 바와 같이 경찰범죄정보시스템, 행정지식관리시스템, 자동차등록
정보 처리시스템, 출장결과보고서를 입력할 수 있는 내부전자결재시스템, 종합
해양정보시스템, 자동차등록원부 등을 본죄의 객체로 인정하였다. 한편, 한국환
경공단법에 의하여 설립된 법인인 한국환경공단은 형법상 뇌물죄의 규정을 적
용할 때 공무원으로 의제될 뿐, 한국환경공단 임직원을 공전자기록 작성권한자
인 공무원으로 의제하거나 한국환경공단이 작성하는 전자기록을 공전자기록으
로 의제하는 취지의 명문규정이 없어 공무소로 볼 수 없다고 보아, 한국환경공
단이 환경부장관의 위탁을 받아 건설폐기물 인계·인수에 관한 내용 등의 전산
처리를 위하여 구축·운영한 전자정보처리프로그램인 '올바로시스템'이 본죄의
객체에 해당하지 않는다고 판시하였다.[4]

3. 행 위

(1) 위작

7   위작이란 전자기록 등 특수매체기록을 작성할 권한이 없는 사람이 허위의
내용을 저장·입력하는 행위를 말한다. 위작의 개념에 관하여는 유형위조뿐 아
니라 무형위조를 포함하여야 하는지에 따라 견해의 대립이 있다. 상정할 수 있
는 견해로는 ① 권한 없이 전자기록을 작성하는 경우와 허위내용의 전자기록을
만드는 것을 의미한다는 견해,[5] ② 사전자기록의 위작은 사문서위조에 대응하
여 유형위조만을 의미하나, 공전자기록의 위작은 유형위조와 무형위조를 포함
한다는 견해,[6] ③ 문서와는 달리 명의인이 누구인지 특정하기 어려운 전자기록
의 특성에 주목하여 전자기록을 입력·처리·저장하는 시스템의 설치·운영주체
의 의사에 반하여 권한 없이 또는 권한을 남용하여 전자기록을 작성하는 것을
의미한다는 견해,[7] ④ 위작은 유형위조만을 의미한다는 견해[8]가 있다. 위 ④설

---

3 대판 2005. 6. 9, 2004도6132.
4 대판 2020. 3. 12, 2016도19170.
5 김일수·서보학, 새로쓴 형법각론(9판), 588; 박상기·전지연, 형법학(총론·각론 강의)(4판), 793;
   배종대, 형법각론(13판), § 114/3; 임웅, 형법각론(9정판), 736.
6 정성근·정준섭, 형법강의 각론(2판), 444.
7 김성돈, 형법각론(5판), 647; 박찬걸, 형법각론(2판), 750; 손동권·김재윤, 새로운 형법각론,
   § 39/58; 오영근, 형법각론(5판), 577; 이재상·장영민·강동범, § 32/108; 정영일, 형법강의 각론

을 제외하고는 사실상 무형위조를 위작의 개념에 포함시킨다는 점에서 크게 차이가 없다.

판례는 대판 2005. 6. 9, 2004도6132를 통하여 시스템을 설치·운영하는 주체와의 관계에서 전자기록의 생성에 관여할 권한이 없는 사람이 전자기록을 작출하거나 전자기록의 생성에 필요한 단위 정보의 입력을 하는 경우는 물론 시스템의 설치·운영 주체로부터 각자의 직무 범위에서 개개의 단위정보의 입력 권한을 부여받은 사람이 그 권한을 남용하여 허위의 정보를 입력함으로써 시스템 설치·운영 주체의 의사에 반하는 전자기록을 생성하는 경우도 공전자기록의 '위작'에 포함된다고 판시한 이래 일관된 입장을 보이고 있다. 전자기록은 문서와 달리 가시성·가독성이 없고, 그 작성에 많은 사람들의 의사나 행위가 관계되며, 작성명의인의 관념을 생각하기 어려워 작성명의인에 대한 동일성의 착오나 부진정한 문서를 상정하기 어렵다는 점에서 판례의 태도가 타당하고,[9] 위조가 아닌 위작이라는 용어를 사용한 입법 목적에도 부합한다.[10]

다만 위작에 해당하는 '허위의 정보'란 진실에 반하는 내용을 의미하는 것이므로, 관계 법령에 의하여 요구되는 자격을 갖추지 못하였는데도, 고의로 이를 갖춘 것처럼 단위 정보를 입력하였다고 하더라도, 그 전제 또는 관련된 사실관계에 거짓이 없다면 허위의 정보를 입력하였다고 볼 수 없다.[11] 이점에서는 허위공문서작성죄와 동일하다.

(2) 변작

변작이란 기존의 전자기록을 고치거나 지워 기록의 내용을 변경하는 것을 말한다.

8

9

10

(3판), 369; 정웅석·최창호, 형법각론, 252; 한상훈·안성조, 형법개론(3판), 652.

8　김신규, 형법각론 강의, 727; 이정원·류석원, 형법각론, 604; 강동범, 컴퓨터범죄와 개정형법, 법조(1997. 8.), 117.

9　헌법재판소도 '위작'의 개념에 관하여 판례와 같은 입장이다(헌재 2017. 8. 31, 2015헌가30).

10　일본형법은 '위작'이 아니라 '부정작출'이라는 용어를 사용하고 있는데, 입법취지는 작출권한 없는 경우뿐 아니라 작출권한을 남용하여 전자적 기록을 작성하는 것까지 포함하는 개념이라고 한다[西田 外, 注釈刑法(2), 482(山口厚)].

11　대판 2011. 5. 13, 2011도1415.

〔김 정 훈〕　　　　　　**299**

4. 구체적 사례

11

- 대판 2005. 6. 9, 2004도6132 [12] 경찰관이 고소사건을 처리하지 않았는 데도, 경찰범죄정보시스템에 그 사건을 검찰에 송치한 것으로 허위사실을 입력한 행위가 공전자기록위작죄에 해당한다고 본 사안

- 대판 2007. 7. 27, 2007도3798 피고인의 업무를 보조하는 공무원이 체비지 현장에 출장을 나간 사실이 없고 피고인만이 체비지 현장에 출장을 나갔는데도, 피고인과 보조공무원이 함께 출장을 나간 것처럼 행정지식관리시스템에 허위의 정보를 입력하여 출장복명서를 생성한 후 이를 그 사정을 모르는 시청 도시과장에게 전송한 행위가 공전자기록위작죄에 해당한다고 본 사안

- 대판 2010. 7. 8, 2010도3545 공군 복지근무지원단 예하 지구대의 부대 매점 및 창고관리 부사관이 창고 관리병으로 하여금 지원단의 업무관리시스템인 복지전산시스템에 자신이 그전에 이미 횡령한 바 있는 면세주류를 마치 정상적으로 판매한 것처럼 허위로 입력하게 한 행위가 공전자기록위작죄에 해당한다고 본 사안

- 대판 2013. 11. 28, 2013도9003 [13] 지방자치단체 공무원이 야구장을 답사한 사실이 없고, 세미나와 공청회에도 참석한 사실이 없는데도, 마치 참석한 것처럼 내부전자결재시스템에 출장결과보고서를 작성하여 전송한 행위가 공전자기록위작죄에 해당한다고 본 사안

- 대판 2015. 7. 23, 2015도5821 피고인이 증차 허가를 받은 차대번호와는 다른 차대번호가 수록된 차량에 관하여 자동차등록번호를 부여하고 등록하였다면, 피고인이 그 공전자기록 생성을 위한 전산입력 작업 과정에서 최초의 차량에 대하여만 허가내용과 다른 허위의 차대번호를 입력하고 나머지 차량들에 대하여는 차대번호를 실제로 입력하지 않은 채 증차 허가에 따른 자동차등록번호들만을 입력하였다고 하더라도, 피고인이

---

12 본 판결 해설은 심준보, "공전자기록위·변작죄에서 위작과 변작의 개념", 해설 56, 법원도서관 (2005), 235-247.

13 본 판결 평석은 강동범, "공전자기록 위작·변작죄에서 위작·변작의 개념", 형사판례연구 [24], 한국형사판례연구회, 박영사(2016), 499-526.

입력한 자동차등록번호들이 최초에 입력된 허위의 차대번호와 반복적으로 결합하여 증차 허가받은 것과는 다른 내용의 차량에 관한 공전자기록이 작출되었다고 보아 피고인의 행위가 자동차등록원부에 관한 공전자기록위작죄에 해당한다고 본 사안

III. 주관적 구성요건

본죄도 다른 문서에 관한 죄와 마찬가지로 고의를 필요로 한다. 고의는 공전자기록 등을 위작·변작하는 점에 대한 인식과 의사로 다른 죄와 달리 해석되지 않는다.   12

그런데 본죄는 문서위조·변조죄의 '행사할 목적'과 상응하여 '사무처리를 그르치게 할 목적'을 필요로 한다. '사무처리를 그르치게 할 목적'이란 위작 또는 변작된 전자기록이 사용됨으로써 위와 같은 시스템을 설치·운영하는 주체의 사무처리를 잘못되게 하는 것을 말한다.[14] 이와 같이 문서위조·변조죄와 달리 사무처리를 그르치게 할 목적을 필요로 하는 취지는 전자기록의 특성상 단순한 사용·행사의 목적을 넘어 공전자기록이 가지고 있는 증명작용에 실해를 발생시킬 목적이 있는 경우로 한정하기 위함이라고 해석된다.   13

IV. 처 벌

10년 이하의 징역에 처한다.   14

본죄에 대하여는 10년 이하의 자격정지를 병과할 수 있다(§ 237). 본죄의 법정형과 관련하여, 벌금형을 선택적으로 규정하지 않고 징역형에 하한을 두지 않았더라도 위헌이라고 할 수 없다.[15]   15

---

14 대판 2010. 7. 8, 2010도3545; 대판 2013. 11. 28, 2013도9003.
15 헌재 2017. 8. 31, 2015헌가30. 「1. 심판대상조항에서 "위작"이란 전자기록에 관한 시스템을 설치·운영하는 주체와의 관계에서 전자기록의 생성에 관여할 권한이 없는 사람이 전자기록을 작출하거나 전자기록의 생성에 필요한 단위 정보의 입력을 하는 경우는 물론이고, 시스템의 설치·운영 주체로부터 각자의 직무 범위에서 개개의 단위 정보의 입력 권한을 부여받은 사람이 그 권한을 남용하여 허위의 정보를 입력함으로써 시스템 설치·운영 주체의 의사에 반하는 전자

16   형법은 일정 범죄에 대하여 보호주의를 채택하고 있는데, 본죄의 외국인의 국외범은 처벌한다(§ 5(vi)). 본죄의 미수범은 처벌한다(§ 235).

〔김 정 훈〕

기록을 생성하는 경우도 포함한다. 오늘날 공무원 또는 공무소의 업무처리는 전적으로 전자기록 또는 전자문서를 통하여 이루어지고, 내·외부 결재도 대부분 전자적 방법으로 이루어진다. 그런데 전자기록등의 경우 전자적 기술을 이용한 위·변조의 가능성이 일반 문서에 비해 크고 파급력도 커서, 그로 인한 업무처리의 혼선이나 신용성 파괴로 인한 손실은 막대할 수 있다. 이러한 공전자기록등의 기능, 공전자기록등의 위작이 초래할 수 있는 피해의 중대성, 죄질이나 보호법익 등 여러 가지 요소를 고려하여 볼 때, 심판대상조항이 벌금형을 선택적으로 규정함이 없이 '10년 이하의 징역'을 법정형으로 정하고 있더라도 그것이 형벌 본래의 목적과 기능을 달성함에 있어 필요한 정도를 일탈하여 지나치게 과중한 형벌이라고 볼 수 없다. 또한 징역형에 하한이 없어 집행유예나 선고유예의 선고가 가능하므로 법원이 구체적 사안에서 죄질과 책임에 상응하는 형을 선고할 수 있다. 따라서 심판대상조항은 책임과 형벌 간 비례원칙에 위반되지 아니한다.

　　2. 공전자기록등위작죄의 경우 작성 명의인이 누구인지보다는 전체 시스템의 설치·운영 주체의 의사에 반하는 전자기록등을 생성한 것인지 아닌지 여부가 더욱 중요하다. 그리하여 일반 공문서의 경우 '위조'의 경우와 '허위 작성'의 경우를 나누어 다르게 의율하는 것과 달리, 공전자기록등위작의 경우 위조와 허위 작성을 구분하지 않고 동일한 법정형으로 의율하는 데에는 합리적 이유가 있다. 따라서 허위공문서작성죄와 달리 공전자기록등위작죄의 경우 징역형만을 법정형으로 정한 것에는 합리적인 이유가 있으므로 심판대상조항이 형벌체계의 균형성을 상실하여 평등원칙에 위반된다고 볼 수 없다.」

〔김 정 훈〕

제228조(공정증서원본 등의 불실기재)

① 공무원에 대하여 허위신고를 하여 공정증서원본 또는 이와 동일한 전자기록 등 특수매체기록에 불실의 사실을 기재 또는 기록하게 한 자는 5년 이하의 징역 또는 1천만원 이하의 벌금에 처한다.

② 공무원에 대하여 허위신고를 하여 면허증, 허가증, 등록증 또는 여권에 불실의 사실을 기재하게 한 자는 3년 이하의 징역 또는 700만원 이하의 벌금에 처한다. 〈개정 1995. 12. 29.〉

Ⅰ. 의의와 성격

　　본죄는 공무원에 대하여 허위신고를 하여 공정증서원본 또는 이와 동일한 전자기록 등 특수매체기록에 불실의 사실을 기재 또는 기록하게 하거나[(공정증서원본·공전자기록등)불실기재죄](§ 228①), 공무원에 대하여 허위신고를 하여 면허증, 허가증, 등록증 또는 여권에 불실의 사실을 기재하게 함으로써[(면허증·허가증·등록증·여권)불실기재죄](§ 228②) 성립하는 범죄이다.

　　본죄의 성격에 대해서는 ① 공무원을 이용한 간접적인 허위공문서작성죄(간접적 무형위조)라는 견해도 있으나,[1] ② 공문서의 작성권한이 없는 사람이 공무

1

2

---

[1] 김신규, 형법각론 강의, 712; 박상기·전지연, 형법학(총론·각론)(5판), 792; 배종대, 형법각론(13판), § 114/26; 오영근, 형법각론(5판), 586; 이형국·김혜경, 형법각론(2판), 677.

원으로 하여금 허위공문서를 작성하게 한다는 점에서 허위공문서작성죄의 간접
정범 중 특수한 경우를 별도의 구성요건으로 만든 것으로 이해된다(독립범죄)(통
설).[2] 본죄의 주체에는 제한이 없고, 객체는 공정증서원본 등으로 한정하였다는
점에서 허위공문서작성죄와는 구별된다. 본죄는 특별한 신빙성이 인정되는 권
리의무에 관한 공문서에 대한 공공의 신용을 보장함을 보호법익으로 하고,[3] 보
호의 정도는 추상적 위험범이다.[4] 본죄는 행사할 목적을 구성요건으로 명시하
지 않았다는 점에서 다른 문서에 관한 죄와 차이가 있다.

II. 주 체

3　　본죄의 주체에는 제한이 없다.

4　　직무와 무관한 공무원도 본죄의 주체가 될 수 있다. 다만 보조공무원이 작
성권한을 가진 공무원의 결재를 받지 않고 임의로 허위 내용의 공문서를 작성
권자 명의로 작성한 경우에는 공문서위조죄가 성립하고, 보조공무원이 허위공
문서를 기안하여 허위임을 모르는 작성권자의 결재를 받아 공문서를 완성한 경
우에는 허위공문서작성죄의 간접정범이 성립함은 앞서 살펴본 바와 같다. 허위
신고를 받은 작성권한 있는 공무원은 본죄의 수단으로 이용된 것이므로, 본죄의
주체가 될 수 없으나, 허위신고임을 알고 공정증서원본 등에 불실의 사실을 기
재한 경우에는 허위공문서작성죄(§ 227) 또는 공전자기록위작죄(§ 227의2)가 성립
한다.[5]

III. 객 체

5　　본죄의 객체는 공정증서원본 또는 이와 동일한 전자기록 등 특수매체기록

2　박찬걸, 형법각론(2판), 763; 원혜욱, 형법각론, 436; 이정원·류석준, 형법각론, 613; 정성근·박
　광민, 형법각론(전정3판), 604; 정성근·정준섭, 형법강의 각론(2판), 451; 정웅석·최창호, 형법
　각론, 223; 최호진, 형법각론, 805; 한상훈·안성조, 형법개론(3판), 657.
3　대판 2005. 7. 15, 2003도6934; 대판 2013. 1. 24, 2012도12363.
4　박찬걸, 763; 오영근, 586; 정성근·박광민, 605; 정성근·정준섭, 451.
5　배종대, § 114/26.

(§ 228①)과 면허증, 허가증, 등록증 또는 여권(§ 228②)이다.

1. 공정증서원본

공정증서는 일반적으로 공무원이 권한 내에서 적법하게 작성한 일체의 증서를 말하나, 본죄에서의 공정증서는 공무원이 직무상 작성하는 문서로서 권리·의무에 관한 사실을 증명하는 효력을 가진 공문서를 의미한다(통설[6]).[7] 제228조 제2항에서 면허증, 허가증, 등록증 또는 여권의 불실기재를 보다 가볍게 처벌하는 규정을 두고 있으므로, 공정증서의 의미를 축소해석할 필요가 있기 때문이다.[8] 판례도 본죄에서의 공정증서는 권리·의무에 관한 공정증서만을 가리키고, 사실증명에 관한 것은 포함되지 않는다고 판시하여 같은 입장을 취하고 있다.[9] 일본형법은 제157조 제1항에서 권리의무에 관한 공정증서만을 객체로 함을 명시하고 있다.

가족관계등록부, 부동산등기부,[10] 선박등기부, 상업등기부,[11] 화해조서, 공증인이 작성한 공정증서[12](약속어음공정증서[13] 포함) 등이 공정증서원본에 해당한다. 그러나 시민증,[14] 인감대장,[15] 주민등록부,[16] 예고등기,[17] 토지대장,[18] 가옥대장, 임야대장, 출입국관리법에 의한 사증발급인정서,[19] 자동차운전면허대장[20]

6

7

6 김성돈, 형법각론(5판), 659; 김일수·서보학, 새로쓴 형법각론(9판), 607; 박상기·전지연, 792; 손동권·김재윤, 새로운 형법각론, § 39/63; 신동운, 형법각론(2판), 454; 오영근, 586; 이재상·장영민·강동범, 형법각론(12판), § 32/79; 임웅, 형법각론(9정판), 752; 정성근·박광민, 605; 정영일, 형법강의 각론(3판), 357.
7 이러한 통설과는 달리 사실을 증명하는 효력을 가진 공문서이면 된다는 견해[유기천, 형법학(각론강의 하)(전정신판), 162]도 있다.
8 오영근, 586; 임웅, 753.
9 대판 1984. 10. 23, 84도1217; 대판 1988. 5. 24, 87도2696; 대판 2005. 5. 13, 2004도7137.
10 대판 1969. 1. 28, 68도1596.
11 대판 1986. 9. 9, 85도2297; 대판 2001. 8. 21, 2000도5418; 대판 2004. 6. 17, 2003도7645(전); 대판 2006. 10. 26, 2006도5147.
12 대판 1977. 8. 23, 74도2715(전).
13 대판 2012. 4. 26, 2009도5786.
14 대판 1962. 1. 11, 4294형상193.
15 대판 1968. 11. 19, 68도1231.
16 대판 1969. 3. 25, 69도163.
17 대판 1972. 10. 31, 72도1966.
18 대판 1988. 5. 24, 87도2696.
19 대판 2005. 5. 13, 2004도7137.
20 대판 2010. 6. 10, 2010도1125.

〔김 정 훈〕

은 권리·의무에 관한 사실을 증명하거나 변동을 주는 효력이 없어 공정증서에 해당하지 않는다.[21] 그리고 공증인이 인증한 사서증서는 본죄의 공정증서원본에 해당하지 않는다.[22]

8   공정증서는 허위신고를 그대로 믿은 공무원이 불실의 사실을 기재할 수 있어야 한다. 따라서 민사조정법상 조정신청에 의한 조정제도는 원칙적으로 조정신청인의 신청 취지에 구애됨이 없이 조정담당판사 등이 제반 사정을 고려하여 당사자들에게 상호 양보하여 합의하도록 권유·주선함으로써 화해에 이르게 하는 제도이므로, 그 조정절차에서 작성되는 조정조서는 공정증서에 해당하지 않는다.[23] 그 밖에 수사기관이 작성하는 진술조서, 감정인의 감정서, 소송상의 각종 조서 등도 공정증서에 해당하지 않는다.[24] 법원의 판결원본이나 지급명령원본은 증명하는 효력이 없고, 일종의 처분문서에 해당하므로, 역시 공정증서에 해당하지 않는다.[25] 한편 형법상 공정증서에는 해당하지 않지만, 개별 법령에서 허위신고를 처벌하는 것으로는 주민등록부(주민등록법 § 37①(iii의2)), 토지대장·임야대장(공간정보의 구축 및 관리 등에 관한 법률 § 109(x)), 선박원부(선박법 § 34①), 선거인명부(공선 § 247①) 등이 있다.

9   본죄의 객체가 되는 공정증서는 원본이어야 하므로, 부본, 초본, 사본 등은 여기에 해당하지 않는다. 판례도 같은 이유로 공정증서원본에는 공정증서의 정본이 포함된다고 볼 수 없어 불실의 사실이 기재된 공정증서의 정본을 그 사실을 모르는 법원 직원에게 교부한 행위가 불실기재공정증서원본행사죄에 해당하지 않는다고 판시하였다.[26]

2. 공정증서원본과 동일한 전자기록 등 특수매체기록

10   공정증서원본에 기재되어야 할 사항이 전자파일의 형태로 저장되어 공정증

---

21 한편, 일본형법은 제157조 제1항에서 권리·의무에 관한 공정증서만을 객체로 함을 명시하고 있으나, 판례상으로는 토지대장, 주민등록법에 의한 주민표의 원본, 외국인등록원표 등도 공정증서에 포함된다고 보고 있어 우리나라와 차이가 있다[大塚 外, 大コン(3版)(8), 181(波床昌則)].
22 대판 1984. 10. 23, 84도1217.
23 대판 2010. 6. 10, 2010도3232.
24 김일수·서보학, 607; 배종대, § 114/28; 오영근, 587; 임웅, 754; 정성근·박광민, 606; 정영일, 357.
25 배종대, § 114/28; 정성근·박광민, 606; 정영일, 357.
26 대판 2002. 3. 26, 2001도6503.

서원본과 같은 법적 효력을 증명할 수 있는 것을 말한다. 전산정보처리조직에 의하여 입력·처리된 부동산등기부(부등 §2), 법인등기부 등의 상업등기부(상업등 기법 §2), 자동차등록원부(자동차등록령 §6), 가족관계등록부(가족관계의 등록 등에 관한 법률 §9), 특허원부(특허권 등의 등록령 §10) 등이 여기에 해당한다.

3. 면허증, 허가증, 등록증, 여권

(1) 면허증

면허증이란 일정한 기능을 가진 특정인에게 그 기능을 수행할 수 있는 권능을 부여하는 공무원 또는 공무소 작성의 증서를 말한다. 의사면허증, 약사면허증, 간호사면허증, 조산사면허증, 자동차운전면허증, 수렵면허증 등이 여기에 해당한다. 판례는 허위신고로서 자격증에 침사(針士)의 자격이 인정될 수 없는 사람에게 '침사의 자격을 인정함'이라고 기재된 경우, 면허증불실기재죄가 성립한다고 판시하였다.[27] 그러나 일정한 자격을 표시하는 것에 불과한 시험합격증, 교사자격증은 여기의 면허증에 해당하지 않는다.[28]   11

(2) 허가증

허가증은 특정인에게 일정한 영업이나 업무를 허가하였음을 증명하는 공무원 또는 공무소 작성의 증서를 말한다. 중고품매매업, 이용업, 미용업 등의 영업허가증, 자동차·선박 등의 영업허가증이 여기에 해당한다.   12

(3) 등록증

등록증은 일정한 자격을 취득한 사람에게 그 자격에 상응하는 업무를 수행할 수 있는 권능을 부여하는 공무원 또는 공무소 작성의 증서를 말한다. 변호사, 법무사, 공인회계사, 공인중개사, 변리사, 세무사, 감정평가사, 기술사 등의 등록증이 여기에 해당한다. 그러나 사업자등록증은 단순한 사업사실의 등록을 증명하는 증서에 불과하고, 그것에 의하여 사업을 할 수 있는 자격이나 요건을 갖추었음을 인정하는 것은 아니므로, 등록증불실기재죄의 등록증에 해당하지 않는다.[29]   13

---

27 대판 1976. 7. 27, 76도1709.
28 김성돈, 660; 임웅, 754; 정성근·박광민, 607.
29 대판 2005. 7. 15, 2003도6934.

(4) 여권

14　　여권은 여행을 허가하기 위하여 발행한 증서를 말한다. 여권법 제24조는 여권의 발급이나 재발급을 받기 위하여 거짓된 사실을 적거나 그 밖의 부정한 방법으로 여권을 발급, 재발급받은 행위를 처벌하고 있는데, 하나의 행위로 위 여권법위반죄와 여권불실기재죄를 범한 경우 상상적 경합관계에 있다고 보아야 한다.[30]

IV. 객관적 구성요건

15　　본죄는 허위신고행위와 공무원의 불실기재 및 기록(제1항의 죄에 한한다.)(이하, 특별히 구분하지 않는 경우에는 기재라고만 한다.)이라는 두 개의 행위가 결합되어 있다. 허위신고행위는 공무원의 불실기재를 이용하는 행위에 해당하고, 공무원의 불실기재행위가 피이용자의 행위에 해당한다. 허위신고는 신고인의 측면에서 본 것이고, 불실기재는 작성자 또는 작성되는 공정증서의 측면에서 본 것이다.[31]

1. 공무원에 대한 허위의 신고

(1) 신청인의 허위신고

16　　허위신고란 공무원에게 권리·의무에 관한 중요한 사실에 관하여 객관적 진실에 반하는 신고를 하는 것을 말한다.[32] 신고내용이 허위인 경우 외에도 신고인의 자격을 모용하는 경우를 포함한다.[33] 신고의 방법에는 제한이 없으므로 행위자가 직접 신고하지 않고 대리인을 통하여 하여도 무방하고, 구두나 서면, 자기 명의 또는 타인 명의의 신고도 모두 포함된다. 본죄가 성립하기 위하여는 신청인의 신고행위가 있어야 하므로, 법원의 촉탁에 의하여 등기가 마쳐진 경우에

30　대판 1970. 7. 28, 70도837; 대판 1974. 4. 9, 73도2334.

31　원유석, "공정증서원본불실기재죄에 대한 실무적 재검토", 형사재판의 제문제(6권), 박영사(2009), 169.

32　대판 2011. 5. 13, 2011도1415. 즉 진실에 반하여 존재하지 않는 사실을 존재하는 것으로, 존재하는 사실을 존재하지 않는 것으로 신고하는 것을 말한다〔大判 明治 43(1910). 5. 8. 刑錄 16·1457〕.

33　대리명의를 모용한 경우〔大判 明治 41(1908). 12. 21. 刑錄 14·1136〕, 명의인이 아닌 사람이 명의인으로 표시등기를 신청한 경우〔大判 明治 44(1911). 5. 8. 刑錄 17·817〕가 여기에 해당한다.

는 그 전제절차에 허위적 요소가 있다고 하더라도, 당사자의 허위신고에 의하여 이루어진 것이 아니므로 공정증서원본불실기재죄에 해당하지 않는다.[34]

허위신고의 대상이 되는 공무원은 공정증서원본 등에 기재할 권한을 가지는 공무원으로 등기관, 가족관계등록 담당 공무원, 병사 담당 공무원, 공증인 등이 여기에 해당한다. 공무원은 실질적 심사권을 가진 경우뿐 아니라 형식적 심사권을 가진 경우도 포함된다.[35]   17

신고의 내용이 반드시 불법일 필요는 없다. 확정판결에 의하여 등기신청을 하거나[36] 화해조서에 의하여 등기신청을 하는 경우에도, 그 내용이 허위임을 알면서 신청하였다면 허위신고에 해당한다.   18

허위의 신고가 주로 문제되는 사안은 가족관계등록부, 부동산등기부, 법인등기부에 불실의 사실을 기재하게 하는 경우이다. 예컨대, 당사자가 아닌데도 명의나 자격을 모용하여 등기를 신청하는 경우, 허위의 등기원인으로 부동산등기를 신청하는 경우, 가장납입의 방법으로 법인을 설립하는 경우, 법인의 주주총회나 이사회 결의 없이 임원의 사임등기를 신청하는 경우, 가장혼인신고를 하는 경우, 허위내용의 공정증서를 작성하는 경우 등이 여기에 해당한다.   19

2. 불실 사실의 기재 또는 기록

공무원으로 하여금 객관적 진실에 반하는 사실을 기재 또는 기록하게 하는 것을 말한다. 불실의 기재 또는 기록은 '중요한 사항'에 관하여 진실에 반하는 기재 또는 기록으로 축소 해석함이 타당하다.[37] 판례도 불실의 사실이란 권리·의무관계에 중요한 의미를 갖는 사항이 객관적인 진실에 반하는 것을 말한다고 판시하고 있다.[38]   20

불실기재 여부는 전체적으로 판단하여야 하므로, 부분적으로 허위가 있다고 하더라도 전체적으로 진실하다고 할 수 있는 경우에는 불실기재라고 할 수   21

---

34 대판 1976. 5. 25, 74도568; 대판 1983. 12. 27, 83도2442.
35 김일수·서보학, 608; 오영근, 588; 임웅, 755; 정영일, 358.
36 대판 1969. 2. 25, 68도1787; 대판 1996. 5. 31, 95도1967.
37 김성돈, 661; 김일수·서보학, 610; 박상기·전지연, 793; 배종대, §114/33; 손동권·김재윤, §39/66; 이재상·장영민·강동범, §32/85; 임웅, 757; 정성근·박광민, 608.
38 대판 2013. 1. 24, 2012도12363.

없다. 따라서 당사자 사이에 소유권이전에 관한 의사의 합치가 있는 경우, 등기원인을 허위로 기재하였다고 하더라도 본죄가 성립하지 않는다. 다만, 아래에서 살펴보는 바와 같이 토지거래 허가구역 내의 토지에 관하여 토지거래허가를 잠탈할 목적으로 허위의 등기원인으로 신청한 경우에는 본죄가 성립한다.[39]

22   기재된 사항이 실제 또는 외관상 존재한다고 하더라도, 무효나 부존재의 사유에 해당하는 흠이 있는 경우에는 불실의 사실에 해당하나, 취소사유에 불과한 흠이 있는 경우에는 불실의 사실에 해당하지 않는다.[40] 한편, 기재절차에 하자가 있다고 하더라도 기재내용이 당사자의 의사나 실체적 권리관계와 일치하는 경우에는 불실기재라고 할 수 없다.[41] 그러나 불실기재 여부는 기재 시점을 기준으로 하여야 하므로, 허위의 신고에 의하여 불실기재가 이루어진 뒤 사후에 피해자로부터 동의 또는 추인을 받거나 사후에 실체적 권리관계에 부합하게 되었다고 하더라도, 범죄의 성립에는 영향이 없다.[42]

23   부동산을 전매하면서 제1매수인 명의로 소유권이전등기를 마치고 제2매수인 명의로 소유권이전등기를 마치지 않고, 제1매수인 명의의 소유권이전등기를 생략하고 곧바로 제2매수인 명의로 소유권이전등기를 마치는 중간생략등기의 경우 본죄에 해당하는지 문제된다. 중간생략등기는 부동산등기 특별조치법 제8조 제1호[43]에 따라 처벌되는 것과 별개로 본죄의 성립 여부가 문제되는 것이다. 학설은 ① 중간생략등기가 주로 세금포탈 또는 부동산투기를 위한 수단으로 사용되고, 진실한 권리이전과정이 은폐되므로 본죄가 성립하고, 부동산등기특별조치법위반죄와 상상적 경합관계에 있다는 긍정설[44]과 ② 중간생략등기가 널리 행하여지고 있고, 등기부의 기재내용이 당사자의 의사 또는 실체적 권리관계에 부합하므로 부동산등기특별조치법위반죄로 처벌하면 충분하고, 본죄는 성립하

---

39 대판 2007. 11. 30, 2005도9922.
40 대판 2018. 6. 19, 2017도21783.
41 대판 1984. 12. 11, 84도2285.
42 대판 2001. 11. 9, 2001도3959.
43 부동산등기 특별조치법 제8조(벌칙) 다음 각호의 1에 해당하는 자는 3년 이하의 징역이나 1억원 이하의 벌금에 처한다.
   1. 조세부과를 면하려 하거나 다른 시점 간의 가격변동에 따른 이득을 얻으려 하거나 소유권 등 권리변동을 규제하는 법령의 제한을 회피할 목적으로 제2조제2항 또는 제3항의 규정에 위반한 때
44 박상기·전지연, 795; 오영근, 590; 임웅, 759; 주석형법 〔각칙(2)〕(5판), 592(김태업).

〔김 정 훈〕

지 않는다는 부정설45이 대립한다. 판례는 정당하게 취득한 건물 소유권에 대한 소유권이전등기를 마치면서 관계 당사자들의 동의를 얻지 않고 함부로 피고인 앞으로 중간생략의 소유권이전등기를 마쳤다고 하여 본죄에 해당한다 할 수 없다고 판시하여 부정설의 입장을 취하고 있다.46 생각건대 중간생략등기의 경우 부동산 물권변동의 효력을 부정하고 있지 않으므로, 실체적 권리관계에 부합하여 본죄가 성립하지 않는다는 부정설이 타당하다.

3. 인과관계

공무원에 대한 허위신고와 불실사실의 기재 또는 기록 사이에는 인과관계 가 있어야 한다. 공무원이 주의의무를 위반하여 불실기재를 한 경우에도 인과관계를 인정할 수 있다. 한편 신청인이 허위신고를 하였으나 공무원이 허위임을 인식하면서도 불실의 사실을 기재한 경우에는, 공무원에게 허위공문서작성죄가 성립하고,47 신고인에게는 허위공문서작성죄의 공범(교사범)이 성립할 여지는 별론으로 하고 본죄가 성립하지는 않는다.

24

4. 실행의 착수와 기수시기

(1) 실행의 착수시기

본죄는 허위의 신고를 한 때 실행의 착수가 있다고 보아야 한다.48 따라서 위장결혼의 당사자 및 브로커와 공모한 피고인이 허위로 결혼사진을 찍고 혼인신고에 필요한 서류를 준비하여 위장결혼의 당사자에게 건네준 것만으로는 공전자기록등불실기재죄의 실행에 착수한 것으로 볼 수 없다.49

25

(2) 기수시기

기수시기는 공정증서원본 등에 불실사실이 기재 또는 기록이 완성된 때이다. 허위신고를 하였으나 공무원이 불실기재를 하지 않았다면 미수범에 해당한

26

---

45 김일수·서보학, 611; 배종대, § 114/34; 이재상·장영민·강동범, § 32/86; 정성근·박광민, 610; 정영일, 361.
46 대판 1967. 11. 28, 66도1682.
47 대판 1977. 12. 27, 77도2155.
48 대판 2009. 9. 24, 2009도4998.
49 대판 2009. 9. 24, 2009도4998.

다. 허위신고와 불실기재 사이에 인과관계가 인정되지 않는 경우에도 미수범에 해당한다.

5. 구체적 사례

(1) 부동산등기의 경우

(가) 긍정례

27
① 소송사기에 의한 소유권이전등기(대판 1983. 4. 16, 83도188) - 법원을 기망하여 승소판결을 받고 그 확정판결에 의하여 소유권이전등기를 마친 경우에는 공정증서원본불실기재죄가 성립한다고 본 사안

② 건물 일부에 관한 이중의 소유권보존등기(대판 1985. 2. 13, 84도2703) - 지하 1, 2층에 관하여 소유권보존등기가 마쳐져 있는 건물지상에 다시 3층 건물을 축조한 후 위 지하층 부분에 관한 등기사실을 숨기고 건물 전체에 관하여 새로이 소유권보존등기를 신청하면서 지하층 부분에 관하여는 그 면적을 달리 기재 신청하여 그 등기를 마친 경우, 당시 그 건물을 둘러싼 민형사상의 분쟁이 있어 쟁송 중에 있었고 위 지하 1, 2층 건물에 마쳐진 가등기를 말소하기 위하여 타인 명의의 문서를 위조한 사실이 있다면, 위 건물 중 지하 1, 2층 부분에 관하여는 그 면적을 달리 기재하여 마치 별개의 건물인양 불실의 사실을 등기공무원에게 신고한다는 범의가 있었다고 보아 공정증서원본불실기재죄가 성립한다고 본 사안

③ 종중총회결의를 거치지 않고 마쳐진 등기(대판 2005. 8. 25, 2005도4910) - 종중 소유의 재산은 종중원의 총유에 속하는 것이어서 그 관리 및 처분에 관하여 먼저 종중규약에 정하는 바가 있으면 이에 따라야 하고 그 점에 관한 종중규약이 없으면 종중총회의 결의에 의하여야 하므로, 종중의 대표자가 그러한 절차를 거치지 않고 종중 소유의 부동산에 관하여 근저당권설정등기를 마친 경우 공정증서원본불실기재죄에 해당한다고 본 사안

④ 종중 대표자를 허위로 한 종중 명의의 등기(대판 2006. 1. 13, 2005도4790) - 법인의 경우와는 달리 종중과 같은 비법인사단·재단의 경우에는 아무런 권한이 없는 사람이 정관이나 사원총회 결의록 등을 위조하여 자신

이 진정한 대표자인 것처럼 등기신청을 할 위험이 매우 커 그들 단체명
의의 등기에는 대표자 등의 성명, 주소, 주민등록번호를 등기사항으로
정하여 그 단체에 속하는 부동산의 처분권한이 누구에게 있는지를 등기
부를 통하여 쉽게 확인할 수 있도록 공시하고 있고, 종중 대표자의 기재
는 당해 부동산의 처분권한과 관련된 중요한 부분의 기재로서 이에 대
한 공공의 신용을 보호할 필요가 있으므로, 종중 대표자를 허위로 등재
한 경우에는 공정증서원본불실기재죄가 성립한다고 본 사안

⑤ 물권적 합의 없이 마쳐진 등기(대판 2006. 3. 10, 2005도9402) - 부동산 매수
인이 매도인과 사이에 부동산의 소유권이전에 관한 물권적 합의가 없는
상태에서, 소유권이전등기신청에 관한 대리권이 없이 단지 소유권이전
등기에 필요한 서류를 보관하고 있을 뿐인 법무사를 기망하여 매수인
명의의 소유권이전등기를 신청하게 한 경우에는, 단지 소유권이전등기
신청절차에 하자가 있는 것이 아니라 허위의 사실을 신고한 것으로서
원인무효의 불실기재에 해당한다고 보아 공정증서원본불실기재죄가 성
립한다고 본 사안

⑥ 특별법을 잠탈할 목적으로 허위 등기원인 기재(대판 2007. 11. 30, 2005도
9922) - 토지거래 허가구역 안의 토지에 관하여 실제로는 매매계약을 체
결하고서도 처음부터 토지거래허가를 잠탈하려는 목적으로 등기원인을
'증여'로 하여 소유권이전등기를 마친 경우, 비록 매도인과 매수인 사이
에 실제의 원인과 달리 '증여'를 원인으로 한 소유권이전등기를 마칠 의
사의 합치가 있더라도, 허위신고를 한 것으로서 공정증서원본불실기재
죄가 성립한다고 본 사안

⑦ 강제집행을 면탈할 목적으로 허위의 채무를 가장하여 마친 근저당권설
정등기(대판 2017. 2. 15, 2014도2415) - 부동산 소유자가 실제로 제3자와 사
이에 채권채무관계가 존재하지 않는데도 허위의 채무를 가장하고 이를
담보한다는 명목으로 제3자 명의로 허위의 근저당권설정등기를 마친 경
우, 등기공무원에게 허위신고를 한 것으로서 공정증서원본불실기재죄가
성립한다고 본 사안

(나) 부정례

28

① 변제기 도래 전 담보 부동산에 관하여 마쳐진 등기(대판 1972. 3. 31, 72도190) - 채무담보로 제공된 부동산에 관하여 채권자가 변제기 도래 전에 소유권이전등기를 마쳤으나 그 이후 채무자가 변제기를 도과한 경우, 실체적 권리관계에 부합한다고 보아 공정증서원본불실기재죄가 성립하지 않는다고 본 사안

② 허위의 보증서에 터 잡아 마쳐졌으나 실체적 권리관계에 부합하는 등기 (대판 1984. 12. 11, 84도2285) - 허위의 보증서를 발급받아 부동산소유권이전등기 등에 관한 특별조치법에 따라 소유권이전등기를 마쳤더라도, 실체적 권리관계에 부합하는 등기라면 공정증서원본불실기재죄가 성립하지 않는다고 본 사안

③ 제3자를 채무자로 한 근저당권설정등기의 경우(대판 1985. 10. 8, 84도2461) - 근저당설정등기는 등기권리자인 채권자와 등기의무자인 근저당권설정자와의 합의를 기초로 이루어지는 것이므로 설령 등기의 편의상 진정한 채무자가 아닌 제3자를 채무자로 등기부상 등재케 하였다고 하더라도 그것이 계약당사자 간의 합의에 의하여 이루어진 것이라면, 당사자 사이에 이와 같은 등기를 마치게 할 의사가 있었던 것이므로 공정증서원본불실기재죄가 성립하지 않는다고 본 사안[50]

④ 자백간주에 의한 승소판결에 터잡은 등기가 실체관계에 부합하는 경우 (대판 1987. 3. 10, 86도864) - 피고인이 점유하고 있는 토지에 관하여 매매를 원인으로 하는 소유권이전등기청구의 소를 제기하여 자백간주에 의한 승소판결을 받아 마쳐진 소유권이전등기는 절차상의 하자가 있으나, 점유취득시효가 완성되어 위 소유권이전등기가 실체적 권리관계에 부합하는 유효한 등기인 경우에는 공정증서원본불실기재죄가 성립하지 않는다고 본 사안[51]

---

50 근저당권자 아닌 다른 사람에 대한 피담보채무가 존재한다는 점에서 공정증서원본불실기재죄의 성립을 긍정한 위 대판 2017. 2. 15, 2014도2415와는 사안이 다르다.

51 사망한 사람을 상대로 매매를 원인으로 한 소유권이전등기절차 이행청구의 소를 제기하여 자백간주에 의한 승소판결을 받은 대판 1982. 1. 12, 81도1702도 마찬가지 취지이다.

⑤ 통정허위표시에 터잡아 부동산등기가 마쳐진 경우(대판 1991. 9. 24, 91도 1164) - 부동산에 관하여 가장매매를 원인으로 소유권이전등기를 마쳤다 고 하더라도, 그 당사자 사이에는 소유권이전등기를 마칠 의사가 있었 으므로 공정증서원본불실기재죄가 성립하지 않는다고 본 사안[52]

⑥ 잔금 지급 전 소유권이전등기신청을 위임받은 법무사를 기망하여 마쳐 진 소유권이전등기(대판 1996. 6. 11, 96도233) - 매도인과 매수인 사이에 매매계약이 체결되고 매도인이 법무사에게 소유권이전등기에 필요한 서 류 일체를 맡기고 나중에 잔금지급이 되면 그 등기신청을 하도록 위임 하였는데, 매수인이 잔금 지급 전 법무사를 기망하여 법무사가 잔금이 모두 지급된 것으로 잘못 알고 소유권이전등기신청을 하여 그 소유권이 전등기가 마쳐진 경우 등기원인이 되는 법률관계인 매매 내지 물권적 합의가 존재한다고 보아 공정증서원본불실기재죄가 성립하지 않는다고 본 사안

⑦ 기망에 의하여 체결된 증여계약이 취소되지 않는 상태에서 부동산등기 가 마쳐진 경우(대판 2004. 9. 24, 2004도4012) - 피고인이 자신의 동생에게 시할아버지 소유의 부동산을 증여하고 그 동생이 제3자에게 매도하였으 나 아직 소유권이전등기가 마쳐지지 않은 상태에서, 그 시할아버지의 공동상속인들을 기망하여 증여계약서 및 그에 터 잡은 소유권이전등기 신청서를 작성하게 한 뒤 등기공무원에게 제출하였다고 하더라도, 증여 계약 자체는 존재하고, 단지 기망에 의한 증여계약의 취소사유가 있는 것에 불과하다고 보아 공정증서원본불실기재죄가 성립하지 않는다고 본 사안

⑧ 부동산 거래가액을 허위로 기재한 등기(대판 2013. 1. 24, 2012도12363) - 부동산등기법의 개정에 따라 매매를 원인으로 하는 소유권이전등기를 신청하는 경우에는 등기신청서에 거래신고필증에 기재된 거래가액을 기 재하여야 하고, 이를 거짓으로 기재한 경우 과태료를 부과하도록 되어 있으나, 이는 부동산거래의 투명성을 확보하기 위한 데에 있을 뿐 당해

---

52 근저당권설정등기에 관한 대판 1985. 10. 8, 84도2461도 마찬가지 취지이다.

부동산의 권리의무관계에 중요한 의미를 갖는 사항에 해당한다고 볼 수 없으므로, 거래가액을 허위로 기재한 경우 공전자기록등불실기재죄가 성립하지 않는다고 본 사안

(2) 가족관계등록부의 경우

(가) 긍정례

29 ① 실질적 혼인의 의사 없이 혼인신고를 한 경우(대판 1996. 11. 22, 96도2049[53] 외 다수) - 당사자 사이에 비록 혼인신고 자체에 관하여 의사의 합치가 있어 일응 법률상의 부부라는 신분관계를 설정할 의사는 있었다고 인정되는 경우라도, 그것이 단지 다른 목적을 달성하기 위한 방편에 불과하여 그들 사이에 진정한 부부관계의 설정을 바라는 효과의사가 없을 때에는 그 혼인이 민법 제815조 제1호에 따라 효력이 없으므로, 공정증서원본불실기재죄가 성립한다고 본 사안

② 약 1개월 정도 함께 지냈으나 진정한 혼인에 따른 동거가 아니라 위장결혼을 숨기기 위한 지극히 형식적인 동거에 불과한 경우(대판 2009. 12. 24, 2009도11349)[54]

(나) 부정례

30 ① 해외이주 목적의 이혼신고(대판 1976. 9. 14, 76도107) - 해외로 이주할 목적으로 이혼신고를 하였다고 하더라도 일시적이나마 이혼할 의사가 있었다고 보여지므로, 혼인 및 이혼의 효력발생 여부에 있어서 형식주의를 취하는 이상 공정증서원본불실기재죄가 성립하지 않는다고 본 사안

② 협의이혼의 의사표시가 기망에 이루어져 기재된 경우(대판 1997. 1. 24, 95도448) - 협의상 이혼이 가장이혼으로서 무효로 인정되려면 누구나 납득할 만한 특별한 사정이 인정되어야 하고, 그렇지 않으면 이혼당사자 간에 일시적으로나마 법률상 적법한 이혼을 할 의사가 있었다고 보는 것이 이혼신고의 법률상 및 사실상의 중대성에 비추어 상당하므로, 협의상 이혼의 의사표시가 기망에 의하여 이루어진 것이라도 그것이 취소

---

53 본 판결 해설은 박기동, "가장혼인신고가 공정증서원본불실기재죄에 해당하는지 여부", 해설 27, 법원도서관(1997), 631-651.
54 공전자기록불실기재죄 및 불실기재공전자기록행사죄가 각 성립한다.

되기까지는 유효하게 존재한다고 보아 공정증서원본불실기재죄에 정한 불실의 사실에 해당하지 않는다고 본 사안

(3) 법인등기부 및 그 밖의 단체 등기의 경우

(가) 긍정례

① 허위의 주식납입금 보관증서를 이용한 변경등기(대판 1982. 2. 23, 80도 2303) - 허위내용의 주식납입금 보관증서를 첨부하여 발행주식총수에 관한 변경등기를 마친 경우 그 변경등기는 실체관계에 부합하지 않으므로, 공정증서원본불실기재죄가 성립한다고 본 사안

② 1인주주가 임원의 의사에 반하여 마친 사임등기(대판 1992. 9. 14, 92도 1564) - 1인회사에 있어서 1인주주의 의사는 바로 주주총회나 이사회의 의사와 같은 것이어서 설령 주주총회나 이사회의 결의나 그에 의한 임원변경등기가 불법하게 되었다고 하더라도, 그것이 1인주주의 의사에 합치되는 이상 이를 가리켜 의사록을 위조하거나 불실의 등기를 한 것이라고는 볼 수는 없으나, 임원의 사임서나 이에 따른 이사사임등기는 주주총회나 이사회의 결의 또는 1인주주의 의사와는 무관하고 오로지 당해 임원의 의사에 따라야 하는 것이므로 당해 임원의 의사에 반하는 사임등기를 마친 경우에는 공정증서원본불실기재죄가 성립한다고 본 사안

③ 위임의 범위를 벗어나 단독대표이사로 등기한 경우(대판 1994. 7. 29, 93도 1091) - 공동대표이사로 법인등기를 하기로 하여 이사회의사록 작성 등 그 등기절차를 위임받았는데도 단독대표이사 선임의 이사회의사록을 작성하여 단독대표이사로 법인등기한 경우, 공정증서원본불실기재죄가 성립한다고 본 사안

④ 가장납입의 방법으로 주금을 납입하여 마친 법인등기의 경우[대판 2004. 6. 17, 2003도7645(전)[55] 외 다수] - 처음부터 진실한 주금납입으로 회사의 자금을 확보할 의사 없이 형식상 또는 일시적으로 주금을 납입하고 이 돈을 은행에 예치하여 납입의 외형을 갖추고 주금납입증명서를 교부받아 설립등기나 증자등기의 절차를 마친 다음 바로 그 납입한 돈을 인출

31

---

55 본 판결 평석 및 해설은 이민걸, "가장납입과 형사책임", 형사재판의 제문제(5권), 박영사(2005), 310-349; 장상균, "상법상 납입가장죄와 업무상횡령죄", 해설 50, 법원도서관(2004), 736-752.

한 경우에는, 이를 회사를 위하여 사용하였다는 특별한 사정이 없는 한
실질적으로 회사의 자본이 늘어난 것이 아니므로 공정증서원본불실기재
죄가 성립한다고 본 사안

(나) 부정례

① 필요한 절차를 거지지 않고 1인주주의 의사에 터 잡아 마쳐진 법인등기
의 경우(대판 1985. 5. 14, 85도488) - 1인주주인 회사에서 1인주주의 의사
에 따라 소집개최된 임시주주총회가 소집권자에 의하여 소집되지 않고
명의상 주주 아닌 자가 참석하는 등 상법 소정의 절차를 거치지 않은
하자가 있다고 하더라도 공정증서원본불실기재죄가 성립하지 않는다고
본 사안

② 취소사유에 불과한 하자가 있는 주주총회에 터잡아 등기가 마쳐진 경우
(대판 1993. 9. 10, 93도698) - 임시주주총회의 소집에 관하여 정관에 필요
한 경우에 수시 소집한다고 규정하고 있을 뿐 그 소집방법에 관하여는
특별한 규정을 두고 있지 않은데, 대표이사에 의하여 소집되지는 않았
지만, 이사회 결의에 의하여 과반수 지분 이상의 주주가 참석하고 소수
지분 주주에 대한 소집통지가 누락된 경우, 주주총회에 있어서 소집 절
차상의 하자는 주주총회결의의 취소사유에 불과하다는 이유로 공정증서
원본불실기재죄가 성립하지 않는다고 본 사안

③ 실제 조합총회 내용대로 마쳐진 임원변경등기(대판 2004. 10. 15, 2004도
3584) - 재건축조합 임시총회의 소집절차나 결의방법이 법령이나 정관에
위반되어 임원개임결의가 사법상 무효라고 하더라도, 실제로 재건축조
합의 조합총회에서 그와 같은 내용의 임원개임결의가 이루어졌고 그 결
의에 따라 임원변경등기를 마쳤다면, 공정증서원본불실기재죄가 성립하
지 않는다고 본 사안

④ 신주발행 무효사유가 있으나 판결로서 확정되기 전 등기가 이루어진 경
우(대판 2007. 5. 31, 2006도8488) - 주식회사의 신주발행의 경우 신주발행
에 법률상 무효사유가 존재한다고 하더라도 그 무효는 신주발행무효의
소에 의해서만 주장할 수 있고, 신주발행무효의 판결이 확정되더라도
그 판결은 장래에 대하여만 효력이 있으므로, 그 신주발행이 판결로써

무효로 확정되기 이전에 그 신주발행사실을 담당 공무원에게 신고하여 공정증서인 법인등기부에 기재하게 한 경우 공정증서원본불실기재죄에 해당하지 않는다고 본 사안

⑤ 주주 전원이 참석하여 만장일치로 결의한 내용의 등기(대판 2014. 5. 16, 2013도15895) - 주식회사의 임시주주총회가 법령 및 정관상 요구되는 이사회의 결의나 소집절차 없이 이루어졌다고 하더라도, 주주 전원이 참석하여 총회를 개최하는 데 동의하고 아무런 이의 없이 만장일치로 결의가 이루어졌다면 그 결의는 특별한 사정이 없는 한 유효하고, 그 결의에 따른 등기는 실체관계에 부합하므로 공전자기록불실기재죄가 성립하지 않는다고 본 사안

⑥ 주식회사의 발기인 등이 회사를 설립할 당시 회사를 실제로 운영할 의사 없이 이루어진 주식회사 설립등기(대판 2020. 2. 27, 2019도9293; 대판 2020. 3. 27, 2018도16918) - 주식회사의 발기인 등이 상법 등 법령에 정한 회사설립의 요건과 절차에 따라 회사설립등기를 함으로써 회사가 성립하였다고 볼 수 있는 경우, 회사설립등기와 그 기재 내용이 공정증서원본불실기재죄나 공전자기록불실기재죄에서 말하는 '불실의 사실'에 해당하지 않으므로, 발기인 등이 회사를 설립할 당시 회사를 실제로 운영할 의사 없이 회사를 이용한 범죄 의도나 목적이 있었다거나, 회사로서의 인적·물적 조직 등 영업의 실질을 갖추지 않았다는 이유만으로 불실의 사실을 법인등기부에 기록하게 한 것으로 볼 수 없다고 보아 공전자기록불실기재죄가 성립하지 않는다고 본 사안[56]

(4) 공정증서 작성의 경우

(가) 긍정례

① 허위 채무변제계약 공정증서를 작성한 경우(대판 2003. 7. 25, 2002도638) - 실제로는 채권·채무관계가 존재하지 않는데도 공증인에게 허위신고를 하여 가장된 금전채권에 대하여 집행력이 있는 공정증서원본을 작성하게 한 경우 공정증서원본불실기재죄에 해당한다고 본 사안

33

---

56 유한회사에 관한 대판 2020. 3. 26, 2019도7729도 같은 취지이다.

② 허위 약속어음 공정증서를 작성한 경우(대판 2007. 7. 12, 2007도3005; 대판 2012. 4. 26, 2009도5786) - 실제로는 채권·채무관계가 존재하지 않는데도 공증인에게 허위신고를 하여 가장된 금전채권에 대하여 집행력이 있는 공정증서원본을 작성하게 한 경우 공정증서원본불실기재죄에 해당한다고 본 사안

③ 허위 금전소비대차계약 공정증서를 작성한 경우(대판 2008. 12. 24, 2008도7836) - 실제로는 채권·채무관계가 존재하지 않는데도 공증인에게 허위신고를 하여 가장된 금전채권에 대하여 집행력이 있는 공정증서원본을 작성하게 한 경우 공정증서원본불실기재죄에 해당한다고 본 사안

(나) 부정례

34　• 허위채권을 그 사정을 모르는 양수인에게 양도하고 그 채권양도계약에 관한 공정증서를 작성한 경우(대판 2004. 1. 27, 2001도5414) - 공증인이 채권양도·양수인의 촉탁에 따라 그들의 진술을 청취하여 채권의 양도·양수가 진정으로 이루어짐을 확인하고 채권양도의 법률행위에 관한 공정증서를 작성한 경우, 그 공정증서가 증명하는 사항은 채권양도의 법률행위가 진정으로 이루어졌다는 것일 뿐 그 공정증서가 나아가 양도되는 채권이 진정하게 존재한다는 사실까지 증명하는 것으로 볼 수는 없으므로, 양도인이 허위의 채권에 관하여 그 사정을 모르는 양수인과 실제로 채권양도의 법률행위를 한 경우에는, 공정증서가 증명하는 사항에 관하여는 불실의 사실을 기재하게 하였다고 볼 수 없다고 보아 공정증서원본불실기재죄가 성립하지 않는다고 본 사안

(5) 여권의 경우

35　• 외국인이 허무인의 인적사항을 이용하여 대한민국 국적을 취득한 후 여권을 발급받은 경우(대판 2022. 4. 28, 2019도9177) - 중국 국적의 여성이 허무인의 인적사항을 이용하여 대한민국 국적의 남성과 가장 혼인하고 구 국적법(1997. 12. 13. 법률 제5431호로 전부 개정되기 전의 것) 제3조 제1호[57]에

---

57 구 국적법 제3조 국적이 없거나 대한민국의 국적을 취득함으로 인하여 6월내에 그 국적을 상실하게 되는 외국인으로서 다음 각호의 1에 해당한 자는 대한민국의 국적을 취득한다.
　1. 대한민국의 국민의 처가 된 자

따라 대한민국 국적을 취득하고 여권을 발급받아 이를 제시한 경우 불실
기재여권행사죄가 성립한다고 본 사안[58]

V. 주관적 구성요건

본죄의 고의는 ① 신고사실이 허위라는 것, ② 공무원으로 하여금 불실의   36
사실을 기재 또는 기록하게 한다는 인식과 의사가 있어야 인정된다.

등기부의 기재가 확정판결에 의하여 이루어졌다고 하더라도, 그 확정판결   37
의 내용이 진실에 반하는 것임을 알면서 등기공무원에게 등기신청을 하는 경우
에도 고의가 인정된다.[59] 그러나 사망한 남편과 동명이인 소유의 부동산에 관하
여 상속을 원인으로 한 소유권이전등기를 마친 경우[60]와 자신의 부친이 적법하
게 취득한 토지인 것으로 알고 실체관계에 부합하게 하기 위하여 소유권보존등
기를 마친 경우[61]에는, 불실기재의 점에 대한 고의 내지 인식을 인정하기 어렵
다. 그리고 공동으로 주식회사를 경영하다가 그중 한 명이 회사의 소유와 경영
에 관한 일체의 권리를 포기하면서 그 사무처리의 권한까지 나머지 한 명에게
포괄적으로 위임하여 그 사무처리를 위하여 권리를 포기한 사람 명의의 주식배
당포기서, 이사사임서 등을 작성·행사하고 법인등기부 변경등기를 마친 경우에
는, 묵시적인 승낙을 받은 것으로 볼 수 있으므로 본죄가 성립하지 않는다.[62]

한편, 허위내용의 공문서를 직접 작출하는 공문서위조죄와는 달리 행사할
목적은 필요 없다.

(현행 국적법 제6조 제2항은 당연히 대한민국 국적을 취득하는 것이 아니라 간이하게 귀화허가
를 받을 수 있다고 규정하고 있다.)
58 다른 사람의 명의를 차용하여 가장혼인하고 여권을 발급받은 사안인 대판 2022. 4. 28,
2020도12239도 같은 취지이다.
59 대판 1996. 5. 31, 95도1967.
60 대판 1995. 4. 28, 94도2679.
61 대판 1996. 4. 26, 95도2468.
62 대판 1988. 9. 13, 87도2012.

VI. 다른 죄와의 관계

1. 문서에 관한 죄와의 관계

38　　　공정증서원본에 불실의 사실을 기재 또는 기록하게 하고 그 불실기재 공정 증서원본을 비치하게 한 경우에는, 공정증서원본불실기재죄와 불실기재공정증 서원본행사죄의 실체적 경합관계가 인정된다. 공정증서원본불실기재를 위하여 타인 명의의 사문서를 위조한 경우에는, 사문서위조죄와 공정증서원본불실기재 죄의 실체적 경합관계가 인정된다.[63]

2. 사기죄와의 관계

39　　　법원을 기망하여 승소판결을 받고 그 확정판결에 터 잡아 소유권이전등기 를 마친 경우에는 (소송)사기죄와 공정증서원본불실기재죄의 실체적 경합관계가 인정된다.[64] 본죄는 허위의 신고로 불실기재된 공정증서원본 등을 교부받은 행 위까지를 포함하는 것으로 볼 수 있으므로 공정증서원본 등의 취득은 별도로 사기죄를 구성하지 않는 것이 원칙이다.[65]

3. 여권법위반죄와의 관계

40　　　여권의 발급신청을 함에 있어 공무원에게 제출서류에 허위의 사실을 기재 하는 등의 부정한 행위로 여권의 발급을 받고 여권에 불실의 사실을 기재한 경 우에는, 여권불실기재죄 외에 여권법 위반죄[66]가 성립하고, 두 죄는 상상적 경 합관계이다.[67]

---

63 대판 1992. 9. 14, 92도1564.
64 대판 1983. 4. 26, 83도188.
65 最判 昭和 27(1952). 12. 25. 刑集 6·12·1387.
66 여권법 제24조(벌칙) 제16조 제1호(제14조 제3항에 따라 준용되는 경우를 포함한다)를 위반하여 여권 등의 발급이나 재발급을 받기 위하여 제출한 서류에 거짓된 사실을 적은 사람, 그 밖의 부 정한 방법으로 여권 등의 발급, 재발급을 받은 사람이나 이를 알선한 사람은 3년 이하의 징역 또는 3천만원 이하의 벌금에 처한다.
67 대판 1970. 7. 28, 70도837.

　　　　　　　　　　〔김 정 훈〕

Ⅶ. 처 벌

1. 법정형

5년 이하의 징역 또는 1천만 원 이하의 벌금에 처한다.　　　　　　　　41

본죄에 대하여는 자격정지를 병과할 수 없다는 점에서 공문서위조죄와 허　42
위공문서작성죄와는 차이가 있다(§ 237). 형법은 일정 범죄에 대하여 보호주의를
채택하고 있는데, 본죄의 외국인의 국외범은 처벌한다(§ 5(vi)).

2. 미수범의 처벌

본죄의 미수범은 처벌한다(§ 235).　　　　　　　　　　　　　　　　43

행위자가 허위의 신고를 하였으나 공무원이 공정증서원본에 불실의 사실　44
을 기재하지 않았거나, 허위신고와 불실기재 사이에 인과관계가 인정되지 않는
경우에도 미수범에 해당한다. 따라서 위장결혼의 당사자 및 브로커와 공모한
피고인이 허위로 결혼사진을 찍고 혼인신고에 필요한 서류를 준비하여 위장결
혼의 당사자에게 건네준 것만으로는 공전자기록등불실기재죄의 실행에 착수한
것으로 볼 수 없으므로, 미수죄가 성립하지 않는다.68

〔김 정 훈〕

---

68 대판 2009. 9. 24, 2009도4998.

제229조(위조등 공문서의 행사)

제225조 내지 제228조의 죄에 의하여 만들어진 문서, 도화, 전자기록 등 특수매체기록, 공정증서원본, 면허증, 허가증, 등록증 또는 여권을 행사한 자는 그 각 죄에 정한 형에 처한다.

[전문개정 1995. 12. 29.]

Ⅰ. 의의와 성격

1   본죄(§§ 225-228의 객체 행사죄)는 위조·변조된 공문서 또는 공도화(§ 225), 공무원 또는 공무소의 자격을 모용하여 작성된 공문서 또는 공도화(§ 226), 공무원이 허위로 작성하거나 변개한 공문서 또는 공도화(§ 227), 위작·변작된 공무원 또는 공무소의 전자기록 등 특수매체기록(§ 227의2), 허위신고로 불실의 사실이 기재 또는 기록된 공정증서원본 또는 이와 동일한 전자기록 등 특수매체기록, 면허증, 허가증, 등록증 또는 여권(§ 228)을 행사함으로써 성립하는 범죄이다.

2   추상적 위험범이고, 미수범을 처벌하고 있다.

Ⅱ. 구성요건

1. 주 체

3   본죄의 주체에는 제한이 없으므로, 공무원뿐 아니라 공무원이 아니라도 무방하다.

2. 객 체

본죄의 객체는 앞서 기재한 제225조부터 제228조까지 규정한 문서 등으로 4
그와 같이 위조·변조·위작·변작·변개되거나 작성된 동기를 불문한다. 한편
공정증서정본은 위와 같이 규정된 객체가 아니므로, 이를 행사하더라도 불실기
재공정증서원본행사죄가 성립하지 않는다.[1] 본죄의 객체는 반드시 위법·유책한
행위에 의하여 만들어져야 하는 것은 아니므로, 형법상 처벌되지 않는 미수와
과실에 의하여 만들어진 경우, 예컨대 자신의 사진을 첨부하고 다른 사람의 명
의로 발급받은 운전면허증도 본죄의 객체가 될 수 있다.[2] 한편, 그 자체가 진정
한 공문서 등은 뒤에서 살펴볼 부정행사죄(§230)의 성립 여부만 문제된다.

3. 행위 – 행사

'행사'란 마치 진정한 공문서 등인 것처럼 사용하는 것을 의미하므로 그 문 5
서가 위조·변조·허위작성되었다는 사실을 아는 공범자 등에게 제시, 교부하는
경우에는 행사죄가 성립할 여지가 없다.[3] 그리고 공범자 외에 대한 사용은 행사
죄가 성립하므로, 간접정범을 통한 위조공문서행사 범행에서 도구로 이용된 자
에게 행사한 경우에도 행사죄가 성립한다.[4]

행사는 본죄의 객체를 소지하는 것만으로는 부족하고 상대방이 인식할 수 6
있는 상태에 있어야 하므로, 위조된 신분증을 휴대하고 다닌 것만으로는 위조공
문서행사죄의 실행의 착수를 인정할 수 없다.[5] 행사에는 다양한 태양이 있을 수

1 대판 2002. 3. 26, 2001도6503.
2 김성돈, 형법각론(5판), 666; 손동권·김재윤, 새로운 형법각론, §39/73.
3 대판 1986. 2. 25, 85도2798.
4 대판 2012. 2. 23, 2011도14441. 본 판결 해설은 이태우, "이미지파일을 전송하여 이를 수신한
  상대방이 프린터로 출력한 경우 위조문서행사죄가 성립하는지 여부", 해설 92, 법원도서관
  (2012), 609-618.
5 대판 1956. 11. 2, 4289형상240. 일본 판례도 위조 운전면허증을 휴대한 것만으로는 위조공문서
  행사죄가 성립하지 않는다고 한다[最判 昭和 44(1969). 6. 18. 刑集 23·7·950]. 미수죄의 성립
  여부에 대해서는 면허증을 휴대하고 자동차를 운전한 이상 경찰관의 제시요구가 있으면 제시해
  야 하는 상태가 계속되고, 구성요건적 결과의 실현과정에 비추어 행위자는 최후의 결정적인 단
  계를 거쳤다는 이유로 미수죄의 성립을 긍정하는 학설도 있으나, 하급심 판례는 아직 실행행위
  의 준비단계일 뿐이라는 이유로 미수죄의 성립을 부정하였다[東京高判 昭和 44(1969). 11. 5.
  高刑集 22·6·835].

있다. 위조문서를 교부받은 후 복사·인증하여 소송자료를 법원에 제출하는 경우,[6] 불실의 사실이 기재 또는 기록된 공정증서원본 등을 열람할 수 있도록 비치하게 하는 경우[7]에도 행사죄가 성립한다. 팩스 전송, 이메일 송부[8] 등 전자기기를 통한 제시·사용도 행사에 해당한다. 다만 행사는 위조된 문서를 전제로 하는 것이므로, 예를 들어 자신의 이름과 나이를 속이는 용도로 사용할 목적으로 주민등록증의 이름·주민등록번호란에 글자를 오려붙인 후 이를 컴퓨터 스캔장치를 이용하여 이미지 파일로 만들어 컴퓨터 모니터로 출력하고 다른 사람에게 이메일로 전송하였더라도, 컴퓨터 모니터 화면에 나타나는 이미지는 형법상 문서에 관한 죄의 문서에 해당하지 않으므로 공문서위조죄가 성립하지 않고, 따라서 위조공문서행사죄도 성립하지 않는다.[9]

4. 주관적 구성요건

7   본죄의 경우에도 고의가 인정되어야 한다. 공무원이 청탁에 의하여 허위공문서를 작성하여 상대방에게 교부한 경우에는, 그 상대방이 그 문서를 필요로 하는 사람에게 진정한 공문서로 행사하리라는 사정을 알고 있었다고 보아야 하므로 허위작성공문서행사죄의 고의가 인정된다.[10]

III. 다른 죄와의 관계

8   본죄와 제225조 내지 제228조의 죄는 실체적 경합관계에 있다.

---

6 대판 1988. 1. 19, 87도1217.

7 대판 1989. 12. 12, 89도1253.

8 대판 2012. 2. 23, 2011도14441. 「피고인은 위조한 전문건설업등록증 등의 컴퓨터 이미지 파일을 공사 수주에 사용하기 위하여 발주자인 A 또는 B 기술서비스의 담당직원 C에게 이메일로 송부한 사실, A 또는 C는 피고인으로부터 이메일로 송부받은 컴퓨터 이미지 파일을 프린터로 출력할 당시 그 이미지 파일이 위조된 것임을 알지 못하였던 사실을 알 수 있으므로, 피고인의 위와 같은 행위는 형법 제229조의 위조·변조공문서행사죄를 구성한다고 보아야 할 것이다.」

9 대판 2007. 11. 29, 2007도7480. 본 판결 평석은 김혜경, "문서위조죄에서의 복사와 행사의 개념", 형사판례연구 [18], 한국형사판례연구회, 박영사(2010), 252-284.

10 대판 1969. 5. 13, 69도535.

〔김 정 훈〕

Ⅳ. 처 벌

제225조 내지 제228조의 죄에 정한 형으로 처벌한다.   9

본죄는 그에 상응하는 범죄가 자격정지를 병과할 수 있는 경우에 동일하게   10
자격정지를 병과할 수 있다(§ 237). 형법은 일정한 범죄에 대하여 보호주의를 채
택하고 있는데, 본죄의 외국인의 국외범은 처벌한다(§ 5(ⅵ)). 본죄의 미수범은 처
벌한다(§ 235).

〔김 정 훈〕

제230조(공문서 등의 부정행사)
공무원 또는 공무소의 문서 또는 도화를 부정행사한 자는 2년 이하의 징역이나 금고 또는 500만원 이하의 벌금에 처한다. 〈개정 1995. 12. 29.〉

Ⅰ. 의의와 성격

1   본죄[(공문서·공도화)부정행사죄]는 공무원 또는 공무소의 문서 또는 도화를 부정행사함으로써 성립하는 범죄이다. 즉 사용권한자와 사용용도가 특정되어 있는데, 이에 반하여 사용하는 것을 처벌하는 범죄로서 객체가 진정하게 작성된 공문서라는 점에서 위조등 공문서행사죄와 구별된다.

2   본죄의 보호법익은 공문서의 사용에 대한 공공의 신용으로서, 그 보호의 정도는 추상적 위험범이고,[1] 미수범을 처벌하고 있다(§ 235). 일본형법에서는 부정행사를 처벌하는 규정이 없다.

Ⅱ. 구성요건

3   본조는 본죄의 구성요건에 대하여 '공무원 또는 공무소의 문서 또는 도화를 부정행사한 자'라고만 규정하고 있다. 따라서 자칫 처벌범위가 지나치게 확대될 염려가 있으므로, 판례는 본죄에 관한 범행의 주체, 객체 및 태양을 되도록 엄격하게 해석하여 처벌범위를 합리적인 범위 내로 제한할 필요가 있다고 한다.[2]

---

1 대판 2022. 9. 29, 2021도14514; 대판 2022. 10. 14, 2020도13344.
2 대판 2001. 4. 19, 2000도1985(전); 대판 2022. 9. 29, 2021도14514.

1. 객 체

본죄의 객체는 진정하게 성립되어 사용권한과 사용목적이 특정된 공문서   4
또는 공도화이다. 위조·변조된 공문서를 부정행사한 경우에는 본죄가 성립하지
않고, 위조등 공문서의 행사죄(§229)가 성립한다.

이와 관련하여 자신의 사진과 지문이 찍힌 채 타인 명의로 발급받은 주민   5
등록증이 본죄의 객체에 해당하는지 문제된다. 학설은 ① 본죄의 객체가 된다
는 견해,3 ② 위 주민등록증은 진정한 공문서가 아니므로 허위작성공문서행사
죄의 객체가 된다는 견해,4 ③ 공무원이 허위임을 알지 못한 채 작성하였고, 주
민등록증이 공정증서원본에 해당하지 않으므로 위조공문서행사죄의 객체가 된
다는 견해5로 대립한다. 판례는 피고인이 다른 사람인 것처럼 허위신고하여 피
고인의 사진과 지문이 찍힌 다른 사람 명의의 주민등록증을 발급받은 이상, 주
민등록증의 발행목적상 피고인에게 위 주민등록증에 부착된 사진의 인물이 다
른 사람의 신원 상황을 가진 사람이라는 허위사실을 증명하는 용도로 이를 사
용할 수 있는 권한이 없다는 사실을 인식하고 있었으므로, 이를 검문경찰관에게
제시하여 이러한 허위사실을 증명하는 용도로 사용한 것은 공문서부정행사죄를
구성한다고 판시하여 본죄의 성립을 긍정하였다.6

2. 행 위

(1) 개념

부정행사란 사용권한이 없는 사람이 사용권한이 있는 것처럼 가장하여 공   6
문서 또는 공도화의 사용용도 내에서 행사하는 것을 말한다[**아래** (2)의 경우 참조].
이러한 부정행사의 개념에 대해서는 아래에서 보는 바와 같이 견해의 대립이
있다.

---

3 배종대, 형법각론(13판), §114/42; 오영근, 형법각론(5판), 598; 이재상·장영민·강동범, 형법각
   론(12판), §32/99; 임웅, 형법각론(9정판), 766; 정영일, 형법강의 각론(3판), 366.
4 김성돈, 형법각론(5판), 670; 손동권·김재윤, 새로운 형법각론, §39/75; 신동운, 형법각론(2판),
   474.
5 정성근·박광민, 형법각론(전정2판), 671.
6 대판 1982. 9. 28, 82도1297. 본 판결 해설은 이용우, "공문서등의 부정행사죄에 있어서 "부정행
   사"의 의미", 해설 1, 법원행정처(1987), 379-386.

[김 정 훈]   **329**

(2) 사용권한 없는 사람이 사용용도 내의 용도로 사용한 경우

7   사용권한 없는 사람이 사용용도 내의 용도로 사용하는 경우가 부정행사에 해당함에는 이견이 없다. 타인의 주민등록증을 마치 자기의 것인 것처럼 신분확인용으로 제시하는 것이 가장 전형적이다. 경찰서에서 인적사항 확인을 위하여 경찰관에게 운전면허증을 제시하는 등 운전면허증을 신분확인용으로 제시한 경우, 판례는 사용용도 내의 행사라고 보지 않아 공문서부정행사죄의 성립을 부정하였다가,[7] 판례를 변경하여 운전면허증에는 운전면허증에 표시된 사람이 운전면허시험에 합격한 사람이라는 '자격증명'과 이를 지니고 있으면서 내보이는 사람이 바로 그 사람이라는 '동일인증명'의 기능을 동시에 가지고 있다고 보아 공문서부정행사죄의 성립을 긍정하였다.[8] 판례는 앞면에 성명, 주민등록번호, 주소가 기재되고 사진이 인쇄된 장애인복지카드에 대하여도 '자격증명 기능' 외에도 '동일인증명'의 기능을 가지고 있다고 보아 공문서부정행사죄의 성립을 긍정하였다.[9]

(3) 사용권한 없는 사람이 사용용도 외의 용도로 행사한 경우

8   사용권한 없는 사람이 사용용도 외의 용도로 행사한 경우에는, ① 사용권한 있는 사람이 사용용도 외의 용도로 행사하는 것도 부정행사에 해당한다는 전제 아래, 그보다 불법의 정도가 무거운 사용권한 없는 사람이 사용용도 외의 용도로 행사한 경우에도 공문서부정행사죄가 성립한다는 견해[10]와 ② 사용용도 내의 행사인 경우에만 부정행사가 된다는 전제 아래, 공문서부정행사죄가 성립하지 않는다고 보는 견해[11]가 대립한다.

9   판례는 기왕에 습득한 타인의 주민등록증을 피고인 가족의 것이라고 제시하면서 그 주민등록증상의 명의 또는 가명으로 이동전화 가입신청을 한 경우, 타인의 주민등록증을 본래의 사용용도인 신분확인용으로 사용한 것이라고 볼

---

7 대판 1989. 3. 28, 88도1593; 대판 1991. 5. 28, 90도1877; 대판 1991. 7. 12, 91도1052; 대판 1992. 11. 24, 91도3269; 대판 1996. 10. 11, 96도1733; 대판 2000. 2. 11, 99도1237.

8 대판 2001. 4. 19, 2000도1985(전). 본 판결 평석은 한승, "타인의 운전면허증 행사와 공문서 부정행사", 21세기사법의 전개: 송민 최종영 대법원장 재임기념, 박영사(2005), 476-483.

9 대판 2020. 3. 12, 2019도19251, 2019보도48(병합).

10 김신규, 형법각론 강의, 724; 박상기 · 전지연, 형법학(총론 · 각론)(5판), 802; 오영근, 600; 임웅, 768; 정성근 · 박광민, 672.

11 김성돈, 670; 김일수 · 서보학, 새로쓴 형법각론(9판), 617; 손동권 · 김재윤, § 39/76; 신동운, 475; 이재상 · 장영민 · 강동범, § 32/99; 정영일, 366; 정성근 · 정준섭, 형법강의 각론(2판), 461; 최호진, 형법각론, 822.

〔김 정 훈〕

수 없어 공문서부정행사죄가 성립하지 않는다고 판시하여,[12] 위 ②의 부정설의 입장을 취하고 있다.

(4) 사용권한 있는 사람이 사용용도 외의 용도로 행사한 경우

사용권한 있는 사람이 사용용도 외의 용도로 행사한 경우에는, ① 긍정설[13]   10
과 ② 부정설[14]이 대립한다. 판례는 위 ①의 긍정설의 입장으로 이해되고 있으
나,[15] 이는 사용권한자와 사용목적이 특정되어 작성된 공문서에 대하여는 사용
권한 있는 사람이 사용용도 외 행사가 부정사용에 해당할 수 있다는 전제에서,
사용용도가 다양한 공문서의 경우에는 사용권한 있는 사람의 사용용도 외 행사
가 공문서부정행사죄에 해당하지 않는다고 판단한 것으로 볼 수 있다.[16] 특히
대판 1998. 8. 21, 98도1701[17]은 자동차를 임차하면서 타인의 운전면허증을 자
동차 대여업체 직원에게 제시한 것이 운전면허증의 본래의 용도에 따른 사용행
위라고 보아 공문서부정행사죄가 성립한다고 판시하였으므로, 운전면허증의 신
분증명용도를 긍정한 대판 2001. 4. 19, 2000도1985(전)의 태도에 비추어 부정
설의 입장에서도 결론 자체를 수긍할 수 있다. 논리적으로는 부정행사의 개념이
사용권한 유무에 따라 달라지는 것은 부당하여 보이므로, 위 ②의 부정설이 타
당하다고 생각한다.

3. 공문서부정행사죄를 부정한 구체적 사례

* 대판 1974. 7. 9, 74도1695 [18] 인감증명서는 사용용도가 다양하여 그 사   11

---

12 대판 2003. 2. 26, 2002도4935. 본 판결 해설 및 평석은 권기훈, "공문서 본래의 용도에 따른
  사용이 아닌 경우 공문서부정행사죄의 성립 여부(소극)", 해설 45, 법원도서관(2004), 735-746;
  황태정, "문서 부정행사죄의 불법과 권한중심 해석", 형사판례연구 [23], 한국형사판례연구회,
  박영사(2015), 457-490.
13 배종대, § 114/42; 임웅, 767; 정성근·박광민, 672; 정영일, 366.
14 김성돈, 671; 김신규, 723; 김일수·서보학, 617; 박상기·전지연, 800; 손동권·김재윤, § 39/76;
  신동운, 475; 오영근, 599; 이재상·장영민·강동범, § 32/99; 이정원·류석준, 형법각론, 626; 이
  형국·김혜경, 형법각론(2판), 688; 정성근·정준섭, 462.
15 대판 1974. 7. 9, 74도1695; 대판 1981. 12. 8, 81도1130; 대판 1998. 8. 21, 98도1701.
16 이재상·장영민·강동범, § 32/99.
17 본 판결 평석 및 해설은 박상기, "공문서등부정행사죄", 형사판례연구 [8], 한국형사판례연구회,
  박영사(2000), 283-293; 윤윤수, "승용차를 렌트하면서 절취한 타인의 운전면허증을 자신의 것인
  양 제시한 것이 공문서부정행사죄에 해당하는지 여부", 해설 31, 법원도서관(1999), 529-538.
18 대판 1981. 12. 8, 81도1130; 대판 1983. 6. 28, 82도1985도 같은 취지이다.

용명의인 아닌 사람이 그 명의인의 의사에 반하여 함부로 행사하더라도 문서 본래의 취지에 따른 용도에 합치된다면, 공문서부정행사죄가 성립하지 않는다고 본 사안

- **대판 1984. 2. 28, 82도2851** 화해조서 경정결정신청 기각결정문을 화해조서정본인 것처럼 등기서류로 제출행사하였다고 하더라도, 공문서부정행사죄가 성립하지 않는다고 본 사안

- **대판 1993. 5. 11, 93도127** 신원증명서는 금치산 또는 한정치산의 선고를 받고 취소되지 않은 사실의 해당 여부를 증명하는 문서로서 사용권한자가 특정되어 있다고 할 수 없고 또 용도도 다양하며 반드시 피증명인만이 사용할 수 있는 것이 아니므로, 문서상의 피증명인의 의사에 의하지 않고 사용하였다고 하더라도, 그것이 문서 본래의 취지에 따른 용도에 합치되는 이상 공문서부정행사죄가 성립하지 않는다고 본 사안

- **대판 1999. 5. 14, 99도206** 주민등록표등본은 시장·군수 또는 구청장이 주민의 성명, 주소, 성별, 생년월일, 세대주와의 관계 등 주민등록법 소정의 주민등록사항이 기재된 개인별·세대별 주민등록표의 기재 내용 그대로를 인증하여 사본·교부하는 문서로서 그 사용권한자가 특정되어 있다고 할 수 없고, 또 용도도 다양하며, 반드시 본인이나 세대원만이 사용할 수 있는 것이 아니므로, 타인의 주민등록표등본을 그와 아무런 관련 없는 사람이 마치 자신의 것인 것처럼 행사하였다고 하더라도 공문서부정행사죄가 성립하지 않는다고 본 사안

- **대판 2003. 2. 26, 2002도4935** 이동전화기대리점 직원에게 기왕에 습득한 타인의 주민등록증을 내보이고 명의인이 자신의 가족인 것처럼 하여 이동전화 가입신청을 하였다고 하더라도, 타인의 주민등록증을 그 본래의 사용용도인 신분확인용으로 사용한 것이라고 볼 수 없어 공문서부정행사죄가 성립하지 않는다고 본 사안

- **대판 2009. 2. 26, 2008도10851** 선박국적증서는 한국선박으로서 등록하는 때에 선박번호, 국제해사기구에서 부여한 선박식별번호, 호출부호, 선박의 종류, 명칭, 선적항 등을 수록하여 발급하는 문서이고, 선박검사증서는 선박정기검사 등에 합격한 선박에 대하여 항해구역·최대승선인원

및 만재흘수선의 위치 등을 수록하여 발급하는 문서로서, 위 각 문서는
당해 선박이 한국선박임을 증명하고, 법률상 항행할 수 있는 자격이 있
음을 증명하기 위하여 선박소유자에게 교부되어 사용되는 것이므로, 어
떤 선박이 사고를 낸 것처럼 허위로 사고신고를 하면서 그 선박의 선박
국적증서와 선박검사증서를 함께 제출하였다고 하더라도, 선박국적증서
와 선박검사증서는 위 선박의 국적과 항행할 수 있는 자격을 증명하기
위한 용도로 사용된 것일 뿐 그 본래의 용도를 벗어나 행사된 것으로 보
기는 어렵다고 보아, 공문서부정행사죄가 성립하지 않는다고 본 사안

- 대판 2017. 11. 9, 2017도9706 상속에 의한 사업자등록 정정신고를 하
  면서 동생의 신분증 사본을 첨부하였다고 하더라도, 신분증 원본이 아닌
  사본만을 가지고 있었고, 그 사용용도는 신분확인이 아닌 위임을 증명하
  기 위한 것이었으므로, 공문서부정행사죄가 성립하지 않는다고 본 사안

- 대판 2019. 12. 12, 2018도2560 다른 사람의 운전면허증을 휴대전화로
  촬영하여 소지하고 있다가 운전면허증 제시를 요구하는 경찰관에게 그
  이미지파일을 제시하였다고 하더라도, 도로교통법 제92조 제2항에서 제
  시의 객체로 규정한 것은 운전면허증 그 자체일뿐 이미지파일은 객체에
  해당하지 않으므로, 운전면허증의 용법에 따른 사용으로 볼 수 없다고
  보아, 공문서부정행사죄가 성립하지 않는다고 본 사안[19]

- 대판 2022. 9. 29, 2021도14514 장애인사용자동차표지(장애인복지법 § 39②)
  는 장애인이 이용하는 자동차에 대한 조세감면 등 필요한 지원의 편의를
  위하여 장애인이 사용하는 자동차를 대상으로 발급되는 것이고, 장애인
  전용주차구역 주차표지가 있는 장애인사용자동차표지(장애인·노인·임산부
  등의 편의증진 보장에 관한 법률 § 17②)는 보행상 장애가 있는 사람이 이용하
  는 자동차에 대한 지원의 편의를 위하여 발급되는 것이므로, 장애인사용
  자동차표지를 사용할 권한이 없는 사람이 장애인전용주차구역에 주차하

---

19 본 판결 해설은 권민오, "자동차 등의 운전자가 운전 중에 도로교통법 제92조 제2항에 따라 경찰
공무원으로부터 운전면허증의 제시를 요구받은 경우, 운전면허증의 특정된 용법에 따른 행사는
도로교통법 관계 법령에 따라 발급된 운전면허증 자체를 제시하는 것인지 여부", 해설 122, 법원
도서관(2020), 475-492.

는 등 장애인 사용 자동차에 대한 지원을 받을 것으로 합리적으로 기대
되는 상황이 아니라면 단순히 이를 자동차에 비치하였더라도 장애인사용
자동차표지를 본래의 용도에 따라 사용했다고 볼 수 없다고 보아, 공문
서부정행사죄가 성립하지 않는다고 본 사안

- 대판 2022. 10. 14. 2020도13344 세무서에서 조사를 받던 중 다른 사람
인 것처럼 행세하기 위하여 다른 사람 명의의 국가유공자증을 제시하였
다고 하더라도, 국가유공자증은 국가유공자법에 따라 등록된 국가유공자
로서 관련 혜택을 받을 수 있는 자격이 있음을 증명하는 것일 뿐, 신분의
동일성을 증명하는 것이 아니라고 보아, 공문서부정행사죄가 성립하지
않는다고 본 사안

Ⅲ. 처 벌

12   2년 이하의 징역 또는 500만 원 이하의 벌금에 처한다.

13   본죄에 대하여는 자격정지를 병과할 수 없다(§ 237). 본죄의 외국인의 국외
범은 처벌하고(§ 5(vi)), 미수범도 처벌한다(§ 235).

〔김 정 훈〕

제231조(사문서등의 위조·변조)

행사할 목적으로 권리·의무 또는 사실증명에 관한 타인의 문서 또는 도화를 위조 또는 변조한 자는 5년 이하의 징역 또는 1천만원 이하의 벌금에 처한다. 〈개정 1995. 12. 29.〉

Ⅰ. 의의와 성격

본죄[(사문서·사도화)(위조·변조)죄]는 행사할 목적으로 권리·의무 또는 사실증명에 관한 타인의 문서 또는 도화를 위조 또는 변조함으로써 성립한다. 문서에 관한 죄에서 가장 기본적인 범죄유형으로 이해되고 있다. 공문서위조·변조죄와 달리 사문서 중 권리·의무 또는 사실증명에 관한 타인의 문서 또는 도화만이 객체가 되는 특징이 있다.

본죄의 보호법익은 문서의 진정에 대한 공공의 신용[1]이다. 독일형법은 문서에 관한 죄에서 공문서와 사문서를 구별하고 있지 않고, 일본형법은 제159조[2]

1 대판 1989. 9. 12, 87도506(전); 대판 2017. 12. 22, 2017도14560 등.
2 일본형법은 유인(有印)사문서위조죄(§159①), 유인사문서변조죄(§159②), 무인(無印)사문서위조변조죄(§159③)로 나누어 규정하고 있는데, 그 조문은 아래와 같다.
일본형법 제159조(사문서위조등) ① 행사할 목적으로 타인의 인장 또는 서명을 사용하여 권리, 의무 또는 사실증명에 관한 문서 또는 도화를 위조하거나, 위조한 타인의 인장 또는 서명을 사용하여 권리, 의무 또는 사실증명에 관한 문서 또는 도화를 위조한 자는 3월 이상 5년 이하의 징역에 처한다.
② 타인이 날인하거나 서명한 권리, 의무 또는 사실증명에 관한 문서 또는 도화를 변조한 자도 전항과 같다.
③ 전2항에 규정한 것 외에, 권리, 의무 또는 사실증명에 관한 문서 또는 도화를 위조하거나 변조한 자는 1년 이하의 징역 또는 10만엔 이하의 벌금에 처한다.

〔김 정 훈〕 **335**

에서 타인의 인장 또는 서명이 사용된 경우와 그렇지 않은 경우를 구별하여 사문서위조죄를 규정하고 있다.

3   본죄는 행사할 목적이 있어야 하는 목적범이고, 추상적 위험범이며, 결과범이고, 미수범을 처벌하고 있다.

II. 객관적 구성요건

1. 객 체

4   본죄의 객체는 권리·의무 또는 사실증명에 관한 타인의 문서 또는 도화이다.

(1) 문서

5   문서의 명의인과 작성자가 일치하지 않는 문서, 즉 부진정문서도 본죄의 객체가 될 수 있다.[3] 문서의 개념에 관한 자세한 설명은 앞서 **[총설]** 부분에서 살펴본 바와 같다.

(가) 권리·의무에 관한 문서

6   권리·의무에 관한 문서란 공법상 또는 사법상의 권리·의무의 발생·변경 또는 소멸에 관한 사항을 기재한 문서를 말한다. 예컨대, 법률행위에 관한 위임장, 계약서, 청구서, 신청서, 영수증 등이 이에 해당한다. 주민등록증발급신청서와 인감증명교부신청서 등 공문서를 발급받기 위하여 작성하는 사인의 신청서도 사문서에 해당한다.[4]

(나) 사실증명에 관한 문서

7   사실증명에 관한 문서란 권리·의무에 관한 문서 이외의 문서로 사회생활상 거래의 중요한 사실을 증명하는 문서를 말한다.[5] 직접 법률적 관계가 아니더라도 적어도 법률적 관련을 가질 가능성이 있으면 충분하지만, 중요한 사실을 증명하는 문서에 한한다. 예컨대, 추천장, 안내장, 이력서, 회의록, 업무일지 등이 있다. 판례가 사실증명에 관한 문서로 인정하고 있는 사례로는 타인 명의의 탄원서,[6]

---

3 김성돈, 형법각론(5판), 630.
4 대판 1975. 5. 13, 74도2916.
5 대판 2018. 11. 27, 2008도7018 등.
6 대판 1989. 10. 24, 88도1296; 대판 1990. 1. 23, 87도2625.

검찰에 제출한 참고인 진술서,[7] 비리사실을 기재하면서 타인에 대한 처벌을 요
구하는 진정서,[8] 은행의 접수일부인,[9] 영수필통지서의 소인,[10] 자신의 선거용 홍
보물에 검인 형식으로 날인한 문구,[11] 자신의 신분을 감추기 위하여 타인의 인
적사항과 주소를 기재한 택배 발송인란의 출력물[12] 등이 있다.[13]

거래상 중요한 사실을 증명하는 문서는 법률관계의 발생·존속·변경·소멸   8
의 전후과정을 증명하는 것이 주된 취지인 문서뿐만 아니라 직접적인 법률관계
에 단지 간접적으로만 연관된 의사표시 내지 권리·의무의 변동에 사실상으로만
영향을 줄 수 있는 의사표시를 내용으로 하는 문서도 포함될 수 있는데, 이에 해
당하는지 여부는 문서의 제목만을 고려할 것이 아니라 문서의 내용과 더불어 문
서 작성자의 의도, 그 문서가 작성된 개관적인 상황, 문서에 적시된 사항과 그
행사가 예정된 상대방과의 관계 등을 종합적으로 고려하여 판단하여야 한다.[14]

---

7 대판 1999. 7. 23, 98도2787.
8 대판 2002. 12. 10, 2002도3686.
9 대판 1970. 10. 30, 77도1879.
10 대판 1995. 9. 5, 95도1269.
11 대판 2007. 7. 12, 2007도2837.
12 대판 2018. 1. 25, 2017도14992.
13 일본 판례는 '사실증명에 관한 문서'란 '사회생활에서 관계를 가진 사항을 증명하는 문서'[大判
  大正 9(1920). 12. 24. 刑錄 26·938(특정 정당의 기관신문지에 '축발전, A 현 노동기준국장 B'라고
  쓴 광고문 게재)]라고 판시하여, 우리 판례보다 넓게 문서의 개념을 인정하고 있다. 즉 '사실증
  명에 관한 문서'란 세상에 존재하거나 존재하였던 사실로서 법률상의 효과를 발생시키지 않는
  사실을 단순히 서면화한 문서라는 취지로 판시한 것인데, 유력한 학설은 우리 판례와 같이 이를
  한정적으로 해석하고 있다. 판례가 문서로 인정한 대학입학시험의 답안[最決 平成 6(1994). 11.
  29. 刑集 48·7·453], 중의원의원후보자의 추천장[大判 大正 6(1917). 10. 23. 刑錄 23·1165],
  기부금납부자 방명록[大判 大正 14(1925). 9. 22. 刑集 4·538]에 대해서는 위 학설도 지지한다.
14 대판 2009. 4. 23, 2008도8527. 「원심판결 및 원심이 적법하게 조사한 증거 등에 의하면, 피고인
  이 A의 명의를 도용하여, '한국○○작가협회 이사장에 당선된 B의 선거참모들이 자신들에 대하
  여 선거결과에 따른 적절한 인사상의 조치를 취해 줄 것을 요구하고 이에 응하지 않을 경우 이
  사장에게 불리한 모종의 행동에 나서겠다'는 취지의 건의문을 작성하여 B에게 행사하고, 'C의
  구체적인 잘못을 적시하면서 C를 교육원장에 임명한 것은 잘못이므로 교육원장 임명문제를 공
  론을 거쳐 재검토하도록 요구하고, 임시총회 소집, 인사청문회, 회원의 의사를 묻는 표결의 방
  법, 공모 등의 방법을 제시하며, 이런 건의가 묵살되고 말 경우, (중략) 시위와 결사행동을 할 것
  이며, 본 협회 지휘기관과 대중언론에 호소하고 나아가 회원서명 투쟁을 지속적으로 해나갈 것을
  엄숙히 천명한다'는 등의 내용을 담은 호소문을 작성하여 협회 회원 1,700여 명에게 우편으로 송
  달한 사실을 알 수 있다. 앞서 본 법리에 비추어 보면, 위 각 문서의 내용은 단순한 정치적 구호
  나 호소에 그친 것이 아니라 구체적인 요구사항을 적시하고 이를 이행하지 않으면 법적·행정적
  책임을 묻겠다는 의사표시를 밝힌 것으로, 중요한 사실을 증명하는 사실증명에 관한 문서에 해
  당한다고 할 것이다.」

〔김 정 훈〕   337

9   다만, 사상 또는 관념이 표시되지 않고 사물의 동일성만 표시한 것에 불과한 명함, 문패 등은 객체가 될 수 없다.

(2) 도화

10   도화란 광의의 문서 중 발음적 부호가 아닌 형상적 부호를 사용한 것을 말한다. 판례는 담뱃갑의 표면에 그 담배의 제조회사와 담배의 종류를 구별·확인할 수 있는 특유의 도안이 표시되어 있는 경우에는 그 담뱃갑 안에 들어 있는 담배가 특정 제조회사가 제조한 특정한 종류의 담배라는 사실을 증명하는 기능을 하고 있으므로, 담뱃갑이 문서 등 위조의 대상인 도화에 해당한다고 판시하였다.[15]

2. 행 위

(1) 위조

(가) 위조의 개념

11   위조란 작성권한 없는 사람이 타인 명의를 모용하여 문서를 작성하는 것을 말한다.[16] 앞서 **[총설]** 부분에서 살펴본 바와 같이, 사문서위조죄에서의 위조는 최협의의 위조로 작성권한 없는 사람이 타인의 작성명의를 함부로 사용하여 새로운 문서를 만들어 내는 유형위조 중 변조를 제외한 것을 가리킨다. 즉, 이미 진정하게 성립된 문서의 내용에 동일성을 해하지 않을 정도로 변경을 가하는 행위는 변조에 해당하고, 새로운 증명력을 가지는 문서를 작성한 행위는 위조에 해당한다.[17] 그리고 전자복사기로 복사한 문서의 사본도 사문서위조죄의 객체인 문서에 해당하므로, 위조된 문서원본을 단순히 전자복사기로 복사하여 그 사본을 만드는 행위도 공공의 신용을 해할 우려가 있는 별개의 문서사본을 창출하는 행위로서 문서위조행위에 해당한다.[18]

(나) 작성권한 없는 사람

12   위조에 해당하기 위하여는 작성권한이 없어야 한다. 작성권한의 유무는 법규·계약·거래관행·당사자의 의사 등을 고려하여 개별적·구체적으로 판단하여

---

15 대판 2010. 7. 29, 2010도2705.
16 대판 2015. 6. 11, 2012도1352.
17 대판 2003. 9. 26, 2003도3729.
18 대판 1989. 9. 12, 87도506(전); 대판 1996. 5. 14, 96도785.

야 한다.[19] 작성명의인의 날인이 정당하게 성립된 사문서라고 하더라도 내용을 기재할 정당한 권한이 없는 사람이 내용을 기재하거나 뒤에서 살펴보는 바와 같이 권한을 위임받은 사람이 권한을 초월하여 내용을 기재하여 날인자의 의사에 반하는 사문서를 작성한 경우에는 사문서위조죄가 성립한다.[20] 그러나 작성명의인의 작성권한을 침해하여야 하므로, 작성일자만을 공란으로 둔 채 완성된 대출금신청서와 차용금증서에 타인이 작성일자를 임의로 기입한 행위는 특단의 사유가 없는 한 문서작성명의인의 작성권한을 침해한 것이라고 할 수 없으므로 문서위조죄에 해당하지 않는다.[21] 단독신청이 가능한 민원서류의 발급신청을 하면서 타인의 이름을 함께 기재하여 제출한 경우에도, 타인 명의의 날인을 하지 않았다면 피고인 단독 명의로 신청한 문서로 인정될 뿐 타인과 공동으로 신청한 문서로 볼 수 없으므로, 사문서위조죄에 해당하지 않는다.[22]

　작성권한의 유무는 행위 당시를 기준으로 하는 것이 원칙이다. 따라서 혼　　**13**
인신고 당시에는 명의인이 피고인과의 동거관계를 청산하고 피고인을 만나주지 않는 등으로 피하여 왔다면, 당초에는 명의인과 사실혼 관계에 있었고 명의인에게 혼인의 의사가 있었다고 하더라도, 혼인신고 당시에는 그 혼인의사가 철회되었다고 보아야 하므로, 피고인이 일방적으로 혼인신고서를 작성하여 혼인신고를 하였다면 혼인신고서 용지에 피해자 도장이 미리 날인되어 있었다고 하더라도 사문서위조죄에 해당한다.[23]

　문서작성에 대하여 명의인의 유효한 승낙이 있는 경우에는 작성권한이 있　　**14**
는 경우에 해당하므로, 사문서위조죄가 성립하지 않는다. 명의인의 유효한 승낙은 명시적·묵시적 승낙이나 양해뿐 아니라 현실적 승낙이 없었더라도 행위 당시의 객관적 사정을 토대로 당연히 승낙하였을 것으로 추정되는 경우(추정적 승낙)를 포함한다.[24] 그러나 명의인의 명시적인 승낙이나 동의가 없다는 것을 알

19　김성돈, 631; 김일수·서보학, 새로쓴 형법각론(9판), 575; 배종대, 형법각론(13판), §113/5; 임웅, 형법각론(9정판), 723; 정성근·박광민, 형법각론(전정2판), 628.
20　대판 1982. 10. 12, 82도2023; 대판 1992. 12. 22, 92도2047; 대판 1997. 3. 28, 96도3191; 대판 2005. 10. 28, 2005도6088; 대판 2006. 9. 28, 2006도1545.
21　대판 1983. 4. 26, 83도520.
22　대판 1986. 9. 23, 86도1300(대판 1997. 12. 26, 95도2221도 같은 취지이다).
23　대판 1987. 4. 11, 87도399.
24　대판 2003. 5. 30, 2002도235.

〔김 정 훈〕

면서도 명의인이 문서작성 사실을 알았다면 승낙하였을 것이라고 기대하거나 예측한 것만으로는 그 승낙이 추정된다고 단정할 수 없다.[25] 명의인의 사전승낙은 구성요건해당성을 배제하는 승낙(양해)에 해당하나, 사후승낙은 유효한 승낙이 아니므로, 위조에 해당한다.[26]

15   승낙과 관련하여 일본 판례는, 문서의 성질상 작성명의인 이외의 사람이 이를 작성하는 것이 법령상 허용되지 않는 교통사고원표(原票) 중의 진술서란에 타인의 승낙을 받아 타인 명의로 작성한 경우[27]나 일정한 장소적 상황에 비추어 본인만의 작성이 허용되는 입학시험장에서의 답안을 타인의 승낙을 받아 타인 명의로 작성한 경우[28]에는, 사문서위조죄가 성립한다고 판시하였다.[29]

16   문서작성에 관하여 작성명의인의 포괄적 위임을 받아 사문서를 작성한 경우에도 위조에 해당하지 않는다. 다만 주식회사의 경우에는 주식회사의 적법한 대표이사라고 하더라도 그 권한을 포괄적으로 위임하여 다른 사람으로 하여금 대표이사의 업무를 처리하게 하는 것은 허용되지 않으므로, 대표이사로부터 포괄적으로 권한 행사를 위임받은 사람이 주식회사 명의로 문서를 작성하는 행위는 원칙적으로 권한 없는 사람의 문서 작성행위로서 자격모용사문서작성 또는 사문서위조에 해당하고, 대표이사로부터 개별적·구체적으로 주식회사 명의의 문서 작성에 관하여 위임 또는 승낙을 받은 경우에만 예외적으로 적법하게 주식회사 명의로 문서를 작성할 수 있다.[30]

---

25 대판 2008. 4. 10, 2007도9987; 대판 2011. 9. 29, 2010도14587; 대판 2013. 9. 12, 2013도6446; 대판 2017. 1. 25, 2016도16797.
26 대판 1999. 5. 14, 99도202; 대판 2008. 2. 28, 2007도11337; 대판 2009. 7. 9, 2009도3524.
27 最決 昭和 56(1981). 4. 8. 刑集 35·3·57(음주운전으로 면허가 정지된 피고인이 사전에 공동경영자인 A로부터 곤란한 경우 자신의 면허증을 사용하도록 승낙을 받았는데, 운전 중 교통위반으로 적발되자 면허증을 집에 두고 왔다고 거짓말하고 교통사고원표의 진술서란에 A의 이름을 기재한 사안).
28 東京高判 平成 5(1993). 4. 5. 判タ 828·275(사립대학 직원인 피고인들이 위 대학 입학을 희망하는 A를 합격시키기 위하여 B 등과 공모하여, 시험장에서 B 등이 A 명의의 답안을 작성한 사안).
29 이러한 판례들에 대해서는, 문서에는 표시되어 있지 않은 문서의 의미 내용인 '실제로 경찰관에게 위반자로 인정되었다는 사실'이나 '실제로 시험장에서 시험을 치렀다는 사실'이 허위인 것을 이유로 사문서의 유형위조의 성립을 긍정하는 것은 사문서의 유형위조와 무형위조의 구별을 불명확하게 한다는 비판이 있다[이에 관한 상세한 논의는 西田 外, 注釈刑法(2), 449-458(今井猛嘉) 참조].
30 대판 2008. 11. 27, 2006도2016; 대판 2009. 12. 10, 2009도10212; 대판 2010. 5. 13, 2010도1040.

판례가 작성권한을 위임받아 사문서위조죄가 성립하지 않는다고 본 사안은   17
아래와 같다.

- 대판 1984. 2. 14, 83도2650 고소인의 제3자에 대한 채권의 변제책임을   18
  부담하는 대신 그 채권에 관하여 설정한 가등기에 의한 담보권을 양수한
  피고인이 그 가등기를 말소하면서 고소인 명의의 가등기말소신청서 등을
  임의로 작성하였다고 하더라도, 고소인으로부터의 포괄적 위임 내지 승
  낙이 있다고 보아 사문서위조죄가 성립하지 않는다고 본 사안
- 대판 1984. 3. 27, 84도115 돼지고기의 가공, 납품 및 대금수령에 관한
  사무를 총괄적으로 위임받고 이를 위하여 그들의 인장을 맡아 사용하는
  단지장이 그 대금의 수령을 위해 납품자인 단지원의 이름으로 축산협동
  조합에 예금청구서와 차용증서를 작성·제출하고 선급금 명목으로 납품
  대금을 받아 이를 단지원에게 지급한 경우, 그 예금청구서와 차용증서가
  포괄적 위임에 따라 작성된 것으로 보아 사문서위조죄가 성립하지 않는
  다고 본 사안
- 대판 1984. 7. 24, 84도785 피고인이 시장점포의 임대차에 관하여 지주
  들의 허락을 받고 A에게 임대하면서 이미 새겨둔 지주들의 인장을 사용
  하여 임대차계약서를 작성한 경우, 사문서위조죄가 성립하지 않는다고
  본 사안
- 대판 1985. 10. 22, 85도1732 이사회를 개최하면서 이사들이 그 참석
  및 의결권의 행사에 관한 권한을 위임한 경우, 그 이사들이 실제로 이사
  회에 참석하지도 않았는데 마치 참석하여 의결권을 행사한 것처럼 이사
  회 회의록에 기재하였다고 하더라도 무형위조에 해당할 뿐이라고 보아
  사문서위조죄가 성립하지 않는다고 본 사안
- 대판 1988. 9. 13, 87도2012 공동으로 주식회사를 경영하다가 그중 한명
  이 회사의 소유와 경영에 관한 일체의 권리를 포기하면서 그 사무처리의
  권한까지 포괄적으로 위임한 경우, 그 사무처리를 위하여 주식배당포기
  서, 이사사임서 등을 작성하였다고 하더라도 별다른 사정이 없는 한 묵시
  적인 승낙을 받았다고 보아 사문서위조죄가 성립하지 않는다고 본 사안

〔김 정 훈〕   **341**

• **대판 2015. 11. 27, 2014도17894** 주식회사 각자대표이사 중 한명으로부터 문서작성을 위임받아 약속어음을 작성하고, 이를 공증받기 위하여 공정증서작성 촉탁에 관한 위임장을 작성한 경우 각자대표이사는 재판상 또는 재판외의 모든 행위를 단독으로 할 권한이 있으므로, 나머지 한명의 각자대표이사로부터 문서작성에 관한 위임을 받지 않았다고 하더라도 위임장 작성으로 인한 사문서위조죄가 성립하지 않는다고 본 사안

19   한편, 신탁자에게 아무런 부담이 지워지지 않은 채 재산이 수탁자에게 명의신탁된 경우에는 특별한 사정이 없는 한 그 재산의 처분 기타 권한행사에 관하여 수탁자가 자신의 명의사용을 포괄적으로 신탁자에게 허용하였다고 봄이 타당한바, 사법행위와 공법행위를 구별하여 신탁재산의 처분 등과 관련한 사법상 행위에 대하여만 명의사용을 승낙하였다고 제한할 수는 없다.[31] 따라서 ① 비상장주식을 명의신탁한 피고인이 명의수탁자를 변경하기 위해 제3자에게 주식을 양도한 후 수탁자 명의로 증권거래세 과세표준신고서를 작성하고 이를 제출한 경우, 명의신탁된 주식의 처분 후 수탁자 명의의 과세표준신고를 하는 것은 법령에 따른 절차로서 신고를 하지 않는다면 오히려 수탁자에게 불이익할 수 있다는 점까지 고려한다면, 명의수탁자가 명의신탁주식의 처분을 허용하였음에도 처분 후 과세표준 등의 신고행위를 위한 명의사용에 대하여는 승낙을 유보하였다고 볼 특별한 사정이 존재하지 않는 한 허용된 범위에 속한다고 보아야 할 것이므로 사문서위조죄에 해당하지 않는다.[32] 그러나 이와는 달리, ② 수탁자가 명의신탁 사실을 부인하면서 신탁재산이 수탁자 자신의 소유라고 주장하는 등 신탁자와 사이에 신탁재산의 소유권에 관하여 다툼이 있는 경우에는, 더이상 신탁자가 그 재산의 처분 등과 관련하여 수탁자의 명의를 사용하는 것이 허용된다고 볼 수 없으므로, 신탁자의 상속인이 수탁자의 동의를 받지 않고 그 명의의 채권이전등록청구서를 작성하였다면 사문서위조죄에 해당한다.[33]

---

31 대판 2022. 3. 30, 2021도17197.
32 대판 2022. 3. 30, 2021도17197(과세표준을 신고하는 행위는 공법행위이므로 수탁자가 명의사용을 승낙하였다고 볼 수 없다고 보아 사문서위조죄 및 위조사문서행사죄가 성립한다고 판단한 원심판결을 파기한 사례).
33 대판 2007. 3. 29, 2006도9425. 대판 2007. 11. 30, 2007도4812도 같은 취지이다.

(다) 권한의 초월과 남용

　문서위조죄의 성립 여부는 그 문서의 작성명의로 타인의 명의를 모용하였　　**20**
는지 여부에 따라 결정되고 문서내용의 진실 여부는 문제되지 않으므로, 문서작
성권한을 위임받았다고 하더라도 그 권한을 초월하여 위임자 명의의 문서를 작
성하는 경우에는 사문서위조죄가 성립한다.[34]

　판례가 권한을 일탈 내지 초월한 경우에 해당한다고 본 사안은 아래와 같다.　　**21**

- 대판 1982. 10. 12, 82도2023　명의인으로부터 7,500만 원의 차용 위탁　　**22**
  을 받고 백지의 대출신청서 및 영수증에 명의인의 날인을 받은 후 차용
  금액을 1억 5,000만 원으로 기입하여 명의인 명의의 대출신청서 및 영수
  증을 작성한 사안

- 대판 1983. 10. 25, 83도2257　조합장의 직무를 대행하고 있는 협동조합
  의 상무이사가 이사회의 의결을 거쳐 이사장이 조합의 명의로 하여야 하
  는 업무인 당좌거래계약을 체결하면서 당좌계약정서를 작성한 사안

- 대판 1992. 3. 31, 91도2815　다른 곳의 토지에 분묘를 소유하고 있는 명
  의인에게 피고인이 신청한 골재채취장과는 멀리 떨어져 있어 토석채취를
  하여도 피해가 없으니 동의하여 달라고 하여 백지의 동의서 양식에 명의
  인의 인감도장을 날인받은 뒤 명의인의 의사에 반하여 분묘 소재지를 골
  재채취장 주변의 토지로 기재한 사안

- 대판 1997. 3. 28, 96도3191　건설회사의 실질적 사주가 명목상 대표이
  사로부터 업무처리에 관한 포괄적 위임을 받았으나, 실제로 분양되지 않
  고 분양대금이 납부되지도 않은 허위의 분양계약서를 작성한 사안

- 대판 2003. 8. 22, 2003도1368　명의인과 건설기계대여관리계약을 체결
  하여 명의인의 덤프트럭 운행에 따른 부가가치세 신고를 대행할 의무가
  있는 피고인이 실제 매출액보다 더 많은 매출이 있었던 것처럼 허위의
  세금계산서를 작성하고 이를 근거로 실제와 다른 부가가치세액에 관한
  신고서를 작성한 사안

34　대판 1983. 10. 25, 83도2257; 대판 1997. 2. 14, 96도2234; 대판 2005. 10. 28, 2005도6088; 대판
　2008. 12. 24, 2008도7836.

- 대판 2005. 10. 28. 2005도6088 피고인이 회사를 인수하면서 기존 대표 이사 명의를 계속 사용하기로 승낙받았으나, 사기범행을 목적으로 실제 로 회사에 근무하지 않은 제3자의 재직증명서와 근로소득원천징수영수 증을 작성한 사안
- 대판 2012. 3. 15. 2011도11520 문화교육단체인 사단법인 이사장으로부 터 기부금 영수증 등 문서에 관한 작성권한을 위임받았으나, 정치자금법 위반 범행을 은폐하는 데 사용할 목적으로 허위 내용의 기부금 영수증을 작성한 사안

23   한편 대리권 또는 대표권 없는 사람이 대리인으로서 본인 명의의 문서를 작성하는 경우에는, 사문서위조죄가 아니라 뒤에서 살펴볼 자격모용에 의한 사 문서작성죄(§ 232)가 성립하는데, 대리권 또는 대표권 있는 사람이 권한을 초월 하여 문서를 작성한 경우가 문제된다. 학설은 ① 자격모용에 의한 사문서작성 죄가 성립한다는 견해[35]와 ② 사문서위조죄가 성립한다는 견해[36]가 대립한다. 판례는 권한을 초월한 경우와 마찬가지로 사문서위조죄가 성립한다고 보고 있 다(위 ②의 입장).[37]

24   이와는 달리 타인의 대표자 또는 대리자가 그 대표명의, 대리명의 또는 직 접 본인의 명의를 사용하여 문서를 작성할 권한을 가지는 경우에 그 권한을 남 용하여 단순히 자기 또는 제3자의 이익을 도모할 목적으로 마음대로 그 대표자, 대리명의 또는 직접 본인 명의로 문서를 작성한 경우에는 사문서위조죄가 성립 하지 않는다.[38]

25   판례가 권한을 남용한 것에 불과하여 사문서위조죄가 성립하지 않는다고 본 사안은 아래와 같다.

26   - 대판 1984. 7. 10. 84도1146 매수인으로부터 매도인과의 토지매매계약 체결에 관하여 포괄적 권한을 위임받은 경우에는 위임자 명의로 토지매

---

35 배종대, § 113/6; 오영근, 형법각론(5판), 570; 임웅, 724; 정성근·박광민, 630.
36 김성돈, 632; 김일수·서보학, 577; 이재상·장영민·강동범, 형법각론(12판), § 32/36.
37 대판 1997. 3. 28, 96도3191; 대판 2005. 10. 28, 2005도6088.
38 대판 1983. 4. 12, 83도332.

매계약서를 작성할 적법한 권한이 있으므로, 실제 매수가격보다 높은 가격을 매매대금으로 기재하여 매수인 명의의 매매계약서를 작성하였다고 하더라도 작성권한 있는 사람이 허위내용의 문서를 작성한 것에 해당할 뿐이라고 보아 사문서위조죄가 성립하지 않는다고 본 사안

• 대판 1984. 10. 10, 84도1566 명의인들이 일정한도액에 관한 연대보증인이 될 것을 허락하고 이에 필요한 문서를 작성하는 데 쓰일 인감도장과 인감증명서(대출보증용)을 채무자에게 교부한 경우에는 채권자에 대하여 같은 금액 상당의 채무를 부담하겠다는 내용의 문서를 작성하도록 허락한 것으로 보아야 하므로, 차용금증서에 명의인들을 연대보증인으로 하지 않고 직접 차용인으로 기재하였다고 하더라도, 문서 작성권한의 범위 안에서 적법하게 작성되었다고 보아 사문서위조죄가 성립하지 않는다고 본 사안(대판 2014. 3. 13, 2011도6410도 같은 취지)

• 대판 1998. 11. 10, 98도2337 보험회사의 지점 영업관리과장으로서 지점장이 없을 때 지점을 운영하고 대표이사의 직인을 관리하는 책임을 맡고 있어 이미 체결된 임대차계약에 따라 임대차보증금을 지출할 권한이 있는 피고인이 임대인의 요청에 따라 임대차보증금 잔액의 지급을 약속하는 내용의 문서에 대표이사의 명판과 직인을 날인한 사안

(라) 타인 명의의 모용

위조의 본질은 타인의 명의를 모용하는 데 있다. 타인의 명의를 모용한다   27
는 것은 실질적인 명의인에 대한 착오를 야기·유지하기 위한 행위, 즉 동일성의 기망·사칭을 의미한다. 문서의 기재내용이 진실한지 여부는 문제되지 않고, 문서의 실제 작성자가 표시될 필요가 없다. 명의인이 실제로 존재할 필요는 없고, 사자[39]나 허무인 명의를 모용하는 것도 위조가 될 수 있다. 앞서 살펴본 바와 같이 작성명의인의 특정이 실제 사안에서는 중요할 수 있다. 작성명의인이 특정된 이후 명의인과 실제 작성자가 다른 경우에는 위조죄가 성립한다. 명의인을 기망하여 문서를 작성하게 하는 경우에 서명날인자의 의사에 반하는 문서를 작성하게 하였다면 위조죄가 성립하나,[40] 명의인이 문서를 작성하게 된 동기에

---

39 대판 2005. 2. 24, 2002도18(전).

관하여 착오가 있을 뿐 문서의 내용과 작성 자체가 명의인의 의사에 기한 것인 경우에는 위조죄가 성립하지 않는다.[41]

28   한편 작성자가 본명 대신 가명이나 위명을 사용하여 사문서를 작성한 경우 위조에 해당하는지 문제된다. 판례는 ① 피고인이 실존하는 다른 사람의 이름으로 회사에 입사한 뒤 그 명의로 사직원, 근로계약서, 서약서 등을 작성한 경우,[42] ② 피고인이 다방 업주로부터 선불금을 받고 종업원으로 취업하기 위하여 선불금의 반환을 약속하는 내용의 현금보관증을 작성하면서 가명과 허위의 출생연도를 기재한 경우,[43] 사문서위조죄가 성립한다고 판시하였다. 즉, 가명이나 위명을 사용하여 사문서를 작성한 경우에는 '인격의 동일성에 관한 기망'이 있었는지 여부에 따라 사문서위조죄의 성립 여부를 판단하여야 한다.

        (마) 문서의 작성

29   문서의 작성방법에는 제한이 없으므로, 새로운 문서를 작성하는 경우뿐 아니라 기존문서를 이용하는 경우도 포함한다. 기존의 미완성 문서에 가공하여 문서를 완성하거나 동일성을 상실시킬 정도로 별개의 독립된 새로운 증명력을 가지는 문서를 작성하는 경우에도 위조죄가 성립한다. 판례는 백지에 동의서 양식에 명의인으로부터 도장을 날인받은 다음 명의인의 의사에 반하는 내용을 보충한 경우,[44] 유효기간이 경과한 문서의 발행일자를 정정하여 새로운 유효한 문서를 작성하는 경우[45] 위조에 해당한다고 판시하였다.

30   작성된 문서는 형식과 내용에 있어서 완전할 것을 요하지 않는다. 일반인으로 하여금 진정한 문서로 오인할 정도로 문서로서의 외관과 형식을 갖추면 충분하고, 이러한 작성 정도에 이르렀는지에 대한 판단 기준은 [**총설**] **및 공문서위조죄에서의 '위조'** 부분에서 살펴본 바와 같다.[46] 반드시 작성 명의인의 서명이나 날인이 있어야 하는 것은 아니다. 명의인에게 손해가 발생할 것을 요하지도 않는다. 판례는 매수인 명의의 매매계약서를 작성하면서 매수인 성명을 기입

---

40 대판 1976. 7. 13, 74도2035; 대판 1992. 3. 31, 91도2815.
41 정영일, 형법강의 각론(3판), 343.
42 대판 1979. 6. 26, 79도908.
43 대판 2010. 11. 11, 2010도1835.
44 대판 1992. 3. 31, 91도2815.
45 대판 1980. 11. 11, 80도2126.
46 대판 1992. 11. 27, 92도2226(공문서위조); 대판 2009. 7. 23, 2008도10195(사문서위조).

하였으나 매수인 명의의 서명이나 날인이 없는 경우[47]에는 사문서위조죄가 성립하지 않는다고 판시하였다. 반면, ① 문서에 법인과 대표명이 새겨진 고무명판을 찍고 서명·날인이 없는 경우,[48] ② 은행조회서에 작성명의인과 다소 다른 명칭이 기재되었으나 외견상 작성명의인이 작성한 것으로 오인할 수 있는 경우,[49] ③ 피고인이 위조한 수상후보자 추천서와 경력증명서의 직인 부분과 바탕종이 부분의 색깔이 다르고, 추천서의 직인을 오려붙인 부분이 본문 부분을 가리고 있기는 하나, 그 흔적을 감추기 위하여 복사하는 등 일반인이 진정한 문서로 오신할 수 있었던 경우,[50] ④ 변호사인 피고인이 다른 고소사건에 제출할 목적으로 고소위임장에 첨부된 서울지방변호사회 발급 경유증표를 고소위임장과 함께 컬러복사한 경우[51]에는 사문서위조죄가 성립한다고 판시하였다.

문서의 작성은 행위자가 직접 자필로 작성할 필요는 없으므로, 명의인을 기망하여 문서를 작성하게 하였다면 서명·날인이 정당하게 성립하였다고 하더라도, 기망자가 명의인을 이용하여 서명·날인자의 의사에 반하는 문서를 작성하게 한 것에 해당하여 사문서위조죄가 성립한다.[52]   31

(2) 변조

(가) 변조의 개념

변조란 권한 없이 이미 진정하게 성립된 타인 명의의 문서내용에 그 동일성을 해하지 않을 정도로 변경을 새로운 증명력을 작출케 하는 것을 말하고, 그 정도와 판단 기준은 공문서변조죄에서의 '변조' 부분에서 살펴본 바와 같다.[53] 앞서 살펴본 바와 같이 이미 진정하게 성립된 문서에 변경을 가하여 동일성이 상실되면 사문서위조죄가 성립한다.   32

(나) 변조의 객체

변조의 객체는 이미 진정하게 성립된 타인 명의의 문서이다.[54] 따라서 완성   33

---

47 대판 1988. 3. 22, 88도3.
48 대판 1987. 1. 20, 86도1867.
49 대판 1999. 1. 29, 98도4031.
50 대판 2011. 2. 10, 2010도8361.
51 대판 2016. 7. 14, 2016도2081.
52 대판 2000. 6. 13, 2000도778.
53 대판 2021. 2. 25, 2018도19043(공문서변조).
54 대판 2017. 12. 5, 2014도14924.

되지 않은 문서에 가필하여 문서를 완성한 경우에는 변조가 아닌 위조에 해당하고, 이미 위조된 부진정문서는 변조의 객체가 될 수 없다. 그리고 권한 없는 사람에 의하여 변조된 부분은 진정하게 성립된 부분이라고 할 수 없으므로, 권한 없는 사람에 의하여 이미 변조된 부분을 다시 권한 없이 변경하였다고 하더라도 변조에 해당하지 않는다.[55] 타인 명의의 문서이어야 하므로, 자기 명의의 문서는 변조의 객체가 될 수 없고, 그 문서가 타인 소유에 해당하면 문서손괴죄(§366)가 성립할 수 있다. 다만 매매계약서 작성이 완료된 후 매도인 또는 매수인이 상대방의 승낙 없이 매매계약서의 내용을 변경한 경우에는, 그 매매계약서가 타인 명의의 문서에 해당하므로 사문서변조죄가 성립한다.[56]

(다) 변조의 방법

34   변조는 기존 문서의 동일성을 해하지 않을 정도로 변경을 가하는 것이어야 하므로 비본질적 부분이나 중요하지 않은 부분을 변경하여야 한다. 비본질적 부분에 변경을 가하였다면 변조된 문서가 명의인에게 유리하여 결과적으로 그 의사에 합치한다고 하더라도 사문서변조죄가 성립한다.[57] 애초 잘못된 기재내용을 바로 잡거나 법규에 어긋난 기재내용을 수정하는 경우에도 변조에 해당하지만,[58] 의사표시의 내용이 아닌 단순한 자구수정이나 문서내용에 영향이 없는 단순한 사실의 기재만으로는 변조가 되지 않는다.[59]

(라) 구체적 사례

(a) 사문서변조죄를 긍정한 사례

35   • 대판 1976. 8. 24, 76도1774 부동산매매계약을 체결하면서 A를 매수인으로 내세우고 B를 그 계약의 단순한 입회인의 자격으로서 그 계약을 체결하였다면, A와 B가 서로 돈을 대어 부동산을 공동매수하기로 합의하였다고 하더라도, 이는 그들 사이의 대내적인 합의에 불과하므로 사후에 B를 매수인으로 고친 경우 사문서변조죄가 성립한다고 본 사안

     • 대판 1995. 2. 24, 94도2092 민사소송에서 사실 증명에 사용할 목적으로

---

55 대판 2012. 9. 27, 2010도15206; 대판 2020. 6. 4, 2020도3809.
56 대판 1977. 7. 12, 77도1736.
57 대판 1985. 1. 22, 84도2422.
58 대판 1970. 9. 22, 70도1509.
59 김성돈, 636; 정성근·박광민, 634.

보관 중인 영수증 위의 할부금 기재부분 옆에 임의로 계쟁 부동산을 지칭하는 표시로서 '733-19번지'라고 써 넣은 경우 그 변경 내용이 비록 객관적인 진실에 합치하는 것이라고 하더라도, 그 영수증에 새로운 증명력을 가져오게 한 것에 해당한다고 보아 사문서변조죄가 성립한다고 본 사안

- 대판 2005. 3. 24, 2003도2144 공증인이 사서증서에 대하여 하는 인증은 당해 사서증서에 나타난 서명 또는 날인이 작성명의인에 의하여 정당하게 성립하였음을 인증하는 것일 뿐 그 사서증서의 기재 내용을 인증하는 것은 아니므로, 사서증서의 기재 내용을 일부를 변경한 경우 공문서변조죄가 아닌 사문서변조죄가 성립한다고 본 사안

- 대판 2010. 1. 28, 2009도9997 일련번호 16번까지 투표지를 받은 사람들의 기명 및 서명이 기재되어 있고, 투표 후 확인업무 담당자가 그 하단 공백 부분에 서명한 건물 임시관리단집회 투표지대장의 일련번호 17번란에 피고인이 자신의 이름을 기명하고 서명한 경우, 담당자 명의의 사문서인 투표지대장을 변조하였다고 보아 사문서변조죄가 성립한다고 본 사안

- 대판 2011. 9. 29, 2010도14587 피고인이 은행 발행의 예금통장 기재내용 중 특정 일자에 회사로부터 지급받은 월급여의 입금자 부분을 지우고 복사한 뒤 법원에 사본을 증거로 제출한 경우, 사문서변조죄가 성립한다고 본 사안

- 대판 2018. 9. 13, 2016도20954 이사회 회의록에 관한 이사의 서명권한에는 서명거부사유를 기재하고 그에 대하여 서명할 권한이 포함되고, 그 서명을 위하여 이사장이나 다른 이사들의 동의를 받을 필요가 없으므로, 이사가 이사회 회의록에 서명 대신 서명거부사유를 기재하고 그에 대한 서명을 한 경우 특별한 사정이 없는 한 그 내용은 이사회 회의록의 일부가 된다고 보아, 이사회 회의록의 작성권한자인 이사장이 이사의 서명거부사유 부분을 임의로 이를 삭제한 경우 이사회 회의록 내용에 변경을 가하여 새로운 증명력을 가져오게 된다고 보아 사문서변조죄가 성립한다고 본 사안

〔김 정 훈〕   **349**

(b) 사문서변조죄를 부정한 사례

36

- **대판 1981. 10. 27, 81도2055** 피고인의 본명이 B이나 A로 통용되고 있었던 경우, 타인이 A 앞으로 작성한 영수증에 추가로 'B'를 기입하였다고 하더라도 영수증의 내용에 영향을 미쳤다고 볼 수 없다고 보아 사문서변조죄가 성립하지 않는다고 본 사안

- **대판 1986. 8. 19, 86도544** 甲으로부터 위임을 받아 그 소유 부동산을 매도하면서 甲을 대리하여 매수인과 매매계약을 체결한 사람이 그 매매계약의 이행문제로 분쟁이 생기자 매수인의 요구에 따라 매매계약서상 매도인 甲 명의 위에 甲이 乙의 대리인이라는 표시로 '乙代'라는 문구를 삽입 기재한 경우, 부동산의 처분권한을 위임받아 매매계약서 작성권한 있는 사람이 한 변경행위에 불과하다고 보아 명의인의 승낙을 받지 않았다고 하더라도 사문서변조죄가 성립하지 않는다고 본 사안

- **대판 2003. 5. 30, 2002도235** 분규를 겪던 학교법인의 건설본부장이 학교와 건설회사가 작성한 공사계약서의 도급인란에 학교 총장의 고무인과 직인을 날인하였더라도, 공사계약서의 명의인인 학교는 물론 대부분의 공사수급인들은 계약 명의인란에 총장을 추가하는 요청을 받았더라면 당연히 승낙하였을 것으로 추정할 수 있다고 보아 사문서변조죄가 성립하지 않는다고 본 사안

- **대판 2015. 11. 26, 2014도781** 피고인이 토지 매매계약서 사본의 매수인 서명 앞부분에 종중인 'A 씨 B 파 대표'라는 문구를 부기한 경우, 매매계약의 실제 매수인이 종중으로 여러 정황상 계약서 작성명의인들이 위 문구 기입 사실을 알았더라면 승낙하였을 것으로 보아 사문서변조죄가 성립하지 않는다고 본 사안(부동산등기 특별조치법의 검인계약서와 같이 사문서인 매매계약서와 공문서인 검인 날인 부분이 병존하는 경우, 사문서변조죄의 추정적 승낙 여부는 사문서 명의인인 매매당사자를 기준으로 판단한다는 취지)

- **대판 2021. 6. 30, 2017도2410** 피고인이 A 감정평가법인 명의의 재직증명서와 소득세원천징수확인서 중 법인의 명칭인 'A' 부분을 흰색 수정테이프로 가렸으나, 일반인으로 하여금 기존 문서와 새로운 문서로 오신하게 할 정도에 이르지 않았다고 보아 사문서변조죄가 성립하지 않는다고

본 사안(뒷면으로 투과하여 볼 경우 가려진 부분을 쉽게 확인할 수 있다는 취지)

III. 주관적 구성요건

1. 고　의

본죄가 성립하기 위하여는 고의가 있어야 한다. 고의는 작성권한 없는 사　　**37**
람이 사문서를 위조 또는 변조한다는 점에 대한 인식과 의사이다. 사문서에 대
한 인식도 필요하다. 명의인의 명시적인 승낙이나 동의가 없다는 것을 알면서도
명의인이 문서작성 사실을 알았다면 승낙하였을 것이라고 기대하거나 예측한
것만으로는 그 승낙이 추정된다고 단정할 수 없으므로,[60] 고의가 인정된다.

2. 행사할 목적

본죄가 성립하기 위하여는 고의 외에도 초과주관적 구성요건으로 행사할　　**38**
목적이 필요하다. 행사할 목적이란 위조 또는 변조된 문서를 진정한 문서인 것
처럼 사용할 목적, 즉 상대방에게 문서의 진정에 대한 착오를 일으킬 목적을 말
한다.[61] 행사할 목적은 적극적 의욕이나 확정적 인식을 필요로 하지 않고, 미필
적 인식이 있으면 충분하다.[62] 다만, 이에 대하여는 행사할 목적은 초과주관적
구성요건으로 적어도 직접적 인식임을 요한다는 견해가 있다.[63] 행사할 목적은
고의와도 그 내용을 달리하고, 위조사문서행사죄에서의 행사와도 다르다. 행사
할 목적은 행위 당시에 존재해야 하나, 실제로 그 목적이 실현되었는지 여부는
범죄의 성립에 영향을 주지 않는다.

60　대판 2008. 4. 10, 2007도9987; 대판 2011. 9. 29, 2010도14587; 대판 2013. 9. 12, 2013도6446;
　　대판 2017. 1. 25, 2016도16797.
61　김성돈, 637; 김일수·서보학, 583; 신동운, 형법각론(2판), 439; 배종대, § 113/16; 이재상·장영
　　민·강동범, § 32/45; 정성근·박광민, 635.
62　대판 2006. 1. 26, 2004도788.
63　배종대, § 113/16; 이재상·장영민·강동범, § 32/45; 정성근·박광민, 635.

〔김 정 훈〕　　　　　　　　　**351**

Ⅳ. 죄수 및 다른 죄와의 관계

1. 죄 수

39   [총설] 부분에서 살펴본 바와 같다. 위조·변조한 문서를 행사한 경우 죄수에 관하여 학설상 견해의 대립이 있으나, 다수설과 판례[64]는 실체적 경합관계에 있다고 보고 있다.

2. 다른 죄와의 관계

40   (1) 타인 소유의 자기 명의의 문서의 내용을 임의로 변경한 경우에는, 사문서변조죄가 아닌 문서손괴죄(§ 366)가 성립할 수 있다.

41   (2) 문서에 관한 죄와 다른 범죄가 함께 성립하는 경우에는 실체적 경합관계에 있음이 원칙이므로, 타인을 비방하는 내용의 문서를 위조한 뒤 이를 행사하여 명예를 훼손한 경우에는, 사문서위조죄와 명예훼손죄(§ 307)의 실체적 경합관계를 인정한다.[65]

42   (3) 문서를 위조하는 과정에서 위조인장을 사용한 경우, 인장위조죄(§ 239①)는 불가벌적 수반행위에 해당하므로 사문서위조죄에 흡수된다는 것이 통설[66]과 판례[67]이다.

Ⅴ. 처 벌

43   5년 이하의 징역 또는 1천만 원 이하의 벌금에 처한다.

44   본죄에 대하여는 공문서위조·변조죄와 달리 자격정지를 병과할 수 없고 (§ 237), 외국인의 국외범을 처벌할 수 없다(§ 5(vi)).

45   본죄의 미수범은 처벌한다(§ 235). 위조·변조의사를 확정적으로 문서에 표

---

64 대판 1991. 9. 10, 91도1722. 본 판결 평석은 이기헌, "경합범과 상상적 경합", 형사판례연구
   〔7〕, 한국형사판례연구회, 박영사(1999), 150-193.
65 대판 2009. 4. 23, 2008도8527.
66 김성돈, 638; 김일수·서보학, 585; 박상기·전지연, 형법학 각론 강의(4판), 798; 오영근, 574; 임
   웅, 730; 정성근·박광민, 637.
67 대판 1978. 9. 26, 78도1787.

〔김 정 훈〕

시하는 행위가 있는 때 실행의 착수가 있고, 일반인으로 하여금 진정문서라고
오신할 정도에 이르지 못할 때에만 미수죄가 성립한다.

〔김 정 훈〕

제232조(자격모용에 의한 사문서의 작성)

행사할 목적으로 타인의 자격을 모용하여 권리·의무 또는 사실증명에 관한 문서 또는 도화를 작성한 자는 5년 이하의 징역 또는 1천만원 이하의 벌금에 처한다. 〈개정 1995. 12. 29.〉

Ⅰ. 의의와 성격

1   본죄[자격모용(사문서·사도화)작성죄]는 행사할 목적으로 대리권 또는 대표권 없는 사람이 타인의 대리자격 또는 대표자격을 모용하여 권리·의무 또는 사실 증명에 관한 사문서 또는 사도화를 작성함으로써 성립한다. 일종의 유형위조로서 위조죄로 처벌하는 독일, 일본형법과는 달리 독립적 구성요건으로 두고 있다는 점에서 우리 형법의 차별점이 있다.

2   본죄는 행사할 목적이 있어야 하는 목적범이고, 추상적 위험범이며, 결과범이고, 미수범을 처벌하고 있다.

Ⅱ. 객관적 구성요건

3   본죄는 문서위조죄와 마찬가지로 문서의 진정에 대한 공공의 신용을 그 보호법익으로 하는 것으로서, 행사할 목적으로 타인의 자격을 모용하여 작성된 문서가 일반인으로 하여금 당해 명의인의 권한 내에서 작성된 문서라고 믿게 할 수 있는 정도의 형식과 외관을 갖추고 있으면 성립한다.[1]

---

1 대판 2008. 2. 14, 2007도9606; 대판 2022. 6. 30, 2021도17712.

〔김 정 훈〕

1. 타 인

본죄에서의 '타인'에는 자연인뿐만 아니라 법인, 법인격 없는 단체를 비롯하　　**4**
여 거래관계에서 독립한 사회적 지위를 갖고 활동하고 있는 존재로 취급될 수
있으면 된다. 판례는 부동산중개사무소를 대표하거나 대리할 권한이 없는 사람
이 부동산매매계약서의 공인중개사란에 'A 부동산 대표 B(피고인의 이름)'라고 기
재한 경우 'A 부동산'이라는 표기는 단순히 상호를 가리키는 것이 아니라 독립
한 사회적 지위를 가지고 활동하는 존재로 취급될 수 있다고 보아 자격모용사
문서작성죄의 '명의인'에 해당한다고 판시하였다.[2]

2. 자격의 모용

정당한 대표권이나 대리권이 없는 사람이 마치 대표권이나 대리권이 있는　　**5**
것처럼 가장하여 타인의 자격을 모용하여 문서를 작성하는 경우, 본죄가 성립한
다.[3] 예컨대, 회사의 대표이사가 아닌 사람이 회사의 대표이사를 자기로 기재한
뒤 회사 명의의 문서를 작성하는 경우를 말한다.

사문서위조죄는 타인의 명의를 모용하는 것인 반면, 본죄는 타인의 권한만　　**6**
을 모용하여 자기 명의로 작성한다는 점에서 구별된다. 따라서 ① 대리권 또는
대표권 없는 사람이 타인의 대리인으로 자기 명의의 문서를 작성하는 경우(무
권대리), ② 대리권 또는 대표권이 있으나 그 권한을 초월하여 권한 이외의 사항
에 관하여 자기 명의의 문서를 작성하는 경우(월권대리), ③ 대리권 또는 대표권
이 소멸한 이후 자격을 모용하여 자기 명의의 문서를 작성하는 경우(대리권 소멸
후 표현대리)에는 본죄가 성립한다.[4]

반면, 대리권 또는 대표권이 없는 사람이 그 자격을 가지고 있는 타인의 명　　**7**
의를 모용하여 문서를 작성한 경우에는 본죄가 아니라 사문서위조죄가 성립한

---

2 대판 2008. 2. 14, 2007도9606. 본 판결 해설은 김상배, "자격모용에 의한 사문서작성죄에 있어
　서의 '명의인'의 인정범위", 해설 76, 법원도서관(2008), 431-441.

3 대판 1993. 7. 27, 93도1435(자격모용공문서작성죄에 관한 판례이나, 자격모용사문서작성죄도
　다르지 않다).

4 김성돈, 형법각론(5판), 642; 손동권·김재윤, 새로운 형법각론, § 39/95; 이재상·장영민·강동범,
　형법각론(12판), § 32/50; 임웅, 형법각론(9정판), 734; 정성근·박광민, 형법각론(전정2판), 638;
　정영일, 형법강의 각론(3판), 349.

다. 본죄와 사문서위조죄는 둘다 유형위조를 처벌하는 규정이고 법정형이 동일하기는 하나, 그 구성요건을 달리하고 있으므로 양립 불가능하고,[5] 사문서위조죄로 공소제기되었으나 자격모용사문서작성죄가 인정되는 경우에는 공소장변경 없이 사문서위조죄를 유죄로 인정할 수 없다.[6] 이때 두 죄를 구별하는 기준은 문서의 작성명의인이 누구인지 여부이다. 문서의 진정한 작성명의인이 누구인지에 관하여 문서의 표제나 명칭만으로 이를 판단하여서는 안 되고, 문서의 형식과 외관은 물론 문서의 종류, 내용, 일반 거래에서 그 문서가 가지는 기능 등 제반 사정을 종합적으로 참작하여 판단하여야 하므로,[7] 구체적 사실관계에 따라 개별적으로 작성명의인이 누구인지 판단하여야 한다.

8　　　　판례는 ① 투자보증서에 법인명과 피고인 개인 성명이 모두 기재되어 있으나 작성한 투자보증서의 형식과 외관, 내용 및 작성경위에 비추어 법인이 아닌 피고인 개인 명의의 문서로 보아 사문서위조죄가 아닌 자격모용사문서작성죄가 성립한다고 판시하고,[8] ② A 회사의 대표이사인 피고인이 A 회사와 B 회사의 '총괄대표이사'의 자격으로 작성된 도급계약서에 자신의 이름과 A 회사 대표이사의 직인을 날인한 사실로 자격모용사문서작성죄로 기소된 사안에서, 도급계약서의 형식과 외관, 계약서 작성 경위, 종류, 내용 등의 사정을 종합할 때, 위 계약서를 수령한 상대방으로서는 위 계약서가 A 회사의 대표이사 또는 A 회사와 B 회사의 총괄대표이사의 자격을 가진 피고인에 의하여 A 회사 및 B 회사 명의로 작성된 문서라고 믿게 할 정도의 형식과 외관을 갖추고 있는 것으로 볼 수 있으므로 자격모용사문서작성죄가 성립한다고 판시하였다.[9]

9　　　　그러나 이와는 달리, ③ 피고인이 집합건물 관리규약동의서의 구분소유자 대표자란에 권한 없이 그 구분소유자의 이름을 기재하고 뒤에 '代'라고만 기재하고 대리인의 이름을 기재하지 않은 경우 대리인 자격을 모용한 사람이 누구인지 알 수 없고, 문서의 작성명의인을 그 구분소유자로 오신하기에 충분하므로

---

5 대판 2008. 1. 17, 2007도6987.
6 대판 2016. 10. 13, 2015도17777.
7 대판 1996. 2. 9, 94도1858; 대판 1997. 6. 27, 95도1964; 대판 2001. 3. 23, 2001도299.
8 대판 2016. 10. 13, 2015도17777.
9 대판 2022. 6. 30, 2021도17712. 위 판결은 설령 상대방이 피고인이 B 회사의 대표이사가 아님을 알고 있더라도 자격모용사문서작성죄의 성립에 영향이 없다고 판단하였다.

자격모용사문서작성죄가 아닌 사문서위조죄가 성립한다고 판시하였다.[10]

3. 작성권한의 흠결

　　본죄가 성립하기 위하여는 타인을 위하여 문서를 작성할 권한이 없어야 한　　10
다. 그러나 대리권 또는 대표권이 있는 사람이 권한을 초월한 것이 아니라 단순
히 그 권한을 남용하여 단순히 자기 또는 제3자의 이익을 도모할 목적으로 문
서를 작성한 경우에는 사문서위조죄에서 살펴본 바와 같이 본죄가 성립하지 않
는다.[11] 대리권의 경우에는 개별적 사안마다 대리권의 유무를 살펴보아야 할 문
제이고, 대표권의 경우에는 먼저 법령에 따라 권한의 유무를 살펴보아야 한다.
작성권한이 문제되는 경우는 아래와 같다.

(1) 대표이사

　　주식회사의 대표이사가 그 대표자격을 표시하는 방식으로 작성된 문서에　　11
표현된 의사 또는 관념이 귀속되는 주체는 대표이사 개인이 아닌 주식회사이므
로 그 문서의 명의자는 주식회사라고 보아야 한다. 위와 같은 문서 작성행위가
위조에 해당하는지는 그 작성자가 주식회사 명의의 문서를 적법하게 작성할 권
한이 있는지에 따라 판단하여야 하고, 문서에 대표이사로 표시되어 있는 사람으
로부터 그 문서 작성에 관하여 위임 또는 승낙을 받았는지에 따라 판단할 것은
아니다.[12] 원래 주식회사의 적법한 대표이사는 회사의 영업에 관하여 재판상 또
는 재판 외의 모든 행위를 할 권한이 있으므로, 대표이사가 직접 주식회사 명의
문서를 작성하는 행위는 자격모용사문서작성 또는 위조에 해당하지 않는 것이
원칙이다. 이는 그 문서의 내용이 진실에 반하는 허위이거나 대표권을 남용하여
자기 또는 제3자의 이익을 도모할 목적으로 작성된 경우에도 마찬가지이므로,
주식회사의 대표이사가 허위채무를 부담한다는 내용의 주식회사 명의의 차용증
을 작성하였다고 하더라도 자격모용사문서작성죄가 성립하지 않는다.[13]

　　앞서 사문서위조죄 부분에서 살펴본 바와 같이 주식회사의 적법한 대표이　　12

10　대판 2018. 4. 12, 2015도7773.
11　대판 1983. 10. 25, 83도2257; 대판 2007. 10. 11, 2007도5838; 대판 2008. 3. 13, 2007도10253;
　　대판 2008. 12. 24, 2008도7836.
12　대판 1975. 9. 23, 74도1684; 대판 2008. 11. 27, 2006도2016.
13　대판 2008. 12. 24, 2008도7836.

사라고 하더라도 그 권한을 포괄적으로 위임하여 다른 사람으로 하여금 대표이
사의 업무를 처리하게 하는 것은 허용되지 않으므로, 대표이사로부터 포괄적으
로 권한 행사를 위임받은 사람이 주식회사 명의로 문서를 작성하는 행위는 원
칙적으로 권한 없는 사람의 문서 작성행위로서 자격모용사문서작성 또는 사문
서위조에 해당하고, 대표이사로부터 개별적·구체적으로 주식회사 명의의 문서
작성에 관하여 위임 또는 승낙을 받은 경우에만 예외적으로 적법하게 주식회사
명의로 문서를 작성할 수 있다.[14] A 회사의 대표이사 甲이 B 회사의 대표이사
乙로부터 포괄적 위임을 받아 두 회사의 대표이사 업무를 처리하면서 두 회사
명의로 허위 내용의 영수증과 세금계산서를 작성한 경우, B회사 명의 부분은
乙의 개별적·구체적 위임 또는 승낙 없는 행위로서 사문서위조 및 위조사문서
행사죄가 성립하지만, A 회사 명의 부분은 이미 퇴직한 종전의 대표이사를 승
낙 없이 대표이사로 표시하였더라도 甲에게 작성권한이 있으므로 자격모용사문
서작성죄가 성립하지 않는다.[15]

13   문서의 작성권한의 존부는 문서 작성 당시를 기준으로 판단하는 것이 원칙
이다. 따라서 과거 대표이사였으나 현재는 대표이사가 아닌 피고인이 대표이사
였던 시기로 소급하여 주식회사 명의의 문서를 작성한 경우, 작성된 문서상의
일자가 아닌 실제 작성일을 기준으로 작성권한을 판단하여야 하므로 자격모용
사문서작성죄가 성립한다.[16] 그러나 이사 해임의 주주총회결의에 대한 취소판
결이 확정된 경우 그 결의에 의하여 해임된 이사는 소급하여 그 자격을 회복하
므로, 주식회사의 대표이사로 재직하던 피고인이 임시주주총회에서 해임되어 해
임등기가 마쳐진 상황에서 대표이사 자격으로 임원 변경을 위한 변경등기신청서
를 작성하였으나 이후 피고인에 대한 주주총회 해임결의에 대한 취소판결이 확
정된 경우에는, 그 소급효에 따라 자격모용사문서작성죄가 성립하지 않는다.[17]

---

14 대판 2008. 11. 27, 2006도2016; 대판 2009. 12. 10, 2009도10212; 대판 2010. 5. 13, 2010도
1040.
15 대판 2008. 11. 27, 2006도2016. 본 판결의 해설은 박이규, "대표 자격을 표시하여 작성한 문서
의 문서위조죄 성립범위", 해설 78, 법원도서관(2009), 540-557.
16 대판 2009. 5. 28, 2009도322.
17 대판 2018. 11. 29, 2016도15089.

(2) 지배인

주식회사의 지배인도 회사의 영업에 관하여 재판상 또는 재판 외의 모든   14
행위를 할 권한이 있으므로, 지배인이 직접 주식회사 명의 문서를 작성하는 행
위는 위조나 자격모용사문서작성에 해당하지 않는 것이 원칙이고, 이는 그 문서
의 내용이 진실에 반하는 허위이거나 대표권을 남용하여 자기 또는 제3자의 이
익을 도모할 목적으로 작성된 경우에도 마찬가지이므로, 주식회사의 지배인이
자신을 대표이사로 표시하여 주식회사 명의로 연대보증 의미의 차용증을 작성
한 경우, 연대보증행위에 관하여 지점의 영업 범위에 포함되지 않는다고 볼 자
료가 없는 이상 자신을 대표이사로 표시하는 등 일부 허위 내용이 포함되거나
그 연대보증행위가 주식회사의 이익에 반하는 것이라고 하더라도 자격모용사문
서작성죄나 사문서위조죄가 성립하지 않는다.[18]

그러나 회사 내부규정 등에 의하여 각 지배인이 회사를 대리할 수 있는 행   15
위의 종류, 내용, 상대방 등을 한정하여 권한을 제한한 경우에 제한된 권한 범
위를 벗어나서 회사 명의의 문서를 작성하였다면, 이는 자기 권한 범위 내에서
권한 행사의 절차와 방식 등을 어긴 경우와 달리 사문서위조죄가 성립한다(자격
모용사문서작성죄는 성립하지 아니함).[19]

(3) 이사

민법상 법인의 이사 전원 또는 그 일부의 임기가 만료하였다고 하더라도   16
후임 이사가 선임되지 않았거나, 또는 후임 이사가 선임되었다고 하더라도 그
선임결의가 무효이고 임기가 만료하지 않은 다른 이사만으로는 정상적인 법인
의 활동을 할 수 없는 경우에는, 임기가 만료한 구 이사로 하여금 법인의 업무
를 수행케 함이 부적당하다고 인정할 만한 특별한 사정이 없는 한, 구 이사는
후임 이사가 선임될 때까지 종전의 직무를 수행할 수 있다.

판례는 종중에 관한 사안에서 민법상 법인의 이사에 관한 법리에 따라 전   17
임 대표자에 대한 직무집행정지가처분결정이 있은 후 그 가처분결정이 취소된
경우, 신임 대표자 선임결의가 무효라고 하더라도 전임 대표자가 그 가처분결정
을 알면서 가처분결정 시부터 취소 시 사이에 대표자 자격으로 작성한 이사회

---

18 대판 2010. 5. 13, 2010도1040.
19 대판 2012. 9. 27, 2012도7467.

의사록 등은 자격을 모용하여 작성한 문서에 해당하나, 신임 대표자 등이 선임되고 전임 대표자에 대한 직무집행정지가처분결정이 있은 후 그 가처분결정이 취소된 경우, 그 선임결의가 무효라면 종전 임원의 가처분결정 이전에 작성한 이사회 의사록은 자격을 모용하여 작성한 문서가 아니므로, 이를 가처분결정 이후에 행사하였다고 하더라도 자격모용작성사문서행사죄가 성립하지 않는다고 판시하였다.[20]

(4) 종중

18   종중의 경우에는 대표자가 아닌 종중원이 마치 대표자인 것처럼 종중 명의의 문서를 작성하는 경우가 있다. 실제 사안에서는 종중규약에 따라 적법한 절차를 거쳐 대표자를 선출하는 종중총회가 개최되었는지 여부가 문제된다. 판례는 적법한 소집절차 없이 개최된 종중총회에서 대표자로 선출된 형식적 대표자가 종중 명의의 문서를 작성한 경우, 일관되게 자격모용사문서작성죄가 성립한다고 보고 있다.[21]

(5) 수임인

19   위임계약은 일반적으로 당사자 사이에 강한 신뢰관계를 기초로 하고 있어 민법 제689조 제1항에 의하여 각 당사자가 언제든지 해지할 수 있고, 수임인의 이익도 목적으로 하는 위임계약에 있어서도 위임인이 그 위임계약의 해지권 자체를 포기한 것이라고 볼 수 없는 경우에는 위임인은 부득이한 사유가 없다고 하더라도 민법 제689조에 의하여 그 계약을 해지할 수 있다. 따라서 공동주택 건설의 시행 및 시공을 위한 업자를 선정하는 권한을 위임받았다가 대리권의 위임을 해지한다는 취지의 내용증명우편을 받은 이후 위임자 명의의 계약서를 작성한 경우, 자격모용사문서작성죄가 성립한다.[22]

---

20 대판 2007. 7. 26, 2005도4072.
21 대판 2016. 9. 28, 2013도11893 외 다수.
22 대판 2005. 4. 15, 2004도6404.

III. 주관적 구성요건

1. 고　의

본죄가 성립하기 위하여는 고의가 있어야 한다. 고의는 대리권 또는 대표 　　20
권이 없는 사람이 그 자격을 모용하여 사문서를 작성한다는 점에 대한 인식과
의사이다. 특히 본죄의 고의에 관하여는 대리권 또는 대표권의 존부에 대한 인
식이 문제되는 경우가 많이 있다. 대법원 판례 중에는 아래와 같이 자격이 없는
데도 고의를 부정하여 본죄가 성립하지 않는다고 본 사례가 있다.

- 대판 1987. 6. 9, 87도325 대표이사를 선임하게 된 주주총회결의에 중대 　　21
  하고도 명백한 하자가 있어 무효하거나 부존재한 것으로 귀결이 되었다
  고 하더라도, 형식상 대표이사의 선임절차를 밟고 대표이사로 된 사람은
  스스로를 정당한 대표이사로 믿었을 것이므로 대표이사로서 주권 뒷면의
  주식양수도 대표이사 인증란에 대표이사직인을 날인하는 인증행위를 한
  경우, 타인의 문서를 작성한다거나 타인의 자격을 모용한다는 범의가 있
  었다고 쉽게 추단할 수는 없다고 본 사안
- 대판 2003. 5. 16, 2002도6380 민법상 법인의 이사 전원 또는 그 일부
  의 임기가 만료되었더라도 구 이사는 후임이사가 선임될 때까지 종전의
  직무를 수행할 수 있는데, 대종중의 정기대의원총회에서 회장과 이사들
  이 새로 선출되었으나, 과반수에 미치지 못하는 득표를 하였고, 피고인
  등 전임 집행부는 변호사로부터 위 결의가 무효라는 내용의 서면질의회
  신을 받고 회장선임절차의 무효를 주장하면서 비상대책운영회를 구성하
  면서 신임 회장을 상대로 직무집행정지등가처분 신청을 하여 그 가처분
  신청이 인용된 경우 피고인이 이사의 임기만료 이후에 이사회 의사록을
  작성하였다고 하더라도 피고인에게 이사의 자격을 모용한다는 범의가 있
  었다고 볼 수 없다고 본 사안
- 대판 2016. 1. 14, 2014도764 승인 취소된 학교법인 이사들인 피고인이
  민법 제691조의 긴급처리권에 터잡아 이사회를 개최하고, 이사 자격을
  표시하여 이사회 의사록을 작성한 경우, 법무법인 자문을 받는 등 여러

〔김 정 훈〕　　　　　　　　　　　　　**361**

사정에 비추어 피고인에게 자격모용사문서작성에 대한 인식과 용인이 있
었다고 보기 어렵다고 본 사안

22   그러나 위와 같이 고의를 부정하기 위하여는 자격이 있는 것으로 믿은 데
정당한 이유가 있어야 하므로, 피고인이 종중 임시총회에서 회장으로 선출되었
으나 적법한 소집절차를 거치지 않았고, 종중 내부에서 대표자 자격에 관하여 상
당한 다툼이 있었으며, 피고인을 종중 회장으로 선출한 총회 결의가 적법하지 않
다고 판단한 가처분사건 기각 결정문이 송달된 경우에는, 피고인이 종중 대표자
자격으로 위임장을 작성하였다면 자격모용사문서작성죄의 고의가 인정된다.[23]

2. 행사할 목적

23   본죄가 성립하기 위하여는 고의 외에도 초과주관적 구성요건으로 행사할
목적이 필요하다. 여기에서 '행사할 목적'이란 다른 사람으로 하여금 그 문서가
정당한 권한에 기하여 작성된 것으로 오신하게 할 목적을 말하므로, 사문서를
작성하는 사람이 다른 사람의 대리인 또는 대표자로서의 자격을 모용하여 문서
를 작성한다는 것을 인식·용인하면서 이를 진정한 문서로서 어떤 효용에 쓸 목
적으로 사문서를 작성하였다면, 자격모용에 의한 사문서작성죄의 행사의 목적
과 고의가 있는 것으로 보아야 한다.[24] 작성자가 '행사할 목적'으로 자격을 모용
하여 문서를 작성한 이상 문서행사의 상대방이 자격모용사실을 알았다거나, 작
성자가 그 문서에 모용한 자격과 무관한 직인을 날인하였다는 등의 사정이 있
다고 하여 달리 볼 것은 아니다.[25]

Ⅳ. 처 벌

24   사문서위조·변조죄와 마찬가지로 5년 이하의 징역 또는 1천만 원 이하의
벌금에 처한다.

---

23 대판 2016. 9. 28, 2013도11893.
24 대판 2007. 7. 27, 2006도2330; 대판 2022. 6. 30, 2021도17712.
25 대판 2007. 7. 27, 2006도2330; 대판 2022. 6. 30, 2021도17712.

본죄에 대하여는 공문서위조·변조죄와 달리 자격정지를 병과할 수 없고(§ 237),　　25
외국인의 국외범을 처벌할 수 없다(§ 5(v)i). 본죄의 미수범은 처벌한다(§ 235).

〔김 정 훈〕

제232조의2(사전자기록위작·변작)

사무처리를 그르치게 할 목적으로 권리·의무 또는 사실증명에 관한 타인의 전자기록등 특수매체기록을 위작 또는 변작한 자는 5년 이하의 징역 또는 1천만원 이하의 벌금에 처한다.

[본조신설 1995. 12. 29.]

Ⅰ. 의의와 성격

1 　　본죄[사전자기록등(위작·변작)죄]는 사무처리를 그르치게 할 목적으로 권리·의무 또는 사실증명에 관한 타인의 전자기록 등 특수매체기록을 위작 또는 변작함으로써 성립하는 범죄이다. 전자기록 등 특수매체기록에 대하여 문서와 같은 형법적 보호가 가능하도록 하기 위하여 공전자기록위작·변작죄와 함께 1995년 12월 29일 형법 개정에 의하여 신설된 규정이다. 컴퓨터 등 정보처리장치가 확대되어 종래의 종이문서를 대신하여 정보를 기록·저장하는 수단으로 사무처리에 널리 이용되고 있어 문서에 못지 않은 사회적 기능을 갖게 되었다.[1] 한편 일본형법은 제161조의2 제1항에서 사전자기록부정작출죄를, 제2항에서 공전자기록부정작출죄를 규정하고 있어 문서의 위조·변조와는 다른 용어를 사용하고 있다.[2]

---

1 이재상·장영민·강동범, 형법각론(12판), §32/100.
2 일본형법 제161조의2(전자적 기록 부정작출 및 공용) ① 사람의 사무를 그르치게 할 목적으로 그 사무처리의 용도에 제공하는 권리, 의무 또는 사실증명에 관한 전자적 기록을 부정하게 만든 자는 5년 이하의 징역 또는 50만 엔 이하의 벌금에 처한다.
② 전항의 죄가 공무소 또는 공무원에 의하여 만들어져야 할 전자적 기록에 관계되는 때는 10면 이하의 징역 또는 100만 엔 이하의 벌금에 처한다.

〔김 정 훈〕

앞서 **[총설]**에서 살펴본 바와 같이 본죄는 기존의 문서개념을 확대한 것이 **2**
아니라 문서의 개념으로 포섭되기 어려운 전자기록 등 특수매체기록의 기능을
보호하기 위함이다. 본죄의 보호법익은 사전자기록 등 특수매체기록에 대한 거
래의 안전과 공공의 신용이다. 본죄는 사무처리를 그르치게 할 목적이 있어야
하는 목적범이고, 추상적 위험범이며, 결과범이고, 미수범을 처벌하고 있다.

한편, 정보통신망 이용촉진 및 정보보호 등에 관한 법률 제71조 제11호, **3**
제49조에서는 정보통신망에 의하여 처리·보관 또는 전송되는 타인의 정보를
훼손하는 경우 5년 이하의 징역 또는 5천만 원 이하의 벌금에 처하도록 규정하
고 있다.

II. 객관적 구성요건

1. 객 체

본죄의 객체는 권리·의무 또는 사실증명에 관한 타인의 전자기록 등 특수 **4**
매체기록이다.

(1) 권리·의무 또는 사실증명에 관한 타인의 전자기록

권리·의무 또는 사실증명의 개념은 사문서위조·변조죄와 같다. 즉, 권리· **5**
의무에 관한 전자기록은 권리·의무의 발생·변경 또는 소멸에 관한 사항을 내
용으로 하는 전자기록을 말하고, 사실증명에 관한 전자기록은 권리·의무에 관
한 전자기록 이외의 전자기록으로 사회생활상 거래의 중요한 사실을 내용으로
하는 전자기록을 말한다. 판례는 피고인이 인터넷 홈페이지 게시판에 자신의 의
견이나 주장을 밝히면서 신분을 감추기 위하여 타인의 명의를 사용하였다고 하
더라도, 그 글에 명의인의 권리나 의무를 발생·변경·소멸시키거나 거래상 중요
한 사실을 증명하는 내용이 포함되어 있지 않으므로 사전자기록등위작죄의 객
체에 해당하지 않는다고 판시하였다.[3]

---

③ 부정하게 만들어진 권리, 의무 또는 사실증명에 관한 전자적 기록을 제1항의 목적으로 사람
의 사무처리의 용도에 제공한 자는 그 전자적 기록을 부정하게 만든 자와 동일한 형에 처한다.
④ 전항의 죄의 미수는 벌한다.
3 대판 2006. 12. 21, 2006도6535.

6　　　　여기에서 '타인'의 개념에 관하여는 ① 사문서위조·변조죄와 마찬가지로 작성명의인을 의미한다는 견해[4]와 ② 작성명의인 외에도 작성된 기록의 소유자와 소지자 등도 포함한다는 견해[5]가 대립한다. 학설의 차이점은 전자기록의 작성권자가 다른 사람에게 전자기록의 소유와 점유를 이전하였는데, 이전받은 사람의 동의 없이 그 내용을 무단변경하는 경우에 발생한다. 위 ①설의 입장을 택한다면 특수매체기록손괴죄(§ 366)가 성립하고, 위 ②설의 입장을 택한다면 본죄가 성립한다. 그런데 사문서와 달리 사전자기록의 경우에는 작성명의인이 없거나 불분명한 경우가 많이 있고, 작성된 기록이 다른 사람에게 소유 내지 점유가 이전한 후 내용이 변경되어 거래의 안전과 공공의 신용을 해할 수 있다는 점에서, 작성명의인에 한정하지 않고 소유자와 소지자 등도 포함하여 넓게 해석하는 것이 타당하다고 생각한다.

(2) 전자기록 등 특수매체기록

7　　　　전자기록이란 집적회로, 자기디스크, 자기테이프와 같은 일정한 매체에 전기적·자기적 방식으로 저장된 기록을 말하고, 특수매체기록이란 전기적 물체가 아닌 다른 문체, 즉 레이저광을 이용하는 광디스크 등에 기록하는 것을 말한다. 전기적 방식으로는 반도체기억집적회로(IC)에 의한 것이 있고, 그 예로는 컴퓨터 내의 롬(ROM)과 램(RAM) 등의 기록을 들 수 있다. 자기적 방식으로는 자기디스크나 자기테이프에 의한 것이 있다. 형법에서는 업무방해죄(§ 314②), 비밀침해죄(§ 316②), 재물손괴죄(§ 366)에서 전자기록 등 특수매체기록을 객체로 규정하고 있는데, 그 개념은 동일하다.

8　　　　본죄의 기록은 저장된 상태의 기록에 한정되므로, 전송 중인 데이터나 처리 중에 있는 화상의 데이터는 여기에 포함되지 않는다. 그리고 마이크로필름기록은 단순히 문서의 축소 및 그 기계적 확대에 의한 재생에 불과하므로, 본죄의 객체에 포함되지 않는다.[6] 그리고 전자기록이 아닌 음반이나 CD 등에 기록된

---

4 정영일, 형법강의 각론(3판), 367.

5 김성돈, 형법각론(5판), 644; 김신규, 형법각론 강의, 726; 김일수·서보학, 새로쓴 형법각론(9판), 587; 이형국·김혜경, 형법각론(2판), 691; 임웅, 형법각론(9정판), 736; 정성근·박광민, 형법각론(전정2판), 639; 최호진, 형법각론, 791.

6 김일수·서보학, 588; 배종대, 형법각론(13판), § 114/2; 손동권·김재윤, 새로운 형법각론, § 39/99; 이재상·장영민·강동범, § 32/103; 임웅, 736; 정성근·박광민, 639.

음성신호도 본죄의 객체에 포함되지 않는다.[7] 또한 본죄의 객체는 문서죄와의 관계에서 의사가 표현된 것이어야 하므로, 컴퓨터에 대한 작업명령을 내용으로 하는 프로그램도 본죄의 객체에 포함되지 않는다.[8]

판례는 본죄의 객체인 권리의무 또는 사실증명에 관한 타인의 전자기록 등 [9] 특수매체기록이라 함은 일정한 저장매체에 전자방식이나 자기방식에 의하여 저장된 기록을 의미하는데, 비록 컴퓨터의 기억장치 중 하나인 램(RAM, Random Access Memory)이 임시기억장치 또는 임시저장매체이기는 하나, 형법이 전자기록등위·변작죄를 문서위·변조죄와 따로 처벌하고자 한 입법취지, 저장매체에 따라 생기는 그 매체와 저장된 전자기록 사이의 결합강도와 각 매체별 전자기록의 지속성의 상대적 차이, 전자기록의 계속성과 증명적 기능과의 관계, 본죄의 보호법익과 그 침해행위의 태양 및 가벌성 등에 비추어 볼 때, 위 램에 올려진 전자기록 역시 본죄에서 말하는 전자기록 등 특수매체기록에 해당하므로, 원본파일의 변경까지는 초래하지 않았다고 하더라도 램에 올려진 전자기록에 허구의 내용을 권한 없이 수정 입력한 경우, 사전자기록등변작죄가 성립한다고 판시하였다.[9]

그 밖에 판례가 본죄의 객체로 인정한 것으로는, 방송사의 인터넷 홈페이지 [10] 의 회원가입신청정보,[10] 신용카드사의 인터넷 회원가입신청정보,[11] 인터넷 포털 사이트에 개설된 카페 게시판에 기재된 정보,[12] 새마을금고의 예금 관련 프로그램상 예금계좌정보,[13] 인터넷 휴대전화 쇼핑몰 사이트의 회원가입신청정보,[14] 도서관 인터넷 홈페이지에 입력한 회원가입신청정보,[15] 경찰관이 제시한 휴대정보단말기의 음주운전단속결과통보서의 운전자확인란,[16] 사립대학교의 전자결재 공문,[17] 가상화폐 거래소 운영업체인 주식회사가 설치하여 운영한 가상화폐 거

---

7 김일수·서보학, 587; 정성근·박광민, 639.
8 이재상·장영민·강동범, § 32/103.
9 대판 2003. 10. 9, 2000도4993.
10 대판 2005. 7. 8, 2005도3558.
11 대판 2006. 8. 24, 2006도3047.
12 대판 2008. 4. 24, 2008도294.
13 대판 2008. 6. 12, 2008도938.
14 대판 2011. 7. 14, 2010도16275.
15 대판 2014. 10. 27, 2014도8952.
16 대판 2016. 8. 30, 2016도8716.
17 대판 2016. 11. 10, 2016도6299.

래시스템[18] 등이 있다.

2. 행 위

11   본죄의 행위는 전자기록 등 특수매체기록을 위작 또는 변작하는 것이다.

12   위작이란 전자기록을 작성할 권한 없는 사람이 허위의 내용을 저장·입력하는 행위를 말하고, 변작이란 기존의 전자기록을 고치거나 지워 기록의 내용을 변경하는 것을 말한다. 위작과 변작은 위조와 변조에 대응하는 개념인데, 전자기록의 처리과정이 가시적이지 않아 그 용어를 달리하고 있다.

13   앞서 살펴본 바와 같이 공전자기록등위작·변작죄에서의 위작의 개념에 관하여는 유형위조뿐 아니라 무형위조를 포함하는지에 대한 견해의 대립이 있으나, 대체적으로 무형위조를 위작의 개념에 포함하고 있고, 판례의 태도도 같다. 그런데 사전자기록위작·변작죄에 관하여 무형위조를 포함하는지에 대하여는 더 다양한 견해의 개립이 있다.

14   ① 본죄의 입법취지가 무형위조를 처벌하는 것이고, 전자기록은 작성명의인이 드러나지 않는 경우가 많이 있으며, 전자기록을 만드는 행위는 고도의 기술성·전문성·신뢰성을 요하므로, 공전자기록등위작·변작죄와 마찬가지로 무형위조를 포함하여야 한다는 견해,[19] ② 문서의 위조·변조와 마찬가지로 유형위조만 본죄가 성립한다는 견해,[20] ③ 사문서에 대하여는 허위공문서작성죄와 같은 무형위조를 처벌하는 규정이 없으므로 공전자기록등위작·변작죄와 달리 유형위조만 본죄가 성립한다는 견해,[21] ④ 공전자기록등위작·변작죄에서 사전자기록의 무형위조를 처벌할 필요가 있는 경우는 기록작성권자가 업무주의 사무처리를 그르치게 할 목적으로 위작·변작하는 경우밖에 없으므로, 컴퓨터의 운영주체인 개인사업자가 허위의 전자기록을 만든 경우에는 본죄가 성립하지 않고 전자기록을 작성할 권한이 있는 종업원이 운영주체의 의사에 반하여 위작·변

---

18 대판 2020. 8. 27, 2019도11294(전).

19 김성돈, 645; 배종대, § 114/3; 신동운, 형법각론(2판), 492; 오영근, 형법각론(5판), 578; 임웅, 737; 정영일, 368.

20 강동범, "컴퓨터범죄와 개정형법", 법조(1997. 8), 117.

21 박상기, 형법각론(8판), 530; 이재상·장영민·강동범, § 32/104; 주석형법 〔각칙(2)〕(5판), 625(김태업).

〔김 정 훈〕

작하는 경우에만 본죄가 성립한다는 절충설[22]이 있다. 생각건대, 허위공문서작성죄와 같이 무형위조를 처벌하는 사문서작성죄가 존재하지 않는다는 점에서 공전자기록과 사전자기록을 달리 보는 견해도 일리가 있어 보이나, 같은 문언에 대하여 공전자기록등위작·변작죄와 달리 해석할 근거는 없고, 문서와 달리 전자기록 등 특수매체기록을 객체로 규정하고 있으므로, 무형위조를 포함하는 견해가 타당하다고 생각한다. 그러나 실제로 공전자기록과 달리 전자기록의 주체가 분명한 경우가 대부분이므로, 견해의 대립이 실제 사안에서 문제될 여지는 많지 않아 보인다.

이에 관하여 대법원 판례는, 사립대학교 부총장이 학교의 전자결재공문을 위작한 사안에서, 공전자기록위작에서 '위작'의 개념을 그대로 인용하여 전자기록의 생성에 관여할 권한이 없는 사람이 전자기록을 작출하거나 전자기록의 생성에 필요한 단위 정보의 입력을 하는 경우는 물론, 시스템의 설치·운영 주체로부터 각자의 직무 범위에서 개개의 단위정보의 입력 권한을 부여받은 사람이 그 권한을 남용하여 허위의 정보를 입력함으로써 시스템 설치·운영 주체의 의사에 반하는 전자기록을 생성하는 경우도 본조에서 말하는 전자기록의 '위작'에 포함된다고 판시하였다.[23] 이후 대법원은 전원합의체 판결을 통하여, ① '위작'은 '위조'와 동일하게 해석하여 그 의미를 일치시킬 필요가 없는 점, ② 입법자의 의도도 '위작'에 '허위의 전자기록을 만드는 경우'도 포함하는 것이었던 점, ③ 공전자기록위작죄에서의 '위작'의 의미와 달리 해석할 수 없는 점, ④ 부당한 처벌의 확대는 추가 구성요건인 '사무처리를 그르치게 할 목적'의 인정 여부로 제한할 수 있는 점 등을 이유로, 권한을 남용하여 허위의 정보를 입력함으로써 시스템 설치·운영 주체의 의사에 반하는 전자기록을 생성하는 경우도 본조에서 말하는 전자기록의 '위작'에 포함된다고 판시하였다.[24]

15

---

22 정성근·박광민, 640.
23 대판 2016. 11. 10, 2016도6299.
24 대판 2020. 8. 27, 2019도11294(전). 위 판결의 다수의견은 인터넷상 가상화폐 거래소 운영업체인 A 회사의 대표이사 등인 피고인들이 위 거래소 은행계좌 등에 원화 등의 실제 입금 없이 위 거래시스템에서 생성한 차명계정에 원화 포인트 등을 입력한 행위는 위 거래시스템을 설치·운영하는 A 회사와의 관계에서 그 권한을 남용하여 허위의 정보를 입력함으로써 A 회사의 의사에 반하는 전자기록을 생성한 경우로서 본조에서 정한 '위작'에 해당한다고 판시하였다. 이처럼 사전자기록의 '위작'에 유형위조는 물론 권한남용적 무형위조도 포함된다는 취지의 다수의견에 대

〔김 정 훈〕   **369**

Ⅲ. 주관적 구성요건

1. 고　의

16　　본죄도 다른 문서에 관한 죄와 마찬가지로 고의를 필요로 한다. 고의는 사전자기록을 위작 · 변작하는 점에 대한 인식과 의사로 다른 죄와 달리 해석되지 않는다.

2. 사무처리를 그르치게 할 목적

17　　본죄는 문서위조 · 변조죄의 '행사할 목적'에 상응하여 '사무처리를 그르치게 할 목적'을 필요로 한다. '사무처리를 그르치게 할 목적'이란 위작 또는 변작된 전자기록이 사용됨으로써 위와 같은 시스템을 설치 · 운영하는 주체의 사무처리를 잘못되게 하는 것을 말하고,[25] '그르치게' 한다는 것은 정당하거나 정상적인 사무처리 이외의 하자 있는 처리를 하게 하는 모든 경우를 포함한다.[26] 그러나 증명작용에 실질적인 해를 발생시킬 목적이 있어야 하므로, 데이터를 기존의 방식과 다른 방식으로 저장하기 위하여 기존 데이터에 수정 · 변경을 가하거나 기존의 데이터 처리방식보다 능률적인 사무처리를 위하여 데이터에 변경을 가한 경우에는 '사무처리를 그르치게 할 목적'이 부정된다.[27] 마찬가지로 정보를 입수하기 위하여 타인의 전자기록 등 특수매체기록을 권한 없이 복사한 것만으로는 아직 '사무처리를 그르치게 할 목적'이 인정되지 않는다.[28]

18　　판례는 경찰관이 인적사항 확인을 위하여 제시한 휴대정보단말기의 음주운전단속결과통보서의 운전자확인란에 자신의 동생의 이름을 서명한 경우 사전자기록위작죄의 성립을 긍정하였고,[29] 가상화폐 거래소를 운영하는 주식회사가 설

해서는, 이는 '위작'이라는 낱말의 사전적 의미에 맞지 아니할 뿐만 아니라 유형위조와 무형위조를 엄격히 구분하고 있는 형법 체계에서 일반인이 예견하기 어려운 해석이어서 받아들이기 어렵다는 취지의 반대의견이 있다.

　　본 판결 평석은 류부곤, "사전자기록위작죄에서의 '위작'의 개념", 형사판례연구 [29], 한국형사판례연구회, 박영사(2021), 71-117.

25　대판 2008. 6. 12, 2008도938. 대판 2020. 8. 27, 2019도11294(전).

26　이재상 · 장영민 · 강동범, § 32/105.

27　김성돈, 646; 김일수 · 서보학, 589; 임웅, 737; 정성근 · 박광민, 641.

28　신동운, 493.

29　대판 2016. 8. 30, 2016도8716.

치하여 운영한 가상화폐 거래시스템에 허위의 원화 포인트와 가상화폐 포인트를 입력하여 회원들로 하여금 실제로 입금되지 않은 원화가 입금된 것으로 오인하게 한 경우 '사무처리를 그르치게 할 목적'이 인정된다고 판시하였다.[30]

　반면에, ① 새마을금고의 예금 및 입·출금 업무를 총괄하는 직원이 전 이사장 명의 예금계좌로 상조금이 입금되자 전 이사장에 대한 금고의 채권확보를 위하여 내부 결재를 받아 금고의 예금 관련 컴퓨터 프로그램에 접속하여 전 이사장 명의 예금계좌의 비밀번호를 동의 없이 입력한 후 위 금원을 위 금고의 가수금계정으로 이체한 경우 전 이사장의 비밀번호를 임의로 사용하였다고 하더라도, 금고의 내부규정이나 여신거래기본약관의 규정에 비추어 금고의 업무에 부합하는 행위라고 보아 '사무처리를 그르치게 할 목적'을 부정하였고,[31] ② 피고인이 아파트 입주자대표회의를 반대하는 주민들이 개설한 인터넷 카페에 접속하여 사실증명에 관한 원로회의 명의의 전자기록을 위작한 경우, 인터넷 카페의 설치·운영 주체로부터 인터넷 카페에 글을 게시할 수 있는 권한을 부여받았다면 중립적인 입장을 천명한 원로회의가 마치 입주자대표회의를 반대하는 입장인 것처럼 보이게 하였더라도 '사무처리를 그르치게 할 목적'이 없다고 판시하였다.[32]

19

Ⅳ. 다른 죄와의 관계

　(1) 본죄와 위작·변작사전자기록행사죄는 실체적 경합관계에 있다. 한편 사전자기록을 위작한 후에 이를 출력하면 별도로 사문서위조죄가 성립하고, 본죄와 실체적 경합관계에 있다.

20

　(2) 전자문서 및 전자거래 기본법(이하, 전자문서법이라 한다.)상 전자문서가 사전자기록 등 특수매체기록에 해당하는 경우에는 전자문서 위조·변조행위는 전자문서법위반죄에 해당하고, 형법상 사전자기록위·변작죄는 일반법·특별법 관계에 의한 법조경합관계로서 전자문서법위반죄만 성립한다.[33]

21

30 대판 2020. 8. 27, 2019도11294(전).
31 대판 2008. 6. 12, 2008도938.
32 대판 2008. 4. 24, 2008도294.
33 주석형법 〔각칙(2)〕(5판), 531(김태업).

〔김 정 훈〕　　　　　　　　　　　　**371**

V. 처 벌

22   5년 이하의 징역 또는 1천만 원 이하의 벌금에 처한다.

23   본죄에 대하여는 공전자기록위작·변작죄와 달리 자격정지를 병과할 수 없고(§ 237), 외국인의 국외범을 처벌할 수 없다(§ 5(vi)).

24   본죄의 미수범은 처벌한다(§ 235). 기존의 기록내용과 다른 내용의 기록변경을 종료한 때, 즉 수정입력이 완료된 때에 본죄의 기수에 이르고,[34] 위작·변작 행위를 종료하지 못한 때에 미수가 된다.

〔김 정 훈〕

---

34 대판 2003. 10. 9, 2000도4993. 「피고인이 이 사건 관련 전산자료를 변경입력한 행위가 비록 원본파일의 변경까지 초래하지는 아니하였더라도, 위 피고인이 조작의 대상으로 삼은 전자기록은 컴퓨터에 연결된 모니터에 표시됨으로써 그 내용이 외부에 표출되는 것이기는 하지만, 단순히 모니터에 표시되는 화상형태로만 존재하는 것이 아니라 모니터에 표시되기 전에 작업자의 명령처리를 위하여 임시기억장치인 램에 올라가 있었던 것이고, 그 프로그램 처리 구조상 원본파일로부터 이와 같이 램에 올려지는 임시적 복제파일의 생성이 당연히 예정되어 있었던 점에 비추어 볼 때, 램에 올려진 전자기록은 원본파일과 불가분적인 것으로 원본파일의 개념적 연장선상에 있는 것이므로, 이러한 전자기록에 위 피고인이 사무처리를 그르치게 할 목적으로 그 공범들과 통모하여 허구의 내용을 권한 없이 수정입력한 것은 그 자체로 그러한 사전자기록을 변작한 행위의 구성요건에 해당된다고 보아야 할 것이며 그러한 수정입력의 시점에서 사전자기록변작죄의 기수에 이르렀다고 볼 것이다.」
    본 판결 평석은 정진섭, "RAM에 올려진 전자기록의 사전자적기록 해당 여부", 정보법 판례백선 〔I〕, 박영사(2006), 815-824.

제233조(허위진단서등의 작성)

의사, 한의사, 치과의사 또는 조산사가 진단서, 검안서 또는 생사에 관한 증명서를 허위로 작성한 때에는 3년 이하의 징역이나 금고, 7년 이하의 자격정지 또는 3천 만원 이하의 벌금에 처한다.
[전문개정 1995. 12. 29.]

I. 의의와 성격

본죄[(허위진단서 · 검안서 · 증명서)작성죄]는 의사, 한의사, 치과의사 또는 조산   1
사가 진단서, 검안서 또는 생사에 관한 증명서를 허위로 작성함으로써 성립하는
범죄이다. 무형위조를 허위공문서작성죄(§ 227)로 처벌하는 공문서의 경우와는
달리, 사문서의 경우에는 무형위조를 원칙적으로 처벌하지 않고 본죄의 주체와
객체에 한하여 제한적으로 무형위조를 처벌하고 있다.[1] 다만, 허위공문서작성죄
와는 달리 행사할 목적을 요하지 않는다는 점에서 차이가 있다.

추상적 위험범이고, 결과범이며, 미수범을 처벌하고 있다.   2

---

1 특별법에는 정치자금법 제46조(각종 제한규정위반죄) 제1호[제5조(당비영수증)제1항 · 제2항 또
  는 제17조(정치자금영수증)제11항의 규정을 위반하여 당비영수증 · 정치자금영수증의 기재금액
  또는 액면금액과 상이한 금액을 기부한 자와 이를 받은 자, 당비영수증 · 정치자금영수증을 허위
  로 작성하여 교부하거나 위조 · 변조하여 이를 사용한 자] 등과 같이 사문서의 무형위조를 처벌
  하는 규정이 있다.

II. 객관적 구성요건

1. 주　체

3　　본죄의 주체는 의사, 한의사, 치과의사 또는 조산사에 한정된다.

4　　즉, 본죄는 위와 같은 신분자만 주체가 된다는 점에서 진정신분범에 해당한다. 따라서 신분이 없는 사람(비신분자)이 허위의 진단서 등을 작성하였다면 문서위조죄가 성립한다.[2] 판례는 이러한 신분이 없는 사람이 국립경찰병원장 명의의 진단서에 직인과 계인을 날인하고 환자의 성명과 병명 및 향후치료 소견을 기재하여 일반인으로 하여금 진정한 문서라고 믿을 수 있는 형식과 외관을 구비한 경우, 공문서위조죄가 성립한다고 판시하였다.[3]

5　　이에 대하여 비신분자가 신분자를 이용하여 간접정범이 될 수 있는지, 즉 본죄가 자수범인지 여부에 관하여 견해의 대립이 있다. ① 본죄는 신분자만 주체로 하고 있으므로 비신분자가 신분자를 이용하더라도 간접정범이 될 수 없다는 진정자수범설,[4] ② 신분자가 비신분자 또는 다른 신분자를 도구로 이용하여 허위의 진단서 등을 작성하게 한다면 간접정범이 된다는 부진정자수범설,[5] ③ 본죄는 자수범이 아니라는 비자수범설[6]이 있다.

6　　사견으로는 비신분자가 신분자를 도구로 이용하는 경우 본죄의 간접정범이 될 수 없는 것은 자수성이 없어서가 아니라 신분이 없기 때문인 점, 자수범이 성립하기 위하여는 오로지 자수성을 이유로 하여 간접정범을 인정할 수 없는 표지가 존재하여야 하는데 본죄가 여기에 해당한다고 보기는 어려운 점, 공무원만이 허위공문서작성죄의 주체가 되기는 하나 형법은 예외적으로 비신분자의 처벌을

---

2 이에 대하여 비신분자가 의사의 자격을 모용하여 진단서 등을 작성한 경우에는 자격모용문서작성죄가 성립하고, 비신분자가 의사의 자격과 명의를 함께 모용하였을 때에만 문서위조죄가 성립한다는 견해가 있다〔정영일, 형법강의 각론(3판), 351〕.

3 대판 1987. 9. 22, 87도1443.

4 박상기·전지연, 형법학(총론·각론 강의)(4판), 778; 배종대, 형법각론(13판), § 114/7; 이재상·장영민·강동범, 형법각론(12판), § 32/57; 정웅석·최창호, 형법각론, 255.

5 김신규, 형법각론 강의, 701; 김일수·서보학, 새로쓴 형법각론(9판), 597; 임웅, 형법각론(9정판), 740; 정성근·박광민, 형법각론(전정2판), 647.

6 김성돈, 형법각론(5판), 648; 손동권·김재윤, 새로운 형법각론, § 39/103; 오영근, 형법각론(5판), 593; 이정원·류석준, 형법각론, 605; 이형국·김혜경, 형법각론(2판), 667; 정성근·정준섭, 형법강의 각론(2판), 438.

위하여 공정증서원본불실기재죄(§ 228)를 규정하고 있어 신분범과 자수범의 문제를 구별하고 있다고 보이는 점 등을 고려하여 보면, 위 ③의 비자수범설이 타당하다고 생각한다. 다만, 이에 대한 실익은 신분자가 다른 신분자를 이용하여 간접정범을 행할 수 있는지 여부에 있고, 이러한 점에서는 부진정자수범설과 비자수범설 사이에 결론의 차이는 없다. 이에 관한 명시적인 판례는 없어 보인다.

한편, 공무원인 의사가 허위진단서를 작성한 경우 본죄가 성립하는지 여부에 관하여 견해의 대립이 있다. ① 허위진단서작성죄만 성립한다는 견해,[7] ② 허위공문서작성죄와 허위진단서작성죄의 상상적 경합이 된다는 견해,[8] ③ 허위공문서작성죄만 성립한다는 견해[9]가 있다. 판례는 허위공문서작성죄와 허위진단서작성죄의 상상적 경합에 해당한다고 판시하였다가[10] 공무소 명의의 허위진단서 작성이 문제된 사건에서 허위공문서작성죄만 성립한다[11]고 입장을 변경하였다.[12]

2. 객 체

본죄의 객체는 진단서, 검안서 또는 생사에 관한 증명서이다.

(1) 진단서

진단서란 의사가 진찰의 결과에 관한 판단을 표시하여 사람의 건강상태를 증명하기 위하여 작성하는 문서를 말한다.[13] 의료법 시행규칙 제9조 제1항 및 제2항은 진단서에는 '환자의 성명, 주민등록번호 및 주소, 병명 및 통계법 제22조 제1항 전단에 따른 한국표준질병·사인 분류에 따른 질병분류기호, 발병 연월일 및 진단 연월일, 치료 내용 및 향후 치료에 대한 소견, 입원·퇴원 연월일, 의료기관의 명칭·주소, 진찰한 의사·치과의사·한의사의 성명·면허자격·면허번호'를 기재하여야 하고, 질병의 원인이 상해로 인한 것인 경우에는 추가로 '상해의 원인 또는 추정되는 상해의 원인, 상해의 부위 및 정도, 입원의 필요 여부, 외과

7

8

9

---

7 김일수·서보학, 597.
8 박상기·전지연, 779; 이재상·장영민·강동범, § 32/74; 임웅, 740; 정성근·박광민, 647.
9 김성돈, 650; 배종대, § 114/10; 손동권·김재윤, § 39/103; 오영근, 593.
10 대판 1955. 7. 15, 4288형상74.
11 대판 2004. 4. 9, 2003도7762. 본 판결 해설은 민유숙, "허위진단서작성죄와 허위공문서작성죄의 관계", 해설 50, 법원도서관(2004), 620-644.
12 일본 판례도 같은 입장이다〔最決 昭和 23(1948). 10. 23. 刑集 2·11·1386〕.
13 대판 2017. 11. 9, 2014도15129.

적 수술 여부, 합병증의 발생 가능 여부, 통상 활동의 가능 여부, 식사의 가능 여부, 상해에 대한 소견, 치료기간'을 기재하여야 한다고 규정하고 있다.

10   판례는 본죄의 '진단서'에 해당하는지 여부는 서류의 제목, 내용, 작성목적 등을 종합적으로 고려하여 판단하고 있는데, 문서의 명칭이 '소견서'로 되어 있다고 하더라도 그 내용이 의사가 진찰한 결과 알게 된 병명이나 상처의 부위정도 또는 치료기간 등의 건강상태를 증명하기 위하여 작성된 것이라면 진단서에 해당한다고 판시한[14] 반면, '입퇴원확인서'는 문언의 제목, 내용 등에 비추어 의사의 전문적 지식에 의한 진찰이 없더라도 확인 가능한 환자들의 입원 여부 및 입원기간의 증명이 주된 목적인 서류로서 환자의 건강상태를 증명하기 위한 서류라고 볼 수 없어 본죄의 진단서에 해당하지 않는다고 판시하였다.[15]

(2) 검안서

11   검안서란 사람의 신체의 상해상태나 사체를 검사한 결과를 기록한 문서를 말한다.

(3) 생사에 관한 증명서

12   생사에 관한 증명서란 의사 등이 작성하는 출생증명서 또는 사망증명서를 말한다. 의료법 시행규칙 제10조에서는 사망의 경우 증명서 대신 '사망진단서'라는 용어를 사용하고 있으나, 본죄의 객체가 됨에는 차이가 없다. 의료법 시행규칙상 제11조의 증명서에는 출생증명서, 사산(死産) 또는 사태(死胎)증명서가 있다.

3. 행 위

13   본죄의 행위는 작성권한 있는 사람이 허위내용을 기재하는 것을 말한다. 여기에서 허위내용이란 객관적으로 진실에 반하는 기재를 의미하므로, 기재내용이 진실과 일치하면 본죄가 성립하지 않는다.[16] 의사인 피고인이 병원 원무과장이나 경영진의 종용에 의하여 이미 발부된 진단서와 다른 내용의 진단서를

---

14 대판 1990. 3. 27, 89도2083.

15 대판 2013. 12. 12, 2012도3173. 본 판결 해설은 박영호, "입·퇴원 확인서가 허위진단서작성죄의 객체인 진단서에 해당하는지 여부", 해설 98, 법원도서관(2014), 331-354.

16 김성돈, 649; 김일수·서보학, 598; 배종대, § 114/9; 손동권·김재윤, § 39/106; 오영근, 594; 이재상·장영민·강동범, § 32/59; 임웅, 741; 정성근·박광민, 648. 이에 대하여 허위진단서작성죄의 불능미수가 성립할 가능성을 배제할 수 없다는 견해가 있다(김일수·서보학, 599; 오영근, 594).

발부하였다고 하더라도 기존 진단서의 기재내용에 오진 내지 착오가 있어 이를
정정하는 의미에서 작성하였고 실제로 그 진단명과 치료기간이 진실에 더 부합
한 것이라면, 허위의 진단서를 작성하였다고 볼 수 없다.[17]

다만 허위내용의 기재는 사실에 관한 것뿐 아니라 판단에 관한 것도 포함되   14
므로,[18] 현재의 진단명과 증상에 관한 기재뿐만 아니라 현재까지의 진찰 결과로
서 발생 가능한 합병증과 향후 치료에 대한 소견을 기재한 경우에도, 그로써 환
자의 건강상태를 나타내고 있는 이상 허위진단서 작성의 대상이 될 수 있다.[19]

4. 기수시기

본죄는 진단서·검안서·생사에 관한 증명서가 작성됨으로써 기수에 이른다.   15
그 후 그 진단서 등이 공무소에 제출되었는지 여부는 본죄의 성립에 영향이
없다.[20]

Ⅲ. 주관적 구성요건

본죄의 주관적 구성요건으로 고의가 있어야 함은 자명하다. 그러나 허위공   16
문서작성죄(§ 227)에서 요구되는 행사할 목적을 필요로 하지 않는다는 점에서 특
징이 있다. 실제 진단서 등을 행사하는 주체와 진단서 등을 작성하는 주체가 다
르다는 점이 그 이유이다.

대신 본죄는 허위의 증명을 금지하려는 것이므로 행위자가 주관적으로 그   17
내용이 허위라는 인식을 가지고 있어야 하고, 단순히 진찰을 소홀히 하였다거나
착오를 일으켜 오진한 결과로 허위내용이 기재된 경우에는 본죄가 성립하지 않
는다.[21] 실제로 본죄가 성립하는지 여부는 의사 등이 그 기재내용이 허위라는
사실을 인식하고 있었는지에 따라 개별적으로 판단할 부분이다.

판례는 ① 피고인이 환자에 대하여 직접 여러 가지 이학적 검사를 실시한   18

---

17 대판 1990. 3. 27, 89도2083.
18 大判 昭和 13(1938). 6. 18. 刑集 17·484.
19 대판 2017. 11. 9, 2014도15129.
20 김성돈, 649; 신동운, 형법각론(2판), 494.
21 대판 1976. 2. 10, 75도1888; 대판 1978. 12. 13, 78도2343; 대판 1990. 3. 27, 89도2083.

다음 그 검사결과와 임상심리전문가의 임상심리검사결과, 보호자의 진술, 환자
가 입원치료를 받아오던 병원의 후유장애진단서, CT와 X-Ray 사진 등을 종합하
여 '항상 개호'가 필요한 상태에 해당하는 경우로 분류되어야 한다고 최종 판단
하였으나, 환자의 장애상태를 정밀하게 관찰하기 위한 MRI 검사 등을 하지 않
는 등 일부 소홀한 진찰에 의한 경우[22]에는 본죄의 성립을 부정하였다. 반면에,
② 사체검안의가 빙초산의 성상이나 이를 마시고 사망하는 경우의 소견에 대하
여 알지 못하였는데도 변사자가 '약물음독', '빙초산을 먹고 자살하였다'는 취지
로 사체검안서를 작성한 경우,[23] ③ 의사가 형집행정지를 위한 판단의 기초가
되는 진단서를 작성하면서 대상자가 요추부 압박골절, 전신쇠약을 이유로 지속
적인 입원치료가 필요한 상태가 아니었다는 것을 인식하고 있었고, 단기간 내에
당뇨증세의 악화, 안과 질환의 악화, 췌장암 또는 유방암 발병 가능성이 크지
않음을 인식하고 있었는데도 지속적인 입원치료가 필요하여 수용생활이 불가능
하다는 내용을 기재한 경우,[24] 본죄의 성립을 긍정하였다.

Ⅳ. 처 벌

19   3년 이하의 징역이나 금고, 7년 이하의 자격정지 또는 3천만 원 이하의 벌
금에 처한다.

20   본죄에 대하여는 허위공문서작성죄(§ 227)와 달리 자격정지를 병과할 수 없
고(§ 237), 자격정지형을 선택할 수 있을 뿐이다. 외국인의 국외범을 처벌할 수
없다(§ 5(vi)). 본죄의 미수범은 처벌하므로(§ 235), 의사 등이 허위 내용이 기재된
진단서·검안서·생사에 관한 증명서를 작성하려고 하였으나 완성하지 못한 경
우에는 미수범으로 처벌된다.

21   앞서 살펴본 바와 같이 진단서에 기재된 내용이 진실한 경우에는 본죄가
성립하지 않는다. 그러나 진단서에 허위내용의 기재가 없더라도 의사 등이 직접
진찰하지 않고 진단서를 작성하였다면 의료법위반죄가 성립한다(의료법 § 89(i),

---

22 대판 2006. 3. 23, 2004도3360.
23 대판 2001. 6. 29, 2001도1319.
24 대판 2017. 11. 9, 2014도15129.

§17①).[25] 진단서에 기재된 내용이 허위인데다가 직접 진찰하지 않은 진단서를 작성한 때는 본죄와 의료법위반죄가 각 성립하고, 두 죄는 상상적 경합관계에 있다.[26]

〔김 정 훈〕

---

25 의료법 제17조(진단서 등) ① 의료업에 종사하고 직접 진찰하거나 검안(檢案)한 의사[이하 이 항에서는 검안서에 한하여 검시(檢屍)업무를 담당하는 국가기관에 종사하는 의사를 포함한다], 치과의사, 한의사가 아니면 진단서·검안서·증명서를 작성하여 환자(환자가 사망하거나 의식이 없는 경우에는 직계존속·비속, 배우자 또는 배우자의 직계존속을 말하며, 환자가 사망하거나 의식이 없는 경우로서 환자의 직계존속·비속, 배우자 및 배우자의 직계존속이 모두 없는 경우에는 형제자매를 말한다) 또는 「형사소송법」 제222조제1항에 따라 검시(檢屍)를 하는 지방검찰청검사(검안서에 한한다)에게 교부하지 못한다. 다만, 진료 중이던 환자가 최종 진료 시부터 48시간 이내에 사망한 경우에는 다시 진료하지 아니하더라도 진단서나 증명서를 내줄 수 있으며, 환자 또는 사망자를 직접 진찰하거나 검안한 의사·치과의사 또는 한의사가 부득이한 사유로 진단서·검안서 또는 증명서를 내줄 수 없으면 같은 의료기관에 종사하는 다른 의사·치과의사 또는 한의사가 환자의 진료기록부 등에 따라 내줄 수 있다.
　의료법 제89조(벌칙) 다음 각 호의 어느 하나에 해당하는 자는 1년 이하의 징역이나 1천만원 이하의 벌금에 처한다.
　1. 제15조제1항, 제17조제1항·제2항(제1항 단서 후단과 제2항 단서는 제외한다), 제17조의2제1항·제2항(처방전을 교부하거나 발송한 경우만을 말한다), 제23조의2제3항 후단, 제33조제9항, 제56조제1항부터 제3항까지 또는 제58조의6제2항을 위반한 자
26 大判 大正 5(1916). 1. 27. 刑錄 22·71.

제234조(위조사문서등의 행사)

제231조 내지 제233조의 죄에 의하여 만들어진 문서 또는 도화 또는 전자기록등 특수매체기록을 행사한 자는 그 각 죄에 정한 형에 처한다.
[전문개정 1995. 12. 29.]

Ⅰ. 의의와 성격

1　　본죄(§§ 231-233의 객체 행사죄)는 위조·변조된 사문서 또는 사도화(§ 231), 타인의 자격을 모용하여 작성된 사문서 또는 사도화(§ 232), 위작·변작된 권리·의무 또는 사실증명에 관한 타인의 전자기록 등 특수매체기록(§ 232의2), 허위작성된 진단서, 검안서 또는 생사에 관한 증명서(§ 233)를 행사함으로써 성립하는 범죄이다.

2　　추상적 위험범이고, 미수범을 처벌하고 있다.

Ⅱ. 구성요건

1. 주 체

3　　본죄의 주체에는 제한이 없으므로, 반드시 사문서를 위조·변조한 자가 행사할 것을 요하지 않는다.[1]

2. 객 체

4　　본죄의 객체는 앞서 기재한 제231조부터 제233조까지 규정한 문서 등으로

---

1 대판 1975. 3. 25, 75도422.

위조·변조·위작·변작·허위작성된 동기를 불문한다. 반드시 사문서를 위조·변조한 사람이 행사할 필요가 없으므로, 행사할 목적 없이 위조·변조·위작·변작·허위작성된 사문서 또는 사전자기록도 본죄의 객체가 된다.[2]

3. 행 위

본죄의 행위는 '행사'이다.   5

(1) 행사의 의의

위조, 변조, 허위작성된 문서의 행사죄는 이와 같은 문서를 진정한 것 또는   6
그 내용이 진실한 것으로 각 사용하는 것을 말한다.[3] 사전자기록 등 특수매체기록의 행사는 위작·변작된 기록을 진정한 기록으로 정보처리할 수 있는 상태에 두는 것이고, 입력·출력·수정할 수 있는 상태에 두면 행사가 된다.[4] 여기에서 행사는 법적 거래에서 기능적으로 이용하는 것을 의미한다.[5] 문서 위조 여부를 증명하는 자료로 위조문서를 수사기관에 증거로 제출하는 것은 행사가 아니다.[6] 다만, 기능적 이용이라는 것이 반드시 본래의 용도로 사용할 것을 요하지는 않는다.[7]

(2) 행사의 방법

행사의 방법에는 제한이 없다. 제시·교부·송부·비치·열람 등 상대방이   7
그 내용을 인식할 수 있는 상태에 있으면 충분하다.[8] 문서를 인식할 수 있는 상태에 있었다면 문서를 현실적으로 보았을 것을 요하지 않는다.[9] 행사의 결과 현실로 실해가 발생하거나 실해 발생의 위험이 있을 필요도 없으므로, 문맹자·맹인에게 교부하거나 위조된 차량통행증을 승용차에 붙이고 주차장으로 들어가는 것도 행사가 된다.[10] 상대방이 문서를 소지한 상태에서 그 문서를 원용하거나 우편물을 발송하여 도달하게 하는 것도 행사에 해당한다. 그러나 상대방에게 제

---

2 김일수·서보학, 새로쓴 형법각론(9판), 613; 정성근·박광민, 형법각론(전정2판), 667.
3 대판 1986. 2. 25, 85도2798; 대판 2001. 2. 9, 99도2139; 대판 2005. 1. 28, 2004도4663; 대판 2005. 7. 8, 2005도983; 대판 2007. 6. 28, 2006도4922.
4 김일수·서보학, 613; 정성근·박광민, 667.
5 김일수·서보학, 613; 이재상·장영민·강동범, 형법각론(12판), §32/92.
6 임웅, 형법각론(9정판), 761; 정성근·박광민, 667.
7 임웅, 762.
8 정성근·박광민, 667.
9 이재상·장영민·강동범, §32/92.
10 김성돈, 형법각론(5판), 664; 김일수·서보학, 613; 정성근·박광민, 667.

시하기 위하여 소지하고 있는 것만으로는 행사의 실행의 착수가 있었다고 할 수 없고,[11] 승용차에 싣고 다닌 경우나 사자(使者)·사환에게 교부한 것만으로도 행사라고 할 수 없다.[12]

8   행사는 문서 원본을 직접 사용하는 것이 원칙이다.[13] 그러나 판례는 그 견해를 변경하여 사진기나 복사기 등을 사용하여 기계적인 방법에 의하여 원본을 복사한 문서에 대하여도 원본에 대신하는 증명수단으로서의 기능이 증대되고 있고, 사회적 신용을 보호할 필요가 있다는 이유로 문서에 해당한다고 판시하였다.[14] 이후 형법은 1995년 12월 29일 법률 제5057호로 개정되면서 판례의 취지에 따라 전자복사기, 모사전송기 기타 이와 유사한 기기를 사용하여 복사한 문서 또는 도화의 사본도 문서 또는 도화로 본다는 제237조의2를 신설하여 입법적으로 해결하였다.

9   더 나아가 행사의 방법은 위조·변조죄의 그것보다 확장될 수 있는데, 휴대전화신규가입신청서를 위조한 후 이를 스캔한 이미지 파일을 제3자에게 이메일로 전송한 경우 이미지 파일 자체는 문서에 관한 죄의 '문서'에 해당하지 않지만, 이를 전송하여 컴퓨터 화면상으로 보게 한 행위는 이미 위조한 가입신청서를 행사한 것에 해당하므로 위조사문서행사죄가 성립한다.[15] 판례는 같은 이유에서 피고인이 사무실전세계약서 원본을 스캐너로 복사하여 컴퓨터 화면에 띄운 후 그 보증금액란을 공란으로 만든 다음 이를 프린터로 출력하여 검정색 볼펜으로 보증금액을 '삼천만 원(30,000,000원)'으로 변조한 뒤 이를 팩스로 송부한 경우 '컴퓨터 모니터 화면상의 이미지'를 변조하고 이를 행사한 행위가 아니라 '프린터로 출력된 문서'인 사무실전세계약서를 변조하고 이를 행사한 행위라고 보아 사문서변조 및 변조사문서행사죄가 성립한다고 판시하였다.[16]

---

11 대판 1956. 11. 2, 4289형상240.
12 김일수·서보학, 613.
13 김일수·서보학, 614; 배종대, 형법각론(13판), § 114/39; 이재상·장영민·강동범, § 32/94; 정성근·박광민, 668; 정영일, 형법강의 각론(3판), 363.
14 대판 1989. 9. 12, 87도506(전); 대판 1994. 3. 22, 94도4.
15 대판 2008. 10. 23, 2008도5200(이미지 파일 자체를 '문서'로 인정한 취지는 아니다). 본 판결 평석은 설범식, "위조문서행사죄에서 말하는 '행사'의 방법", 형사재판의 제문제(6권), 박영사(2009), 221-234.
16 대판 2011. 11. 10, 2011도10468.

(3) 행사의 상대방

행사의 상대방에는 아무런 제한이 없다. 위조된 문서의 작성명의인이라고 10
하여 행사의 상대방이 될 수 없는 것은 아니므로, 위조된 사정을 모르는 작성명
의인에게 입점자각서를 우송한 경우에도 행사에 해당한다.[17] 다만, 문서가 위조
된 것임을 이미 알고 있는 공범자 등에게 행사하는 경우에는 위조문서행사죄가
성립될 수 없다.[18] 행사는 행위자 자신의 행위로서도 할 수 있으나, 타인의 행
위를 이용하는 간접정범의 형태로도 가능하다. 판례는 위조된 매매계약서를 피
고인으로부터 교부받은 변호사가 복사본을 작성하여 원본과 동일한 문서임을
인증한 다음 소장에 첨부하여 법원에 제출함으로써 위조문서행사죄가 성립한다
고 판시하였다.[19]

4. 주관적 구성요건

위조·변조·위작·변작·허위작성된 문서 또는 전자기록 등 특수매체기록 11
등에 대한 인식과 이를 행사한다는 점에 대한 고의가 있어야 한다. 행사하는 동
기가 무엇인지 문제되지 않고, 행사할 목적이 별도로 필요하지 않다.

Ⅲ. 죄수 및 다른 죄와의 관계

1. 죄 수

한꺼번에 수개의 문서를 행사한 경우에는 수개의 문서 명의인이 다르다고 12
하더라도 상상적 경합관계에 있다.

2. 다른 죄와의 관계

(1) 사문서위조·변조죄와의 관계

위조·변조한 사문서를 행사한 경우, ① 사문서위조·변조죄와 위조·변조사 13

---

17 대판 2005. 1. 28, 2004도4663. 본 판결 해설은 윤병철, "문서의 작성 명의인이 위조사문서행사
죄의 상대방에 포함되는지 여부(적극)", 해설 56, 법원도서관(2005), 276-289.
18 대판 2005. 1. 28, 2004도4663; 대판 2007. 6. 28, 2006도4922.
19 대판 1988. 1. 19, 87도1217.

문서행사죄는 상상적 경합관계에 있다는 견해,[20] ② 사문서 위조·변조 당시의 의도와 그 행사 시의 의도를 비교하여 법조경합에 해당하는 흡수관계 또는 실체적 경합관계로 보는 견해,[21] ③ 사문서위조·변조죄는 법조경합 중 보충관계에 있어 위조·변조사문서행사죄만 성립한다는 견해[22]가 있으나, ④ 다수설[23]과 판례[24]는 실체적 경합관계로 보고 있다. 독일형법은 수단이 되는 문서의 위조·변조와 목적이 되는 위조·변조문서의 행사를 동일한 조문에 함께 규정하고 있어 위조·변조와 행사라는 두 개의 행위를 협의의 포괄일죄로 보고 있고, 일본형법은 우리 형법과 같이 별도의 조문을 두고 있으나 총칙에서 목적과 수단의 관계에 있는 죄를 견련범[25]으로 보아 과형상 일죄로 파악하고 있는 것과는 다르므로,[26] 다수설과 판례의 태도가 우리 형법의 해석에 부합한다고 생각한다.

(2) 무고죄와의 관계

14　　타인 명의의 문서나 타인의 성명을 모용한 위조사문서를 만들어 수사기관에 무고한 경우, 위조사문서행사죄와 무고죄(§ 156)의 관계에 대하여는 자연적 행위가 하나라는 점에서 상상적 경합관계에 있다고 보아야 한다.

(3) 사기죄와의 관계

15　　명의인에게 사문서의 내용을 오신시켜 간접정범의 방법으로 사문서를 작성하게 한 경우에는 사문서위조죄가 성립하고, 그 문서를 제3자에게 행사하여 금원을 편취한 경우에는 사기죄(§ 347)와 위조사문서행사죄 사이의 상상적 경합관계를 인정하여야 한다는 견해[27]가 있으나, 사기죄와 위조문서행사죄의 실체적 경합관계에 있다고 보아야 한다.[28]

20　배종대, § 113/17; 이재상·장영민·강동범, § 32/46.

21　김일수·서보학, 584.

22　오영근, 형법각론(5판), 573; 임웅, 729.

23　김성돈, 638; 박상기·전지연, 형법학(총론·각론 강의)(4판), 787; 손동권·김재윤, 새로운 형법각론, § 39/93; 신동운, 형법각론(2판), 424; 정성근·박광민, 636.

24　대판 1991. 9. 10, 91도1722.

25　일본형법 제54조(1개의 행위가 2개 이상의 죄명에 저촉하는 경우 등의 처리) ① 1개의 행위가 2개 이상의 죄명에 저촉하거나 범죄의 수단 또는 결과인 행위가 다른 죄명에 저촉할 때에는 가장 무거운 형에 의하여 처단한다.

26　신동운, 424.

27　김일수·서보학, 585.

28　대판 1991. 9. 10, 91도1722.

Ⅳ. 처 벌

제231조 내지 제233조의 죄에 정한 형에 처한다.   16

본죄에 상응하는 범죄에 대하여 자격정지를 병과할 수 없으므로(§ 237), 본   17
죄 역시 자격정지를 병과할 수 없다. 외국인의 국외범을 처벌할 수 없다(§ 5(vi)).

본죄의 미수범은 처벌한다(§ 235). 앞서 살펴본 바와 같이 본죄는 문서를 상   18
대방에게 인식할 수 있는 상태에 두면 기수에 이르고, 단지 위조된 문서를 소지
하고 있는 것만으로는 실행의 착수에 이르지 못한 것이므로, 미수죄가 인정되는
경우는 많지 않다.

〔김 정 훈〕

제235조(미수범)
제225조 내지 제234조의 미수범은 처벌한다. 〈개정 1995. 12. 29.〉

1　　　　문서에 관한 죄는 사문서부정행사죄(§ 236)를 제외하고는 모두 미수범을 처벌하고 있다. 각 죄의 실행의 착수에 이르렀으나 기수에 이르지 않은 경우에 미수죄로 처벌된다.

2　　　　미수범의 구체적인 처벌례 등에 관해서는 **각 해당 조문** 참조.

〔김 정 훈〕

제236조(사문서의 부정행사)

권리·의무 또는 사실증명에 관한 타인의 문서 또는 도화를 부정행사한 자는 1년 이하의 징역이나 금고 또는 300만원 이하의 벌금에 처한다. 〈개정 1995. 12. 29.〉

Ⅰ. 의의와 성격

본죄[(사문서·사도화)부정행사죄]는 권리·의무 또는 사실증명에 관한 타인의 문서 또는 도화를 부정행사함으로써 성립하는 범죄이다. 즉 사용권한자와 사용 용도가 특정되어 있는데 이에 반하여 사용하는 것을 처벌하는 범죄로서, 객체가 진정하게 작성된 사문서라는 점에서 위조등 사문서행사죄와 구별된다. 1

본죄는 추상적 위험범이고, 다른 문서에 관한 죄와 달리 미수범을 처벌하지 않는다. 일본형법에서는 부정행사를 처벌하는 규정이 없다. 2

Ⅱ. 구성요건

1. 주　체

본죄의 주체에는 제한이 없다. 3

2. 객　체

권리·의무 또는 사실증명에 관한 타인의 진정한 사문서 또는 사도화이다. 4

위조·변조된 사문서를 부정행사한 경우에는 본죄가 성립하지 않고, 위조등 사문서행사죄(§234)가 성립한다. 5

〔김 정 훈〕　　　　　**387**

6   판례는 본죄의 객체를 사용권한자와 용도가 특정되어 작성된 권리의무 또
는 사실증명에 관한 타인의 사문서 또는 사도화라고 보고 있다.[1] 그리고 사용
자에 관한 각종 정보가 전자기록되어 있는 자기띠가 카드번호와 카드발행자
등이 문자로 인쇄된 플라스틱 카드에 부착되어 있는 전화카드의 경우 그 자기
띠 부분은 카드의 나머지 부분과 불가분적으로 결합되어 전체가 하나의 문서
를 구성하므로, 전화카드를 공중전화기에 넣어 사용하는 경우 비록 전화기가
전화카드로부터 판독할 수 있는 부분은 자기띠 부분에 수록된 전자기록에 한
정된다고 할지라도, 전화카드 전체가 하나의 문서로서 본죄의 객체가 된다고
판시[2]하였다.[3]

3. 행 위

7   부정행사란 사용권한이 없는 사람이 사용권한이 있는 것처럼 가장하여 사
문서 또는 사도화의 사용용도 내에서 행사하는 것을 말한다. 예컨대, 타인의 학
생증을 도서관출입용으로 사용하는 경우에는 부정행사에 해당한다.[4]

8   앞서 공문서부정행사죄에서도 살펴본 바와 같이 본죄에서도 사용권한 있는
사람이 사용용도 외의 용도로 행사한 경우 부정행사가 되는지 문제된다. 학설은
긍정설[5]과 부정설[6]이 대립한다. 판례는 사문서부정행사죄에 있어서 부정행사란
사용할 권한 없는 사람이 문서명의자로 가장 행세하여 이를 사용하거나 또는
사용할 권한이 있더라도 그 문서를 본래의 작성목적 이외의 다른 사실을 직접
증명하는 용도에 이를 사용하는 것을 의미한다고 판시하고 있어, 긍정설의 입장

---

1 대판 2007. 3. 30, 2007도629; 대판 2011. 12. 8, 2010도6778.
2 대판 2002. 6. 25, 2002도461. 본 판결 해설은 강일원, "절취한 전화카드의 사용과 사문서부정행
  사", 해설 41, 법원도서관(2002), 535-545.
3 이에 대하여는 전화카드는 문서가 아니라 '전자기록'에 해당하고, 본죄는 전자기록 등 특수매체
  기록을 객체로 하는 규정이 없으므로, 본죄가 성립하지 않는다는 견해가 있다[김성돈, 형법각론
  (5판), 667; 황태정, "전자기록 부정행사의 형사책임", 형사법연구 19-4, 한국형사법학회(2007),
  282].
4 김성돈, 668; 김일수·서보학, 새로쓴 형법각론(9판), 615; 배종대, 형법각론(13판), § 114/41.
5 배종대, § 114/41; 신동운, 형법각론(2판), 498; 정성근·박광민, 형법각론(전정2판), 670; 정영일,
  형법강의 각론(3판), 365.
6 김성돈, 668; 김일수·서보학, 616; 박상기·전지연, 형법학(총론·각론 강의)(4판), 788; 손동권·
  김재윤, 새로운 형법각론, § 39/115; 이재상·장영민·강동범, 형법각론(12판), § 32/98; 임웅, 형
  법각론(9정판), 765.

〔김 정 훈〕

을 취하고 있다.[7] 그러나 앞서 공문서부정행사죄에서 살펴본 바와 같이 이론상으로는 부정설이 타당하다고 생각하고, 실제로 판례도 아래 사례에서 보는 바와 같이 긍정설의 입장을 취하면서도 사용권한자와 용도가 특정되지 않았다는 이유를 들어 사문서부정행사죄의 성립을 대체로 부정하고 있어 이를 긍정한 선례를 찾기는 어렵다.

한편, 부정행사는 행위자 스스로 하거나 제3자를 이용하여 간접정범 형식으로 할 수 있다.[8]　　　　　　　　　　　　　　　　　9

4. 주관적 구성요건

본죄가 성립하기 위하여는 고의가 있어야 한다. 그러나 행사를 구성요건으로 하고 있으므로 행사할 목적을 필요로 하지 않는다.　　　　　10

5. 사문서부정행사죄를 부정한 구체적 사례

- 대판 1978. 2. 14, 77도2645 피고인과 제3자 사이에 실효된 동업약정서를 법원에 증거로 제출한 사안　　　　　　　　　11
- 대판 1985. 5. 28, 84도2999 현금보관증이 자기 수중에 있다는 사실 자체를 증명하기 위하여 법원에 증거로 제출한 사안
- 대판 2007. 3. 30, 2007도629[9] 실질적인 채권채무관계 없이 당사자 간의 합의로 작성된 차용증 및 이행각서를 이용하여 대여금청구소송을 제기하면서 법원에 증거로 제출한 사안
- 대판 2009. 12. 24, 2009도9960 피고인이 채권양도양수계약서를 반환하지 않은 채 그에 터잡아 채권양도통지를 하고 양수금청구소송을 제기하면서 법원에 증거로 제출한 사안
- 대판 2011. 12. 8, 2010도6778 경제연구원의 직원인 피고인이 경제연구원 명의로 작성된 공사원가계산결과보고서가 그 내용에 하자가 있음을 알면서도 공사예정금액이 적정하다는 취지로 그 보고서를 재건축조합에

---

7 대판 1978. 2. 14, 77도2645; 대판 1985. 5. 28, 84도2999.
8 김일수·서보학, 616; 정성근·박광민, 670.
9 본 판결 해설은 김재환, "사문서부정행사죄의 성립요건", 해설 70, 법원도서관(2007), 194-208.

제출한 사안

Ⅲ. 처 벌

12   1년 이하의 징역이나 금고 또는 300만 원 이하의 벌금에 처한다.

13   본죄에 대하여는 자격정지를 병과할 수 없고(§ 237), 외국인의 국외범을 처벌할 수 없다(§ 5(vi)).

14   미수범을 처벌할 수 없으므로(§ 235), 사문서를 부정사용하여 우편으로 송달하였으나 상대방에게 도달하지 않았다면 처벌할 수 없다.[10]

〔김 정 훈〕

---

10 김성돈, 668.

제237조(자격정지의 병과)
제225조 내지 제227조의2 및 그 행사죄를 범하여 징역에 처할 경우에는 10년 이하의 자격정지를 병과할 수 있다. 〈개정 1995. 12. 29.〉

　　문서에 관한 죄 중 공문서등위조·변조죄(§ 225), 자격모용에 의한 공문서등　　1
작성죄(§ 226), 허위공문서등작성등죄(§ 227), 공전자기록등위작·변작죄(§ 227의2) 및
그 행사죄에 대하여는 10년 이하의 자격정지를 병과할 수 있다. 공문서가 사문
서에 비하여 사회적 신용력과 증거력이 크고 공공의 신용을 보호할 필요성이
더욱 크다는 점을 반영한 것이다.

〔김 정 훈〕

제237조의2(복사문서등)

이 장의 죄에 있어서 전자복사기, 모사전송기 기타 이와 유사한 기기를 사용하여 복사한 문서 또는 도화의 사본도 문서 또는 도화로 본다.
[본조신설 1995. 12. 29.]

1　　문서에 관한 죄에서 문서는 의사 또는 관념이 확정적으로 직접 기록된 것이어야 한다. 즉 명의인의 의사 또는 관념이 다른 매개체의 개입 없이 직접 표시되어야 하므로 원칙적으로 원본(原本)일 것을 요한다.

2　　문서의 원본성과 관련하여 문제되는 개념으로 복본, 등본, 초본, 사본이 있다. 복본(複本)은 명의인이 증명을 위하여 원본과 동일한 내용을 수통 작성한 것으로 문서에 해당한다. 등본, 초본, 사본에 관하여는 원본이 아니므로 원칙적으로 문서에 해당하지 않고, '원본과 상위 없음'이라는 인증이 기재된 경우에 한하여 문서로 인정할 수 있다는 견해가 통설,[1] 판례[2]였다.

3　　그러나 판례는 그 견해를 변경하여 문서위조 및 위조문서행사죄의 보호법익은 문서자체의 가치가 아니고 문서에 대한 공공의 신용이므로, 문서위조죄의 객체가 되는 문서는 반드시 원본에 한한다고 보아야 할 근거는 없고, 문서의 사본이라 하더라도 원본과 동일한 의식내용을 보유하고 증명수단으로서 원본과 같은 사회적 기능과 신용을 가지는 것으로 인정된다면 이를 위 문서의 개념에 포함시키는 것이 상당하고, 문서의 사본 중에서도 사진기나 복사기등을 사용하여 기계적인 방법에 의하여 원본을 복사한 문서 이른바 복사문서는 사본이라고 하더라도 필기의 방법 등에 의한 단순한 사본과는 달리 복사자의 의식이 개재할 여지가 없고, 그 내용에서부터 모양, 형태에 이르기까지 원본을 실제 그대로

1　김성돈, 형법각론(5판), 626; 김일수·서보학, 새로쓴 형법각론(9판), 568; 배종대, 형법각론(13판), § 112/24; 신동운, 형법각론(2판), 406; 임웅, 형법각론(9정판), 714; 정성근·박광민, 형법각론(전정2판), 623; 정영일, 형법강의 각론(3판), 340.

2　대판 1981. 12. 22, 81도2715; 대판 1983. 9. 13, 83도1829; 대판 1985. 11. 26, 85도2138; 대판 1988. 1. 19, 87도1217.

　　　　　　　　〔김 정 훈〕

재현하여 보여주므로 관계자로 하여금 그와 동일한 원본이 존재하고 있는 것으로 믿게 할 뿐만 아니라 그 내용에 있어서도 원본 그 자체를 대하는 것과 같은 감각적 인식을 가지게 하는 것으로서, 복사문서가 원본에 대신하는 증명수단으로서의 기능이 증대되고 있는 실정에 비추어, 사진복사한 문서의 사본은 문서위조 및 동행사죄의 객체인 문서에 해당한다고 판시하였다.[3]

　　위 판례의 취지에 따라 형법은 1995년 12월 29일 법률 제5057호로 개정되면　　**4**
서 전자복사기, 모사전송기 기타 이와 유사한 기기를 사용하여 복사한 문서 또는 도화의 사본도 문서 또는 도화로 본다는 본조를 신설하여 입법적으로 해결하였다. 그러나 본조에 의하여 문서로 보는 것은 전자복사기나 모사전송기 등과 같이 오류 개입의 가능성이 배제되었다고 일반인들이 신뢰할 수 있는 기기를 사용하여 문서를 복사한 경우로 한정되고, 필사본과 같이 오류개입의 가능성이 남아 있는 사본의 경우에는 여전히 문서로 볼 수 없다.[4] 판례는 더 나아가 복사문서를 재사본한 경우에도 문서위조죄의 객체에 해당한다고 판시하고 있다.[5]

　　다만 본조는 복사한 문서 또는 도화의 사본을 문서에 관한 죄의 객체에 포　　**5**
함시켰으나, 원본을 복제한 전자기록 등 특수매체기록은 제외되어 있다. 여기에 대하여는 본조는 복제한 전자기록에도 적용되어야 한다는 견해가 있다.[6]

〔김 정 훈〕

---

3 대판 1989. 9. 12, 87도506(전); 대판 1994. 9. 30, 94도1787.
4 신동운, 407.
5 대판 2000. 9. 5, 2000도2855; 대판 2004. 10. 28, 2004도5183.
6 주석형법 〔각칙(2)〕(4판), 547(오기두).

제21장 인장에 관한 죄

[총 설]

I. 규 정

인장에 관한 죄는 행사할 목적으로 인장, 서명, 기명 또는 기호를 위조 또   1
는 부정사용하거나 위조 또는 부정사용한 인장, 서명, 기명 또는 기호를 행사하
는 것을 내용으로 하는 범죄이다. 형법은 각칙 제21장 제238조부터 제240조에
서 인장에 관한 죄를 규정하고 있어 공공의 신용에 관한 죄 중 문서에 관한 죄
다음으로 규정하고 있다. 인장은 문서나 유가증권을 위조하는 수단이 되는 경우
가 많으나, 문서에 관한 죄 또는 유가증권에 관한 죄와 독립하여 별도의 구성요
건으로 처벌하고 있다.

인장에 관한 죄는 문서에 관한 죄 또는 유가증권에 관한 죄와 달리 성립의   2
진정(위조와 부정사용)만을 보호하고 그 내용의 진실 여부는 문제되지 않는다. 따
라서 위조와 부정사용만 처벌하고 변조는 처벌의 대상이 아니다. 이 점에서 문
서에 관한 죄, 유가증권에 관한 죄와는 취지가 다르고, 통화에 관한 죄와는 유
사하다. 인장에 관한 죄에 관하여는 사인 등 위조, 부정사용, 행사죄를 기본적

구성요건으로, 공인 등 위조, 부정사용, 행사죄를 가중적 구성요건으로 이해하고 있다. 모든 미수범을 처벌하고, 공인 등 위조, 부정사용, 행사죄에 대하여는 외국인의 국외범을 처벌한다(§ 5(vii)).

3   참고로 일본형법은 각칙 제19장 인장위조의 죄에서 객체에 따라 제164조에서 옥새 위조·부정사용 및 사용죄를, 제165조에서 공인 위조·부정사용 및 사용죄를, 제166조에서 공기호 위조·부정사용 및 사용죄, 제167조에서 사인[1] 위조·부정사용 및 사용죄를 규정하고, 위조죄에 대하여는 미수범 처벌규정이 없다는 점에서 우리 형법과 차이가 있다[2].

4   형법에 규정된 인장에 관한 죄를 표로 정리하면 다음과 같다.

[표 1] 제21장 조문 구성

조 문		제 목	구성요건	죄 명	공소시효
§ 238	①	공인 등의 위조, 부정사용	ⓐ 행사할 목적으로 ⓑ 공무원 또는 공무소의 인장, 서명, 기명 또는 기호를 ⓒ 위조 또는 부정사용	(공인, 공서명, 공기명, 공기호)(위조, 부정사용)	7년
	②		ⓐ 위조 또는 부정사용한 공무원 또는 공무소의 인장, 서명, 기명 또는 기호를 ⓑ 행사	(위조, 부정사용) (공인, 공서명, 공기명, 공기호)행사	
	③		자격정지 임의적 병과		

---

1 사인에는 사기호도 포함된다는 것이 판례의 입장이다[大判 大正 3(1914). 11. 4. 刑錄 20·2008].
2 일본형법 제19장 인장위조의 죄

조문	표제	비고
제164조	옥새 위조 및 부정사용 등	① 옥새, 국새 또는 어명 위조, ② 옥새, 국새 또는 어명 부정사용 및 위조 옥새, 국새 또는 어명 사용
제165조	공인위조 및 부정사용 등	① 공인 또는 서명 위조, ② 공인 또는 서명 부정사용 및 위조 공인 또는 서명 사용
제166조	공기호위조 및 부정사용 등	① 공기호 위조, ② 공기호 부정사용 및 위조 공기호 사용 [공인 또는 서명의 경우와는 법정형이 다름]
제167조	사인위조 및 부정사용 등	① 사인 또는 서명 위조, ② 사인 또는 서명 부정사용 및 위조 사인 또는 서명 사용
제168조	미수죄	§ 164②, § 165②, § 166②, § 167②의 미수범 처벌

조 문		제 목	구성요건	죄 명	공소시효
§239	①	사인 등의 위조, 부정사용	ⓐ 행사할 목적으로 ⓑ 타인의 인감, 서명, 기명 또는 기호를 ⓒ 위조 또는 부정사용	(사인, 사서명, 사기명, 사기호)(위조, 부정사용)	5년
	②		ⓐ 위조 또는 부정사용한 타인의 인장, 서명, 기명 또는 기호를 ⓑ 행사	(위조, 부정사용)(사인, 사서명, 사기명, 사기호) 행사	
§240		미수범	§238, §239의 미수	(§238, §239 각 죄명)미수	

Ⅱ. 보호법익

인장이나 서명 등은 사회생활상 동일인을 나타내는 중요한 증명기능을 하   5
고 있고, 문서 또는 유가증권과 결합하여 명의와의 동일성 또는 진정성을 담보
하는 기능을 하고 있다. 인장에 관한 죄의 보호법익은 인장, 서명, 기명 또는 기
호의 진정에 대한 공공의 신용과 거래의 안전이라는 것이 통설이다.[3] 판례도 인
장에 관한 죄의 보호법익을 인장, 서명, 기명, 기호 등의 진정에 대한 공공의 신
용, 즉 거래상의 신용과 안정이라고 판시하고 있어 마찬가지이다.[4]

보호받는 정도는 추상적 위험범이므로,[5] 보호법익인 공공의 신용을 침해할   6
위험이 일반적·유형적으로 인정되는 행위가 있으면 기수가 되고, 타인의 재산
권이나 그 밖의 손해 또는 그 위험을 발생시킬 필요는 없다.[6]

---

3 김성돈, 형법각론(5판), 672; 김일수·서보학, 새로쓴 형법각론(9판), 618; 박상기·전지연, 형법학
  각론 강의(4판), 795; 배종대, 형법각론(13판), §115/2; 손동권·김재윤, 새로운 형법각론, §40/1;
  신동운, 형법각론(2판), 500; 오영근, 형법각론(5판), 602; 이재상·장영민·강동범, 형법각론(12
  판), §33/1; 임웅, 형법각론(9정판), 770; 정성근·박광민, 형법각론(전정2판), 707; 정영일, 형법
  강의 각론(3판), 370.
4 대판 1997. 6. 27, 97도1085.
5 김성돈, 672; 김일수·서보학, 618; 신동운, 500; 오영근, 602; 임웅, 770; 정성근·박광민, 707;
  정영일, 370.
6 大判 明治 45(1912). 3. 11. 刑錄 18·331.

III. 인장에 관한 죄의 객체

7   인장에 관한 죄의 객체는 인장, 서명, 기명, 기호이다.

1. 인 장

(1) 인장의 개념

8   인장(印章)이란 특정인의 인격과 그 동일성을 증명하기 위하여 사용하는 상징을 말한다. 일반적으로 성명을 상형(象形)으로 사용하고 있으나, 반드시 성명임을 요하지 않고, 문자일 것을 요하지도 않으며, 별명이나 도형도 상형에 포함된다. 따라서 인격의 동일성을 증명하는 지장이나 무인(拇印)도 인장에 해당한다.[7]

9   한편 인장은 반드시 권리의무의 증명에 관한 것이어야 하는 것은 아니나, 그 위조 또는 부정사용에 의하여 공공의 신용을 해할 위험이 있어야 하는 것이므로 적어도 거래상 중요한 사실증명을 위하여 사용된 것이어야 한다.[8] 이러한 점에서 사찰이나 명승지의 기념스탬프는 인장이라고 할 수 없다.

(2) 인장의 범위

10   인영(印影)이란 일정한 사항을 증명하기 위하여 물체상에 현출시킨 문자나 그 밖의 부호의 영적(影跡)을 의미한다. 인과(印顆)란 인영을 현출하게 하는 데 필요한 문자나 그 밖의 부호를 조각한 물체를 의미한다. 여기에서 인영이 인장에 해당한다는 것에는 견해의 대립이 없으나, 인과도 인장에 포함되는지에 관하여는 견해의 대립이 있다.

11   ① 인영만을 인장으로 보아야 한다는 견해(인영한정설)는 ⓐ 인과의 위조가 공공의 신용을 해할 위험이 있다는 것은 그것이 문서 등에 찍혀 인영으로 나타나기 때문인 점, ⓑ 인장위조죄의 기수시기를 인영을 나타내는 때로 보는데, 인과를 인장에 포함시키게 되면 기수시기의 통일성을 확보할 수 없는 점, ⓒ 인장위조를 서명위조와 동일하게 처벌하고 있는데, 인과 자체의 위조를 서명위조와 동일하게 볼 수 없는 점, ⓓ 인장위조죄의 미수를 처벌하고 있는데, 인과

---

7 김일수·서보학, 619; 손동권·김재윤, § 40/9; 신동운, 501; 오영근, 603; 이재상·장영민·강동범, § 33/5; 정성근·박광민, 709; 정영일, 371.

8 김성돈, 673; 손동권·김재윤, § 40/9; 임웅, 772; 정성근·박광민, 710; 정영일, 371.

위조는 인장위조의 미수로 볼 수 있는 점, ⓔ 인장의 부정사용이 인영을 현출시키는 것을 의미한다면 인장은 인영을 의미한다고 보아야 하는 점 등을 근거로 들고 있다.[9]

그러나 ② 현재의 통설(인과포함설)은 ⓐ 형법은 객체를 인장이라고만 규정하고 있는 점, ⓑ 인과의 위조도 그 자체로 진정한 인영에 대한 공공의 신용을 해할 위험이 있는 점, ⓒ 인장의 부정사용(인과)과 부정사용한 인장의 행사(인영)을 구별하고 있는 점 등을 근거로 인장에는 인영뿐 아니라 인과도 포함된다고 보고 있다.[10]   **12**

판례는 명시적으로 인과가 인장에 포함되는지 판시한 바는 없으나, 인과도   **13**
인장에 포함됨을 전제로,[11] ① 선거무효로 노동조합 지부장직을 상실한 사람이 조합지부인과 지부장인을 지부장 직무대리에게 인계하지 않아, 이에 대한 대응책으로 지부의 문서에 사용할 목적으로 지부장 직무대리의 승인을 받아 지부인과 지부장인을 조각한 행위가 부정한 방법으로 정당한 인장인 것처럼 가장하기 위하여 직인 등을 위조한 것이라고 할 수 없다고 보았고,[12] ② 위조인장행사죄에서의 행사는 위조된 인장을 진정한 것처럼 용법에 따라 사용하는 것으로 위조된 인영을 타인에게 열람할 수 있는 상태에 두든지, 인과의 경우에는 날인하여 일반인이 열람할 수 있는 상태에 두면 그것으로 행사가 된다고 보았고,[13] ③ 타인의 인장을 조각할 당시에는 미처 그 명의인의 승낙을 얻지 못하였다고 하더라도, 인장을 조각하여 그 명의인의 승낙을 얻어 그 명의인의 문서를 작성하는 데 사용할 의도로 인장을 조각하였으나 그 명의인의 승낙을 얻지 못하여 이를 사용하지 않고 명의인에게 돌려준 경우에는, 행사할 목적을 인정할 수 없다고 보았다.[14]

(3) 생략문서와의 구별

문서에 관한 죄에서 문서가 문자에 의하는 경우 반드시 문장의 형식을 갖   **14**

---

9 유기천, 형법학(각론강의 하)(전정신판), 216.
10 김성돈, 673; 김일수·서보학, 619; 박상기·전지연, 796; 배종대, §116/2; 손동권·김재윤, §40/9; 신동운, 501; 오영근, 603; 이재상·장영민·강동범, §33/6; 임웅, 772; 정성근·박광민, 709; 정영일, 371.
11 일본 판례는 인과포함설의 입장이다[大判 大正 3(1914). 10. 30. 刑錄 20·1980].
12 대판 1981. 5. 6, 81도721.
13 대판 1984. 2. 28, 84도90.
14 대판 1992. 10. 27, 92도1578.

추고 있어야 할 필요가 없으므로, 의사표시의 내용이 생략되어 있는 이른바 생략문서는 그 의미내용을 일반인이 독해할 수 있는 한 문서에 해당한다. 이 점에서 생략문서와 인장과의 구별이 필요하다. 통설은 물체에 찍힌 인장과 서명에 의하여 인격의 동일성 이외에 다른 사항까지 증명할 수 있는 경우에는 인장이 아닌 문서라고 보고 있다.[15]

15   판례는 은행의 접수일부인,[16] 영수필통지서의 소인,[17] 자신의 선거용 홍보물에 검인 형식으로 날인한 문구[18]를 문서로 보고 있다.

16   예술가의 서명 또는 낙관에 관하여는 예술가가 자기의 작품이라는 의사를 표현한 것이므로, 문서에 해당한다는 견해[19]가 있으나, 통설[20]은 특정인이 자신의 동일성을 표시하는 상형이나 문자에 불과하여 문서가 아닌 인장에 해당한다고 보고 있다.[21] '의사표시'의 관점에서 보면, 낙관의 경우 사실증명에 관한 문서라기보다는 단순한 표시라고 보아야 하므로 인장에 해당한다고 보는 것이 타당하다.

2. 서 명

17   서명이란 특정인이 자기를 표시하는 문자를 말한다. 일반적으로는 성명을 표시하는 경우가 많으나, 성 또는 이름만 표시하거나[22] 상호(商號),[23] 약호(略號),[24] 옥호(屋號),[25] 아호(雅號)[26]나 그 밖의 부호문자를 표시하는 경우도 포함한다.[27] 다만 형법은 기명을 별도로 규정하고 있으므로, 여기서 서명은 자서(自署)에 한

---

15 김성돈, 673; 김일수·서보학, 619; 손동권·김재윤, §40/9; 오영근, 598; 이재상·장영민·강동범, §33/8; 임웅, 773; 정성근·박광민, 709; 정영일, 371.

16 대판 1970. 10. 30, 77도1879.

17 대판 1995. 9. 5, 95도1269.

18 대판 2007. 7. 12, 2007도2837.

19 오영근, 604; 이재상·장영민·강동범, §32/12.

20 김성돈, 623; 김일수·서보학, 568; 배종대, §116/2; 손동권·김재윤, §39/6; 임웅, 713; 정성근·박광민, 619; 정영일, 337.

21 일본 판례도 낙관은 인장에 포함된다고 한다[大判 大正 14(1925). 10. 10. 刑集 4·599].

22 大判 明治 45(1912). 7. 2. 刑錄 18·995.

23 大判 大正 2(1913). 9. 5. 刑錄 19·853.

24 大判 大正 4(1915). 2. 20. 刑錄 21·155.

25 大判 明治 43(1910). 9. 30. 刑錄 16·1573.

26 大判 大正 2(1913). 12. 19. 刑錄 19·1481.

27 김성돈, 673; 김일수·서보학, 620; 손동권·김재윤, §40/11; 이재상·장영민·강동범, §33/9; 임웅, 773; 정성근·박광민, 711; 정영일, 371.

정된다. 인장은 적어도 거래상 중요한 사실증명을 위하여 사용된 것이어야 하므로, 운동선수와 연예인의 싸인은 여기에 해당하지 않는다.[28]

3. 기 명

기명이란 특정인의 주체를 표시하는 문자로서 자서(自署)가 아닌 것을 말한다. 대필이나 인쇄 등에 의하여 특정인의 성명·호칭을 표시한 것이 기명에 해당한다.[29]   18

4. 기 호

기호란 물건에 압날(押捺)하여 그 동일성을 증명하는 문자 또는 부호를 말한다. 기호는 인장과 마찬가지로 물체상에 현출된 영적과 그 영적을 현출시킨 물체를 모두 포함한다. 검사필, 납세필, 검인, 장서인 등의 인장이 기호에 해당한다.   19

기호와 인장의 구별에 관하여는, ① 사용되는 물체를 기준으로 문서에 압날하여 증명에 사용하는 것이 인장이고, 상품·산물·서적 등에 압날하여 증명에 사용하는 것이 기호라는 견해(물체표준설)가 있으나, ② 통설은 증명목적을 기준으로 사람의 동일성을 증명하는 것이 인장이고, 그 밖의 사항을 증명하는 것이 기호라는 견해(목적표준설)[30]이다. 판례는 문서는 사람의 동일성을 표시하기 위하여 사용되는 일정한 상형인 인장이나, 사람의 인격상의 동일성 이외의 사항에 대해서 그 동일성을 증명하기 위한 부호인 기호와는 구분된다고 판시하여 위 ②의 목적표준설과 같은 입장이다.[31] 그러나 형법은 인장과 기호의 위조를 동일한 법정형으로 처벌하고 있으므로 논쟁의 실익은 없다.[32]   20

---

28 김성돈, 673.
29 일본형법은 인장위조의 죄의 객체를 '인장·서명(§165), 기호(§166)'로 규정하고 있어, 서명이 자서에 한정되는지 여부에 대한 논의가 있는데, 판례는 기명도 서명에 포함된다고 판시하였다〔大判 明治 45(1912). 5. 30. 刑錄 18·790〕. 우리 형법은 입법으로 해결한 것이다.
30 김성돈, 674; 김일수·서보학, 620; 배종대, §116/3; 손동권·김재윤, §40/11; 신동운, 502; 오영근, 604; 이재상·장영민·강동범, §33/10; 임웅, 773; 정성근·박광민, 711; 정영일, 371.
31 대판 1995. 9. 5, 95도1269.
32 일본형법은 공인위조죄(§165①)는 3월 이상 5년 이하의 징역, 공기호위조죄(§166①)는 3년 이하의 징역에 처하도록 규정하고 있어 구별할 필요가 있는데, 인장과 기호의 구별에 관하여 통설은 목적표준설이나 판례는 물체표준설의 입장이다〔最判 昭和 30(1955). 1. 11. 刑集 9·1·25〕. 참고로 2022년 6월 17일 일본형법 개정(법률 제67호)으로 징역형과 금고형이 '구금형'으로 단일

IV. 행위태양

1. 위 조

21   위조란 권한 없이 인장, 서명, 기명 또는 기호를 작출하거나 물체상에 현출 또는 기재하여 일반인으로 하여금 진정한 인장, 서명, 기명 또는 기호로 오신케 하는 것을 말한다. 권한 없는 경우뿐 아니라 대리권 또는 대표권을 가진 사람이 그 권한 외의 무권대리행위로 서명·날인하는 경우를 포함한다.[33]

22   위조의 방법에는 제한이 없다. 새로운 인과를 제조하거나, 묘사에 의하여 인영을 작출하거나, 기존의 진정한 인영을 이용하여 새로운 인영을 작출하는 것 모두 위조에 해당한다. 여기에서 위조는 유형위조만을 의미하고, 무형위조나 변조는 포함되지 않는다.

2. 부정사용

23   부정사용이란 진정한 인장, 서명, 기명 또는 기호를 권한 없는 사람이 사용하거나 권한 있는 사람이라도 권한을 남용하여 부당하게 사용하는 행위를 말한다. 인장에 관하여는 위조와 부정사용이 선택적인 행위태양으로 규정되어 있는 점에 비추어 권한을 남용하는 경우에도 부정사용에 해당한다고 보아야 하고, 이 점에서 문서의 부정행사와는 다르다. 판례도 마찬가지이다.[34] 다만, 이에 대하여는 권한을 남용하여 부당하게 사용한 경우에는 부정사용에 해당하지 않는다는 견해가 있다.[35]

24   부정사용에 해당하면 일반인이 열람할 수 있는 상태에 있어야 할 필요는 없고, 타인에게 손해가 발생하였거나 발생할 위험이 있어야 하는 것도 아니다.

화되어 형법전의 '징역', '구금', '징역 또는 구금'은 모두 '구금형'으로 개정되었고, 부칙에 의하여 공포일로부터 3년 이내에 정령으로 정하는 날에 시행 예정이다. 그러나 현재 정령이 제정되지 않아 시행일은 미정이므로, 본장에서 일본형법 조문을 인용할 때는 현행 조문의 '징역' 등의 용어를 그대로 사용한다.

33 김성돈, 675; 배종대, §116/4; 손동권·김재윤, §40/12; 오영근, 599; 이재상·장영민·강동범, §33/13; 임웅, 774.

34 대판 1997. 7. 8, 96도3319. 본 판결 해설은 지대운, "절취한 자동차번호판을 다른 차량에 부착하고 운행한 것이 부정사용공기호행사죄에 해당하는지 여부", 해설 29, 법원도서관(1998), 673-679.

35 박상기·전지연, 796.

부정사용 자체는 반드시 용법에 따른 사용일 필요는 없다. 따라서 타인의 영수증을 위조·행사할 목적으로 백지에 타인의 인장을 임의로 날인한 경우에도, 문서위조죄에 흡수되기 전이라면 사인부정사용의 미수에 해당한다.[36]

3. 행 사

행사란 위조 또는 부정사용한 인장, 서명, 기명 또는 기호를 진정한 것처럼 그 용법에 따라 사용하는 것을 말한다.　　　　　　　　　　　　　　　　　25

V. 죄 수

1. 위조·부정사용죄와 행사죄와의 관계

인장 등 위조 또는 부정사용죄와 위조·부정행사 인장 등 행사죄의 관계에 　26
관하여는 ① 인장 등 위조 또는 부정사용죄가 위조·부정행사 인장 등 행사죄에 흡수된다는 견해,[37] ② 행사행위가 위조행위 시 의도했던 범행계획대로의 행사인 경우에는 법조경합 관계로서 위조죄만 성립하고, 행사행위가 위조행위 시의 행사목적과 다른 종류의 행사 또는 새로운 결단에 의한 경우에 한하여 실체적 경합관계에 있다는 견해,[38] ③ 실체적 경합관계에 있다는 견해[39]가 있으나, 문서에 관한 죄와 마찬가지로 실체적 경합관계에 있다고 보아야 한다. 이에 대하여는 판례는 자동차를 절취한 후 자동차등록번호판을 떼어 내고 다른 자동차에 부착하여 부정사용한 경우, 절도범행의 불가벌적 사후행위에 해당하지 않고 공기호부정사용죄와 부정사용공기호행사죄의 실체적 경합관계에 있다고 판시하였다.[40]

2. 인장위조죄와 문서(유가증권)위조죄와의 관계

문서 또는 유가증권을 위조하는 과정에서 위조인장을 사용한 경우 인장위조 　27
죄는 불가벌적 수반행위에 해당하므로, 문서위조죄 또는 유가증권위조죄에 흡수

---

36 김일수·서보학, 621.
37 오영근, 607; 임웅, 775.
38 김일수·서보학, 622.
39 김성돈, 676; 정성근·박광민, 713.
40 대판 2007. 9. 6, 2007도4739.

된다는 것이 통설[41]과 판례[42]이다.[43] 그러나 인장의 위조자와 문서위조자가 서로 다를 때 인장위조죄가 성립함은 당연하다. 문서위조죄의 객체가 되지 않는 문서에 사용된 인장을 위조한 경우에는 인장위조죄가 성립한다. 다만, 이에 대하여는 사문서위조죄에는 벌금형이 규정되어 있는 반면, 사인위조죄에는 벌금형이 규정되어 있지 않으므로, 형법체계상 균형이 맞지 않는다는 비판적인 견해가 있다.[44]

28   위와 같이 인장위조죄가 문서위조죄에 흡수되는 관계에 있으나, ① 인장 등의 위조자와 문서위조자 또는 유가증권위조자가 서로 다른 경우, ② 인장 등을 이용하는 문서의 위조가 죄가 되지 않는 경우, ③ 인장 등이 문서와 관계없이 독자적 의미를 가지는 경우에는 독립적으로 인장위조죄가 성립할 수 있다.[45]

29   판례는 어떤 문서에 권한 없는 사람이 타인의 서명 등을 기재하는 경우에는 그 문서가 완성되기 전이라도 일반인으로서는 그 문서에 기재된 타인의 서명 등을 그 명의인의 진정한 서명 등으로 오신할 수도 있으므로, 일단 서명 등이 완성된 이상 문서가 완성되지 않은 경우에도 서명 등의 위조죄가 성립한다고 보아, 피의자로서 조사를 받으면서 타인 행세를 하여 피의자신문조서 말미에 타인의 서명과 무인을 하였으나 피의자신문조서가 완성되지 않은 사안에서 사서명위조죄가 성립한다고 판시하였다.[46] 또한 피고인이 A 명의로 예금거래가입신청서를 작성하면서 착오로 B 명의의 인장을 날인하였다가 우체국 직원이 다른 사람 명의의 도장이 날인되어 있는 것을 확인하여 피고인에게 A 명의의 도장을 가져오라고 연락하자, A 명의로 된 도장을 새로 위조하여 그 예금거래가입신청서에 날인된 B 명의의 인영을 지우고 A 명의의 도장을 날인한 사안에서도, 후행행위를 별개의 독립된 사인위조로 보지 않아 무죄로 판단한 원심을 수긍한 바 있다.[47]

〔김 정 훈〕

41 김성돈, 676; 김일수·서보학, 585; 박상기·전지연, 798; 손동권·김재윤, §40/15; 이재상·장영민·강동범, §33/2; 임웅, 775; 정성근·박광민, 713.
42 대판 1978. 9. 26, 78도1787.
43 大判 昭和 11(1936). 3. 3. 刑集 15·381(공문서위조죄); 大判 昭和 7(1932). 7. 20. 刑集 11·1113(사문서위조죄); 大判 明治 43(1910). 2. 22. 刑錄 16·303(유가증권위조죄).
44 박상기·전지연, 798.
45 김일수·서보학, 618; 이재상·장영민·강동범, §33/2; 정성근·박광민, 707.
46 대판 2011. 3. 10, 2011도503.
47 대판 2015. 9. 10, 2015도3183.

제238조(공인 등의 위조, 부정사용)

① 행사할 목적으로 공무원 또는 공무소의 인장, 서명, 기명 또는 기호를 위조 또는 부정사용한 자는 5년 이하의 징역에 처한다.
② 위조 또는 부정사용한 공무원 또는 공무소의 인장, 서명, 기명 또는 기호를 행사한 자도 전항의 형과 같다.
③ 전 2항의 경우에는 7년 이하의 자격정지를 병과할 수 있다.

Ⅰ. 의의와 성격

본죄는 행사할 목적으로 공무원 또는 공무소의 인장, 서명, 기명 또는 기호를 위조 또는 부정사용하거나(제1항)[(공인·공서명·공기명·공기호)(위조·부정행사)죄] 그 위조 또는 부정사용한 인장 등을 행사함으로써(제2항)[(위조·부정사용)(공인·공서명·공기명·공기호)행사죄] 성립하는 범죄이다. 사인 등보다 공공의 신용을 해할 위험이 더욱 크다는 점에서 사인 등 위조·부정사용 및 행사죄보다 무겁게 처벌하고 있다.

본죄는 추상적 위험범이고, 미수범을 처벌하고 있다(§ 240).

Ⅱ. 공인등위조·부정사용죄(제1항)

1. 객 체

본죄의 객체는 공무원 또는 공무소의 인장, 서명, 기명 또는 기호이다.

(1) 공인

4　　　공무원의 인장이란 공무원이 공무상 사용하는 인장을 말하고, 공무원이 공무상 사용하는 인장이면 사인과 공인을 불문하므로,[1] 공무원이 개인적으로 사용하는 인장을 공용으로 사용하는 경우를 포함한다. 공무소의 인장은 공무소가 그 직무와 관련하여 문서에 사용하는 인장을 말하고, 청인(廳印), 서인(署印), 직인(職印), 계인(契印) 등이 이에 해당한다. 반드시 공무소 명칭이 표시될 필요도 없다. 문서에 관한 죄와 마찬가지로 여기에서 공무원 또는 공무소는 우리나라의 공무원 또는 공무소를 의미하고, 외국의 공무원 또는 공무소의 인장은 사인에 해당한다.[2]

(2) 공서명

5　　　공무원의 서명은 공무원의 신분을 명시하는 것을 말하고, 서명에는 일반적으로 직명을 병기하는 경우가 많다.

(3) 공기명

6　　　공무원의 기명은 공무원의 신분을 명시하는 것으로 자서(自署)가 아닌 것을 말한다.

(4) 공기호

7　　　공무원 또는 공무소의 기호, 즉 공기호는 공무원 또는 공무소가 대상물의 동일성을 증명하기 위한 목적으로 사용하는 문자 또는 부호를 말한다. 판례상 공기호로 인정된 것은 대표적으로 자동차등록번호판[3]이 있고, 그 외에도 전매청 명의의 담배 포장지 기호,[4] 나무에 타기된 임산물 생산확인용 철제극인,[5] 택시 미터기에 부착된 검정납봉의 봉인[6]이 있다. 그 외에도 부호로 표시된 도로교통 표지판, 수도계량기 등[7] 또는 임산물·축산물 등에 표시하는 검인 또는 금·은·납에 표시하는 각인 등[8]이 이에 해당한다.

8　　　대표적인 공기호인 자동차등록번호판에 대하여는 공기호부정사용죄와 자동

1　大判 昭和 9(1934). 2. 24. 刑集 13·160.

2　김일수·서보학, 새로쓴 형법각론(9판), 623; 오영근, 형법각론(5판), 602-603.

3　대판 1997. 7. 8, 96도3319; 대판 2007. 9. 6, 2007도4739.

4　대판 1957. 11. 1, 4290형상294.

5　대판 1981. 12. 22, 80도1472.

6　대판 1982. 6. 8, 82도138.

7　임웅, 형법각론(9정판), 776.

8　배종대, 형법각론(13판), § 117/2.

차관리법위반죄의 관계가 문제된다. 자동차관리법은 "누구든지 이 법에 따른 자
동차등록증, 폐차사실 증명서류, 등록번호판, 임시운행허가증, 임시운행허가번
호판, 자동차자기인증표시, 부품자기인증표시, 내압용기검사 각인 또는 표시, 내
압용기재검사 각인 또는 표시, 신규검사증명서, 이륜자동차번호판, 차대표기 및
원동기형식 표기를 위조·변조 또는 부정사용하거나 위조 또는 변조한 것을 매
매, 매매 알선, 수수 또는 사용하여서는 아니 된다."고 규정하고 있고(§ 71①),
이를 위반하여 자동차등록증 등을 위조·변조한 자 또는 부정사용한 자와 위조·변
조된 것을 매매, 매매 알선, 수수 또는 사용한 자를 10년 이하의 징역 또는 1억
원 이하의 벌금에 처하도록 규정하고 있다(§ 78(ii)). 판례는 공기호부정사용죄와
자동차관리법위반죄의 관계가 문제된 사안에서, 형법과 자동차관리법의 보호법
익이 다르고, 공기호부정사용죄는 고의와 더불어 '행사할 목적'이 있음을 요하는
반면 자동차관리법은 '행사할 목적'을 주관적 구성요건으로 하지 않는 점에 비추
어 보면, 자동차관리법위반죄가 공기호부정사용죄의 특별법관계에 있다고 볼 수
없다고 보아 두 죄가 실체적 경합관계에 있다고 판시하였다.[9]

2. 행 위

(1) 위조

위조란 권한 없이 공무원 또는 공무소의 인장, 서명, 기명 또는 기호를 작
출하거나 물체상에 현출 또는 기재하여 일반인으로 하여금 진정한 인장, 서명,
기명 또는 기호로 오신케 하는 것을 말한다. 권한 없는 경우뿐 아니라 권한 있
는 사람이 권한 외의 행위로 서명·날인하는 경우를 포함한다.[10]

위조의 방법에는 제한이 없다. 새로운 인과를 제조하거나, 묘사에 의하여
인영을 작출하거나, 기존의 진정한 인영을 이용하여 새로운 인영을 작출하는 것
모두 위조에 해당한다.

(2) 부정사용

부정사용이란 진정한 공무원 또는 공무소의 인장, 서명, 기명 또는 기호를

9

10

11

---

9 대판 1997. 6. 27, 97도1085.
10 김성돈, 형법각론(5판), 675; 배종대, § 116/4; 손동권·김재윤, 새로운 형법각론, § 40/12; 오영근,
　604; 이재상·장영민·강동범, 형법각론(12판), § 33/13; 임웅, 774.

권한 없는 사람이 사용하거나 권한 있는 사람이라도 권한을 남용하여 부당하게
사용하는 행위를 말한다. 판례는 허가량을 초과하여 벌채한 나무에 임산물 생산
확인용 철제 극인(極印: 벌채목 또는 목재에 찍는 검사용 도장)을 타기(打記)한 경우,[11]
택시미터기의 검정납봉을 임의로 재봉인 부착한 경우,[12] 자동차등록번호판을 다
른 자동차에 부착한 경우[13]에 부정사용죄가 성립한다고 보았다.

3. 주관적 구성요건

12   본죄가 성립하기 위하여는 고의가 있어야 한다. 고의는 공무원 또는 공무
소의 인장, 서명, 기명 또는 기호라는 점에 대한 인식과 위조·부정사용에 대한
의사이다.

13   본죄가 성립하기 위하여는 고의 외에도 초과주관적 구성요건으로 행사할
목적이 필요하다. 행사할 목적이란 위조·부정사용된 공무원 또는 공무소의 인
장, 서명, 기명 또는 기호를 마치 진정한 것처럼 그 용법에 따라 사용할 목적을
말하고, 문서에 관한 죄에서의 '행사할 목적'의 개념과 큰 차이가 없다. 판례는
피고인이 수리를 의뢰받은 차량의 등록번호판을 분실한 뒤 수리를 포기하겠다
는 의뢰인의 요구에 따라 차량을 반환하는 과정에서 다른 업체로 이동하려는
목적으로 위조된 등록번호판을 부착한 경우에 '행사할 목적'이 인정된다고 판시
하였다.[14]

III. 위조·부정사용공인등행사죄(제2항)

1. 구성요건

14   본죄는 위조·부정사용된 공무원 또는 공무소의 인장, 서명, 기명 또는 기호
를 마치 진정한 것처럼 그 용법에 따라 사용하는 것을 말한다. 문서에 관한 죄
와 마찬가지로 행사죄가 성립하기 위하여는 공범자 이외의 사람에게 보이는 등

---

11 대판 1981. 12. 22, 80도1472(다만, 뒤에서 살펴보는 바와 같이 행사죄의 성립은 부정한 사안이다).
12 대판 1982. 6. 8, 82도138.
13 대판 1997. 7. 8, 96도3319; 대판 2006. 9. 28, 2006도5233.
14 대판 2016. 4. 29, 2015도1413.

〔김 정 훈〕

사용하는 행위가 있어야 한다. 위조·부정사용된 인영을 타인에게 열람할 수 있는 상태에 두든지, 인과의 경우에는 날인하여 일반인이 열람할 수 있는 상태에 두면 그것으로 행사가 되고, 위조된 인과 그 자체를 타인에게 교부한 것만으로는 행사라고 할 수 없다.

판례는 자동차등록번호판의 용법에 따른 사용행위인 '행사'는 이를 자동차에 부착하여 운행함으로써 일반인으로 하여금 자동차의 동일성에 관한 오인을 불러일으킬 수 있는 상태, 즉 그것이 부착된 자동차를 운행함을 의미한다고 판시하였다.[15] 반면, 허가량을 초과하여 벌채한 나무에 임산물 생산확인용 철제극인이 타기되었다고 하더라도 그 나무를 산판에 적치하거나 반출한 것만으로는 부정사용공기호행사죄가 성립하지 않는다고 판시하였다.[16] 한편, 피고인이 일본에 다녀오지 않았는데도 여권 사증에 공무소의 인장인 대한민국 인천공항 출입국사무소의 출국심사인(공인)과 타인의 인장인 일본 나리타공항 출입국사무소의 출국심사인(사인)을 위조한 후 이를 제시한 사안에서, 공인위조죄와 사인위조죄의 성립을 긍정한 원심을 그대로 확정하였다.[17]

2. 부정사용과 행사의 구별

형법은 부정사용죄와 행사죄를 별도로 규정하고 있으므로, 그 구별이 필요하다. 앞서 살펴본 바와 같이 행사는 위조·부정사용된 공무원 또는 공무소의 인장, 서명, 기명 또는 기호를 마치 진정한 것처럼 그 용법에 따라 사용하는 것을 말하므로, 공범자 이외의 사람에게 보이는 등 타인에 대한 외적 행위가 있어야 한다.[18]

반면 일본형법은 제166조 제2항에서 공무소의 기호를 부정사용하거나 행사한 경우를 동일한 규정으로 처벌하고 있어 우리와 같이 실체적 경합관계가 성

15 대판 1997. 7. 8, 96도3319. 본 판결 해설은 지대운, "절취한 자동차번호판을 다른 차량에 부착하고 운행한 것이 부정사용공기호행사죄에 해당하는지 여부", 해설 29, 법원도서관(1998), 673-679.
16 대판 1981. 12. 22, 80도1472.
17 대결 2014. 8. 11, 2014도7578. 다만 이 사안은 앞서 살펴본 바와 같이 출입국심사인이 생략문서에 해당할 여지가 있어 공인위조 및 사인위조행위가 흡수될 가능성을 배제할 수 없으나, 문서위조죄의 성립에 관한 증명이 없는 상태에서 불고불리의 원칙과 함께 이해하는 것이 적절하여 보인다.
18 정영일, 형법강의 각론(3판), 374.

립할 여지가 없으므로, 그 구별의 실익이 없다는 점에서 차이가 있다.

Ⅳ. 처 벌

18　5년 이하의 징역에 처한다.

19　범죄에 대하여는 자격정지를 병과할 수 있다(§ 238③). 본죄는 외국인의 국외범을 처벌하고(§ 5(vii)), 미수범을 처벌한다(§ 240).

〔김 정 훈〕

제239조(사인등의 위조, 부정사용)

① 행사할 목적으로 타인의 인장, 서명, 기명 또는 기호를 위조 또는 부정사용한 자는 3년 이하의 징역에 처한다.

② 위조 또는 부정사용한 타인의 인장, 서명, 기명 또는 기호를 행사한 때에도 전항의 형과 같다.

Ⅰ. 의의와 성격

　본죄는 행사할 목적으로 타인의 인장, 서명, 기명 또는 기호를 위조 또는 부정사용하거나(제1항)〔(사인·사서명·사기명·사기호)(위조·부정행사)죄〕 그 위조 또는 부정사용한 인장 등을 행사함으로써(제2항)〔(위조·부정사용)(사인·사서명·사기명·사기호)행사죄〕 성립하는 범죄이다. 본죄는 추상적 위험범이고, 미수범을 처벌하고 있다.　　　　1

　일본형법은 제167조에서 사인 위조·부정사용 및 사용죄를 규정하고 있는데, 위조죄에 대하여는 미수범 처벌규정이 없다는 점에서 우리 형법과 차이가 있다.　　2

Ⅱ. 사인등위조·부정사용죄(제1항)

1. 객 체

　본죄의 객체는 타인의 인장, 서명, 기명 또는 기호이다.　　　　3

　타인이란 공무원 또는 공무소 이외의 사인(私人)을 의미하고, 자신과 공범은 제외된다. 자연인뿐 아니라 법인, 법인격 없는 단체도 포함된다.　　4

〔김 정 훈〕　　　　**411**

5   여기에서 사자(死者)와 허무인도 타인에 해당하는지 문제된다. 통설은 문서
에 관한 죄와 마찬가지로 사자와 허무인도 일반인으로 하여금 진정한 인장으로
오신케 할 수 있는 정도에 해당하면 인장의 진정성에 대한 공공의 신뢰를 해할
우려가 있으므로, 타인에 해당한다고 보고 있다.[1] 판례는 사망자 명의의 인장
을 위조, 행사하는 행위에 관하여 사인위조죄 및 위조사인행사죄가 성립하지
않는다고 판시한 바 있다.[2] 그러나 사망한 사람 명의의 문서를 위조하거나 이
를 행사하더라도 사문서위조 및 위조사문서행사죄가 성립하지 않는다는 문서
위조죄의 법리에 따른다고 판시한 판례로, 대판 2005. 2. 24, 2002도18(전)으로
문서위조죄에 관한 판례가 변경된 현재 시점에서는 변경될 필요가 있는 판례로
보인다.

6   인장, 서명, 기명 또는 기호의 개념은 **[총설]**에서 살펴본 바와 같다.

2. 행 위

7   타인의 인장, 서명, 기명 또는 기호를 위조 또는 부정사용하는 것을 말한
다. 위조 또는 부정사용의 개념은 공인등위조·부정사용죄에서와 같다. 위조란
권한 없는 경우뿐 아니라 대리권 또는 대표권을 가진 사람이 그 권한 외의 무권
대리행위로 서명·날인하는 경우를 포함한다.[3] 사인위조죄는 그 명의인의 의사
에 반하여 위법하게 행사할 목적으로 권한 없이 타인의 인장을 위조한 경우에
성립하므로, 타인의 인장을 조각할 당시에 그 명의자로부터 명시적이거나 묵시
적인 승낙 내지 위임을 받았다면 인장위조죄가 성립하지 않는다.

8   판례는 중고자동차 매매 딜러로 근무하는 사람이 중고자동차를 구매하는
데 도움을 달라는 요청을 받고 자동차 구매를 위한 대출약정서를 작성하는 과
정에서 인감도장을 가지고 오지 않은 의뢰인을 대신하여 인감도장과 유사한 인

---

1 김성돈, 형법각론(5판), 675; 김일수·서보학, 새로쓴 형법각론(9판), 619; 박상기·전지연, 형법
   학(총론·각론 강의)(4판), 797; 배종대, 형법각론(13판), § 116/1; 손동권·김재윤, 새로운 형법각
   론, § 40/12; 오영근, 형법각론(5판), 606; 이재상·장영민·강동범, 형법각론(12판), § 33/13; 임
   웅, 형법각론(9정판), 771; 정성근·박광민, 형법각론(전정2판), 708; 정영일, 형법강의 각론(3판),
   371.
2 대판 1984. 2. 28, 82도2064.
3 김성돈, 675; 배종대, § 116/4; 손동권·김재윤, § 40/12; 오영근, 607; 이재상·장영민·강동범,
   § 33/13; 임웅, 774.

장을 제작하여 대출신청서를 완성하였다면, 명의자로부터 묵시적인 승낙 내지
위임을 받은 것으로 보아 사인위조죄와 위조사인행사죄가 성립하지 않는다고
판시하였다.[4]

　　본죄가 성립하기 위하여는 인장, 서명, 기명 또는 기호가 일반인으로 하여
금 특정인의 것으로 오신케 할 정도에 이르러야 한다. 일반인이 특정인의 진정
한 인장으로 오신하기에 충분한 정도인지 여부는 그 인장의 형식과 외관, 작성
경위 등을 고려하여야 하고, 그 인장이 현출된 문서 등에 있어서의 인장 현출의
필요성, 그 문서 등의 작성경위, 종류, 내용 및 일반거래에 있어서 그 문서 등이
가지는 기능 등도 함께 고려하여 판단하여야 한다.[5] 판례는 피고인이 음주운전
으로 단속되자 동생의 이름을 대면서 조사를 받다가 휴대용정보단말기(PDA)에
표시된 음주운전단속결과통보 중 운전자 서명란에 동생의 이름 대신 의미를 알
수 없는 부호(＿∠(서명))를 기재한 행위가 동생의 성명을 표시하는 취지로 보
아 동생의 서명을 위조한 것에 해당한다고 본 원심의 판단에 법리오해의 잘못
이 없다고 판시하였다.[6]

　　부정사용이란 진정한 인장, 서명, 기명 또는 기호를 권한 없는 사람이 사용
하거나 권한 있는 사람이라도 권한을 남용하여 부당하게 사용하는 행위를 말한
다. 판례는 피고인이 부동산 소유자를 기망하여 제3자를 자본주로 오인하게 하
여 제3자 명의로 근저당권설정등기신청서를 작성하면서 부동산 소유자로 하여
금 인감도장을 날인하게 한 경우, 그 인장은 정당한 권한 있는 사람에 의하여
사용되었으므로 사인부정사용죄가 성립하지 않는다고 판시하였다.[7]

3. 사서명위조죄와 사문서위조죄·사전자기록등위작위의 구별

　　본죄에 관하여 실무상 가장 흔하면서도 문제되고 있는 경우는 사서명위조
죄이다. 음주운전 단속이나 수사과정에서 자신의 성명이나 신분을 숨기기 위하

9

10

11

---

4 대판 2014. 9. 26, 2014도9213.
5 대판 2005. 12. 23, 2005도4478; 대판 2010. 1. 14, 2009도5929.
6 대판 2020. 12. 30, 2020도14045.
7 대판 1982. 7. 13, 82도39. 이와 같은 경우, 대판 2017. 2. 16, 2016도13362(전)의 취지에 따라
　부동산 소유자를 기망하여 처분행위를 한 것으로 사기죄가 성립할 여지가 있다고 하더라도, 사
　인부정사용죄가 성립하는 것으로 판례가 변경될 것으로는 생각되지 않는다.

여 타인 명의로 서명하는 경우가 대표적 사례이다. 이때 사문서위조죄 또는 사전자기록등위작죄가 성립하는지, 아니면 사서명위조죄가 성립하는지 문제된다. 징역형만을 놓고 비교하면 사문서위조죄 또는 사전자기록등위작죄가 더 무겁지만 벌금형의 선택 여부에 관하여는 벌금형이 없는 사서명위조죄가 더 무겁다.

12   이에 대한 구별기준은 ① 사인(私人)의 서명 부분을 독립된 부분으로 볼 수 있는지 여부 및 ② 그 서명 부분이 사람의 동일성을 나타내는 데에 그치지 않고 그 외의 사항도 증명, 표시하는 생략문서로서의 기능을 하는지 여부이다.

13   즉, 서명 부분이 독립된 부분이 독립한 부분으로 볼 수 없다면 서명 부분은 전체 문서의 일부에 불과하여 타인의 서명을 기재한 것만으로는 사문서위조죄 또는 사전자기록등위작죄가 성립할 여지가 없다. 판례는 어떤 문서에 권한 없는 사람이 타인의 서명 등을 기재하는 경우에는 그 문서가 완성되기 전이라도 일반인으로서는 그 문서에 기재된 타인의 서명 등을 그 명의인의 진정한 서명 등으로 오신할 수도 있으므로, 일단 서명 등이 완성된 이상 문서가 완성되지 않은 경우에도 서명 등의 위조죄가 성립한다고 보아, 피의자로서 조사를 받으면서 타인 행세를 하면서 피의자신문조서 말미에 타인의 서명과 무인을 하였으나 피의자신문조서가 완성되지 않은 사안에서 사서명위조죄가 성립한다고 판시하였다.[8] 즉 피의자신문조서 말미에 서명을 하였다고 하더라도, 그 부분이 서명 외에 다른 사실을 증명하는 기능을 하지는 못하고 있으므로, 사서명위조죄가 성립할 수밖에 없다. 또한 판례는 피고인이 인터넷가입신청을 위하여 PDA에 타인의 서명을 하였는데, 당초 검사가 사문서위조 및 위조사문서행사죄로 공소제기하였다가 사서명위조 및 위조사서명행사죄를 예비적으로 공소장변경한 사안에서, 공소장변경이 허용된다고 판시하여 사서명위조 및 위조사서명행사죄가 성립함을 간접적으로 판단하였다.[9]

14   다음으로 서명 부분을 독립된 부분으로 볼 수 있는 경우에는 그 서명의 의미를 파악하여 생략문서로서의 기능을 하게 되면 사문서위조죄 또는 사전자기

---

8 대판 2005. 12. 23, 2005도4478; 대판 2011. 3. 10, 2011도503. 한편, 대판 2015. 2. 26, 2014도14247은 피의자신문조서에 첨부된 수사과정확인서 중 확인란에 서명을 한 경우에도 사서명위조죄가 성립한다고 본 원심을 유지하였다.
9 대판 2013. 2. 28, 2011도14986. 파기환송 후 사서명위조 및 위조사서명행사죄를 인정한 판결이 확정되었다.

록등위작죄가 성립하고, 그러한 기능을 하지 못한다면 역시 사서명위조죄만 성립한다고 보아야 한다. 판례는 음주운전 단속 시 작성하게 되는 주취운전자적발보고서와 주취운전자정황진술보고서상 위반사실 내용을 확인하는 부동문자(不同文字) 아래의 운전자란에 타인의 서명을 기재한 경우, 사문서위조죄의 성립을 긍정하고10 있다.11

다만, 위와 같은 구별기준에 따라 사문서위조죄가 성립할 수 있는 경우에 있어서도 실제 판례에서는 사서명위조죄를 유죄로 인정한 경우도 발견된다.12 생각건대, 사문서위조 과정에서의 사서명위조행위는 원칙적으로 흡수관계에 있어 별도로 사서명위조죄가 성립하지 않는다고 보아야 하나, 문서위조죄가 아직 성립하지 않은 단계에서의 사서명위조행위는 독립적으로 처벌가치가 있고, 행위 자체가 문서위조죄에 해당하지 않는 경우에는 당연히 사서명위조죄로 처벌이 가능하다. 결국 이러한 문제는 동적(動的)인 소송절차 내에서의 사문서위조죄 또는 사전자기록등위작죄의 증명의 문제와 불고불리의 원칙까지 고려하여 판단하여야 할 문제라고 생각한다.

4. 주관적 구성요건

본죄가 성립하기 위하여는 고의와 초과주관적 구성요건으로 행사할 목적이 필요하다. 그 개념은 **공인 등 위조 · 부정사용죄**와 동일하다. 즉, 행사할 목적이

---

10 대판 2004. 12. 23, 2004도6483. 본 판결 해설은 김대원, "주취운전자적발보고서, 주취운전자정황진술보고서의 운전자란에 타인의 성명을 기재하여 경찰관에게 제출한 경우의 죄책", 해설 53, 법원도서관(2005), 437-453.

11 일본 판례는 ① 사법경찰원이 작성한 진술조서 말미의 진술서란에 타인의 이름을 모용하여 서명날인한 경우에 사서명위조 · 동행사죄의 성립[東京高判 平成 7(1995). 5. 22. 東高刑時報 46 · 1-12 · 30]을, ② 사법순사가 작성한 도로교통법위반 사건수사보고서의 피의자서명란에 동생의 이름을 모용하여 무인한 경우에 사인위조 · 동행사죄의 성립[福岡高判 平成 15(2003). 2. 13. 高刑速時(平成 15) 137]을 각 인정하였다. 반면에, ③ 지불독촉정본의 수령자인 것처럼 우편배달원을 속여 이를 수령하면서, 배달원이 작성한 우편송달보고서의 수령자서명란에 타인인 송달받을 자 본인의 이름을 모용하여 기재한 사안에서, 사문서위조죄의 성립을 인정하였다[最決 平成 16(2004). 11. 30. 刑集 58 · 8 · 1005]. 위 ③의 판결과 관련하여, 문서성의 유무는 사람의 동일성 이외에 일정한 의사 · 관념을 표시하는 것인지 여부에 따라 판단해야 하는데, 이때 서면의 외형 외에 서면의 성질, 이와 관련된 구체적인 법령의 취지, 그것이 작성 · 이용되는 사회생활 영역에서의 거리관습 및 사회통념을 고려할 필요가 있다고 한다[西田 外, 注釈刑法(2), 540(鎭目征樹)].

12 대판 2007. 1. 25, 2006도9048.

란 위조·부정사용된 타인의 인장, 서명, 기명 또는 기호를 마치 진정한 것처럼 그 용법에 따라 사용할 목적을 말한다.

17   판례는 타인의 인장을 조각할 당시에는 미처 그 명의인의 승낙을 얻지 않았다고 하더라도 인장을 조각하여 그 명의인의 승낙을 얻어 그 명의인의 문서를 작성하는 데 사용할 의도로 인장을 조각하였으나, 그 명의인의 승낙을 얻지 못하여 이를 사용하지 않고 명의인에게 돌려준 경우에는 행사할 목적이 인정되지 않는다고 판시하였다.[13] 반면에, 동대표로 당선된 사람이 대학을 졸업하지 않았음을 확인한 뒤 아파트 주민대표회 간부들이 그 당선자의 허위학력 사실을 아파트 주민들에게 공고문 형식으로 알리면서 그 공고문의 신뢰성 제고를 위해 공고문 안에 당선자가 졸업하였다는 대학 교무처장 명의의 직인을 함께 나타내기 위하여 교무처장 명의의 직인을 위조한 경우에는, 행사할 목적이 인정된다고 판시하였다.[14]

III. 위조·부정사용사인등행사죄(제2항)

18   본죄는 위조·부정사용된 타인의 인장, 서명, 기명 또는 기호를 마치 진정한 것처럼 그 용법에 따라 사용하는 것을 말한다. 행사죄가 성립하기 위하여는 공범자 이외의 사람에게 보이는 등 사용하는 행위가 있어야 한다. 위조·부정사용된 인영을 타인에게 열람할 수 있는 상태에 두든지, 인과의 경우에는 날인하여 일반인이 열람할 수 있는 상태에 두면 그것으로 행사가 된다. 그러나 위조된 인과 자체를 타인에게 교부한 것만으로는 위조인장을 행사한 것이라고 할 수 없다.[15]

IV. 처 벌

19   3년 이하의 징역에 처한다.

---

13 대판 1992. 10. 27, 92도1578.
14 대판 2010. 1. 14, 2009도5929.
15 대판 1984. 2. 28, 84도90.

사문서위조·변조죄와 달리 벌금형을 규정하고 있지 않다. 본죄에 대하여는   20
자격정지를 병과할 수 없고, 외국인의 국외범을 처벌할 수 없다(§ 5(vii)). 따라서
중국 국적자가 중국에서 대한민국 국적 주식회사의 인장을 위조한 경우에는, 외
국인의 국외범으로서 그에 대하여 우리나라에 재판권이 없다.[16]

본죄의 미수범은 처벌한다(§ 240). 여기에서 미수범은 본죄의 기수 여부를   21
기준으로 판단하여야 하므로, 음주운전으로 경찰서에서 조사를 받으면서 피의
자신문조서의 피의자란에 타인의 서명을 기재하였으나, 그 피의자신문조서에
간인이나 조사 경찰관의 서명·날인 등이 완료되기 전에 그 서명 위조사실이 발
각되었다고 하더라도, 이미 사서명위조가 성립한 이후이므로 미수죄가 아니라
기수에 이르렀다고 보아야 한다.[17]

〔김 정 훈〕

---

16 대판 2002. 11. 26, 2002도4929.
17 대판 2005. 12. 23, 2005도4478.

제240조(미수범)
본장의 미수범은 처벌한다.

1   본죄는 모두 미수범을 처벌한다. 이 점에서 인장위조죄에 대하여는 미수범 처벌규정이 없는 일본형법과 차이가 있다.[1]

〔김 정 훈〕

---

1 일본형법도 부정사용 및 사용죄에 대하여는 미수범을 처벌한다(§ 168).

제22장 성풍속에 관한 죄 〈개정 1995. 12. 29.〉

〔총 설〕

Ⅰ. 의의와 연혁

성풍속에 관한 죄는 일반적으로 건전한 성풍속·성도덕을 해치는 유형의 범 　　1
죄로 이해되고 있다.[1] 풍속범이라고도 한다.[2]

1953년 9월 18일 법률 제293호로 형법이 제정되면서, 제22장 '풍속을 해하 　　2
는 죄'에 간통죄(§241), 음행매개죄(§242), 공연음란죄(§245)와 함께 음화등의 반
포등죄(§243), 음화등의 제조등죄(§244)가 규정되었다. 1995년 12월 29일 법률
제5057호로 형법이 개정될 당시에는, 제22장의 명칭이 '성풍속에 관한 죄'로, 벌
금의 단위가 '환'에서 '원'으로 변경되었다. 그 개정 당시 음란한 물건의 하나로
'필름'이 추가되었고, 이를 '상영'하는 행위가 구성요건에 새로 규정되었다. 한편
음행매개죄(§242)는 종래 '미성년 또는 음행의 상습 없는 부녀'를 그 객체로 정
하였으나, 2012년 12월 18일 법률 제11574호로 형법이 개정될 당시 이를 '사람'

---

[1] 배종대, 형법각론(13판), §124/1. 이에 대하여 '당대의 지배적 성도덕이나 성풍속에 따른 생활의
　한계를 유지하기 위한 죄형법규'라고 정의하는 문헌으로는 김일수·서보학, 새로쓴 형법각론(9판),
　500.
[2] 정성근·박광민, 형법각론(전정2판), 732.

으로 변경하였다.

3   그 이후인 2015년 2월 26일 헌법재판소는 배우자 있는 자의 간통행위 및 그와의 상간행위를 2년 이하의 징역에 처하도록 규정한 간통죄(§241)가, 성적 자기결정권 및 사생활의 비밀과 자유를 침해하여 헌법에 위반된다는 취지로 헌법에 위반된다는 결정을 하였다.[3] 이에 따라 2016년 1월 6일 법률 제13719호로 개정된 형법은 간통죄를 삭제하였다.

4   현행법상 성범죄는 크게, ① 개인의 성적 자기결정권을 침해하는 죄, ② 청소년 내지 미성년자의 건전 육성을 침해하는 죄, ③ 성풍속·성도덕을 침해하는 죄로 나눌 수 있다. 위 ①에 속하는 것으로는, 형법상 강간과 추행의 죄, 성폭력범죄의 처벌 등에 관한 특례법상의 범죄 등이 있다. 위 ②에 속하는 것으로는, 아동복지법, 아동·청소년의 성보호에 관한 법률이 정하는 범죄 등이 있다. 위 ③에 속하는 것으로는, 본장에서 다루는 형법상 성풍속에 관한 죄와 성매매 알선 등 행위의 처벌에 관한 법률(이하, '성매매처벌법'이라 한다.), 정보통신망 이용촉진 및 정보보호 등에 관한 법률(이하, '정보통신망법'이라 한다.)이 정하는 범죄 등이 있다.[4]

II. 보호법익

5   성풍속에 관한 죄의 보호법익은 넓게 잡아 성풍속 내지 사회의 기본적 성윤리(사회의 성질서)라고 할 수 있다.[5] 다만 이를 일률적으로 정의하기보다는, 음란물 관련죄·공연음란죄와 음행매개죄로 나누어, 음란물 관련죄·공연음란죄의 경우 선량한 성풍속이 그 보호법익이고, 음행매개죄의 경우 주된 보호법익은 선량한 성풍속이되 피음행매개자의 성적 자유가 부수적 보호법익이라는 것이 통설의 입장이라고 보인다.[6]

6   대법원은 이와 관련하여, 음화등의 반포등죄(§243), 음화등의 제조등죄(§244)

---

3 헌재 2015. 2. 26, 2009헌바17.

4 오영근, 형법각론(4판), 604; 임웅, 형법각론(9정판), 797; 정성근·박광민, 732-733.

5 김일수·서보학, 500; 손동권·김재윤, 새로운 형법각론, §42/1; 배종대, §124/1.

6 김성돈, 형법각론(5판), 680; 배종대, §124/1; 이재상·장영민·강동범, 형법각론(12판), §35/4; 이정원·류석준, 형법각론, 644.

의 보호법익이 '건전한 성적 풍속 내지 성도덕을 보호'하기 위한 것이라는 취지
로 판시하였다.[7] 헌법재판소는 위 두 죄 및 공연음란죄(§ 245)에 관하여, "건전한
성풍속 내지 성도덕 보호를 주된 보호법익으로 하고, 공공의 성적 혐오감 내지
불쾌감을 부차적 보호법익으로 한다."고 판시하였다.[8]

한편 음행매개죄의 경우, 그 특별법인 성매매처벌법이 2004년부터 제정·시   7
행되었다. 이에 따라 실무상 이와 관련된 범죄는, 대부분 성매매처벌법에 의해
규율되고 있다(성매매처벌법 등 음행매개죄와 관련된 형사특별법에 관해서는, 뒤에서 보는
§ 242 **음행매개죄의** V., VI. 참조).

III. 구성요건 체계

앞서 본 대로 종전의 간통죄가 삭제되었기 때문에, 현재 형법이 정하는 성   8
풍속에 관한 죄는 음행매개죄(§ 242), 음화반포등죄(§ 243), 음화제조등죄(§ 244), 공
연음란죄(§ 245) 모두 4개의 조문으로 구성되어 있다.

음화반포등죄(§ 243), 음화제조등죄(§ 244)는 전형적인 풍속범으로서, 성풍속   9
에 관한 사회 일반의 도덕감정을 보호하려는 것이다. 그와 같은 음란물범죄는
사람이 음란한 문서 등의 물건을 제조·판매하는 등의 행위를 처벌대상으로 한
다. 반면 공연음란죄(§ 245)는 사람이 한 음란행위를 처벌한다는 점에서 차이를
보인다.[9] 음란성을 전달하는 매체를 기준으로, 음란물범죄는 문서, 도화 그 밖
의 일정한 물적 매체(物的 媒體)를 통하여 음란성이 인식 가능한 형태인 반면, 공
연음란죄는 행위자의 행위에 의해 직접 지각 가능한 형태인 것으로 구분할 수
도 있다.[10]

이와 같은 성풍속에 관한 죄의 조문 구성은 아래 표와 같다.   10

---

7 대판 2000. 10. 27, 98도679.
8 헌재 2013. 8. 29, 2011헌바176(성기구 관련 음란물건판매죄 등에 대한 헌법소원 사건).
9 주석형법 〔각칙(3)〕(5판), 22(박범석).
10 권창국, "음란물의 형법적 규제에 관한 문제점의 검토 - 음란성 판단기준 및 Internet 등에 의한
   음란정보 유통을 중심으로 -", 형사정책연구 13-1, 한국형사정책연구원(2002), 236.

[표 1] 제22장 조문 구성

조문	제 목	구성요건	죄 명	공소시효
§ 242	음행매개	ⓐ 영리의 목적으로 ⓑ 사람을 매개하여 ⓒ 간음하게 함	음행매개	5년
§ 243	음화반포등	ⓐ 음란한 문서, 도화, 필름 기타 물건을 ⓑ 반포, 판매 또는 임대하거나 공연히 전시 또는 상영	(음화, 음란문서, 음란필름, 음란물건) (반포, 판매, 임대, 전시 상영)	5년
§ 244	음화제조등	ⓐ § 243의 행위에 공할 목적으로 ⓑ 음란한 물건을 ⓒ 제조, 소지, 수입 또는 수출	(음화, 음란문서, 음란필름, 음란물건) (제조, 소지, 수입, 수출)	5년
§ 245	공연음란	ⓐ 공연히 ⓑ 음란한 행위를 함	공연음란	5년

Ⅳ. 비교법적 검토 및 비범죄화 경향 등

1. 비교법적 검토

11   본장의 '성풍속에 관한 죄'의 연원은 1810년 프랑스 구 형법전이 공익에 반한 죄의 일종으로 정하던 '건전한 풍속을 해치는 죄'(L'outrage aux bonnes moeurs)에서 유래되었다고 한다.[11]

12   해방 이후 형법 제정 이전의 구 형법, 즉 의용형법에서는, 개인의 성적 자유를 보호한다는 점에서 강제추행죄·강간죄와 공통점이 있다고 보아 음행매개죄가 '외설, 간음 및 중혼의 죄'(제32장)에 함께 규정되어 있었다.[12] 현재의 일본형법은 제22장에서 이와 동일한 '외설, 간음 및 중혼의 죄(わいせつ, 姦淫及び重婚の罪)'라는 표제 아래 ① 공중의 성적 감정을 침해하는 죄, ② 개인의 성적 자유를 침해하는 죄, ③ 성적 사회질서를 침해하는 죄로 대별한 다음, 위 ①에 속하는 죄로 공연외설죄(§174), 외설물반포등죄(§175), 위 ②에 속하는 죄로 강제외설죄(§176),[13] 강간죄(§177), 준강제외설·준강간죄(§178), 집단강간등죄(§178의2),

---

11 백원기, "성풍속을 해치는 음란성 처벌의 한계와 그 판단기준 - 프랑스의 사례와 소위 '거짓말 소설' 사건을 중심으로 -", 판례실무연구 [Ⅴ], 박영사(2001), 111.
12 주석형법 [각칙(3)](5판), 22(박범석).
13 원어를 그대로 옮겨 '외설'(わいせつ)이라 번역했지만, 이는 우리 형법의 강제'추행'죄와 거의 동

강제외설등미수죄(§ 179), 강제외설등치사상죄(§ 181), 위 ③에 속하는 죄로 중혼
죄(§ 184)를 규정하고 있다.[14] 즉, 일본에서는 개인적 법익인 성적 자유를 침해하
는 죄와 사회적 법익인 성적 풍속 내지 성도덕 보호에 관한 죄를 분리한 우리
형법과 달리, 성범죄라는 공통성에 주목하여 이와 같은 유형의 범죄를 일괄적으
로 규율한다고 볼 수 있다.[15] 한편, 일본에서는 성매매에 대하여 1958년 시행된
매춘방지법에 벌칙 규정을 두고 있다.[16]

독일형법도 중혼죄를 규정하는 한편, 풍속에 관한 죄와 성적 자기결정권에   13
관한 죄를 엄격하게 구별하고 있지 않다. 한편, 독일형법은 우리나라에서 형사
특별법인 성매매처벌법으로 규율하는 성매매 관련 범죄들을 형법전에서 규정한
다. 독일형법의 미성년자 성행위알선등죄(§ 180. Forderung sexueller Handlungen
Minderjahriger)라든가, 성매매금지위반죄(§ 184d. Ausubung der verbotenen Prostitution)
등이 이에 해당한다. 우리나라에서는 정보통신망법에서 규율하는 '음란정보' 관
련 행위 역시 독일에서는 형법전에서 이를 규정하고 있다.[17]

한편 독일형법은 근친상간(Beischlaf zwischen Verwandeten)을 처벌하고 있다   14
(§ 173). 오스트리아형법은 짐승과의 음란행위를 선동하는 죄(§ 220a. Werbung für
Unzucht mit Tieren)를 처벌한다.[18] 우리 형법에는 이에 대응하는 처벌규정이 없
다. 그 밖에 동성 간의 음란행위를 처벌하는 입법례도 있었지만,[19] 우리 형법은
이를 처벌하는 규정도 두고 있지 않다. 다만, 군형법(§ 92의6)에서 군인 등에 대
한 항문성교를 하는 행위를 처벌할 뿐이다.[20]

일·유사한 것으로 보인다.
14 大塚 外, 大コン(3版)(9), 4-5(亀山継夫=河村 博).
15 그와 같이 일본형법에서 '외설, 간음 및 중혼의 죄'에 규정된 죄는 어느 정도는 성질서 내지 건
   전한 성적 풍속을 보호법익으로 하는 사회적 법익에 대한 죄의 성격을 가진다는 취지로도 설명
   된다[大塚 外, 大コン(3版)(9), 4(亀山継夫=河村 博)].
16 오영근, "형법개정과 성풍속에 관한 죄", 법학논총 25-4, 한양대 법학연구소(2008), 53-54.
17 오영근(주 16), 49-50.
18 오영근(주 16), 50-51.
19 구 스위스형법 제194조, 구 오스트리아형법 제209조.
20 군형법 제92조의6(추행)은 "제1조제1항부터 제3항까지에 규정된 사람에 대하여 항문성교나 그
   밖의 추행을 한 사람은 2년 이하의 징역에 처한다."고 규정하고 있는데, 대법원은 전원합의체 판
   결로 "군형법 제92조의6의 문언, 개정 연혁, 보호법익과 헌법 규정을 비롯한 전체 법질서의 변화
   를 종합적으로 고려하면, 위 규정은 동성인 군인 사이의 항문성교나 그 밖에 이와 유사한 행위
   가 사적 공간에서 자발적 의사 합치에 따라 이루어지는 등 군이라는 공동사회의 건전한 생활과

2. 성풍속 관련 범죄의 비범죄화 경향 및 중혼죄의 문제

15   인류의 성풍속·성도덕은 민족과 시대에 따라 극히 다양한 모습을 보인다. 따라서 시공을 초월하여 보편타당한 규범을 끌어내기가 매우 어려운 분야에 속한다. 1960년대에 서구에 밀어닥친 성혁명을 계기로 성의 자유화 물결이 세계에 미쳤고, 그 여파로 입법·사법에서 '성범죄의 비범죄화'가 폭넓게 수행되었다.[21] 이에 따라 국내에서도, 아무리 부도덕하고 반윤리적 성관련 행위라도 도덕적 비난성 때문에 형벌권이 개입할 수 없고, 사회의 평화로운 공존질서를 깨뜨릴 만한 사회유해성이 있는 때에 한하여 형법의 규제 대상으로 해야 한다는 '형법의 탈윤리화' 등의 주장[22]이 폭넓게 전개되고 있다. 헌법재판소가 2015년에 간통죄에 대한 위헌 결정을 하고 이에 따라 간통죄의 폐지를 내용으로 하는 2016년 1월 6일 형법의 일부 개정이 이루어진 것도, 이와 같은 의식 변화, 사회 변화를 반영한 것으로 볼 수 있다.

16   다만 간통죄의 폐지로 인하여, 일본이나 독일 등의 형법이 규정하는 중혼죄, 즉 이미 법률혼을 한 사람이 다시 법률혼을 하는 행위에 대한 처벌규정의 부활 가능성이 제기될 수 있다. 우리나라는 민법에서 중혼을 금지하고(민 § 810), 이를 위반한 때에는 혼인의 취소를 청구할 수 있다(민 § 816(i))라고 규정하여, 민법 차원에서만 이를 통제하고 있다. 사실상 중혼에 대한 형벌조항으로 기능하던 간통죄가 폐지된 이상, 중혼에 대한 형사 제재가 없게 된 것이다.[23] 이와 관련하여 유책배우자의 이혼 청구를 허용하지 않는다는 종전의 법리를 다시 확인한 대법원 전원합의체 판결은, "유책배우자의 이혼청구를 허용하지 아니하고 있는 데에는 중혼관계에 처하게 된 법률상 배우자의 축출이혼을 방지하려는 의도도 있는데, 여러 나라에서 간통죄를 폐지하는 대신 중혼에 대한 처벌규정을 두고 있는 것에 비추어 보면 이에 대한 아무런 대책 없이 파탄주의를 도입한다면 법률이 금지하는 중혼을 결과적으로 인정하게 될 위험이 있다."라고 판시하기도 하였다.[24] 우리나

군기를 직접적, 구체적으로 침해한 것으로 보기 어려운 경우에는 적용되지 않는다고 봄이 타당하다."고 판시하여[대판 2022. 4. 21, 2019도3047(전)], 그 적용법위에 관한 종래의 견해를 변경하였다.

21 임웅, 형법각론(9정판), 798.
22 정성근·박광민, 733.
23 주석형법 [각칙(3)](5판), 23(박범석).
24 대판 2015. 9. 15, 2013므568(전).

라가 혼인의 형성·결합에 대해 신고주의를 취하고 있으므로 국내에서 중혼죄를 범하기는 쉽지 않다. 하지만 외국과의 교류가 많아짐에 따라, 국내에서 법률혼을 한 사람이 외국에서 외국인과 결혼을 하는 경우나, 외국에서 외국인과 결혼한 사람이 국내에서 다시 혼인을 하는 경우가 많아질 수 있다.[25] 이러한 점들을 고려하면, 앞으로 중혼죄 처벌규정의 신설에 관한 논의가 활발해질 여지가 있다.

V. 성풍속죄에 관한 해석론·입법론의 관점

이와 같은 학술적 해석론·입법론에 관한 다양한 스펙트럼을 이해하기 위해서는, 그와 같은 논의의 바탕이 되는 시각 내지 관점을 살펴보는 것이 필요하다. 음란성에 관한 논의는 자연스럽게 형성·발전되어 온 사회 일반의 성적 도덕관념이나 윤리의식 및 문화적 사조와 직결되는 문제이기 때문이다.[26]   17

법 영역에서 음란물 문제를 바라보는 관점은 크게 세 가지로 나누어진다.[27] 전통적인 도덕론에 입각한 보수주의적 관점, 형법과 성도덕을 분리한다는 자유주의적 관점, 포르노그래피(pornography)가 성(性)을 '객체화'하고 '착취'한다는 점을 전제하는 여성주의 내지 젠더(gender) 법적 관점이 그것이다. 한편 인터넷이나 스마트폰의 대중화로 대표되는 정보화사회의 급속한 진전 현상에 따라, 음란물 관련 범죄에서도 이와 같은 전자적 방식의 범죄 유형이 급증하고 있다. 이와 같은 사회 현상의 변동에 걸맞는 새로운 법적 규율이나 해석론의 필요성이 대두되고 있기도 하다.[28]   18

이와 같이 성풍속 관련 범죄에 관한 논의의 핵심을 관통하는 '음란' 개념의 해석론 및 입법론에 관련된 위와 같은 법적 관점에 대해서는, 아래 **제243조(음화반포등)의 Ⅵ.** [음란의 개념·범위 등에 관련된 학설상 논의(비교법적 검토)]에서 보다 자세히 살펴보기로 한다.   19

---

25 오영근(주 16), 60.

26 대판 2017. 10. 26, 2012도13352.

27 박미숙, "음란물의 판단기준과 젠더", 젠더법학 3-1, 한국젠더법학회(2011), 103.

28 다만, "특별법에서 사용되고 있는 구성요건표지들은 상당 부분 형법상의 성풍속에 관한 죄의 구성요건표지들과 일치한다. 따라서 성풍속에 관한 죄의 법리들은 가상공간에서의 성범죄에 대해서도 동일하게 적용된다."고 보는 견해로는 신동운, 형법각론(2판), 511.

20   아울러 위와 같은 관점·시각의 대립 아래에서 전개되는 성매매처벌법에 관
한 논의 상황은, 아래 **제242조(음행매개죄)의** V. 7 - 8에서 상세히 살펴본다.

〔김 승 주〕

제241조

삭제 〈2016. 1. 6.〉

[2016. 1. 6. 법률 제13719호에 의하여 2015. 2. 26. 헌법재판소에서 위헌 결정[1]   1
된 이 조를 삭제함.]

〔김 승 주〕

---

1 헌재 2015. 2. 26, 2009헌바17 등. 「사회 구조 및 결혼과 성에 관한 국민의 의식이 변화되고, 성적 자기결정권을 보다 중요시하는 인식이 확산됨에 따라 간통행위를 국가가 형벌로 다스리는 것이 적정한지에 대해서는 이제 더 이상 국민의 인식이 일치한다고 보기 어렵고, 비록 비도덕적인 행위라 할지라도 본질적으로 개인의 사생활에 속하고 사회에 끼치는 해악이 그다지 크지 않거나 구체적 법익에 대한 명백한 침해가 없는 경우에는 국가권력이 개입해서는 안 된다는 것이 현대 형법의 추세여서 전세계적으로 간통죄는 폐지되고 있다. 또한 간통죄의 보호법익인 혼인과 가정의 유지는 당사자의 자유로운 의지와 애정에 맡겨져야지, 형벌을 통하여 타율적으로 강제될 수 없는 것이며, 현재 간통으로 처벌되는 비율이 매우 낮고, 간통행위에 대한 사회적 비난 역시 상당한 수준으로 낮아져 간통죄는 행위규제규범으로서 기능을 잃어가고, 형사정책상 일반예방 및 특별예방의 효과를 거두기도 어렵게 되었다. 부부 간 정조의무 및 여성 배우자의 보호는 간통한 배우자를 상대로 한 재판상 이혼 청구, 손해배상청구 등 민사상의 제도에 의해 보다 효과적으로 달성될 수 있고, 오히려 간통죄가 유책의 정도가 훨씬 큰 배우자의 이혼수단으로 이용되거나 일시 탈선한 가정주부 등을 공갈하는 수단으로 악용되고 있기도 하다. 결국 심판대상조항은 과잉금지원칙에 위배하여 국민의 성적 자기결정권 및 사생활의 비밀과 자유를 침해하는 것으로서 헌법에 위반된다.」

〔김 승 주〕   **427**

제242조(음행매개)

영리의 목적으로 사람을 매개하여 간음하게 한 자는 3년 이하의 징역 또는 1,500만원 이하의 벌금에 처한다. 〈개정 1995. 12. 29, 2012. 12. 18.〉

Ⅰ. 개 요

1. 의의 및 특별법과의 관계

1   본죄(음행매개죄)는 영리의 목적으로 사람을 매개하여 간음하게 함으로써 성립한다. 성풍속에 관한 죄 중 독립된 범죄의 성격을 지니며, 영리의 목적을 요한다는 점에서 목적범이다.[1]

2   본죄는 사회의 성풍속을 법익으로 하면서 동시에 성매매 알선행위를 포함하는 규정이다. 다만, 성매매 알선행위에 대해서는 성매매알선 등 행위의 처벌에 관한 법률(이하, '성매매처벌법'이라 한다.)이라는 특별법이 별도로 마련되어 있다. 19세 미만인 청소년을 대상으로 하는 성매매 관련 범죄에 대해서는 아동·청소년의 성보호에 관한 법률(이하, '청소년성보호법'이라 한다.)에서 그 구성요건을 특

---

[1] 임웅, 형법각론(9정판), 802.

별히 규정하거나 가중처벌하는 규정을 두고 있다. 이에 따라 최근 들어 실무상으로 빈번하게 문제되는 사건은 형법이 정하는 본죄보다 오히려 위와 같은 특별법 위반 사건들이다(성매매처벌법 및 그 밖의 관련 법령에 대해서는 아래 **V.**, **VI.** 참조).

2. 연혁과 입법례

1953년 9월 18일 법률 제293호로 형법이 제정될 당시에는 본죄의 객체를 '미성년 또는 음행의 상습 없는 부녀'로 규정하고 있었다. 2012년 12월 18일 법률 제11574호의 형법 일부 개정 당시에 이를 '사람'으로 변경함으로써, 현행 법률과 같은 규정 형식을 갖추게 되었다. 위와 같은 개정 당시 각종 성범죄의 객체를 '부녀'에서 '사람'으로 변경하는 작업의 일환으로, 입법자가 본죄의 객체를 '미성년 또는 음행의 상습 없는 부녀'로부터 단순히 '사람'으로 변경한 것이다.[2]

일본형법은 '영리의 목적으로 음행의 상습이 없는 여자를 권유하여 간음하게 한 자'를 처벌하는 음행권유(淫行勸誘)죄를 규정하고 있다(§182). 그 구성요건의 형식은 2012년 개정 이전 우리나라의 형법과 대동소이한 것으로, 형법 제정 당시의 입법에 영향을 준 것으로 보인다. 다만, 일본에서도 매춘방지법(賣春防止法)이라는 특별법을 두어 이를 규율하고 있다.

한편 독일에서는 음행매개죄(§181a. Zuhälterei), 미성년자 성행위알선등죄(§180. Förderung sexueller Handlungen Minderjähriger), 성매매금지위반죄(§184d. Ausübung der verbotenen Prostitution), 미성년자유해 성매매죄(§184e. Jugendgefährdende Prostitution) 등 우리나라가 성매매처벌법에서 정하는 범죄들을 형법에서 규정하고 있다.[3]

3. 보호법익

본죄의 보호법익은 선량한 성풍속 내지 성도덕이라는 견해[4]도 있으나, 그 주된 보호법익은 사회일반의 성풍속 내지 건전한 성도덕이고, 사람의 성적 자기

---

2 신동운, 형법각론(2판), 512.
3 오영근, "형법개정과 성풍속에 관한 죄", 법학논총 25-4, 한양대 법학연구소(2008), 49-50.
4 김성돈, 형법각론(5판), 680; 박찬걸, 형법각론(2판), 787; 오영근, 형법각론(4판), 606; 이형국·김혜경, 형법각론(2판), 718.

결정의 자유도 부차적인 보호법익이 된다는 견해[5]가 다수설인 것으로 보인다.
다만 본죄의 보호법익은 사회의 성풍속이고, 부차적으로 미성년자의 정상적인
성적 발달을 보호한다는 견해도 있다.[6] 그 보호의 정도에 대해서도, 침해범이라
는 견해(다수설)[7]와 추상적 위험범이라는 견해[8]가 나뉘고 있다.

Ⅱ. 구성요건

1. 주 체

7   본죄의 주체에는 아무런 제한이 없다. 그러므로 남자이든 여자이든, 본죄의
주체가 될 수 있다.

8   매개되어 간음행위를 한 사람(피매개자)의 부모나 배우자도 본죄의 주체가
될 수 있다. 다만, 친족관계, 고용관계, 그 밖의 관계로 인한 보호·감독자가 그
보호·감독관계를 이용하여 성을 파는 행위를 하게 하는 경우 성매매처벌법에
특별 규정이 있다(§ 18①(iii)). 업무·고용이나 그 밖의 관계로 인한 보호·감독자
가 아동·청소년으로 하여금 아동·청소년의 성을 사는 행위의 상대방이 되게
하는 행위는 청소년성보호법에 의해 규율된다(§ 14①(iii)).[9]

9   다만, 매개되어 간음행위를 행한 사람과 그 상대방은 본죄의 주체가 될 수
없다.[10] 음행을 매개하여 간음하게 한 사람(음행매개자)과 간음행위를 한 사람
(간음행위자)은 필요적 공범 관계에 있지만, 음행매개자만 처벌하고자 하는 것이
본죄의 입법 취지라고 해석되기 때문이다.[11] 이와 관련하여 필요적 공범이라는

5 김신규, 형법각론 강의, 756; 김일수·서보학, 새로쓴 형법각론(9판), 501; 손동권·김재윤, 새로운
   형법각론, § 42/15; 배종대, 형법각론(13판), § 125/2; 신동운, 510; 이정원·류석준, 형법각론, 644;
   이재상·장영민·강동범, 형법각론(12판), § 36/5; 임웅, 799; 정성근·박광민, 형법각론(전정2판),
   740; 정웅석·최창호, 형법각론, 264; 최호진, 형법각론, 831; 주석형법 [각칙(2)](5판), 242(박범석).
6 박상기, 형법각론(8판), 573.
7 김신규, 756; 김일수·서보학, 501; 박찬걸, 786; 이재상·장영민·강동범, § 36/5; 이정원·류석준,
   644; 정웅석·최창호, 264; 최호진, 831; 홍영기, 형법(총론과 각론), § 107/1.
8 김성돈, 681; 오영근, 606; 이형국·김혜경, 719; 임웅, 802.
9 김일수·서보학, 501; 이정원·류석준, 646-647; 임웅, 805.
10 김일수·서보학, 501; 김성돈, 681; 손동권·김재윤, § 42/15; 배종대, § 125/3; 이재상·장영민·강
   동범, § 36/6; 오영근, 606; 임웅, 805; 정성근·박광민, 740.
11 임웅, 805-806.

〔김 승 주〕

개념보다는 본죄의 성립에 대향자(對向者)가 반드시 필요하기 때문에 '필요적 가담' 형태로서 대향범에 해당한다는 견해도 있다.[12] 일본에서는 단지 권유에 응하여 간음한 여자 또는 단지 간음의 상대방이 된 것에 그친 사람은 그 사정을 아는 경우에도 필요적 관여행위의 범위 내에서는 불가벌이지만, 그 이상으로 범행에 적극적인 가담이 있는 경우에는 공범으로 처벌 가능하다는 취지의 견해가 있다.[13]

2. 객 체

본죄의 객체는 '사람'이다.　　　　　　　　　　　　　　　　　　　　10

2012년 12월 28일 형법의 개정 이전 '미성년 또는 음행의 상습 없는 부녀'　11
라는 요건은 삭제되었다. 그러므로 남자든 여자든 성인이든 미성년자든 불문하며, 음행의 상습이 없는 것이 요구되지도 않는다.[14] 혼인 여부와 상관이 없고, 성매매를 직업으로 하는 사람도 객체가 될 수 있다. 미성년자가 음행에 동의했어도, 본죄의 성립에 영향이 없다.[15]

그런데 본죄의 객체에 '13세 미만의 사람'이 포함되는지 여부에 대해서는　12
학설상 견해가 갈린다. 형법이 '미성년자에 대한 간음, 추행'이라는 표제 아래 13세 미만의 사람에 대하여 간음하는 행위, 즉 미성년자의제강간죄를 별도로 처벌하고 있기 때문이다(§305①). 이에 대해서는, ① 13세 미만의 사람에 대한 미성년자의제강간죄의 교사·방조범과 본죄의 상상적 경합이 된다는 견해,[16] ② 미성년자의제강간죄는 행위자 스스로 강간하는 경우 성립하기 때문에 단순히 간음을 매개하는 행위는 본죄가 성립한다는 견해,[17] ③ 13세 미만의 사람은 본죄의 객체에서 제외된다는 견해[18] 등이 있다. 위 ③의 견해가 타당하다. 이에 따른다면 2020년 5월 19일 형법 개정에 따라 '13세 이상 16세 미만의 사람에 대하

---

12 김성돈, 681(다만 이 견해는, 불가벌적 대향자는 본죄의 부차적 보호법익으로 보호받는 법익의 향유자이기 때문에 형법총칙상 임의적 공범규정의 적용을 받지 않는다고 한다).
13 大塚 外, 大コン(3版)(9), 112(亀山継夫 = 河村 博).
14 주석형법 [각칙(3)](5판), 26(박범석).
15 대판 1955. 7. 8, 4288형상37.
16 김성돈, 681; 박찬걸, 787; 이형국·김혜경, 719; 임웅, 806.
17 손동권·김재윤, §42/15; 최호진, 831.
18 김신규, 758; 김일수·서보학, 502; 이재상·장영민·강동범, §36/7.

여 간음을 한 19세 이상의 자'도 별도로 처벌하는 규정(§305②)이 신설되었으므로, '19세 이상의 자'가 본죄의 행위를 하는 경우에는 '13세 이상 16세 미만의 사람'도 본죄의 객체에서 제외된다고 해석해야 할 것이다.

13　　　다만 18세 미만인 사람, 즉 '아동'에게 음란한 행위를 시키거나 이를 매개하는 행위는 아동복지법에 따라 처벌된다(§71①(i의2), §17(ii)). 또한, 영업으로 '아동·청소년'(19세 미만의 자)을 아동·청소년의 성을 사는 행위의 상대방이 되도록 유인·권유하는 행위 내지 그 미수범도 청소년성보호법에 따라 처벌된다(§14① (iv)).

3. 행 위

14　　　사람을 '매개'하여 '간음하게 한' 행위가 본죄의 실행행위이다.

(1) 매개

15　　　'매개'란 사람을 간음하도록 중개하거나 알선하는 일체의 행위를 말한다. 간음하는 두 사람 사이에서 간음의 결의를 생기게 하는 일체의 행위라고 설명되기도 한다.[19] 간음할 의사가 없던 사람을 교사하여 간음할 의사가 생기게 하는 경우는 물론이고, 이미 간음할 의사가 있는 사람에게 상대방을 소개시켜 주는 경우도 포함된다.[20] 간음을 교사(권유한 경우), 방조(기회나 장소의 제공)한 행위는 당연히 매개에 포함된다.[21] 반드시 형법총칙상의 교사일 필요도 없다.[22]

16　　　다만 '간음'을 직접 알선한 것으로 볼 수 없는 정도의 행위, 즉 남녀 간의 미팅을 주선하거나 파티를 개최하는 것만으로는 간음을 매개하는 행위라고 볼 수 없다.[23] 행위자 자신이 이성과 간음하기 위한 수단·방법은 매개행위에 해당하지 않는다.[24]

17　　　한편 폭행·협박을 수반하거나 위계·위력을 사용하여 간음하게 한 행위의 경우에는, 두 가지로 나누어 살펴보아야 한다. 먼저 폭행·협박이나 위계·위력

---

19 신동운, 512.

20 오영근, 607; 이정원·류석준, 647; 임웅, 806.

21 주석형법 [각칙(3)](5판), 27(박범석).

22 배종대, §125/5; 임웅, 806.

23 김성돈, 681; 김일수·서보학, 502; 박상기, 575; 임웅, 806; 정성근·박광민, 741.

24 이정원·류석준, 647.

이 간음을 알선하는 정도를 넘어선 경우에는, '매개'한 것으로 볼 수 없어 형법상 강간죄(§ 297)나 미성년자간음죄(§ 302)의 공범이 성립할 뿐 본죄가 성립하지 않는다. 다만 그와 같은 폭행·협박이나 위계·위력이 강간죄나 미성년자간음죄의 구성요건을 충족하지 못할 정도에 불과한 경우에는, 본죄에 해당한다.[25]

일본의 음행권유죄는 '권유'(勸誘)를 그 구성요건으로 하기 때문에, 피권유자 본인의 자유로운 의사 결정을 종용하는 행위가 있을 것을 요하고, 그때 폭행 그 밖의 위협적 언동이 다소 동반되어도 위와 같은 '권유'에 포함되지만, 이를 넘어 본인의 의사결정의 자유를 빼앗아 간음하게 하는 것은 '권유'에 해당할 수 없다 (이와 같은 경우에는 본죄가 아닌 강간죄만 성립할 수 있다)고 본다.[26] 위와 같은 우리나라의 학설과 유사한 해석론이라고 이해된다.   18

(2) '간음하게 한' 행위

'간음'이라 함은, 일반적으로 부부 이외 사이에서의 성교행위라고 설명된다. 다만, '간음'의 정의 내지 그 세부적 적용 범위에 관하여는 반드시 학설이 일치하지 않는다. 사실혼관계에 있는 사람 사이의 성교행위도 '간음'에서 제외된다는 견해,[27] '간음'은 부녀자와 불특정한 남자 사이의 성교행위이므로 동성애는 이에 해당하지 않는다고 보는 견해,[28] '간음'은 성도덕과 관련하여 비난의 대상이 될 수 있는 성관계를 의미한다고 보는 견해[29] 등이 있다.   19

간음에 이르지 않은 채 유사 성교행위나 추행만을 한 때에는, 본죄가 성립하지 않는다.[30] 다만 구강·항문 등 신체의 일부나 도구를 이용한 유사 성교행위, 신체의 전부 또는 일부를 접촉·노출하는 행위로서 일반인의 성적 수치심이나 혐오감을 일으키는 행위는 '아동·청소년의 성을 사는 행위'에 해당하므로 (아청 § 2(iv)), 19세 미만의 아동·청소년에게 이러한 행위의 상대방이 되도록 유인·권유한 사람은 청소년성보호법으로 처벌된다(아청 § 14①(iv), ③). 성매매처벌법이 정하는 '성매매'에는 '구강, 항문 등 신체의 일부 또는 도구를 이용한 유사   20

---

25 김성돈, 681; 김일수·서보학, 502; 오영근, 607; 이정원·류석준, 647.
26 大塚 外, 大コン(3版)(9), 111(亀山継夫=河村 博).
27 김성돈, 681.
28 김일수·서보학, 502; 이정원·류석준, 647; 임웅, 806-807.
29 신동운, 512.
30 배종대, § 125/5; 박상기, 575. 유사성교행위를 제외한 것이 입법의 불비라고 보는 견해로는 김성돈, 681-682.

성교행위'가 포함되므로(성매매처벌법 §2①(i)(나)), 이와 같은 행위를 알선, 권유, 유인 또는 강요하는 등의 행위는 성매매처벌법으로 처벌될 수 있다(성매매처벌법 §19).

4. 기수시기

21   행위자의 매개, 알선, 간음의 기회·장소 등 편의 제공으로 본죄의 구성요건 행위는 충족되지만, 이로 인해 현실적 간음이 있을 때 기수에 이른다.[31] 간음을 매개하였지만 사람이 이에 응하지 않거나 간음행위를 하지 않은 경우, 간음을 결의시켰으나 실행에 이르지 않은 때에는 미수에 불과하다. 그런데 본죄에 관한 미수범의 처벌규정이 없는 이상, 본죄는 성립하지 않는다(통설. 다만 뒤에서 보는 각종 특별법 규정들은 미수범도 처벌하는 경우가 있음).

5. 고의 및 영리의 목적

22   본죄는 고의범으로서, 사람을 매개하여 간음하게 한다는 인식과 의사가 있어야 한다.

23   한편 본죄는 목적범이므로, '영리의 목적'으로 실행행위를 한 때에 성립한다.[32] 그러므로 무상(無償)의 음행매개 행위는 본죄에 해당하지 않는다. '영리의 목적'이란 재산적 이익을 취득할 목적으로서, 일시적·영구적 이익 여부를 묻지 않는다. 제3자에게 취득하게 할 목적이 있어도 상관이 없고, 현실적으로 영리를 달성하였는지 여부는 본죄의 성립에 영향이 없다.[33]

Ⅲ. 죄 수

24   1회의 간음이 있을 때마다 하나의 범죄가 성립하므로, 시간과 장소를 달리하여 간음이 있는 경우에는 본죄의 경합범이 된다. 다만, 경우에 따라 연속범으

---

31 김일수·서보학, 503.
32 이와 관련하여, 본죄와 같은 풍속범죄는 고의 이외에 특별한 주관적 구성요건으로 행위자의 주관적인 내적 경향성을 요구하는 경향범이라는 견해로는 박상기, 575.
33 김성돈, 682; 김일수·서보학, 503; 손동권·김재윤, §42/17; 신동운, 512; 오영근, 607; 이재상·장영민·강동범, §36/10; 이정원·류석준, 647; 임웅, 807.

로서 포괄일죄가 되는 경우가 있다(통설).

　이에 대하여 본죄의 죄수는 매개행위의 수를 기준으로 결정한다는 전제에　　**25**
서, 하나의 매개행위가 있는 경우에는 여러 번의 간음이 있더라도 하나의 죄만
성립한다는 견해도 있다.[34]

Ⅳ. 처 벌

　3년 이하의 징역 또는 1,500만 원 이하의 벌금에 처한다.　　　　　　　　**26**

　본죄는 성폭력범죄의 처벌에 관한 특례법(이하, '성폭력처벌법'이라 한다.)이 정　**27**
하는 '성폭력범죄'의 하나로 규정되어 있다(성폭처벌 §2①(i)). 따라서 본죄를 범한
사람에게는 재범예방에 필요한 수강명령 또는 성폭력 치료프로그램의 이수명령
이 원칙적으로 부과된다(성폭처벌 §16②). 본죄는 청소년성보호법이 정하는 '성인
대상 성범죄'에도 해당한다(아청 §2(iii의2)). 그러므로 본죄를 범한 사람에 대해서
는, 아동·청소년 관련기관 등에 취업 또는 사실상 노무를 제공할 수 없도록 하
는 명령, 즉 취업제한 명령이 원칙적으로 부과된다(아청 §56①).

V. 성매매알선 등 행위의 처벌에 관한 법률의 관련 규정 등

1. 법령의 개요 및 연혁

　성매매처벌법은 2004년 3월 22일 제정, 2004년 9월 23일부터 시행된 법률　**28**
이다. 이 법은 성매매, 성매매알선 등 행위 및 성매매 목적의 인신매매를 근절
하고, 성매매피해자의 인권을 보호함을 목적으로 한다(§1). 이에 따라 예전에 시
행되던 구 윤락행위등방지법은 2004년 9월 23일 법률 제7196호로 폐지되었다.
2002년 군산시에서 발생한 두 번의 윤락업소 화재사건을 계기로 성매매, 특히
성매매를 강요당하는 윤락 여성의 인권 문제가 뜨거운 사회적 이슈가 되면서
2004년에 이르러 이 법이 제정·시행된 것이다.[35]

---

34 오영근, 607.
35 최상욱, "성매매처벌법의 허와 실", 강원법학 19(2004. 12), 68.

2. 주요 금지·처벌규정

29   형법상 음행매개죄와 관련되는 성매매처벌법의 주요 조항은 성매매처벌법 제2조, 제4조, 제19조, 제21조의 규정들이라 할 수 있다.

(1) 금지행위

30   성매매처벌법 제4조는 "누구든지 다음 각 호의 어느 하나에 해당하는 행위를 하여서는 아니 된다."라면서, 성매매(제1호), 성매매알선 등 행위(제2호), 성매매 목적의 인신매매(제3호), 성을 파는 행위를 하게 할 목적으로 다른 사람을 고용·모집하거나 성매매가 행하여진다는 사실을 알고 직업을 소개·알선하는 행위(제4호), 제1호, 제2호 및 제4호의 행위 및 그 행위가 행하여지는 업소에 대한 광고행위(제5호)를 금지의 대상으로 정하고 있다.

31   여기서 '성매매'란 "불특정인을 상대로 금품이나 그 밖의 재산상 이익을 수수하거나 수수하기로 약속하고 다음 각 목의 어느 하나에 해당하는 행위를 하거나 그 상대방이 되는 것"으로서(§ 2①(i) 본문), 성교행위(가목), 구강·항문 등 신체의 일부 또는 도구를 이용한 유사 성교행위(나목)를 말한다.

32   '성매매알선 등 행위'란, '성매매를 알선, 권유, 유인 또는 강요하는 행위'(§ 2①(ii) 가목), '성매매의 장소를 제공하는 행위'(같은 호 나목), '성매매에 제공되는 사실을 알면서 자금, 토지 또는 건물을 제공하는 행위'(같은 호 다목)로 정의된다.

(2) 처벌조항의 구성요건

33   성매매처벌법 제19조에서는 위와 같은 금지조항을 기초로 그 금지규범을 위반한 행위를 처벌한다.

34   우선 기본적 구성요건인 제19조 제1항은, '성매매알선 등 행위를 한 사람'(제1호), '성을 파는 행위를 할 사람을 모집한 사람'(제2호), '성을 파는 행위를 하도록 직업을 소개·알선한 사람'(제3호)을 처벌하도록 정하고 있다. 가중적 구성요건이라 할 수 있는 제19조 제2항에서는, '영업으로 성매매알선 등 행위를 한 사람'(제1호), '성을 파는 행위를 할 사람을 모집하고 그 대가를 지급받은 사람'(제2호), '성을 파는 행위를 하도록 직업을 소개·알선하고 그 대가를 지급받은 사람'(제3호)을 보다 높은 법정형으로 처벌하도록 규정하고 있다. 성매매처벌법 제23조에서는, 위와 같은 죄의 미수범도 처벌하는 것으로 정하였다.

436   〔김 승 주〕

아울러 성매매처벌법 제21조 제1항에서는, 성매매를 한 사람, 즉 성을 파는 35
행위를 한 사람(주로 성매매 여성 내지 '성판매 여성'이 될 것이다.)과 그 상대방(주로 '성
구입 남성'이 될 것이다.)도 처벌의 대상으로 규정하였다. 성매매처벌법은 '성매매
피해자'를 정의하면서 '위계, 위력 그 밖에 이에 준하는 방법으로 성매매를 강요
당한 사람' 등에 한정해 열거하고 있다.[36] 따라서 자발적 의사로 성을 파는 행
위를 한 성판매 여성이나, 그 상대방인 성구입 남성 모두 처벌되는 구조라 할
수 있다. 이 점에서 '간음을 매개하게 한' 알선행위자만 처벌하는 형법상 음행매
개죄보다, 그 처벌의 범위를 훨씬 더 넓게 규정하고 있다.[37]

3. 구성요건의 해석론

성매매처벌법에서 말하는 '성매매'는 '불특정인을 상대로' 한 것이어야 한다. 36
여기서 '불특정인을 상대로'라는 것은 행위 당시에 상대방이 특정되지 않았다는
의미가 아니라, 그 행위의 대가인 금품 기타 재산상의 이익에 주목적을 두고 상
대방의 특정성을 중시하지 않는다는 의미라고 보아야 한다.[38]

성매매의 일종인 '유사 성교행위'에는, 손으로 성기를 감싸 쥐고 왕복운동을 37
하여 사정하게 하는 행위,[39] 간호사 등으로 분장한 여종업원이 고객과 대화하며

---

36 성매매처벌법 제2조(정의) ① 이 법에서 사용하는 용어의 뜻은 다음과 같다.
　4. "성매매피해자"란 다음 각 목의 어느 하나에 해당하는 사람을 말한다.
　　가. 위계, 위력, 그 밖에 이에 준하는 방법으로 성매매를 강요당한 사람
　　나. 업무관계, 고용관계, 그 밖의 관계로 인하여 보호 또는 감독하는 사람에 의하여 「마약
　　　류관리에 관한 법률」 제2조에 따른 마약·향정신성의약품 또는 대마(이하 "마약등"이라
　　　한다)에 중독되어 성매매를 한 사람
　　다. 청소년, 사물을 변별하거나 의사를 결정할 능력이 없거나 미약한 사람 또는 대통령령
　　　으로 정하는 중대한 장애가 있는 사람으로서 성매매를 하도록 알선·유인된 사람
　　라. 성매매 목적의 인신매매를 당한 사람
37 다만, 청소년성보호법 제38조 제1항 및 제13조 제1항은 성매매처벌법 제21조 제1항에도 불구하
　고 성을 사는 행위의 상대방이 된 아동·청소년에 대하여는 보호 및 재활을 위하여 처벌하지 않
　는다고 규정한다.
38 대판 2016. 2. 18, 2015도1185. 대법원은 그와 같은 법리에 따라, 설령 피고인의 상대방(A)에게는
　결혼이나 이를 전제로 한 교제 의사가 없었더라도, 피고인으로서는 진지한 교제를 염두에 두고 A
　를 만났을 가능성이 충분히 있어, 피고인이 자신을 경제적으로 도와줄 수 있는 재력을 가진 사람
　이면 그가 누구든지 개의치 않고 성행위를 하고 금품을 받을 의사로 A를 만났다고 단정하기는 어
　려우므로, 피고인이 '불특정인을 상대로' 성매매를 한 것으로 볼 수 없다는 취지로 판단하였다.
39 대판 2006. 10. 26, 2005도8130. 이 판결에 대한 ① 해설로는 박이규, "성매매 알선 등 행위의
　처벌에 관한 법률상 유사성교행위의 의미", 해설 66, 법원도서관(2007), 532-553, ② 평석으로는

발로 고객의 성기를 자극하는 등으로 사정을 유도하는 행위[40] 등이 모두 포함
된다. 이와 같은 '유사 성교행위'의 의미는 구강·항문 등 신체 내부로의 삽입행
위 내지 적어도 성교와 유사한 것으로 볼 수 있는 정도의 성적 만족을 얻기 위
한 신체 접촉행위로 해석될 수 있으므로, 헌법상 죄형법정주의의 명확성 원칙에
위반되지 않는다.[41]

38   '영업으로 성매매를 알선'한다는 것은 성매매를 주된 목적으로 할 필요까지는
없으나 성매매와 관련이 있는 사업을 경영하면서 그 사업활동으로 또는 그 사업
활동에 수반하여 영리를 목적으로 계속적·반복적으로 성매매를 알선하는 것을
의미한다. 성매매 관련 사업을 경영한다는 것은 해당 사업의 경제적 효과가 자신
에게 귀속되게 할 목적으로 해당 사업을 관리·운영하는 것을 의미한다.[42]

39   건물 일부가 성매매에 제공되는 사실을 알면서도 이를 임대하여 성매매의
장소를 제공하는 행위는, 성매매알선 등 행위 중 하나인 '성매매에 제공되는 사
실을 알면서 건물을 제공하는 행위'(성매매처벌법 § 2①(ii) 다목)에 해당한다.[43] 성
매매처벌법 제19조 제1항 제1호, 제2조 제1항 제2호 (나)목에서 '성매매의 장소
를 제공하는 행위'에 대한 처벌 규정을 둔 입법 취지는, 성매매의 장소를 제공하
는 것은 성매매 내지는 성매매알선을 용이하게 하는 것이고, 결국 성매매의 강
요·알선 등 행위로 인하여 얻은 재산상의 이익을 취득하는 것이라는 점에서 성
매매행위의 공급자와 중간 매개체를 차단하여 우리 사회에 만연되어 있는 성매

김주덕, "유사성교행위의 판단기준", 시사법률 141(2007. 1), 68-69. ③ 이 판결을 비롯하여 성매
매에서의 유사 성교행위에 관한 개념·범위 등을 논의한 문헌으로는 김지혜, "성매매에서의 '유사
성교 행위' 관련 판례를 통해 본 성매매의 범죄성 문제", 법과 사회 37(2009), 355-381; 박찬걸,
"성매매의 개념과 관련된 최근의 쟁점", 형사정책 26-3, 한국형사정책학회(2014. 12), 221-242; 황
태정·변하도, "성교행위와 성매매의 법적 규제와 문제점", 형사정책연구 24-4, 한국형사정책연구
원(2013. 겨울), 193-230 등 참조.

40 대판 2008. 5. 15, 2008도692.

41 헌재 2018. 12. 27, 2017헌바519.

42 대판 2015. 9. 10, 2014도12275. 대법원은 그와 같은 법리에 따라, 일정액의 보수를 지급받는 종
업원은 해당 사업의 경제적 효과가 자신에게 귀속되게 할 목적으로 해당 사업을 관리하고 운영하
는 자의 지위에 있지 않아, 영업 성매매알선행위의 단독범이 될 수 없다는 취지로 판단하였다.
다만 이 판결에 의하더라도, 종업원이 영업 성매매알선죄에 가공한 경우 영업 성매매알선죄의
공동정범이 성립할 여지 내지는 일반적 처벌규정인 성매매처벌법 제19조 제1항 제1호 규정의
단독범에 해당할 여지를 배제한 것으로 보이지는 않는다.

43 대판 2014. 2. 27, 2013도16361.

매행위의 강요·알선 등 행위와 성매매행위를 근절하려는 성매매처벌법의 목적을 달성하기 위해 간접적인 성매매알선을 규제하기 위함이다.[44] 나아가 대판 2011. 8. 25, 2010도6297[45]은 건물을 임대한 사람이 그 건물의 임대 당시에는 성매매에 제공되는 사실을 알지 못하였으나 이후에 수사기관의 단속 결과에 따른 통지 등으로 이를 알게 되었음에도 그 건물의 임대차계약을 해지하여 임대차관계를 종료시키고 그 점유의 반환을 요구하는 의사를 표시함으로써 그 제공행위를 중단하지 않은 채 성매매에 제공되는 상황이 종료되었음을 확인하지 못한 상태로 계속 임대하는 경우도, '성매매에 제공되는 사실을 알면서 건물을 제공하는 행위'(성매매처벌법 §2①(ii) 다목)에 해당한다고 판단하였다.

4. 죄수 및 처벌 등

영업 성매매알선죄(§19②(i))에서 반복된 여러 개의 행위가 단일하고 계속된 범의하에 근접한 일시·장소에서 유사한 방법으로 행해지는 등 밀접한 관계에 있어 그 전체를 1개의 행위로 평가함이 타당한 경우에는 포괄일죄로 볼 수 있다.[46] 다만 '범의의 단일성과 계속성이 인정되지 아니하거나 범행 장소 및 장소가 동일하지 않은 경우에는 실체적 경합범에 해당한다'는 법리 아래, 단순 성매매장소 제공행위를 범죄사실로 한 약식명령의 기판력은 그와 다른 시기에 다른 사람에게 단순 성매매장소를 제공하였다는 등의 내용이 담긴 당해 사건의 공소사실에 미치지 않는다는 취지로 판시한 사례가 있다.[47]

성매매알선행위 중 '성매매를 알선, 권유, 유인 또는 강요하는 행위'(§19①(i), §2①(ii) 가목)와 '성매매에 제공되는 사실을 알면서 자금, 토지 또는 건물을 제공하는 행위'(§19①(i), §2①(ii) 나목), 즉 성매매알선행위와 건물제공행위의 경우 비

40

41

---

44 대판 2020. 5. 14, 2020도1355.

45 이 판결에 대한 해설로는 심담, "건물 임대인이 건물을 임대한 후, 경찰청으로부터 통지를 받아 그 건물이 성매매에 제공되는 사실을 알았으면서도 그 건물의 제공행위를 중단하지 아니하고 그대로 임차인으로 하여금 계속하여 사용하게 하는 행위가 성매매알선 등 행위의 처벌에 관한 법률 제2조 제1항 제2호 (다)목의 '성매매에 제공되는 사실을 알면서 자금·토지 또는 건물을 제공하는 행위'에 해당하는지 여부 및 임대인의 건물 제공행위 중단의 방법", 해설 90, 법원도서관(2012), 910-927.

46 대판 1993. 3. 26, 92도3405. 이는 직업안정 및 고용촉진에 관한 법률 위반이 문제된 사례이나, 그 행위태양의 동일성 등에 비추어 현행 성매매처벌법위반 사건에서도 원용될 여지가 있다고 보인다.

47 대판 2020. 5. 14, 2020도1355.

록 처벌규정은 동일하지만, 범행방법 등의 기본적 사실관계가 상이할 뿐 아니라 주체도 다르다고 보아야 한다. 또한 여러 개의 행위태양이 동일한 법익을 침해하는 일련의 행위로서 각 행위 사이의 필연적 관련성이 당연히 예상되는 경우에는 포괄일죄의 관계에 있다고 볼 수 있지만, 건물제공행위와 성매매알선행위의 경우 성매매알선행위가 건물제공행위의 필연적 결과라거나 반대로 건물제공행위가 성매매알선행위에 수반되는 필연적 수단이라고도 볼 수 없다. 따라서 '영업으로 성매매를 알선한 행위'와 '영업으로 성매매에 제공되는 건물을 제공하는 행위'는 당해 행위 사이에서 각각 포괄일죄를 구성할 뿐, 서로 독립된 가벌적 행위로서 별개의 죄를 구성한다.[48]

42   기본적 구성요건이라 할 수 있는 성매매알선 등 행위에 대해서는 3년 이하의 징역 또는 3,000만 원 이하의 벌금에 처한다(§ 19①). 가중적 구성요건이라 할 수 있는 '영업으로' 성매매알선 등을 한 행위에 대해서는 7년 이하의 징역 또는 7,000만 원 이하의 벌금에 처한다(§ 19②). 이와 같은 죄를 범한 경우, 징역과 벌금을 병과할 수 있다(§ 24).

43   그와 같은 법정형의 차이 등을 고려할 때, 영업범이 아닌 경우의 처벌조항인 성매매처벌법 제19조 제1항으로 기소된 사건에 대하여, 공소장변경 없이 성매매처벌법 제19조 제2항의 영업범으로 처벌하는 것은 피고인의 방어권 행사에 실질적인 불이익을 초래한다고 보아야 하며, 법원은 공소장변경 없이는 형이 더 무거운 법조를 적용하여 영업범으로 처벌할 수 없다.[49]

5. 몰수·추징

44   성매매처벌법은 위와 같은 죄를 범한 사람이 그 범죄로 인하여 얻은 금품이나 그 밖의 재산을 몰수하고, 몰수할 수 없는 경우에는 그 가액을 추징한다는 필요적 몰수·추징규정을 두고 있다(§ 25).

45   성매매처벌법 제19조 제2항 제1호(성매매알선등 행위 중 성매매에 제공되는 사실

---

48 대판 2011. 5. 26, 2010도6090. 그와 같은 법리에 따라 대법원은, 약식명령이 확정된 '영업으로 성매매에 제공되는 건물을 제공하는 행위'와 약식명령 발령 전에 행해진 '영업으로 성매매를 알선한 행위'는 서로 독립된 가벌적 행위로서 별개의 죄를 구성한다고 보아야 하는데도, 포괄일죄의 관계에 있다고 보아 당해 공소사실을 면소로 판단한 원심판결을 파기환송하였다.
49 대판 2010. 9. 9, 2010도6026.

을 알면서 자금·토지 또는 건물을 제공하는 행위만 해당한다.)[50]의 죄에 관계된 자금 또는 재산은 범죄수익은닉의 규제 및 처벌 등에 관한 법률(이하, '범죄수익은닉규제법'이라 한다.)이 정하는 '범죄수익'에 해당한다(범죄수익 §2(ii)(나)). 그러므로 이러한 자금 또는 재산은 몰수 대상이 되거나(범죄수익 §8①), 추징의 대상이 된다(범죄수익 §10①).

이와 관련하여 성매매에 제공된 건물 등 부동산 자체를 몰수한 원심의 판단을 수긍한 판례가 있다.　46

① 대판 2013. 5. 23, 2012도11586[51]은, "형법 제48조 제1항 제1호에 의한 몰수는 임의적인 것이므로 그 몰수의 요건에 해당되는 물건이라도 이를 몰수할 것인지의 여부는 일응 법원의 재량에 맡겨져 있다 할 것이나, 형벌 일반에 적용되는 비례의 원칙에 의한 제한을 받으며, 이러한 법리는 범죄수익은닉규제법 제8조 제1항의 경우에도 마찬가지로 적용"된다는 법리를 판시하였다. 위 대법원 판결은 이에 따라, 피고인이 A에게서 명의신탁을 받아 피고인 명의로 소유권이전등기를 마친 토지 및 그 지상 건물(이하, '부동산'이라 한다.)에서 A와 공동하여 영업으로 성매매알선 등 행위를 함으로써 성매매에 제공되는 사실을 알면서 부동산을 제공하였다는 내용의 성매매처벌법위반(성매매알선등) 공소사실이 유죄로 인정된 사안에서, 그 부동산의 몰수를 선고한 원심의 판단이 정당하다고 보았다.　47

위 판결은 ⓐ A는 처음부터 성매매알선 등 행위를 하기 위해 부동산을 취득하여 피고인에게 명의신탁한 후 약 1년 동안 성매매알선 등 행위에 제공하였고, 일정한 장소에서 은밀하게 이루어지는 성매매알선 등 행위의 속성상 장소의 제공이 불가피하다는 점, ⓑ 부동산은 5층 건물인데 2층 내지 4층 객실 대부분이 성매매알선 등 행위의 장소로 제공된 점, ⓒ 피고인은 부동산에서 이루어지는 성매매알선 등 행위로 발생하는 수익의 자금관리인으로, A와 함께 범행을 지배하는 주체가 되어 영업으로 성매매알선 등 행위를 한 점, ⓓ 부동산의 실질　48

---

50 행위자 스스로 성매매를 알선·권유·유인 또는 강요하는 행위나 성매매의 장소를 제공하는 행위를 하는 경우를 포함한다는 것이 판례이다(대판 2013. 5. 23, 2012도11586).

51 이 판결에 대한 ① 해설로는 우인성, "성매매 업소 몰수와 비례 원칙 위반 여부", 사법 26, 사법발전재단(2013. 12), 342-373, ② 평석으로는 윤동호, "몰수, 추징의 대상과 한계 및 문제점: 성매매업소에 대한 징벌적 몰수 판결을 소재로", 비교형사법연구 17-1, 한국비교형사법학회(2015), 59-82 등의 문헌 참조.

〔김 승 주〕　　**441**

적 가치는 크지 않은 반면 피고인이 성매매알선 등 행위로 벌어들인 수익은 상당히 고액인 점, ⓔ 피고인은 초범이지만 공동정범 A는 이와 같은 종류의 범죄로 2회 처벌받은 전력이 있을 뿐 아니라 성매매알선 등 행위의 기간, 특히 단속된 이후에도 성매매알선 등 행위를 계속한 점 등을 판단 근거로 판시하였다.

49   나아가 ② 대판 2020. 10. 15, 2020도960은, 피고인들이 각자 역할을 분담하여 성매매 알선 영업을 하고 전체 업소 수익금을 나누어 가지기로 한 다음 오피스텔 호실 여러 개를 임차한 후 여성 종업원을 고용하여 영업으로 성매매를 알선하였다는 공소사실 등으로 기소된 사안에서, 검사는 피고인들의 행위를 성매매처벌법 제2조 제1항 제2호 (가)목에 해당하는 행위(성매매를 알선하는 행위)로 기소하였지만 피고인들의 행위가 같은 호 (다)목의 행위(성매매에 제공되는 사실을 알면서 자금을 제공하는 행위)로도 인정되는 이상 이 부분 공소사실은 범죄수익은닉규제법에 따른 몰수의 대상이 되는 성매매처벌법 제2조 제1항 제2호 (다)목의 행위와 관련성이 인정되므로, 그 임대차보증금반환채권은 범죄수익은닉규제법 제2조 제2호 (나)목 1)에서 범죄수익으로 정한 '성매매에 제공되는 사실을 알면서 자금을 제공하는 행위에 관계된 자금 또는 재산'으로 범죄수익은닉규제법 제8조 제1항 제1호에 따라 범죄수익으로 몰수될 수 있다고 판단하였다.[52]

50   한편 성매매처벌법에 의한 추징은 성매매알선 등 행위의 근절을 위하여 그 행위로 인한 부정한 이익을 필요적으로 박탈하려는 데 그 목적이 있으므로, 그 추징의 범위는 범인이 실제로 취득한 이익에 한정된다.[53] 이에 따라 대법원은, 성매매 여성에게 지급한 돈은 그 추징액에서 공제하여야 한다는 입장을 지속적으로 판시하고 있다.[54] 추징 대상 수익은 성매매 '알선행위'로 인한 수익이므로, '성매매행위'로 인한 수익은 추징 대상이 되지 않기 때문이다. 임대차보증금의 경우에도 대법원은, 그것이 성매매처벌법 제25조가 정하는 추징의 대상 또는 범죄수익은닉규제법 제2조 제2호가 정하는 '범죄수익에 유래한 재산'에 해당하지

---

52 다만, 그 몰수는 임의적인 것이라는 등의 이유로 해당 사건의 상고는 기각되었다.

53 성매매처벌법의 몰수·추징을 논한 것으로는 박미숙, "성매매 알선 등 장소제공자에 대한 범죄수익 몰수·추징 현황과 대책", 여성과 인권(2015년 하반기), 한국여성인권진흥원, 2-19; 박찬걸, "성매매 수익에 대한 몰수 및 추징제도의 활성화방안", 저스티스 156, 한국법학원(2016. 10), 204-239 등의 문헌 참조.

54 대판 2009. 5. 14, 2009도2223; 대판 2010. 9. 30, 2010도7429 등.

않는다고 본 원심의 판단을 수긍하였다.[55]

하지만 범인이 성매매알선 등 행위를 하는 과정에서 지출한 세금 등의 비용   **51**
은, 성매매알선의 대가로 취득한 금품을 소비하거나 자신의 행위를 정당화시키
기 위한 방법의 하나에 지나지 않으므로 추징액에서 이를 공제할 것은 아니다.[56]
그 범행 과정에서 지출한 업소 건물의 임대료 역시 추징액에서 공제되지 않는다.[57]

여러 사람이 공동하여 성매매알선 등 행위를 하였을 경우, 그 범죄로 인하   **52**
여 얻은 금품 그 밖의 재산을 몰수할 수 없을 때에는 공범자 각자가 실제로 얻
은 이익의 가액을 개별적으로 추징하여야 한다. 그 개별적 이득액을 알 수 없다
면 전체 이득액을 평등하게 분할하여 추징하여야 한다. 공범자 전원으로부터 이
득액 전부를 공동으로 연대하여 추징할 수는 없다.[58]

6. 형법상 음행매개죄와의 관계 및 관련 민·형사상 문제

이상과 같은 성매매처벌법의 규정들은 형법상 음행매개죄에 대한 특별법에   **53**
해당한다. 그러므로 전형적인 성매매알선행위와 같이 어떤 행위가 형법상 음행
매개죄와 성매매처벌법의 처벌규정에 모두 해당하는 경우, 성매매처벌법위반죄
만 성립하고 형법상 음행매개죄는 이에 흡수된다고 봄이 타당하다.[59] 일본에서
도 형법 제182조의 음행권유죄는 매춘방지법 제12조 관리매춘죄(管理賣春の罪)에
흡수된다고 본다.[60]

한편 성매매알선 등 행위가 형법상 업무방해죄(§314)의 '업무'에 해당하는지   **54**
여부에 관하여, 대판 2011. 10. 13, 2011도7081[61]은 "형법상 업무방해죄의 보호

---

55 대판 2009. 10. 29, 2009도5622.
56 대판 2008. 6. 26, 2008도1392; 대판 2009. 5. 14, 2009도2223. 다만 공범 사이의 정산(약정)이
    있을 경우, 추징에 관해서는 대판 2014. 8. 20, 2014도7194 등 참조.
57 대판 2009. 5. 14, 2009도2223; 대판 2010. 12. 9, 2010도10495 등.
58 대판 2009. 5. 14, 2009도2223. 이와 관련하여, 업주가 직원들과 공동하여 영업 성매매알선죄를
    범한 경우 직원들도 '공범'이므로 범죄수익을 개별 추징하거나 평등하게 분할 추징해야 하는 것
    아닌지 의문이 있을 수 있다. 그러나 대법원의 입장은, 직원들에게 지급한 급여가 '비용'에 불과
    하여 업주의 추징액에서 공제할 것이 아니라 업주로부터 범죄수익 전체를 추징하여야 한다는 취
    지로 이해된다(대판 2013. 4. 11, 2013도1859).
59 주석형법 [각칙(3)](5판), 29(박범석).
60 大塚 外, 大コン(3版)(9), 112(亀山継夫=河村 博).
61 이 판결에 대한 평석으로는 박찬걸, "업무방해죄에 있어서 업무의 보호가치에 대한 검토", 형사
    판례연구 [21], 한국형사판례연구회, 박영사(2013), 137-172.

대상이 되는 '업무'라 함은 직업 또는 계속적으로 종사하는 사무나 사업으로서 타인의 위법한 침해로부터 형법상 보호할 가치가 있는 것이어야 하므로, 어떤 사무나 활동 자체가 위법의 정도가 중하여 사회생활상 도저히 용인될 수 없는 정도로 반사회성을 띠는 경우에는 업무방해죄의 보호대상이 되는 '업무'에 해당한다고 볼 수 없다."는 법리를 판시하였다. 이에 따라 위 대법원 판결은, "성매매알선 등 행위는 법에 의하여 원천적으로 금지된 행위로서 형사처벌의 대상이 되는 중대한 범죄행위일 뿐 아니라 정의관념상 용인될 수 없는 정도로 반사회성을 띠는 경우에 해당하므로, 이는 업무방해죄의 보호대상이 되는 업무라고 볼 수 없다."고 판단하였다.

55 나아가 대판 2013. 6. 14, 2011다65174[62]는 성매매처벌법 제10조[63]를 들면서, "윤락행위 및 그것을 유인·강요하는 행위는 선량한 풍속 기타 사회질서에 반하므로, 윤락행위를 할 사람을 고용함에 있어 성매매의 유인·권유·강요의 수단으로 이용되는 선불금 등 명목으로 제공한 금품이나 그 밖의 재산상 이익 등은 불법원인급여에 해당하여 그 반환을 청구할 수 없고, 나아가 성매매의 직접적 대가로서 제공한 경제적 이익뿐만 아니라 성매매를 전제하고 지급하였거나 성매매와 관련성이 있는 경제적 이익이면 모두 불법원인급여에 해당하여 반환을 청구할 수 없다."고 판단하였다.[64]

---

62 이 판결 평석은 원민경, "성매매처벌법 제10조 불법원인 채권 무효 관련 최근 판결례 검토", 여성과 인권(2017년 상반기), 한국여성인권진흥원, 140-150; 임혜원, "성매매 관련 대가에 관한 민·형사상 몇 가지 문제", 우리법연구회 논문집 7(2017), 595-662; 한현희, "성판매 여성에게 손해를 입힌 자는 누구인가 ? - 성구매 남성, 알선업자, 국가에 대한 민사상 청구를 중심으로 -", 젠더 판례 다시 읽기(2017), 78-95.

63 성매매처벌법 제10조(불법원인으로 인한 채권무효) ① 다음 각 호의 어느 하나에 해당하는 사람이 그 행위와 관련하여 성을 파는 행위를 하였거나 할 사람에게 가지는 채권은 그 계약의 형식이나 명목에 관계없이 무효로 한다. 그 채권을 양도하거나 그 채무를 인수한 경우에도 또한 같다.
 1. 성매매알선 등 행위를 한 사람
 2. 성을 파는 행위를 할 사람을 고용·모집하거나 그 직업을 소개·알선한 사람
 3. 성매매 목적의 인신매매를 한 사람

64 성매매알선 등 행위에 관하여 동업계약을 체결한 당사자 일방이 상대방에게 동업계약에 따라 성매매의 권유·유인·강요의 수단으로 이용되는 선불금 등 명목으로 사업자금을 제공한 경우, 그 사업자금이 불법원인급여에 해당한다고 본 대판 2013. 8. 14. 2013도321도 이와 유사한 취지로 보인다.

7. 성매매알선 등 행위의 처벌에 관한 법률의 합헌성과 그 입법 개선 등에 관한 논의

인신매매나 위력·위계·강요 등이 수반된 성매매알선 등의 행위에 대한 처벌의 당위성은 별론으로 하고,[65] 당사자들의 동의 아래 이루어지는 성매매행위를 처벌하는 성매매처벌법의 규정들에 관한 합헌성에 관한 의문을 제기하거나 그 구성요건 등에 대한 개정의 필요성을 주문하는 취지의 비판은, 이 법의 제정 당시부터 꾸준히 제기되어 오고 있다. 이에 관한 논의는, 앞서 성풍속에 관한 죄 **[총설]** 부분에서 살펴본 것처럼 성범죄의 비범죄화를 지지하는 배경에서 성매매행위 또한 범죄화하는 것이 바람직하지 않다는 관점, 젠더 법적인 시각에서 성매매 여성들을 피해자로 보는 관점 등에 따라 그 스펙트럼이 상당히 다양하고, 구체적인 입법론도 이론적·현실적 배경 등에 따라 일의적으로 분류하기 힘들다. 다만 이를 대별하여 보면, 대체로 다음과 같다.

우선 성매매행위를 비범죄화해야 한다는 견해는, 대략 다음과 같은 논거들을 제시한다.[66] 즉, 어떤 행위가 직접적으로 타인에게 피해를 줄 때에만 국가가 그 행위를 간섭할 수 있고 이러한 피해를 수반하지 않는 행위에 대해서는 국가가 간섭하지 말아야 한다는 해악의 원칙(harm principle), 제한된 국가의 형벌능력을 사용하기 위해서는 사회적 해악성이 큰 행위부터 처벌해야 한다는 형벌권의 효율적 사용(형벌을 동원할 수 있는 국가능력의 한계), 성매매를 합리적 의심 없이 증명한다는 것은 거의 불가능하므로 이에 대한 처벌은 소극적 실체진실주의와 무죄추정 원칙에 반한다는 점 등이다.[67] 이는 앞서 본장의 죄 **[총설]** 부분에서 살

56

57

65　성매매처벌법 제1조는 그 목적에 대해 성매매, 성매매알선 등 행위의 근절과 함께 '성매매 목적의 인신매매 근절' 및 '성매매피해자의 인권 보호'를 선언하고 있다.

66　오영근, 605 참조.

67　동의에 의한 성매매행위를 비범죄화하거나 이와 관련된 성매매처벌법 관련 규정의 엄격 해석이 바람직하다는 입장(또는 이에 가까운 입장)으로 보이는 것으로 다음과 같은 문헌 등이 있다. ① 김명호, "성매매의 합법화 주장에 대한 고찰", 중앙법학논총 7-2(2017), 43-78, ② 박성민, "성매매특별법상 자발적 성매매행위의 비범죄화 가능성 고찰", 형사법연구 27-4, 한국형사법학회(2015), 3-23, ③ 박찬걸, "성풍속범죄에 대한 비판적 검토 - '건전한 성풍속'이라는 보호법익을 중심으로 -", 법무연구 3(2012. 4), 377-403, ④ 배종대, "형법, 형벌, 양형 - 성매매특별법의 경우 -", 21세기의 형벌과 양형(2006), 한국형사법학회·한국형사정책연구원, 3-19, ⑤ 송승현, "성매매처벌법 제21조 제1항의 위헌성 여부", 서울대학교 법학 56-3(2015. 9), 79-116, ⑥ 이경재, "성매매특별법 시행 4년에 대한 평가와 제안", 형사정책연구 20-1, 한국형사정책연구원(2009. 봄), 701-727; 이

펴보았던 성범죄의 비범죄화 경향을 지지하는 관점, 즉 형사법과 성도덕을 분리하는 것이 바람직하다는 시각과 연결된 논의들이 상당 부분을 차지한다.

58   한편 위와 같이 형사법과 성도덕을 분리한다는 시각과는 다소 상이한 관점, 즉 성매매 여성의 인권 침해 및 그 개선에 주목하는 젠더법적 관점에서, 성을 파는 행위를 하는 성매매 여성(성판매 여성)을 처벌하는 성매매처벌법 규정의 합헌성을 비판하거나 그 규정의 엄격한 해석을 주문하는 취지의 견해도 상당수 제기되고 있다. 현행 성매매처벌법과 같이 인신매매·위력·강요 등에 의해 성매매를 한 사람만 '성매매피해자'로 보는 것과 달리, 성판매 여성을 전적으로 또는 그 일부의 범위 내에서 성매매피해자로 정함으로써 성매매피해자의 범위를 확장하자(이에 따라 성판매여성의 성행위는 불가벌적 행위가 됨)는 등 입법론에 가까운 주장들도 이와 궤를 같이 한다고 보인다.[68]

경재, "성매매 처벌법의 문제점과 대안", 헌법실무연구 14, 헌법실무연구회(2014), 239-260(일반인의 법감정이나 정서 등을 감안할 때 성매매의 비범죄화는 시기상조라는 취지도 담겨 있다), ⑦ 이덕인, "성매매처벌과 재범방지정책에 관한 비판적 고찰", 동아법학 43(2009), 193-217; 이덕인, "성매매알선 등 행위의 처벌에 관한 법률 제21조 제1항의 위헌논란과 쟁점", 형사법연구 27-3, 한국형사법학회(2015), 71-96, ⑧ 이훈동, "성매매와 형사법적 처벌의 한계", 외법논집 33-1(2009. 2), 491-508, ⑨ 임웅, "비범죄화의 이론", 법문사(1999), 105, ⑩ 조국, "성매매에 대한 시각과 법적 대책: 금지주의와 형사처벌을 넘어서", 절제의 형법학, 박영사(2014), 411-438(원칙적으로 단순 성매매 행위자 쌍방에 대한 비범죄화를 주장하되, 성매매 여성이 보유해야 할 구체적 권리를 확정하고 법제화하여야 한다는 등의 취지이다), ⑪ 조성용, "성매매알선 등 행위의 처벌에 관한 법률에 관한 헌법재판소 결정에 대한 비판적 검토", 형사정책연구 28-1, 한국형사정책연구원(2017. 봄), 5-47

68 이러한 취지에 해당하거나 그 입장에 가깝다고 보이는 것으로는 다음과 같은 문헌 등이 있다. ① 고명진·권ża나, "성매매 알선 등 행위의 처벌에 관한 법률의 개정 방향: 성매매 여성의 권익 보호를 중심으로", 이화젠더법학 5-1(2013), 23-44, ② 김은경, "성매매에 관한 페미니즘 담론과 형사정책적 딜레마". 형사정책 14-2, 한국형사정책학회(2002), 37-74; 김은경, "한국의 성매매 현황과 형사법적 대응실태: 새로운 법적 대책의 모색", 사람생각(2004), 123-172, ③ 박찬걸, "최근의 성매매피해자 개념 확대 논의에 대한 검토", 형사정책연구 25-1, 한국형사정책연구원(2014. 봄), 175-204, ④ 이호중, "성매매방지법안에 대한 비판적 고찰: 성매매에 관한 여성학적 담론과 형사정책의 담론 사이에서", 성매매, 새로운 법적 대책의 모색(2004. 2), 사람생각, 73-100, ⑤ 장다혜, "성매매처벌법상 단순성매매 처벌 위헌심판제청결정에 대한 비판적 검토(서울북부지방법원 2012. 12. 13. 2012고정2224, 2012초기1262 결정)", 이화젠더법학 7-3(2015), 1-29, ⑥ 조민혜, "형사재판에서 '성매매피해자' 개념의 해석과 적용에 대한 검토", 젠더 판례 다시 읽기(2017), 60-77, ⑦ 정현미, "성매매방지정책의 검토와 성매매처벌법의 개정 방향", 법학논집 18-2, 이화여대 법학연구소(2013), 211-227, ⑧ 한상희, "성매매방지법과 여성인권", 민주법학 30, 민주주의법학연구회(2006), 49-76(젠더 법 등의 관점에서 이 법의 실효성, 형해화 등을 비판하면서도, 그나마 있는 법이라도 지속적·실효적으로 집행되어야 한다는 취지이다). ⑨ 허경미, "성인지적 페미니즘 관점에서의 성매매 규제정책에 관한 연구", 한국공안행정학회보 20(2005. 6), 37-63.

8. 성매매처벌법의 합헌성에 관한 판례

위와 같은 이론적 논의나 사회적 논란 등에 따라 성매매처벌법에 대해서는   59
상당수의 위헌심판제청이나 헌법소원 등이 제기되어 왔다. 하지만 현재까지는
헌법재판소가 성매매처벌법 규정에 대해 위헌이라는 취지로 결정한 예를 찾기
힘들다.

우선 헌법재판소는 2006년에, '성매매에 제공되는 사실을 알면서 건물을 제   60
공하는 행위'(성매매처벌법 § 2①(ii) 다목. 이른바 '집창촌 건물주 규제 조항')에 관한 헌
법소원에서, 집창촌 지역 내의 전업형 성매매의 고질적인 병폐 및 인권침해를
방지하고 궁극적으로는 이 지역에서의 성매매를 근절하여 집창촌을 폐쇄함으로
써 얻어지는 공익이 단기적으로 침해되는 청구인들의 사익에 비하여 크다는 등
의 이유를 들어 위 조항에 대한 합헌 결정을 하였다.[69] 이와 같은 헌법재판소의
입장은 2012년에 있었던 성매매처벌법 제19조 제1항 제1호 및 제25조 관련 합
헌 결정에서도 유사한 것으로 보인다.[70]

헌법재판소는 2016년에도, 아동·청소년 성매수죄로 유죄가 확정된 사람은   61
신상정보 등록대상자가 되도록 정한 성폭력처벌법 내지 청소년성보호법 관련
규정들에 대해 합헌이라는 취지의 결정을 하였다.[71]

가장 관심이 집중되었던 사건은 2016년에 선고된 성매매처벌법 제21조 제1   62
항에 대한 위헌제청 사건, 즉 성매매를 한 사람을 형사처벌하도록 규정한 조항의
합헌성이 문제되었던 사건이다. 이 결정에서 헌법재판소는, "이 조항이 성매매를
형사처벌하여 성매매 당사자의 성적 자기결정권, 사생활의 비밀과 자유 및 성판
매자의 직업선택의 자유를 제한하고 있다."고 전제하면서도, "자신의 성뿐만 아니
라 타인의 성을 고귀한 것으로 여기고 이를 수단화하지 않는 것은 모든 인간의
존엄과 평등이 전제된 공동체의 발전을 위한 기본 전제가 되는 가치관이므로, 사
회 전반의 건전한 성풍속과 성도덕이라는 공익적 가치는 개인의 성적 자기결정권
등 기본권 제한의 정도에 비해 결코 작다고 볼 수 없어 법익균형성원칙에도 위배

---

69 헌재 2006. 6. 29, 2005헌마1167. 이 결정에 대한 해설로는 박준희, "성매매알선등 행위의 처벌
   에 관한 법률 제2조 제1항 제2호 다목 위헌 확인: 소위 집창촌 건물주 규제 조항의 위헌 여부",
   헌법재판소결정 해설집 2006, 헌법재판소(2007), 477-496.
70 헌재 2012. 12. 27, 2011헌바235; 헌재 2012. 12. 27, 2012헌바46.
71 헌재 2016. 2. 25, 2013헌마830.

되지 아니한다.”라는 등의 이유를 들어 위 조항이 합헌이라고 결정하였다.[72]

63   헌법재판소는 성매매 영업알선행위 처벌조항 및 그 몰수·추징조항이 정하는 ‘알선’ 부분,[73] ‘성매매를 권유하는 행위’의 처벌을 규정한 조항[74]에 대해서도 합헌이라는 취지로 결정하였다.

64   대법원도 ‘성매매에 제공되는 사실을 알면서 자금·토지 또는 건물을 제공하는 행위’를 ‘성매매알선 등 행위’에 포함시킨 성매매처벌법 조항(§ 2①(ii) 다목, § 19)에 대하여 헌법에 위반되지 않는다는 취지로 판단하였다.[75]

VI. 그 밖의 특별법 규정 등

1. 아동·청소년의 성보호에 관한 법률의 관련 규정

65   성매매 대상이 아동·청소년, 즉 19세 미만인 자의 경우에는, 청소년성보호법 제12조 내지 제15조가 적용됨으로써 성매매처벌법보다 더 가중된 처벌의 대상이 된다. 성매매처벌법 제5조에서 청소년성보호법에 특별한 규정이 있는 경우에는 그 법에서 정하는 바에 따른다고 규정하기 때문이다.

66   즉, 청소년성보호법 제12조는 아동·청소년 매매행위, 제13조는 아동·청소년의 성을 사는 행위 또는 이를 위하여 아동·청소년을 유인하거나 성을 팔도록 권유하는 행위, 제14조는 폭행이나 협박으로 아동·청소년으로 하여금 성을 사는 행위의 상대방이 되게 하는 행위 등을 형사처벌의 대상으로 삼는다. 나아가 청소년성보호법 제15조는 아동·청소년의 성을 사는 행위를 알선하는 것을 업으로 하는 행위(§ 15①(ii)), 이와 같은 범죄에 사용되는 사실을 알면서 자금·토지 또는 건물을 제공한 자 등에 대해서는, 7년 이상의 유기징역이라는 무거운 법정

72 헌재 2016. 3. 31, 2013헌가2. 이 결정에 대한 ① 해설로는 서경미, “성매매알선 등 행위의 처벌에 관한 법률 제21조 제1항 위헌제청”, 헌법재판소결정 해설집 2016, 헌법재판소(2017), 1-30, ② 평석으로는 김선화, “자발적 선택과 구조적 강제 담론의 경합을 통해서 본 성매매 - 헌법재판소 2016. 3. 31. 선고 2013헌가2 결정을 중심으로”, 젠더 판례 다시 읽기(2017), 43-59; 장성원, “성매매 보호법익의 실체”, 법조 732, 법조협회(2019), 629-665.
73 헌재 2016. 9. 29, 2015헌바65. 이 결정에 대한 평석으로는 원민경, “성매매 알선영업행위의 중한 불법성 및 강한 처벌 필요성”, 여성과 인권(2016년 하반기), 한국여성인권진흥원, 144-153.
74 헌재 2017. 9. 28, 2016헌바376. 이 결정에 대한 평석으로는 원민경, “성매매 권유행위의 독자적인 위법성 인정 여부”, 여성과 인권(2017년 상반기), 한국여성인권진흥원, 140-150.
75 대판 2009. 7. 23, 2009도594.

형을 규정하고 있다.

이때 19세 미만인 아동·청소년의 성을 사는 행위를 알선하는 행위는 형법   67
상 음행매개죄, 성매매처벌법위반죄, 청소년성보호법위반죄의 구성요건을 모두
충족할 수 있으나, 이때 위 죄들은 법조경합관계에 있다고 보아 법정형이 가장
무거운 청소년성보호법위반죄만 성립된다고 봄이 타당하다.[76] 헌법재판소는 아
동·청소년 대상 성매매 영업알선에 관한 구 청소년성보호법 제12조 제1항 제2
호(현행 법 §15①(ii)에 해당)에 대해 합헌으로 결정하였다.[77]

2. 아동복지법의 관련 규정

한편 18세 미만인 아동에 대하여 간음을 매개하는 등의 행위에 대해서는,   68
아동복지법에 이를 별도로 처벌하는 규정이 마련되어 있다. 즉 아동복지법은 제
17조에서 아동을 매매하는 행위(제1호), 아동에게 음란한 행위를 시키거나 이를
매개하는 행위 또는 아동에게 성적 수치심을 주는 성희롱 등의 성적 학대행위
(제2호) 등을 금지하고, 이를 위반한 자에 대해서는 제71조 제1항 제1호, 제1호
의2 규정에 따라 처벌하도록 정하고 있다.[78]

18세 미만인 아동에 대하여 간음을 매개하는 행위는 형법상 음행매개죄의   69
구성요건도 충족한다. 다만 그 대상을 '사람'에서 18세 미만인 '아동'으로 제한하
고, 아동복지법 제71조 제1항 제1호의2가 정하는 법정형이 음행매개죄의 법정
형보다 무거운 점 등을 고려하면, 아동복지법위반죄(아동에대한음행강요·매개·
성희롱등)는 음행매개죄와 법조경합 관계에 있어 아동복지법위반죄(아동에대한
음행강요·매개·성희롱등)만 성립하고 음행매개죄는 별도로 성립하지 않는다고
봄이 타당하다.[79]

〔김 승 주〕

---

76 주석형법 〔각칙(3)〕(5판), 30(박범석).
77 헌재 2011. 10. 25, 2011헌가1. 이 결정에 대한 평석으로는 최수진, "아동·청소년 성매매 영업
   알선행위 가중처벌조항의 위헌성", 인권판례평석, 박영사(2017), 146-153.
78 아동복지법 제71조(벌칙) ① 제17조를 위반한 자는 다음 각 호의 구분에 따라 처벌한다.
   1. 제1호(「아동·청소년의 성보호에 관한 법률」 제12조에 따른 매매는 제외한다)에 해당하는
      행위를 한 자는 10년 이하의 징역에 처한다.
   1의 2. 제2호에 해당하는 행위를 한 자는 10년 이하의 징역 또는 1억원 이하의 벌금에 처한다.
79 주석형법 〔각칙(3)〕(5판), 30(박범석).

제243조(음화반포등)

음란한 문서, 도화, 필름 기타 물건을 반포, 판매 또는 임대하거나 공연히 전시 또
는 상영한 자는 1년 이하의 징역 또는 500만원 이하의 벌금에 처한다.
[전문개정 1995. 12. 29.]

Ⅰ. 개 요

1. 의의 및 특별법과의 관계

본죄[(음화·음란문서·음란필름·음란물건)(반포·판매·임대·전시·상영)죄]는 음란한 1
문서, 도화, 필름 기타 물건을 반포, 판매 또는 임대하거나 공연히 전시 또는 상영
함으로써 성립하는 범죄이다. 형법에 규정된 성풍속에 관한 죄 중에서도 음화제조
등죄(§244)와 함께 음란물범죄로 통칭된다. 다만, 본죄는 제244조 소정의 행위와
비교하여 좀 더 직접적 행위라는 점에서 구별된다. 본죄는 범죄의 성격상 이욕범
(利慾犯), 영업범의 색채가 강하다고 할 수 있다.[1] 한편 음란물의 반포·판매·임대
행위는 즉시범, 공연전시·상영행위는 계속범으로 해석하는 견해들이 있다.[2]

이 범죄의 구성요건을 해석할 때에는 무엇보다도 그 개념 자체로 추상성·비 2
정형성을 내포할 수밖에 없는 '음란'의 개념이나 범위를 정하는 것이 중요하고,
또 어려운 일에 속한다. 본죄의 '음란' 구성요건에 관해서는 아래 Ⅱ. 내지 Ⅳ.
에 걸쳐 자세히 살펴본다.

19세 미만의 아동·청소년 등을 대상으로 한 음란물, 즉 '아동·청소년성착 3
취물'[3]의 배포 등 행위에 대해서는 아동·청소년의 성보호에 관한 법률(이하, '청
소년성보호법'이라 한다.)의 규정이 적용된다.[4] 성폭력범죄의 처벌 등에 관한 특례
법(이하, '성폭력처벌법'이라 한다.) 제13조도 통신매체를 이용한 음란행위에 대한 처
벌을 규정하고 있다. 한편 청소년성보호법의 대상이 되는 '아동·청소년성착취
물'은 음란성을 요건으로 하지 않고, 그 표현물의 범위도 확장되어 있어 형법상
'음란' 개념과 차이가 있다.[5]

---

1 정성근·박광민, 형법각론(전정2판), 742.
2 김성돈, 형법각론(5판), 682; 정성근·박광민, 742.
3 아동·청소년의 성보호에 관한 법률 제2조(정의) 이 법에서 사용하는 용어의 뜻은 다음과 같다.
　　5. "아동·청소년성착취물"이란 아동·청소년 또는 아동·청소년으로 명백하게 인식될 수 있는
　　　사람이나 표현물이 등장하여 제4호 각 목(주: 가. 성교 행위, 나. 구강·항문 등 신체의 일부
　　　나 도구를 이용한 유사 성교 행위, 다. 신체의 전부 또는 일부를 접촉·노출하는 행위로서
　　　일반인의 성적 수치심이나 혐오감을 일으키는 행위, 라. 자위 행위)의 어느 하나에 해당하
　　　는 행위를 하거나 그 밖의 성적 행위를 하는 내용을 표현하는 것으로서 필름·비디오물·게
　　　임물 또는 컴퓨터나 그 밖의 통신매체를 통한 화상·영상 등의 형태로 된 것을 말한다.
4 이정원·류석준, 형법각론, 648.
5 김성돈, 683.

4   다만, 위 두 법률은 아동·청소년을 성범죄로부터 보호하거나 성폭력범죄 피해자의 생명·신체 등을 보호함을 목적으로 한다. 따라서 개인의 성적 자기결정권 등 개인적 법익이 그 전면에 부각되는 법률들에 해당한다. 따라서 아래 **XI.**에서는 본죄와 유사하게 사회적 법익 보호의 성격이 강한 정보통신망 이용촉진 및 정보보호 등에 관한 법률(이하, '정보통신망법'이라 한다.)의 관련 규정을 중심으로 살펴본다.

2. 연혁 및 보호법익

5   본죄는 1953년 9월 18일 법률 제293호로 형법이 제정될 때 규정된 죄이다. 이후 1995년 12월 29일 법률 제5057호로 형법이 개정될 당시 각칙 제22장의 명칭이 '성풍속에 관한 죄'로, 벌금의 단위가 '환'에서 '원'으로 변경되었다(벌금형 현실화 작업의 일환이다). 이때 음란한 물건의 하나로 '필름'이 추가되었고, 이를 '상영'하는 행위가 구성요건에 새로 규정되었다.

6   본죄의 보호법익에 대하여 헌법재판소는 음화제조등죄(§ 244) 및 공연음란죄(§ 245)와 함께 "건전한 성풍속 내지 성도덕 보호를 주된 보호법익으로 하고, 공공의 성적 혐오감 내지 불쾌감을 부차적 보호법익으로 한다."고 판시하였다.[6] 대법원은 종래 음화제조등죄(§ 244)와 함께 본죄의 보호법익이 "건전한 성적 풍속 내지 성도덕을 보호"하기 위한 것이라는 취지로[7] 판시하였다.[8] 근래에는 "개인의 다양한 개성과 독창적인 가치 실현을 존중하는 오늘날 우리 사회에서의 음란물에 대한 규제 필요성은 사회의 성윤리나 성도덕의 보호라는 측면을 넘어서 미성년자 보호 또는 성인의 원하지 않는 음란물에 접하지 않을 자유의 측면을 더욱 중점적으로 고려하여야 한다는 점" 등을 고려하여 '음란' 여부를 판단해야 한다는 취지로 판시하기도 하였다.[9]

---

6 헌재 2013. 8. 29, 2011헌바176(이른바 '성기구 사건').

7 대판 2000. 10. 27, 98도679.

8 일본에서도 일본형법 제175조(외설물반포등)의 보호법익에 대하여 성욕에 관한 자기통제권 등 개인적 법익에 가깝게 구성하는 견해도 있으나, 판례는 '최소한도의 성도덕'[最判 昭和 32(1957). 3. 13. 刑集 11·3·997(소설 채털리부인 사건)] 또는 '성생활에 관한 질서 및 건전한 풍속'[最判 昭和 44(1969). 10. 15. 刑集 23·10·1239(소설 악덕의 번영 사건)]이라고 한다.

9 대판 2008. 3. 13, 2006도3558. 이 판결 해설은 박이규, "정보통신망 이용촉진 및 정보보호 등에 관한 법률상 음란의 의미 및 그 판단 기준", 해설 76, 법원도서관(2008, 584-603.

본죄의 보호법익에 관한 학설은 일응 위 판례의 태도와 같이 건전한 성풍 　　7
속 내지 성도덕을 보호법익으로 하고, 추상적 위험범이라는 견해가 다수설인 것
으로 보인다.[10] 다만 이와 같은 보호법익, 즉 공공의 성적 수치심·도의심 또는
건전한 성도덕이라고 하는 것은 그 자체로 형법적 보호의 대상이 될 수 없으며,
본죄와 같은 행위를 형법적 규제의 대상으로 삼는 것은 형사정책상 재고해 볼
필요가 있다(영리 목적을 띠거나 미성년자에 해를 끼칠 행위태양으로서의 음란물반포 등을
처벌하는 방향으로 전환해야 한다)는 취지의 견해가 있다.[11] 또한, 음란물에 대한 규
제는 형법의 법익보호 사상에 터잡은 사회유해성의 관점에서 결정되어야 한다
는 취지의 견해[12] 등이 제기되고 있다.

Ⅱ. '음란' 개념에 관한 논의의 기초

1. '음란'의 의미에 관한 판례의 입장

본죄는 '음란'한 문서 등을 반포, 판매하는 등의 행위를 구성요건으로 규정 　　8
하고 있다. 사전적 의미에서 '음란'은 '사람 또는 그 행동이 성(性)에 대해 삼가
지 않고 난잡한 경우나 책·그림·사진·영화 등이 그 내용에 있어서 성을 노골
적으로 다루고 있어 난잡한 것'으로 정의된다.[13] 일본은 '외설'이라는 용어를 사
용하고 있고,[14] 독일은 종래 '음란'(unzüchtig)이라는 용어를 사용했지만, 1973년

---

10 김일수·서보학, 새로쓴 형법각론(9판), 504; 손동권·김재윤, 새로운 형법각론, §42/18; 신동운,
　　형법각론(2판), 514; 박상기, 형법각론(8판), 577; 오영근, 형법각론(4판), 608; 이재상·장영민·
　　강동범, 형법각론(12판), §36/11; 이정원·류석준, 648; 임웅, 형법각론(9정판), 808.

11 임웅, 808-810.

12 박미숙, "형법상 음란물 규제와 그 헌법적 한계", 형사판례의 연구(지송 이재상 교수 화갑기념논
　　문집), 박영사(2004), 982.

13 헌재 2009. 5. 28, 2006헌바109, 2007헌바49, 57, 83, 129(병합); 헌재 2013. 8. 29, 2011헌바
　　176.

14 일본형법 제175조(외설물반포등) ① 외설 문서, 도화, 전자적 기록에 관련된 기록매체 기타 물건
　　을 반포하거나 공연히 진열한 자는, 2년 이하의 징역 또는 250만 엔 이하의 벌금이나 과료에 처
　　하거나, 징역 및 벌금을 병과한다. 전기통신의 송신에 의하여 외설 전자기록 기타 기록을 반포
　　한 자도 마찬가지이다.
　　② 유상으로 반포할 목적으로 전항의 물건을 소지하거나 동항의 전자적 기록을 보관한 자도 동
　　항과 마찬가지이다.
　　　참고로 2022년 6월 17일 일본형법 개정(법률 제67호)으로 징역형과 금고형이 '구금형'으로 단

개정된 현행 형법 제184조는 보다 객관적 개념이라 할 수 있는 '포르노그래피'
(pornographisch)라는 용어로 규정한다.[15]

9　　　대법원[16]과 헌법재판소[17]는 '음란' 개념에 대하여 종래부터 '사회통념상 일
반 보통인의 성욕을 자극하여 성적 흥분을 유발하고 정상적인 성적 수치심을
해하여 성적 도의관념에 반하는 것'이라는 취지로 판시하고 있다.

10　　　다만 대법원은 2008년에 위와 같은 '음란' 개념의 정의에 더하여, "표현물을
전체적으로 관찰·평가해 볼 때 단순히 저속하다거나 문란한 느낌을 준다는 정
도를 넘어서서 존중·보호되어야 할 인격을 갖춘 존재인 사람의 존엄성과 가치
를 심각하게 훼손·왜곡하였다고 평가할 수 있을 정도로, 노골적인 방법에 의하
여 성적 부위나 행위를 적나라하게 표현 또는 묘사한 것으로서, 사회통념에 비추
어 전적으로 또는 지배적으로 성적 흥미에만 호소하고 하등의 문학적·예술적·
사상적·과학적·의학적·교육적 가치를 지니지 아니하는 것"이라는 개념 요소를
추가적으로 판시하였다.[18] '음란' 개념에 대한 이와 같은 추가 판시는 음란 개념
을 엄격하게 설정함으로써 개인의 성적 자기결정권 또는 행복추구권이 부당하게
침해되지 않도록 하는 동시에, 음란 개념을 구체적이고 상세하게 정립함으로써
구성요건의 보장적 기능과 형벌의 예측가능성을 확보할 의도라고 설명된다.[19]

11　　　일본 최고재판소는 우리 형법의 '음란' 개념에 대응하는 '외설' 개념과 관련
하여, (외설 '문서'의 경우) '① 쓸데없이 성욕을 흥분 또는 자극하게 하고, ② 보통
인의 정상적인 성적 수치심을 해하며, ③ 선량한 성적 도의관념에 반하는 것'이
라는 취지로 판시하고 있다.[20] 이는 우리나라 대법원·헌법재판소의 전통적 해

일화되어 형법전의 '징역', '구금', '징역 또는 구금'은 모두 '구금형'으로 개정되었고, 부칙에 의하
여 공포일로부터 3년 이내에 정령으로 정하는 날에 시행 예정이다. 그러나 현재 정령이 제정되
지 않아 시행일은 미정이므로, 본장에서 일본형법 조문을 인용할 때는 현행 조문의 '징역' 등의
용어를 그대로 사용한다.

15　박상기, 578; 박이규(주 9), 594.
16　대판 1987. 12. 22, 87도2331; 대판 1995. 2. 10, 94도2266; 대판 1995. 6. 16, 94도1758; 대판
　　 1995. 6. 16, 94도2413; 대판 1997. 8. 22, 97도937; 대판 2000. 10. 13, 2000도3346 등.
17　헌재 1998. 4. 30, 95헌가16; 헌재 2013. 8. 29, 2011헌바176 등.
18　대판 2008. 3. 13, 2006도3558.
19　박이규(주 9), 602.
20　最判 昭和 26(1951). 5. 10. 刑集 5·6·1026(잡지 선데이오락 사건); 最判 昭和 32(1957). 3. 13.
　　 刑集 11·3·997.

　　　　　　　　　　　　〔김 승 주〕

석론과 대체로 유사하다고 볼 수 있다.[21]

2. 학 설

우리나라의 주요 학설은 음란의 개념에 대해 대체로, 종래부터 대법원이 판　12
시해 온 개념과 유사한 취지로 설명하고 있다. ① 성관계에서 정상적인 보통 사
람들의 성적 수치심과 윤리감정을 심하게 침해하기에 객관적으로 적합한 것을
뜻한다는 견해,[22] ② 그 내용이 성욕을 자극 또는 흥분시키고 보통인의 정상적
인 성적 수치심을 해하고 성적 도의관념에 반하는 것을 뜻한다는 견해,[23] ③
'음란성'은 행위의 상대방에게 성욕을 자극하여 흥분시키는 동시에 일반인의 정
상적인 성적 정서와 선량한 풍속을 해칠 가능성이 있음을 뜻한다는 견해,[24] ④
'음란성'에 대해 보통인의 성적 수치심과 도의감을 현저히 침해하는 데 객관적
으로 적합한 것을 뜻한다고 보는 견해[25] 등이 이와 같은 취지로 볼 수 있다.

이에 대해, ⑤ '사회적 유해성'의 관점을 덧붙여서 가급적 법률외적·기술적　13
개념요소에 의해 명백하게 해석해야 한다는 전제 아래, '성욕을 자극·흥분시키
는 내용으로서 성적 표현이 매우 조잡하거나 왜곡되어 사회의 건전한 성도덕에
반하고 공중에게 심한 성적 불쾌감을 주는 것'으로 정의하는 견해도 있다.[26]

3. 이른바 '3요소설'

위와 같은 '음란'의 정의에 따라, 일반적으로 음란 내지 음란성의 개념요소는　14
① 사회통념상 일반 보통인의 성욕을 자극하여 성적 흥분을 유발하고, ② 정상

21　임웅, 812. 일본 최고재판소는 그 판단의 대상이 외설 '물'인 경우에는, '성욕을 자극 혹은 흥분,
　　만족하게 하는 물품으로, 또한 보통인의 정상적인 성적 수치심을 해하고 선량한 성적 도의관념
　　에 반하는 것'이라는 취지로 판시하였다[最判 昭和 34(1959). 10. 29. 刑集 13·11·3062]. 성욕
　　을 '만족'시키는 물건이어야 한다는 점에서 이를 요구하지 않는 외설 '문서'와 약간의 차이가 있
　　지만, 그 개념요소는 크게 차이가 없다고 보인다. 이를 비롯하여 일본 판례에서 나타나는 '외설'
　　의 개념에 관해서는 大塚 外, 大コン(3版)(9), 26-28(新庄一郎=河原俊也) 등 참조.
22　김일수·서보학, 504.
23　손동권·김재윤, §42/19.
24　신동운, 515(따라서 현실적으로 성적 수치심을 해칠 것을 요하지 않으며, 보통인이 성적 수치심
　　을 느낄 수 있는 성질을 가지면 그것으로 족하다고 한다).
25　이재상·장영민·강동범, §36/12.
26　임웅, 812-813.

〔김 승 주〕　　　　　　**455**

적인 성적 수치심을 해하여, ③ 성적 도의관념에 반하는 것이라는 3가지 요소로 구성된다.[27] 이와 같은 '음란'의 개념을 분석한 '3요소설'은, 성욕을 자극·흥분시키겠다는 행위자의 주관적 의도·목적을 음란의 개념요소에서 배제하고, 음란성여부의 판단을 보통인의 객관적 기준에 두는 점에 특징이 있다.[28]

15   그러나 이와 같은 3요소설에 대해서는 이견·비판이 제기되고 있다. 우선 위와 같은 3요소는 '사실'이 아니므로, 현실적으로 그것이 존재함을 증거로 확인할 필요가 없고, 사회통념이란 이름으로 판사가 인정하면 그만이어서 공허한 기준에 불과하다는 비판이 있다.[29] 음란의 개념에 관한 3요소설에 '사회적 유해성'의 관점을 덧붙인다는 전제에서, 음란의 개념요소는 ⓐ 표현 내용이 성욕의 자극·흥분에 있고, ⓑ 표현방법이 매우 조잡하거나 왜곡되어 있으며, ⓒ 표현결과가 사회의 건전한 성도덕에 반하고 공중에게 심한 성적 불쾌감을 준다는 세 가지로 도출될 수 있다는 견해도 있다.[30]

4. 음란 개념의 상대성·유동성

16   위와 같은 음란성의 개념요소에 관한 학설이나 판례에 비추어, 개별적·구체적 사건에서 '음란'이란 구성요건 해당 여부를 항상 명백하게 판단할 수 있다고 보기는 어렵다. '음란'이라는 개념 자체가 사회의 변화에 따라 변동하는 유동적인 개념으로서 추상성을 띠고 있다.[31] 이와 같이 음란은 불명확한 개념이기 때문에, 음란 개념을 실제에 적용할 때에는 형법의 보장적 기능을 해할 위험성이 있게 된다. 따라서 음란 개념의 구체화·명확화가 항상 어려운 과제로 등장하게 된다.[32] 대법원도 이와 비슷한 취지에서, "음란이라는 개념은 사회와 시대적 변화에 따라 변동하는 상대적이고도 유동적인 것이고, 그 시대에 있어서 사회의 풍속, 윤리, 종교 등과도 밀접한 관계를 가지는 추상적인 것이므로, 구체적인 판단에 있어서는 사회통념상 일반 보통인의 정서를 그 판단의

---

27 신동운, 515.
28 임웅, 812.
29 박상진, "음란물죄의 비판적 고찰", 비교형사법연구 7-1, 한국비교형사법학회(2005. 7), 165-166.
30 임웅, 813.
31 최영룡, "형법상 문서·도서의 음란성 판단기준", 판례실무연구 V, 박영사(2001), 170.
32 오영근, 608.

규준으로 삼을 수밖에 없다고 할지라도, 이는 일정한 가치판단에 기초하여 정립할 수 있는 규범적인 개념이므로, '음란'이라는 개념을 정립하는 것은 물론 구체적인 표현물의 음란성 여부도 종국적으로는 법원이 이를 판단"해야 한다고 판시하였다.[33]

Ⅲ. 음란의 판단 방법과 기준

1. 음란성 여부에 대한 일반적 판단기준

위와 같은 본죄의 보호법익, 음란의 개념에 관한 '3요소설' 등에 따라, 음란성의 판단 방법 내지 그 판단의 일반적 기준에 대해 여러 판례와 다양한 학설이 제시되고 있다. 이를 획일적으로 분류하기는 쉽지 않으나, 대략 다음과 같이 정리해 볼 수 있다.

① 음란성의 판단기준은 보통인, 즉 통상의 성인이다(사회통념에 따라 판단되어야 한다).
② 음란성의 판단대상은 문서 전체가 되어야 하며, 어느 부분의 음란성이 아니다.[34]
③ 주관적 의도의 고려 없이 객관적·규범적으로 판단하여야 한다.[35]

다만 위 ②와 같은 전체적 판단방법에 따르면 음란하지 않더라도, 음란 부분만 분리하여 복사·제작한 때에는 음란성이 인정될 수 있다는 의미에서 음란성 판단은 상대적으로 이루어질 수도 있다(판단방법의 상대성)는 견해가 있다.[36] 위 ① - ③ 기재 판단 방법 이외에, '전문가적 의견을 존중해야 한다'라는 기준

---

33 대판 1995. 2. 10, 94도2266; 대판 2008. 3. 13, 2006도3558 등.
34 위 ①, ②의 기준은 다수 학자들이 공통적으로 제시하는 판단기준이다[김성돈, 683; 김일수·서보학, 505; 배종대, 형법각론(13판), §126/2; 오영근, 608-609; 이재상·장영민·강동범, §36/13-14; 임웅, 813].
35 김일수·서보학, 505; 주석형법 [각칙(3)](5판), 38-39(박범석).
36 김성돈, 683-684[다만, 이 문헌은 위와 같은 판단방법이 '상대적 음란성(개념) 이론'과는 구별된다고 한다]. 대상물의 일부분을 분리해서 판단할 것이 아니라 작품을 그 전체적 맥락에서 종합적으로 판단하여야 한다는 견해도 있다(임웅, 814).

을 추가하여 설명하는 견해도 있다.[37] 아래에서는 위 ① - ③ 기재 판단기준에
대해 좀 더 자세히 살펴본다.

2. '보통인' 및 '사회통념' 기준으로 '법관'이 최종 판단

19   음란성의 판단기준은 보통인, 즉 통상의 성인이다. 보통인은 정상적인 성관
념을 가진 일반 성인을 의미한다.[38] 도덕적으로 타락하여 수치심이 없거나 수치
감정이 지나치게 예민한 사람, 또는 도덕적 엄숙주의자나 극단적 성개방주의자
를 기준으로 판단하는 것은 허용되지 않는다.[39] 또한 음란 개념은 일정한 사회,
일정한 시대의 지배적 가치관에 종속하여 변동하는 상대적 개념이므로, '사회통
념'에 따른 판단일 수밖에 없다.[40]

20   판례도 음란 개념에 대해 위와 같은 판단기준·방법을 취하는 것으로 보인
다. 대법원은 월간 잡지인 '러브다이제스트' 등의 음란성이 문제된 사건에서,
"음란한 문서 또는 도화라 함은 성욕을 자극하여 흥분시키고 일반인의 정상적인
성적 정서와 선량한 사회풍속을 해칠 가능성이 있는 도서"를 말한다는 취지로
판시하였다.[41] 대법원은 소설 '내게 거짓말을 해봐' 사건에서도, "음란 여부를 판
단함에 있어서는 그 시대의 건전한 사회통념에 따라 객관적으로 판단하되 그
사회의 평균인 입장에서 문서 전체를 대상으로 하여 규범적으로 평가하여야 할
것"이라고 판시하였다.[42]

21   대법원은 음란 '문서'가 아닌 음란물, 즉 모조 여성 성기(남성용 자위기구)의
음란성이 문제된 사건에서도, "음란한 물건이라 함은 성욕을 자극하거나 흥분
또는 만족케[43] 하는 물건들로서 일반인의 정상적인 성적 수치심을 해치고 선량
한 성적 도의관념에 반하는 것을 의미"한다고 판시하였다.[44] 사람의 피부에 가

---

37 김일수·서보학, 505.
38 김일수·서보학, 505.
39 김일수·서보학, 505; 배종대, § 126/2; 오영근, 609; 이재상·장영민·강동범, § 36/13; 정성근·박
     광민, 743-744.
40 임웅, 813.
41 대판 1991. 9. 10, 91도1550.
42 대판 2000. 10. 27, 98도679.
43 음란 '물'의 개념에 대해 성욕을 자극 혹은 흥분, '만족'하게 하는 물건이라고 본 最決 昭和
     34(1959). 10. 29. 刑集 13·11·3062의 취지와 유사한 것으로 추측해 볼 수 있다.
44 대판 2003. 5. 16, 2003도988; 대판 2001. 6. 12, 2001도1144의 취지도 이와 거의 동일하다.

까운 느낌을 주는 실리콘을 소재로 여성의 음부·항문·엉덩이 부위를 재현한 물
건의 음란성을 판단한 최근의 판결들[45]에서도, 이와 같은 취지의 판시는 계속되
고 있다.

다만 어떤 작품이 성질상 독자가 한정될 수밖에 없는 경우, 사회일반인을   22
표준으로 해야 하는지 아니면 한정된 독자를 기준으로 해야 하는지 문제될 수
있다. 이에 관하여 일본 최고재판소는 영문 서적의 음란성 판단기준이 문제된
사건에서, 그 독자로 될 수 있는 영어를 읽을 수 있는 일본인 및 재일 외국인의
보통인·평균인을 기준으로 해야 한다는 취지로 설시한 원심판결의 정당성을 수
긍하였다.[46]

한편 다원화된 현대 사회에서 법원만이 유일한 판단 주체로서 문서 등의   23
음란성을 판단하기보다는, 각 매체나 표현수단별로 전문화된 위원회(예컨대, 영상
물등급위원회, 방송통신심의위원회, 한국간행물윤리위원회, 청소년보호위원회)로 하여금 참
고가 가능한 판단기준을 제시하도록 한 다음, 법원이 최종적 판단 주체로서 이
러한 위원회의 판단을 존중하는 것도 음란성 유무의 판단에 관한 합리적 방법
이라 볼 수 있다.[47] 다만 대법원은 음란 개념이 상대적·유동적·추상적인 것이
라고 하면서도, "법관이 일정한 가치판단에 의하여 내릴 수 있는 규범적인 개념
이라 할 것이어서 그 최종적인 판단의 주체는 어디까지나 당해 사건을 담당하
는 법관이라 할 것이니, 음란성을 판단함에 있어 법관이 자신의 정서가 아닌 일
반 보통인의 정서를 규준으로 하여 이를 판단하면 족한 것이지 법관이 일일이
일반 보통인을 상대로 과연 당해 문서나 도화 등이 그들의 성욕을 자극하여 성
적 흥분을 유발하거나 정상적인 성적 수치심을 해하여 성적 도의관념에 반하는
것인지의 여부를 묻는 절차를 거쳐야만 되는 것은 아니라고 할 것"이라고 판시
하였다.[48] 인터넷 음란 동영상의 음란성이 문제된 사건에서도 대법원은 위와 같

---

45 대판 2014. 6. 12, 2013도6045; 대판 2014. 7. 24, 2013도9228.
46 最判 昭和 55(1980). 4. 7. 刑集 24·4·105.
47 김일수·서보학, 505. 이와 관련하여, 동일한 장르의 작품에서 비슷한 표현을 한 다른 작품의 출
   판이 허용되었다면, 그와 형평성을 이루기 위해 전문가 의견의 조력을 받아 현대 문학의 성적
   문제를 다루고 표현하는 데 허용되는 기준이나, 비교되는 작품들의 예술성, 문학성, 주제와 표현
   기법 등 여러 가지 면의 상사점 등을 면밀히 검증할 필요가 있다는 견해가 있다[김재협, "공익
   에 의한 언론자유의 제한", 자료 77, 법원도서관(1997), 331].
48 대판 1995. 2. 10, 94도2266.

은 법리를 인용하면서, "영화나 비디오물 등에 관한 영상물등급위원회의 등급분류는 관람자의 연령을 고려하여 영화나 비디오물 등의 시청 등급을 분류하는 것일 뿐 그 음란성 여부에 대하여 심사하여 판단하는 것이 아니므로, 법원이 영화나 비디오물 등의 음란성 여부를 판단하는 과정에서 영상물등급위원회의 등급분류를 참작사유로 삼을 수는 있겠지만, 영상물등급위원회에서 18세 관람가로 등급분류하였다는 사정만으로 그 영화나 비디오물 등의 음란성이 당연히 부정된다거나 영상물등급위원회의 판단에 법원이 기속된다고 볼 수는 없다."고 판시하였다.[49]

24   이로써 대법원은, 영상물등급위원회 등 전문가들로 구성된 각종 기관의 판단이 일종의 참작 사유가 될 수는 있지만, 법원이 이에 구속되는 것은 아니라는 취지를 밝혔다고 볼 수 있다. 다만 음란 개념에 관한 최종 판단의 주체가 법관이라고 해서, 영상물등급위원회의 등급분류 등을 아예 무시하고 음란성을 판단해도 된다는 취지라고 이해하기는 힘들어 보인다. 실제로 대법원은 대판 2008. 3. 13, 2006도3558(아래 V. 2. (5) 참조) 등에서 영상물등급위원회의 판단에 법원이 기속된다고 볼 수 없다는 법리를 확인하면서도, 위와 같은 등급분류의 사정과 함께 여러 사정들을 종합하여 당해 동영상의 음란성을 부정하는 결론에 이르렀다. 결국 영상물등급위원회의 등급분류 결정 등을 일응 존중하되, 그와 같은 결정이 법원을 구속하는 것은 아니므로 개별적·구체적 사건 유형에 따라서는 등급분류 결정 등에도 불구하고 음란성을 인정할 수 있다는 취지로 보아야 할 것이다.

3. 전체적 판단 방식

25   대법원은 이른바 '소설 반노' 사건에서 처음으로, 어떤 문서 등의 음란성은 그 작품 전체로서 판단해야 한다는 입장에 비교적 가까운 판시를 하였다.[50] 그 후 대법원은 '음란한 도화' 여부가 문제된 사진첩 '산타페' 사건에서 본격적으로, "도화의 음란성 판단에 있어서는 당해 도화의 성에 관한 노골적이고 상세한 표현의 정도와 그 수법, 당해 도화의 구성 또는 예술성, 사상성 등에 의한 성적 자극

---

49 대판 2008. 3. 13, 2006도3558.
50 대판 1975. 12. 9, 74도976[소설 '반노(叛奴)' 사건].

의 완화의 정도, 이들의 관점으로부터 당해 도화를 전체로서 보았을 때 주로 독자의 호색적 흥미를 돋구는 것으로 인정되느냐의 여부 등을 검토하는 것이 필요"하다는 취지로 판시하였다.[51] 이와 같은 전체적 판단 방식은 그 이후 다수의 대법원 판례에서 일관하여 판시됨으로써,[52] 거의 확립된 입장이라 할 수 있다.[53]

음란성 판단에서는 작품 전체를 보아야 하고 부분적으로 노골적인 성적 묘사가 있다는 점을 강조해서는 안 된다는 견해,[54] 대상물의 표현 내용·방법이 독자나 관람자들에게 준 전체적 인상이 가장 중요하며, 그 밖의 출판·전시·상영의 장소·형태·독자나 관중의 부류와 같은 부수 사정도 종합적으로 고려대상으로 삼아야 한다(지엽적 음란성보다는 전체적 예술성을 먼저 고려하여야 한다)는 견해[55] 등을 비롯하여, 통설도 판례와 같은 전체적 판단 방법을 지지하는 취지로 보인다.[56]

26

4. 객관적·규범적 판단

표현물의 음란 여부를 판단할 때에는 표현물 제작자나 판매자, 즉 행위자의 주관적 의도를 기준으로 하지 않는다는 것이 통설이다.[57] 행위자의 주관적 의도를 중시하게 되면, 사회의 건전한 성도덕과 성풍속을 보호한다는 음란물 범죄의 법익을 저해하게 되고, 주관적 요소로 말미암아 기준의 명확성이 없게 되는 문제점이 있기 때문이다.[58] 정보통신망인가 비디오물인가 등 시청환경에 따라 음란성 판단기준이 달라지는 것은 아니다.[59]

27

---

51 대판 1995. 6. 16, 94도1758[일본 여배우 미야자와 리에(宮沢りえ) 누드사진첩 '산타페' 사건].
52 대판 1995. 6. 16, 94도2413; 대판 2008. 3. 13, 2006도3558; 대판 2017. 10. 26, 2012도13352 등 다수.
53 일본 판례는 ① 문서의 각 부분을 대상으로 그 자체를 자료로서 평가하는 방식, ② 문서 전체를 자료로 각 부분을 평가하는 방식을 거쳐, ③ 문서 전체를 자료로 그 전체를 평가하는 방식[最判 昭和 55(1980). 4. 7. 刑集 24·4·105(검토요소로서 성에 관한 노골적이고 상세한 묘사나 서술의 정도·수법·전체에서 차지하는 비중 및 표현된 사상 등과의 관련성, 문서의 구성·전개, 예술성·사상성 등에 의한 성적 자극의 완화 정도를 들고 있다)]으로 변천하였다.
54 오영근, 609.
55 김일수·서보학, 505.
56 다만, '판단방법의 상대성'을 주장하는 견해로는 김성돈, 683-684.
57 배종대, §126/2; 신동운, 515; 이정원·류석준, 650.
58 주석형법 [각칙(3)](5판), 40(박범석).
59 대판 2008. 3. 13, 2006도3558 및 오영근, 609.

28   판례도 이와 유사한 입장인 것으로 보인다. 대법원은 일찍이 명화집에 실린 천연색 여자 나체화 카드 사진의 음란성이 문제된 사건('나체의 마야' 사건)에서, 그림의 음란성 유무는 그 그림 자체로서 객관적으로 판단해야 할 것이고, 그 제조자나 판매자의 주관적 의사에 따라 좌우되는 것은 아니라는 취지로 판시하였다.[60] 나아가 대법원은 "표현물의 음란 여부를 판단함에 있어서는 표현물 제작자의 주관적 의도가 아니라 그 사회의 평균인의 입장에서 그 시대의 건전한 사회통념에 따라 객관적이고 규범적으로 평가하여야 한다."는 법리를 견지하고 있다.[61]

Ⅳ. 학술성·예술성 등 표현의 자유와 '음란'의 관계 및 위법성 조각사유

1. 학술서·예술작품 등과 '음란'의 관계

29   '음란'성 유무가 문제되는 과학서나 문예작품 등의 학술서, 예술작품 등을 형법적으로 규율하여 처벌 대상으로 삼는 데에는, 표현의 자유에 대한 헌법상 기본권, 즉 언론·출판의 자유(헌 §21①), 학문과 예술의 자유(헌 §22①) 등의 기본권에 대한 제약이 필연적으로 동반되지 않을 수 없다. 헌법은 이와 같은 자유와 권리가 공공복리 등을 사유로 법률로써 제한할 수 있다면서도(§37② 전문), 제한하는 경우에도 자유와 권리의 본질적 내용을 침해할 수 없다고 규정한다(§37② 후문).

30   따라서 예술작품·학술서 등의 음란성에 관한 사법적 평가가 헌법적 가치와 긴장관계를 빚을 수 있다.[62] 이와 관련하여 학술서, 예술작품 등이 형법상 '음란' 개념과 양립할 수 있는가 여부가 문제된다.[63]

---

60 대판 1970. 10. 30, 70도1879.

61 대판 2008. 3. 13, 2006도3558. 같은 취지로는 대판 2005. 7. 22, 2003도2911; 대판 2008. 6. 12, 2008도76; 대판 2014. 6. 12, 2013도6345 등 다수.

62 김성돈, 684.

63 이와 관련하여 예술성을 결정하는 기준으로서 독일의 논의를 원용하여, ① 예술가에 의해 창작된 것이면 모두 예술작품이라는 견해(형식적 예술개념)와, ② 비록 주체가 예술가이더라도 실질적으로 예술이라고 평가되는 경우에만 예술작품이 된다는 견해(실질적 예술개념)로 나누어 논의하는 입장이 있다(손동권·김재윤, §42/21; 박상기, 581-582). 이와 같이 실질적 예술개념으로

(1) 학설

첫째, 적극설(양립설)은 학술서, 예술작품이라고 하여 음란성이 당연히 부정　31
되는 것은 아니라고 해석하는 입장이다. ① 학문과 예술의 자유가 무제한 보장
되는 것은 아니므로, 대상물의 객관적 속성상 다른 사람의 성적 수치심을 현저
히 해하거나 인간의 성적 품위를 저하시키는 내용을 담고 있는 것은 학문·예술
의 자유에 관한 보장의 한계 밖에 놓인다는 견해,[64] ② 예술가의 문학작품·예
술작품이라도 음란성이 당연히 부정되는 것은 아니며, 시간과 공간에 따라 상대
적으로 결정될 수 있다는 견해,[65] ③ 고도의 학문성·예술성을 지닌 작품은 음
란성을 지닐 수 없지만, 학문성·예술성이라는 개념도 불명확한 개념이기 때문
에 낮은 정도의 학문성·예술성을 가진 작품들의 경우 음란성을 지닐 수 있다는
견해[66] 등이 이 범주로 분류될 수 있을 것이다.

둘째, 소극설(배제설)은 학문과 예술이 음란문서라고 할 수 없으므로 성에 대　32
한 정확한 이해를 가능하게 하는 과학적 저서나 교육서는 물론 고도의 예술성이
인정되는 예술작품의 음란성은 부정해야 한다는 등의 논지를 전개하고 있다.[67]
① 예술작품에 대한 평가의 잣대는 보통 사람의 가치 기준이라는 보편성에 근거
할 수 없고, 자연과 인간과 인간의 삶을 바라보는 작가의 다양한 내적 논리와 시
각에 맡겨져야 한다는 견해,[68] ② 학문, 예술 세계의 음란성 문제는 해당 분야의
자정 작용에 의한 해결을 우선하고 법의 개입을 최소화해야 그들의 예술적 상상
력을 훼손하지 않을 수 있다는 견해,[69] ③ 학술작품에 대한 음란성 판단은 학술
연구자의 주관적 판단과 생각을 존중하여야 하므로 학문적 성과물에 등장하는
내용에 대해서는 원칙적으로 음란성이 인정될 수 없다는 견해,[70] ④ 예술작품에

파악할 경우. 예술성·과학성과 음란성은 전적으로 차원이 다른 개념으로서 양립할 수 없다고
보게 되며(배제설), 형식적 예술개념으로 파악할 경우 예술성·과학성과 음란성이 양립할 수 있
으므로 예술작품·과학논문도 음란물일 수 있다고 보게 된다(양립설)는 견해도 있다(임웅, 816).
64 김일수·서보학, 506.
65 손동권·김재윤, §42/21.
66 오영근, 609-610(현실적으로는 음란물에 대해서도 작자들이 학문성·예술성을 주장하는 경우가
많으므로 이에 대한 음란성 심사가 불가피하다고 한다).
67 이재상·장영민·강동범, §36/16.
68 김성돈, 684.
69 배종대, §126/5(법은 학문, 예술을 가장한 사이비에 대한 음란 판단만 하면 된다고 한다).
70 박상기, 581(다만 학술서로 위장하여 발표한 경우에는, 주목적이 학문적 연구성과의 전달에 있

서는 성적인 것이 미화(美化)되어 있고 정신적 가치로 승화되어 있기 때문에 예술
이라는 평가와 음란이라는 평가는 애당초 양립할 수 없으며, 성을 다룬 과학 논
문도 연구 결과가 비록 사회의 건전한 성도덕에 반하고 공중에게 심한 성적 불
쾌감을 주는 것이더라도 과학적 표현방법에 의해 학문적 가치를 담고 있는 것이
라면 처음부터 음란성이 부정된다는 견해[71] 등이 이 범주로 분류될 수 있다.[72]

(2) 판례

33   판례는 대체로 적극설의 입장이라고 설명된다. 대법원은 ① 일찍이 '나체의
마야' 사건에서, "침대 위에 비스듬이 위를 보고 누워 있는 본건 천연색 여자 나
체화 카드 사진이 비록 명화집에 실려 있는 그림이라 하여도 이것을 예술, 문
학, 교육 등 공공의 이익을 위해서 이용하는 것이 아니고, 성냥갑 속에 넣어서
판매할 목적으로 그 카드 사진을 복사 제조하거나 시중에 판매하였다고 하면
이는 그 명화를 모독하여 음화(淫畵)화시켰다 할 것이므로, 이러한 견지에서 이
를 음화라고 본 원심 판단은 정당하다."고 판시하였다.[73]

34   대법원은 1990년대에 들어서도, 일응 문학이나 예술작품으로 볼 수 있는
것들에 대해 '음란'성을 인정하였다. 즉 ② '사진첩 오렌지 걸' 사건에 관하여,
"이들 사진들은 모델의 의상 상태, 자세, 촬영 배경, 촬영 기법이나 예술성 등에
의하여 성적 자극을 완화시키는 요소는 발견할 수 없고, 오히려 사진 전체로 보
아 선정적 측면을 강조하여 주로 독자의 호색적 흥미를 돋구는 것으로서 일반
보통인의 성욕을 자극하여 성적 흥분을 유발하고 정상적인 성적 수치심을 해하
는 것으로서 성적 도의관념에 반하는 것"이라는 취지로 판시하였다.[74] ③ 중남
미 에로티시즘 문학의 대표작 중 하나인 번역소설 '아마티스타'에 관하여, "중남
미의 애정선정물에 대한 긍정적 평가를 그대로 우리 사회에 적용할 수 없음은

는가 아니면 성적 흥분을 야기시킬 의도로 전달 방법을 학술서라는 형태로 위장하였을 뿐인가를
판단하여야 한다는 취지이다).
71 임웅, 816-817(다만 예술가들조차도 위장된 예술작품에 대하여 그 예술성을 부정한다면, 헌법상
보장된 예술의 자유를 누릴 수 없다고 한다).
72 성적 표현이 원초적으로 묘사되어 관능적 쾌락을 추구하는 등 일반인의 지배적 사회윤리의식에
현저히 반하여 선량한 풍속을 위태롭게 할 만한 음란문서만이 형법적 평가의 대상이 된다는 견
해로는 정성근·박광민, 746.
73 대판 1970. 10. 30, 70도1879.
74 대판 1997. 8. 22, 97도937.

물론, 그 내용 속에 성에 관한 묘사 서술이 우리 사회에서 용인될 수 없을 정도로 노골적이고도 상세한 것인 이상, 비록 성적인 폭력이나 동물로 묘사하는 등과 같은 비인간화된 성적 표현이 나타나 있지 않다는 점만으로 그 음란성이 부정될 수 없다고 할 것이고, 이렇게 볼 때 이 사건 소설은 성에 관한 노골적이고 상세한 묘사 서술이 전편에 흐르고 있고 성적 요소를 주제로 한 실험적 시도나 성교육의 기능이 내재하여 있다고 할지라도 그러한 예술성 등의 사회적 가치로 인하여 성적 자극의 정도가 완화되었다고 보이지 아니하며, 그 전편에 걸쳐 다양한 성행위를 반복하여 묘사하고 있는 점 등을 종합하여 볼 때, 우리 시대의 건전한 사회통념에 비추어 공연히 성욕을 흥분 또는 자극시키고 또한 보통인의 정상적인 성적 수치심을 해하고 선량한 성적 도의관념에 반하는 것"이라는 취지로 판시하였다.[75] ④ '소설 거짓말을 해 봐' 사건에 이르러서는 이 소설의 음란성을 인정한 원심 판단을 지지하면서, "문학성 내지 예술성과 음란성은 차원을 달리하는 관념이므로, 어느 문학 작품이나 예술작품에 문학성 내지 예술성이 있다고 하여 그 작품의 음란성이 당연히 부정되는 것은 아니라 할 것이고, 다만 그 작품의 문학적·예술적 가치, 주제와 성적 표현의 관련성 정도 등에 따라서는 그 음란성이 완화되어 결국은 형법이 처벌대상으로 삼을 수 없게 되는 경우가 있을 수 있을 뿐이다."라고 함으로써, 앞서 본 적극설의 입장에 가까운 법리를 정면으로 판시하였다.[76]

　이와 같은 법리는 2000년대 이후에도 이어지고 있다. 대법원은 위와 같은 법리를 전제하면서, ⑤ 교복을 입은 여고생이 성인 남자의 성기를 빨고 있는 모습 등이 극히 사실적으로 묘사된 그림(전시회 출품) 및 이를 소개하는 안내책자가 음란한 도화·문서에 해당한다고 판시하였다.[77] 대법원은 ⑥ 미술교사인 피고인이 교사생활 틈틈이 제작하였다가 자신의 홈페이지를 개설하면서 거기에 게시한 자신의 미술작품과 사진, 동영상 등에 대해, 위와 같은 법리를 전제한 뒤 음란성을 인정하면서 "피고인의 위 작품들에 예술성이 있다고 하여 그 이유만으로

35

---

75 대판 1997. 12. 26. 97누11287(출판사의 등록취소 처분이 부당하다면서 제기된 행정소송에 관한 판결). 이 판결에 대한 평석으로는 한위수, "음란물의 형사적 규제에 관한 제문제 - 특히 예술작품과 관련하여 -", 재판과 판례 7, 대구판례연구회(1998), 516-553.
76 대판 2000. 10. 27, 98도679.
77 대판 2002. 8. 23, 2002도2889.

위 작품들의 음란성이 당연히 부정된다고 볼 수는 없다."고 판시하였다.[78]

2. 상대적 음란개념 이론

36   이와 관련하여 유력하게 전개되었던 독일의 이론으로서, 이른바 '상대적 음란개념'(relative Unzüchtigkeit) 내지 상대적 음란성 이론이 있다. 이는 문서의 음란성을 판단할 때, 문서의 내용 이외에 작자나 출판자의 의도, 광고·선전·판매의 방법, 독자의 상황 등을 고려하여 상대적으로 판단하여야 한다는 것을 그 내용으로 하는 19세기 독일 학자 빈딩(Binding)의 이론이다.[79] 이와 같은 이론에 따르면, 음란성이 인정되지 않는 예술작품이나 과학적 논문도 다른 방법으로 공개될 때에는 음란문서가 될 수 있다고 한다.[80]

37   이와 관련하여 상당수의 국내 문헌은, '나체의 마야' 사건에서 대법원이 "비록 명화집에 실려 있는 그림이라 하여도 이것을 예술, 문학, 교육 등 공공의 이익을 위해서 이용하는 것이 아니고, 성냥갑 속에 넣어서 판매할 목적으로 그 카드 사진을 복사 제조하거나 시중에 판매하였다고 하면 이는 그 명화를 모독하여 음화화"한 것이라고 판시한 점[81] 등을 들어, 대법원이 상대적 음란개념에 입각한 해석을 한다는 취지로 설명하고 있다.

38   다만 근래의 대법원 판결은, 행위자의 주관적 의도나 반포, 전시 등이 행해진 상황에 관계없이 그 물건 자체를 객관적으로 판단해야 한다거나, 정보통신망을 통해 제공한다는 시청 환경 때문에 보다 엄격한 기준으로 음란 여부를 판단할 것은 아니라는 취지로 판시하고 있다.[82] 따라서 대법원의 입장은 적어도 근래에는 상대적 음란개념 이론의 적용에 부정적이거나 그 이론과 무관한 방식으로 음란성 여부를 판단한다는 입장에 가깝다고 본다.[83]

39   한편 국내에서도 이와 같은 상대적 음란개념의 적용을 긍정적으로 이해하는 입장이 있다. 즉 음란성은 상대적 개념으로 이해되어야 한다면서, 당해 물건

---

78 대판 2005. 7. 22, 2003도2911.
79 김성돈, 684.
80 이재상·장영민·강동범, § 36/17.
81 대판 1970. 10. 30, 70도1879.
82 대판 2003. 5. 16, 2003도988; 대판 2008. 3. 13, 2006도3358.
83 이와 유사한 취지로 주석형법 〔각칙(3)〕(5판), 43-44(박범석).

이 가지고 있는 객관적인 내용, 제조자 등의 의도, 반포 등의 방법이나 구매자의 상황(인적 구성, 연령, 성향) 등을 고려하여 상대적으로 음란성이 판단되어야 하고, 음란성이 부정된 예술작품이나 과학적 논문 또는 언론사에 의한 사실 보도 등도 다른 방법으로 공개되는 때에는 음란성이 인정될 수 있다고 한다.[84]

40 그러나 국내의 다수설은 상대적 음란개념 이론의 적용에 부정적이다. 즉, ① 공개 대상의 범위에 따라 음란성 여부가 달라질 수 있다는 것은 음란개념의 판단이 불명확하고 자의에 흐를 위험성이 있다는 견해,[85] ② 상대적 음란개념을 인정하는 것은 문서 자체의 예술성과 같은 사회적 가치를 고려하지 않고 음란한 문서나 도화의 범위도 명백하지 않아 금지된 행위를 명시할 수 없다고 비판하는 견해,[86] ③ 상대적 음란성 이론은 예술작품이나 학술서가 가지는 가치·의미를 보통 사람의 가치 기준에 따라 가늠하여 예술과 학문을 사회 통념이라는 닫힌 시각으로 바라보기 때문에, 예술과 학문에서 필요한 열린 시각과 창조적 사고를 인정하지 않는 태도에 불과하다는 견해,[87] ④ '상대성'의 개념이 문제되는 대상물의 객관적 내용 이외에 행위자의 주관에 따라 상대적으로 결정되어야 한다는 의미라면, 그러한 상대적 음란개념은 거절되어야 한다는 견해,[88] ⑤ 상대적 음란개념은 동일한 문서나 물체가 학자나 연구자에게 한정되어 공개되었는가 아니면 일반인에게도 공개되었는가에 따라서 음란성이 좌우되는 등의 불합리가 있다는 견해[89] 등이 지배적이다.

3. 위법성조각사유 – 표현의 자유와 관련된 정당행위

41 앞서 본 대로 대법원은 학술서나 예술작품이라도 형법이 정하는 음란성을 인정할 수 있다는 취지의 법리를 전개하여 왔다. 그런데 대법원은 2017년에, 표현의 자유와 관련된 정당행위, 즉 위법성조각사유에 관한 새로운 판단기준을 제

---

84 이정원·류석준, 650(다만, 상대적 음란성 개념은 위법성조각사유에 해당하는 요소들도 함께 포괄하여 고려함으로써 음란성 여부를 판단해야 한다고 본다).
85 김일수·서보학, 506-507; 박상기, 583(다만, 전체적으로는 음란성이 부인되더라도 부분만 발췌할 경우에는 음란성이 인정될 수도 있다고 본다); 배종대, §126/4; 임웅, 815.
86 이재상·장영민·강동범, §36/17.
87 김성돈, 684-685.
88 손동권·김재윤, §42/23.
89 신동운, 517-518.

시하였다. 대법원은 '발기된 성기 사진 게시' 사건에서, '음란'의 개념 및 판단 방법에 대해 기존의 판례(위 II. 1. 참조)를 원용하면서도, "음란물이 그 자체로는 하등의 문학적·예술적·사상적·과학적·의학적·교육적 가치를 지니지 아니하더라도, 음란성에 관한 논의의 특수한 성격 때문에, 그에 관한 논의의 형성·발전을 위해 문학적·예술적·사상적·과학적·의학적·교육적 표현 등과 결합되는 경우가 있다. 이러한 경우 음란 표현의 해악이 이와 결합된 위와 같은 표현 등을 통해 상당한 방법으로 해소되거나 다양한 의견과 사상의 경쟁 메커니즘에 의해 해소될 수 있는 정도라는 등의 특별한 사정이 있다면, 이러한 결합 표현물에 의한 표현행위는 공중도덕이나 사회윤리를 훼손하는 것이 아니어서, 법질서 전체의 정신이나 그 배후에 놓여 있는 사회윤리 내지 사회통념에 비추어 용인될 수 있는 행위로서 제20조에 정하여진 '사회상규에 위배되지 아니하는 행위'에 해당된다."라고 판시하였다(그 상세는 아래 V. 2. (8) 참조).[90]

V. 음란성에 관한 주요 대법원 판결 및 헌법재판소의 입장

42   아래에서는 먼저, 음란성 해당 여부를 다룬 주요 대법원 판결의 사안 및 그에 대한 판단을 1, 2항에서 좀 더 구체적으로 살펴보도록 한다. 나아가 3항에서는 이와 같은 대법원 판례에서 나타나는 개별적·구체적 판단요소와 그 판단의 경향을 간략히 분석하였다. 마지막으로 4항에서는 '음란' 개념과 관련된 헌법재판소 판례를 살펴보았다.

1. 음란성을 인정한 주요 판결(일부 인정 사례 포함)

(1) 대판 1970. 10. 30, 70도1879('나체의 마야' 사건)

43   명화집에 실린 천연색 여자 나체화 카드 사진의 음란성이 문제된 사건이다. 대법원은 이 판결에서, 위 사진이 비록 "명화집에 실려 있는 그림이라 하여도 이것을 예술, 문학, 교육 등 공공의 이익을 위해서 이용하는 것이 아니고, 성냥갑 속에 넣어서 판매할 목적으로 그 카드 사진을 복사 제조하거나 시중에 판매

---

90 대판 2017. 10. 26, 2012도13352.

하였다고 하면 이는 그 명화를 모독하여 음화화시켰다 할 것이므로, 이러한 견지에서 이를 음화라고 본 원심판단은 정당하다."면서, "피고인들은 본건 그림의 음란성을 인식하지 못하였다 하여도 그 음란성의 유무는 그 그림 자체로서 객관적으로 판단해야 할 것이고, 그 제조자나 판매자의 주관적인 의사에 따라 좌우되는 것은 아니라 할 것"이라고 판단하였다.

이 판례는 '나체의 마야'라는 명화 이미지를 'UN 성냥'에 넣어 팔았던 사안에 관한 것이다. 이와 같은 초기의 대법원 판례에 대해서는, 그 표현이 건전한 성풍속이나 성도덕 관념에 반하는 것이라는 단선적 판단기준하에서 엄격한 판단을 내린 것으로서, 지나치게 전통적인 유교 도덕에 기초한 것으로 현대 사회의 다양한 가치를 반영해야 하는 대법원의 상징성에 어울리지 않는다는 등의 비판이 있다.[91]　　44

한편 이 판결에 대해서는, 대법원이 상대적 음란성 이론을 채택하였다고 일반적으로 설명된다.[92] 다만 근래의 대법원 판결은 그 이론과는 다소 결을 달리하는 것으로 보인다(위 IV. 2. 참조).　　45

(2) 대판 1982. 2. 9, 81도2281('애법', '고위결혼' 책자 사건)

여자 누드모델이 6가지 성교 체위를 취하는 원색 사진, 12컷의 성교 장면의 일본 음화와 5종류의 성교 특수체위 등을 수록한 '애법'이라는 책자, 여자의 국부 애무 장면, 각종 변태적 성교 체위의 천연색 사진, 승용차 내 야외 등에서의 성교 장면, 성교 자세에 따라 여자의 질 속에 삽입된 남성 성기의 모습을 그린 도화, 48형태의 성교 체위에 따른 남녀 성기의 결합 형태를 그린 도화 등을 수록한 '고위결혼'이라는 책자의 음란성이 문제된 사건이다.　　46

대법원은 이 사건에서, "음란성의 판단기준들 중 앞서 본 객관적 판단방법에 해당하는 법리를 판시하였다(위 III. 4. 참조). 대법원은 이에 따라, 문화적 소　　47

---

91 신평, "헌법적 음란의 개념", 헌법학의 과제(김효전 교수 정년기념 논문집), 법문사(2011), 99-100. 한편 이 판결에 대하여, 넓은 의미에서 상대적 음란 개념을 적용한 것이기는 하지만 이때의 상대적 음란개념은 '처벌되는 음란물의 범위를 넓히는 방향, 즉 표현과 영업의 자유의 범위를 좁히는 방향의 완고한 유교적·주자학적 음란개념'이라고 보는 견해도 있다[심희기, "문예작품의 음란성 판단기준", 영남법학 4(월정 조정호 교수 정년퇴임기념특집)(1998), 264-265].

92 이와는 달리, 이 판결이 음란성의 유무에 관한 객관적 판단 방식을 부연하고 있어 상대적 음란개념을 긍정한 것인지 명확하지 않다고 보는 견해도 있다[주석형법 [각칙(3)](5판), 43(박범석)].

산인 예술품으로 외설성이 없다든가 성교육을 위한 성계몽 지도서라는 취지의 상고이유를 배척하였다.

(3) 대판 1990. 10. 16, 90도1485(영화 '사방지' 포스터 사건)

48   상반신을 드러낸 여자들이 서로 껴안은 채 한 여자가 다른 여자의 뺨이나 가슴 부분을 입술로 애무하는 장면으로서 여자의 얼굴표정이 성적 감정에 도취한 듯이 노골적으로 묘사되어 있는 것, 여자 두 명이 상반신을 드러내 놓은 채 서로 부둥켜안고 누워 있는 장면인데 그 모습이 성교 장면을 연상케 하는 것, 한 여자가 다리를 벌리고 서 있고 상반신을 드러낸 여자는 그 앞에 앉아 서 있는 여자의 다리 사이를 쳐다보는 장면 등이 담긴, 영화 '사방지'의 포스터와 스틸 사진 등의 음란성이 문제된 사건이다.

49   이 사건의 제1심과 원심은, 공연윤리심의위원회의 심의를 마친 영화작품이라는 등의 이유로 그 음란성을 부정하였다. 그러나 대법원은, "공연윤리위원회의 심의를 마친 영화작품이라고 하더라도 관람객의 범위가 제한된 영화관에서 상영하는 것이 아니고 관람객을 유치하기 위하여 영화 장면의 일부를 포스터나 스틸사진 등으로 제작하였고, 제작된 포스터 등 도화가 그 영화의 예술적 측면이 아닌 선정적 측면을 특히 강조해 그 표현이 과도하게 성욕을 자극시키고 일반인의 정상적인 성적 정서를 해치는 것이어서 건전한 성풍속이나 성도덕 관념에 반하는 것이라면 그 포스터 등 광고물은 음화에 해당한다."라고 판시함으로써, 그 음란성을 인정하는 취지로 위와 같은 원심판결을 파기환송하였다.

50   이 판결에 따라 우선, 광고물이 음화(淫畵)에 해당하는 경우 본죄로 처벌될 수 있다고 설명된다.[93] 상당수의 문헌에서는 이 판결 역시 상대적 음란성 이론을 따른 것으로 설명하고 있다.[94] 한편 이 판결에 대하여, 공연윤리위원회 심의를 마친 영화작품을 상영할 경우, 공연윤리위원회 심의를 마쳤다는 사정으로 범

---

93 황도수, "광고의 제한과 표현의 자유", 재판실무연구 (1), 언론관계소송, 한국사법행정학회(2008), 553-554.

94 주승희, "음란물에 대한 형사규제의 정당성 및 합리성 검토", 형사판례연구 〔15〕, 한국형사판례연구회, 박영사(2007), 147. 이와는 달리, 영화 포스터나 스틸 사진은 영화와 관련 없이 그 자체로 음란성을 판단해야 하므로, 영화에 대한 음란성 판단과 다른 결론이 나올 여지가 있어, 이 판결에서 대법원이 상대적 음란개념을 인정한 것으로 단정할 수 없다는 견해도 있다〔주석형법 〔각칙(3)〕(5판), 44(박범석)〕.

의가 부정되거나 위법성이 조각될 수 있음을 시사한다고 보는 견해도 있다.[95]

(4) 대판 1991. 9. 10, 91도1550(월간 '러브다이제스트' 사건)

월간 부부라이프, 월간 명랑, 월간 러브다이제스트 등의 월간잡지에 실린   51
사진 등에 대한 음란성 유무가 문제가 된 사안이다. 그 잡지의 내용은, '성교체
위 10선'이라는 글과 함께 전라 또는 반라의 여자가 성교 장면을 연상케 하는
여러 가지 자세를 취하고 있는 사진, '부부여 충만한 섹스데이트를'이란 글과 함
께 남자가 여자의 유두를 빨고 있는 장면과 남녀의 성행위 장면의 사진 등을 게
재하고 '아들 낳는 성교체위법', '화려한 성관계를 위한 콘트롤', '당신도 대물이
될 수 있다', '사랑을 위해 성의 노예가 되자', '흔들의자에서 즐기는 일본인들의
현란한 색정놀이' 등 제하의 각종 외설기사 등이다.[96]

대법원은 이 판결에서, 위 **III. 4.** 부분 같이 음란성의 존부는 "작성자의 주   52
관적 의도가 아니라 객관적으로 도서 자체에 의하여 판단"되어야 한다는 법리를
명시적으로 판시하였다. 이에 따라 대법원은, 위와 같은 월간잡지의 내용이 "성
관계를 노골적이고 구체적으로 묘사하여 독자의 호색적 흥미를 돋구는 것이어
서 소론이 주장하는 성교육을 위한 성계몽지도서의 한계를 벗어나 위 법조 소
정의 음란성의 요건을 충족"한다고 판단하였다.

한편, 이 판결은 "오늘날 잡지를 비롯한 대중매체가 민주화와 개방의 바람   53
을 타고 자극적이고 선정적인 방향으로 흐르고 있는 것이 일반적인 추세라고
하여도, 정상적인 성적 정서와 선량한 사회풍속을 침해하고 타락시키는 정도의
음란물까지 허용될 수 없는 것"이라고 판시하였다. 음란 개념의 해석에 있어 다
소 보수주의적인 태도를 취한 것으로 볼 여지가 있다.

(5) 대판 1995. 2. 10, 94도2266(소설 '꿈꾸는 열쇠' 사건)

소설 '꿈꾸는 열쇠'가 문제된 사건이다. 이 소설은 기혼의 남자 주인공이 여   54
행객인 중국 여대생을 칼로 위협하여 강간하고 기차 화장실에서 어린 아이의
어머니를 강간하는 장면, 애인과 창녀를 같은 방에 두고 성교하는 장면 등을 비

---

95 지영철, "미성년자보호법 제2조의2 제1호 등 위헌제청 - 불량만화 반포 등 처벌규정과 명확성의
    원칙 -", 헌법재판소 결정해설집 2002, 헌법재판소(2003), 33.
96 김병운, "음란한 문서·도화의 개념과 판단기준", 형사재판의 제문제(1권), 형사실무연구회, 박영
    사(1997), 92.

롯하여 창녀, 애인 등을 상대로 갖가지 방법으로 성행위를 하는 장면을 그 시간 적 전개 과정에 따라 감각적·선정적인 필치로 노골적·자극적 방법으로 묘사하 고 그동안 주인공이 접해 본 여자의 성기 모양을 상세히 묘사하고 있다.[97]

55   이 판결에서 대법원은 위 소설의 음란성을 인정한 원심판결의 판단을 수긍 하였다. 이와 관련하여 이 판결은 우선, "음란이라는 개념 자체가 사회와 시대 적 변화에 따라 변동하는 상대적이고도 유동적인 것"이라는 점 등을 전제한 다 음, "그 최종적인 판단의 주체는 어디까지나 당해 사건을 담당하는 법관"임을 선언하였다(위 III. 2. 참조).[98]

     (6) 대판 1995. 6. 16, 94도2413(소설 '즐거운 사라' 사건) 및 대판 1995. 6. 16, 94도
        1758(사진첩 '산타페' 사건)[99]

56   소설 '즐거운 사라' 사건에 관한 대법원 판결은, "미대생인 여주인공이 성에 대한 학습요구의 실천이라는 이름 아래 벌이는 자유분방하고 괴벽스러운 섹스 행각 묘사가 대부분을 차지하고 있는데, 그 성희의 대상도 미술학원 선생, 처음 만난 유흥가 손님, 여중 동창생 및 그의 기둥서방, 친구의 약혼자, 동료 대학생 및 대학교수 등으로 여러 유형의 남녀를 포괄하고 있고, 그 성애의 장면도 자학 적인 자위행위에서부터 동성연애, 그룹섹스, 구강성교, 항문성교, 카섹스, 비디 오섹스 등 아주 다양하며, 그 묘사방법도 매우 적나라하고 장황하게 구체적이고 사실적으로, 또한 자극적이고 선정적으로 묘사되어 있는"[100] 소설 '즐거운 사라' 의 음란성을 인정한 판결이다.

57   대법원은 이 판결에서, "ⓐ[101] 당해 문서의 성에 관한 노골적이고 상세한 묘사 서술의 정도와 그 수법, ⓑ 묘사 서술이 문서 전체에서 차지하는 비중, ⓒ

---

97 최영롱(주 31), 176.

98 대법원은 아래 V. 2. (6)에서 보는 2008년 판결에서도, 영화나 비디오물 등에 관한 영상물등급 위원회의 판단에 법원이 기속된다고 볼 수 없다는 취지로 판시함으로써, 음란성 판단의 주체는 법관이라는 점을 다시 확인하였다는 견해가 있다[조국, "시각적 성표현물 및 표현행위의 음란성 판정 기준 비판", 민주법학 51, 민주주의법학연구회(2013), 416].

99 위 각 판결에 대한 평석(내지 이에 가까운 논문)으로는 다음과 같은 문헌 등이 있다. 김병운(주 96), 76-115; 심희기(주 91), 261-277; 이기호, "판례에 나타난 음란성", 형사판례연구 〔4〕(1996), 172 -184; 임웅, "형법상 명확성의 원칙", 성균관법학 16-1(2004), 481-498.

100 위 대법원 판결의 내용 일부를 발췌하였다.

101 위 'ⓐ'와 같은 순번은, 가독성의 편의를 위해 임의로 부가하였다. 이하, 대법원 판결 인용 부분 에서 나타나는 위와 같은 형식의 순번도 마찬가지이다.

문서에 표현된 사상 등과 묘사 서술과의 관련성, ⓓ 문서의 구성이나 전개 또는 예술성 사상성 등에 의한 성적 자극의 완화의 정도, ⓔ 이들의 관점으로부터 당해 문서를 전체로서 보았을 때 주로 독자의 호색적 흥미를 돋우는 것으로 인정되느냐의 여부 등 여러 점을 검토하는 것이 필요하다."고 판시하였다. 종전까지 '음란'의 개념이나 그 판단 방식 등에 관한 개별적 법리를 그때그때 선언한 데에서 나아가, 문서의 음란성 판단에 대한 구체적 판단요소들을 자세히 열거한 판결로 볼 수 있다.

나아가 이 판결은 '당해 문서를 전체로서 보았을 때' 음란성이 인정되는지 여부를 검토해야 한다는 취지로 판시하였다. 이로써 아래 V. 2. (1)의 소설 '반노' 사건에서 부분적으로 판시되었던 '전체적 판단 방법'에 따른 음란성 판단에 관한 법리를, 정면으로 판시한 것으로 볼 수 있다(위 III. 3. 참조). **58**

한편 이 판결은 "헌법 제22조 제1항, 제21조 제1항에서 기본권으로 보장되는 문학에 있어서의 표현의 자유도 헌법 제21조 제4항, 제37조 제2항에서 공중도덕이나 사회윤리를 침해하는 경우에는 이를 제한할 수 있도록 하였으며, 이에 따라 형법에서는 건전한 성적 풍속 내지 성도덕을 보호하기 위하여 제243조에서 음란한 문서를 판매한 자를, 제244조에서 음란한 문서를 제조한 자를 각 처벌하도록 규정하고 있으므로, 문학작품이라고 하여 무한정의 표현의 자유를 누려 어떠한 성적 표현도 가능하다고 할 수는 없고 그것이 건전한 성적 풍속이나 성도덕을 침해하는 경우에는 형법규정에 의하여 이를 처벌할 수 있다."라고 판시하였다. 이로써 이 판결은 표현의 자유 등 헌법상 기본권과 '음란'을 구성요건으로 하는 본죄 등 형사처벌 조항 사이의 관계에 대해서도 정면으로 판시하였다. **59**

대법원은 같은 날 선고된 사진첩 '산타페' 사건에서도, 도화의 음란성 판단 기준에 대해 위 판결과 거의 동일·유사한 취지로 판시하였다. 이 사건은 일본의 유명 여배우를 모델로 일본 사진작가가 찍은 사진 60여 장을 모아 발간한 누드집을 국내에 들여와 인쇄·출판한 행위 등에 대한 것이다. 대법원은 위와 같은 판단기준에 따라 사진첩들 중 '산타페'와 '엘르' 부분의 음란성은 부정한 반면, '에이스'[102] 부분의 음란성은 인정하는 취지로 판단하였다. **60**

---

102 외국의 유명 여배우 또는 여자 누드 모델들이 옷을 입거나 벗은 상태에서 앞과 뒤 혹은 앉거나 눕는 등의 여러 가지 모습을 찍은 사진들을 모아 편집한 사진첩으로서, 그 사진첩에는 전라로

61   위 각 판결에서 판시된 음란성 판단기준은, 역시 같은 날 선고된 소설 '핑크
컬러의 유혹' 사건에서도 마찬가지로 적용되었다.[103] 나아가 위와 같은 음란성 판
단기준은, 연극공연 행위의 음란성을 판단한 대판 1996. 6. 11, 96도980(연극 '미란
다' 사건)의 고려 요소로도 준용되었다[후술하는 **§ 245(공연음란)의 III. 5. 참조**].[104]

(7) 대판 1997. 8. 22, 97도937(사진첩 '오렌지걸' 사건)

62   사진첩 '오렌지걸' 등의 음란성을 인정한 사건이다. 여러 장소에서 전라 또
는 반라의 상태로 다양한 자세를 취하고 있는 우리나라 여자 모델들을 촬영한
사진들을 수록한 사진첩으로서, 그 수록된 사진들 중에는 비키니 수영복 차림으
로 서서 한쪽 손을 팬티 속에 넣어 국부를 만지는 모습의 사진, 음모의 일부가
보이는 전라의 상태로 침대 위에 눈을 감고 누워 있는 모습의 사진, 수영복 차
림 또는 속이 비치는 잠옷과 끈 형태의 팬티 차림으로 침대 또는 방바닥에서 무
릎을 꿇고 엎드려 있는 모습을 뒤쪽에서 촬영하여 엉덩이와 국부 부위를 유난
히 강조한 사진 등이 있다.

63   이 판결은 사진첩 '산타페' 사건에 관한 법리를 그대로 인용하여, '음란한 도
화'의 음란성에 관한 구체적 판단요소 등을 판시하였다. 이에 따라 이 판결은
"이들 사진들은 모델의 의상 상태, 자세, 촬영 배경, 촬영 기법이나 예술성 등에
의하여 성적 자극을 완화시키는 요소는 발견할 수 없고, 오히려 사진 전체로 보
아 선정적 측면을 강조하여 주로 독자의 호색적 흥미를 돋구는 것으로서 일반
보통인의 성욕을 자극하여 성적 흥분을 유발하고 정상적인 성적 수치심을 해하
는 것으로서 성적 도의관념에 반하는 것"이라고 판단하였다.

말등에 눈을 감고 누워 가슴 부위를 강조하여 찍은 것으로서 얼굴에 성적 감정에 도취한 듯한
표정을 짓고 있는 사진, 전라로 양다리를 벌리고 누워 성적 감정에 도취되어 있는 듯한 모습을
머리 부분에서부터 찍은 사진, 전라로 다리를 벌리고 양손을 국부에 대고 머리를 뒤로 젖히고
성적 감정에 도취한 듯이 눈을 감고 있는 사진, 전라의 모습으로 엉덩이를 높이 들고 머리를 바
닥에 대고 엎드려서 유혹하는 눈빛으로 앞을 쳐다보는 사진, 전라로 바닥에 누워 자위를 하며
성적 만족감을 느껴 눈을 지그시 감고 있는 사진들이다.

103 대판 1995. 6. 16, 94도434(대학강사인 여주인공이 벌이는 자위행위, 유부남과의 성행위, 자신의
제자, 자신이 근무하는 대학 학장, 그 학장의 아들 등을 성희의 대상으로 한 섹스 행각을 묘사하
고 있는데다가, 그 묘사방법도 자극적, 충동적이고 그 묘사부분이 양적, 질적으로 소설의 거의
전부를 차지하였다는 사례에 관한 것이다).

104 한위수, "음란물의 형사적 규제와 표현의 자유 - 특히 예술작품과 관련하여", 한국 헌법학의 현
황과 과제(금랑 김철수 교수 정년기념논문집), 박영사(1998), 577.

그러면서 이 판결은, "성에 관한 표현이 종전과 비교하여 점차 자유로워지   **64**
고 있는 작금의 세태를 감안하더라도 오늘날 우리의 사회통념에 비추어 볼 때
피고인의 주장과 같이, 이 사건 사진첩에 남자 모델이 전혀 등장하지 아니하고
남녀 간의 정교 장면에 관한 사진이나 여자의 국부가 완전히 노출된 사진이 수
록되어 있지 않다는 것만으로 달리 볼 수는 없다."고 판시하기도 하였다.

(8) **대판 2000. 10. 27, 98도679**(소설 '내게 거짓말을 해 봐' 사건)105

"38세의 유부남인 작가 A가 서울과 여러 도시들을 다니며 18세의 여고생 B   **65**
와 벌이는 괴벽스럽고 변태적인 섹스 행각의 묘사가 대부분을 차지하고 있는
점, 주인공인 A는 여러 여자를 성적으로 탐닉하는 유부남이며, B는 성 경험이
전혀 없는 상태에서 한 달 여 동안 A와 이른바 폰섹스를 하고 A와 함께 괴벽스
러운 섹스 행각을 벌이면서도 이를 자연스럽게 받아들일 뿐만 아니라 이를 행
복이라고 생각하는 점, 주인공 외에 위 소설에 등장하는 인물들도 학생을 성의
대상으로 보는 미술선생 및 교수, 동성에 대한 연애의 감정을 가지고 있는 듯한
여학생 등 성적으로 왜곡된 인물들인 점, A가 B 등과 하는 성애의 장면이 폰섹
스, 구강성교, 항문성교, 가학 및 피학적인 성행위, 1남 2녀 간의 섹스 등 매우
다양할 뿐만 아니라 그 묘사방법도 노골적이고도 아주 구체적인 점, 그러한 묘
사부분이 양적으로나 질적으로 이 사건 소설의 중추를 차지하고 있다."는 소설
의 음란성이 문제된 사건이다.

이 사건에서 대법원은 우선, 종래의 '음란' 개념을 원용하고 이를 판단할 때   **66**
에는 "그 시대의 건전한 사회통념에 따라 객관적으로 판단하되 그 사회의 평균
인의 입장에서 문서 전체를 대상으로 하여 규범적으로 평가"하여야 함을 밝혔다
(위 **III. 2., III. 4.** 참조).

나아가 대법원은 이 판결에서, "문학성 내지 예술성과 음란성은 차원을 달리   **67**
하는 관념이므로 어느 문학작품이나 예술작품에 문학성 내지 예술성이 있다고
하여 그 작품의 음란성이 당연히 부정되는 것은 아니라 할 것이고, 다만 그 작품

---

105 이 판결에 대한 평석으로는 백원기, "성풍속을 해치는 음란성 처벌의 한계와 그 판단기준: 프랑
스의 사례와 소위 '거짓말 소설' 사건을 중심으로", 판례실무연구 V, 박영사(2001), 111-135; 임
지봉, "미국 판례법상의 음란성 판단의 기준", 판례실무연구 V, 박영사(2001), 136-162; 최영룡
(주 29), 166-191.

의 문학적·예술적 가치, 주제와 성적 표현의 관련성 정도 등에 따라서는 그 음
란성이 완화되어 결국은 형법이 처벌대상으로 삼을 수 없게 되는 경우가 있을
수 있을 뿐"이라고 판시하였다. 문학성·예술성과 '음란' 사이의 관계에 대하여
이른바 적극설(양립설)의 입장에 가까운 것으로 이해할 수 있다(위 IV. 1. 참조).

68   결국 이 판결은 위와 같은 구체적 사실관계를 들면서, "이 사건 소설은 피
고인이 주장하는 바와 같은 주제를 고려하더라도, 그리고 오늘날 우리 사회의
보다 개방된 성관념에 비추어 보더라도 음란하다."고 하여 이 소설의 음란성을
인정하였다.

(9) 대판 2002. 8. 23, 2002도2889('포르노그래피 전시' 사건)[106]

69   화가가 '여고생 - 포르노그래피 2'라는 작품 전시회를 개최했다가, 그 도화
등의 음란성이 문제된 사건이다. "이 사건 도화는 교복을 입은 여고생이 성인
남자의 성기를 빨고 있는 모습, 교복을 입은 여고생이 팬티를 벗어 음부와 음모
를 노출시킨 모습 등을 극히 사실적으로 묘사하고 있는 것들이고, 이 사건 문서
역시 그 표지 안쪽에 청소년 성매매를 옹호하는 듯한 문구를 기재하고 위 그림
들을 그대로 수록"하였다는 사실관계에 관한 판결이다.

70   대법원은 이 판결에서, 앞서 본 사진첩 '산타페' 사건(94도1758), 사진첩 '오
렌지걸' 사건(97도937) 및 소설 '내게 거짓말을 해 봐' 사건(98도679)에 관한 판결
의 법리를 인용하면서, 위 도화 등의 음란성을 인정한 원심판결의 정당성을 수
긍하였다.

(10) 대판 2003. 5. 16, 2003도988(자위기구 '체이시' 사건)

71   남성용 자위기구, 즉 음란한 '물건'의 음란성이 문제된 사건이다. 피고인이
성인용품점에서 남성용 자위기구를 공연히 전시하였다는 사안에 관한 것인데,
이 사건 제1심 및 원심은 성인들을 대상으로 하는 성인용품점의 내부진열대 위
에 진열되어 판매되는 경우라면 그 형태만을 들어 음란물이라 할 수 없다고 보
아 무죄로 판단하였다.

72   그러나 대법원은 그 자위기구의 음란성을 인정하는 취지로 이 사건을 파기
환송하였다. 대법원은 "어떤 물건이 음란한 물건에 해당하는지 여부는 행위자의

---

106 이 판결에 대한 평석으로는 조국, "성 표현물의 음란성 판정 기준 비판", 절제의 형법학, 박영사
    (2014), 369-371.

주관적 의도나 반포, 전시 등이 행하여진 상황에 관계없이 그 물건 자체에 관하여 객관적으로 판단하여야 한다."라는 객관적 판단방법에 관한 법리를 제시하였다(위 III. 4. 참조).

나아가 이 판결은 "남성용 자위기구가 그 시대적 수요가 있고 어느 정도의 순기능을 하고 있으며 은밀히 판매되고 사용되는 속성을 가진 것은 사실"이라고 전제하면서도, "이 사건 기구는 사람의 피부에 가까운 느낌을 주는 실리콘을 재질로 사용하여 여성의 음부, 항문, 음모, 허벅지 부위를 실제와 거의 동일한 모습으로 재현하는 한편, 음부 부위는 붉은 색으로, 음모 부위는 검은 색으로 채색하는 등 그 형상 및 색상 등에 있어서 여성의 외음부를 그대로 옮겨놓은 것이나 진배없는 것으로서, 여성 성기를 지나치게 노골적으로 표현"함으로써 "사회통념상 그것을 보는 것 자체만으로도 성욕을 자극하거나 흥분시킬 수 있고 일반인의 정상적인 성적 수치심을 해치고 선량한 성적 도의관념에 반한다."고 판단하였다.

(11) 대판 2005. 7. 22, 2003도2911('미술교사 홈페이지 게시' 사건)[107]

미술교사가 자신의 인터넷 홈페이지에 게시한 자신의 미술작품, 사진 및 동영상의 일부에 대하여 음란성이 인정된다고 한 사건이다. 인터넷 게시 행위에 대한 당시의 법률인 구 전기통신기본법(현행 정보통신망법) 위반이 문제되었던 사건으로서, 사회적으로 상당한 논란을 불러일으켰던 사건이기도 하다.

이 판결은 문학성·예술성과 '음란' 사이의 관계에 대해 앞서 V. 1. (8)에서 본 법리를 다시 확인하면서 "피고인의 위 작품들에 예술성이 있다고 하여 그 이유만으로 위 작품들의 음란성이 당연히 부정된다고 볼 수 없다"고 판시하였다. 앞서 V. 1. (8)에서 본 소설 '내게 거짓말을 해 봐' 사건(98도679)에서보다, 예술성과 '음란' 사이의 관계에 대한 적극설(양립설)에 더욱 가까운 입장이라고 볼 수 있다(위 IV. 1. 참조).

이에 따라 이 판결은 우선, 홈페이지에 게시된 작품들 일부에 대해서는 음

73

74

75

76

107 이 판결에 대한 평석으로는 고시면, "홈페이지에 알몸사진 등의 작품들을 게시한 '미술교사 김○○ 사건'에 대한 대법원의 판결", 사법행정 46-10, 한국사법행정학회(2005), 13-23; 임지봉, "대법원의 음란성 판단기준에 대한 비판적 검토 - 김○○ 교사사건 판결에 대한 분석을 중심으로 -", 민주법학 29, 민주주의법학회(2005. 12), 467-484; 조국(주 106), 371-377; 주승희(주 94), 126-158.

란성을 부정하였다. 즉 미술교사인 피고인이 교사생활 틈틈이 제작하였다가 자신의 홈페이지를 개설하면서 거기에 게시한 일부 작품들에 대해서는, 그림 전체에서 성기가 차지하는 비중이 매우 작고 두드러져 보이지 않는 점, 그림 자체가 만화로서 그 주인공의 근육질과 성기가 매우 과장되게 묘사되어 있어 현실감이 떨어지고 사실적이라기보다는 그 설명과 함께 공상적이라는 느낌을 쉽게 주는 점, 그림이나 동영상의 전반적인 인상이 선정적이라고 보기는 어려운 점, 나아가 위 그림이나 동영상과 피고인의 홈페이지에 게시된 다른 미술작품, 피고인의 홈페이지의 전체적인 구성, 피고인의 홈페이지의 독특한 전개 방식 등을 종합하면 그 음란성이 인정되지 않는다고 보았다.

77   반면 이 판결은 일부 작품 등에 대해서는 그 음란성을 인정하였다. 여자가 양다리를 크게 벌리고 누워서 그 성기를 노골적으로 드러낸 모습을 그 성기의 정면에 바짝 근접하여 묘사한 그림으로 그 묘사가 매우 정밀하고 색채도 사실적인 점, 여성의 성기로부터 받는 이미지가 그림 전체를 압도·지배하는 점, 피고인은 '그대 행복한가'라는 문구에 의하여 보통 사람을 철학적 사유로 이끌어 당혹스럽게 한다고 주장하지만 그 문구가 피고인의 의도와 달리 그림의 이미지와 함께 성적으로 읽힐 수도 있는 점, 그 그림이 나타내고자 하는 바에 관하여 별다른 설명이 없어서 보통 사람으로서는 작품의 예술성이나 작가인 피고인의 예술적 의도를 간파하기가 쉽지 아니하므로, 예술성에 의하여 음란성이 완화된다고 보기도 어려운 점, '우리부부'라는 제목의 사진에 피고인의 처의 유방과 만삭의 복부와 음부와 음모, 피고인의 성기와 음모가 뚜렷하게 드러나 있는 점 등을 종합하면, "피고인이 주장하고 있는 바와 같은 주제를 고려하더라도, 그리고 오늘날 우리 사회의 보다 개방된 성관념에 비추어 보더라도 음란하다."는 취지로 판단하였다.

   (12) 대판 2008. 6. 12, 2007도3815('야설' 사건)

78   이른바 '야설', 즉 인터넷 소설의 음란성을 인정한 것으로, 정보통신망법이 규정하는 '음란한 문언' 해당 여부가 문제되었던 사건이다. 그 '야설'의 내용은 "비정상적인 남녀관계를 설정하여 그들 사이의 성행위를 저속하고 천박한 느낌을 주는 의성어·의태어 등을 동원하여 지나치게 노골적·사실적·집중적으로 묘사하거나 등장하는 남녀의 나신을 선정적·자극적으로 묘사"하였다는 것이다.

이 판결은 아래 V. 2. (5)에서 보는 대판 2008. 3. 13, 2006도3558, 즉 이 　　79
판결보다 약 3개월 전에 선고된 판결의 법리 판시를 인용하면서 이를 음란성
판정의 기준으로 삼았다. 이에 따라 이 사건 '야설'은 "인격체로서의 인간의 존
엄과 가치를 훼손·왜곡하고 성적 도의관념에 반하여 사회평균인의 입장에서 불
쾌감을 느낄 정도에 이르렀고, 거기에 어떤 문학적·예술적·사상적·과학적·의
학적·교육적 가치가 있는 등으로 성적 자극을 감소·완화시키는 요소를 전혀
발견할 수 없다."고 하여 그 음란성을 인정한 원심 판단을 수긍하였다.

음란성을 인정한 결론이되, '음란'의 개념에 대한 전통적 '3요소설'에 의해서　　80
만 음란성을 판단해 오던 대법원이 위 2006도3558 판결에 따라 새롭게 추가된
문학·예술 등의 가치 내지 '인간의 존엄과 가치에 대한 훼손·왜곡' 등의 표지를
동원하여 그 음란성을 판정했다는 점에 그 의미를 찾을 수 있을 것이다(위 II. 1.
참조). 한편 이 판결은 구체적인 표현물의 음란성 여부를 종국적으로 법원이 판
단한다는 기존의 법리를 다시 확인하였다(위 III. 2. 및 위 V. 1. (5)의 소설 '꿈꾸는
열쇠' 사건 참조).[108]

(13) 대판 2012. 10. 25, 2011도16580(강간, 미성년자·인척 간의 성행위 묘사에 관한
　　　사건)

피고인이 인터넷 성인 동영상물 제공 사이트를 운영하면서, ⓐ 사이트 초　　81
기화면에 "일본 AV 포르노 딸딸 전용", "〔일본 AV〕 3:1 그룹섹스" 등의 글을 게
재하고, ⓑ 여자 항문에 성기구 3개를 문지르는 장면, "자세 굿! 엉덩이"라는 문
구에 여자음부가 보이는 엉덩이 화면 등의 사진들과 옆으로 누운 여자를 애무
하는 남자가 여자 음부에 손을 삽입하는 영상 등의 동영상들을 게재하였다는
사건이다. 이 사건의 제1심과 원심은 모두 무죄를 선고하였다.

대법원은 우선 위 2006도3558 판결의 법리(아래 V. 2. (5) 참조)를 판시하였　　82
다. 이에 따라 대법원은 ⓑ 부분, 즉 '음란한 영상' 등이 문제된 부분에 대해서
는 원심의 무죄 판단을 수긍하였다. 즉, 대법원은 이 부분 화상 또는 영상이 "영
상물등급위원회의 등급분류 심의를 거친 것으로서 남녀 간의 애정행위, 정사 장
면 등을 중심으로 하고, 남녀 성기의 직접적이고 노골적인 노출 없이 남녀 간의

---

108 같은 취지로 대판 2008. 7. 10, 2008도244 등 참조.

성관계를 보여주고 있다."면서, 이러한 화상·영상의 음란성을 부정하였다.

83   그러나 대법원은 ⓐ 부분, 즉 '음란한 문언'이 문제된 부분에 대해서는, 원심판결을 파기환송하였다. 대법원은 "이 부분 공소사실 기재 문언은 강간, 미성년자와의 성행위, 인척 간의 성행위 등을 저속하고 노골적인 표현으로 묘사"하고 있는데, "이는 불법적, 반사회적 성행위 등을 저속하고 노골적인 표현으로 묘사한 것으로서 앞서 본 법리에 비추어 보면 단순히 저속하다거나 문란한 느낌을 준다는 정도를 넘어서 사람의 존엄성과 가치를 심각하게 훼손·왜곡하였다고 평가할 수 있을 정도에 이르렀고, 하등의 문학적·예술적·사상적·과학적·의학적·교육적 가치도 발견할 수 없다."라고 판단하였다.

84   이에 따라 이 판결은, "유료회원에게 실제 제공되고 있는 영상물등급위원회의 등급분류 심의를 거친 영상물"이라거나, "위 각 화상 또는 영상에 남녀의 성기가 직접적, 노골적으로 드러나지 않은 점" 등을 근거로 해당 부분의 공소사실 기재 문언이 '음란한 문언'에 해당하지 않는다고 본 원심판결을 파기환송하였다.

(14) 대판 2019. 1. 10, 2016도8783(음란 문자메시지 대량 전송 사건)

85   피고인 甲 주식회사의 대표이사 피고인 乙과 운영·관리자 피고인 丙, 丁이 공모하여, 甲 회사 사무실에서 대량 문자메시지 발송사이트를 이용하여 미리 수집한 불특정 다수의 휴대전화에 여성의 성기, 자위행위, 불특정 다수와의 성매매를 포함한 성행위 등을 저속하고 노골적으로 표현 또는 묘사하거나 이를 암시하는 문언이 기재된 문자메시지(31,342건)를 대량으로 전송함으로써 정보통신망을 통해 음란한 문언을 배포하였다고 하여 정보통신망법위반(음란물유포)죄로 공소가 제기된 사안에서, 위 문자메시지가 '음란한 문언'에 해당한다고 한 판결이다.

86   이 판결은 우선, 음란의 개념 및 판단 방법에 대해 위 2006도3558 판결의 법리(아래 V. 2. (5) 참조)를 원용하였다. 이에 따라 이 판결은, 위와 같은 문자메시지들이 다음과 같은 이유에서 정보통신망법이 정하는 '음란한 문언'에 해당한다고 판시하였다.

87   "ⓐ 이 사건 문언은 여성의 성기, 자위행위, 불특정 다수와의 성매매를 포함한 성행위 등을 저속하고 노골적으로 표현 또는 묘사하거나 이를 암시하고 있다. 그러므로 이는 건전한 성의식을 저해하는 반사회적 성행위 등을 표현함에 있

어 단순히 저속하다거나 문란한 느낌을 준다는 정도를 넘어서 사람의 존엄성과 가치를 심각하게 훼손·왜곡하였다고 평가할 수 있을 정도에 이르렀다. ⓑ 피고인 乙, 丙, 丁은 성인 폰팅업체를 운영하거나 관리하는 사람들로, 이 사건 문자메시지를 수신하는 불특정 다수로 하여금 자신들의 업체를 이용하도록 광고하기 위한 목적을 가지고 있었다. 이 사건 문자메시지의 내용은, 사회통념상 일반 보통인의 성욕을 자극하여 성적 흥분을 유발하고 정상적인 성적 수치심을 해하여 성적 도의관념에 반하는 것이다. ⓒ 피고인 乙, 丙, 丁이 이 사건 문자메시지를 전송한 동기 및 그 내용에 비추어 이 사건 문자메시지에서 하등의 문학적·예술적·사상적·과학적·의학적·교육적 가치를 발견할 수 없다."

2. 음란성을 부정한 주요 판결

(1) 대판 1975. 12. 9, 74도976(소설 '반노' 사건)

소설 13장과 14장에 "당신 사타구니를 좀 봅시다. 얼마나 도도한가 봅시다 … 그는 날쌔게 내 볼에 입맞추고 내 얼굴을 온통 핥습니다. 서방님 내 마음에 이 오진 것이 뚝보 이 곰새끼하면서 그는 미친 듯이 나를 쓰러뜨립니다. 자신의 옷도 벗고 내 옷도 익숙하게 벗깁니다. 서로의 나체만이 남습니다. 서로의 국부가 교면스러운 빛을 발하면서 한껏 부조되고 그 위에 온갖 충격이 요동쳐 갑니다 … 둘 사이에는 막막한 각고의 바다만이 있습니다. 그 감미로운 바다 심연 깊디깊은 구렁텅이에 우리는 빠져 갔습니다. 좋지 응? 여보 좋지? 그는 내 귀에 대고 흐느끼면서 속삭였습니다. 으응 좋아 숨질리듯이 나는 응답했습니다. 어느덧 기진하여 둘은 널브러집니다."는 내용의 음란성 여부가 문제된 사건이다.[109]

이에 대하여 원심은, "공소사실 기재와 같이 남녀간의 성교장면을 다소 실감적으로 반복하여 묘사한 대목이 있기는 하나, 그렇다고 그 표현에 있어 과도하게 성욕을 자극시키거나 또는 정상적인 성적 정서를 크게 해칠 정도로 노골적이고 구체적인 묘사라고도 볼 수 없으며, 더욱이 그 전체적인 내용의 흐름이 피고인의 변소와 같이 인간에 내재하는 향락적인 성욕에 반항함으로써 결국 그로부터 벗어나 새로운 자아를 발견하는 과정으로 이끌어 매듭된 사실을 인정할

88

89

---

109 위 피고사건의 원심인 서울형사지판 1973. 11. 6, 71노3610 판결문에서 일부 발췌하였다.

수 있으니, 이에 비추어 이건 소설을 음란한 작품이라고 단정할 수는 없다."라
고 설시하면서 이를 무죄로 판단하였다.

90   이에 검사가 상고하면서, 이 사건 공소사실은 '반노' 소설 중 13-14장이 음
란하다는 것인데, 원심은 소설 전체가 음란하다는 것을 전제로 판단한 것이므
로, 심판의 청구가 없는 사실을 심판한 위법이 있다는 취지로 주장하였다. 이에
대하여 대법원은, "원심판결을 살펴보면 (중략) 소설 반노 속에 내포된 전체적
사항의 흐름이 음란하다는 것을 전제로 하여 판단한 것이 아니며, 어디까지나
그 공소사실에 적힌 소설 반노의 13-14장에 기재된 사실이 음란하다고 함에 있
음을 전제로 하고 그 사실 자체를 지적하여 그것이 그 표현에 있어 과도하게 성
욕을 자극시키거나 또는 정상적인 성적정서를 크게 해칠 정도로 노골적이고 구
체적인 묘사라고도 볼 수 없다고 판단"한 것이라면서 "나아가 부수적으로 더욱
이 그 전체적인 내용의 흐름이 인간에 내재하는 향락적인 성욕에 반항함으로써
결국 그로부터 벗어나 새로운 자아를 발견하는 과정으로 이끌어 매듭된 사실을
인정할 수 있으니, 이에 비추어 이 건 소설을 음란한 작품이라고 단정할 수 없
다고 판단"한 원심이 정당하다고 보아 검사의 상고를 기각하였다.

91   이 판결은 대법원이 음란성 여부에 관해 '전체적 판단방법'을 취한 사례로
설명되고 있다(위 Ⅲ. 3. 참조). 물론 그와 같은 판시 내용이 있는 것은 사실이고,
특히 원심이 취한 판단 방식은 '전체적 판단방법'의 전형에 가깝다. 다만 이 판
결은 공소사실에 없는 부분을 심판했다는 검사의 상고이유에 대한 답변의 형식,
이에 따라 원심판결의 정당성을 수긍하는 형식을 취하고 있어, 음란 여부의 판
단기준에 대해 정면으로 전체적 판단 방식('부수적으로' 전체적 내용의 흐름을 논하고
있기도 하다)을 선언한 판례라고 단정하기는 어렵다. 전체적 판단방식이 전면적·
공식적으로 대법원의 법리로 선언·수용된 것은, 앞서 Ⅴ. 1. (6) 부분에서 본 소
설 '내게 거짓말을 해 봐', 사진첩 '산타페' 사건 등에 관한 1995년의 대법원 판
결에 이르러서라고 보인다.[110]

92   아무튼 소설 '반노'에 관한 이 판결이 '전체적 판단방식'에 관한 첫 맹아(萌芽)
에 해당한다는 점은 명백하다. 나아가 상당히 엄격한 윤리적 잣대가 주조를 이

---

110 대판 1995. 6. 16, 94도2413; 대판 1995. 6. 16, 94도1758.

루었던 1970년대에, 이와 같은 판단방식을 적용해 음란성을 부정한 데에 이 판결의 의미가 있다고 할 수 있다.[111]

(2) 대판 1978. 11. 14, 78도2327('해면체비대기' 사건)

구조와 작용방법으로 미루어 남자의 성기를 확대하는 데 쓰려고 만든 '해면   93
체비대기'를 제조했다는 사건이다.[112]

대법원은 이 물건에 대하여 "도구의 일부에 음경을 넣게 된 부분이 원통으   94
로 되어 있어 음경을 연상케 함도 없고 그 전체에서 성에 관련된 어떤 뜻이 나
온다고도 인정될 수 없으니, 그 기구 자체가 성욕을 자극, 흥분 혹은 만족시키
게 하는 음란물건이라고 할 수 없다."고 판시함으로써, 그 음란성을 부정하였다.

(3) 대판 2000. 10. 13, 2000도3346('부부생활용품' 사건)

피고인이 자신 소유 승합차량에 '부부생활용품'이라는 간판을 걸고, 남자 성   95
기 모양과 흡사한 돌출콘돔, 여자를 흥분시킬 때 사용하는 남자 성기 모양과 동
일한 성기구 등 성욕을 자극하거나 흥분시키는 음란물건을 전시하고 그곳에 찾
아오는 손님들에게 성기구를 판매했다는 사건이다.[113]

대법원은 "이 사건 여성용 자위기구나 돌출콘돔의 경우 그 자체로 남성의   96
성기를 연상케 하는 면이 있다 하여도, 그 정도만으로 그 기구 자체가 성욕을 자
극, 흥분 또는 만족시키게 하는 물건으로 볼 수 없을 뿐만 아니라, 일반인의 정
상적인 성적 수치심을 해치고 선량한 성적 도의관념에 반한다고도 볼 수 없으므
로, 위와 같은 성기구들은 음란한 물건에 해당한다고 볼 수 없다."고 판단하였다.

(4) 대판 2004. 3. 12, 2004도153(비디오물 '수호천사' 사건)

'수호천사'라는 비디오물이 '음란 필름'에 해당하는지 여부가 문제된 사건이   97
다. 이 판결에서 대법원은, 음란성 여부를 객관적·규범적 방법으로 판단하여야
한다는 법리를 밝힌 대법원 98도679 판결(소설 '내게 거짓말을 해 봐' 사건)의 법리
를 원용하였다(위 III. 2., III. 4. 및 위 V. 1. (8) 참조).

이에 따라 이 판결은, "남녀의 성행위를 사실적으로 묘사하고 있기는 하지   98

---

111 이 사건에 대한 대법원 판결 이후 우리 법원의 음란성 판단기준이 '자유주의적 음란 개념'으로 조금
씩 진전되어 가는 추세를 보인다(다만, 이 판결이 조선시대부터 전승되어 온 유교적·주자학적 성윤
리의 색채를 현저히 탈각한 것은 아니다)는 취지로 평가한 문헌으로는 심희기(주 91), 266-267.
112 주석형법 [각칙(3)](5판), 52(박범석).
113 이 사건 원심인 서울지판 2000. 6. 29, 2000노3877 판결문의 일부를 발췌·인용하였다.

만 성행위 자체가 주로 애인관계에 있는 남녀 사이의 정상적인 성행위로서 가학적·변태적인 행위를 담고 있지 아니한 점, 성행위 장면에서 배우들의 알몸이 대부분 노출되긴 하였지만 이른바 치모나 남녀의 성기가 노출된 장면은 발견되지 아니한 점, 이 비디오물은 영상물등급위원회에서 '18세 관람가'로 등급분류되어 심의를 마친 것인 점, 이 비디오물은 비디오물 대여점 등을 통해 널리 유통되고 있는 것으로 보이는 점, 이 사건 화상대화방은 성인 남녀만이 출입가능한 곳으로 이 화상대화방에서 비디오물을 관람할 수 있는 대상 또한 성인남녀로 한정되어 있었던 것으로 보이는 점" 등의 사정들을 종합하여 음란성을 부정한 원심 판단의 정당성을 수긍하였다.

(5) 대판 2008. 3. 13, 2006도3558(18세 관람가 비디오물 복제 동영상 사건)[114]

99   영상물등급위원회로부터 18세 관람가로 등급 분류를 받은 비디오물을 편집·변경함이 없이 그대로 옮겨 제작한 동영상을 정보통신망을 통하여 제공한 사안에 대한 판결이다. 원심은 위와 같은 동영상의 음란성을 인정하여 유죄로 판단하였다. 원심은 "정보통신망에 배포·공연 전시하는 행위는 정보통신망을 건전하게 이용할 수 있는 환경을 침해한 것으로서 정보통신망법의 목적에 반하기 때문에, 비디오물로 제공하는 것과 달리 정보통신망을 통하여 제공하는 것은 그 시청환경을 감안하여 보다 엄격한 기준에 의해 음란성 여부를 판단하여야 한다."고 하였다.

100   그러나 대법원은 우선, "비디오물의 내용을 편집·변경함이 없이 그대로 옮겨 제작한 동영상의 경우, 동영상을 정보통신망을 통하여 제공하는 행위가 아동이나 청소년을 유해한 환경에 빠뜨릴 위험성이 상대적으로 크다는 것을 부정할 수는 없지만, 이는 엄격한 성인인증절차를 마련하도록 요구·강제하는 등으로 대처해야 할 문제이지, 그러한 위험성만을 내세워 비디오물과 그 비디오물의 내용을 그대로 옮겨 제작한 동영상의 음란 여부에 대하여 달리 판단하는 것은 적절하지 않다."라고 판시함으로써, 비디오물과 동영상에 대한 음란성 판단기준을

---

114 이 판결에 대한 해설로는 박이규(주 9), 584-603 참조. 이 판결에 대한 평석으로는 류화진, "인터넷 음란 동영상과 관련한 음란의 개념", 영산법률논총 5-1(2008), 309-326; 문재완, "표현의 자유와 사법권", 헌법학연구 14-4, 한국헌법학회(2008), 29-76; 박길성, "정보통신망 이용촉진 및 정보보호 등에 관한 법률 소정의 '음란'의 개념 등", 사법 5, 사법발전재단(2008. 9), 148-195.

달리 했던 원심의 입장을 부정하였다.[115]

나아가 이 대법원 판결은, 기존의 '3요소설'에 머물던 '음란'의 개념요소 내   **101**
지 판단 사항에 ⓐ 사람의 존엄성과 가치에 대한 심각한 훼손·왜곡, ⓑ 노골적
인 방법에 의한 성적 부위 등의 적나라한 표현·묘사, ⓒ 성적 흥미에만 호소하
고 하등의 학문적·예술적 가치를 가지지 않을 것 등의 새로운 개념요소 내지
판단 사항을 설정하였다(위 Ⅱ. 1., Ⅲ. 2., 위 Ⅲ. 4. 각 참조).

결국 대법원은 "이 사건 동영상들은 영상물등급위원회로부터 18세 관람가   **102**
로 등급 분류를 받은 비디오물을 편집·변경함이 없이 그대로 옮겨 제작한 동영
상들로서, 주로 남녀 간의 성교나 여성의 자위 장면 또는 여성에 대한 애무 장
면 등을 묘사한 것이기는 하지만, 남녀 성기나 음모의 직접적인 노출은 없고 여
성의 가슴을 애무하거나 팬티 안이나 팬티 위로 성기를 자극하는 장면을 가까
이에서 촬영한 것을 보여주는 것이 대부분이라는 것인바, 그렇다면 앞서 본 법
리에 비추어 이러한 동영상들은 전체적으로 관찰·평가해 볼 때 그 내용이 상당
히 저속하고 문란한 느낌을 주는 것은 사실이라고 할지라도, 이를 넘어서서 형
사법상 규제의 대상으로 삼을 만큼 사람의 존엄성과 가치를 심각하게 훼손·왜
곡하였다고 평가할 수 있을 정도로 노골적인 방법에 의하여 성적 부위나 행위
를 적나라하게 표현 또는 묘사한 것이라고 단정할 수는 없다."고 판단함으로써,
원심판결을 파기환송하였다.

(6) 대판 2008. 4. 11, 2008도254(인터넷 폰팅광고 등 사이트 누드사진 등 게시 사건)

위 Ⅴ. 2. (5)와 같은 '음란'의 개념요소에 대한 새로운 판단기준은 이 판결   **103**
을 비롯해 현재까지 계속적으로 적용되고 있다. 이 판결은 2004. 9.경부터
2005. 3. 6.까지 사이에 피고인의 사무실에서 피고인 운영의 인터넷 폰팅광고
및 연예인 누드광고 사이트에 '서양누드', '환타지누드' 등의 제목으로 메뉴를 만
든 다음, 각 메뉴에 전라의 여성 및 여성의 치마 속 등을 몰래 촬영한 사진, 남
녀가 성행위를 하는 만화사진 등 400여 점을 각 게시함으로써, 일반인으로 하여
금 이를 감상하게 하여 광고수익금 명목으로 월 평균 40만 원의 수익을 올리는

---

115 이와 같은 입장은 대판 2008. 6. 12, 2006도4067; 대판 2008. 6. 12, 2008도76 등의 판결에서도
    계속 판시되었다. 이 부분 판시와 관련하여, 모호한 음란 개념에 대해 오늘날 매체의 다양성으로
    인한 음란 기준 혼동의 우려를 예방하는 의미의 판결이라고 보는 견해로는 류화진(주 114), 322.

등 정보통신망을 통하여 음란한 화상 또는 영상을 배포·공연히 전시하였다는 공소사실에 관한 것이다.

104   원심은 이를 유죄로 인정했으나, 대법원은 위 V. 2. (5)와 같은 새로운 판단 기준을 적용해 다음과 같이 음란성을 부정하면서 원심판결을 파기환송하였다.

105   "피고인이 자신이 운영하는 인터넷 폰팅광고 및 연예인 누드광고 사이트에 게시한 것은 주로 전라의 여성 및 여성의 치마 속 등을 촬영한 사진이나 남녀의 성행위 장면을 묘사한 만화 등인데, 그중 사진은 주로 전라 또는 반라의 여성이 혼자 포즈를 취하고 있는 것으로서 그 자체만으로 남녀 간의 성행위를 연상하게 하는 것도 아니고, 남녀 간의 성행위를 묘사하고 있는 만화 역시 남성이 여성의 가슴을 뒤에서 만지거나 앞에서 애무하는 장면을 그 상반신만 표현한 것으로서, 어느 것이나 남녀의 성기나 음모의 직접적인 노출은 전혀 없는 것임을 알 수 있는바, 그렇다면 앞서 본 법리에 비추어 이러한 사진이나 만화를 전체적으로 관찰·평가해 볼 때 그 내용이 상당히 저속하고 문란한 느낌을 주는 것은 사실이라고 할지라도 이를 넘어서서 형사법상 규제의 대상으로 삼을 만큼 사람의 존엄성과 가치를 심각하게 훼손·왜곡하였다고 평가할 수 있을 정도로, 노골적인 방법에 의하여 성적 부위나 행위를 적나라하게 표현 또는 묘사한 것이라고 단정할 수는 없다."[116]

(7) 대판 2014. 7. 24, 2013도9228(남성용 자위기구 사건)

106   남성용 자위기구의 음란성이 문제된 사건이다. 이 사건 원심은 "이 사건 물건이 사회통념상 그것을 보는 것 자체만으로도 성욕을 자극하거나 흥분시킬 수 있고 일반인의 정상적인 성적 수치심을 해함으로써 선량한 성적 도의관념에 반하는 음란한 물건에 해당한다."는 이유로 그 음란성을 인정하였다.

107   그러나 이 판결은 우선, 어떠한 물건을 음란하다고 평가하려면 "그 물건을 전체적으로 관찰하여 볼 때 단순히 저속하다는 느낌을 주는 정도를 넘어 사람의 존엄성과 가치를 심각하게 훼손·왜곡하였다고 평가할 수 있을 정도로 노골

---

116 비슷한 사례로서 대법원이 음란성을 부정한 것으로는 대판 2008. 3. 27, 2006도6317; 대판 2008. 5. 8, 2007도4719; 대판 2008. 5. 8, 2007도5905, 대판 2008. 6. 12, 2008도76; 대판 2008. 6. 12, 2006도4067 등 참조. 한편 위 2006도6317 판결의 사안에 대해 법률의 착오라는 관점에서 검토한 문헌으로는 천진호, "법률의 착오에 있어 정당한 이유에 대한 구체적 판단기준", 형사재판의 제문제(6권): 고현철 대법관 퇴임기념 논문집, 박영사(2009), 26-57 참조.

적으로 사람의 특정 성적 부위 등을 적나라하게 표현 또는 묘사하는 것이어야"
한다는 법리를 판시하였다.

이에 따라 이 판결은 "ⓐ 이 사건 물건은 남성용 자위기구로서 그 일부는   108
성인 여성의 엉덩이 윗부분을 본 떠 실제 크기에 가깝게 만들어졌고 그 재료로
는 사람의 피부에 가까운 느낌을 주는 색깔의 실리콘을 사용함으로써 여성의
신체 부분을 실제와 비슷하게 재현하고 있기는 하나, 부분별 크기와 그 비율 및
채색 등에 비추어 그 전체적인 모습은 실제 사람 형상이라기보다는 조잡한 인
형에 가까워 보이는 점, ⓑ 이 사건 물건 가운데 여성의 성기를 형상화한 부분
에 별도로 선홍색으로 채색한 것이 있으나, 그 모양과 색상 등 전체적인 형상에
비추어 여성의 외음부와 지나치게 흡사하도록 노골적인 모양으로 만들어졌다고
할 수 없고, 오히려 여성의 성기를 사실 그대로 표현하였다고 하기에는 크게 부
족해 보이는 점" 등을 종합하면, "이 사건 물건을 전체적으로 관찰하여 볼 때 그
모습이 상당히 저속한 느낌을 주는 것은 사실이지만, 이를 넘어 사람의 존엄성
과 가치를 심각하게 훼손·왜곡하였다고 평가할 수 있을 정도로 노골적으로 사
람의 특정 성적 부위를 적나라하게 표현 또는 묘사한 것으로 보기는 어렵다."면
서, 그 음란성을 부정하는 취지로 원심판결을 파기환송하였다.[117]

(8) 대판 2017. 10. 26, 2012도13352(교수 블로그 사진 사건)[118]

대법원은 종래의 3요소설에 따른 음란 개념에다가 2008년에 이르러 위 V.   109
2. (5)와 같이 새로운 판단기준을 설정한 뒤, 2017년에 선고된 이 판결에서 문
학·예술 등의 표현물에 관해 또다시 새로운 법리, 즉 위법성조각사유에 관한
법리를 정립하였다(위 IV. 3. 참조).

이에 따라 방송통신심의위원회 심의위원인 피고인이 자신의 인터넷 블로그   110
에 위원회에서 음란정보로 의결한 '남성의 발기된 성기 사진'을 게시함으로써
정보통신망을 통하여 음란한 화상 또는 영상인 사진을 공공연하게 전시하였다

---

117 위 판결과 같이 남성용 자위기구의 음란성을 부정한 그 밖의 사례로는, 대판 2014. 5. 29, 2014
　　도3312; 대판 2014. 5. 29, 2013도15643; 대판 2014. 6. 12, 2013도6345 등 참조.
118 이 판결에 대한 평석으로는 정승환, "2017년 형법 중요 판례", 인권과 정의 473, 대한변호사협회
　　(2018), 14-16; 한상훈, "음란물유포와 정당행위", 특별형법 판례100선, 한국형사판례연구회·대
　　법원 형사법연구회, 박영사(2022), 339-342; 황성기, "음란 표현물에 대한 새로운 판단기준과 비
　　판", 언론중재(2017. 겨울), 언론중재위원회, 88-93.

〔김 승 주〕　　　　**487**

고 하여 정보통신망법위반(음란물유포)으로 기소된 사안에 대해, 피고인의 게시물은 사진과 학술적, 사상적 표현 등이 결합된 결합 표현물로서, 사진은 음란물에 해당하나 결합 표현물인 게시물을 통한 사진의 게시는 제20조에 정하여진 '사회상규에 위배되지 아니하는 행위'에 해당한다고 판단하였다.

3. 대법원 판례의 개별적·구체적 판단요소와 그 판단의 경향

111   위에서 살펴본 구체적인 대법원 판결에서 공통적으로 추출할 수 있는 구체적 판단요소들 내지 판례의 경향 등에 대해서는, 아래와 같이 정리해 볼 수 있다.

(1) 구체적 판단요소

112   대법원은 소설 '즐거운 사라' 사건(위 V. 1. (6) 참조) 등에서 문서(소설)의 음란성 판단요소들로, ① 당해 문서의 성에 관한 노골적이고 상세한 묘사 서술의 정도와 그 수법, ② 묘사 서술이 문서 전체에서 차지하는 비중, ③ 문서에 표현된 사상 등과 묘사 서술과의 관련성, ④ 문서의 구성이나 전개 또는 예술성, 사상성 등에 의한 성적 자극 완화의 정도, ⑤ 이들의 관점으로부터 당해 문서를 전체로서 보았을 때 주로 독자의 호색적 흥미를 돋우는 것으로 인정되느냐의 여부 등을 열거하였다.[119]

113   이 판결과 같은 날 선고된 사진첩 '산타페' 사건의 대법원 판결이 제시한 판단대상·요소도 이와 유사한 취지이다.[120] 위와 같은 '음란'의 판단대상 내지 판단요소들은, 일본 최고재판소가 고려 요소로 삼는 사정들과 상당 부분 유사점을 가지는 것으로 보인다.[121]

(2) 남녀 성기의 게시·묘사 등

114   개별적·구체적으로 그 음란성 여부 등을 판단한 대법원 판결들을 살펴보면, 우선 남녀 성기의 영상 내지 그에 관한 묘사 등에 관한 부분이 눈에 띈다. 즉 남녀 성기의 모습을 적나라하게, 또는 노골적으로 게시하거나 묘사한 경우라면, 음란성을 인정하는 주요한 판단 인자가 될 수 있다.

115   반면 그와 같은 정도에 이르지 않은 경우, 즉 성기를 노출하더라도 국소 부

---

119 대판 1995. 6. 16, 94도2413(소설 '즐거운 사라' 사건).
120 대판 1995. 6. 16, 94도1758.
121 最判 昭和 55(1980). 11. 28. 刑集 34·6·433[사첩반 미닫이 초배(初褙)지 사건] 등 참조(후술).

위를 강조하거나 성교 장면을 연상케 하지 않는 경우 등이라면, 음란성 인정에
소극적 판단 인자가 될 수 있다. 종전에는 성기의 구체적 묘사가 없는 단순한
나체화 등에 대해서도 음란성을 인정하였지만, 성 관념의 자유화나 성 개방의
추세가 진전된 현재의 사회통념 내지 보통인 기준의 판단기준에 따르면, 이와
같은 경우에는 대체로 음란성을 부정하는 것으로 이해할 수 있다.[122]

한편 남성용 자위기구 등과 같은 음란 '물'(物)의 경우, 그것이 여성의 음부   116
등을 재현했다고 하여 곧바로 음란성을 인정하는 것은 아니다. 다만 그것이 '사
람의 존엄성과 가치를 심각하게 훼손·왜곡하였다고 평가할 수 있을 정도로 노
골적'이거나, '여성의 외음부를 그대로 옮겨놓은 것이나 진배없는 것으로 여성
성기를 지나치게 노골적'으로 표현한 정도에 이른 경우에 한하여 음란물범죄로
처벌한다고 볼 수 있다.

(3) '하드 포르노그래피' 등에 대한 음란성 인정

성 표현이 종전에 비해 자유화되었더라도, 가학적·폭력적·변태적 성관계   117
의 모습이나 동성애·수간(獸姦) 등 비자연적 성유희를 적나라하게 게시·묘사하
는 악성 음란물, 즉 '하드 포르노그래피'(Hard-Pornography)에 가까운 성 표현물에
대해서는 대체로 음란성을 인정하는 경향을 띤다.[123] 강간, 미성년자와의 성행
위, 불특정 다수와의 성매매를 포함한 성행위 등 범죄에 해당하는 성 표현물의
경우도 대체로 마찬가지라고 볼 수 있다.

(4) 학술적·예술적 성 표현과 음란성의 관계

앞서 본 대로 대법원은 근래에 들어 "하등의 문학적·예술적·사상적·과학   118
적·의학적·교육적 가치를 지니지 아니하는 것"이라는 표지를 음란 개념에 추
가하였다. 그렇다고 하여 학술·예술의 명목을 띤 성 표현물의 음란성을 무조건
부정한다고 볼 수는 없다. 대판 2005. 7. 22, 2003도2911(미술교사 홈페이지 사건)
에서는 "피고인의 위 작품들에 예술성이 있다고 하여 그 이유만으로 위 작품들
의 음란성이 당연히 부정된다고 볼 수 없다."고 판시하였다. 최근에 그 위법성
을 부정한 대판 2017. 10. 26, 2012도13352(교수 블로그 사진 게시 사건)에서도, 일
종의 학문적 의도와 결합된 남성 성기 사진 등의 '음란'에 관한 구성요건해당성

---

122 같은 취지로 주석형법 [각칙(3)](5판), 57(박범석).
123 같은 취지로 주석형법 [각칙(3)](5판), 56(박범석).

자체는 충족한다는 취지로 판시하였다(다만, 보호법익과 침해법익 간의 법익균형성 여부 등 여러 요소들을 종합하여 그 위법성이 조각된다는 취지로 판단). 다만 시대적 변천에 따른 사회통념의 변화, 그리고 헌법상 표현의 자유 등 기본권 존중의 정신에 발맞추어 학술·예술적 가치가 있는 표현물에 관해서는 가급적 형사사법권의 발동을 자제하는 추세에 있다고 보인다.

4. 헌법재판소 결정의 입장

119   헌법재판소도 대법원과 유사하게 '음란'에 관한 전통적 정의, 즉 '사회통념상 일반 보통인의 성욕을 자극하여 성적 흥분을 유발하고 정상적인 성적 수치심을 해하여 성적 도의관념에 반하는 것'이라는 개념을 수용하고 있다(위 II. 1. 참조). 다만 헌법재판소는 일찍이 1998년의 결정에서부터, "음란이란 인간 존엄 내지 인간성을 왜곡하는 노골적이고 적나라한 성표현으로서 오로지 성적 흥미에만 호소할 뿐 전체적으로 보아 하등의 문학적, 예술적, 과학적 또는 정치적 가치를 지니지 않은 것"이라고 정의함으로써, 앞서 V. 2. (6)에서 본 2008년 대법원 판결(2006도3558)의 표지와 유사한 개념요소를 이미 판시하였다.[124] 위 결정에 의하면 '음란물'에 해당하기 위해서는 단지 성적 표현이 노골적이고 적나라한 것만으로는 부족하며 '인간존엄 내지 인간성을 왜곡'하는 내용이 들어 있어야 함을 요구하는 한편, 위 결정은 문서·작품의 예술성·사상성 등을 '음란성' 판단에 있어 선결적·결정적 요소로 자리매김한 것이라고 설명된다.[125] 위 결정은 나아가, '음란'은 사회의 건전한 성도덕을 크게 해칠 뿐만 아니라 사상의 경쟁메커니즘에 의해서도 그 해악이 해소되기 어려워 언론·출판의 자유에 의한 보장을 받지 않는 반면, '저속'은 이러한 정도에 이르지 않는 성표현 등을 의미하는 것으로서 헌법적인 보호영역 안에 있다는 취지로 판시하기도 했다.

120   헌법재판소는 2009년에 이르러 구 정보통신망법 제65조 제1항 제2호, 즉 정보통신망을 통하여 음란한 부호·문언·음향·화상 또는 영상을 배포·판매·

---

124 헌재 1998. 4. 30, 95헌가16. 이는 '세미-걸'이라는 제목의 화보집을 발행, 유통시켰다는 이유로 당시 출판사 및 인쇄소의 등록에 관한 법률에 따라 당해 출판사의 등록을 취소한 처분을 취소해 달라는 행정소송에 관련된 위헌법률심판 제청 사건이다. 이 결정에 대한 평석으로는 이인호, "음란물출판사등록취소사건", 헌법실무연구 1, 헌법실무연구회(2000), 31-61 등의 문헌 참조.
125 조국(주 106), 360.

임대하거나 공연히 전시하는 행위를 형사처벌의 대상으로 하는 규정이 합헌이
라는 취지로 결정하였다.[126] 이 결정에서 헌법재판소는 '음란' 표현이 언론·출
판의 자유에 의한 보장을 받지 않는다는 위 1998년 결정의 설시와 관련하여,
"음란 표현도 헌법 제21조가 규정하는 언론·출판의 자유의 보호 영역에는 해당
하되, 다만 헌법 제37조 제2항에 따라 국가 안전보장·질서유지 또는 공공복리
를 위하여 제한할 수 있는 것"이라고 위 1998년 결정의 취지를 변경하였다(이에
따라 '음란표현'에 관한 위 법률 조항의 위헌 여부도 헌법적 심사의 대상이 된다고 보았다).
다만 헌법재판소는 위와 같은 정보통신망법의 형사처벌 조항이 명확성의 원칙
에 위배되지 않고, 그 조항에 따른 표현의 자유 제한이 과잉금지 원칙에 반하지
않는다고 보아 이를 합헌으로 결정하였다. 음란표현에 대해 언론·출판의 자유
의 제한에 대한 기본원칙을 적용하지 않는다고 하면, 음란표현에 대한 최소한의
보호마저도 부인될 수 있다는 우려를 받아들인 결정이라고 설명된다.[127]

헌법재판소는 2013년에, 본죄의 구성요건 중 '음란한 물건을 판매한 자' 및
제244조 중 '판매할 목적으로 음란한 물건을 소지한 자'에 관한 부분이 합헌이
라는 취지로 결정하였다.[128] 앞서 본 1998년, 2009년의 결정이 음란한 문서·화
보(내지 전자적 영상·화상)가 문제된 데 비하여, 이 결정은 음란한 '물건'(여성 음부
모양의 남성용 자위기구)이 대상이라는 점이 눈에 띈다. 헌법재판소는 이 결정에서,
앞서 본 2009년 결정이 판시한 '음란'의 개념을 다시 확인하는 한편, 성기구(性器
具) 판매자의 직업수행의 자유 및 소비자의 사생활의 비밀과 자유를 침해하지
않는다고 보아 위 처벌 조항들을 합헌으로 결정하였다.[129] 이와 같은 음란성의

121

---

126 헌재 2009. 5. 28, 2006헌바109, 2007헌바49, 57, 83, 129(병합).
127 최용호, "음란의 개념과 표현의 자유 및 명확성의 원칙", 헌법판례해설, 사법발전재단(2010), 108-
109(위 2006헌바109 결정에 대한 평석).
128 헌재 2013. 8. 29, 2011헌바176. 이 결정에 대한 평석으로는 임지봉, "헌법재판소의 사생활의 비
밀과 자유 적용에 나타난 문제점", 헌법실무연구 14, 헌법실무연구회(2014), 358-381 등의 문헌
참조.
129 참고로 일본 최고재판소도 일본형법 제175조(외설물반포등)를 대상으로 한 위헌 주장을 계속해
서 배척하고 있다. 즉, ① 일본헌법 제21조(표현의 자유)와 관련한 最判 昭和 32(1957). 3. 13.
刑集 11·3·997('채털리 부인의 연인' 사건)(표현의 자유에 대한 공공의 복지의 제한을 확인한
후, 최소한도의 성도덕의 유지가 공공의 복지의 내용이라고 판시), ② 헌법 제23조(학문의 자유)
에 관한 最判 昭和 44(1969). 10. 15. 刑集 23·10·1249('악덕의 번영' 사건), ③ 헌법 제13조(프
라이버시권·자기결정권)에 관한 最判 昭和 46(1971). 12. 23. 裁判集(刑事) 182·721, ④ 헌법
제31조(형벌규정의 명확성·실체적 적정)에 관한 最決 昭和 54(1969). 11. 19. 刑集 33·7·754

개념에 관한 해석은, 최근까지도 이어지는 것으로 보인다.[130]

Ⅵ. 음란의 개념·범위 등에 관련된 학설상 논의

122   이와 같이 음란물범죄는 형법상 범죄로서 여전히 실정법적 규범으로 기능
하고 있으며, 대법원과 헌법재판소는 '음란' 개념에 대해 계속적인 해석론을 내
놓고 있다.

123   다만, 앞서 본 성범죄의 비범죄화 경향, 간통죄의 폐지 등으로 인해 형법상
성풍속에 관한 죄에 해당할 여지는 점차 축소되는 방향성이 감지된다. 이와 관
련하여 국내의 적지 않은 학자들은 음란물범죄에 대한 비범죄화 내지 엄격한
해석을 주장하거나, '사회유해성' 또는 '포르노그래피' 개념을 통한 규제 내지는
인터넷 보급 등에 따라 급증하는 청소년 상대 음란물에 대한 규제로의 전환 등
다양한 견해를 표출하고 있다.

124   그 논의의 바탕이 되는 관점·시각에 대해서는, **[총설] Ⅴ. '성풍속죄에 관한
해석론·입법론의 관점'** 부분에서 간략히 본 바 있다. 아래에서는 그와 같은 논
의들을 보다 구체화하여, 보수주의적 입장(제1항), 자유주의적 입장(제2항), 젠더
법적 입장(제3항), 그리고 최근 대두되는 '사회유해성' 내지 '성적 자기결정권'의
관점 및 이에 따른 음란 개념 재구성에 관한 논의(제4항) 등으로 대별하여 살펴
본다. 이와 같은 국내 학설 등에 상당 부분 영향을 미친 것으로 보이는 비교법
적 논의(제5항)도 간략히 살펴본다.

1. 보수주의적 입장

125   도덕론에 입각한 전통적 보수주의자들은 성은 속성상 정상적인 이성적 삶
을 위반한다는 전제 아래, 사회를 도덕적 관념에 따라 법적으로 정화하기 위
해 성표현에 대해 법이 개입하여야 한다는 입장을 취한다.[131] 포르노그래피

[일활(日活) 포르노 비디오 사건] 등에서 합헌으로 판단하였다.

130 헌재 2016. 3. 31, 2014헌바397 등 참조.

131 김영환·이경재, '음란물의 법적 규제 및 대책에 관한 연구 - 포르노그라피에 대한 형사정책적
     대책', 한국형사정책연구원(1992), 37-48; 박용상, "표현의 자유와 음란규제 및 청소년보호", 헌법
     논총 13, 헌법재판소(2002), 17-27.

(pornography)는 강간을 유발시킨다거나, 인간의 성행위를 동물적인 행위로 환원시킴으로서 이를 비천한 것으로 만들거나, 인간의 성적 수치심을 붕괴시킨다는 것이다.[132] 다만 위와 같은 전통적인 보수주의적 관점에 대해서는, 최근 많은 학자들로부터 상당한 비판이 제기되고 있다.

현재에도 이러한 입장에 가까운 학자들은 규제의 실질적 근거에 관하여, 성 표현물은 대다수 일반인에게 혐오감과 불쾌감을 주므로 금지되어야 한다거나, '포르노그래피'는 그 자체가 공동체의 도덕적인 합의를 위협하는 것이어서 금지되어야 한다는 등의 논거를 내세운다. 포르노그래피가 사회적으로 유해한 태도나 혹은 행동을 유발시킨다는 현실적 논거가 제시되기도 한다.   126

전통적인 보수주의적 관점과는 달리 음란성의 범위를 제한하는 견지에서, '형법적 음란물'이라는 표지를 주창하는 견해도 있다. 이 견해는 음란성 정도가 낮은 외설물(예컨대, 만화나 주간지, 스포츠신문에 실린 글 중 외설적 표현이 포함된 것)은 형법적 음란물의 대상이 되지 않는 반면, '단순음란물', 즉 에로틱한 부분이 과장되어 단순한 흥미를 이끌어 내는 데 치중한 것 내지는 상업적 음란물로서 에로티시즘이 아예 스토리를 이끌어 가는 것들은 형법적 음란물로서 단죄의 대상이 되어야 한다는 취지이다. 즉 '형법적 음란물'은 그 전체적 맥락에서 정신적·미적 의미관련성 없이 성을 일반인의 지배적 윤리의식에 현저히 반하여 노골적·원초적으로 묘사할 뿐만 아니라, 공개되어 선량한 성풍속을 위태롭게 하는 음란물만을 지칭한다(반면에, 예술적 음란물은 아직 예술의 자유보장 한계 안에 있으므로 형법적 음란물에서 제외한다)고 본다.[133]   127

2. 자유주의적 입장

이러한 입장은 **[총설] V. 3.**에서 살펴보았듯이 전반적으로 성윤리·성도덕과 형법의 분리라는 관점에 기초한 논의·주장에 해당한다. 다만 이와 다소 결이 다른 관점에서도, 성 표현 행위에 대한 형사사법적 처벌·통제를 자제하는 것이 바람직하다는 취지로 다양한 논의들이 전개되고 있다. 앞서 본 전통적 보수주의 내지 광범위한 음란 개념을 비판·극복하자는 문제의식에서 표출되는 견   128

---

132 김영환·이경재, 음란물의 법적 규제 및 대책에 관한 연구, 37-41; 박용상(주 131), 17-19.
133 김일수·서보학, 507.

해들이라 볼 수 있다.

(1) 형법과 성도덕의 분리('음란' 개념의 수정 및 엄격 해석)

129   이 입장에서의 가장 전형적인 학설은, 성형법(性刑法)이 성도덕과 동일시되어서는 안 된다는 데에서 출발한다.[134] 음란 개념은 법관의 가치충전을 필요로 하는 규범적 구성요건요소로서, 부도덕, 저속, 건전한 성풍속을 해하는 것, 국민 대다수의 윤리의식이나 국민의 기본적 도덕관념에 반하는 것 등을 행위의 '당벌성'(Strafwürdigkeit)과 동일시해서는 안 된다는 것이다. 성풍속·성도덕과 같은 윤리적 가치가 그 자체로서 보호될 것은 아니고, 항상 '사회적 유해성'의 관점에서 사회의 공존·공영질서를 현저히 교란할 때에 형법의 개입이 정당화된다고 본다.[135] 이 관점에서의 전형적 학설은, 음란물의 형법적 규제에 있어 흔히 그 보호법익으로 제시되는 '공공의 성적 수치심·도의심' 또는 '건전한 성도덕'이라고 하는 것은 내용 없는 공공식(空公式)에 불과하며, 그 자체로 형법적 보호의 대상이 될 수 없다고 본다.[136] 이는 성인의 일정한 도덕적 수준을 보호하고자 하는 각도에서 '음란' 개념을 해석할 것이 아니라, 공중에게 심한 불쾌감을 준다거나 성질서를 교란하는 것을 제재해야 한다는 '사회적 유해성'의 관점을 덧붙여서 해석해야 한다고 본다. 이에 따라 이 학설은 음란 개념을 '성욕을 자극·흥분시키는 내용으로서 성적 표현이 매우 조잡하거나 왜곡되어 사회의 건전한 성도덕에 반하고 공중에게 심한 성적 불쾌감'으로 정의한다.[137]

130   일반적으로 형법의 임무와 기능이 '법익'(생명, 신체, 재산 등)과 '사회윤리적 심정가치'(공동체생활의 기본가치)의 보호에 있다는 전제 아래,[138] 기본적으로는 최후수단성이라는 형법의 본질적 특성을 고려하여 법익 보호에 좀 더 형법적 초점을 맞추는 것이 바람직하고, 도덕과 형법의 한계선상에 있는 성 표현물에 대해 제일 먼저 형법적 수단을 동원하는 것은 형법의 임무 혹은 보호대상 관점에서 문제점이 많으므로, 미국의 입법례와 접근방식처럼 음란성 판단의 심사대상

---

134 임웅, 798.
135 임웅, 798-799.
136 임웅, 809.
137 임웅, 812-813.
138 이용식, "성적 표현의 형법적 통제에 대한 비판적 고찰", 형사정책 18-1, 한국형사정책학회(2006), 364-365.

을 아동 및 하드코어 포르노그래피에 국한시키는 등의 방식이 타당하다는 견해
도 주장된다.139

(2) 학술성·예술성 등 표현의 자유와 음란성의 관계

이와 같은 자유주의적 기조는 학술성이나 예술성, 사상성 등을 띤 성 표현　　131
물을 형법상 '음란' 개념으로 단죄할 것인가 하는 문제에서 다양한 방식으로 변
주(variation)된다(이와 관련된 실정법적 해석론과 판례의 입장은 위 Ⅳ. 부분 참조). 다만
이 주제에 관련된 많은 견해들은, 예술성·학술성 등이 헌법상 언론·출판의 자
유나 예술·학문의 자유, 널리 표현의 자유와 같은 기본권과 직결된다는 점에
주목하여, 대법원, 헌법재판소가 판시하는 음란성 개념이나 판단기준을 헌법적
관점에서 비판하는 한편 이에 대한 개선책 등을 논의하고 있다.

우선 음란물에 대한 규제는 음란물이 사회에 끼치는 악영향이나 미성년자　　132
보호를 위해서도 필요하지만, 건전한 성풍속의 보전이라는 미명 아래 언론·출
판의 자유 특히 창작의 자유가 압살되는 것은 바람직하지 않으므로, 청소년 보
호라는 명목으로 성인이 볼 수 있는 것까지 전면 금지시킨다면 이는 성인의 알
권리의 수준을 청소년 수준으로 맞출 것을 국가가 강요하는 것이어서 부당하다
는 전제 아래, 예술작품이나 학술서 등 다른 중요한 사회적 가치가 인정되는 경
우 음란성을 부정하거나 또는 작품의 예술성, 사상성에 의한 성적 자극의 완화
정도를 넓게 인정하여야 한다는 견해가 있다.140 아울러, 음란 개념의 해석에
관한 대법원이나 헌법재판소의 입장을 분석·비판하면서, 현대화와 글로벌화로
유교문화를 중심으로 한 전통적 사회윤리가 빠르게 해체되고 있는 현실을 감안
하면 표현의 자유를 규제하는 정당성의 근거로 공중도덕이나 사회윤리과 같은
추상적·다의적 개념에 의존하는 일은 자제되어야 하고, 일정한 범위의 성표현
물이 왜 자유로운 표현의 영역에 포함되지 않는지에 대한 충분한 설명이 있어
야 한다는 견해도 있다.141 성 표현에 대한 형사처벌은 성이라는 인간의 근원적
욕망을 규제하려는 것으로서, 그 규제는 문학과 예술 등 표현의 자유에 대한 제
약을 초래하므로 매우 신중해야 하고, 노골적이거나 적나라한 성 표현이더라도

---

139 이용식(주 138), 367-369.
140 한위수(주 104), 591.
141 문재완(주 114), 57-58.

문학성·예술성이 떨어지는 성 표현이더라도 하드코어 포르노그래피가 아니라면 그 평가와 수용을 성인 시민의 판단에 맡기는 것이 타당하며, 국가의 개입이 필요한 경우에는 형법이 아니라 행정법적 수단을 사용하는 것으로 충분하다는 취지의 주장이 전개되고 있기도 하다.[142]

133　　　　그리고 헌법이 규정하는 언론·출판의 자유에 관한 기본권과의 관계를 중심으로 논하는 견해들이 있다. 즉, "언론·출판은 타인의 명예나 권리 또는 공중도덕이나 사회윤리를 침해하여서는 아니 된다."라는 헌법 제21조 제4항은 언론·출판의 자유의 헌법적 한계를 명확히 밝힘으로써 오히려 언론·출판의 자유가 역기능 없이 원래대로 기능하게 하려는 헌법제정권자의 의지를 나타낸 것으로, 이는 사인(私人) 간에 미치는 기본권이 직접적으로 효력을 미치는 경우를 규정한 것이라는 헌법적 견해[143]를 지지하면서, 어떤 표현에 음란한 요소가 들어가 있는 경우 그 표현도 우선 원칙적으로 언론·출판 자유의 범주 내에 있는 것으로, 이것이 사회적으로 도저히 용인될 수 없다고 인정되는 경우에만 언론·출판 자유의 보장을 받을 수 없게 된다[144](미국 수정헌법 제1조 언론·출판의 자유와 관련해 발달한 이론을 중심으로 우리 식의 '헌법적 음란' 개념 즉 언론·출판 자유와의 상관관계 속에서 헌법이 허용하는 규제 제한의 테두리를 벗어나지 않는 음란 개념을 정립해야 한다[145])는 취지이다. 이와 관련하여, 인간행위, 도덕, 성, 종교에 관한 증명되지 않은 가정들에 기초한 음란규제의 노력은 헌법 제21조가 보장하는 언론출판의 자유의 가치를 중대하게 훼손하는 것일 수 있고, 음란물과 성범죄의 상관관계에 관해서도 상관관계가 없다는 보고도 많으며, 사실상 음란성 판단은 표현의 자유와 이 음란물 규제의 필요성에 대한 이익형량을 통해 이루어질 수밖에 없다는 취지의 견해도 있다.[146] 대법원이 음란성의 판단기준으로 제시하는 '일반 보통인', '호색적 흥미를 돋우느냐의 여부' 등의 개념 자체가 확정하기 어렵고 주관적 판단에 의존할 수밖에 없으므로, 최종 판단자인 법관의 개인적 가치가 음란성 판단에 필연적·전적으로 개입하게 된다면서, 표현의 자유에 대한 명백하고도 현존하는

---

142 조국(주 98), 423; 조국(주 106), 377-378.
143 허영, 한국헌법론(전정6판), 580.
144 신평(주 91), 82-83.
145 신평(주 91), 119.
146 임지봉(주 107), 482-483.

위험의 원칙, 과잉금지의 원칙, 이익형량의 원칙 등이 필요불가결한 경우에만 인정되어야 하며, 헌법이 금지하는 허가와 금열 금지 원칙은 어떤 경우에도 존중·유지되어야 한다는 견해도 전개된다.[147] 나아가 헌법 제17조가 정하는 사생활의 비밀과 자유 즉 프라이버시권에 주목하면서, 성기구를 이용하여 성적 만족을 얻으려는 사람의 '사생활의 비밀과 자유'를 침해하지 않는다고 판단한 2014년 헌법재판소 결정(위 V. 4. 부분 참조)과 관련하여, '성기구'는 개인의 의견이나 사상을 담은 성적 '표현물'이 아니며, 프라이버시권의 중요성과 그로 인한 사적 공간에의 국가 개입의 자제라는 측면을 경시했다는 등의 취지로 비판하는 견해도 있다.[148]

성 표현물 중 특히 미술(예술)품과 관련하여 표현의 자유 등을 강조하는 견해들도 제기되고 있다. 헌법 제22조가 '모든 국민은 학문과 예술의 자유를 가진다'라고 규정하는 데에 기초한 논의들이라 할 수 있다. 헌법상 보호되지 않는 성표현이 있고 그것을 '음란'이라는 개념으로 포섭한다 하더라도, 어떤 표현이 음란에 해당하는지의 판단기준은 엄밀하게 설정하여야 한다면서,[149] 관습에서 유래하고 관습으로부터 자유로울 수 없는 법과 자유에서 시작하고 관습에서 벗어나려고 하는 예술 사이에 필연적으로 알력이 있을 수밖에 없는데, 예술의 자유 보장이라는 헌법적 결단을 내린 이상 예술행위에 대한 검열·규제 제도가 존재해서는 안 된다는 것이다.[150] 헌법상 예술의 자유에 대한 형사법적 제약 혹은 형사법적 법률유보의 모습은 주로 '음란'이라는 개념으로 등장하는데,[151] 예술의 자유에 관한 개념 정의는 국가 특히 사법부가 정해서는 안 되며 예술 스스로 예술이 무엇인가를 정의 내려야 한다는 견해[152]를 인용하면서, 성인식과 역할의 변화 등이 다양하고 급속하게 이루어지는 현실에서 직업 법관이 평균인의 예술

134

---

147 박선영, "언론활동과 음란책임 - 신문만화를 중심으로", 헌법학연구 12-3, 한국헌법학회(2006. 9), 425-426.
148 임지봉(주 128), 365-370.
149 이상정, "미술품 창작과 예술의 자유에 관한 일고", 창작과 권리 55, 세창출판사(2009. 여름), 123.
150 이상정(주 149), 136.
151 김성룡, "미술품 창작활동과 표현의 자유-누가 예술·음란을 정의하는가? -", 법학논총 23-2, 조선대학교 법학연구소(2016), 154.
152 이명구, "예술의 자유에 대한 헌법적 보장과 한계", 법학논총 17, 한양대학교 법학연구소(2000), 12-13.

〔김 승 주〕   **497**

개념이라는 잣대로 현실을 재단하는 것은 위험하다는 취지로 비판하는 견해도
있다.[153]

(3) 전통적인 자유주의적 입장의 수정·발전

135   이상과 같이 자유주의적 관점에 선 최근의 논의들을 살펴보면, 형법과 성도
덕 분리, 또는 표현의 자유 등 기본권 보장이라는 헌법적 관점에서 '음란' 개념
을 엄격하게 해석할 것을 주문하면서도, '사회유해성'의 관점에서 아동·청소년
의 보호에 필요한 형사처벌을 제한적으로 긍정하거나, '성적 자기결정권'을 침해
하는 성 표현물 등에 대해서는 여전히 형사법적 규율이 필요하다는 데에 그 인
식이 대체로 수렴되는 것으로 보인다(아래 VI. 4. 참조).

3. 젠더법적 입장

136   위와 같은 자유주의적 입장과는 상이한 지점, 즉 여성주의(feminism) 내지
양성평등 이념의 지평에서 음란물에 관한 형사처벌의 해석 내지 입법론을 전개
하는 논의들이 있다. 이는 종래 미국 등 서구에서 전개되었던 것이나, 최근에는
국내에서도 이와 같은 젠더법적 관점에서의 해석론 등이 널리 소개·논의되는
것으로 보인다.

137   현대사회에서 인간의 주요한 쾌락 중의 하나인 성을 통하여 성차별의 영속
화를 위한 의식 형성이 이루어지고 있는데, 그 주요 수단이 음란물이라는 데에
서 그 문제의식이 있다고 볼 수 있다. 특히 성인비디오 등에서 볼 수 있는 폭력
과 결합된 남녀의 성관계 묘사는 남성은 가학으로써, 여성은 피학대로써 쾌락을
느끼는 것이고, 이것을 자연스러운 것으로 인식하도록 만들어 오늘날의 압도적
인 남성의 지배와 그에 수반되는 여성의 종속이라는 남녀의 역관계를 자연적이
고 바꿀 수 없는 질서로 해석해 버리는 데 있다는 것이다. 캐서린 맥킨넌과 안
드레 드워킨에 의해 작성된 미국의 이른바 반(反) 포르노그래피 법령은, 포르노
그래피를 '그림으로나 글로써, 성적으로 명백히 여성의 종속을 묘사하는 것'이라
정의한다. 아울러 '포르노는 이론, 강간은 실천'이라는 문구와 같이, 음란물과 성
폭력범죄 사이에는 비례 관계가 있다고 본다.[154]

---

153 김성룡(주 151), 174-175.
154 최은순, "여성과 형사법", 법과 사회 8, 법과사회이론연구회(1993), 106-107.

위와 같은 여성주의적 관점은 추상적·규범적 정의에 매달려 불명확하고 모　138
호한 개념을 반복하는 종래의 음란성 논의에서 벗어나, 음란물의 내용과 실제
폐해에 주목하고 구체적인 정의와 함께 피해 구제방안을 실천적으로 시도했던
점에서 괄목할 만한 의의를 갖는다.[155] 여성의 관점에서 특별보호나 지배적 관
계에서 여성의 보호를 말하는 것이 아니라, 자유로운 시민의 권리를 잃지 않도
록 하는 것으로 여성 내지 인간의 자유로운 결정을 존중한다는 의미에서 그 의
의를 찾는 견해도 있다.[156]

다만 이에 대해서는, ① 폭력적 포르노그래피나 아동 포르노그래피의 경우　139
성폭력과의 인과관계가 인정되지만, 그 외의 비폭력적 포르노그래피와 성폭력
사이의 결정적인 인과관계는 입증되지 못했다는 점, ② 반 포르노그래피 여성
주의는 여성을 희생자인 동시에 성욕이 없는 존재로 묘사하고, 여성을 피해자의
지위로 고착시키고, 성문제에 있어서 여성의 수동성을 강화한다는 점 등의 비판
이 제기되었다.[157] 위와 같은 반 포르노그래피 관련 조례 중 인디애나폴리스 조
례에 대하여 미국 연방항소법원은 위헌으로 결정하면서,[158] 이 조례가 정의하는
포르노그래피의 정의가 명확하지 않고 포르노그래피에 대한 반대가 표현의 자
유를 억제하는 방식으로 이루어져서는 안 된다는 취지로 설시하였다.[159] 이와
관련하여, 하드코어 포르노그래피에 대한 형사처벌로써 급진적 여성주의의 요
청이 사실상 흡수될 수 있다는 견해,[160] 위와 같은 헌법상 표현의 자유와 관련
하여, 여성에 대한 폭력 내지 성차별로 이해하는 한 표현의 자유보다 우선하여
보호되어야 한다는 여성주의적 관점과는 배치되는 결과가 된다는 견해[161] 등이
제기되고 있다.

---

155 조희진, "음란물(Pornography) 규제에 관한 여성주의적 접근과 비판", 사법연수원 논문집 3(2006.
　　1), 323-324.
156 박미숙, "음란물의 판단기준과 젠더", 젠더법학 3-1, 한국젠더법학회(2011. 3), 106-107.
157 조희진(주 155), 319-320.
158 American Booksellers Association v. Hudnut, 771 F.2d 323, 329(7th Cir, 1985), aff'd mem,
　　475 U.S. 1001(1986)
159 조국, "성 표현물의 음란성 판정 기준 비판" [보론] '급진적 여성주의'의 반(反)포르노그래피론
　　(論)의 의의와 문제점, 절제의 형법학, 박영사(2014), 389.
160 조국(주 159), 391.
161 박미숙(주 156), 108.

4. '사회유해성' 내지 '성적 자기결정권'의 관점과 '포르노그래피' 개념 : 음란 개념의 재구성

140   위에서 살펴본 자유주의적 입장과 함께 젠더법적 관점이 더해지면서, 나아가 최근 정보화사회의 급격한 진전으로 음란 정보가 전자적 방식으로 광범위하게 유통되기에 이르면서, 최근의 '음란' 개념에 관한 논의는 한층 복잡해지고 심층적·세부적으로 변화되는 추세를 보이고 있다. 즉, 인터넷은 진입장벽이 낮고 표현의 쌍방향성이 보장되는 등의 장점으로 오늘날 가장 거대하고 주요한 표현매체의 하나로 자리를 굳혔고, 이와 같은 표현매체에 관한 기술의 발달은 표현의 자유의 장을 넓히고 질적 변화를 야기하고 있으므로, 계속 변화하는 이 분야에서의 규제 수단 또한 헌법의 틀 내에서 다채롭고 새롭게 강구되어야 한다.[162] 매체의 발달로 인한 음란물의 범람, 범죄적 성격이 다분한 하드코어 음란물이 등장하면서, 과거와는 다른 현실이 된 것으로 볼 수 있다.[163]

141   우선 판례가 제시하는 '음란' 개념이나 그 판단기준의 추상성·모호성 때문에, 일반인이 그 내용을 확인하기 어려워 자기행위의 가벌성 여부를 미리 예견하기 어려운 정도로 불명확하다면, 이는 형법규범으로서의 정당성 확보가 어렵다는 전제 아래,[164] '사회유해성'의 관점에서 성욕을 자극하고 성적 수치심을 야기할 우려가 있는 성표현물이라 하더라도 원칙적으로 생산·배포를 허용하되, 원치 않는 성인과 아동·청소년에 대한 배포만 처벌해야 한다는 견해가 있다.[165] 이 견해는, 현행 형법상 '음란'이라는 용어는 그대로 사용하되, 음란성 여부의 판단기준을 선량한 성풍속(성도덕)에 두는 것이 아니라, 헌법적 가치 위반 여부를 기준으로 삼는 '헌법합치적 음란 개념', 즉 음란물을 '헌법적 가치에 반하는 내용의 성표현물이나 노골적 성표현물', 구체적으로 인간의 존엄성을 보장하는 헌법 제10조에 반하는 것(예컨대, 강간 등 성폭력, 수간, 아동성폭행을 미화하는 내용의 성표현물) 등을 음란물로 처벌해야 한다고 본다.[166]

---

162 헌재 2002. 6. 27, 99헌마480.

163 이용식(주 138), 352.

164 주승희(주 94), 151.

165 주승희(주 94), 155.

166 주승희(주 94), 157

한편 형법이 '음란'에 대한 제정법적 정의를 갖고 있지 않아 음란행위의 개   142
념과 범위가 가변적이고 모호하다는 전제 아래, '건전한 성도덕'이나 측정이 곤
란한 '사회유해성' 대신 '성적 자기결정권의 침해로서의 성적 수치심 야기' 또는
'원하지 않는 성적 행위에 대한 거부 내지 그로부터의 사생활적 평온'을 내용으
로 음란 개념을 재구성해야 한다는 견해가 있다.[167] 형법상 음란에 관한 죄에서
도 그 보호법익을 '성적 자기결정권'으로 일원화하는 것이 필요하다는 취지이다.

    이와 관련해 '포르노그래피'라는 개념을 사용하여[168] 음란물을 음란성 내지   143
반사회성의 정도에 따라 '악성음란물'(hard-core pornography)과 '단순음란물'(soft-core
pornography)로 구별하면서, ① 강간, 가학적·피학적 성행위를 노골적으로 묘사
한 폭력적인 성표현물, ② 여성은 근본적으로 남성의 성욕을 위해 존재하며 남
성과의 성관계에 종속되어 성적으로 지배를 받는 것으로 여성을 묘사, 서술함
으로써 여성에게 굴욕감과 수치심을 느끼게 하는 성표현물, ③ 아동이 성인 또
는 다른 아동과 성행위하는 것을 묘사하거나 아동의 신체를 성적으로 묘사, 서
술 또는 촬영한 아동 포르노그래피, ④ 수간, 근친상간, 동성애, 혼음 등 성에
관한 일반인의 가치관과 직접적으로 배치되는 성표현물 등이 악성음란물에 해
당한다는 취지의 견해 등이 주장되고 있다.[169] 음란물에 관한 관점들은 앞서
본 대로 다양하지만, 위와 같은 '하드코어 포르노그래피'에 대해서는 여전히 음
란물죄 등의 형사처벌이 필요하다는 점에 대해서는, 최근 많은 학자들이 동의
하거나 이에 가까운 것으로 보인다. 앞서 살펴본 바와 같이 상당 부분 수정된
보수주의적 입장, 자유주의적 입장, 젠더법적 입장, 그리고 인터넷 시대 도래에
따른 음란 개념의 해석론 등이 일정 부분씩 반영·수렴되어 가는 추세라고 볼
수 있겠다.

    한편 음란물에 관한 죄는 성인보다는 청소년 보호를 목표로 이루어져야 한   144

---

167 박혜진, "형법상 음란행위의 '음란성'과 그 판단기준에 대한 비판적 고찰", 비교형사법연구 11-1,
   한국비교형사법학회(2009), 477.
168 '포르노그래피'의 어원, 법적 수용에 대해서는 박선영(주 147), 411-413 등의 문헌 참조.
169 김영환·이경재, 음란물의 법적 규제 및 대책에 관한 연구, 131-144. 이와 유사한 취지로는 고시
   면, "음란성 및 예술성의 한계에 관한 연구 - 인터넷상 홈페이지를 통한 누드작품 등의 게시와
   관련하여", 인터넷 법률 31, 법무부 법무심의관실(2005. 9), 153; 조국, "음란물 또는 포르노그래
   피 소고", 법학 44-4, 서울대학교 법학연구소(2003), 159 등의 문헌 참조.

〔김 승 주〕   **501**

다는 입법론적 견해가 있다. 사회일반인의 선량한 성풍속을 형법의 음란물에 관한 죄를 유지한다는 것이 사실상 불가능하며, 오히려 아동을 성의 대상으로 삼거나 아동 대상 음란물이 범람하는 현실, 나아가 컴퓨터 보급의 확대로 인터넷을 통한 음란물의 침투가 청소년들에게 심각한 악영향을 미치고 있는 현실에서 청소년들의 음란물에 대한 접촉을 차단하는 방향의 입법이 필요하다는 것이다.[170] 아래의 비교법적 검토에서 보듯이, 미국 연방대법원은 청소년 음란물의 경우 미국연방헌법 수정 제1조가 정하는 표현의 자유로서 보호받지 못한다는 태도를 취하고 있다. 국내법의 해석론으로서도, 청소년보호의 영역은 음란성 판단기준에 있어서 표현의 자유보다 더 우선시된다는 이익 형량의 핵심에 있다는 견해가 있다.[171] 결국, 음란물 규제에 있어서 성인과 청소년에 대한 차별화된 접근 방식이 필요하다는 것이다.[172]

5. 비교법적 검토

(1) 영미법

145

영국에서는 종래부터 음란물의 반포를 처벌하여 왔으나, 1868년 Regina v. Hicklin 판결[173]에서 "음란성의 기준은 문제된 물품이 비도덕적 영향에 개방되어 있고, 그런 종류의 출판물을 볼 수 있는 사람들을 부패 또는 타락시키는 경향이 있는가"에 있다고 판시한 것이 처음으로 영향력 있는 정의라고 볼 수 있다.[174] 그러나 이에 대해서는 주관적 기준이라는 등의 비판이 있었고, 미국 연방대법원은 1957년 Roth v. United States 판결[175]에서 음란성은 "보통 사람에게 그 시대의 지역사회 기준(contemporary community standards)을 적용하여 볼 때 전체적인 주된 내용이 호색적 흥미(prurient interest)에 호소하는지 여부"에 따라 판단되어야 한다고 하였다. 한편 Roth 사건에서의 주된 이슈는 미국 수정헌법 제1조가 '음란'(obscene)한 언론과 출판을 그 보호 대상으로 하는가 여부였는데, 이 판결

---

170 박상기, 576-577.
171 박미숙(주 156), 117.
172 박미숙(주 156), 118. 이와 같은 취지로 정완, "인터넷상 음란정보 유통에 관한 대법원 판례동향 고찰", 경희법학 47-2(2012), 68 등의 문헌 참조.
173 Regina v. Hicklin, L.R.3 Q.B. 360(1868).
174 한위수(주 104), 570.
175 Roth v. United States, 354 U.S. 476(1957).

에서는 부정적인 태도를 취했다.[176]

그러나 이러한 음란 정의는 1973년 Miller v. California 판결[177]을 통하여 146
구체화되고, 중대한 수정을 겪었다. 위 판결은 음란물의 판단기준에 대하여,
① 보통 사람이 그 시대의 지역사회 기준에서 보아 그 작품을 전체적으로 고찰
할 때 호색적 흥미에 호소하는 것인가, ② 그 작품이 주법(또는 연방법)이 구체적
으로 정한 성행위를 명백히 불쾌하게(in a patently offensive way) 묘사하고 있는
가, ③ 그 작품이 전체적으로 보아 중대한 문학적·예술적·정치적·과학적 가치
를 가지지 못하는가에 의해 판명되어야 한다고 판시하였다.[178]

미국의 모범형법전 제251.4조(U.S. model penal code, section 251.4.) 제1항은 147
"전체적으로 판단하여 자료(material)가 호색적인 흥미(prurient interest), 즉 나체
(nudity), 성교(sex) 또는 배설물(excretion)에 관한 수치스러운 혹은 병적인 호기심
에 주로 호소(predominant appeal)하는 데 있고, 이에 더하여 그러한 내용을 묘사
하거나 표현(representing)함에 있어서 솔직성(노골화)(candor)의 정도가 보편적인
한계를 실질적으로 초월하는 경우에는 음란물이다. 그 내용 혹은 배포의 정황에
비추어 볼 때 아동 또는 특별히 감수성이 예민한 청중을 위하여 고안된 것임이
그 물건(자료)의 성격 또는 그 보급 상황에서 명백하게 되지 않는 한 주된 호소
(predominant appeal)는 통상의 성인을 기준으로 판단되어야 한다. (이하, 생략)"고
규정하여 음란성의 개념 및 판단기준을 구체적으로 규정하였다.[179]

한편 위와 같은 Miller 판결의 기준 외에도, 음란물의 대상이 아동이나 여성 148
인 경우 그 기준보다 법이 더 엄격하게 개입하는 태도를 취한다. 연방법은 18세
미만인 미성년자가 성교, 수간, 자위행위와 같이 성적으로 외설적 행위에 연루
된 영상 그리고 성기의 노골적 노출을 나타내는 영상을 불법으로 규정한다.[180]
아동 포르노그래피가 수정헌법 제1조에 위반하는지 여부가 문제된 사건에서 연
방대법원은, 아동 포르노그래피를 평가함에 있어서 사실 인정자는 그 표현물이
평균인의 호색적 흥미를 유발하는 것인지, 나타난 성적 행위가 명백히 불쾌한

---

176 그 상세는 임지봉(주 105), 138-139.
177 Miller v. California, 413 U.S. 15(1973).
178 한위수(주 104), 571.
179 박이규(주 9), 595.
180 18 U.S.C. § 2256(2007).

방법으로 행해지는지, 문제된 표현물이 전체로서 고려되어야 하는지에 관해 인정할 필요가 없다는 취지로 판시하여,[181] 위와 같은 연방법 등에 규정된 행위는 앞서 본 Miller 기준의 세 가지 세부적 기준을 충족하지 않아도 된다는 점을 밝혔다.[182] 그 밖에 Paris Adult Theatre 판결,[183] Jenkins 판결,[184] Hudnut 판결(앞서 본 여성주의적 관점에서 입법된 반 포르노그래피 자치법규의 일종인 인디애나폴리스시의 법규가 수정헌법 제1조에 위반되어 위헌이라고 판시한 연방 항소법원의 판결)[185] 등이 음란성 여부에 관한 기준을 추가로 제시한 판결들이라고 이해된다.[186]

149   다만 우리나라의 대법원과 헌법재판소는 '음란물'의 정의를 법관의 재량으로 이해하는 반면, 미국 연방대법원은 음란물(obscene)의 개념을 각 법률에서 명확히 정의하도록(specifically defined) 요구하는 점 등에서 중대한 차이가 있다는 취지로 분석하는 견해도 있다.[187]

(2) 독일

150   독일은 종래 구 형법 제184조에 음란물반포 등의 죄를 규정하면서, 음란성(Unzüchtigkeit)은 성 관련 영역에서 일반인의 성적 수치심 내지 성도덕 감정을 해치는 것으로 해석하였다. 그러나 1969년 독일 연방대법원은 이른바 '패니 힐' 사건[188]을 통해, "형법의 임무는 성 영역에서 성인의 도덕적 기준을 관철시키는 데에 있는 것이 아니라, 오히려 공동체의 사회질서를 그에 대한 방해나 현저한 침해로부터 보호하는 데에 있다."고 전제하면서, 성 표현에서 '음란성'과 관련된 사회적 유해성을 구체적으로 찾으려는 입장에서 성에 관한 묘사가 '노골적으로 천박하거나 혹은 호색적'이어서 공동사회의 이익을 '침해하거나 혹은 심각하게 위태롭게 만드는' 경우가 아닌 한 음란하지 않다고 판시하였다.[189]

151   독일형법은 1973년 형법 개정을 통해 '음란'보다 객관적 개념인 '포르노그래

---

181 New York v. Ferber, 458 U.S. 747(1982).
182 신평(주 91), 115-116.
183 Paris Adult Theatre v. Slaton, 413 U.S. 49(1973).
184 Jenkins v. Georgia, 418 U.S. 153(1974).
185 American Booksellers Aasociation, Inc. v. Hudnut, 771 F.2d 323(7th Cir. 1985).
186 그 상세는 임지봉(주 105), 148-154.
187 김종서, "인터넷상의 음란물 규제기준 비교 연구", 민주법학 2, 민주주의법학회(2003. 8), 219-220.
188 BGHSt 23, 40, 44.
189 박용상(주 131), 61.

피'(pornographisch)라는 용어를 사용하고, 그중 하드코어 포르노그래피의 경우는 절대적 금지영역으로 제조나 반포가 불가한 반면, 소프트 포르노그래피의 경우는 원칙적으로 허용하되 청소년에 대한 유해성(정신적으로 성숙하지 못한 미성년자들의 모방 우려)과 동의하지 않는 성인에 대한 직접적 노출(성적 자기결정권 보호 목적)을 근거로 처벌하는 방식으로 정립되었다. 이와 같은 현행 독일형법 제184조는 성적 자기결정권에 대한 범죄를 규정하는 제13장의 일부로 규정되어 있다.[190] 개정 형법 이후의 독일 연방대법원 판례는 명시적이지는 않지만, ① 인간적 관계를 배제한 채, ② 노골적 그리고 천박한 방법으로 성행위묘사에 중점을 두어, ③ 전적 또는 우월적으로 호색적 의도를 묘사하는 경우로 '포르노그래피'의 개념을 설정하고 있다.[191]

(3) 일본

현행 일본형법은 각칙 제22장에서 '외설, 간음 및 중혼의 죄(わいせつ, 姦淫及び重婚の罪)'라는 표제 아래, 공중의 성적 감정을 침해하는 죄 중 하나로 외설물반포등 죄(§ 175)[192]를 규정하고 있다. 152

일본 최고재판소는 1957년 소설 '채털리 부인의 연인' 사건에서, 음란문서의 요건으로 ① 오로지 성욕을 자극·홍분시킬 것, ② 보통인의 정상적인 성적 수치심을 해할 것, ③ 선량한 성적 도의관념에 반할 것 등 3요건을 들었다. 이 판결은 음란 개념에 대해 처음으로 최고재판소의 본격적인 태도를 밝힌 것이었고, 이 판결에서 밝힌 음란성에 대한 입장은 오늘에 이르기까지 기본적으로 유지되고 있다.[193] 153

다음으로 일본 최고재판소는 1969년 '악덕의 번영' 사건에 관한 판결[194]에서, 앞서 소설 '채털리 부인의 연인' 사건에서 언급된 부분적 고찰방법을 지양하고, 문장 중 어느 부분이 음란인가 여부를 판단할 때 문서 전체에 비추어 판단해야 한다는 '전체적 고찰방법'으로의 전환을 시도하였다.[195] 154

190 박이규(주 9), 594.
191 권창국, "음란물의 형법적 규제에 관한 문제점의 검토 - 음란성 판단기준 및 Internet 등에 의한 음란정보유통을 중심으로", 형사정책연구 13-1, 한국형사정책연구원(2002), 246.
192 最判 昭和 32(1957). 3. 13. 刑集 11·3·997.
193 박용상(주 131), 67.
194 最判 昭和 44(1969). 10. 15. 刑集 23·10·1239.
195 박용상(주 131), 68.

155   일본 최고재판소는 1980년 '사첩반(四疊半) 미만이 초배(初褙)지' 사건에 관한
판결에서, 위 '악덕의 번영' 사건에서 보인 음란 개념의 전체적 고찰방법을 구체
화하였다. "문서의 음란성 판단에 있어서는 당해 문서의 성에 관한 노골적이고
상세한 묘사서술의 정도와 그 수법, 위 묘사서술이 문서 전체에서 점하는 비중,
문서에 표현된 사상 등과 위 묘사와의 관련성, 문서의 구성과 전개, 나아가 예
술성·사상성 등에 의한 성적 자극의 완화 정도, 이러한 관점에서 당해 문서를
전체로서 볼 때 주로 호색적 흥미를 불러일으키는 것으로 인정되는가 여부 등"
여러 사정을 고려할 필요가 있다는 취지이다.[196]

156   대체로 학설, 판례 모두 한국과 유사한 태도를 취하고, 그중 일부 판례는
우리나라에도 상당한 영향을 준 것으로 보인다. 다만 소설 등 예술작품의 평가
와 관련하여, 자극적, 공격적, 일탈적 성적 표현으로(하드코어 내지 준 하드코어 포
르노물) 한정하려는 태도를 취하는 특징을 보이고 있다.[197]

(4) 프랑스

157   프랑스는 세계 최초의 근대적 성문 형법전인 1810년 프랑스 구 형법전을
통하여, 건전한 풍속에 관한 죄를 '공익에 반한 죄'로서 '공공의 평온'을 보호하
기 위해 규정하고 있었다.[198]

158   이후 여러 차례의 개정을 거친 프랑스의 신형법(Nouveau Code pénal) 제227-
23조는 음란성(Le caractére pornographique)을 띤 미성년자의 형상을 인쇄하거나
전달하는 행위를 처벌 대상으로 하여 이러한 행위가 보급을 목적으로 한 때에
만 현실적 처벌의 대상으로 삼고 있다.[199] 제227-24조는 미성년자에게 인간의
존엄성(La dignité humaine)을 해치는 성격, 또는 음란하거나 폭력적인 성격의 '메
시지(message)'를 유포한 행위를 처벌한다는 취지로 규정한다.[200] '건전한 성풍속'
이라는 추상적 성격을 띤 사회적 법익보다 '미성년자와 가정의 안전'이라는 구
체적 성격을 가진 개인적 법익이 우선적으로 보호되어야 한다는 사고의 변화가

---

196 最判 昭和 55(1980). 11. 28. 刑集 34·6·433.
197 권창국(주 191), 243.
198 백원기(주 105), 112.
199 백원기(주 105), 121.
200 백원기(주 105), 122(여기서 '메시지'라는 용어를 사용한 의도는 인간이 제작할 수 있는 일체의
    사상내용을 포괄하도록 하기 위함에 있다고 한다).

프랑스의 관련 법률 변천 과정에서 드러난다.[201]

특이한 점은, 프랑스 법률이 음란서적 출판행위에 대한 특별한 소송절차를 159
규정하고 있다는 것이다. 신형법 적용을 위한 시행특별법(La loi d'application)은
서적 출판을 통한 풍속문란 행위에 대한 재심절차(La revision)를 규정하던 종래
의 법률을 존속시킴으로써, 오직 음란서적 출판행위에 대해 형사처벌을 과한 판
결에 대한 재심만 인정한다. 재심은 확정판결 후 20년이 지난 시점부터 제기될
수 있고, 재심의 원고는 문학협회(La Societe des gens de lettres)나 행위자 또는 그
배우자 유족들에 제한된다.[202]

VII. 객 체

'음란한 문서, 도화, 필름 기타 물건'이 본죄의 객체로 규정되어 있다. 어느 160
객체이거나 실제 음란성을 인식하기 위하여 가공 등의 특별한 행위가 필요한
것도 여기에 해당한다.[203]

1. 문서, 도화

'문서, 도화'의 개념은 형법상 비밀침해죄(§ 316), 문서에 관한 죄(§§ 225-237의2) 161
에서 정하는 문서, 도화의 개념과 원칙적으로 같다.[204] 즉, '문서'란 소설 등 서적
과 같이 서면이나 기타 물체 위에 문자 등 가독적(可讀的) 부호로 사람의 생각을 기
록한 것을 말한다. '도화'란 그림, 만화, 인화 또는 인쇄된 사진처럼 서면이나 기타
물체 위에 문자 이외의 상형적 부호로 사람의 생각을 표현한 것을 말한다.[205]

---

201 백원기(주 103), 134.
202 백원기(주 103), 122-123.
203 술을 부으면 그림이 나타나는 술잔[最判 昭和 39(1964). 5. 29. 裁判集(刑事) 151·263], 현상하지
않은 영화필름[名古屋高判 昭和 41(1966). 3. 10. 高刑集 19·2·104], 접으면 그림이 나타나는
손수건[札幌高判 昭和 44(1969). 12. 23. 高刑集 22·6·964], 매직잉크가 칠해진 것을 신나로
제거하여 복원할 수 있는 사진집[東京高判 昭和 56(1981). 12. 17. 高刑集 34·4·444], 화면 마
스킹 처리를 제거하는 소프트를 이용하여 제거복원 가능한 디지털영상[岡山地判 平成 9(1997).
12. 15. 判時 1641·158] 등.
204 김성돈, 685; 김일수·서보학, 508; 배종대, § 126/6; 손동권·김재윤, § 42 /24; 오영근, 611; 이재
상·장영민·강동범, § 36/18; 정성근·박광민, 746.
205 이정원·류석준, 649; 주석형법 [각칙(3)](5판), 57-58(박범석).

〔김 승 주〕　　　　　　**507**

162   사진에 대해서는 '도화'에 포함된다는 것이 종래의 판례[206] 입장에 가깝다
고 보인다. 이에 대해 사진이 '기타 물건'의 일종이라고 보는 견해도 있다.[207]
이 견해는 '문서·도화·필름'이 '기타 물건'의 예시이기 때문에, 포괄 개념인 음
란한 물건은 문서·도화·필름 외의 음란물 모두를 포함한다고 본다.[208]

163   다만, 형법상 비밀침해죄나 문서에 관한 죄에서 요구하는 '문서' 등의 계속적
기능과 증명적 기능은 필요하지 않다. 나아가 거래의 안전과 공공의 신용에 대한
보호라는 측면 대신, 본죄에서의 문서, 도화 등은 음란한 것이면 충분하다.[209]

2. 필 름

164   1995년 12월 29일 개정 때에 예시적인 객체로 추가된 구성요건으로, 개정
형법이 도화와 구별하여 별도로 규정한 것이다.[210] 이는 사진이나 영화 즉 영상
으로 재생될 수 있도록 제작된 물건으로서, 카메라 필름, 비디오테이프, 영화 필
름, 마이크로필름 등이 이에 속한다.[211]

3. '기타 물건'의 일반적 개념과 범위

(1) 학설

165   본죄의 '기타 물건'은 대체로 문서, 도화, 필름에 속하지 않는 물건이라고
볼 수 있다.[212] 구체적으로 살펴보면, ① '문서·도화·필름'은 '기타 물건'의 예
시로서 포괄 개념인 음란한 물건은 문서·도화·필름 외의 음란물 모두를 포함
하므로, 음란한 성적 행위를 표현한 미술·조각품·사진·녹음테이프·비디오테
이프 등이 모두 '기타 물건'이라는 견해,[213] ② 성적 행위를 표현하는 조각품·
음반·녹음테이프·비디오테이프 등이라는 견해,[214] ③ 음란한 내용(성행위를 묘사

206 대판 1990. 10. 16, 90도1485; 대판 1997. 8. 22, 97도937.
207 김일수·서보학, 508.
208 이와 유사한 취지로 신동운, 514; 임웅, 817; 정성근·박광민, 746(다만, 이 견해는 사진이 도화
    에 해당한다고 본다).
209 김성돈, 685; 배종대, §126/6; 이정원·류석준, 649; 정성근·박광민, 746.
210 김일수·서보학, 508; 배종대, §126/6.
211 주석형법 [각칙(3)](5판), 58(박범석).
212 오영근, 611; 주석형법 [각칙(3)](5판), 58(박범석).
213 김일수·서보학, 508.
214 김성돈, 685; 배종대, §126/6; 이재상·장영민·강동범, §36/18; 정성근·박광민, 746.

한 목소리 등)을 담은 녹음테이프, 음반, CD-ROM, 사진, 모조성기 등이 포함된다는 견해,[215] ④ 소리를 녹취한 음반과 녹음테이프, 조각 또는 건축된 물건 등이라는 견해,[216] ⑤ 음란한 조각품이나 모조형상(음란물을 수록할 수 있는 LP·CD·DVD나 컴퓨터 하드디스크 등)을 말한다고 보는 견해,[217] ⑥ 포괄 개념으로서 음란한 조각품, 성기모조품, 음란 음성녹음테이프, 음반, CD-ROM 등이라고 보는 견해[218] 등이 있다.

위와 같은 학설들 사이에, 녹음테이프·비디오테이프 등이 '필름'인지 '기타 물건'인지 여부에 세부적 차이가 있을 수 있지만, 논의의 실익은 크지 않다고 보인다. 그리고 ① 화면의 재생 없이 소리만 재생하는 녹음테이프, 음반, CD 등은 앞서 본 '필름'이 아니라 '기타 물건'에 해당한다는 점, ② 조각품이나 남성용 자위기구인 모조 여성 성기 등도 음란성이 있으면 '기타 물건'에 해당한다는 점은 위와 같은 학설들 사이에 별다른 이견이 없다.   166

다만 사람의 신체는 물건이 아니기 때문에, 사람이 음란한 행위를 하는 것은 '기타 물건'이라고 볼 수 없다. 이 경우에는 공연음란죄(§ 245)가 성립할 수 있을 뿐이다.[219]   167

(2) 판례의 입장 등(성기구 관련)

대법원은 이른바 성기구(性器具), 즉 남성용 자위기구인 모조 여성 성기 등에 대하여 '기타 물건'에 해당한다는 전제에서 그 음란성 여부를 판단하는 것으로 보인다. 그 중 음란성을 인정한 것으로는, 앞서 본 V. 1. (10)과 같은 자위기구 '체이시' 사건[220] 등이 있다. 반면 음란성을 부정한 것으로는 앞서 본 V. 2. (2) '해면체비대기' 사건,[221] V. 2. (4) '부부생활용품' 사건,[222] V. 2. (9) 남성용 자위기구 관련 사건[223] 등이 있다.   168

---

215 박상기, 577.
216 손동권·김재윤, § 42/24.
217 이정원·류석준, 649.
218 임웅, 817.
219 손동권·김재윤, § 42/24; 이재상·장영민·강동범, § 36/18; 이정원·류석준, 649; 임웅, 817; 정성근·박광민, 746.
220 대판 2003. 5. 16, 2003도988.
221 대판 1978. 11. 14, 78도2237.
222 대판 2000. 10. 13, 2000도3346.
223 대판 2014. 7. 24, 2013도9228.

〔김 승 주〕   **509**

169   이와 같은 대법원 판례의 태도에 대해서는 학설상으로도 별다른 이견이 없
다고 보인다. 다만 이에 대하여, '성기구'는 말 그대로 기구이지 개인의 의견이
나 사상을 담은 성적 '표현물'이 아니라는 등의 비판이 제기되고 있다.[224] 한편
성기구 사건을 다룬 2013년 헌법재판소 결정(위 V. 4. 참조)[225]은 본죄 등이 합헌
이라는 취지로 결론내렸지만, 이에 대해 "성기구는 일반적인 성적인 표현물과는
달리 성기관과의 직접적인 접촉을 통한 성적 만족감 충족이라는 목적을 위해
제작·사용되는 도구"로서 "인간이 은밀하게 행하기 마련인 성적 행위에 사용된
다는 점에서 매우 사적인 공간에서 이용"된다는 등의 특성을 지적하면서, "음란
한 물건의 판매가 개인적인 영역에 머무르지 않고 건전한 성풍속이라는 사회의
성도덕 관념과 연관되어 있다는 점에서 원칙적으로 그것을 규제할 필요성이 인
정된다 하더라도, 성기구의 위와 같은 특성을 고려한다면 성기구를 일반적인 성
적 표현물인 음란물과 동일하게 취급하여 규제하는 것은 자제할 필요가 있다."
라는 등의 보충의견이 제시되기도 하였다.[226]

4. 컴퓨터프로그램 파일 등의 '기타 물건' 해당 여부

170   인터넷 등 정보화사회 진전 현상으로 인해 급증하는 전자적 유형의 범죄,
즉 컴퓨터프로그램 파일 등을 이용하는 음란물 판매 등과 관련하여, 음란 정보
를 담은 컴퓨터프로그램 파일 등의 디지털 데이터 자체를 본죄의 '기타 물건'으
로 보아 처벌할 수 있는지 여부가 과거에는 상당히 문제되었던 것으로 보인다.

171   이에 대하여 대판 1999. 2. 24, 98도3140[227]은, "형법 제243조는 음란한 문
서, 도화, 필름 기타 물건을 반포, 판매 또는 임대하거나 공연히 전시 또는 상영

---

224 임지봉(주 128), 365.
225 헌재 2013. 8. 29, 2011헌바176.
226 보충의견은 "외국의 입법례를 보더라도, 미국의 경우에는 성기구(sexual devices)는 아예 형법상
    처벌되는 음란한 표현물의 개념에서 제외시켜 별도로 분류되고 있고, 독일의 경우에도 형법 개
    정 이후에는 질서위반법(Gesetz über Ordnungswidrigkeiten)에 따라 성기구를 사회질서 유지
    차원에서 관리하고 있을 뿐 음란표현물과 같은 차원에서는 다루지 않고 있다."고 하면서, "성기
    구의 특성을 고려할 때 성기구의 음란성에 대하여는 엄격한 해석이 이루어지는 것이 바람직하
    며, 나아가 성기구의 제작·판매·유통 전반에 관한 법령 개선을 통하여 논란을 불식시킬 수 있
    는 입법적 논의가 필요하다."고 한다.
227 이 판결에 대한 평석으로는 황승흠, "사이버공간에 대한 형법 제243조의 적용 여부", 인권과 정의
    280, 대한변호사협회(1999), 47-58.

한 자에 대한 처벌규정으로서 컴퓨터프로그램 파일은 위 규정에서 규정하고 있
는 문서, 도화, 필름 기타 물건에 해당한다고 할 수 없으므로, 음란한 영상화면을
수록한 컴퓨터프로그램 파일을 컴퓨터 통신망을 통하여 전송하는 방법으로 판매
한 행위에 대하여 (중략) 형법 제243조의 규정을 적용할 수 없다."고 판단하였다.
다만 컴퓨터프로그램 파일과 같은 디지털 데이터를 인터넷 등 정보통신망을 통
해 판매한 행위 등에 관해서는, 현재 정보통신망법에 이를 규율하는 관련 조항이
마련됨으로써 입법적 해결이 이루어졌다고 볼 수 있다(아래 **XI.** 부분 참조).

　　반면 컴퓨터프로그램 파일이나 인터넷 정보통신망 자체가 아니라, 음란정　　172
보에 관한 컴퓨터프로그램 파일 등을 저장한 USB, DVD, CD-ROM 등 저장매체
의 경우에는, 본죄가 정하는 '기타 물건'에 해당한다고 볼 수 있다.[228] 서버컴퓨
터나 컴퓨터 하드디스크의 저장된 음란정보도 마찬가지이다.[229] 다만, 음란정보
를 장치한 하드디스크 컴퓨터 기기 또는 인터넷을 통해 유통되는 음란 화상이
나 음성의 디지털 데이터는 본죄의 '도화'나 '기타 물건'에 해당한다고 할 수 없
다는 취지의 견해가 있다.[230]

　　한편 일본의 경우, 2011년 형법 개정으로 제175조(외설물반포등)의 객체에　　173
'전자적 기록에 관련된 기록매체'를 추가함으로써, 위에서 살펴본 바와 같은 종
래의 논의[231]를 입법적으로 해결하였다.

---

228 주석형법 〔각칙 (3)〕(5판), 60(박범석); 강동욱, "인터넷과 음란물", 인권과 정의 제282호(2000. 2),
　　70.
229 주석형법 〔각칙(3)〕(5판), 59(박범석).
230 강동욱(주 228), 71-72.
231 위 형법 개정 전에 일본 최고재판소는 외설 화상 데이터를 기억, 저장시킨 메인 컴퓨터의 하드
　　디스크를 형법이 규정하는 '외설물'로, 그 하드디스크에 저장된 외설 화상 데이터를 불특정 다수
　　의 회원이 열람할 수 있도록 설정하는 행위를 '공연 진열' 행위로 인정하는 취지로 판시하였다
　　〔最判 平成 13(2001). 7. 16. 刑集 55·5·317〕. 또한 일본 하급심 판례 중에는, 외설 화상 데이
　　터를 불특정 다수의 인터넷 이용자에게 유료로 열람시키려 외설 화상의 성기 부분을 화상처리
　　소프트(이른바 FL마스크)로 모자이크 처리한 화상 데이터를 서버 컴퓨터에 송신하여 그 기억장
　　치 내에 저장시켜 불특정 다수의 인터넷 이용자가 이를 수신해 모자이크를 제거하여 복원·열람
　　할 수 있도록 설정한 경우, 정보로서의 데이터를 외설물 개념에 포함시키는 것은 형법 해석상
　　허용된다면서, 위와 같은 행위가 음란한 도화를 공연히 진열한 것에 해당한다고 본 것이 있다
　　〔岡山地判 平成 9(1997). 12. 15. 判時 1641·158〕.

VIII. 행 위

1. 반 포

174   '반포'(頒布)란 불특정 또는 다수인에게 무상으로 교부하는 것을 말한다(유상이면 아래 '판매'의 구성요건에 해당). 교부는 반드시 소유권 이전 의사를 요하지 않으므로, 반환을 전제로 한 교부도 본죄의 반포에 해당한다.[232] 불특정 또는 다수인이 상대방일 것이 요구되므로, 특정한 1인 또는 소수의 사람에게 무상으로 교부하는 것은 반포에 해당하지 않는다.[233] 반복할 의사가 있는 경우에는 1인에게 교부하더라도 반포에 해당한다.[234] 반드시 자기가 반포할 것을 요하지 않고, 제3자에게 반포하도록 하여도 무방하다.[235]

175   불특정 또는 다수인에게 교부될 것을 예견하고 특정인에게 교부한 때에는, 반포에 해당한다는 것이 지배적 견해이다.[236] 한편 반포는 적어도 현실로 교부한 때에 기수에 이르기 때문에,[237] 우송만으로는 부족하며 현실로 인도되어야 한다(본죄는 미수범 처벌규정을 두고 있지 않음)는 것이 통설의 입장이다.[238] 음란물을 교부하겠다고 단순히 광고한 것만으로는 반포에 해당하지 않는다.[239]

2. 판 매

176   '판매'(販賣)란 음란물을 유상으로 양도하는 행위를 말한다(통설). 반드시 매매·교환에 의할 필요가 없고, 예컨대 값 대신 음화를 주거나[240] 회원에게 기관

---

232 이정원·류석준, 650; 주석형법 〔각칙(3)〕(5판), 60(박범석).
233 김성돈, 685; 신동운, 516; 정성근·박광민, 747.
234 最決 昭和 31(1956). 9. 25. 裁判集(刑事) 114·743.
235 오영근, 612.
236 김일수·서보학, 508; 박상기, 583; 배종대, §126/7; 손동권·김재윤, §42/26; 신동운, 516; 이정원·류석준, 651; 이재상·장영민·강동범, §36/19; 임웅, 818; 정성근·박광민, 747.
237 最判 昭和 34(1959). 3. 5. 刑集 13·3·575.
238 김성돈, 685; 김일수·서보학, 508-509; 배종대, §126/7; 손동권·김재윤, §42/26; 이재상·장영민·강동범, §36/19; 임웅, 818; 정성근·박광민, 747. 이에 대하여 본죄는 음란물 등을 불특정 또는 다수인에게 전달하는 행위를 함으로써 완성되는 추상적 위험범이므로, 불특정 또는 다수인이 음란물 등을 받았는지 여부는 본죄의 성립에 영향을 주지 않는다는 취지의 견해도 있다(이정원·류석준, 651).
239 김일수·서보학, 508-509
240 大判 昭和 10(1935). 11. 11. 刑集 14·1165.

지 기타 자료로 배부한 때[241]에도, 대가관계가 인정되면 판매죄에 해당한다.[242] 판매는 영리의 목적을 요구하지 않으며, 수익 유무와는 무관하다.[243]

판매도 반포의 경우처럼 양도의 상대방이 불특정 또는 다수인이어야 한다　　177 고 보는 견해(다수설)[244]가 있는 반면, 반포와 달리 특정 소수인이어도 무방하다 는 견해(소수설)[245]가 대립되고 있다. 다수설에 의한다면, 계속적·반복적으로 전 달하여 불특정 또는 다수인에게 판매하려는 의사를 가지고 특정한 1인 또는 소 수의 사람에게 교부하는 경우만이 판매죄로 처벌될 것이다. 반면 소수설에 의한 다면, 계속적·반복적 의사 없이 1인에게 음란물을 유상양도한 경우도 판매죄로 처벌할 수 있게 된다.[246]

한편 판매 역시 반포의 경우처럼, 물건이 현실로 인도됨을 요한다는 견해가　　178 지배적이다.[247]

3. 임 대

'임대'(賃貸)란 음란물을 유상으로 대여하는 것을 말한다. 반드시 영업으로　　179 할 것이 요구되지 않으므로, 1회의 임대로도 본죄가 성립한다.[248] 다만 임대행 위도 계약만으로는 부족하고, 현실적으로 교부됨을 요한다는 견해가 있다.[249]

241　東京高判 昭和 43(1968). 9. 10. 高刑集 21·4·353.
242　김성돈, 685; 박상기, 583; 이재상·장영민·강동범, § 36/19; 이정원·류석준, 651; 정성근·박광민, 747.
243　김일수·서보학, 509; 주석형법 〔각칙(3)〕(5판), 62(박범석).
244　김성돈, 685; 박상기, 583; 배종대, § 126/7; 신동운, 516; 이재상·장영민·강동범, § 36/19; 이형 국·김혜경, 형법각론(2판), 724; 임웅, 818; 정성근·박광민, 747; 정웅석·최창호, 형법각론, 270; 최호진, 형법각론, 838.
245　김일수·서보학, 509; 박찬걸, 형법각론(2판), 794; 오영근, 612; 이정원·류석준, 651-652; 주석형 법 〔각칙(3)〕(5판), 61(박범석).
246　다만, 그 상대방이 불특정 또는 다수인이라고 하면서도(다수설) 1회적인 판매도 본죄의 보호법 익에 대한 위험성이 인정되므로 계속적·반복적 의사는 필요없다는 견해도 있다(김신규, 형법각 론 강의, 762).
247　김성돈, 685; 김일수·서보학, 509; 박상기, 583; 배종대, § 126/7; 손동권·김재윤, § 42/26; 이재 상·장영민·강동범, § 36/19; 임웅, 818; 정성근·박광민, 747. 반면에 유상양도에 의한 교부행위 로 충분하며, 상대방이 이를 현실적으로 수령했는지 여부는 문제되지 않는다는 견해로는 이정원· 류석준, 651.
248　김성돈, 685; 김일수·서보학, 509; 박상기, 583; 배종대, § 126/7; 오영근, 612; 이재상·장영민· 강동범, § 36/19; 임웅, 818; 정성근·박광민, 747.
249　임웅, 818.

한편 여기에서는 계속적·반복적 의사가 필요 없으며,[250] 불특정 또는 다수인을
대상으로 할 필요도 없다[251]는 견해들이 있다.

4. 공연히 전시 또는 상영

180   '공연(公然)히 전시(展示)'한다는 구성요건의 의미에 대해, 대법원은 정보통신
망법위반(음란물유포) 사안에서 "불특정 또는 다수인이 실제로 음란한 부호·문
언·음향 또는 영상을 인식할 수 있는 상태에 두는 것"이라고 판시하였고(정보통
신망법 등 전자적 방식의 공연 전시 행위에 대해서는 후술하는 **XI. 4.** 참조).[252] 성폭력처
벌법위반(카메라등이용촬영) 사안에서 "성폭력처벌법 제14조 제2항[253]에서 유포
행위의 한 유형으로 열거하고 있는 '공공연한 전시'란 불특정 또는 다수인이 촬
영물 등을 인식할 수 있는 상태에 두는 것을 의미하고, 촬영물 등의 '공공연한
전시'로 인한 범죄는 불특정 또는 다수인이 전시된 촬영물 등을 실제 인식하지
못했다고 하더라도 촬영물 등을 위와 같은 상태에 둠으로써 성립한다."고 판시
하였다.[254]

181   따라서 형법상 본죄의 위 구성요건은 불특정 또는 다수인이 실제로 음란물
을 인식할 수 있는 상태에 두는 행위라고 해석할 수 있다.[255] 특정된 소수인만
이 볼 수 있는 상태에 두는 것은 이에 해당하지 않는다. 그러므로 친구 집에서
친구 2명에게 영사기로 도색 필름을 보여준 행위는 '공연히 전시'한 것으로 볼

---

250 김일수·서보학, 509.
251 오영근, 612. 이에 대하여 임대도 불특정 또는 다수인을 상대로 하여야 한다는 견해도 있다[백
    형구, 형법각론(개정판), 573].
252 대판 2009. 5. 14, 2008도10914. 이와 같은 취지로 대판 2003. 7. 8, 2001도1335(구 전기통신기
    본법위반 사례); 대판 2008. 2. 1, 2007도8286[정보통신망법위반(음란물유포등) 사례]; 대판
    2008. 2. 14, 2007도8155[정보통신망법위반(명예훼손)죄의 공연성에 관해 판시한 사례] 등 참조.
253 성폭력처벌법 제14조(카메라 등을 이용한 촬영) ① 카메라나 그 밖에 이와 유사한 기능을 갖춘
    기계장치를 이용하여 성적 욕망 또는 수치심을 유발할 수 있는 사람의 신체를 촬영대상자의 의
    사에 반하여 촬영한 자는 7년 이하의 징역 또는 5천만원 이하의 벌금에 처한다.
    ② 제1항에 따른 촬영물 또는 복제물(복제물의 복제물을 포함한다. 이하 이 조에서 같다)을 반
    포·판매·임대·제공 또는 공공연하게 전시·상영(이하 "반포등"이라 한다)한 자 또는 제1항의
    촬영이 촬영 당시에는 촬영대상자의 의사에 반하지 아니한 경우(자신의 신체를 직접 촬영한 경
    우를 포함한다)에도 사후에 그 촬영물 또는 복제물을 촬영대상자의 의사에 반하여 반포등을 한
    자는 7년 이하의 징역 또는 5천만원 이하의 벌금에 처한다.
254 대판 2022. 6. 9, 2022도1683.
255 最判 昭和 32(1957). 5. 22. 刑集 11·5·1526.

수 없다.[256]

    반면 불특정 다수의 사람에게 음란물을 관람하도록 권유한 때에는, 그 권유   **182**
에 응하여 현실로 음란물을 관람한 사람이 소수이더라도 불특정 다수인이 관람
할 수 있도록 한 것이어서 공연성이 있다.[257] 관람료를 징수하고 외부와의 교통
을 차단한 자택 내에서 관객 5명 정도에게 음란한 영화를 상영하여 관람하도록
한 경우라도, 그 5명이 미리 상영자의 의뢰에 응한 권유 안내를 받았다면 공연
성이 있다.[258]

    '공연히 상영(上映)'한다는 것은 카메라필름, 비디오테이프, 영화필름, 마이크   **183**
로필름 등을 영사기, 환등기, 투사기, VTR 등을 이용해 불특정 또는 다수인이
시청할 수 있는 상태에 두는 것이다. 1995년 12월 29일 형법 개정에서 본죄의
객체에 '필름'이 추가됨에 따라 그 행위태양에서도 '공연 상영'이 추가되었다.[259]

IX. 고의, 미수 및 공범

1. 고 의

    본죄의 성립을 위해서는 지금까지 살펴본 객관적 구성요건요소에 관한 고   **184**
의가 있어야 한다. 따라서 문서·도화·필름 기타 물건을 반포·판매·임대·전시
또는 상영한다는 점에 대한 인식을 요한다.[260] 공연히 전시 또는 상영하는 행위
가 문제되는 경우에는, 공연성에 대한 인식도 고의의 내용이 된다.[261]

    행위자에게 문서 등의 음란성에 관한 인식이 필요한지에 대하여, 문서 등의   **185**
음란성에 대한 인식도 고의의 내용을 구성하지만, 문외한으로서의 소박한 인식
이면 충분하다는 것이 통설로 보인다.[262] 반면 음란성에 대한 인식도 고의의 내
용이 되지만, 이는 규범적 구성요건요소로서 이에 대한 판단은 법관에게 맡겨져

---

256 대판 1973. 8. 21, 73도409.
257 東京高判 昭和 33(1958). 7. 23. 裁特 5·8·345.
258 最判 昭和 33(1958). 9. 5. 刑集 12·13·2844; 東京高判 昭和 33(1958). 4. 22. 東時 9·4·119.
259 주석형법 〔각칙(3)〕(5판), 63(박범석).
260 이재상·장영민·강동범, §36/21.
261 김일수·서보학, 509; 임웅, 819; 정성근·박광민, 748.
262 김성돈, 686; 김일수·서보학, 509; 배종대, §126/8; 신동운, 517; 오영근, 612; 이재상·장영민·강
    동범, §36/21; 임웅, 818; 정성근·박광민, 748.

있으므로 행위자의 인식이 구성요건해당성 여부를 좌우하는 것은 아니라는 견해도 있다.[263]

186   대법원은 일찍이 '나체의 마야' 사건에서, 음화의 제조·판매죄의 범의 성립에 있어서 그 그림의 존재 및 이에 대한 제조·판매를 인식하는 것으로 충분하고, 그 그림이 음란한 것인가 여부를 인식할 필요가 없다[264]고 하였다.[265] 다만 대법원은 근래에 들어 공연음란죄 사안에서, 주관적으로 성욕의 흥분 또는 만족 등의 성적인 목적이 있어야 성립하는 것은 아니지만 그 행위의 음란성에 대한 의미의 인식이 있으면 충분하다는 취지로 판시하였다.[266]

187   한편 본죄는 현실에서 영업범인 경우가 빈번하지만, 영리의 목적 등은 그 구성요건이 아니다.[267] 다만, 고의와 별도로 초과주관적 요소로서의 내적 경향, 즉 타인을 성적으로 자극·흥분 또는 만족시키거나 선량한 성적 도의관념을 해하는 정도의 속성을 실현하려는 의사를 특별한 주관적 구성요건요소로 인정하는 것이 바람직하다는 견해가 있다.[268] 이와 관련된 특별법인 청소년성보호법 제11조 제2항에서는 영리를 목적으로 아동·청소년성착취물(구법상 아동·청소년이용음란물)을 공연히 전시한 행위를 처벌하는데, 여기서 영리의 목적이란 널리 경제적인 이익을 취득할 목적을 말하는 것으로서 반드시 아동·청소년성착취물 배포 등 위반행위의 직접적인 대가가 아니라 위반행위를 통하여 간접적으로 얻게 될 이익을 위한 경우에도 영리의 목적이 인정된다.[269]

188   객체의 음란성에 대한 상황 그 자체를 전혀 인식하지 못한 경우, 고의가 부정되는 구성요건적 착오가 된다. 그러나 음란성이라는 규범적 구성요건요소의 의미에 대해 문외한으로서의 소박한 평가와 다르게 인식한 경우에는, 법률의 착오가 되는 데에 불과하다.[270] 이와 관련하여 대법원은, 정보통신윤리위원회 등이 만화에 대해 심의하여 음란성 등을 이유로 청소년유해매체물로 판정했을 뿐

---

263 박상기, 584.
264 대판 1970. 10. 30, 70도1879(공연음란죄가 문제된 대판 1996. 6. 11, 96도980도 같은 취지이다).
265 일본 판례도 같은 취지이다[最判 昭和 32(1957). 3. 13. 刑集 11·3·997].
266 대판 2000. 12. 22, 2000도4372; 대판 2004. 3. 12, 2003도6514.
267 주석형법 [각칙(3)](5판), 64(박범석).
268 김성돈, 686.
269 대판 2020. 9. 24, 2020도8978.
270 손동권·김재윤, § 42/27; 오영근, 612.

시정요구 또는 형사처벌·행정처분을 요청하지 않았다는 점이 곧 그러한 판정을 만화가 음란하지 않다는 의미는 결코 아니라 할 것이므로, 피고인들의 나이, 학력, 경력, 직업, 지능 정도 등에 비추어 보면 피고인들의 행위가 죄가 되지 않는 것으로 오인한 데에는 정당한 이유가 없다는 취지로 판단하였다.[271]

2. 미 수

본죄에 대해서는 미수범을 처벌하는 규정이 없으므로, 설령 미수로 볼 수 있는 행위가 있더라도 처벌되지 않는다. 그러므로 '반포'나 '판매'에 대해 음란물이 현실로 인도되어야 한다는 입장(통설)(위 VIII. 1. 및 VIII. 2. 참조)에 따른다면, 음란물이 우송된 것만으로는 기수에 이르지 않아 처벌되지 않는다. 다만 공연히 '전시' 또는 '상영'하는 행위의 경우, 불특정 또는 다수인이 실제로 음란물을 인식할 수 있는 상태에 두면 충분하다(위 VIII. 4. 참조). 예컨대 음란비디오를 상영하기 시작한 때에 기수가 되고, 음란한 성행위 장면 등이 상영되어야 기수가 되는 것은 아니다.[272]   189

3. 공 범

반포·판매 등의 상대방에 대하여 형법에서는 처벌규정을 두고 있지 않다. 즉, 본죄는 상대방을 처벌하지 않는 필요적 공범의 일종이라고 볼 수 있다. 따라서 본죄의 내부관계에서는 총칙상 공범규정이 적용되지 않으므로, 그 상대방은 본죄의 공범(교사·방조범)으로 처벌되지 않는다.[273]   190

구성요건 실현에 수반되는 필연적 기여행위를 넘어서는 적극적 행위가 있을 경우(예컨대 반포·판매 의사가 없는 사람으로 하여금 음란물의 입수 경로에 관한 정보를 주어 그와 같이 입수된 음란물을 본인이 양수한 경우), 배임죄의 구조와 유사하게 본죄의 공범(공동정범)이 될 수 있다는 견해가 있다.[274] 반면에 매수자가 판매자를 적극적으로 교사·방조하여 본죄를 범하게 한 경우에도 매수자를 본죄의 공범으로   191

---

271 대판 2006. 4. 28, 2003도4128. 이 판결 평석은 김영기, "사이버 공간 범죄와 온라인서비스제공
    자(OSP)의 형사책임", 형사판례연구 [20], 한국형사판례연구회, 박영사(2012), 322-349.
272 오영근, 613.
273 박찬걸, 796; 이정원·류석준, 653; 이형국·김혜경, 725.
274 김성돈, 686-687.

처벌할 수 없다고 보는 소극적 견해도 있다.[275]

192   범인을 교사하여 자신과 자신의 친구들이 범인으로부터 음란물을 구입한 경우, 범인을 교사한 사람에게는 자신에게 판매한 행위를 제외하고 자신의 친구들에게 판매한 행위에 대해 본죄의 교사범이 성립한다는 견해도 있다.[276]

193   한편, 음란문서 등을 제작한 사람이나 출판한 사람은 본죄의 공동정범이 될 수 있다.[277] 음란문서를 번역하여 출판한 경우, 번역자는 출판한 사람과 본죄의 공동정범이 될 수 있다.[278]

X. 죄수, 처벌 등

1. 죄 수

194   본죄는 불특정 또는 다수인을 대상으로 한다. 따라서 구성요건 자체에서 여러 번의 행위가 전제되어 있다고 볼 수 있다.[279] 그러므로 동일한 의사로 여러 차례에 걸쳐 반포·판매·임대·전시·상영한 경우, 실체적 경합범이 아니라 집합범으로서 포괄일죄를 구성한다.[280]

2. 처벌 등

195   본죄를 범한 사람은 1년 이하의 징역 또는 500만 원 이하의 벌금에 처한다.

196   본죄는 성폭력처벌법 제2조 제1항 제1호가 정하는 '성폭력범죄'의 하나로 정해져 있다. 따라서 본죄를 범한 사람에게는, 재범예방에 필요한 수강명령 또는 성폭력 치료프로그램의 이수명령이 원칙적으로 부과된다(§16②). 또한 본죄

---

275 오영근, 613; 임웅, 819.
276 이정원·류석준, 653. 이 견해에 의하면, 관람자 1인이 함께 관람할 사람을 모집하여 범인으로 하여금 음란물을 공연히 전시·상영하게 한 경우에도 본죄의 방조범이나 교사범이 성립한다고 한다.
277 東京高判 昭和 47(1972). 10. 9. 東高刑時報 23·10·195.
278 東京高判 昭和 27(1952). 12. 10. 高刑集 5·13·2429.
279 오영근, 613.
280 김일수·서보학, 510; 오영근, 613; 임웅, 819; 정성근·박광민, 748. 일본 판례도 동일 의사에 기한 같은 시간 같은 장소에서의 수 개의 판매행위[最判 昭和 40(1965). 12. 23. 裁判集(刑事) 157·495], 범의의 계속성, 시간적 연속성, 장소·방법·객체가 동일한 여러 차례에 걸친 영화 상영행위[名古屋高金沢地判 昭和 34(1959). 12. 17. 下刑集 1·12·2559]는 포괄일죄라고 한다.

는 청소년성보호법 제2조 제3호의2가 정하는 '성인대상 성범죄'에도 해당한다. 그러므로 본죄를 범한 사람에 대해서는 아동·청소년 관련기관 등에 취업 또는 사실상 노무를 제공할 수 없도록 하는 명령, 즉 취업제한 명령이 원칙적으로 부과된다(§56① 본문).

본죄 및 음화제조등 죄(§244)는 범죄수익은닉의 규제 및 처벌 등에 관한 법률 **197** (이하, '범죄수익은닉규제법'이라 한다) 제2조 제1호, 별표 제1호 바목이 규정하는 '특정범죄'에 해당한다. 아래 **XI.**에서 설명하는 정보통신망법 제74조 제1항 제2호의 범죄도 마찬가지이다(별표 제24호). 이에 따라 형법상 몰수 요건에 해당하지 않더라도, 본죄 등의 범행으로 생긴 재산 또는 그 범죄행위의 보수로 얻은 재산 즉 '범죄수익' 등은 몰수(범죄수익 §8①(i)) 또는 추징의 대상이 될 수 있다(범죄수익 §10①).

XI. 정보통신망 이용촉진 및 정보보호 등에 관한 법률에 따른 처벌규정 - 음란조항

1. 의의, 연혁 및 합헌성

정보통신망법 제74조 제1항 제2호는 "제44조의7 제1항 제1호를 위반하여 **198** 음란한 부호·문언·음향·화상 또는 영상을 배포·판매·임대하거나 공공연하게 전시한 자"를 1년 이하의 징역 또는 1,000만 원 이하의 벌금에 처한다고 규정하고 있다[정보통신망법위반(음란물유포)죄]. 그리고 정보통신망법 제44조의7 제1항 본문은 "누구든지 정보통신망을 통하여 다음 각 호의 어느 하나에 해당하는 정보를 유통하여서는 아니 된다."라고 하면서, "음란한 부호·문언·음향·화상 또는 영상을 배포·판매·임대하거나 공공연하게 전시하는 내용의 정보"(제1호)(이하, '불법음란정보'라 한다.)[281]를 열거하고 있다. 이와 같은 규정들(이하, '정보통신망법 음란조항'이라 한다.)은 초고속 정보통신망의 광범위한 구축과 그 이용 촉진에 따른 음란물의 폐해를 막기 위하여 마련된 것이다.[282]

인터넷 시대의 도래에 따라 컴퓨터프로그램 파일을 이용한 음란물 범죄가 **199**

---

281 헌재 2018. 6. 28, 2015헌마545의 명명(命名)에 따른 것이다.
282 대판 2008. 2. 1, 2007도8286; 대판 2003. 7. 8, 2001도1335.

급증하고 있다. 그런데 앞서 **VII. 4.**에서 본 것처럼, 컴퓨터프로그램 파일은 형법이 정하는 음란물에 해당한다고 볼 수 없다.[283] 이에 따라 이와 같은 전자적 유형의 범죄에 대한 형사법적 대처가 요구되었는데, 1996년 12월 30일 개정된 구 전기통신기본법 제48조의2(전기통신역무이용음란죄)가 최초의 포괄적인 사이버 포르노그래피에 관한 처벌규정이라 할 수 있다. 다만 전기통신의 효율적 관리와 전기통신사업의 발전·촉진을 목적으로 하는 전기통신기본법에 음란정보를 유통시킨 일반인을 처벌하는 규정을 두는 것은 법체계상 어울리지 않는다고 보아, 이 조항은 2001년 1월 16일 정보통신망법이 개정되면서 그 부칙에 의해 삭제됨과 동시에 구 정보통신망법 제65조 제1항 제2호로 대체되었다.[284] 이와 같은 구법은 "정보통신망을 통하여 음란한 부호·문언·음향·화상 또는 영상을 배포·판매·임대하거나 공연히 전시한 자"를 처벌한다고 규정함으로써, 현행 정보통신망법 음란조항과 거의 동일한 형식을 갖추었다. 그 이후인 2007년 12월 21일 정보통신망법이 개정되면서, 현재 위와 같은 법률이 제정·시행되고 있다.

200   헌법재판소는 2009년에 위와 같은 구법 규정에 대해, '음란' 개념이 명확성의 원칙에 위배되지 않으며 이에 따른 표현의 자유 제한이 과잉금지 원칙에 반하지 않는다는 취지로 합헌 결정을 하였다(위 V. 4. 참조).[285] 최근의 실무에서는, 형법상의 음란물범죄 대신 위와 같은 정보통신망법의 음란조항을 적용하는 비율이 압도적으로 높다고 할 수 있다.

2. '음란'의 의미

201   정보통신망법 음란조항이 정하는 '음란'의 의미는, 대체로 형법상 음화반포등죄(§ 243)가 정하는 '음란'의 의미와 동일하게 해석할 수 있다. 즉 정보통신망을 통해 음란물을 제공한 경우에 적용할 별도의 음란 개념을 설정한 것은 아니고, 형법에서 규정한 음란성 개념과 마찬가지로 종전보다 더욱 엄격하게 해석하여야 한다.[286] 이와 관련하여 일본 판례는, "행위자에 의하여 반포된 전자적 기록

---

283 대판 1999. 2. 24, 98도3140.
284 주석형법 [각칙(3)](5판), 66(박범석); 고시면(주 169), 141.
285 헌재 2009. 5. 28, 2006헌바109, 2007헌바49, 57, 83, 129(병합).
286 주석형법 [각칙(3)](5판), 67(박범석).

또는 전자적 기록에 관련된 기록매체에 관하여, 예술성·사상성 등에 의한 성적 자극의 완화 유무·정도도 검토하면서 형법 제175조의 외설적인 전자적 기록 또는 외설적인 전자적 기록에 관련된 기록매체에 해당하는지 여부를 판단함에 있어서는, 전자적 기록이 시각정보인 때에는, 이를 컴퓨터에 의하여 화면에 띄운 화상이나 출력한 것 등 같은 기록을 시각화한 것만을 보고 이를 검토·판단하는 것이 상당하다."고 판시하고 있다.[287]

　　대판 2008. 3. 13, 2006도3558은 구 정보통신망법 제65조 제1항 제2호에서 정하고 있었던 '음란'의 의미에 대해, "사회통념상 일반 보통인의 성욕을 자극하여 성적 흥분을 유발하고 정상적인 성적 수치심을 해하여 성적 도의관념에 반하는 것"이라는 전통적 3요소설에다가, "표현물을 전체적으로 관찰·평가해 볼 때 단순히 저속하다거나 문란한 느낌을 준다는 정도를 넘어서서 존중·보호되어야 할 인격을 갖춘 존재인 사람의 존엄성과 가치를 심각하게 훼손·왜곡하였다고 평가할 수 있을 정도로, 노골적인 방법에 의하여 성적 부위나 행위를 적나라하게 표현 또는 묘사한 것"으로서, "사회통념에 비추어 전적으로 또는 지배적으로 성적 흥미에만 호소하고 하등의 문학적·예술적·사상적·과학적·의학적·교육적 가치를 지니지 아니하는 것"이라는 개념 요소들을 추가하였다. 나아가 동영상을 정보통신망을 통해 제공하는 행위가 아동·청소년을 유해한 환경에 빠뜨릴 위험성이 상대적으로 크지만, 이는 엄격한 성인인증절차를 마련하도록 요구·강제하는 등으로 대처해야 할 문제이지, 그러한 위험성만을 내세워 동영상의 음란 여부에 대하여 달리 판단하는 것은 적절하지 않다는 취지로도 판시하였다.[288]

202

---

287 最判 令和 2(2020). 7. 16. 刑集 74·4·343. 만화가 겸 예술가인 피고인이 작품 제작에 자금을 제공한 특정인 6명에게 자신의 여성기를 스캔한 3차원 형상 데이터파일을 인터넷으로 송신하여 반포하고, 피고인이 판매하는 상품을 구입한 불특정인 3명에게 위 데이터가 기록된 CD를 우송하여 반포한 사안에서, 외설전자적 기록 등의 반포죄(일형 §175①)의 성립을 인정하고, 위 반포 행위가 이를 제공받은 사람들에게 위 데이터를 가공하여 창작할 기회를 주기 위한 것이었다고 하더라도 정당행위로서 위법성이 조각되지 않는다고 판단하였다.

288 위 대법원 판결의 상세는 위 Ⅱ. 1., 위 Ⅴ. 2. (5) 참조. 이를 비롯하여 정보통신망 음란조항의 '음란'성을 인정한 주요 대법원 판례는 위 Ⅴ. 1. (11) - (14), '음란'성을 부정한 주요 대법원 판례는 위 Ⅴ. 2. (5), (6), (8) 참조.

3. 객체: 불법음란정보

203   정보통신망법상 음란조항은 "음란한 부호·문언·음향·화상 또는 영상", 즉
불법음란정보를 배포하는 등의 행위를 처벌 대상으로 규정하고 있다. 형법상 음
화반포등죄가 정하는 유체물이 아니라, 컴퓨터파일 등 정보통신망을 사용하여
유통되는 음란정보를 그 처벌의 대상으로 한다.[289] 이와 같이 정보통신망을 이
용한 음란물배포 등의 죄는 음란한 내용의 텍스트나 음성 및 영상뿐만 아니라,
종전 전기통신기본법에서 객체로 명시하지 않았던 음란한 내용의 이미지나 그
래픽파일과 같은 화상까지 행위객체로 삼고 있다.[290]

204   대판 2019. 7. 25, 2019도5283[291]은 피고인이 자신이 운영하는 웹사이트(토렌
트 사이트)에 음란물 영상의 토렌트 파일[292]을 게시하여 불특정 다수인에게 다운
로드를 받도록 한 사안에서, 그와 같은 음란물 영상의 토렌트 파일은 정보통신망
법 제44조의7 제1항 제1호에서 정보통신망을 통한 유통을 금지한 '음란한 영상을
배포하거나 공공연하게 전시하는 내용의 정보'(불법음란정보)에 해당한다고 보았다.

4. 배포·판매·임대

(1) 배포

205   정보통신망법 음란조항에서의 '배포'는 형법상 음화반포등죄(§ 243)가 정하는
'반포'에 상응하는 개념이다. 따라서 불특정 또는 다수인에게 무상으로 교부하는
것을 말하며, 현실적 교부를 요한다(통설. 위 VIII. 1. 참조). 한편 '배포'는 형법상
음화반포등죄와 그 행위객체를 달리하므로, 정보통신망에 파일을 내려받을 수
있는 상태로 탑재하는 것(업로드)을 의미한다.[293]

---

289 김정환·김슬기, 형사특별법(2판), 547; 이주원, 특별형법(7판), 621.
290 박희영, "사이버 음란물 유포행위와 형사책임", 법학연구 43-1(2002), 부산대학교 법과대학 법학
　　연구소, 143-144; 심재무, "사이버 음란물에 대한 형법적 규제", 경성법학 10(2001. 10), 137.
291 이 판결 평석은 이한상, "음란물 영상의 토렌트 파일 게시 등과 정보통신망법위반(음란물유포)죄
　　성립 여부", LAW & TECHNOLOGY 16-5, 서울대학교 기술과법센터(2020), 94-101.
292 음란물 영상의 토렌트 파일은 음란물 영상의 이름·크기·고유의 해쉬값 등 메타데이터를 담고
　　있는 파일이고, 그 메타데이터는 수많은 토렌트 이용자들로부터 토렌트를 통해 전송받을 해당
　　음란물 영상을 찾아내는 색인(index)과 같은 역할을 한다. 그 토렌트 파일을 취득하여 토렌트
　　프로그램에서 실행하면, 자동으로 다른 토렌트 이용자들로부터 그 토렌트 파일이 가리키는 해당
　　음란물 영상을 전송받을 수 있다(위 2019도5283 판결에서 일부 발췌).
293 김정환·김슬기, 특별형법(2판), 549; 이주원, 특별형법(7판), 621.

인터넷에서는 파일을 올려 놓으면(업로드) 내려받을 수 있기 때문에(다운로드), **206**
정보통신망법 음란조항의 '배포' 성립을 위해 요구되는 현실적 교부에 대해 형법
상 음화반포등죄가 예정하는 유형물의 현실적 교부와 그 의미를 동일한 차원에
서 해석할 수는 없다. 즉, 인터넷에 파일을 배포하기 위해서는 ① 인터넷 접속,
② 파일의 올려놓기(업로드, upload), ③ 이용자의 내려받기(다운로드, download)라
는 3단계를 거치게 된다. 이에 따라, 여기서의 '배포'가 업로드만으로 충분한지,
아니면 다운로드까지 필요한지 문제된다.

이에 대해서는, ① 불법음란정보를 업로드하여 누구든지 그 정보를 다운로 **207**
드받을 수 있는 상태에 두면 업로드 행위를 배포로 볼 수 있다는 견해,[294] ② 단
순히 불법음란정보를 업로드한 것만으로는 배포가 아니고, 업로드를 통하여 불
특정 또는 다수인이 정보를 다운로드할 수 있는 상태를 유형화하여 일정한 유
형의 업로드만이 배포에 해당한다는 견해,[295] ③ 단순히 불법음란정보를 업로
드한 것만으로는 배포라고 볼 수 없으며, 타인이 음란정보를 다운로드받을 것을
예상하고 타인이 접근 가능하도록 올려 놓는 행위를 한 경우 배포에 해당한다
는 견해[296] 등이 제기되고 있다.

독일 연방대법원은 독일형법 제184조의b 아동음란물의 반포, 취득 및 소유 **208**
죄와 관련하여, 인터넷에서의 반포(Verbreitung)는 음란정보가 인터넷이용자의 컴
퓨터 또는 기타 저장장치에 '도달'되었을 때 성립한다고 하며, 구체적으로 이용
자가 자신의 저장장치에 저장할 필요는 없다는 취지이다.[297]

일본 최고재판소는 2011년 형법 개정으로 일본형법 제175조(외설물반포등)의 **209**
객체에 '전자적 기록'이 추가되어 '전자적 기록의 송신·반포'도 처벌되기 전에

---

294 주석형법 [각칙(3)](5판), 68(박범석); 박희영, "사이버 음란물에 대한 형법적 대응방안 - 전기통
신기본법상 전기통신역무이용 음란물죄의 해석을 중심으로", 법학연구 41-1(2000), 부산대학교
법과대학 법학연구소, 271; 백광훈, "인터넷범죄의 규제법규에 관한 연구", 한국형사정책연구원
연구보고서(2000), 201; 심재무(주 290), 138.

295 정현미, "인터넷상 음란정보 전시 및 링크의 형사책임", 형사판례연구 [12], 한국형사판례연구회,
박영사(2004), 529.

296 최호진, "연결수단부여행위를 통한 음란정보유포죄의 성립", 비교형사법연구 10-1, 한국비교형사
법학회(2008. 7.), 163(인터넷에 단순히 업로드하는 경우에도, 다른 이용자가 이를 발견·접근하
기 불가능하도록 비밀번호 등으로 통제하는 경우에는 음란정보가 배포되었다고 보기 어렵다고
한다).

297 BGHSt 47, 55, NStZ 2001, Heft 11, S.596[최호진(주 296), 163에서 재인용].

〔김 승 주〕 **523**

는, ① 피고인 자신이 개설·운영하던 컴퓨터 네트워크의 메인컴퓨터 하드디스크에 음란 화상 데이터를 기억·저장하여 불특정 다수의 회원이 이를 열람할 수 있는 상태로 설정한 사안에서, 회원이 이를 현실적으로 열람하기 위해 필요한 조작은 저장된 화상 데이터를 재생·열람하기 위해 통상 필요로 하는 간단한 조작에 지나지 않고, 회원은 비교적 쉽게 음란 영상을 열람할 수 있었으므로, 위와 같은 행위는 화상 데이터를 불특정 다수의 자가 인식할 수 있는 상태에 둔 것으로서 음란물을 '공연히 진열'한 것에 해당한다는 취지로 판단하였다.[298] 그러나 위 개정 후에는, ② 일본 국내에서 작성한 음란동화 등의 데이터파일을 미국에 보내 미국에 설치된 서버컴퓨터에서 위 파일을 기록·보존하고, 주로 일본인 등 불특정 다수의 고객들이 인터넷을 통하여 위 파일을 다운로드받는 방식으로 유료 송신하는 일본어 웹사이트를 운영하고, 고객들이 위 파일을 다운로드받아 개인 컴퓨터에 이를 기록·보존하도록 한 사안에서, 인터넷을 통한 송신의 경우 '배포'는 '불특정 또는 다수의 사람의 기록매체에 전자적 기록이 존재하게 되도록 하는 것'을 의미하므로 '배포'에 해당한다고 판단하였다.[299] 즉 업로드하는 것만으로 '반포'가 아니라 '공연진열'(일형 § 175①. 우리 정보통신망법의 '공연 전시'에 해당)에 그치고, 불특정 다수의 사람이 열람을 위하여 이를 다운로드받아야 '반포'에 해당한다는 입장이라고 할 수 있다.[300] 이때 수신자(고객)의 조작행위에 대해서는 피고인의 실행행위의 일부라고 보는 판례[301]도 있으나, 최근 판례[302]는 피고인이 의도한 송신의 계기에 지나지 않는다고 한다.

210   다만 전자우편으로 음란한 파일을 특정한 상대방에게 보내는 경우는 '배포'에 해당할 수 없는 반면, 스팸메일의 형태로 불특정 또는 다수인에게 전송하는 경우 불법음란정보의 배포에 해당한다고 볼 수 있다.[303] 인터넷 대화(Internet Relay

---

298 最決 平成 13(2001). 7. 16. 刑集 55·5·317.

299 最決 平成 26(2014). 11. 25. 刑集 68·9·1053.

300 이 경우, 공연진열죄와 배포죄는 포괄일죄의 관계로 배포죄만이 성립한다[永井善之, "わいせつ 電子の記録送信頒布罪の成否", 刑法判例百選 Ⅱ 各論(8版), 有斐閣(2020), 205].

301 東京高判 平成 25(2013). 2. 22. 高刑集 66·1·6[最決 平成 26(2014). 11. 25. 刑集 68·9·1053 의 원심판결].

302 東京高判 平成 29(2017). 4. 13. 刑集 74·4·432[最判 令和 2(2020). 7. 16. 刑集 74·4·343의 원심판결].

303 정현미(주 295), 529-530; 황승흠, "사이버 포르노그라피에 관한 법적 통제의 문제점", 정보와 법 연구 창간호, 국민대 정보법연구소(1999), 153.

Chat: IRC)와 같은 실시간 통신의 경우는 배포라고 하기 어렵다. 대화라는 것은 특정한 상대방을 대상으로 하므로 인터넷대화 중에 음란한 표현을 하였다고 하여 이를 배포라고 할 수 없기 때문이다.[304] 나아가, ① 소비자들의 요청이 있을 때 사이트의 운영자가 언제든지 전자우편으로 음란한 파일을 전송해 주는 경우,[305] ② 인터넷 이용자가 메시지를 올리면 이를 자동으로 다른 이용자에게 배포하는 메일링 리스트나 뉴스그룹에 불법음란정보를 업로드하는 경우,[306] ③ 불특정 다수인이 참가하는 인터넷 대화나 컴퓨터통신의 대화실에 음란한 파일을 업로드하는 경우[307] 등도 배포에 해당한다는 견해가 유력하다.

(2) 판매·임대

정보통신망법 음란조항이 정하는 '판매'와 '임대'는 형법상 음화반포등죄의 판매, 임대와 원칙적으로 그 개념을 같이한다고 볼 수 있다.   211

인터넷의 특성을 고려하면, ① '판매'란 인터넷상에서 파일 등이 구매자에게 전달되어 구매자가 그 파일을 자기 컴퓨터 등에서 자유롭게 실행시켜 볼 수 있는 경우이고, ② '임대'란 사용료를 지불하고 접속허가를 받은 사람이 해당 사이트에 접속하여 일정한 시간 동안 임대자가 올려놓은 자료를 실행시켜 보는 경우로서, 대부분의 유료 성인 음란사이트들이 활용하는 방식으로 음란사이트에 실시간으로 동영상을 제공하는 VOD 서비스가 이에 해당한다는 견해가 유력하다.[308] 다만 음란정보가 여전히 판매자에게 존재하고 판매가 상대방에게 이용권한을 주는 것에 불과하다는 점 등에 비추어, 인터넷상에서 엄밀하게 '판매'나 '임대'를 구분하는 것은 어려운 문제이며, 그 구별에 대한 논의의 실익도 희박하다는 취지의 견해도 있다.[309]   212

---

304 정현미(주 295), 530.
305 전지연, "사이버공간에서의 신종범죄에 대한 형법적 대응", 한림법학포럼 9(2000), 57.
306 전지연(주 305), 56.
307 박희영(주 290), 273; 심재무(주 290), 139; 정현미(주 295), 531.
308 정현미(주 295), 531.
309 최호진(주 296), 167.

5. 공공연하게 전시

(1) 의미 및 범위

213   정보통신망법 음란조항은 불법음란정보를 '공공연하게 전시'하는 행위를 그 행위의 태양 중 하나로 명시하고 있으며, 실무에서 주로 적용되는 행위 구성요건이라고 할 수 있다. '공공연하게 전시'한다는 것은, 불특정·다수인이 실제로 불법음란정보를 인식할 수 있는 상태에 두는 것을 의미한다.[310]

214   이와 같은 해석론을 앞서 살펴본 '배포'의 해석론과 비교하면, 단순히 불법음란정보를 업로드하기만 한 행위는 그로 인해 누구든지 불법음란정보를 열람할 수 있는 상태에 두었다는 요건이 충족되는 한, '공공연하게 전시'하는 행위로 볼 수 있을 것이다. 다만 실무에서는, 웹사이트에 음란한 내용의 파일을 업로드하는 행위를 배포가 아닌 공공연한 전시로 보는 경향이 강하며, 배포와 전시를 명백히 구별하지 않는 듯하다.[311]

215   한편 '공공연하게'라는 요건과 관련하여, 인터넷이나 SNS는 그 매체의 특성상 불특정인이나 다수인이 불법음란정보를 인식할 수 있도록 하는 것이 대단히 용이하기 때문에 위와 같은 공연성 요건이 불합리하게 확대될 위험성이 있다는 점을 지적하면서,[312] 정보통신망법 음란조항에서 '공공연하게'라는 공연성의 요건은 일상에서의 공연성(公然性), 즉 판례가 채택하는 전통적인 '전파성' 이론과 같은 공연성보다는 엄격하게 해석되어야 한다는 취지의 견해가 있다.[313]

(2) 판례

216   '공공연하게 전시'라는 정보통신망법 음란조항의 구성요건에 대해서는, 근래에 어느 정도의 판례가 형성·축적되고 있다.

217   ① 우선 대판 2008. 2. 1, 2007도8286은, PC방 운영자가 자신의 PC방 컴퓨터의 바탕화면 중앙에 음란한 영상을 전문적으로 제공하는 웹사이트로 연결되는 '바로가기 아이콘'을 설치하고 접속에 필요한 성인인증까지 미리 받아둠으로

---

310 대판 2003. 7. 8, 2001도1335; 대판 2008. 2. 1, 2007도8286; 대판 2009. 5. 14, 2008도10914.
311 주석형법 [각칙(3)](5판), 69(박범석).
312 류부곤, "SNS상에서의 정보유통과 '공연성' 개념", 형사정책 26-1, 한국형사정책학회(2014. 4), 288-289.
313 류부곤(주 312), 296-297.

써, PC방을 이용하는 불특정·다수인이 아무런 제한 없이 위 웹사이트의 음란한 영상을 접할 수 있는 상태를 조성한 경우, 이는 음란한 영상을 '공연히 전시'한 경우에 해당한다고 판단하였다.[314]

　　그리고 ② 대판 2009. 5. 14, 2008도10914[315]는, 인터넷 사이트에 집단 성행위 목적의 카페를 개설, 운영한 사람이 남녀 회원을 모집한 후 특별모임을 빙자하여 집단으로 성행위를 하고 그 촬영물이나 사진 등을 카페에 게시한 사안에서, 카페가 회원제로 운영되는 등 제한적이고 회원들 상호 간에 음란물을 게시·공유해 온 사정이 있다고 하더라도, 카페의 회원 수 등이 다수인이라면 위와 같은 게시행위는 음란물을 공연히 전시한 것에 해당한다고 판단하였다.

218

　　나아가 ③ 대판 2019. 7. 25, 2019도5283은, 피고인이 자신이 운영하는 웹사이트(토렌트 사이트)에 음란물 영상의 토렌트 파일을 게시하여 불특정 다수인에게 다운로드받도록 한 행위가 음란한 영상을 '배포'하거나 '공공연하게 전시'하는 행위라고 판단하였다.

219

(3) 음란 사이트 링크(link) 행위에 관한 판례와 학설

　　'공공연하게 전시'하는 행위와 관련하여, 직접 불법음란정보를 업로드하는 것이 아니라 그와 같은 불법음란정보가 담긴 음란 사이트를 링크(link)하는 행위도 정보통신망 음란조항으로 처벌되는지 문제된다.

220

　　대판 2003. 7. 8, 2001도1335[316]는 구 전기통신기본법 제48조의2 적용 여부가 문제된 사안에서, "형식적으로 보면, 인터넷상의 링크는 링크된 웹사이트

221

---

314 이 판결에 대한 평석으로는 최호진(주 296), 157-177 등의 문헌 참조.

315 본 판결 평석은 김재윤, "음란물유포에 해당하는 '공연한 전시'의 의미", 특별형법 판례100선, 한국형사판례연구회·대법원 형사법연구회, 박영사(2022), 335-338.

316 이 판결에 대한 평석으로는 다음과 같은 문헌 등이 있다. ① 김종호, "인터넷 링크에 의한 음란부호 등의 공연전시", 정보법학 7-2, 한국정보법학회(2003), 233-250, ② 박희영, "인터넷의 유포범죄와 링크 제공자의 형사책임", 비교형사법연구 5-2, 한국비교형사법학회(2003), 63-110, ③ 서보학, "유해정보사이트에 링크해 놓은 경우의 형사책임", 법률신문 제3205호(2003), 13, ④ 심희기, "온라인상의 범죄행위에 대한 오프라인상의 범죄이론 연장의 가부: 링크(link)를 포함한 일련의 연결수단부여행위와 공연전시", 고시연구 30-12, 고시연구사(2003), 185-194, ⑤ 오영근, "인터넷상 음란정보 '전시'의 개념", 법률신문 제3213호(2003), 13; 오영근, "사이버공간에서의 전통적 범죄와 형사법", 인터넷과 법률 Ⅲ, 법문사(2010), 123-126, ⑥ 위인규, "구 정보통신기본법 제48조의2 소정의 '공연전시'의 개념", 재판실무연구 3, 수원지방법원(2006), 383-395, ⑦ 정현미 (주 295), 510-540, ⑧ 황병하, "인터넷상의 '링크'(link)와 '전시(展示)'의 관계", 민형사실무연구 (2004), 서울북부지방법원(2004), 137-161.

나 파일의 인터넷 주소 또는 경로를 나타내는 것에 불과하여 그 링크에 의하여
연결된 웹사이트나 파일의 음란한 부호 등을 전시하는 행위 자체에 해당하지
않는다고 볼 여지가 없지 않다."고 전제하면서도, "인터넷상의 링크란 하나의 웹
페이지 내의 여러 문서와 파일들을 상호 연결하거나 인터넷상에 존재하는 수많
은 웹페이지들을 상호 연결해 주면서, 인터넷 이용자가 '마우스 클릭(mouse click)'
이라는 간단한 방법만으로 다른 문서나 웹페이지에 손쉽게 접근 검색할 수 있
게 해주는 것"이라는 등의 특성에 비추어 보면, "초고속화하고 있는 인터넷의
사용 환경에서 링크는 다른 문서나 웹페이지들을 단순히 연결하여 주는 기능을
넘어서 실질적으로 링크된 웹페이지의 내용을 이용자에게 직접 전달하는 것과
마찬가지의 기능을 수행하고 있다."라고 하였다. 따라서 "링크를 포함한 일련의
행위 및 범의가 다른 웹사이트 등을 단순히 소개·연결할 뿐이거나 또는 다른
웹사이트 운영자의 실행행위를 방조하는 정도를 넘어, 이미 음란한 부호 등이
불특정·다수인에 의하여 인식될 수 있는 상태에 놓여 있는 다른 웹사이트를 링
크의 수법으로 사실상 지배·이용함으로써 그 실질에 있어서 음란한 부호 등을
직접 전시하는 것과 다를 바 없다고 평가되고, 이에 따라 불특정·다수인이 이
러한 링크를 이용하여 별다른 제한 없이 음란한 부호 등에 바로 접할 수 있는
상태가 실제로 조성되었다면, 그러한 행위는 전체로 보아 음란한 부호 등을 공
연히 전시한다는 구성요건을 충족한다."고 판단하였다.[317]

222   이에 대하여는 학설상 견해가 다양하게 전개되고 있다. ① 초기화면 웹페
이지에 링크한 경우와 음란부호 등을 담고 있는 하위 웹페이지 또는 특정 음란
파일에 직접 링크한 경우를 나누어, 후자의 경우에만 가벌성이 인정된다는 견해
(이른바 '이분설', 위 대법원 판결의 원심판결[318]이 이에 가깝다),[319] ② 링크서비스를 제
공하는 사람은 연결행위를 통해 사실상 유해정보가 소재하는 곳의 주소만 알려
주는 것이지 직접 그 유해정보를 제공하는 것은 아니므로, 링크행위의 정범성을

---

317 일본 판례도 피고인 甲이 乙과 공모하여 乙이 운영하는 사이트에 아동포르노 화면영상이 게재된
   사이트의 주소를 알리는 정보(URL의 일부를 복원할 수 있도록 고쳐서 바꾼 것)를 게시한 사안
   에서, 그 정보로부터 특별히 복잡하고 곤란한 조작을 거치지 않고 영상을 열람할 수 있으므로
   공연진열에 해당한다고 한 원심판결을 수긍하였다[最決 平成 24(2012). 7. 9. 判タ 1383·154].
318 수원지판 2001. 2. 14, 99노4573.
319 정현미(주 295), 534-539.

인정하기 곤란하고 문제의 웹사이트에 대한 인터넷이용자의 접속이 용이하도록 도와준 것에 불과하여, 타인의 불법음란정보 전시행위를 방조한 것으로 보아야 한다는 견해('방조설'),320 ③ 링크행위에 대해 음란 화상의 공연전시를 인정하기는 어렵다는 견해('범죄불성립설')321 등이 있다.

6. 인터넷서비스 제공자(ISP)의 형사책임

위와 같은 음란 사이트 링크 행위 등과 관련하여, 불법음란정보 유통에 대한 인터넷서비스 제공자(Internet Service Provider. 이하, 'ISP'라 한다.)의 형사책임에 관한 학설상 논의들이 있다. 인터넷 사이트 제공자인 서비스 제공자의 의사와 관계없이 제공 사이트에 불법음란정보가 유통될 경우, ISP에게 부작위 등의 형사책임을 물을 수 있는지의 문제라 할 수 있다.   **223**

이에 대하여는 주로 2000년대에, ① ISP에게 부작위에 의한 정범이 성립할 수는 없지만, 부작위에 의한 방조범은 성립할 여지가 있다는 견해,322 ② ISP가 직접적으로 인터넷상에 음란물을 올린 경우는 당연히 형사책임을 귀속시킬 수 있지만, ISP가 단순히 인터넷상 정보의 접속매개자로서만 기능한 경우 제3자가 올린 음란물에 대한 형사적인 책임귀속이 배제되고, 다만 ISP 자신이 정보통신망에 대한 감독의 권한·역할이 인정되어 수정·편집·삭제 등을 할 수 있는 경우, 제3자가 올린 음란물에 대한 불법적인 내용을 인식할 수 있었고 기술적으로 불법정보의 유통을 방지할 수 있었음에도 이를 방지하지 않은 경우에만 제한적으로 방조의 형사책임을 귀속시킬 수 있다는 견해323 등이 제시되어 왔다.   **224**

독일의 경우 1997년에 제정된 것으로 인터넷에 대한 규제 등을 내용으로 하는 연방정보통신서비스법(Gesetz zur Regelung der Rahmenbedingungen für Informations und Kommunikationsdienste)에, ISP가 불법적이거나 해로운 정보가 유통되고 있다   **225**

---

320 권창국(주 191), 256; 서보학(주 316), 13; 박희영(주 316), 87-88. (주 317)의 일본 판결의 반대의견도 방조가 되는 것은 별론으로 하고, 공연진열의 정범행위에는 해당하지 않는다고 한다.
321 강동욱(주 228), 78.
322 이정원, "인터넷 음란물에 대한 ISP의 형사책임에 관한 연구", 중앙법학 6-2(2004. 8), 118-119. 다만 이와 같이 광범위한 방조 개념이 ISP에게 적용된다면, 인터넷 사업 자체의 존립을 부정하는 결과에 이를 수 있어 ISP의 형사책임 완화에 대한 명확한 규정이 요구된다고 한다.
323 김학태, "인터넷상의 음란물에 대한 형사책임에 관한 연구 - 특히 음란물에 대한 인터넷 서비스 제공자의 형사책임을 중심으로 -", 외법논집 23(2006. 8), 258-259.

는 것을 알고 있으며, 그것을 차단할 수 있는 방법이 기술적으로 가능하고 또 그러한 차단조치가 합리적으로 기대될 수 있다면, 제3자가 올린 인터넷 정보 내용에 대하여 ISP는 책임이 있다는 등의 규정이 있다.[324] 우리나라의 전기통신사업법에서도 '특수유형부가통신사업자' 등에게 불법음란정보에 대한 일정한 기술적 조치를 할 의무를 부과하고 있다는 점(아래 **XI. 9.** 부분 참조) 등에 비추어, 위와 같은 ISP의 형사책임에 대해서는 좀더 그 선례나 학술적 논의가 축적되어야 할 것으로 보인다.[325]

226   이와 관련하여 대판 2010. 7. 29, 2007도7973은, '짱○○' 사이트 회원들이 그 사이트에 동영상 등을 업로드하면 사이버머니인 '패킷'을 취득하고, 그 사이트에 게시된 동영상 등을 다운로드하면 위 '패킷'으로 그 수수료를 결제하도록 시스템이 구축된 사이트를 개설·운영한 피고인이 위 사이트 회원들의 음란 동영상에 관한 게시행위 등을 용이하게 하여 이를 방조했다는 취지의 공소사실에 관하여, 부작위에 의한 방조책임을 인정한 원심의 판단을 수긍하였다. 판례 해설 문헌에 의하면, 이 판결은 웹하드 서비스 사이트 운영자에게 그 사이트에서 빈번하게 일어나는 음란물 배포행위가 발생하지 않도록 조치를 취할 의무가 있음을 선언한 것이라고 한다.[326] 다만 정보통신망법 음란조항과 관련된 새로운 법리를 정면으로 판시한 간행 판결은 아니라는 점에서, 향후 판례의 입장을 좀더 지켜볼 필요성이 있을 것이다.

7. 미수, 죄수 및 처벌

(1) 미수

227   정보통신망법 음란조항(§ 74①(ii))은 이에 대한 미수범 처벌규정을 두지 않았다. 따라서 미수로 볼 수 있는 행위가 있더라도, 그것만으로는 형사처벌의 대상이 되지 않는다.

---

324 김학태(주 323), 249.
325 청소년성보호법은 "자신이 관리하는 정보통신망에서 아동·청소년성착취물을 발견하기 위하여 대통령령으로 정하는 조치를 취하지 아니하거나 발견된 아동·청소년성착취물을 즉시 삭제하고, 전송을 방지 또는 중단하는 기술적인 조치를 취하지 아니한 온라인서비스제공자는 3년 이하의 징역 또는 2,000만 원 이하의 벌금에 처한다"라는 명시적 규정을 두고 있다(아청 § 17① 본문). 헌재 2018. 6. 28, 2016헌가15는 위 조항이 합헌이라는 취지로 판단하였다.
326 신현범, "인터넷 웹하드(webhard) 서비스 제공자의 방조책임", 해설 86, 법원도서관(2011), 574.

(2) 죄수

행위자가 개설한 사이트 회원들이 음란한 동영상을 그 사이트에 업로드하 　228
여 게시하도록 하고 다른 회원들로 하여금 위 동영상을 다운받을 수 있도록 하
는 방법으로 정보통신망을 통하여 음란한 영상을 배포, 전시하는 것을 용이하게
하여 이를 방조한 사안에서, 이는 단일하고 계속된 범의 아래 일정 기간 계속하
여 행하고 그 피해 법익도 동일한 경우에 해당하므로 포괄일죄의 관계에 있다
고 본 판례가 있다.[327]

반면 피고인이 제1의 범죄행위(당해 공소사실)로 인해 음란 동영상이 저장된 　229
서버 컴퓨터 2대를 압수당한 후 다시 영업을 재개한 제2의 범죄행위로 인해 약
식명령을 받아 확정된 사안에서, 피고인이 위 범행에 가장 필요한 서버 컴퓨터
를 압수당한 이후 새로운 장비와 프로그램을 갖추어 다시 범행을 저지른 이상
범의의 갱신이 있었다고 봄이 타당하며, 이 부분 공소사실은 확정된 약식명령의
범죄사실과 실체적 경합관계에 있다고 보아, 그 약식명령의 효력은 당해 사건
정보통신망법위반의 점에 대하여 미치지 않는다고 본 판례도 있다.[328]

여러 개의 정보통신망법 음란조항 위반행위가 있는 경우, 그 사이에 범의의 　230
단일성·계속성, 범행방법의 동일성이 인정되는지 여부라는 일반적 법리에 따라
포괄일죄(아니면 실체적 경합범) 여부를 판단하여야 한다는 취지의 판례들이라고
할 수 있다.

(3) 처벌

정보통신망법 음란조항에 위반되는 행위를 한 사람은 1년 이하의 징역 또 　231
는 1,000만 원 이하의 벌금에 처한다. 형법상 음화반포등죄(1년 이하의 징역 또는
500만 원 이하의 벌금)와 비교하여 그 벌금형이 더 무겁게 규정되어 있다.[329]

정보통신망법에는 몰수·추징 규정이 별도로 마련되어 있지 않으므로, 정보 　232
통신망법 음란조항 위반죄에 따른 몰수·추징은 형법상 일반 조항에 의하여야
할 것이다. 다만 정보통신망법 음란조항 위반죄는 범죄수익은닉규제법이 정하

---

327 대판 2010. 11. 25, 2010도1588.
328 대판 2005. 9. 30, 2005도4051.
329 현실세계에서의 음란물과 인터넷상 음란정보 중에서 후자가 전자보다 더 음란성이 강하거나 전
　　파성이 강하다고 할 수 없음에도 불구하고, 벌금형을 가중한 것은 입법상 부당하다는 견해로는
　　오영근(주 316), 122-123.

〔김 승 주〕　　　　　　　　　　　　　　**531**

는 '특정범죄'에 해당하므로, 형법상 몰수 요건에 해당하지 않더라도 그 범행으로 인한 재산 등은 범죄수익은닉규제법에 따른 몰수·추징의 대상이 될 수 있다 (위 X. 2. 참조). 이와 관련하여 대판 2018. 5. 30, 2018도3619는 피고인이 음란물 유포 인터넷사이트를 운영하면서 정보통신망법 음란조항 위반죄와 형법상 도박개장방조죄(도박공간개설방조죄)에 의하여 비트코인(Bitcoin)을 취득한 사안에서, "범죄수익은닉규제법에 정한 중대범죄에 해당하는 범죄행위에 의하여 취득한 것으로 재산적 가치가 인정되는 무형재산도 몰수할 수 있다."라는 법리를 판시함으로써, 위와 같은 비트코인을 몰수할 수 있다고 본 원심의 판단을 수긍하였다.330

8. 국외범의 문제

(1) 내국인의 국외범

233   제3조331는 내국인의 국외범에 대해서도 형법 규정을 적용하도록 규정한다. 따라서 우리나라 사람이 국내 또는 국외에서 불법음란정보를 외국의 서비스제공자 서버에 업로드함으로써 그 사이트에 접속한 국내 인터넷이용자에게 음란정보를 제공한 경우, 비록 서버를 둔 외국에서 음란정보 제공행위가 처벌되지 않더라도, 우리나라에서는 정보통신망법 음란조항에 의해 처벌받게 된다.332

(2) 외국인의 국외범

234   반면 외국인이 국외에서 불법음란정보를 외국의 서비스제공자 서버에 업로드한 경우에도 그 처벌이 가능한지 여부가, 보호주의를 규정한 제5조, 제6조와 관련하여 문제될 수 있다.

235   외국인의 국외범을 규정하는 제5조는 그 대상범죄를 내란, 외환, 국기, 통

330 이 판결에 대한 ① 해설로는 김정훈, "비트코인을 범죄수익으로 취득한 경우 몰수, 추징이 가능한지 여부", 해설 116, 법원도서관(2018), 530-559, ② 평석으로는 김현서·송문호, "가상화폐의 몰수", 동북아법연구 12-2(2018), 전북대학교 동북아법연구소, 397-416; 백대열·송희권, "형법상 재물과 재산상 이익 간 구분 기준으로서의 관리가능성에 대한 전면적 재검토: 동등관리가능성으로서의 전환 가능성", 법학평론 9, 서울대학교 법학평론 편집위원회(2019), 499-541; 선종수, "가상화폐의 몰수, 추징에 관한 형사법적 검토", IT와 법연구 18, 경북대학교 IT와 법연구소(2019), 225-251; 이대희, "비트코인의 몰수에 대한 판결", 지식재산정책 Vol. 37, 한국지식재산연구원(2018), 74-89; 이정훈, "블록체인과 가상화폐의 형사법적 문제와 전망", 형사재판의 제문제(9권), 사법발전재단(2019), 428-460.
331 제3조(내국인의 국외범) 본법은 대한민국 영역 외에서 죄를 범한 내국인에게 적용한다.
332 주석형법 [각칙(3)](5판), 70-71(박범석).

화, 유가증권·우표와 인지, 일부 문서·인장에 관한 죄 에 한정하고 있다. 대한
민국과 대한민국 국민에 대한 국외범을 규정하는 제6조[333]에 의하더라도 그 처
벌 여부가 불분명한 것은 마찬가지이다. 불특정 다수의 대한민국 국민을 보호법
익의 주체로 설정하는 범죄에는 제6조가 적용되지 않는다는 해석[334]에 의하면,
이러한 행위는 처벌 대상에서 벗어나게 된다. 이에 대해서는, ① 정보통신망법
음란조항 위반죄는 추상적 위험범이고 인터넷은 세계 어느 곳에서도 접속이 가
능하기 때문에 제2조[335]가 정하는 속지주의의 확장을 통하여 우리나라의 형법
적용이 가능하다는 견해,[336] ② 추상적 위험범의 경우 결과발생지를 확정할 수
없으므로 속지주의 규정에 따라 우리 형법을 적용하기는 어렵지만, 제6조의 '대
한민국에 대하여'를 대한민국의 국가적·사회적 법익에 관한 죄로 해석하면 그
적용이 가능하다는 견해,[337] ③ 실행행위지를 넓은 의미로 이해하여 행위의 효
력이 미치는 장소까지도 행위지로 이해할 수 있는 것이되, 사이버공간에서는 그
범위가 무한정 확대될 우려가 있어 행위자가 의도적으로 그리고 자신의 지배하
에 영향력을 행사한 범위 이내에서만 실행행위지를 인정해야 한다는 견해,[338]
④ 제6조 단서에 의하여 행위지에서 범죄를 구성하는 경우에 한하여서만 이를
처벌할 수 있다는 견해[339] 등이 제기되고 있다.

---

333 제6조(대한민국과 대한민국국민에 대한 국외범) 본법은 대한민국영역 외에서 대한민국 또는 대
　　한민국 국민에 대하여 전조에 기재한 이외의 죄를 범한 외국인에게 적용한다. 단 행위지의 법률
　　에 의하여 범죄를 구성하지 아니하거나 소추 또는 형의 집행을 면제할 경우에는 예외로 한다.
334 주석형법 〔총칙(1)〕(2판), 119(신동운). 중국 국적의 피고인이 중국에서 대한민국 국적 주식회사
　　의 인장을 위조한 공소사실은, 외국인의 국외범으로서 피고인에 대해 재판권이 없다는 것으로
　　대판 2002. 11. 26, 2002도4929 참조.
335 제2조(국내범) 본법은 대한민국 영역 내에서 죄를 범한 내국인과 외국인에게 적용한다.
336 김성천, "인터넷과 형사법상의 과제", 법제연구 18, 한국법제연구원(2000), 69; 김성천, "인터넷
　　상의 범죄와 형법의 적용", 인터넷법률 9, 법무부 법무심의관실(2001), 33-36.
337 박희영, "인터넷에서 추상적 위험범의 장소적 적용범위", 비교형사법연구 6-2, 한국비교형사법학
　　회(2004), 10-26.
338 원형식, "사이버공간에 있어서 우리나라 형법의 적용범위", 인터넷 법률 10, 법무부 법무심의관
　　실(2002), 44-50. 이 견해에 의하면, 우리나라 이용자들이 음란 영상을 다운로드를 받았어도 행
　　위자의 지배하에 이루어진 것이 아닌 이상 우리나라의 형벌권이 미치지 못한다.
339 강동욱(주 228), 77.

9. 불법음란정보에 대한 행정법적 통제

236   위와 같은 내용의 '불법음란정보' 유통 방지를 위하여, 지금까지 살펴본 정
보통신망법 음란조항을 통한 형사처벌 이외에도 전기통신사업법, 방송통신위원
회의 설치 및 운영에 관한 법률 등에서는 통신사업자에 대한 의무 부과 및 일정
한 행정적 관여·제재 등을 명시하고 있다.

(1) 전기통신사업법

237   전기통신사업법 제22조의3 제1항 제2호는 이른바 '특수유형부가통신사업
자'340에게 불법음란정보의 유통 방지를 위해 일정한 기술적 조치를 할 의무를
부과하고, 같은 조 제4항은 과학기술정보통신부장관 또는 방송통신위원회가 소
속 공무원으로 하여금 위와 같은 기술적 조치의 운영·관리 실태를 점검하게 하
거나, 특수유형부가통신사업자에게 기록 등 필요한 자료의 제출을 명할 수 있도
록 규정하고 있다. 위와 같은 기술적 조치를 하지 않아 방송통신위원회가 요청
한 경우, 과학기술정보통신부장관은 부가통신사업자에게 사업의 전부 또는 일
부의 폐지(취소)를 명하거나, 사업의 전부 또는 일부 정지를 명할 수 있다(§ 27①
(iii의2)). 위와 같은 기술적 조치를 하지 않거나 기술적 조치의 운영·관리 실태를
기록·관리하지 않은 자에게는 2,000만 원 이하의 과태료를 부과한다(§ 104③(i)).
헌법재판소는 위와 같은 취지가 담긴 구 전기통신사업법 조항들에 대하여 합헌
이라는 취지로 판단하였다.341

(2) 방송통신위원회의 설치 및 운영에 관한 법률

238   방송통신위원회의 설치 및 운영에 관한 법률 제21조는 '정보통신망법 제44
조의7에 규정된 사항의 심의'(제3호) 및 '전기통신회선을 통하여 일반에게 공개되
어 유통되는 정보 중 건전한 통신윤리의 함양을 위하여 필요한 사항으로서 대
통령령이 정하는 정보의 심의 및 시정요구'(제4호)를 방송통신심의위원회의 직무
중 하나로 정한다. 이에 따른 같은 법 시행령 제8조에서는, 위 심의위원회에게
'정보통신망법 제44조의7에 따른 불법정보 및 청소년에게 유해한 정보 등'에 대

---

340 웹하드 사업자나 P2P 사이트 운영자 등이 이에 해당한다[이충훈, "웹하드를 통한 음란물유통방
    지를 위한 법제도의 문제점 및 개선방향", 문화·미디어·엔터테인먼트법 11-2, 중앙대학교 법학
    연구원 문화·미디어·엔터테인먼트연구소(2017. 12), 97-98].
341 헌재 2018. 6. 28, 2015헌마545.

해 해당 정보의 삭제 또는 접속 차단 등의 시정요구 권한을 부여하는 취지로 규정하고 있다. 이와 관련하여 헌법재판소는, '건전한 통신윤리'를 비롯한 위 법률 제21조 제4호 부분이 헌법에 위배되지 않는다는 취지로 판단하였다.[342]

〔김 승 주〕

---

[342] 헌재 2012. 2. 23, 2011헌가13. 이 결정에 대한 ① 해설로는 정계선, "방송위원회의 설치 및 운영에 관한 법률 제21조 제4호 위헌제청", 헌법재판소 결정해설집 2012, 헌법재판소(2013), 1-26, ② 평석으로는 문재완, "인터넷상 권리침해의 구제제도 - 헌법재판소 결정과 향후 과제 -", 외법논집 37-1 (2013. 2), 120-122; 박경신, "인터넷상 '불건전정보' 시정요구제도와 표현의 자유", 법학논총 32-4, 한양대학교 법학연구소(2015), 47-78.

제244조(음화제조 등)

제243조의 행위에 공할 목적으로 음란한 물건을 제조, 소지, 수입 또는 수출한 자
는 1년 이하의 징역 또는 500만원 이하의 벌금에 처한다. 〈개정 1995. 12. 29.〉
[제목개정 1995. 12. 29.]

Ⅰ. 의 의

1   본죄[(음화·음란문서·음란필름·음란물건)(제조·소지·수입·수출)죄]는 음화반포등
죄(§243)의 행위, 즉 반포, 판매, 임대, 공연한 전시 또는 상영의 행위에 공(供)할
목적으로 음란한 물건을 제조, 소지, 수입 또는 수출하는 행위를 처벌 대상으로
한다.

2   본죄는 음화반포등죄 소정 행위의 예비에 해당하는 유형의 행위를 독립한
범죄의 형태로 정한 것이다. 즉, 본죄는 일반예비죄와 같이 목적범의 형식으로
규정되어 있다.[1]

3   본죄는 본장의 죄(성풍속에 관한 죄) 중 음화반포등죄와 함께 음란물범죄로 분
류된다. 본죄는 음화반포등죄와 마찬가지로 건전한 성풍속 내지 성도덕을 보호
법익으로 하는 범죄로서, 추상적 위험범으로 보는 것이 지배적 견해이다.[2]

---

1 김성돈, 형법각론(5판), 687; 김일수·서보학, 새로쓴 형법각론(9판), 510; 박상기, 형법각론(8판),
  584; 배종대, 형법각론(13판), §126/9; 손동권·김재윤, 새로운 형법각론, §42/28; 오영근, 형법각
  론(4판), 613; 이재상·장영민·강동범, 형법각론(12판), §36/22; 이정원·류석준, 형법각론, 653;
  임웅, 형법각론(9정판), 820; 정성근·박광민, 형법각론(전정2판), 748.
2 김성돈, 687; 김일수·서보학, 510; 배종대, §126/9; 오영근, 613; 임웅, 820; 정성근·박광민, 748.

II. 객 체

본죄의 객체는 '음란한 물건'이다. '음란'의 의미는 앞서 음화반포등죄(§ 243)　　4
의 II. - IV.에서 본 바와 같다. 여기에서의 물건도 본죄가 음화반포등죄의 예
비행위를 규정한 것이라는 점에서 문서, 도화, 필름, 기타 물건을 모두 포함하는
것으로 해석되고 있다.[3]

대법원은 일찍이 음란물건제조죄가 문제된 사안에서, 남성 성기확대기구인　　5
해면체비대기는 그 기구 자체가 성욕을 자극, 흥분 또는 만족시키게 하는 음란
물건이라고 할 수 없다고 보았다[음경을 연상케 함도 없고, 그 전체에서 성에 관련된 의
미를 찾을 수 없다는 취지이다. **음화반포등죄**(§ 243) V. 2. (2) 참조].[4]

III. 행 위

1. 제 조

'제조'란 음란한 물건을 만드는 행위를 의미한다. 음란 소설을 쓴다든가, 음란　　6
한 도화를 그리는 행위 등을 그 예로 들 수 있다. 창작이든 복제이든 묻지 않는다.[5]

2. 소 지

소지는 음란한 물건을 자기의 사실상 지배 아래에 두는 것이다. 반포 등의　　7
목적이 있는 이상 반드시 행위자의 신체에 휴대할 것을 요하지 않으며, 행위자
본인의 집에 보관하는 경우도 여기에 포함된다. 소지하게 된 경위는 묻지 않으
므로, 절취한 물건에 대해서도 소지죄가 성립한다.[6]

3. 수입·수출

'수입'은 외국에서 국내로 반입하는 것, '수출'은 국내에서 국외로 반출하는　　8

---

3 주석형법 〔각칙(3)〕(5판), 72(박범석).
4 대판 1978. 11. 14, 78도2327.
5 임웅, 820.
6 주석형법 〔각칙(3)〕(5판), 73(박범석).

것을 말한다. 이와 같이 수입뿐만 아니라 수출행위도 처벌 대상에 포함한 것은, 음란물 유통에 대한 입법자의 국제적 협력의지를 보여주는 것이다.[7]

9   육로를 통한 수입은 국경선을 넘은 때에, 해로를 통한 수입은 양륙(揚陸)한 때에, 항공기를 통한 수입은 기내에서 지상으로 운반된 때에 '수입'죄의 기수가 된다.[8] 한편 육로를 통한 수출은 국경선을 넘은 때에, 해로 및 항공기를 통한 수출은 이륙(離陸)한 때에 '수출'죄의 기수가 된다.[9]

Ⅳ. 고의 및 목적

1. 고 의

10   본죄의 고의는 객체인 음란한 물건에 대한 인식과, 그것을 제조·소지·수입·수출한다는 점에 대한 인식과 의사를 의미한다.[10] 음란성에 대한 인식이 필요한지 여부는, 앞서 **음화반포등죄(§ 243)의 Ⅸ. 1.** 부분에서 본 바와 같다.

2. 목 적

11   본죄는 목적범으로서, 음화 등의 반포·판매·임대·공연한 전시 또는 상영의 목적이 있어야 성립한다. '판매'를 위한 소지의 경우, 본죄는 영리를 위한 음란한 물건 판매 목적의 소지행위만 규율하고 있을 뿐, 판매 목적이 없는 음란한 물건의 단순 소지행위까지 금지하는 것이 아니다.[11]

12   따라서 위와 같은 목적이 있는 이상, 반드시 행위자의 몸에 휴대할 필요가 없고 자택에 두고 있어도 소지죄가 성립한다. 반면 목적 없는 단순한 소지는 본죄의 처벌 대상이 되지 않는다.[12] 음란 도화를 취미로 그리기만 한 행위는 반포·판매·임대 등의 목적이 없어 본죄로 처벌되지 않는다.[13]

---

7 신동운, 형법각론(2판), 519.
8 김일수·서보학, 510.
9 임웅, 820.
10 김일수·서보학, 510.
11 헌재 2013. 8. 29, 2011헌바176〔**음화반포등 죄(§ 243)의 Ⅴ. 4.** 참조〕.
12 김성돈, 687; 배종대, § 126/9; 임웅, 820; 정성근·박광민, 748.
13 주석형법 〔각칙(3)〕(5판), 74(박범석).

일본형법 제175조(외설물반포등) 제2항은 "유상으로 반포할 목적으로 전항의   13
물건을 소지하거나, 동항의 전자적 기록을 보관한 자도 동항과 같다."고 규정하
고 있는데, 여기서의 '목적'이 국내에서 유상반포할 목적에 한정되는지가 문제된
사안에서, 최고재판소는 "위 규정은 일본국에서의 건전한 성풍속을 유지하기 위
하여 일본 국내에서 음란문서, 도화 등이 반포·판매되거나 공연히 진열되는 것
을 금지하는 취지에서 나온 것이므로 (중략) '판매의 목적'이란 일본 국내에서 판
매할 목적을 말하는 것으로 음란도화 등을 일본 국내에서 소지하고 있어도 일
본 국외에서 판매할 목적이 있었을 뿐인 경우에는 위 죄가 성립하지 않는다."고
판시하였다.[14] 나아가 유상반포 목적을 가진 음란물과 소지하고 있는 음란물이
동일한 것이어야 하는지와 관련하여, 최고재판소는 피고인이 음란한 영상(아동포
르노) 데이터를 하드디스크에 저장한 다음 이를 백업 목적으로 광자기 디스크에
저장하여 이를 소지한 사안에서, 피고인은 하드디스크에 보존된 영상의 아동 눈
부위를 흐릿하게 처리하는 등의 가공을 한 다음 이를 판매할 목적이었으므로,
위 광자기 디스크 자체를 판매할 목적은 없었더라도 이는 하드디스크의 대체물
로 제조하여 소지한 것으로서, 위 광자기 디스크의 소지는 '판매의 목적'으로 이
루어진 것이라고 판단하였다.[15]

V. 다른 죄와의 관계

본죄를 범한 후 음화반포등죄를 범한 경우에는, 본죄가 성립하지 않고 음화   14
반포등죄만 성립한다는 견해가 있다.[16] 반면 우리 형법이 목적·수단의 관계에
있는 범죄를 견련범으로 포착하여 과형상 일죄로 파악하는 방식을 채택하고 있
지 않은 이상, 음란물제조죄와 음란물반포죄는 실체적 경합범으로 보는 견해도
있다.[17] 판례의 입장은 반드시 명확하지 않으나, 소설 '내게 거짓말을 해 봐' 사
건에서 대법원은 본죄(음란문서제조)와 음란문서판매죄(§243)를 실체적 경합범으

---

14 最判 昭和 52(1977). 12. 22. 刑集 31·7·1176.
15 最決 平成 18(2006). 5. 16. 刑集 60·5·413.
16 김성돈, 687
17 신동운, 519-520; 주석형법 〔각칙(3)〕(5판), 74(박범석).

로 처단한 원심판결을 수긍한 바 있다.[18]

15   다만 본죄의 특별 규정이라 할 수 있는 아동·청소년의 성보호에 관한 법률 (이하, '청소년성보호법'이라 한다.) 제11조는 본죄와 달리 아동·청소년성착취물(구법 상 아동·청소년이용음란물)의 제작죄(제1항)와 그 소지죄(제5항)를 각각 별도의 구성 요건으로 정하고 있는데, 이와 관련하여 대법원은 "아동·청소년이용음란물을 제작한 자가 그 음란물을 소지하게 되는 경우 청소년성보호법위반(음란물소지) 죄는 청소년성보호법위반(음란물제작·배포등)죄에 흡수된다고 봄이 타당하다. 다만 아동·청소년이용음란물을 제작한 자가 제작에 수반된 소지행위를 벗어나 사회통념상 새로운 소지가 있었다고 평가할 수 있는 별도의 소지행위를 개시하 였다면 이는 청소년성보호법위반(음란물제작·배포등)죄와 별개의 청소년성보호 법위반(음란물소지)죄에 해당한다."고 판시한 바 있다.[19]

VI. 처 벌

16   1년 이하의 징역 또는 500만 원 이하의 벌금에 처한다.

17   본죄의 법정형은 음화반포등죄(§ 243)의 법정형과 동일하게 규정되어 있다. 본죄가 ① 성폭력범죄의 처벌 등에 관한 특례법 제2조 제1항 제1호가 정하는 '성폭력범죄'의 하나로 정해져 있다는 점, ② 이에 따라 재범예방에 필요한 수강 명령 또는 성폭력 치료프로그램의 이수명령이 원칙적으로 부과된다는 점, ③ 본 죄가 청소년성보호법 제2조 제3호의2가 정하는 '성인대상 성범죄'로서 취업제한 명령의 부과 대상이 된다는 점, ④ 본죄가 범죄수익은닉의 규제 및 처벌 등에 관한 법률 제2조 제1호가 정하는 '특정범죄'에 속하므로 본죄의 범행으로 생긴 재산 등은 몰수 또는 추징의 대상이 될 수 있다는 점은 음화반포등죄(§ 243)의 경우와 마찬가지이다[**음화반포등죄(§ 243)의 X. 2. 참조**].

〔김 승 주〕

---

18 대판 2000. 10. 27, 98도679[**음화반포등죄(§ 243)의 V. 1. (8)**].
19 대판 2021. 7. 8, 2021도2993.

제245조(공연음란)

공연히 음란한 행위를 한 자는 1년 이하의 징역, 500만원 이하의 벌금, 구류 또는 과료에 처한다. 〈개정 1995. 12. 29.〉

Ⅰ. 의의 및 보호법익

1. 의 의

본죄(공연음란죄)는 공연히 음란한 행위를 함으로써 성립하는 범죄이다. 음 1
란물죄(§243, §244)가 음란한 물건에 대해 일정한 행위태양을 처벌하는 범죄임에
비하여, 본죄는 사람의 음란한 행위 자체를 처벌하는 거동범의 일종으로 이해된
다.[1] 최근 들어 음란물죄나 음행매개 관련 범죄의 경우, 정보통신망 이용촉진
및 정보보호에 관한 법률, 성매매알선 등 행위의 처벌에 관한 법률 등 형사특별
법이 적용되는 비율이 압도적으로 높다. 하지만 사람의 행위 자체를 구성요건으
로 하는 형법 소정의 본죄는 여전히 실무상으로도 많이 문제되는 범죄 유형에
속한다. 다만 유흥접객업 등의 영리 업소에서 본죄와 같은 태양의 행위가 이루
어지는 경우, 특별법인 풍속영업의 규제에 관한 법률(이하, '풍속영업규제법'이라 한

---

[1] 김성돈, 형법각론(5판), 688; 김일수·서보학, 새로쓴 형법각론(9판), 511; 배종대, 형법각론(13판),
§126/11; 이정원·류석준, 형법각론, 653; 이재상·장영민·강동범, 형법각론(12판), §36/24; 임웅,
형법각론(9정판), 820; 정성근·박광민, 형법각론(전정2판), 749.

2   독일형법은 제183조에서 성기노출을 하여 타인에게 혐오감을 주는 성기노
출죄(Exhibitionistische Handlungen), 그리고 제183a조에서 공연히 성행위를 하고
이로 인하여 고의로 또는 그 정을 알면서 공분을 야기시키는 성적 혐오감 조성
죄(Erregung öffentlichen Ärgernisses)를 규정함으로써, 성기노출행위와 성행위의 경
우만 처벌하고 있다.[2]

3   일본형법은 제174조에서 공연히 외설적 행위를 한 자를 처벌한다는 취지로
규정함으로써 우리 형법과 대동소이하다. 다만 일본의 개정형법초안에서는 본
죄와 별도로 '영리의 목적으로 음란한 행위를 관람하도록 한 자'를 가중처벌하
는 별도 규정의 신설이 검토되었는데(초안 § 246), 이는 행위자 자신의 성적인 욕
망을 자극·흥분·만족하려는 유형과 달리 행위자 이외 제3자의 성적인 욕망을
자극·흥분·만족시키도록 하는 유형으로서 그 형사학적 유형이 구분된다(후자는
음화반포등죄와 그 죄질이 공통되는 면이 있음)는 점에 착안한 것이었다고 설명된다.[3]

2. 보호법익

4   본죄의 보호법익은 음란물범죄(§ 243, § 244)와 마찬가지로, 건전한 성풍속 내
지 성도덕의 보호이고, 추상적 위험범이라는 것이 지배적 견해이다.[4] 다만 주된
보호법익은 건전한 성도덕이고, 부차적 보호법익은 공공의 성적 혐오감 내지 불
쾌감이라고 보는 견해도 있다.[5]

---

2 오영근, "형법개정과 성풍속에 관한 죄", 법학논총 25-2, 한양대학교 법학연구소(2008. 12.), 64.
3 大塚 外, 大コン(3版)(9), 7-8(梶木 壽=河村 博).
4 김신규, 형법각론 강의, 764; 김일수·서보학, 511; 박상기, 형법각론(8판), 585; 박찬걸, 형법각
  론(2판), 804; 배종대, § 126/11; 오영근, 형법각론(4판), 614; 이재상·장영민·강동범, § 36/24;
  이정원·류석준, 형법각론, 653; 이형국·김혜경, 형법각론(2판), 726; 정성근·박광민, 749; 정성
  근·정준섭, 형법강의 각론(2판), 510; 정웅석·최창호, 형법각론 273; 최호진, 형법각론, 841; 한
  상훈·안성조, 형법개론(3판), 672; 홍영기, 형법(총론과 각론), § 107/4.
5 임웅, 820-821.

〔김 승 주〕

II. 공연성

1. '공연히'의 의미 및 범위

본죄는 '공연히' 음란한 행위를 한 때에 성립한다. '공개적으로'라는 의미로   5
이해하면 된다.[6] 즉 본죄에서 '공연히'라 함은, 불특정 또는 다수인이 인식할 수
있는 상태를 말한다.[7] 따라서 그 개념은 음화반포등 죄에서 '공연히' 전시(§243)
하는 행위와 별다른 차이가 없다[**음화반포등죄(§243)의 VIII. 4. 참조**].

형법은 이와 동일한 구성요건을 제33장 명예에 관한 죄(§307 명예훼손, §308   6
사자의 명예훼손, §311 모욕)에서도 규정하고 있다. 그와 같은 죄의 공연성도 '불특
정 또는 다수인이 인식할 수 있는 상태'로 보는 것이 통설과 판례이다.[8] 다만 명
예훼손죄 등에서 판례가 견지하는 이른바 전파성이론, 즉 사실을 적시한 상대방
이 한 사람이더라도 그 말을 들은 사람이 불특정 또는 다수인에게 그 말을 전파
할 가능성이 있을 때에는 공연성이 인정된다는 이론은 보호법익의 차이 등을
감안할 때 본죄에 그대로 적용하기는 어려울 것으로 본다.

따라서 특정된 소수인을 상대로 한 경우, 내부적으로 경합된 여러 명 사이   7
에서 음란행위를 한 경우에는 공연성이 없다.[9] 문이 닫힌 방 안에서 5-6명의 남
녀가 그룹섹스를 한 경우,[10] 스와핑(swapping) 참여자처럼 공동의 목적을 가진
사람들 사이에 합의에 의한 성행위를 한 경우 등이 그 예로 거론된다.[11]

반면 불특정 또는 다수인이 인식할 수 있는 가능성이 있으면 충분하고, 현실   8
적으로 불특정 또는 다수인이 음란행위를 인식해야 할 필요는 없다는 것이 지배
적 견해이며, 판례[12]의 태도이다.[13] 성행위가 타인이 들여다 볼 수 있는 창문 옆

---

6 배종대, §126/12.
7 最決 昭和 32(1957). 5. 22. 刑集 11·5·1526.
8 주석형법 〔각칙(4)〕(5판), 453(심담).
9 오영근, 614; 이재상·장영민·강동범, §36/25; 정성근·박광민, 749.
10 일반적으로 다수인의 성행위의 경우는 성적 자유를 행사한 것인지 여부가 공연성을 판단하는 기
     준이 된다[西田 外, 注釈刑法(2), 604(和田俊憲)].
11 백형구, 형법각론(개정판), 567.
12 창원지판 2019. 5. 16, 2018노2934.
13 이에 대하여 '공연히'는 불특정 또는 다수인이 직접 인식할 수 있는 상태로서, 다수인이면 충분
     하고 특정·불특정은 가리지 않는다는 견해도 있다[김일수·서보학, 511; 윤해성, "형법 체계상의
     공연성", 형사정책연구 20-1, 한국형사정책연구원(2009. 봄), 434].

에서 이루어지더라도, 공연히 하는 음란행위로 인정된다는 독일 판례도 있다.[14]

9   그러므로 일정한 계획 아래 반복할 의도로 불특정인을 끌어들여 이들을 관객으로 하여 반복할 가능성이 있는 때에는, 공연성을 인정할 수 있다.[15] 음란행위가 불특정 또는 다수인을 대상으로 할 경우, 유·무료 여부는 문제되지 않는다.[16] 장소가 실내라고 하더라도 공중의 눈에 개방되어 있으면 공연성이 있다.[17] 다수인이 현존·왕래하는 장소라면 극소수가 보거나 현실적으로 통행인이 없더라도 공연성을 인정할 수 있다. 그러나 장소의 공연성만으로는 충분하지 않으므로, 길거리에서 음란행위를 했더라도 남몰래 숨어서 또는 사람의 왕래가 드문 한적한 오솔길에서 행한 경우는 공연성이 없다.[18]

2. 공연성에 관한 주요 판례

10   대법원은, 피고인의 음란행위가 지하철역과 버스정류장에 인접한 도로상에 주차된 승용차 안에서 이루어져, 그곳을 지나가는 행인과 버스를 기다리는 사람들이 유리창을 통하여 승용차 안을 쉽게 들여다 볼 수 있었고, 실제로도 버스정류장에 서 있던 행인이 이를 보게 되어 112신고까지 하기에 이르렀다면, 그와 같은 피고인의 행위에 공연성이 있다고 본 원심의 판단을 수긍하였다.[19]

11   이와 관련하여, 행위자가 자신의 차 안에서 특정 여성을 상대로 음란행위를 한 경우가 실무상 빈번하게 문제된다. 대체로 당시 차량이 있는 장소의 특성에 따라 공연성 여부가 결정된다고 볼 수 있다.[20] 즉, 사람이 통행하는 일반도로에 자동차를 정차시켜 놓고 음란행위를 한 경우 공연성이 인정된다고 본 사례가 있다.[21] 반면에, 고속도로 요금정산소를 지나면서 정산소에 근무하는 특정 요금

---

14 BGHSt 11, 282.

15 신동운, 형법각론(2판), 521.

16 박상기, 585.

17 김성돈, 688; 김일수·서보학, 511; 배종대, §126/12; 오영근, 614; 임웅, 821; 정성근·박광민, 749.

18 김일수·서보학, 511-512; 이재상·장영민·강동범, §36/25; 정성근·박광민, 749-750.

19 대판 2009. 8. 20, 2009도5193.

20 주석형법 [각칙(3)](5판), 77(박범석).

21 춘천지판 2015. 8. 26, 2014노817(확정). 정차한 도로는 아파트 근처 횡단보도 앞 인도와 근접한 곳으로 평소 다수인이 왕래하는 장소이고, 각 범행 시각이 야간인 점을 감안하더라도 언제든지 불특정 다수인이 지나다닐 수 있는 곳인 점 등을 종합하여 공연성을 인정하였다. 이와 유사한 사례로서, 불특정 다수의 행인이 왕래하는 도로변에 가로등이 켜 있었고, 피고인의 승용차

징수원을 상대로 음란행위를 하였다는 사안에서 공연성을 부정한 사례가 있다.[22]

　그 밖에도, 군인들의 생활공간인 생활관에서 성기를 팬티 밖으로 노출한 사
안에서 그곳에 다수의 병(兵)들이 있었고 위 각 생활관은 다수의 병들이 공동으
로 생활하는 곳이라는 사정 등을 종합하여 공연성을 인정한 사례,[23] 특정한 1인
만이 이를 목격하였더라도 피고인이 불특정 다수의 사람들이 사용할 수 있는
남녀공용 화장실에서 자신의 성기를 노출하여 타인이 인식하게 할 수 있게 한
이상 공연성이 인정된다고 본 사례[24] 등이 있다. 반면 음란행위의 장소가 아파
트 엘리베이터라고 하더라도, 사람이 탑승할 가능성이 거의 없는 사정이 있었다
면 공연성을 부정해야 한다고 판단한 사례[25] 등이 있다.

12

바로 앞에서 마트가 영업을 하고 있었으며, 피고인은 승용차의 조수석 창문을 열어놓은 상태였
던 점 등을 종합하면, 피고인이 이 사건 당시 승용차 안에 있었더라도 공연성이 인정된다는 한
판결이 있다[서울동부지판 2017. 7. 13, 2017노281(상고기각 결정으로 확정)].

22　부산지판 2015. 4. 24, 2015노361(확정). ① 고속도로 요금 정산소의 경우 일반 도로와 달리 보
행자들이 통행할 수 있는 곳이라고 할 수 없고 차량이 한 대씩 지나가면서 차량 운전자와 해당
부스의 요금 징수원과의 접촉만 가능한 점, ② 고속도로 요금 정산소의 구조, 차량의 구조 및
공간성에 비추어 보면 피고인이 요금소 부스에 이르러 요금징수원으로 하여금 자신의 성기를 볼
수 있도록 지퍼를 열고 성기를 꺼낸 행위를 하였을 당시 다른 부스의 요금징수원들이나 피고인
의 뒤에서 대기하고 있는 차량 운전자들이 피고인의 행위를 볼 수 있는 가능성은 극히 희박한
점 등을 종합하여 공연성을 부정하였다.

23　서울고판 2017. 12. 21, 2017노2880(확정). 이와 관련하여 범행 당시 군대 생활관에 피해자 1인
만 있었던 경우에도, 불특정 또는 다수인이 현실적으로 보는 앞에서 음란한 행위가 있어야 성립
하는 것은 아니라는 전제에서, 그곳은 약 30명 이상의 병사들이 생활하는 곳이고 범행 시간 또
한 오후 4시경으로 주간인데다가 출입이 자유로운 시간이라는 사정 등을 종합하여 공연성을 인
정한 항소심 판결이 있다. 피고인이 자신에게 보고하지 않고 사이버 지식정보방을 다녀왔다는
이유로, 피해자에게 '좆 잡고 반성해라'고 이야기하면서 자신의 하의와 팬티를 발목까지 내려 자
신의 성기를 노출시킨 뒤 양손으로 그 성기를 잡았다는 사안에 관한 것이다[인천지판 2017. 1.
25, 2016노4728(상고기각 판결로 확정)].

24　광주지판 2017. 9. 20, 2017노1222(상고기각 판결로 확정).

25　광주지판 2008. 11. 27, 2008고합400, 449, 463(병합)(항소·상고기각으로 확정). 피고인이 한 여
성이 엘리베이터에 타는 것을 보고 뒤따라가서 탄 후 엘리베이터 문이 닫히자 자위행위를 한 사
안에 대한 것으로, 문이 닫힌 후 위로 올라가고 있는 중인 아파트 엘리베이터 내부인 점, 당시
시간이 새벽 2시 반 경이었던 점, 피해자가 엘리베이터 단추를 누르려 하자 피고인이 피해자의
손을 치면서 누르지 못하게 한 점 등을 종합하면, 피고인과 여성 1인 외의 사람이 엘리베이터
내부에 들어오거나 그 상황을 인식하기 어려운 상태였다는 취지로 판단하였다.

Ⅲ. 음란한 행위

1. 음란성에 관한 일반론

13 　　본죄의 '음란한 행위'라 함은 일반 보통인의 성욕을 자극하여 성적 흥분을 유발하고 정상적인 성적 수치심을 해하여 성적 도의관념에 반하는 행위를 가리키는 것이고, 그 행위가 반드시 성행위를 묘사하거나 성적인 의도를 표출할 것을 요하는 것은 아니다.26 즉 통설27이나 판례28는 본죄의 구성요건인 '음란한 행위'나 '음란'의 개념요소 및 판단기준에 대해, 음란물범죄의 경우와 대체로 동일한 것으로 해석하고 있다.29 이에 대해서는 형법상 음란 관련 범죄가 ① 문서, 도화 그 밖의 일정한 물적 매체를 통해 음란성이 인식 가능한 형태와 ② 행위자의 신체적 행위를 통해 직접적으로 지각 가능한 형태로 나누어지는데, 양자는 그 입법 목적과 금지되는 성적 표현의 수위나 정도가 다른 이형(異形)의 범죄 구성요건요소라고 하면서, 본죄의 음란 개념과 음란물죄에서의 음란 개념을 등치시키는 것은 문제라는 취지의 반론이 있다.30

14 　　학설 중에는 위와 같은 통설을 견지하면서도, 입법론적으로는 선량한 성풍속에 관한 사회의 지배적 윤리의식을 해치는 공개적 성행위에 국한해야 한다는 견해가 있다.31 나아가 본죄의 음란한 행위가 동성·이성 간의 성행위 또는 자위행위로 제한되어야 하는지 여부에 관해, 그와 같이 ① 성교행위나 자위행위에 국한된다는 취지의 견해32와, ② 그러한 행위에 국한되지 않는다는 취지의 견해33가 대립되고 있다.

---

26 대판 2020. 1. 16, 2019도14056.

27 김성돈, 688; 김일수·서보학, 512; 손동권·김재윤, 새로운 형법각론, § 42/29; 신동운, 520; 오영근, 614; 이재상·장영민·강동범, § 36/26; 이정원·류석준, 653-654; 임웅, 821; 정성근·박광민, 750.

28 대판 2006. 1. 13, 2005도1264; 대판 2020. 1. 16, 2019도14056 등.

29 일본 판례도 ① 행위자 또는 그 밖의 사람의 성욕을 자극·흥분·만족시키는 동작으로서, ② 일반인의 정상적인 성적 수치심을 해하고, ③ 선량한 성적 도의관념에 반하는 행위라고 판시하고 있다[東京高判 昭和 27(1952). 12. 18. 高刑集 5·12·2314].

30 박혜진, "형법상 음란행위의 '음란성'과 그 판단기준에 대한 비판적 고찰", 비교형사법연구 11-1, 한국비교형사법학회(2009), 465-466.

31 김일수·서보학, 512. 이 견해는 앞서 살펴본 독일형법의 태도와 그 궤를 같이하는 것으로 보인다.

32 김일수·서보학, 512; 박상기, 585; 배종대, § 126/13; 이재상·장영민·강동범, § 36/26.

33 김성돈, 688; 손동권·김재윤, § 42/29; 이정원·류석준, 654; 임웅, 821; 정성근·박광민, 750.

〔김 승 주〕

2. 음란한 '행위'의 판단기준

위와 같은 일반론에도 불구하고 구체적으로 어떠한 행위가 본죄의 음란한 　15
'행위'에 해당하는가 여부를 결정하는 것은 반드시 쉽지는 않다.

본죄는 사람의 행위 자체가 음란한 때에 성립되는 범죄이다. 성교 시의 음 　16
란한 감정을 표현한 발성을 테이프에 녹음한 뒤 이를 재생하여 불특정 또는 다
수인에게 듣게 하는 행위는, 본죄가 아니라 음화반포죄(§243)에 해당한다.[34] 최
근 피고인이 자신의 휴대전화에 저장된 자위행위 동영상을 피해자에게 보여준
행위에 대해 본죄로 기소된 사례가 있었다. 제1심은 "피고인이 자신의 성기를
보인 것이 아니고 단순히 자신의 음란한 동영상을 보여준 것만으로는 피고인이
'음란한 행위'를 하였다고 보기 어렵다."는 취지로 본죄 부분을 무죄로 판단하였
다.[35] 다만 항소심에서 피고인이 자신의 휴대전화에 저장된 자위행위 동영상을
공연히 상영하였다는 취지로 공소장이 변경됨에 따라, 그 행위는 음란물건 상영
을 처벌하는 죄(§243)에 해당한다고 보아 유죄로 인정되었다.[36]

한편, 음란한 '행위'는 일반적으로 사람이 의식적으로 행하는 신체의 동작과 　17
정지 활동을 말하는 것으로 이해된다.[37] 음담패설 등의 언어적 행위가 본죄에서
말하는 음란한 행위가 될 수 있는지 여부에 대해서는, 언어와 성행위는 구별해
야 하므로 음란한 말은 본죄의 음란행위에 해당하지 않는다는 견해(다수설)와,[38]
동작에 의한 경우 이외에 음란한 언어를 사용하는 경우도 본죄가 정하는 '음란
한 행위'에 해당한다는 견해(소수설)[39]가 대립되고 있다.

3. '음란한 행위'에 해당하는 유형

위와 같은 일반론을 바탕으로, 아래 제3항 내지 제5항에서는 구체적·개별 　18
적인 경우 본죄의 '음란한 행위'에 해당하는지 여부에 대해 살펴본다.

---

34 신동운, 521.
35 서울중앙지판 2015. 1. 30, 2014고단6961.
36 서울중앙지판 2015. 7. 10, 2015노783(확정).
37 주석형법 〔각칙(3)〕(5판), 78(박범석).
38 배종대, §126/13; 손동권·김재윤, §42/29; 이재상·장영민·강동범, §36/26; 이정원·류석준, 654;
　임웅, 821; 정성근·박광민, 750.
39 신동운, 521.

19   우선 불특정 또는 다수인 앞에서 직접 성행위를 하는 것은 본죄의 음란한 행
위라는 데 별다른 이론이 없다. 이때의 성행위는 남녀 사이의 성교행위뿐 아니라,
동성 사이의 성적 결합 행위, 자위행위 등을 포함한다.[40] 간음행위뿐 아니라 부부
사이의 성행위라도, 공연성이 있으면 본죄로 처벌된다는 견해가 지배적이다.[41]

4. '음란한 행위'에 해당하지 않는 유형

20   반면 그와 같이 가벌적인 성행위에 해당하는지 여부는, 외적 상황을 기준으
로 판단해야 한다. 그러므로 단순히 나체를 보인다든가, 목욕을 하거나 소변을
보는 것은 음란한 행위가 된다고 볼 수 없다.[42] 여성의 유방 노출 행위, 성기 등
신체의 주요 부분만 가린 정도로 노출이 심한 옷을 입고 다니는 행위, 서로 키
스하는 행위, 스트리킹(streaking), 그림의 나체 모델이 되는 행위 등도 특별한 사
정이 없는 한 마찬가지로 볼 수 있다.[43] 다만 음란행위 정도에 이르지 않고 신
체의 과다노출 정도에 불과할 경우, 본죄가 성립하지 않고 경범죄 처벌법 제3조
제1항 제33호(과다노출)가 정하는 경범죄가 성립할 수 있다(본죄와 경범죄 처벌법의
관계 등에 대해서는 후술). 성적 표현이 많이 자유화된 현 시대의 사회통념에 비추
어, 이와 같은 행위들에 관해서는 본죄의 '음란한 행위'라는 구성요건해당성이
부정되는 경우가 많을 것이다.

5. '음란한 행위' 여부에 논란의 여지가 있는 유형

(1) 성기 등 신체를 노출하는 행위('바바리맨' 등)

21   앞서 살펴본 대로, 본죄의 음란한 행위는 성교행위나 자위행위에 국한되는
것이고 성기 등 신체 노출행위는 여기에 해당하지 않는다는 취지의 견해가 유
력하다. 다만, 이러한 견해들도 경범죄 처벌법 제3조 제1항 제33호(과다노출)[44]에

---

40 주석형법 〔각칙(3)〕(5판), 78(박범석).
41 김성돈, 688; 김일수·서보학, 512; 정성근·박광민, 750.
42 이재상·장영민·강동범, § 36/26.
43 김성돈, 688; 박상기, 585; 배종대, § 126/13; 손동권·김재윤, § 42/29; 임웅, 821; 정성근·박광
   민, 750; 주석형법 〔각칙(3)〕(5판), 79(박범석).
44 경범죄 처벌법 제3조(경범죄의 종류) ① 다음 각 호의 어느 하나에 해당하는 사람은 10만원 이
   하의 벌금, 구류 또는 과료(科料)의 형으로 처벌한다.
   33. (과다노출) 공개된 장소에서 공공연하게 성기·엉덩이 등 신체의 주요한 부위를 노출하여

해당할 여지를 부정하지는 않는 것으로 보인다.

그러나 대법원 판례의 입장은 본죄가 반드시 성행위 또는 자위행위에 국한 22
되는 것은 아니라는 입장에 가깝다고 보인다. 대판 2000. 12. 22, 2000도4372[45]
는 앞서 본 음란의 개념 등에 비추어, 고속도로에서 승용차를 손괴하거나 타인
에게 상해를 가하는 등의 행패를 부리던 사람이 이를 제지하려는 경찰관에 대
항하여 공중 앞에서 알몸이 되어 성기를 노출한 경우, 음란한 행위에 해당하고
그 인식도 있었다는 취지로 판단하였다. 이와 같은 행위는 일반적으로, 보통인
의 정상적인 성적 수치심을 해하여 성적 도의관념에 반하는 음란한 행위라는
등의 논거에 기초한 것이다.

다만 대판 2004. 3. 12. 2003도6514는, 일반 보통인의 성욕을 자극하여 성 23
적 흥분을 유발하고 정상적인 성적 수치심을 해하는 것이 아니라 단순히 다른
사람에게 부끄러운 느낌이나 불쾌감을 주는 정도에 불과하다고 인정되는 경우,
그와 같은 행위는 경범죄 처벌법에 해당할지언정 본죄의 음란행위에 해당하지
않는다는 취지의 법리를 판시하였다. 이에 따라 이 판결은, 남자가 말다툼을 한
후 항의의 표시로 젊은 여자 앞에서 바지와 팬티를 내린 다음 엉덩이를 노출시
키면서 성기도 노출한 경우, 단순히 다른 사람에게 부끄러운 느낌이나 불쾌감을
주는 정도에 불과하다고 하여 본죄의 성립을 부정하였다(아래 VI. 2. 참조).

결국 대법원은 성행위(자위행위)인지 아닌지 여부를 기준으로 삼는다기보다 24
는, 당해 행위가 형법상 '음란'에 해당하는지 여부를 중심으로 본죄의 성립 여부
를 판단한다고 볼 수 있다.

한편 헌법재판소는 '여러 사람의 눈에 뜨이는 곳에서 알몸을 지나치게 내놓 25
거나 가려야 할 곳을 내놓아 다른 사람에게 부끄러운 느낌이나 불쾌감을 준 사
람'을 처벌하는 구 경범죄 처벌법(2017. 10. 24. 법률 제14908호로 개정되기 전의 것)
제3조 제1항 제33호 규정이 죄형법정주의의 명확성 원칙에 위배된다는 위헌 결
정을 하였다. 그 결정의 이유에서 헌법재판소는 "의도적으로 자신의 성기를 사

다른 사람에게 부끄러운 느낌이나 불쾌감을 준 사람
45 이 판결에 대한 평석으로는 김학태, "형법에서의 음란물에 대한 비판적 고찰", 비교형사법연구 4-1,
   한국비교형사법학회(2002. 7), 495-517; 오시영, "공연음란죄의 공연성에 대한 고찰", JURIST
   391, 청림인터렉티브(2003. 4), 94-99; 조국, "공연음란죄의 내포와 외연", 형사판례연구 [10], 한
   국형사판례연구회, 박영사(2002), 272-284.

람들에게 노출하여 불쾌감을 유발하는 이른바 '바바리맨'[46]의 행위를 규제할 필
요성이 있다면 심판대상조항처럼 추상적이고 막연하게 규정할 것이 아니라 노
출이 금지되는 신체부위를 '성기'로 명확하게 특정하면 될 것"이라는 취지로 판
시하였다.[47] 이와 관련하여, 성기나 알몸 노출 행위에 대해 헌법재판소가 일반
적으로 음란성을 인정하기 어렵다는 입장을 취한 것으로 보는 견해가 있다.[48]
다만 하급심 실무례에서는 최근에도, '바바리맨'의 행위를 본죄로 규율하는 사례
가 상당수 있는 것으로 보인다.[49] 성기나 알몸 노출 행위가 있었다는 사정만으
로 본죄가 성립하기 어렵다는 취지인 위 견해는 충분히 경청할 만하다. 다만
'바바리맨' 유형의 경우, 알몸이나 성기 노출 행위가 주로 미성년자·여성 앞에
서 이루어진다는 점을 주목할 필요가 있다. 형법과 성도덕을 분리하자는 자유주
의적 관점을 취하는 학자들도 최근 '사회유해성'의 관점에서 아동·청소년의 보
호에 필요한 형사처벌을 제한적으로 긍정하거나 '성적 자기결정권'을 침해하는
성 표현물 등에 대해서는 여전히 형사법적 규율이 필요하다는 입장에 대체로
공감대가 모아진다는 점[**음화반포등죄(§ 243)의 VI. 2. 및 VI. 4. 참조**] 등에 비추어
보면, 본죄가 건전한 성풍속 내지 성도덕의 보호라는 사회적 법익에 관한 죄라
는 점을 고려하더라도, 이와 같은 유형의 범죄를 경범죄 처벌법에 그치지 않고
형법이 정하는 본죄로 규율하는 하급심 판례의 태도는 일응 존중받을 가치가
있다고 본다.

(2) 나체 공연(이른바 스트립 쇼) 등

26   유흥업소 등지에서 벌어지는 '스트립 쇼'(strip show) 내지 나체 공연 등이 본
죄의 음란행위에 해당하는가 여부에 대해서는 견해가 일치하지 않는다. ① 스
트립쇼는 그 자체만으로는 음란행위가 될 수 없지만 성행위의 자세를 묘사하는

---

46 외투 등으로 몸을 감싸고 있다가 도로변에 사람들이 지나갈 때 갑자기 외투 등을 벗고 성기를
   노출하는 행위를 말한다.
47 헌재 2016. 11. 24, 2016헌가3. 당시 경범죄 처벌법 제3조 제1항 제33호는 "33. (과다노출) 여러
   사람의 눈에 뜨이는 곳에서 공공연하게 알몸을 지나치게 내놓거나 가려야 할 곳을 내놓아 다른
   사람에게 부끄러운 느낌이나 불쾌감을 준 사람"으로 규정되어 있었는데, 위 결정 이후 현행 규
   정과 같이 개정되었다.
48 주석형법 〔각칙(3)〕(5판), 80(박범석).
49 대전지판 2019. 11. 29, 2019고단1888(확정); 전주지판 2017. 10. 19, 2017노708(상고기각 결정
   으로 확정); 청주지법충주지판 2017. 9. 19, 2017고단656(확정); 대구지판 2010. 5. 20, 2009고
   단5288(항소기각 판결로 확정) 등 참조.

경우 음란행위라고 보는 견해,[50] ② 1인의 나체 쇼도 심히 음탕한 동작을 함으로써 음란행위에 해당할 수 있다는 견해,[51] ③ 밝은 무대에서 아무 것도 몸에 걸치지 않은 부녀가 성행위를 묘사하는 자세를 보여주는 것은 음란행위가 될 수 있다는 견해[52] 등 다수설은 제한적으로 본죄의 성립을 긍정하는 취지이다. 반면, ④ 스트립쇼는 이미 형법상 음란의 개념에서 제외되었다는 취지의 견해[53] 도 주장된다.

　　나체 공연 내지 스트립 쇼의 음란성을 정면으로 판시한 판례는 찾기 어렵　　27
다. 다만 대법원은 성기 등 노출 행위의 일시와 장소, 노출 부위, 노출 방법·정도, 노출 동기·경위 등의 사정들을 종합하여 음란성 여부를 판단한다는 일반론을 제시하고 있다. 따라서 성행위를 연상케 하는 몸동작으로 성행위를 노골적이고 상세하게 묘사하는 연기를 하는 나체 공연 내지 스트립 쇼의 경우에는, 본죄의 음란성이 인정될 수 있다.[54]

　　① 대판 1996. 6. 11, 96도980[55]은 이른바 '미란다'라는 연극의 음란성이 문　　28
제된 사안에 대해 유죄로 판단하였다. 피고인은 옷을 모두 벗은 채 팬티만 걸친 상태로 침대 위에 누워 있고, 여주인공은 뒤로 돌아선 자세로 입고 있던 가운을 벗고 관객들에게 온몸이 노출되는 완전 나체 상태로 침대 위의 피고인에게 다가가서 끌어안고 서로 격렬하게 뒹구는 등 그녀가 피고인을 유혹하여 성교를 갈구하는 장면(연극 제5장), 피고인이 여주인공을 폭행하여 실신시킨 다음 침대 위에 쓰러져 있는 그녀에게 다가가서 입고 있던 옷을 모두 벗기고 관객들에게 정면으로 그녀의 전신 및 음부까지 노출된 완전 나체의 상태로 만든 다음, 그녀의 양손을 끈으로 묶어 창틀에 매달아 놓고 자신은 그 나신을 유심히 내려다보면서 자위행위를 하는 장면을 7-8분 연기하는 장면(연극 제6장 마지막) 등이 평균 250명의 남녀 관객이 지켜보는 가운데 관람석으로부터 4-5m 거리 내에 설치된

---

50 김성돈, 688; 김일수·서보학, 512.

51 임웅, 821.

52 정성근·박광민, 750.

53 배종대, §126/13.

54 주석형법〔각칙(3)〕(5판), 81(박범석). 일본 판례도 같은 취지이다〔最決 昭和 32(1957). 5. 22. 刑集 11·5·1526〕.

55 이 판결에 대한 평석으로는 조국, "공연음란죄 재검토(연극미란다 사건)", 판례월보 365, 판례월보사(2001), 32-39.

무대 위에서 위 배우들의 신체 각 부분을 충분히 관찰할 수 있을 정도의 조명 상태하에서 행하여졌다는 사안이다. 대법원은 "연극공연행위의 음란성의 판단에 있어서는 당해 공연행위의 성에 관한 노골적이고 상세한 묘사·서술의 정도와 그 수법, 묘사·서술이 행위 전체에서 차지하는 비중, 공연행위에 표현된 사상 등과 묘사·서술과의 관련성, 연극작품의 구성이나 전개 또는 예술성·사상성 등에 의한 성적 자극의 완화의 정도, 이들의 관점으로부터 당해 공연행위를 전체로서 보았을 때 주로 관람객들의 호색적 흥미를 돋구는 것으로 인정되느냐의 여부 등의 여러 점을 검토하는 것이 필요하고, 이들의 사정을 종합하여 그 시대의 건전한 사회통념에 비추어 그것이 공연히 성욕을 흥분 또는 자극시키고 또한 보통인의 정상적인 성적 수치심을 해하고, 선량한 성적 도의관념에 반하는 것이라고 할 수 있는가의 여부에 따라 결정"한다는 법리를 전제하였다. 이에 따라 대법원은, 위 나체상태의 연기들이 일반 보통인의 성욕을 자극하여 성적 흥분을 유발하고 정상적인 성적 수치심을 해하여 선량한 사회풍속 또는 도의관념에 반하는 행위에 해당하는 음란한 행위라고 판단한 원심판결을 수긍하였다.

29   나아가 ② 대판 2006. 1. 13, 2005도1264는 위와 같은 법리를 전제하면서, 요구르트 제품의 홍보를 위하여 전라의 여성 누드모델들이 일반 관람객과 기자 등 수십 명이 있는 자리에서, 알몸에 밀가루를 바르고 무대에 나와 분무기로 요구르트를 몸에 뿌려 밀가루를 벗겨내는 방법으로 알몸을 완전히 드러낸 채 음부 및 유방 등이 노출된 상태에서 무대를 돌며 관람객들을 향하여 요구르트를 던진 행위가 본죄에 해당한다고 판단하였다.

30   한편, ③ 무희가 스탠드바에서 유방을 완전 노출하고 선으로 된 팬티만 입은 채 춤을 추고 성행위를 묘사하는 행동을 한 사안에 대해, 대판 1990. 5. 8, 89도2508은 이를 본죄의 음란한 행위에 해당한다고 한 원심 판단을 수긍하였다.[56]

31   이와 같은 대법원 판례의 법리는, 풍속영업규제법이 정하는 '음란행위'의 해석에서도 거의 그대로 이어지고 있다.

---

56 이 판결에 대해, 단순히 저속하다거나 문란한 느낌을 주는 정도를 넘어 사람의 존엄성과 가치를 심각하게 훼손·왜곡하였다고 평가할 수 있을 정도로 노골적으로 사람의 특정 성적 부위 등을 적나라하게 표현·묘사하는 경우에 음란성을 인정하는 최근 판례의 경향에 비추어, 현재의 음란성 판단기준으로 본다면 음란성을 여전히 인정할 수 있을지 의문이라는 견해로는 주석형법 〔각칙(3)〕(5판), 81-82(박범석).

① 대판 2020. 4. 29, 2017도16995는 풍속영업규제법 제3조 제2호가 정하 32
는 '음란행위'란 성욕을 자극하거나 흥분 또는 만족시키는 행위로서 일반인의
정상적인 성적 수치심을 해치고 선량한 성적 도의관념에 반하는 것을 의미한다
면서, 풍속영업을 하는 자의 행위가 '음란행위의 알선'에 해당하는지 여부는 "당
해 풍속영업의 종류, 허가받은 영업의 형태, 이용자의 연령 제한이나 장소의 공
개 여부, 신체노출 등의 경우 그 시간과 장소, 노출 부위와 방법 및 정도, 그 동
기와 경위 등을 종합적으로 고려하여, 사회 평균인의 입장에서 성욕을 자극하여
성적 흥분을 유발하고 정상적인 성적 수치심을 해하였다고 평가될 수 있는 행
위, 즉 '음란행위'를 앞서의 법리에서 제시한 바와 같이 '알선'하였다고 볼 수 있
는지를 기준으로 판단하여야 한다."는 법리를 판시하였다.

② 대판 2009. 2. 26, 2006도3119[57]는 위와 유사한 법리하에, 유흥주점 여 33
종업원들이 웃옷을 벗고 브래지어만 착용하거나 치마를 허벅지가 드러나도록
걷어 올리고 가슴이 보일 정도로 어깨끈을 밑으로 내린 채 손님을 접대한 사안
에서, 위 종업원들의 행위와 노출 정도가 형사법상 규제 대상으로 삼을 만큼 사
회적으로 유해한 영향을 끼칠 위험성이 있다고 평가할 수 있을 정도로 노골적
인 방법에 의하여 성적 부위를 노출하거나 성적 행위를 표현한 것이라고 단정
하기에 부족하다고 보아, 이를 유죄로 인정했던 원심판결을 파기환송하였다.[58]

반면에, ③ 대판 2011. 9. 8, 2010도10171은 나이트클럽 무용수인 피고인이 34
무대에서 공연하면서 겉옷을 모두 벗고 성행위와 유사한 동작을 연출하거나 속
옷에 부착되어 있던 모조 성기를 여러 차례 노출한 사안에서, 제반 사정에 비추
어 위 공연은 풍속영업규제법이 정하는 음란행위에 해당한다고 판단하고, 이를
무죄로 판단했던 원심판결을 파기환송하였다.

위와 같은 판례의 태도에 대해, 성표현물이나 성관련 공연행위가 단지 성기 35
나 알몸을 노출하였다고 해서 음란성을 긍정하는 것은 예술의 자유나 표현의

---

57 이 판결에 대한 평석으로는 박혜진(주 30), 461-484.
58 이와 관련하여, 야간에 무도 유흥음식점에서 한국연예협회에 등록된 무용수가 몸가리개로 타조
    털로 된 목도리를 걸치고 젖가슴과 치부를 가린 비키니 수영복 차림으로 악단의 음악에 맞추어
    율동적으로 몸을 흔들며 춤을 춘 것은 구 공연법 제22조 제9호(현재는 폐지된 법령이다) 소정의
    풍속을 문란시킬 우려가 있는 행동에 해당하지 않는다고 본 대법원 판례로는 대판 1985. 2. 26,
    84도2970 참조.

자유를 제약할 우려가 높다는 취지로 비판하는 견해가 있다.[59]

Ⅳ. 고 의

36   공연히 음란한 행위를 한다는 점에 대한 고의가 있어야 본죄가 성립한다. 따라서 음란성에 대한 인식이 없다면 본죄로 처벌할 수 없다. 하급심에서는, 피고인이 식당 내 의자에 앉아 손님들이 볼 수 있는 상태에서 소변을 보았는데 이는 피고인이 화장실인 것으로 착각한 데서 비롯된 경우,[60] 버스정류소 앞길에서 만성 전립선염을 앓던 피고인이 갑작스런 요의를 참지 못해 부득이 바지 밖으로 성기를 내놓고 소변을 본 경우,[61] 본죄의 음란성에 대한 인식을 부정한 사례들이 보인다. 나아가 공연성을 인식하지 못했다면, 음란한 행위를 하는 것을 인식하더라도 본죄를 구성하지 않는다.[62]

37   한편 대법원은, 본죄가 주관적으로 성욕의 흥분 또는 만족 등의 성적 목적이 있어야 성립하는 것은 아니고, 그 행위의 음란성에 대한 의미의 인식이 있으면 충분하다는 입장을 취한다.[63] 대법원은 앞서 본 연극 '미란다' 사건에서, "연극공연행위의 음란성의 유무는 그 공연행위 자체로서 객관적으로 판단해야 할 것이고, 그 행위자의 주관적인 의사에 따라 좌우되는 것은 아니다."라는 입장을 취하기도 하였다.[64] 이에 대해서는, 고의 개념의 기본적 요건을 충족시키지 못한다는 취지로 비판하는 견해,[65] 행위의 음란성을 인식하고서 그렇게 하자는 의사가 있어야 본죄가 성립한다는 전제 아래, 위와 같은 대법원의 입장이 '인식'만으로 충분하다는 취지라면 부당하다는 취지의 견해[66] 등이 전개되고 있다.

38   그와 같은 음란성의 인식 내지 고의 외에, 객관적으로 음란성이 인정되는 행위가 가지는 표지(타인을 성적으로 자극·흥분 또는 만족시키거나 선량한 성적 도의관념

---

59 박강우, "공연음란죄에 관한 비판적 고찰", 안암법학 25-상(2007. 11), 384.
60 서울서부지판 2014. 9. 18, 2014노423(확정).
61 인천지판 2014. 5. 2, 2013노3362(확정).
62 신동운, 521; 이재상·장영민·강동범, § 36/28.
63 대판 2000. 12. 22, 2000도4372.
64 대판 1996. 6. 11, 96도980.
65 김성돈, 689.
66 손동권·김재윤, § 42/31.

을 해하는 정도의 속성)를 실현하려는 내적 경향, 즉 초과주관적 구성요건요소가 필요하다는 견해도 주장된다.[67] 다만 다수설[68]과 판례는 그와 같은 경향은 요하지 않으며, 음란성의 인식이 있으면 충분하다는 입장으로 보인다.

V. 기수시기

본죄는 거동범이므로, 음란한 행위를 한 때 바로 기수에 이른다고 해석된   39
다. 본죄의 미수행위에 대한 처벌규정은 없다.

VI. 죄수 및 다른 죄와의 관계

1. 죄 수

본죄의 죄수는 음란행위를 기준으로 판단한다. 따라서 시간과 장소를 달리   40
하여 여러 번의 음란행위를 한 경우, 본죄의 실체적 경합범이 된다.[69] 그러나
1회의 출연 중에 행한 여러 번의 음란행위는 물론, 연속범의 요건을 충족하는
여러 차례의 음란행위는 포괄일죄가 될 수 있다.[70]

2. 경범죄 처벌법과의 관계

경범죄 처벌법 제3조 제1항 제33호는 '(과다노출)'이라는 표제 아래 "공개된   41
장소에서 공공연하게 성기·엉덩이 등 신체의 주요한 부위를 노출하여 다른 사
람에게 부끄러운 느낌이나 불쾌감을 준 사람"을 벌금, 구류 또는 과료에 처한다
고 규정한다. 이는 '여러 사람의 눈에 뜨이는 곳에서 알몸을 지나치게 내놓거나
가려야 할 곳을 내놓아 다른 사람에게 부끄러운 느낌이나 불쾌감을 준 사람'이

---

67 김성돈, 689; 김일수·서보학, 512; 이형국·김혜경, 726; 한상훈·안성조, 675.
68 손동권·김재윤, §42/31; 오영근, 615; 정성근·박광민, 751.
69 김일수·서보학, 513. 일본 판례는 관객들 앞에서 음란한 스트립쇼를 한 경우, 관객을 달리하는
   각 횟수만큼 실체적 경합범이 된다고 본다[最判 昭和 25(1950). 12. 19. 刑集 4·2·2577; 最判
   昭和 56(1981). 7. 17. 刑集 35·52·563].
70 김성돈, 690; 김일수·서보학, 513; 손동권·김재윤, §42/33; 오영근, 615; 이재상·장영민·강동
   범, §36/27; 임웅, 822; 정성근·박광민, 751.

〔김 승 주〕   **555**

라는 종전의 구성요건이, 죄형법정주의의 명확성 원칙에 위배되어 위헌이라는 헌법재판소의 결정에 따라 개정된 것이다(위 **III. 5.** (1) 부분 참조).[71]

42   이에 따라 성기 등 신체 주요 부위를 노출하는 행위가 본죄에 해당하는지, 경범죄 처벌법이 정하는 위 규정(과다노출죄)의 규율 대상인지, 아니면 아예 불벌(不罰)의 대상인지 논란이 있을 수 있다. ① 대판 2020. 1. 16, 2019도14056은, 위 경범죄 처벌법 규정에 비추어 "성기·엉덩이 등 신체의 주요한 부위를 노출한 행위가 있었을 경우 그 일시와 장소, 노출 부위, 노출 방법·정도, 노출 동기·경위 등 구체적 사정에 비추어 그것이 단순히 다른 사람에게 부끄러운 느낌이나 불쾌감을 주는 정도에 불과하다면 경범죄 처벌법 제3조 제1항 제33호에 해당할 뿐이지만, 그와 같은 정도가 아니라 일반 보통인의 성욕을 자극하여 성적 흥분을 유발하고 정상적인 성적 수치심을 해하는 것이라면 본죄에 해당한다."는 법리를 판시하였다. ② 대판 2004. 3. 12, 2003도6514 역시 이와 유사한 법리를 판시하면서, 말다툼을 한 후 항의의 표시로 엉덩이를 노출시킨 행위는 본죄의 음란한 행위에 해당하지 않으며, 단지 경범죄 처벌법에 해당할 여지가 있다는 취지로 판단하였다.

43   반면에, ③ 대판 2000. 12. 22, 2000도4372는 고속도로에서 승용차를 손괴하거나 타인에게 상해를 가하는 등의 행패를 부리던 자가 이를 제지하려는 경찰관에 대항하여 공중 앞에서 알몸이 되어 성기를 노출한 경우, 본죄의 '음란한 행위'에 해당한다고 판단하였다. 이 판결에 대해서는, 본죄와 경범죄 처벌법상 위 규정 위반죄의 구별이 모호해진다면서 그와 같은 행위는 단지 경범죄 처벌법의 대상에 불과하다는 견해,[72] 음란성에 대해 심도 있는 판단을 하지 않은 채 공연음란행위로 본 것이나 그 주관적 구성요건을 음란성에 대한 인식만으로 충분하다고 본 것은 부당하다는 견해[73] 등이 있다.

44   본죄의 공연성 요건이 충족된다는 전제하에, 성기나 엉덩이 등 신체의 주요 부위를 노출하는 행위가 있을 경우 본죄의 '음란한 행위'로 볼 것인지 아니면 경

---

71 헌재 2016. 11. 24, 2016헌가3.

72 조국(주 45), 406-407.

73 이경재, "공연음란죄와 과다노출행위의 구분", 형사판례의 연구(지송 이재상 교수 화갑기념논문집), 박영사(2004), 995.

범죄 처벌법상 과다노출행위로 볼 것인지 여부는, 현재 판례의 태도에 따르자면 '음란성'에 관한 전통적 개념요소, 즉 '일반 보통인의 성욕을 자극하여 성적 흥분을 유발하고 정상적인 성적 수치심을 해하여 성적 도의관념에 반하는 행위' 여부에 따라 결정될 것이다. 단순하게 이해할 때 그와 같은 음란성이 있다면 경범죄처벌법위반죄에 그치지 않고 형법상 본죄로, 없다면 경범죄 처벌법으로만 규율한다고 보게 된다. 다만 그와 같은 음란성은 시대의 통념에 따라 변화 가능한 상대적·유동적 개념으로서, 최근 대법원이 "단순히 저속하다거나 문란한 느낌을 준다는 정도를 넘어서서 존중·보호되어야 할 인격을 갖춘 존재인 사람의 존엄성과 가치를 심각하게 훼손·왜곡하였다고 평가할 수 있을 정도로, 노골적인 방법에 의하여 성적 부위나 행위를 적나라하게 표현"하는 경우에 한해 음란성을 인정한다는 취지로 보다 엄격한 잣대를 들이댄다는 점을 유념해야 할 것이다〔음화반포등죄(§ 243)의 Ⅱ. 1. 참조〕.

이와 관련하여, 경범죄 처벌법상 과다노출죄와 본죄 사이에도 상상적 경합이 문제될 수 있다는 취지의 견해가 있다.[74] 그러나 과다노출행위가 음란성이 있다고 보기 어려운 경우에는 경범죄처벌법위반죄만 성립되고, 과다노출행위에 음란성이 인정되는 경우에는 과다노출행위가 본죄에 흡수되어 본죄만 성립한다는 견해[75]가 타당하다고 본다.

한편 공공연하게 성기나 엉덩이 등 신체의 주요 부위를 노출하는 행위일지라도, 그와 같은 행위가 이루어지게 된 동기·경위, 행위의 구체적 태양과 정도, 행위자의 의도와 실제 이루어진 행위 사이의 정합성 등을 고려해 형법상 공연음란죄나 경범죄 처벌법상 과다노출죄 해당 여부를 판단해야 할 경우가 있을 수 있다. 최근 '불꽃페미액션'이라는 단체가 여성의 가슴 노출 사진을 음란물로 규율하는 데에 항의하면서 집단적으로 유방을 노출하는 퍼포먼스를 한 행위에 대해, 수사기관이 본죄와 경범죄 처벌법상 과다노출죄에 해당하지 않는다고 판단한 사례[76]가 있었던 것으로 보인다.[77] 그 판단의 당부는 별론으로 하더라도,

45

46

---

74 김일수·서보학, 513.
75 주석형법 〔각칙(3)〕(5판), 84(박범석).
76 2018. 6. 4.자 연합뉴스 "경찰, 여성 탈의 시위, 공연음란·경범죄 적용대상 아냐" 제하의 기사 등 참조.
77 이에 대해서는 고시면, "불꽃페미액션의 '반나 시위'가 공연음란(형법)과 과다노출(경범죄처벌법)

헌법상 표현의 자유 등 기본권의 행사 측면에서 이루어졌다고 볼 수 있는 노출 행위에 대해서는, 개별적·구체적 사안에 따라 본죄나 경범죄 처벌법상 과다노출죄의 범의가 부정된다거나, 표현의 자유와 관련되어 사회상규에 위배되지 않는 정당행위로서 위법성이 조각된다고 해석할 여지가 있다고 본다[**음화반포등죄**(§ 243)의 IV. 3. 참조].

3. 강제추행죄 등과의 관계

(1) 강제추행죄 등과의 죄수 관계

47   강제추행이나 성폭력범죄의 처벌 등에 관한 특례법(이하, '성폭력처벌법'이라 한다.)상의 공중 밀집 장소에서의 추행[78] 과정에서 공연히 음란한 행위가 이루어진 경우, 본죄와 강제추행죄(§ 298) 내지 성폭력처벌법위반(공중밀집장소에서의 추행)죄의 죄수를 어떻게 볼 것인지에 관해서는 학설이 일치하지 않는다. 이에 대해서는 내적 경향이라는 초과주관적 구성요건요소가 필요하다거나 강제추행죄 등이 본죄의 음란행위에까지 이르지 않는다는 이유로, 강제추행죄 내지 성폭력처벌법이 정하는 공중밀집장소추행죄만 성립하고 본죄는 성립하지 않는다는 견해들이 있다.[79] 그러나 강제추행죄 내지 공중밀집장소추행죄와 본죄의 상상적 경합이 된다는 견해가[80] 다수설이다.[81]

(2) 본죄와 강제추행죄 등의 구별

48   본죄의 '음란한 행위'와 강제추행죄 등이 정하는 '추행'의 개념은 서로 별도의 구성요건이다. 예컨대 공중의 면전에서 입을 맞추는 행위는 본죄의 공연음란행위에 해당하지 않는다 해도, 상대방의 의사에 반해 입을 맞추었다면 강제추행죄로 될 수 있는 것이다.[82]

에 해당하는지 여부", 사법행정(2018. 7.), 2-19.

78 성폭력처벌법 제11조(공중 밀집 장소에서의 추행) 대중교통수단, 공연·집회 장소, 그 밖에 공중이 밀집하는 장소에서 사람을 추행한 사람은 1년 이하의 징역 또는 300만 원 이하의 벌금에 처한다.

79 김성돈, 690; 오영근, 615.

80 김일수·서보학, 513; 박상기, 585; 배종대, § 126/14; 손동권·김재윤, § 42/33; 이재상·장영민·강동범, § 36/27; 임웅, 822; 정성근·박광민, 751.

81 일본 판례도 공연음란행위가 동시에 강제추행행위인 경우, 공연음란죄와 강제추행죄는 법익이 서로 다르므로 상상적 경합관계라고 한다[大判 明治 43(1910). 11. 17. 刑錄 16·2010].

82 신양균, "강제추행죄에 있어서 성적 의도의 요부 - 일본 최고재판소 2017. 11. 29. 平成 28年(あ)

대판 2012. 7. 26, 2011도8805[83]는 "강제추행죄에서 추행이란 일반인에게 49
성적 수치심이나 혐오감을 일으키고 선량한 성적 도덕관념에 반하는 행위인 것
만으로는 부족하고, 행위 상대방인 피해자의 성적 자기결정권을 침해하는 것이
어야 한다."고 전제한 다음, "건전한 성풍속이라는 일반적인 사회적 법익을 보호
하려는 목적을 가진 형법 제245조의 공연음란죄에서 정하는 '음란한 행위'(또는
이른바 과다노출에 관한 경범죄 처벌법이 정하는 행위)가 특정한 사람을 상대로 행하여
졌다고 해서 반드시 그 사람에 대하여 '추행'이 된다고 말할 수 없고, 무엇보다
도 문제의 행위가 피해자의 성적 자유를 침해하는 것으로 평가될 수 있어야 한
다."면서 "이에 해당하는지 여부는 피해자의 의사·성별·연령, 행위자와 피해자
의 관계, 그 행위에 이르게 된 경위, 구체적 행위태양, 주위의 객관적 상황 등을
종합적으로 고려하여 정하여진다"라는 법리를 판시하였다. 위 대법원 판결은 이
에 따라, 피고인이 여성 피해자 A에게 욕설을 하면서 자신의 바지를 벗어 성기
를 보여주는 방법으로 강제추행하였다는 내용으로 기소된 사안에서, A의 성별
·연령, 행위에 이르게 된 경위, A에 대해 어떠한 신체 접촉도 없었던 점, A가
자신의 성적 결정의 자유를 침해당하였다고 볼 만한 사정이 없는 점 등을 고려
할 때, 단순히 피고인이 바지를 벗어 자신의 성기를 보여준 것만으로는 폭행 또
는 협박으로 '추행'한 것으로 볼 수 없다고 판단하였다.[84]

한편 대판 2021. 6. 30, 2019도7217은, 피고인이 강제추행죄로 기소되어 제 50
1심에서 무죄가 선고되자 검사가 항소심에서 본죄를 예비적으로 추가하는 공소
장변경허가신청서를 제출하였는데, 원심이 공소장변경허가신청서 부본을 피고
인 또는 변호인에게 송달하거나 교부하지 않은 채 공판절차를 진행하여 기존
공소사실에 대하여 무죄로 판단한 제1심판결을 파기하고 예비적 공소사실을 유

第1731號 판결을 중심으로 -", 동북아법연구 12-3 (2019. 1), 전북대학교 동북아법연구소, 152.
83 이 판결에 대한 해설 및 평석은 강성수, "피해자 앞에서 성기를 꺼내어 보여준 행위가 강제추행
  죄에 해당하는지 여부", 해설 94, 법원도서관(2013), 573-584; 박성준, "신체적 접촉이 수반되지
  않는 강제추행죄의 성립", 재판과 판례 23, 대구판례연구회(2015), 367-390 등의 문헌 참조.
84 위 판결 이전에 선고된 것으로, 피고인이 엘리베이터 안에서 피해자를 칼로 위협하는 등의 방법
  으로 꼼짝하지 못하도록 하여 자신의 실력적인 지배하에 둔 다음 자위행위 모습을 보여준 행위
  가 강제추행죄의 추행에 해당한다고 본 대법원 판결이 있다(대판 2010. 2. 25, 2009도13716).
  이 판결에 따르면 본죄와 강제추행죄의 경계가 모호해진 측면이 있었으나 위 2011도8805 판결
  로써 두 죄의 구별기준이 비교적 명확하게 정립되었다고 할 수 있다[주석형법 [각칙(3)](5판),
  83-84(박범석)].

죄로 판단한 사안에서, 본죄는 강제추행죄와 비교하여 행위 양태, 보호법익, 죄
질과 법정형 등에서 차이가 있어, 기존 공소사실과 예비적 공소사실은 심판대상
과 피고인의 방어대상이 서로 달라 피고인의 방어권이나 변호인의 변호권을 본
질적으로 침해한 것으로 볼 수 있으므로, 원심판결에는 공소장변경절차에 관한
법령을 위반하여 판결에 영향을 미친 잘못이 있다고 판단하였다.

VII. 처 벌

51　　1년 이하의 징역, 500만 원 이하의 벌금, 구류 또는 과료의 형으로 처벌된다.

52　　본죄는 성폭력처벌법 제2조 제1항 제1호가 정하는 '성폭력범죄'의 하나로
정해져 있다. 따라서 본죄를 범한 사람에게는, 재범예방에 필요한 수강명령 또
는 성폭력 치료프로그램의 이수명령이 원칙적으로 부과된다(성폭처벌 § 16②). 또
한, 본죄는 아동·청소년의 성보호에 관한 법률이 정하는 '성인대상 성범죄'에도
해당한다(아청 § 2(iii)의)2). 그러므로 본죄를 범한 사람에 대해서는, 아동·청소년
관련기관 등에 취업 또는 사실상 노무를 제공할 수 없도록 하는 명령, 즉 취업
제한 명령이 원칙적으로 부과된다(아청 § 56① 본문).

53　　이와 관련하여, 본죄를 범한 피고인에게 제1심에서 징역 6월(집행유예 2년),
보호관찰 및 80시간의 성폭력치료프로그램 수강 명령이 선고되었는데, 피고인
만 항소한 항소심에서는 징역 6월(집행유예 1년), 보호관찰 및 80시간의 성폭력치
료프로그램 수강 명령과 함께 아동·청소년 관련기관 등에 3년간 취업제한 명령
이 선고된 사안에서, 그와 같은 항소심판결이 불이익변경금지의 원칙을 위반한
것이 아니라는 취지로 판단한 판례가 있다.[85]

〔김 승 주〕

---

85 대판 2019. 4. 3, 2019도1806.

제23장 도박과 복표에 관한 죄 〈개정 2013. 4. 5.〉

〔총 설〕

Ⅰ. 규 정

　본장은 도박과 복표에 관한 죄를 규정하고 있는데, 구체적으로는 도박, 상 **1**
습도박(§ 246), 도박장소 등 개설(§ 247), 복표의 발매 등(§ 248), 벌금의 병과(§ 249)
가 규정되어 있다. 본장의 조문 구성은 아래 [표 1]과 같다.

　본장의 죄는 우연에 의하여 재물을 다투는 행위와 그에 관련된 행위를 일 **2**
정한 구성요건 아래 처벌하는 것이다. 일반적으로 도박과 복표는 서로 구별되는
개념이지만, 복표도 우연에 의하여 승패가 결정된다는 점에서 도박의 한 종류로
볼 수 있다.[1]

---

1 이와 관련하여, 도박의 개념을 협의의 도박과 광의의 도박으로 구분하는 견해가 있다. 이 견해
　는 "'도박'이란 영업자가 직접 도박에 참가하지 않고 단지 참가자들에게 도박에 필요한 기구나
　방법만을 제공하는 것까지 포함시킬 것인지를 기준으로 '협의의 도박'과 '광의의 도박'으로 나눌
　수 있다. 협의의 도박은 제246조의 도박죄가 전제하는 개념으로서 재물을 거는 2인 이상의 참가
　자가 있어야 하고 이들이 대향적으로 각자 재물을 걸고 그 득실을 다투는 관계인 반면, 광의의
　도박은 영업자가 참가자와 사이에 재물을 걸고 그 득실을 다투는 관계가 아니라 다수의 참가자
　로부터 재물 또는 재산상의 이익을 모아 우연적 방법에 의하여 득실을 결정하여 재산상의 이익
　또는 손실을 주는 것으로 볼 수 있다. 따라서 광의의 도박에서는 승자는 패자가 건 재물 또는
　재산상의 이익 자체를 곧바로 취득하는 것이 아니라, 참가자들이 건 재물 또는 재산상의 이익은
　일단 영업자에게 귀속되고, 승자는 영업자로부터 제공받기로 미리 약속된 재물 또는 재산상의

〔권 순 건〕 **561**

3   도박에 관한 죄의 기본적 구성요건은 단순도박죄(§ 246①)이고, 상습도박죄
(§ 246②)는 상습성 때문에 책임이 가중되는 구성요건이다. 도박장소 등 개설죄
(§ 247)는 행위양태를 달리하는 별개의 범죄로 보아야 한다는 견해[2]도 있으나 일
반적으로 영리의 목적으로 인하여 불법이 가중되는 구성요건으로 본다. 그리고
복표에 관한 죄는 복표발매죄(§ 248①)를 기본적 구성요건으로 하고, 복표발매중
개죄(§ 248②)와 복표취득죄(§ 248③)를 감경적 구성요건으로 한다.

4   판례는 도박죄의 처벌 근거로 '정당한 근로에 의하지 아니한 재물의 취득을
처벌함으로써 경제에 관한 건전한 도덕법칙을 보호하기 위한 것'[3] 또는 '사행심
에 의한 행위자의 재산일실위험을 제거하는 한편 국민의 근로관념과 사회의 미
풍양속을 보호하려 함에 그 뜻이 있다'[4]고 보고 있다.

5   한편, 도박과 복표 관련 범죄를 규율하는 특별법으로는, 경륜·경정의 승자
투표 등과 관련된 「경륜·경정법」, 무허가 카지노 영업 등과 관련된 「관광진흥법」,
스포츠토토 등과 관련된 「국민체육진흥법」, 허가 없이 복권 등을 발행하는 것과
관련된 「복권 및 복권기금법」, 사행성 유기기구 등을 사용하는 사행행위 등과
관련된 「사행행위규제 및 처벌 특례법」, 소싸움 등과 관련된 「전통 소싸움경기
에 관한 법률」, 마사회가 시행하는 경주와 관련하여 「한국마사회법」, 게임물을
이용한 사행행위 등과 관련된 「게임산업진흥에 관한 법률」 등이 존재한다.[5]

이익을 취득하게 된다. 한편 영업자는 다수의 참가자들로부터 반드시 동시에 재물 또는 재산상
의 이익을 교부받을 필요는 없고, 심지어 다수의 참가자들이 순차로 재물 또는 재산상의 이익을
걸면서 그 승패에 따라 재산상의 이익을 받는 방식도 가능하다."고 한다[김용찬, "도박개장죄,
사행행위 등 규제 및 처벌특례법위반죄 및 게임산업진흥에 관한 법률위반죄의 관계에 대한 고
찰", 재판실무연구(2009. 1), 광주지방법원, 332-335].

        이러한 개념적 분류에 따라서 협의의 도박에 따른 수입에 대하여는 부가가치세 부과가 곤란
하지만, 광의의 도박에 따른 수입에 대하여는 부가가치세 부과가 가능하다는 점에 관하여는 이
용우, "도박수입에 대하여 부가가치세를 부과할 수 있는지 여부", 해설 112(2017년 상반기), 법
원도서관(2017), 427-442(대판 2017. 4. 7, 2016도19704 해설).

2 김일수·서보학, 새로쓴 형법각론(9판) 514.
3 대판 1983. 3. 22, 82도2151.
4 대판 1984. 7. 10, 84도1043.
5 한편, 국내의 도박 및 사행성이 언급되는 관련 법령을 기본법, 허용법, 규제법 등 크게 세 가지
   유형으로 나누어 분류하는 견해도 존재한다[김두원, "온라인 도박 규제의 한계와 관리시스템 구
   축", 형사법연구 30-2, 한국형사법학회(2018), 305].

[표 1] 제23장 조문 구성

조문		제목	구성요건	죄명	공소시효
§246	①	도박, 상습도박	ⓐ 도박	도박	5년
	②		ⓐ 상습으로 ⓑ ①의 행위	상습도박	5년
§247		도박장소 등 개설	ⓐ 영리의 목적으로 ⓑ 도박을 하는 장소나 공간을 ⓒ 개설	(도박장소, 도박공간)개설	7년
§248	①	복표의 발매 등	ⓐ 법령에 의하지 아니한 ⓑ 복표를 ⓒ 발매	복표발매	7년
	②		ⓐ ①의 복표발매를 ⓑ 중개	복표발매중개	5년
	③		ⓐ ①의 복표를 ⓑ 취득	복표취득	5년
§249		벌금의 병과	§246②, §247, §248①에 대하여 임의적 벌금 병과		

II. 입법례 및 연혁

1. 입법례

(1) 독일

독일의 경우는 도박에 대해 별다른 형사제재를 가하고 있지 않다가 프로이센보통법 시대부터 도박행위를 처벌하기 시작했으며, 현재는 형법 제25장 제284조 내지 제287조를 통해 처벌하고 있다. 독일형법 제25장 아래 도박죄와 준사기죄를 함께 규정하여, 도박죄를 일종의 재산적 법익을 보호하는 범죄로 본다. 관청의 허가 없이 공연히 도박장을 개장, 유지, 시설을 제공한 경우 도박개장죄로, 공연히 도박에 가담한 경우 도박가담죄로 처벌한다. 우리 형법과 달리 단순도박행위와 상습도박행위에 대한 처벌규정이 없으며, 도박개장죄를 중심으로 하여 이를 행한 사람과 이에 가담한 사람을 처벌하는 형식을 띤다.[6]

---

6 이병준·정신동, "독일법상 사행적 계약과 도박에 대한 규율", 스포츠와 법 16-3, 한국스포츠법학회(2013. 8), 201-202.

(2) 프랑스

7   도박은 원칙적으로 합법이며, PMU(Pari Mutuel Urbain. 프랑스장외마권발매공사)에서 경마를 관리·감독하고, FDJ(Française des Jeux. 복권판매회사)에서 베팅게임과 복권을 관리·감독한다. 2010년부터는 온라인 도박을 합법화하고 ARJEL(L'Autorité de Régulation des Jeux En Ligne. 국가게임당국)에서 관리·감독한다. 1988년에는 슬롯머신이 합법화되었고, 1987년 도박가능 연령의 하한이 18세로 낮추어졌다.[7]

(3) 일본

8   우리나라와 유사하게 일본은 '도박 및 부첨(富籤. 富くじ)[8]에 관한 죄'라 하여 사회적 법익에 대한 죄 가운데 하나로 제185조 내지 제187조에서 도박, 상습도박, 도박개장, 부첨 등을 규정한다.[9] 다만, 일본의 특징은 역사적·문화적 이유로 파칭코를 매우 광범위하게 허가하여 전국 어디에서나 즐길 수 있다는 점이다.

2. 연 혁

9   우리 형법은 일본형법가안(日本刑法仮案)의 영향을 받아 구 형법의 대부분을 그대로 옮기면서 그 용어를 정리한 것으로, 제246조 제1항은 구 형법에서 박희(博戱)와 도사(賭事)를 구별하던 것을 합하여 도박(賭博)이라 하고, "오락(娛樂)에 공(供)할 물(物)을 도(賭)했을 때에는 차한(此限)에 부재(不在)한다."고 하였던 것을 일시오락 정도에 불과한 때라고 그 용어를 바꿈으로써 그 처벌의 한계가 도박의 오락성이 아니라 도박에 건 재물의 정도를 표준으로 한다고 한 구 형법상의 문제점을 해소하고, 제247조는 형기도 낮추고 벌금형으로도 벌할 수 있게 한 것 이외에, '박도를 결합하여'라는 용어를 삭제하고 복표의 발매 등에 관한 죄는 형기를 상향 조정하였다.[10]

10   나아가 2013년 개정 형법은 ① 도박죄의 객체에 '재물'뿐만 아니라 '재산상

---

7 박동진·신현덕, "도박의 비범죄화에 관한 고찰", 중앙법학논총 7-1(2016), 137-138.
8 복권과 같이 미리 번호표를 발매하여 금전이나 그 밖의 재물을 모은 뒤, 추첨이나 그 밖의 우연적 방법에 의하여 구매자 사이에 불평등한 분배를 하기 위한 제비뽑기표를 말하고[西田 外, 注釈刑法(2), 669(嶋矢貴之)], 에도시대부터 있던 도박의 일종이다.
9 주석형법 [각칙(3)](5판), 86(김승주).
10 주석형법 [각칙(3)](4판), 105(황병하).

이익'도 포함됨을 명확하게 표현하기 위하여 도박죄의 구성요건 중 '재물로써' 부분을 삭제하고(§ 246조①),11 ② 인터넷상에 도박사이트 등을 개설하여 전자화폐나 온라인 등으로 결제하도록 하는 경우에도 도박장소 등 개설죄로 처벌됨을 명확하게 하기 위하여 도박하는 장소뿐만 아니라 도박하는 공간을 개설한 경우도 처벌할 수 있음을 명확히 규정하고(§ 247),12 ③ 우리나라가 2000년 12월 13일 서명한 국제연합국제조직범죄방지협약(United Nations Convention against Transnational Organized Crime)의 대상범죄에 도박장소 등 개설죄와 복표발매죄가 포함될 수 있도록 그 법정형을 '3년 이하의 징역 또는 2천만 원 이하의 벌금'에서 '5년 이하의 징역 또는 3천만 원 이하의 벌금'으로 상향하였다.13

III. 보호법익

1. 외 국

외국의 입법례 등과 관련하여 도박과 복표에 관한 죄의 보호법익에 대하여,   11
① 자기 또는 타인의 재산을 위험하게 하는 행위로서 재산죄의 일종으로 해석하는 입장(독일의 다수설), ② 공공도덕에 반하기 때문에 처벌한다는 데 근거를 두고 사회도덕 혹은 공안에 대한 죄로 해석하는 입장(영국, 프랑스, 미국의 학설), ③ 건전한 기업활동의 기초가 되는 국민일반의 근로관념과 공공의 미풍양속에 반하기 때문에 처벌의 대상이 된다는 입장(일본의 판례14·통설)이 있다.15

2. 우리나라

우리나라의 학설은 도박과 복표에 관한 죄의 보호법익을 건전한 기업활동   12

---

11 개정 전에도 재산상 이익도 포함된다고 해석함에 별다른 이견이 없었다.
12 개정 전에도 인터넷상에 도박사이트 등을 개설한 경우 도박개장죄로 처벌하였다(대판 2008. 10. 23, 2008도3970).
13 법무부, 형법 일부개정법률안 제안이유서(2012. 8. 13. 정부 제출).
14 最判 昭和 25(1950). 11. 22. 刑集 4·11·2380. 「국민으로 하여금 태만·낭비의 폐풍을 생기게 하고, 건강하고 문화적 사회의 기초를 이루는 근로의 미풍(헌법 제27조 제1항 참조)을 해칠 뿐 아니라, 심한 때는 폭행, 협박, 살상, 강·절도 그 밖의 부차적인 범죄를 유발하거나 국민경제의 기능에 중대한 장애를 줄 우려조차 있는 것이다.」
15 주석형법 〔각칙(3)〕(5판), 87(김승주).

의 기초가 되는 국민일반의 근로관념과 공공의 미풍양속에 반하기 때문에 처벌
의 대상이 된다고 보는 데에 별다른 이론이 없다.[16] 대법원도 도박죄를 처벌하
는 이유를 "정당한 근로에 의하지 아니한 재물의 취득을 처벌함으로써 경제에
관한 건전한 도덕법칙을 보호하기 위한 것"[17]이라고 판시하였고, 그 후 "사행심
에 의한 행위자의 재산일실위험을 제거하는 한편 국민의 근로관념과 사회의 미
풍양속을 보호하려함에 그 뜻이 있다."[18]라고 약간 표현을 달리하는 판시를 한
바 있으나, 다시 "건전한 국민의 근로관념과 사회의 미풍양속을 보호하려는 데
에 그 발행 등의 행위를 제한하고 처벌할 이유가 있는 것"[19]이라고 판시함으로
써 학설과 사실상 동일한 견해를 취한다.[20]

13   한편 보호받은 정도는 추상적 위험범으로서의 보호이고,[21] 거동범이다.[22]

14   사람의 사행심을 조장하여 건전한 근로관념을 상실시키기 때문에 국가가
이를 금지한다는 점에서 국가후견주의적 사고를 바탕으로 한 것으로도 볼 수
있다.[23]

Ⅳ. 개정 논의

15   도박과 복표에 관한 죄에 대하여는 단순도박을 처벌하는 것이 옳은지 여부와
형법에 복표에 관한 죄를 규정하는 것이 타당한지 여부에 대하여 논란이 있다.

---

16 이재상·장영민·강동범, 형법각론(12판), §37/2.
17 대판 1983. 3. 22, 82도2151.
18 대판 1984. 7. 10, 84도1043.
19 대판 2003. 12. 26, 2003도5433. 이 판결 해설은 황병하, "복표의 개념과 판단기준", 해설 48, 법
   원도서관(2004), 746-756.
20 주석형법 [각칙(3)](4판), 105(황병하).
21 김성돈, 형법각론(6판) 706; 김신규, 형법각론 강의, 766; 배종대, 형법각론(13판), §127/2; 오영
   근, 형법각론(5판), 621; 임웅, 형법각론(10정판), 830; 정성근·정준섭, 형법강의 각론(2판), 512;
   정영일, 형법각론, 581; 정웅석·최창호, 형법각론, 275; 최호진, 형법각론, 845; 한상훈·안성조,
   형법개론(3판), 675; 홍영기, 형법(총론과 각론), §108/1.
22 정성근·정준섭, 481.
23 김성돈, 706.

1. 단순도박죄

단순도박죄의 삭제 여부에 대하여는, ① 삭제설(비범죄화 긍정설)[24]과 ② 존   **16**
치설(비범죄화 부정설)[25]이 대립한다.

위 ①의 삭제설은 사행심 내지 모험심은 누구에게나 내재하는 본능이라 할   **17**
수 있고, 본죄의 보호법익은 근로관념과 미풍양속은 사기도박이나 직업적 도박
내지 상습도박에 의해서만 침해될 수 있으며, 현실적으로도 각종의 도박행위가
자행되고 있는 실정에 비추어 단순도박죄는 형법에서 삭제하는 것이 타당하다
고 한다.

이에 대하여 위 ②의 존치설은 단순도박죄를 삭제하게 되면 사행심의 상업   **18**
화가 일어나 직업적·상습적 도박이 만연될 우려가 있다는 것을 이유로 단순도
박죄를 삭제하는 것은 입법형식상 좋지 않다고 한다. 1992년의 형법개정법률안
에서는 처음에 상습성 없는 도박은 유해성이 희박하므로 단순도박죄를 삭제하
기로 하였으나, 도박이 사실상 어느 정도 상습성을 가지는 점에 비추어 단순도
박죄에 해당할 만한 것이 오히려 무겁게 처벌되는 것이 아니냐는 지적이 있어
이를 다시 부활하였다고 한다.[26]

대법원은 일시오락에 해당하는 도박행위를 처벌할 수 없다고 설시하면서,   **19**
그러한 행위가 "역사적으로 생성된 사회생활 질서의 범위 안"에 있는 "정상적인
생활형태의 하나"라는 점[27]을 강조한 바 있다. 이는 도박행위가 기본적으로 인
간의 사행적 욕구를 충족시키는 행위라는 이해로부터 출발하는 것으로 볼 수
있다.[28] 그런데 위법성이 배제되는 '일시오락'의 판단기준은 일차적으로 수사기
관의 판단에 전적으로 의존하게 되고 최종적으로는 법관의 해석에 맡겨져 있으
므로, 수사기관 또는 사법기관의 자의적인 해석에 의해 국민 일반의 지위가 달
라질 수 있게 된다. 결국 우리나라의 형사법과 이를 적용하는 기관 등의 현실을
고려할 때, 단순도박죄를 빌미로 국가권력이 과도하게 개인의 사생활을 침해하

---

24 김성돈, 707; 김일수·서보학, 514; 박찬걸, 형법각론(2판), 809; 배종대, §127/3; 오영근, 622; 이
   형국·김혜경, 형법각론(2판), 728; 임웅, 832.
25 박상기, 형법각론(8판) 587; 정영일, 581; 주석형법 [각칙(3)](4판), 108-109(황병하).
26 법부부, 형법개정법률안 제안이유서(1992. 10), 238.
27 대판 2004. 4. 9, 2003도6351
28 박동진·신현덕(주 7), 140.

고 도덕적 잣대로 사람들을 재단할 우려가 있으므로 비범죄화함이 바람직하다.

2. 복표에 관한 죄

20   복표에 관한 죄에 관하여도, ① 삭제설[29]과 ② 존치 내지 보완설[30]이 대립한다.

21   위 ①의 삭제설은 복표는 이미 국가적·사회적으로 사실상 시인되고 있는 것이 많고, 오히려 국가가 나서서 복권당첨 여부를 TV나 신문에서 광고로 널리 홍보하여 일반 국민이 이에 대한 죄의식을 사실상 거의 가지지 못하는 실정 등에 비추어 사행행위 등 규제 및 처벌 특례법이나 스포츠토토 등과 관련된 국민체육진흥법 등과 같이 여러 특별법의 규제로 충분하므로 형법상 복표에 관한 죄는 삭제하는 것이 타당하다고 한다. 1992년의 형법개정법률안에서도 같은 이유로 이를 삭제하였다.[31]

22   이에 대하여 위 ②의 존치 내지 보완설은 복표를 구입하는 계층이 주로 서민층이기 때문에 사안이 복표를 발행하는 경우는 물론이고, 국가 등이 복표를 발행하는 것도 바람직하지 않다는 전제 아래, 복표에 관한 죄를 삭제할 것이 아니라 국가 등도 복표 발행을 하지 않도록 하는 방향으로 나아가야 한다고 주장한다.

23   한편, 복표취득죄는 음란물 등의 취득을 처벌하지 않는 것과의 균형상 비범죄화해야 한다는 견해도 있다.[32]

〔권 순 건〕

---

29 김일수·서보학, 514; 박상기, 587; 배종대, §127/4; 손동권·김재윤, 새로운 형법각론, §43/4.
30 오영근, 622; 임웅, 832.
31 법무부, 형법개정법률안 제안이유서(1992. 10), 238.
32 오영근, 622.

제246조(도박, 상습도박)

① 도박을 한 사람은 1천만원 이하의 벌금에 처한다. 다만, 일시오락 정도에 불과한 경우에는 예외로 한다.

② 상습으로 제1항의 죄를 범한 사람은 3년 이하의 징역 또는 2천만 원 이하의 벌금에 처한다.

[전문개정 2013. 4. 5.]

Ⅰ. 단순도박죄(제1항)

1. 취 지

본죄(도박죄)는 도박에 해당하는 행위를 함으로써 성립하는 범죄이다. '도박'이라 함은 '2인 이상의 사람이 상호 간에 재물 또는 재산상 이익을 걸고 우연에 의하여 재물의 득실을 다투는 것'을 의미한다. **1**

대체적으로 학설은 그 보호법익을 건전한 기업활동의 기초가 되는 국민일반의 근로관념과 공공의 미풍양속에 반하기 때문에 처벌의 대상이 된다고 본다. 대법원도 도박죄를 처벌하는 이유를 '정당한 근로에 의하지 아니한 재물의 취득을 처벌함으로써 경제에 관한 건전한 도덕법칙을 보호하기 위한 것'[1]으로 본다. **2**

본죄는 도박죄의 기본구성요건으로, 추상적 위험범·즉시범·거동범이다. **3**

---

1 대판 1983. 3. 22, 82도2151.

2. 주 체

4   본죄의 주체에는 제한이 없다.

5   도박은 성질상 2인 이상의 사람 사이에서 행하여지는 것으로서, 도박자 상
호 간은 필요적 공범관계다.[2] 도박에 참여한 사람 모두는 원칙적으로 같은 법정
형이 적용되는 대향범 중 쌍방적 대향범에 해당한다. 그러므로 도박에 관여한
내부가담자들에 대해서는 형법총칙상의 공범규정이 적용되지 아니한다.[3] 다만,
상습범에게는 제2항의 법정형이 적용된다.[4]

3. 객 체

6   도박의 객체는 '재물 또는 재산상의 이익'이다.

7   2013년 4월 5일 법률 제11731호로 개정되기 전의 본 규정은 "재물로서 도박
한 자는 500만 원 이하의 벌금 또는 과료에 처한다."였는데, 당시에도 '재물'에는
재산상 이익도 포함된다는 것이 통설이었고, 헌법재판소 역시 그와 같이 해석하
였다.[5] 현행 형법은 본죄의 구성요건 중 '재물로써' 부분을 삭제함으로써 본죄의
객체에 재물뿐만 아니라 재산상 이익도 포함됨을 더욱 명백하게 하였다.

8   금전은 물론 부동산·동산·채권·유가증권·무체재산권도 포함된다. 또한,
그 가액의 다소나 교환가치의 유무도 묻지 않는다. 최근 인터넷에 개설된 도박
장에서 전자화폐를 이용하거나 신용카드를 이용하는 것도 당연히 여기에 포함
된다. 또한 도박현장에 재물 또는 재산상 이익이 있을 것도 요하지 않으며, 그
가액이 애당초 확정되어 있을 필요도 없고, 승패 결정 이후에 확정할 수 있어도
무방하다..

---

2 김성돈, 형법각론(6판), 708; 김일수·서보학, 새로쓴 형법각론(9판), 518; 배종대, 형법각론(13판),
  § 128/1; 오영근, 형법각론(5판), 623; 이재상·장영민·강동범, 형법각론(12판), § 37/8; 임웅, 형
  법각론(10정판), 833; 주석형법 〔각칙(3)〕(5판), 89(김승주).
3 대향범에서는 총칙상의 공범규정을 적용할 수 없다는 것이 일관된 판례의 입장이다(대판 1988.
  4. 25, 87도2451; 대판 2004. 10. 28, 2004도3994; 대판 2020. 6. 11, 2016도3048).
4 주석형법 〔각칙(3)〕(4판), 110(황병하).
5 헌재 2010. 5. 27, 2007헌바100. 다만, 위 결정에서 1인의 재판관이 '재산상 이익'은 '재물'과 명
  확하게 구별되므로 '재산상 이익'이 제247의 '재물'에 포함된다고 해석하는 것은 헌법상 죄형법정
  주의 원칙과 형벌조항의 유추해석금지의 원칙에 위배된다고 의견을 밝혔다.

4. 행 위

본죄의 행위는 '도박'이다. '도박'은 앞서 살펴본 대로 '2인 이상의 사람이 상 **9**
호 간에 재물 또는 재산상 이익을 걸고 우연에 의하여 재물의 득실(得失)을 다투
는 것'을 말한다.[6]

(1) '우연'에 의하여 재물 또는 재산상 이익의 득실을 다투어야 한다.

일반적으로 '우연'이란 '필연'에 대립하는 개념으로서 당사자가 확실히 예견 **10**
하였거나 자유로이 지배할 수 있는 사정이 아닌 것을 말한다. 따라서 우연은 당
사자에게 주관적으로 불확실하면 충분하고, 객관적으로 불확실할 필요는 없다.[7]
주관적으로 불확실한 인식을 가진 것이면 장래의 사실에 한하지 않고, 과거 또
는 현재의 사실에 대해서도 우연성을 가지고 도박할 수 있다.[8] 그러므로 사실을
정확하게 알고 있는 사람이 그 사실의 존부에 대해 다른 사람과 돈을 걸고 내기
를 한 경우에는, '우연'의 요소가 있다고 할 수 없으므로 도박이 될 수 없다.[9]

전통적으로 우연성에 의하여 결정되는 재물 또는 재산상 이익의 득실은 경제 **11**
적으로 정당한 이익이 아니어야 하므로, 생명과 화재 또는 교통사고 등에 대비한
보험계약 등과 같은 금융상품은 도박죄의 규율대상에 벗어난다고 보았다.[10] 그런
데 최근에는 파생상품과 도박 사이에 많은 유사점이 있으며, 이로 인하여 명확한
구별이 어렵다는 사실적인 이유와 입법례 등을 제시하며 관련 법률에 도박죄의
적용면제 등 법적인 근거 등을 명확하게 둘 필요가 있다는 견해가 대두된다.[11]

'우연'의 의미와 관련하여 편면적 도박과 경기(競技)의 도박성이 문제된다. **12**

---

6 대판 2011. 1. 13, 2010도9330. 「도박이라 함은 2인 이상의 자가 상호 간에 재물을 도(睹)하여
우연한 승패에 의하여 그 재물의 득실을 결정하는 것이다.
7 대판 2008. 10. 23, 2006도736(골프도박 사건). 「형법 제246조에서 도박죄를 처벌하는 이유는
정당한 근로에 의하지 아니한 재물의 취득을 처벌함으로써 경제에 관한 건전한 도덕법칙을 보호
하는 데에 있고, 도박의 의미는 '재물을 걸고 우연에 의하여 재물의 득실을 결정하는 것'을 말하
는바, 여기서 '우연'이라 함은 주관적으로 '당사자에 있어서 확실히 예견 또는 자유로이 지배할
수 없는 사실에 관하여 승패를 결정하는 것'을 말하고, 객관적으로 불확실할 것을 요구하지 아니
하며, 당사자의 능력이 승패의 결과에 영향을 미친다고 하더라도 다소라도 우연성의 사정에 의
하여 영향을 받게 되는 때에는 도박죄가 성립할 수 있다.」
8 大判 大正 11(1922). 7. 12. 刑集 1·377.
9 오영근, 623.
10 김성돈, 708; 정성근·정준섭, 형법강의 각론(2판), 513.
11 김홍기, "파생상품과 도박규제", 비교사법연구, 14-1(통권 36), 한국비교사법학회(2007). 531-561;
정순섭, "금융거래와 도박규제", 증권법연구 7-2, 한국증권법학회(2006), 173-195.

(가) 편면적 도박

13   우연성이 당사자 일방에게만 있는 경우를 편면적 도박이라고 한다. 이른바 '사기도박'이 대표적 예이지만, 일방이 월등한 지능·기술을 갖고 있거나 막강한 권좌에 있기 때문에 상대방을 자유자재로 조정할 수 있는 사정에서의 도박, 거액의 돈을 공무원에게 뇌물로 전달하기 위해 그 돈을 도금으로 걸고 일방적으로 져주는 방식의 도박(건설회사 현장사무소장이 현장감독공무원에게 고스톱형식을 빌려 매번 수백만 원씩 잃어 줌으로 부실시공을 눈감아 주도록 한 경우)도 편면적 도박의 범주에 해당한다.[12]

14   사기도박의 경우, 우선 기망자 측에 사기죄의 성립이 인정된다는 점에 대하여는 별다른 이론이 없다. 대법원도 "화투의 조작에 숙달하여 원하는 대로 끝수를 조작할 수 있어서 우연성이 없음에도 피해자를 우연에 의하여 승부가 결정되는 것처럼 오신시켜 돈을 도(賭)하게 하여 이를 편취한 행위는 이른바 기망방법에 의한 도박으로서 사기죄에 해당한다."고[13] 판시하였다.[14]

15   다만, 이 경우 사기도박의 상대방에게도 도박죄의 죄책을 물을 수 있는지에 관하여는 견해가 대립한다. ① 우연성은 당사자 모두에게 있어야 하고, 당사자 일부에게만 우연성이 있는 편면적 도박은 결과발생이 불가능한 것으로 도박이 될 수 없다는 부정설[15]이 다수설이다.[16] 반면에, ② 긍정설은 도박이 당사자 쌍방에게 같은 정도의 우연성이 있어야 할 필요는 없다는 점 등을 근거로 도박죄의 성립을 긍정한다.[17] 대판 2011. 1. 13, 2010도9330은 "도박이란 2인 이상의 자가 상호 간에 재물을 도(賭)하여 우연한 승패에 의하여 그 재물의 득실을 결정하는 것이므로, 이른바 사기도박과 같이 도박당사자의 일방이 사기의 수단으로써 승패의

12 김일수·서보학, 516.
13 대판 1985. 4. 23, 85도583, 이때, 사기죄는 사기도박 피해자별로 성립하고, 각 죄는 상상적 경합관계이다(대판 2001. 1. 13, 2010도9330).
14 最判 昭和 26(1951). 5. 8. 刑集 5·6·1004(사기죄 긍정).
15 김성돈, 708; 김신규, 형법각론 강의, 768; 박상기, 형법각론(8판), 587; 오영근, 624; 이재상·장영민·강동범, § 37/13; 이형국·김혜경, 형법각론(2판), 730; 정성근·박광민, 형법각론(전정2판), 755; 정성근·정준섭, 512-513; 정영일, 형법강의 각론(3판), 383; 정웅석·최창호, 형법각론, 276; 한상훈·안성조, 형법개론(3판), 677.
16 우연성이 없다는 점에서 결과발생이 불능이다. 따라서 불능미수가 될 수 있으나, 도박죄에게 관하여는 미수범 처벌규정이 없으므로 처벌이 불가능하다[박찬걸, 형법각론(2판), 810; 오영근, 624].
17 김일수·서보학, 516.

수를 지배하는 경우에는 도박에서의 우연성이 결여되어 사기죄만 성립하고 도박죄는 성립하지 아니하고", 나아가 피고인들이 "사기도박을 숨기기 위하여 얼마간 정상적인 도박을 하였다고 하더라도 이는 사기죄의 실행행위에 포함되는 것이라고 할 것이어서 피고인에 대하여는 피해자들에 대한 사기죄만이 성립하고 도박죄는 따로 성립하지 아니한다."고 판시하여, 위 ①의 부정설의 입장에 섰다.[18]

이와 같은 사기도박에 관한 학설·판례의 논의는 다른 편면적 도박의 유형에서도 같은 방식으로 전개될 수 있다.   16

한편 피고인들이 사전에 공모하여 피해자들이 사기도박을 한 것처럼 호도하고 이를 빌미로 협박하여 금전을 갈취한 사안에서, 대법원은 공갈죄와 도박죄는 그 구성요건과 보호법익을 달리하고 있고, 공갈죄의 성립에 일반적·전형적으로 도박행위를 수반하는 것은 아니며, 도박행위가 공갈죄에 비하여 별도로 고려되지 않을 만큼 경미한 것이라고 할 수도 없으므로, 도박행위가 공갈죄의 수단이 되었다 하여 그 도박행위가 공갈죄에 흡수되어 별도의 범죄를 구성하지 않는다고 할 수 없어 피고인들의 공갈죄 및 도박죄를 모두 유죄로 인정하여야 한다[19]는 취지로 판시하였으나, 이 판례는 우연성에 관한 쟁점이 다뤄진 것은 아닌 것으로 보인다.   17

(나) 경기와 도박

'경기'란 우연보다는 당사자의 육체적·정신적 능력이나 기능·기량과 숙련의 정도에 따라 그 승패가 결정되는 것을 말한다. 주로 골프, 바둑, 장기, 당구 등이 그 예이다. 경기의 승패와 관련하여 내기를 하는 경우 도박죄를 인정할 것이냐에 대하여는 견해 대립이 있다. ① 긍정설[20]은 우연에 의해 승부가 좌우되지 않는다면 내기 자체가 불가능하다거나, 당사자의 경기력이 승패에 영향을 미칠 수 있지만 우연의 지배에서 완전히 벗어난 것은 아니라는 점 등을 논거로 삼고 있다.[21] 반면에, ② 부정설[22]은 보통의 경기자에게 필요로 하는 능력과 지식   18

---

18 이 판결 해설은 김인택, "이른바 사기도박의 경우 사기죄 외에 도박죄가 별도로 성립하는 지 여부 및 사기도박에서 실행의 착수시기", 해설 88(2011 상반기), 법원도서관(2011), 604-615.

19 대판 2014. 3. 13, 2014도212.

20 김일수·서보학, 516; 배종대, § 128/5; 박상기, 588; 오영근, 624; 정성근·박광민, 753; 정영일, 383.

21 일본 판례도 우연의 요소가 일부라도 있으면 충분하다고 한다[大判 昭和 12(1937). 9. 21. 刑集 16·1229].

22 김성돈, 709; 이재상·장영민·강동범, § 37/12.

을 가지고 있는 한 자신의 기능에 의하여 승패가 결정되는 도박이 아니라거나 우연성이 경기 승패의 상당한 부분을 차지하는 경우에만 도박이라고 볼 수 있다거나, 현대인에게 스포츠가 일상생활의 일부분을 자리 잡아 가능 상황에서 경기를 도박으로 보는 것은 현실성이 없다는 점 등의 이유를 들고 있다.

19   대법원은 "'우연'이란 주관적으로 '당사자에 있어서 확실히 예견 또는 자유로이 지배할 수 없는 사실에 관하여 승패를 결정하는 것'을 말하고, 객관적으로 불확실할 것을 요구하지 아니한다. 따라서, 당사자의 능력이 승패의 결과에 영향을 미친다고 하더라도 다소라도 우연성의 사정에 의하여 영향을 받게 되는 때에는 도박죄가 성립할 수 있다고 판시하면서 핸디캡을 정하고 홀마다 또는 9홀마다 별도의 돈을 걸고 내기 골프를 한 행위가 도박에 해당한다."고 판단하였다.[23]

(2) 재물 또는 재산상 이익을 걸고 그 득실을 다투어야 한다.

20   재물 또는 재산상 이익을 건다는 것은 그것을 승자에게 제공하기로 약속하여야 한다. 승자가 지정하는 제3자에게 제공하는 것도 당연히 여기에 포함된다. 이 때 제3자와 승자 또는 패자 상호 간에 의사의 연락이 있어야 하는 것도 아니다.

21   당사자 쌍방이 재물 또는 재산상 이익의 득실을 다투는 것을 요하므로, 일방적으로 위험을 부담하는 경우 또는 상호 득실의 관계에 있지 않는 경우에는 본죄가 성립하지 않는다.[24] 이 점에서 협의의 도박은 일반적으로 개최자나 발매자가 위험을 부담하지 아니하는 도박개장이나 복표발매와 다르고, 경제계에서 흔히 이루어지는 특수한 이익의 급여인 사은품 또는 경품과도 다르다. 또한, 통상적으로 골프대회 등에서 순위에 입상한 선수들에게 상금을 지급하더라도 선수들 스스로가 재물의 상실위험을 부담하는 것은 아니므로 도박에 해당하지는 않게 된다.

22   한편 승자 또는 패자 될 사람이 다수당사자 중 일부에 지나지 않는다 하여도, 각자가 서로 승자 또는 패자가 될 가능성을 부담한 이상 그 승패에 재물을 건 사람은 그 전원이 재물득실의 위험을 부담하는 것으로 된다.[25] 도박에 있어서 재물의 득실이 반드시 우연한 승부의 승패 결과에 정확하게 일치할 필요도 없다. 이러한 전제에서 대법원은 "대회 입상자의 상금의 주요한 원천이 참가자

---

23 대판 2008. 10. 23, 2006도736.
24 大判 大正 6(1917). 4. 30. 刑錄 23·436.
25 大判 大正 3(1914). 6. 13. 刑錄 20·1178.

들의 참가비에 있는 이상 참가비 총액에 상관없이 상금이 일정액으로 정해지더라도 대회에 참가한 자들은 재물의 득실을 걸고 도박한 것으로 볼 수 있다."고 판단하였다.[26]

5. 위법성조각 관련 쟁점

(1) 본조 제1항 단서(일시오락의 정도)

(가) 의미와 법적 성격

본조 제1항 단서에 의하면, 도박을 하더라도 일시오락 정도에 불과한 때에는 처벌하지 아니한다. 도박행위가 재물의 득실보다 승패의 결정에 주된 흥미를 두고 있을 때 오락성을 띠고, 거는 재물도 단지 흥을 돋우기 위한 방편에 지나지 않을 때 일시성을 띤다. 예컨대, 초상집에서 밤을 새우며 하는 문상객들의 노름은 일시오락의 전형적 실례이다.[27]

대법원은 "형법 제246조 도박죄를 처벌하는 이유는 정당한 근로에 의하지 아니한 재물의 취득을 처벌함으로써 경제에 관한 건전한 도덕법칙을 보호하기 위한 것인바, 그 처벌은 헌법이 보장하는 국민의 행복추구권이나 사생활의 자유를 침해할 수 없고, 동조의 입법취지가 건전한 근로의식을 배양 보호함에 있다면 일반 서민대중이 여가를 이용하여 평소의 심신의 긴장을 해소하는 오락은 이를 인정함이 국가정책적 입장에서 보더라도 허용된다 할 것으로, 일시 오락에 불과한 도박행위를 처벌하지 아니하는 이유가 여기에 있다."고 판시하고 있다.[28]

단서 규정의 법적 성격에 관하여, ① 위법성조각설을 취하는 견해가 통설로 보인다. 이러한 위법성조각설 중, ⓐ 일부는 풍기를 문란하게 할 정도에 이르지 아니한 경미한 도박행위에 대하여는 위법성의 조각을 인정한 것으로서 엄벌주의 폐해를 완화하려는 배려라고 보고,[29] ⓑ 일부는 위법성조각사유 중 사회상규에 위배되지 않는 정당행위에 해당한다고 설명한다.[30] 이에 대하여, ② 소

23

24

25

---

26 대판 2002. 4. 12, 2001도5802.
27 김일수·서보학, 517.
28 대판 1983. 3. 22, 82도2151.
29 박찬걸, 811.
30 김성돈, 709; 박상기·전지연, 형법학(총론·각론 강의)(4판), 807; 정성근·박광민, 756; 정영일, 384.

수설은 그것이 구성요건해당성을 배제하는 사유라고 파악하면서(구성요건조각설), 일시오락 정도는 갈등하는 두 법익 사이의 교량을 전제하여 사회조절 기능을 가진 정당화 사유가 아니라 사회적 상당성 내지 규범의 보호목적에 비추어 행위반가치를 배제하고 도박행위의 성립범위를 제한하는 것이라고 설명한다.[31]

26   대법원은 "도박죄에 있어서의 위법성의 한계는 도박의 시간과 장소, 도박자의 사회적 지위 및 재산정도, 재물의 근소성, 그밖에 도박에 이르게 된 경위 등 모든 사정을 참조하여 구체적으로 판단하여야 할 것이다."고 판시하여,[32] 통설과 같이 위법성조각사유로 해석하는 것으로 보인다. 나아가 대법원은 "풍속영업자가 자신이 운영하는 여관에서 도박을 하게 한 때에는 그것이 일시 오락 정도에 불과하여 형법상 도박죄로 처벌할 수 없는 경우에도 풍속영업의 규제에 관한 법률 제10조 제1항 제3호[33]의 구성요건해당성이 있다고 할 것이지만, 어떤 행위가 법규정의 문언상 일단 범죄의 구성요건에 해당된다고 보이는 경우에도, 그것이 정상적인 생활형태의 하나로서 역사적으로 생성된 사회생활 질서의 범위 안에 있는 것이라고 생각되는 경우에는 사회상규에 위배되지 아니하는 행위로서 그 위법성이 조각되어 처벌할 수 없으므로 결국 풍속영업의규제에관한법률위반죄로도 처벌할 수 없다."고 판시하였다.[34]

(나) 일시오락 정도의 판단 기준

27   도박행위의 객체가 금전인 때에도 일시오락이 되느냐에 대해서 금전을 거는 것은 성질상 일시오락이라고 할 수 없으므로 금전 자체를 목적으로 하는 때에는 액수의 다과를 묻지 않고 본죄가 성립한다는 견해[35]도 있다.[36] 그러나 금

---

31 김일수·서보학, 517.
32 대판 1985. 11. 12, 85도2096.
33 구 풍속영업의 규제에 관한 법률(2010. 7. 23. 법률 제10377호로 개정되기 전의 것) 제3조(준수사항) 풍속영업을 영위하는 자(허가 또는 인가를 받지 아니하거나 등록 또는 신고를 하지 아니하고 풍속영업을 영위하는 자를 포함하며, 이하 "풍속영업자"라 한다) 및 대통령령으로 정하는 종사자는 다음 각 호의 사항을 지켜야 한다.
  3. 풍속영업소에서 도박 기타 사행행위를 하게 하여서는 아니 된다.
제10조(벌칙) ① 제3조제1호 내지 제3호의 규정에 위반한 자는 3년 이하의 징역 또는 2천만원 이하의 벌금에 처한다.
34 대판 2004. 4. 9, 2003도6351.
35 정영일, 205.
36 일본형법 제185조(도박) 단서는 우리와는 달리 "일시오락에 공(供)하는 물(物)을 거는데 그친 때에는 그러하지 아니하다."고 규정하고 있는데, 여기서 '물'은 일반적으로 일시오락을 위하여 소비

전을 거는 때에도 그것이 승패결정의 흥미를 북돋우기 위한 방법인 경우에는 일시오락으로 보아야 한다는 견해[37]이 통설이다. 대법원도 음식이나 술값내기로 돈을 걸고 화투를 친 경우에 일시오락에 해당한다고 보고 있다.[38]

문제는 일시오락의 정도를 어떠한 기준에 따라 판단할 것인가에 있다. ① 도 **28** 박이 개인적 법익에 대한 죄가 아니라 사회의 근로의식이나 건전한 도덕의식을 해치는 범죄라는 점을 고려하면 재물 또는 재산상의 이익의 경제적 가치를 기준으로 해야 한다는 견해[39]도 있다. 그러나 ② 다수설은 도박의 시간과 장소·재물의 가액·도박자의 사회적 지위와 재산 정도·도박의 동기·도박재물의 용도와 그 흥미성 등 여러 사정을 종합적으로 참작하여 객관적으로 결정해야지 일률적으로 판단할 수 없다고 한다.[40] 대법원도 위 ②의 다수설과 마찬가지로 "우연한 승부에 재물을 거는 노름행위가 형법상 금지된 도박에 해당하는가, 아니면 일시적인 오락의 정도에 불과한 것인가 하는 점은 도박의 시간과 장소, 도박에 건 재물의 가액정도, 도박에 가담한 자들의 사회적 지위나 재산정도 및 도박으로 인한 이득의 용도 등 여러 가지 객관적 사정을 참작하여 결정하여야 한다."고 판시하고 있다.[41]

실무적으로 도박 참가자들의 관계와 관련해서는 평소 친분 여부 등이 고려되 **29** 며, 도박참가 경위와 관련해서는 잠깐 시간을 보내기 위해 우연한 기회에 참가한 것인지 여부 등이 고려되며, 도박의 장소 등과 관련해서는 도박 참가자의 일상생활, 즉 직장 생활이나 주거가 이뤄진 장소와 동떨어져 있지 않은지 여부, 도박에 건 재물의 가액 정도 등은 1회당 배팅금액 × 배팅횟수 등이 각 고려된다고 한다.[42]

하는 물건을 의미한다고 해석되고, 판례의 주류는 금전을 건 이상 그것이 일시오락에 공하는 물건의 대가에 충당되는 경우에도 단서규정은 적용되지 않는다고 한다[最判 昭和 23(1948). 10. 7. 刑集 2·11·1289].

37 김성돈, 709; 김일수·서보학, 517; 이재상·장영민·강동범, §37/16; 정성근·박광민, 757.
38 대판 1983. 12. 27, 83도2545.
39 박상기, 588; 박상기·전지연, 807; 박찬걸, 811(다만, 재물의 근소성 이외에 심심풀이와 같은 기분 전환용 놀이인지 여부도 고려해야 한다는 입장이다).
40 김성돈, 709; 배종대, §128/8(①은 재물근소성설, ②는 종합판단설이라고 한다); 오영근, 624-625; 이재상·장영민·강동범, §37/15; 정성근·박광민, 757; 정성근·정준섭, 514; 정영일, 384.
41 대판 1985. 4. 9, 84누692; 대판 1983. 3. 22, 82도2151. 헌법재판소도 같은 기준으로 판단하고 있다(헌재 2013. 12. 26, 2011헌마592).
42 박동진·신현덕, "도박의 비범죄화에 관한 고찰", 중앙법학논총 7-1(2016), 135.

30   판례에서 일시오락의 정도라고 인정한 사례로는, ① 친구 사이로 다방에서 음식대금 마련을 위해 1회당 판돈 1,000원 내지 2,000원을 걸고 훌라를 한 경우,[43] ② 친한 사이에서 최대 판돈 5,000원을 걸고 카드를 친 경우,[44] ③ 같은 동네 친구들과 각작 5만 원 정도를 가지고 밥값 마련을 위해 훌라를 한 경우,[45] ④ 서로 모르는 사이로 음식점에서 우연히 만나 1인당 1만 원 미만의 돈을 꺼내 놓고 10회 정도 고스톱을 친 경우,[46] ⑤ 한 건물에 세들어 사는 사람들이 술내기 고스톱을 쳐서 딴 돈 8,000원을 보태어 술을 마신 경우,[47] ⑥ 친구들이 주점에서 만나 1인당 100원씩 걸고 2시간에 걸쳐 20여회 민화투를 친 경우[48] 등이 있다.

31   이와는 달리 단시일 내에 전후 6회에 걸쳐 판돈 300만 원 정도가 오고 간 도박을 한 경우는, 일시오락의 정도를 부정하였다.[49]

(2) 외국 카지노에서의 도박행위 위법성

32   대법원은 미국 네바다주에 있는 호텔 카지노에서 상습적으로 도박한 피고인에 관하여, "형법 제3조는 '본법은 대한민국 영역 외에서 죄를 범한 내국인에게 적용한다.'고 하여 형법의 적용 범위에 관한 속인주의를 규정하고 있고, 또한 국가 정책적 견지에서 도박죄의 보호법익보다 좀 더 높은 국가이익을 위하여 예외적으로 내국인의 출입을 허용하는 폐광지역개발지원에관한특별법 등에 따라 카지노에 출입하는 것은 법령에 의한 행위로 위법성이 조각된다고 할 것이나, 도박죄를 처벌하지 않는 외국 카지노에서의 도박이라는 사정만으로 그 위법성이 조각된다고 할 수 없다."고 판시[50]함으로써, 도박을 허용하는 외국에서 이뤄진 도박이라 하더라도 위법한 행위로 판단하였다.

33   그런데 이 판결과 관련하여, ① 형법해석론상 제3조의 속인주의에 관해 통

---

43 대판 2008. 3. 27, 2008도876.
44 대판 2004. 12. 10, 2004도7088.
45 대판 2004. 4. 9, 2003도6351.
46 대판 1990. 2. 9, 89도1992.
47 대판 1985. 11. 12, 85도2096.
48 대판 1983. 3. 22, 82도2151.
49 대판 1985. 6. 11, 85도748.
50 대판 2004. 4. 23, 2002도2518(미국 네바다주에 있는 미라지 호텔 카지노에서 도박); 대판 2017. 4. 13, 2017도953(필리핀 마닐라 A 호텔 내 정켓방에서 바카라 도박). 다만 도박을 인정한 판결들 모두 상습도박죄를 인정한 사안인바, 상습성이 인정되지 않는 단순도박죄에 대해서는 일시오락에 해당한다거나 정당행위로 인정되어 처벌을 면할 가능성이 있다고 보인다.

설·판례는 문제된 범죄행위가 대한민국 국민이 체재하는 외국에서도 범죄로 되는가 하는 점은 제3조의 적용에 있어서 고려할 필요가 없다고 전제하나, 이러한 해석은 권위주의적 국가주의사상에 비롯된 것으로 다른 나라에서는 그 예를 찾아보기 힘들다고 비판하면서, 자국형법을 적용하기 위해서는 국외에서의 행위가 그 외국의 형벌권행사가 규범적으로 가능한 경우에만 제3조의 "죄를 범한" 경우에 해당한다고 볼 수 있고, 따라서 이 경우에만 한국의 형법을 적용하여 처벌할 수 있는 것으로 해석하여야 한다고 하면서 위와 같은 판례를 비판하는 견해,[51] ② 도박죄는 사회적 법익에 관한 죄인바 외국의 카지노가 그 나라에서 적법하다면 우리나라 사회에서 불법하다고 평가할 대상이 되지 않으므로 처벌하지 않는 것이 바람직하다고 보면서 위와 같은 판례를 비판하는 견해,[52] ③ 외국과의 상호주의, 상습도박죄를 제외한 단순도박죄는 폐지해야 한다는 입법론도 제기되는 점, 상당수의 단순도박행위가 처벌을 받지 않는 현실에 비추어 볼 때, 합법적인 외국 카지노에서의 도박행위에 대하여는 국내 카지노와 동등하게 취급하여 형벌권을 유보하여야 한다고 하면서 이를 비판하는 견해,[53] ④ 내국인이 외국의 허가된 카지노에서 도박을 한 행위는 '법령에 의한 행위'로 제20조 소정의 정당행위로 평가받을 수 있다고 이를 비판하는 견해[54]등이 있다.

한편 하급심인 서울고판 2018. 6. 14, 2017노2802[55]는 위 ④와 같은 입장에서, "내국인이 대한민국 영역 외에서 한 행위가 국내법에 위반되는 것이라고 하더라도, 그것이 행위지에서 법령이나 사회상규에 의하여 당연히 허용되는 행위로서 국내법이 보호하고자 하는 법익을 침해하지 아니하여 우리나라의 국가안전보장·질서유지 또는 공공복리와는 무관한 경우에는, 형법 제20조의 '법령에 의한 행위' 또는 '사회상규에 반하지 아니하는 행위'에 관한 규정을 유추 적

51 김성돈, 710; 동, "형법 제3조와 속인주의의 재음미", 형사재판의 제문제(5권): 이용우 대법관 퇴임 기념 논문집, 박영사(2005), 3-22.

52 이정원, "외국 카지노에서의 도박행위의 위법성", 비교형사법연구 8-2, 한국비교형사법학회(2006. 12), 431-449.

53 임무영, "도박죄에 있어서 내국인의 국외범 처벌에 대한 타당성 검토", 저스티스 72, 한국법학원(2003. 4), 245-256.

54 구길모, "형법의 적용범위에 관한 고찰: 해외원정도박에 대한 속인주의 적용 논의를 중심으로", 안암법학 49(2016), 129-157.

55 이 판결은 대판 2018. 8. 30, 2018도1042로 확정되었으나, 위 대법원 판결에는 별다른 설시가 없다.

용하여 위법성이 조각되는 것으로 해석하는 것이 헌법정신에 부합하는 해석이라고 보아야 한다."고 전제하고, 베트남에서 도박장을 개장하여 주로 한국인을 상대로 영업을 한 피고인에 대하여, "비록 그 행위가 대한민국 영역 외에서 이루어졌지만 우리 국민들을 주된 대상으로 도박을 하는 장소를 제공한 것으로서, 형법이 도박 관련 범죄를 처벌함으로써 보호하고자 하는 법익인 우리 사회의 경제에 관한 건전한 도덕법칙을 해하는 결과를 가져오는 것이므로, 설령 그 도박장소 운영이 피고인의 주장과 같이 베트남 법령에 의하여 허용되는 것이라고 하더라도, 형법 제20조에 의하여 위법성이 조각되지 않는다고 보아야 한다."고 판시하였다.

6. 실행의 착수 및 기수시기

35   도박죄는 추상적 위험범·거동범이므로 도박행위의 실행의 착수가 있으면 그것으로 그 행위는 완성되고, 승패가 결정되거나 현실로 재물 또는 재산상 이익의 득실이 있었을 것을 요하지 않는다.[56] 실행의 착수가 언제인지는 원칙적으로 개개 도박의 태양에 따라 구체적으로 결정된다. 예컨대, 화투나 카드와 같이 패를 배부하는 형식의 도박의 경우에는 패를 배부하거나 금전 등을 건 때에 실행의 착수와 함께 기수에 이른다는 것이 다수설이다.[57] 영업자가 게임기 등을 점포에 설치하여 두고 고객을 상대로 도박을 하는 경우, 일본 하급심판결 중에는 기구를 설치하여 고객이 이용하려고 하면 언제든지 작동할 수 있는 상태로 기계를 셋트하여 게임 개시 시에 그 상태를 유지하고 있는 때에 실행의 착수가 있다고 한 판결,[58] 그것만으로는 부족하고 고객이 예컨대 코인 구입을 신청하거나 기구 사용을 약속한 것으로 인정되는 행동을 취한 때에 실행의 착수가 있다고 한 판결[59] 등이 있다.

36   본죄의 미수범은 따로 처벌하는 규정이 없다. 본죄는 기수시기 이후에도

---

56 最判 昭和 23(1948). 7. 8. 刑集 2·8·822(승패); 最決 昭和 37(1962). 6. 26. 裁判集(刑事) 143·213(승패 및 재물의 득실).
57 김성돈, 709; 김일수·서보학, 516; 배종대, § 128/7; 이재상·장영민·강동범, § 37/14; 임웅, 835; 홍영기, 형법(총론과 각론), § 108/4. 이에 대하여 실행의 착수시기를 도박을 하기 위하여 화투나 카드를 잡은 때이고, 기수시기는 화투나 카드를 분배한 때로 구분하는 견해도 있다(오영근, 625).
58 東京高判 昭和 60(1985). 3. 19. 東時 36·3·14.
59 札幌地判 昭和 51(1976). 3. 17. 刑裁月報 8·3·99.

범죄행위가 계속되는 계속범이므로 도박을 끝냈을 때에 비로소 종료된다고 볼 것이다.

7. 죄수, 공범 및 다른 죄와의 관계

(1) 죄수

본죄의 죄수는 도박의 횟수가 아니라 도박을 위해 모인 횟수를 기준으로 해야 한다. 예를 들어, 한 자리에서 화투를 10번 친 경우에도 하나의 본죄만이 성립한다. 며칠 동안 계속 모여 도박을 한 경우, 가사 상습성이 없더라도 연속범의 포괄일죄가 된다.[60] 또한, 동일한 도박을 계속한 때에는 도박참가자의 변동이 있어도 1개의 본죄가 된다.[61] 　　37

(2) 공범

직접 도박에 참여하지 않고 타인의 도박에 가담하는 행위는 경우에 따라 본죄의 공모공동정범,[62] 교사범 또는 종범이 될 수 있다. 어떠한 경우에 공범이 성립하는가의 문제는 구체적 사안에서 각각의 공범의 성립요건을 충족하는지 여부에 따라 결정된다. 　　38

도박방조에는 단순히 도박자금을 빌려주는 행위 이외에도 도박에 필요한 기구나 장소를 빌려주는 행위, 도박판에서 패를 돌리는 행위, 도박장에서 망을 보는 행위 등 여러 가지 형태가 있을 수 있다.[63] 판례 사안을 보면, ① 도박을 하는 자리에서 도박 자금으로 사용하리라는 사정을 알면서 채무변제 명목으로 돈을 교부하였다면 도박을 방조하는 행위에 해당할 수 있다고 판시하였고,[64] ② 피고인이 다른 공동피고인의 도박개장행위가 행하여질 무렵 공동피고인이 도박참가자들에게 도박자금을 대여할 것이라는 사정을 알면서 공동피고인에게 통장과 도장을 교부하고 도박방조행위를 할 때까지도 이를 회수하지 아니하고 방치한 사례에서, 이는 도박 등을 방조하는 행위에 해당한다고 판단하였다.[65] 　　39

---

60 오영근, 625.
61 김성돈, 710; 김일수·서보학, 518; 정성근·박광민, 757; 정성근·정준섭, 483.
62 大判 大正 4(1915). 4. 11. 刑錄 21·1821.
63 주석형법 〔각칙(3)〕(4판), 122(황병하).
64 대판 1970. 7. 28, 70도1218.
65 대판 2007. 8. 23, 2007도4329.

40   한편, 만약 도박자금을 제공하는 사람이 직접 도박을 하는 사람과 사이에 그
수익을 분배하기로 약정하였다면 공모공동정범이 성립할 가능성이 높아진다.

(3) 다른 죄와의 관계

(가) 도박장소개설죄와의 관계

41   영리목적으로 도박장소를 개설한 사람이 스스로 도박에 참가한 경우, 도박
장소개설죄(§ 247)와 본죄의 실체적 경합설(통설),[66] 상상적 경합설,[67] 도박장소개
설죄만 성립한다는 견해[68] 등이 대립한다.

(나) 공갈죄 및 사기죄와의 관계

42   도박행위가 공갈죄(§ 350)의 수단이 된 경우, 공갈죄와 도박죄는 그 구성요
건과 보호법익을 달리하고 있고, 공갈죄의 성립에 일반적·전형적으로 도박행
위를 수반하는 것은 아니며, 도박행위가 공갈죄에 비하여 별도로 고려되지 않
을 만큼 경미한 것이라고 할 수도 없으므로, 도박행위는 공갈죄에 흡수되지 않
고 별도로 성립하고, 두 죄는 실체적 경합관계이다.[69]

43   그리고 도박자금으로 사용하기 위하여 차용금 명목으로 금원을 편취한 경
우, 도박죄 외에 별도의 사기죄(§ 347)도 성립한다.[70]

(다) 특별법위반죄와의 관계

44   본죄에 대한 특별한 처벌규정이 있을 때에는 원칙적으로 법조경합이 되어
본조의 적용이 배제된다.[71] 예를 들어 국민체육진흥법 제26조 제1항은 "서울올

---

66 김성돈, 710; 배종대, § 128/9; 이재상·장영민·강동범, § 37/23; 정성근·박광민, 757; 정성근·정
    준섭, 515.

67 오영근, 625.

68 황산덕, 형법각론(6정판), 159. 일본 판례는 기본적으로 실체적 경합설의 입장이지만〔大判 大正
    12(1923). 3. 15. 刑集 2·204〕, 도박개장자가 도박이 성사되게 할 목적으로 도금의 균형상 도박
    에 참가한 경우에는 도박개장의 일환으로 보아 제186조 제2항의 도박개장죄(賭博開帳図利罪)
    외에 별도로 도박죄는 성립하지 않는다고 한 것이 있다〔東京高判 昭和 52(1977). 4. 14. 判時
    884·114〕.

69 대판 2014. 3. 13, 2014도212.

70 대판 2006. 11. 23, 2006도6795.「민법 제746조의 불법원인급여에 해당하여 급여자가 수익자에
    대한 반환청구권을 행사할 수 없다고 하더라도, 수익자가 기망을 통하여 급여자로 하여금 불법
    원인급여에 해당하는 재물을 제공하도록 하였다면 사기죄가 성립한다고 할 것인바, 피고인이 피
    해자 공소외인으로부터 도박자금으로 사용하기 위하여 금원을 차용하였더라도 사기죄의 성립에
    는 영향이 없다고 한 원심의 판단은 옳은 것으로 수긍이 가고, 거기에 불법원인급여와 사기죄의
    성립에 관한 법리오해의 위법이 있다고 할 수 없다.」

71 대법원 형사법연구회, "60 형법상 도박관련 범죄", 범죄유형별 재판 참고사항(3판)(2018), 421은

림픽기념국민체육진흥공단과 수탁사업자가 아닌 자는 체육진흥투표권 또는 이
와 비슷한 것을 발행(정보통신망에 의한 발행을 포함한다)하여 결과를 적중시킨 자에
게 재물이나 재산상의 이익을 제공하는 행위를 하여서는 아니 된다."고 규정하
고, 같은 법 제48조 제3호는 "제26조 제1항의 금지행위를 이용하여 도박을 한
자를 5년 이하의 징역이나 5,000만 원 이하의 벌금에 처한다."고 규정하고 있는
데, 국민체육진흥법 제26조 제1항의 금지행위를 이용하여 도박을 한 사람에게
는 국민체육진흥법위반(도박등)죄로만 처벌된다.

8. 처 벌

(1) 법정형

1,000만 원 이하의 벌금에 처한다.   45

(2) 몰수·추징

　　몰수·추징에 관하여는 본죄에 관한 특별한 규정이 없으므로 제48조(몰수의   46
대상과 추징) 이하의 규정이 적용된다. 따라서 몰수나 추징은 임의적이다. 이와
같은 점에서 필요적 몰수나 추징을 규정한 한국마사회법 제56조, 게임산업진흥
에 관한 법률 제44조 제2항 등과 대비된다.

　　실제 도박판에 나온 판돈과 도박기구 등은 '범죄행위에 제공한 물건'으로,   47
도박에 사용하려고 준비한 돈은 '범죄행위에 제공하려고 한 물건'으로 각각 제
48조 제1항 제1호에 따라 몰수의 대상이 된다. 또한 도박판에서 딴 돈은 '범죄
행위로 인하여 취득한 물건'으로서, 제48조 제1항 제2호에 따라 몰수의 대상이
된다. 그리고 현장에서 체포되지 않는 등의 이유로 도박에 제공된 금전이나 도
박으로 취득한 금전 등의 몰수가 불가능할 때에는 그 가액만큼 추징이 가능하
다(§48②, ①). 한편 유의할 점은 몰수의 대상은 범인 이외의 자의 소유에 속하
지 않는 것이어야 하고, 몰수 대상 물건을 몰수하기 불가능한 때에 그 가액을
추징하는 것이므로(§48②, ①), 피고인이 다른 공동피고인들에게 도박자금으로
금원을 대여하였다면 그 금원은 그때부터 피고인의 소유가 아니라 다른 공동피
고인들의 소유이므로 그것을 공동피고인들로부터 몰수함은 모르되 피고인으로

실무상 각 특별법위반죄와 형법의 도박 관련 범죄가 같이 기소되는 경우는 거의 없다고 한다.

　　　　　　　　　　　　　　　　　　〔권 순 건〕   **583**

부터 몰수할 성질의 것은 아니고, 따라서 그 가액을 피고인으로부터 추징도 할
수 없다는 점이다.[72]

48   그리고 본조 제2항의 상습도박죄나 제247조의 도박장소 등 개설과 달리 본
죄에 대해서는 범죄수익 은닉의 규제 및 처벌 등에 관한 법률이 적용되지 않으
므로(§ 2(i) 별표 1의 사목 참조), 이를 전제로 한 범죄수익 등에 관한 몰수보전이나
추징보전 등이 이뤄질 수는 없다.

II. 상습도박죄(제2항)

1. 취 지

49   본죄(상습도박죄)는 상습으로 도박죄를 범한 경우에 책임이 가중되는 가중적
구성요건이며, 부진정신분범이다.[73] 이는 본조 제1항의 도박죄가 성립하는 것을
전제로 하므로, 일시오락에 해당하여 도박죄 자체가 성립하지 아니할 때에는 본
죄도 성립할 수 없다. 따라서 비록 도박의 상습성이 인정되는 사람이라고 하더
라도 일시오락에 불과한 정도의 도박을 하여 제1항 단서에 따라 위법성이 조각
되는 경우에는, 본죄가 성립하지 않게 된다.[74] 본죄가 성립한 때에 누범가중의
규정이 적용되는가에 대하여, 통설은[75] 이를 적극적으로 해석한다.[76]

2. 상습성

(1) 의의

50   본죄에서의 상습성은 반복하여 도박행위를 하는 습벽을 말하고, 이것은 행
위의 속성이 아니라 행위자의 속성을 말한다.[77] 동종·동일방법에 의한 도박을
하는 습벽일 필요는 없다.[78] 그리고 직업적으로 도박하는 도박꾼임을 요하지 않

---

72 대판 1982. 9. 28, 82도1669.
73 김성돈, 710; 김일수·서보학, 518; 박찬걸, 815; 오영근, 626; 정성근·정준섭, 515.
74 박상기, 590; 배종대, § 128/10; 이재상·장영민·강동범, § 37/17.
75 이재상·장영민·강동범, § 37/17.
76 最決 昭和 48(1973). 12. 7. 裁判集(刑事) 190·769.
77 대판 1984. 4. 24, 84도195; 대판 1990. 12. 11, 90도2250; 대판 1994. 3. 8, 93도3608; 대판 1995.
   7. 11, 95도955; 대판 2017. 4. 13, 2017도953.
78 김성돈, 710.

으며, 따로 직업이 있어도 상습도박이 될 수 있다.[79]

이러한 습벽의 유무를 판단할 때에는 도박의 전과나 도박횟수 등이 중요한 51
판단자료가 되나, 도박 전과가 없다 하더라도 도박의 성질과 방법, 도금의 규모,
도박에 가담하게 된 태양 등의 제반 사정을 참작하여 도박의 습벽이 인정되는
경우에는 상습성을 인정하여도 무방하다.[80] 또한, 일시오락의 정도에 그치는 도
박행위도 상습성을 인정하는 자료가 될 수 있다.[81]

(2) 구체적 판단기준

(가) 도박 전과 및 도박행위의 반복

도박죄의 전과나 전력은 상습성을 인정하는 데에 중요한 자료가 된다. 전과 52
를 기초로 상습성을 인정할 때에는 심판의 대상이 된 도박행위와 그 전과 사이의
시간적 간격이 검토되어야 한다.[82] 예컨대 전과로부터 장기간이 경과하여 도박의
습벽이 중단되었다고 보이는 경우에는, 당해 전과에 의한 상습성 인정이 곤란할
것이다. 대법원도 장시일이 경과한 전과사실을 근거로 상습성을 인정하기 위해서
는 그 전후관계를 종합하여 그 범행이 피고인의 습벽의 발로라고 인정함에 상당
한 특별사정이 있어야 한다고 판시하였다.[83] 전과의 도박행위와 현재의 도박행위
가 반드시 같은 종류일 필요는 없고, 제247조 소정의 도박장소개설 등이나 특별
법인 게임산업진흥에관한법률위반죄나 한국마사회법위반죄와 같이 그 죄질을 같
이 하는 죄로 처벌받은 전과도 상습성을 인정하는 중요한 자료가 될 수 있다. 도
박방조나 도박교사의 전과도 상습성을 인정하는 중요한 자료가 됨은 물론이다.

도박행위의 반복 역시 상습성을 인정하는 데에 중요한 자료가 된다. 과거 53
에 도박행위를 반복한 사실이 없어도 심판대상이 사건 자체의 반복수행 사실만
으로 상습성의 인정이 가능하다. 상습성이 발현으로 볼 수 없다면 단순히 도박
행위를 반복하는 것 자체를 본죄로 의율할 수 없고, 반대로 상습성의 발현이 인
정되는 한 1회의 도박행위라도 본죄를 구성한다.

---

79 정성근·정준섭, 516.
80 대판 2008. 10. 23, 2006도736; 대판 2017. 4. 13, 2017도953; 대판 1995. 7. 11, 95도955; 대판
   2001. 2. 9, 2000도5645.
81 정영일, 384.
82 大判 昭和 2(1927). 6. 29. 刑集 6·238.
83 대판 2002. 9. 6, 2002도3372(절도의 상습성).

(나) 도박의 태양

54   도박이 전문적인 것인지 아니면 단순한 것인지 등의 종류, 도박이 복잡한지
여부, 도박장의 성격과 규모, 도박에 건 돈의 액수, 피고인이 담당한 역할이 중
요한 것인지 여부, 도박의 상대방이 전문적인 도박꾼인지 여부, 도박이 영업성
을 띠는지 여부 등이 고려할 사항이 된다. 상습성은 도박성과는 구별되는 개념
으로서 도박에 건 판돈이 크든가, 밤샘을 하면서 도박행위를 하였다든가, 도박
의 방법이 단기간에 승패가 나고 사행성이 강한 것이든가 등은 원칙적으로 도
박행위의 악성을 뒷받침하는 자료이고 이러한 악성이 크다는 사유만으로 그 상
습성을 쉽게 단정할 수는 없다.[84] 다만, 도박행위의 악성이 크면 클수록 도박전
과 및 도박행위의 반복 등이 다소 미약하더라도 상습성을 인정하기 쉬워질 것
이다. 실제 대법원 사례에서도 도금 규모가 매우 크거나,[85] 범행 내용 등에 비
추어[86] 그 악성이 큰 경우에는 대체적으로 상습성을 인정하는 것으로 보인다.[87]

3. 죄수, 공범 및 다른 죄와의 관계

(1) 죄수

55   (가) 본죄는 집합범이므로 여러 차례에 걸쳐 도박행위를 한 때에, 상습성만
을 이유로 수죄를 일죄로 취급하는 것은 타당하다고 할 수 없다는 이유로 경합범
이 성립한다는 견해[88]도 있으나, 포괄일죄가 된다고 해석하는 것이 통설이다.[89]

---

84 주석형법 〔각칙(5)〕(5판), 102(김승주). 이 견해는 대판 1990. 12. 11, 90도2250이 이와 같은 취
   지라고 평가하고 있다.
85 대판 2017. 4. 13, 2017도953(해외카지노에서 비교적 단기간 내에 한화 45억 원 규모의 도금의
   바카라 도박을 한 사안); 대판 2012. 4. 26, 2011도12344(2개월 기간 내에 위조여권을 이용해 내
   국인 출입이 금지된 국내 호텔 카지노에서 9억 4,000만 원의 칩을 구매하여 15회 가량 도박한
   사안); 대판 2008. 10. 23, 2006도736(골프장에서 26회에 걸쳐 합계 6억 원 상당의 골프도박을
   한 사안).
86 대판 1995. 7. 11, 95도955(제1회의 도박에 참가한 5명 중 나머지 3명은 처음 만난 사이이며,
   2회에 걸친 도박이 모두 호텔 방에서 딜러가 카드를 분배하는 수법으로 행해졌는데, 도박에 참
   가한 각자가 수백만 원씩의 도금으로 도박을 하였는바, 제1회 도박은 2박 3일 동안 계속되어 딜
   러의 몫으로 떼어진 돈만 40만 원에 이르고, 피고인은 제1회 도박 당시 주도적인 역할을 맡았다
   가 거액의 돈을 잃자 그로부터 3일 후에 다시 제2회 도박을 성사시킨 경우).
87 이에 대한 비판적 입장을 취하는 견해로는 박상기, 590.
88 김성돈, 711; 박상기, 590; 이재상·장영민·강동범, § 37/19.
89 배종대, § 128/13; 오영근, 627; 임웅, 838.

대법원도 통설과 마찬가지로 "상습범이라 함은 다수의 동종의 행위가 상습적으로 반복될 때 이를 일관하여 하나의 죄로 처단하는 소위 과형상의 1죄를 말하는 것이니 동종의 수개의 행위에 상습성이 인정된다면 그 중 형이 중한 죄에 나머지 행위를 포괄시켜 처단하는 것이 상당하므로 하급심이 경합범으로 보아 형법 제37조, 제38조를 적용하여 경합 가중하였음은 법률위반이 있다."고 판단하여, 개개의 도박행위가 포괄일죄로서 1개의 본죄로 처벌된다고 판시하였다.[90]

(나) 본죄는 포괄일죄이므로 포괄일죄에 관한 일반적 논의가 그대로 적용된 **56** 다. 본죄는 그 성질상 시간적 계속성을 지니고 있기 때문에 당해 행위의 실행 도중 형벌법규의 변경이 있는 경우, 신·구법 중 어느 것을 적용할 것인가의 문제가 생긴다. 포괄일죄는 그 실행행위들을 포괄적으로 평가하여 1죄만이 성립한다고 보는 경우이므로, 그 행위들이 신법시행 당시에 종료되었다면 신법을 적용하는 것이 타당하다.[91]

(다) 상습도박 범행 중 일부분만이 누범에 해당하는 경우에 어떻게 취급할 **57** 것인지와 관련하여, 대법원은 상습범의 일부 범행이 누범 기간 내에 이루어진 이상 나머지 행위가 누범기간 경과 후에 행하여졌더라도 그 행위 전부가 누범 관계에 있다고 본다.[92]

(라) 확정된 본죄를 구성하는 각 행위 중간에 이와 다른 종류의 확정판결 **58** (금고 이상의 형에 처한 판결에 한함. § 39 참조)이 있는 경우에 본죄는 확정판결 전후에 걸쳐 있으므로 그 확정판결로 2개의 범죄로 나누어지는지 여부와, 1개의 범죄로 본다면 위 확정판결과의 관계를 어떻게 볼 것인가 하는 문제가 생긴다. 대법원은 상습범과 같은 포괄일죄는 그 중간에 별종의 확정판결이 끼어 있어도 그 때문에 포괄일죄가 둘로 나누어지는 것은 아니고, 또 이 경우에는 그 확정판결 후의 범죄로 다루어야 한다고 판시하였다.[93]

(마) 일반적으로 확정판결의 기판력은 사건이 단일하고 동일한 경우에 그 **59**

---

90 대판 1982. 9. 28, 82도1669.
91 자세한 내용은 이경철, "포괄일죄와 형사판결", 사법연수원 논문집 2(2004), 227-231.
92 대판 1982. 5. 25, 82도600, 82감도115.
93 대판 1986. 2. 25, 85도2767(상습특수강도); 대판 1996. 1. 26, 95도2437(상습사기).

사건 전체에 미치므로, 포괄일죄의 일부에 관하여 확정판결[94]이 있으면 그 확정
판결을 받은 범행이 전에 범행한 잔여부분에 대하여 기판력이 미치는바, 어느
시점까지 기판력이 미치는가가 문제된다. 이에 관해 대법원은 공판사건에서는
사실심리의 가능성이 있는 최후의 시점인 사실심 판결선고 시이고,[95] 약식명령
사건에서는 약식명령이 발령된 시점까지 기판력이 미친다고 보고 있다.[96]

60   그런데 단순도박죄로 유죄의 확정판결이 있은 후 그 단순도박행위 후 판결
선고 전에 범한 다른 도박행위를 상습도박으로 기소한 경우에 위 확정판결의
기판력이 후에 기소된 본죄에도 미치는가가 문제된다. 상습사기죄와 기본 사기
죄의 사례에서 대판 2004. 9. 16, 2001도3206(전)[97]은 전의 확정판결에서 당해
피고인이 상습범으로 기소되어 처단되었을 것을 필요로 하는 것이고, 상습범 아
닌 기본구성요건의 범죄로 처단하는 데 그친 경우에는 가사 뒤에 기소된 사건에
서 비로소 드러났거나 새로 저질러진 범죄사실과 전의 판결에서 이미 유죄로 확
정된 범죄사실 등을 종합하여 비로소 그 모두가 상습범으로서의 포괄적 일죄에
해당하는 것으로 판단된다 하더라도 뒤늦게 앞서의 확정판결을 상습범의 일부에
대한 확정판결이라고 보아 그 기판력이 그 사실심 판결 선고 전의 나머지 범죄
에 미친다고 보아서는 아니 되는 것이라고 판시하였다. 결국 단순도박죄로 유죄
의 확정판결이 있은 후 그 단순도박행위 후 판결선고 전에 범한 다른 도박행위
를 상습도박으로 기소하더라도 위 단순도박죄에 관한 확정판결의 기판력이 후에
기소된 본죄에 미치지 않게 되므로 면소판결이 아닌 유죄판결을 하게 된다.

(2) 공범관계

61   상습범은 부진정신분법이므로 제33조에 따른 공범과 신분 규정이 적용될
수 있는지 문제된다. 상습자와 비상습자가 함께 도박을 한 경우에 상습자는 본

---

94 확정판결과 동일한 효력이 있는 약식명령(대판 1993. 5. 14, 92도2585), 즉결심판(대판 1990. 3.
   9, 89도1046)은 물론, 도로교통법이나 관세법 또는 경범죄 처벌법에 의한 통고처분에 기한 범칙
   금납부(대판 1986. 2. 25, 85도2664)도 여기에 포함된다.
95 대판 1982. 12. 28, 82도2500; 대판 1983. 4. 26, 82도2829. 항소이유서 미제출로 항소기각결정
   이 된 경우에는 항소기각결정 시(대판 1993. 5. 25, 93도836)가 그 기준이 된다.
96 대판 1981. 6. 23, 81도1437.
97 이 판결 평석은 박광민, "상습범의 죄수와 기판력이 미치는 범위", 형사판례연구 [14], 한국형사
   판례연구회, 박영사(2006), 25-44; 이우재, "상습사기죄 중 일부에 대하여 확정재판이 있는 경우
   그 재판의 기판력의 기준시전에 범해진 상습범행에 확정재판의 기판력이 미치는지 여부", 형사
   재판의 제문제(5권): 이용우 대법관 퇴임기념 논문집, 박영사(2005), 39-75.

죄로, 비상습자는 단순도박죄로 처벌된다는 데에는 이론이 없다.

상습자가 비상습자를 교사·방조한 경우에 그 처벌이 어떻게 되는지에 대하   62
여는, ① 상습성은 행위자의 속성이며 책임이 가중되는 부진정신분범이므로 상
습자와 비상습자가 공범관계에 있는 경우에는, 제33조 단서가 적용되어 상습자
에게만 본죄가 성립하고 비상습자는 단순도박죄에 해당한다는 견해[98]가 다수설
로 보인다. 그러나 ② 도박죄는 필요적 공범이므로 도박에 관여한 내부가담자
에 대하여는 제33조를 포함한 총칙의 공범규정이 적용되지 않고 각칙 규정에
따라 상습자는 본죄가, 비상습자는 단순도박죄가 된다는 견해,[99] ③ 신분자가 비
신분자의 범행에 가담한 것이므로 제33조 단서가 적용될 수 없고 제31조 내지
공범종속성원칙에 따라 상습자도 단순도박죄의 교사·방조범의 죄책을 진다는
견해[100] 등 이와 상이한 학설도 다양하게 전개되고 있다.[101]

대법원은 "상습도박의 죄나 상습도박방조의 죄에 있어서의 상습성은 행위   63
의 속성이 아니라 행위자의 속성으로서 도박을 반복해서 거듭하는 습벽을 말하
는 것인바, 도박의 습벽이 있는 자가 타인의 도박을 방조하면 상습도박방조의
죄에 해당하는 것이며, 도박의 습벽이 있는 자가 도박을 하고 또 도박방조를 하
였을 경우 상습도박방조의 죄는 무거운 상습도박의 죄에 포괄시켜 1죄로서 처
단하여야 한다."로 판시하여,[102] 적어도 상습성이 인정되는 사람이 그렇지 않은
사람의 도박행위에 교사·방조한 경우에도 상습도박교사나 상습도박방조죄를
인정할 수 있다는 입장으로 보인다.

또한 본죄의 일부에 공동정범으로 가담한 경우에 그 이전에 이루어진 범행   64
에 대하여도 책임을 지는가의 문제가 생기는바, 대법원은 "포괄적 일죄의 일부
에 공동정범으로 가담한 자는 비록 그가 그 때에 이미 이루어진 종전의 범행을
알았다 하더라도 그 가담 이후의 행위에 대해서만 공동정범으로 책임을 진다."
고 판시하였다.[103]

---

98 배종대, §128/13; 임웅, 838; 정영일, 385.
99 김성돈, 형법각론(5판), 695.
100 박찬걸, 816; 오영근, 627.
101 학설의 상세는 김경락, "단순도박을 방조한 상습도박자의 형사책임", 외법논집 33-4(2009. 11),
    434-447.
102 대판 1984. 4. 24, 84도195.
103 대판 1982. 6. 8, 82도884(연속된 히로뽕 제조행위 중간에 가담한 피고인에 대한 판례).

(3) 다른 죄와의 관계

65   위에서 본 바와 같이 대법원은 도박의 습벽이 있는 사람이 도박을 하고 상습성 없는 사람의 도박을 방조하였을 경우, 상습도박방조죄는 무거운 본죄에 포괄시켜 1죄로서 처단하여야 한다는 취지로 판단하였다.[104]

4. 처 벌

66   3년 이하의 징역 또는 2,000만 원 이하의 벌금에 처한다.

67   도박죄를 범한 사람에 대하여는 단순히 벌금으로만 처벌하도록 하였으나, 상습으로 도박죄를 범한 사람에 대하여는 징역형까지 선고할 수 있도록 형을 가중하였다. 제249조의 규정에 따라 징역형을 선택한 경우에 벌금형을 병과할 수 있다.

68   몰수·추징에 관하여는 도박죄와 마찬가지로 별도의 필요적 몰수·추징을 규정하지 않았으므로 제48조 이하의 규정이 적용된다. 이때의 몰수와 추징은 임의적이다(이에 대한 상세는 **제1항의 도박죄** 부분 참조).

69   단순도박죄와 달리 본죄에 대하여는 범죄수익 은닉의 규제 및 처벌 등에 관한 법률(이하, 범죄수익은닉규제법이라 한다.)이 적용된다(§ 2(i) 별표 1의 사목 참조). 따라서 범죄의 범행으로 생긴 범죄수익 등의 재산은 범죄수익은닉규제법 제8조 내지 제10조의3에서 정하는 요건·절차에 따라 몰수·추징할 수 있다. 본죄로 취득한 재산의 추징은 부정한 이익을 박탈하여 이를 보유하지 못하게 함에 그 목적이 있고, 그 추징은 임의적인 것이므로 추징의 요건에 해당되는 재산이라도 이를 추징할 것인지의 여부는 법원의 재량에 맡겨져 있다.[105]

〔권 순 건〕

---

104 대판 1984. 4. 24, 84도195. 이에 대하여 단순도박방조죄가 본죄에 포괄된다고 하는 견해도 있다(오영근, 627).
105 대판 2007. 6. 14, 2007도2451.

제247조(도박장소 등 개설)

영리의 목적으로 도박을 하는 장소나 공간을 개설한 사람은 5년 이하의 징역 또는 3천만 원 이하의 벌금에 처한다.
[전문개정 2013. 4. 5.]

Ⅰ. 취 지

본죄[(도박장소·도박공간)개설죄]는 영리의 목적으로 도박하는 장소나 공간을 개설함으로써 성립하는 범죄이다. 본죄는 성질상 도박행위를 교사하거나 준비하는 행위를 예정하고 있으나, 영리의 목적 아래 행위자 본인이 주재자가 되어 도박장소·공간을 개설하여 타인의 도박을 교사·방조하는 성격도 지닌다는 점에서 독립된 범죄로 규정한 것이다.[1] 행위자 본인이 재물이나 재산상 이익의 상실 위험을 부담하지 않고 도박을 유인한다는 데에 그 처벌 가치나 이유가 있는 것이다.[2] 단순 도박을 벌하지 않는 외국에서조차 대부분 본죄와 같은 행위의 형사처벌을 규정하는 것은 바로 이런 이유 때문이다.[3]

1

---

1 김성돈, 형법각론(6판), 711; 김신규, 형법각론 강의, 770; 박찬걸, 형법각론(2판), 816; 배종대, 형법각론(13판), §128/14; 오영근, 형법각론(5판), 627; 이재상·장영민·강동범, 형법각론(12판), §37/21; 임웅, 형법각론(10정판), 839; 정웅석·최창호, 형법각론, 278; 최호진, 형법각론, 850; 한상훈·안성조, 형법개론(3판), 680; 주석형법 [각론(3)](5판), 106(김승주).
2 배종대, §128/14; 홍영기, 형법(총론과 각론), §108/8.
3 일본형법 제186조 제2항은 "도박장을 개장하거나 박도(博徒. 도박꾼)을 결합하여 이익을 도모한 자는 3월 이하 5년 이하의 징역에 처한다."고 규정하고 있는데, 본 규정의 합헌성이 다투어진 사안에서 최고재판소는 "도박장장도리죄(賭博場帳図利罪)는 재물을 상실할 위험을 부담함이 없이 오로지 타인이 행하는 도박을 개최하여 이득을 꾀하는 것이므로 단순도박을 벌하지 않는 외국의

[권 순 건]

2   2013년 4월 5일 법률 제11731호로 개정된 이 조항은, 국제연합의 국제조직
범죄방지협약의 대상범죄가 될 수 있도록 3년 이하의 징역 또는 2천만 원 이하
의 벌금에서 5년 이하의 징역형 또는 3천만 원 이하의 벌금으로 법정형을 높였
고, 사이버 공간에서 이루어지는 도박행위 등이 포함된다는 점을 명시하기 위해
'도박공간의 개설'이라는 요건을 추가하였다.[4] 인터넷이나 스마트폰 등이 국민적
으로 활성화된 정보화시대를 맞아, 실무적으로 적용 사례가 급증하고 그 중요성
도 한층 강조되는 분야라고 할 수 있다.

3   본죄는 목적범, 추상적 위험범이고 계속범이다.[5] 다만, 도박죄와 달리 필요
적 공범은 아니다.

II. 주 체

4   주체에는 특별한 제한이 없다.

5   상습도박죄와 달리 비신분범이다. 따라서 도박자 또는 상습도박자일 것을
요하지 않는다. 본죄를 범한 사람이 도박에 참가한 경우에는, 본죄가 성립할 뿐
만 아니라 별도로 도박죄 또는 상습도박죄가 성립한다(통설).[6]

III. 행 위

6   도박하는 장소나 공간을 개설하는 것이다.

입법례에서도 이를 금지하는 것이 보통이다."고 판시하여[最判 昭和 25(1950). 11. 22. 刑集
4·11·2380], 위험부담의 부존재와 이에 따른 이익도모를 중요시하고 있다.
    참고로 2022년 6월 17일 일본형법 개정(법률 제67호)으로 징역형과 금고형이 '구금형'으로 단
일화되어 형법전의 '징역', '구금', '징역 또는 구금'은 모두 '구금형'으로 개정되었고, 부칙에 의하
여 공포일로부터 3년 이내에 정령으로 정하는 날에 시행 예정이다. 그러나 현재 정령이 제정되
지 않아 시행일은 미정이므로, 본장에서 일본형법 조문을 인용할 때는 현행 조문의 '징역' 등의
용어를 그대로 사용한다.
 4 개정 전 조항은 "제247조(도박개장) 영리의 목적으로 도박을 개장한 자는 3년이하의 징역 또는
   2천만원이하의 벌금에 처한다."였다. 개정 전 형법에서도 인터넷 사이트 등은 도박개장죄로 처
   벌할 수 있다는 것이 판례였다(대판 2002. 4. 12, 2001도5802).
 5 김일수·서보학, 새로쓴 형법각론(9판), 519; 이형국·김혜경, 형법각론(2판), 732; 정성근·정준
   섭, 형법강의 각론(2판), 516; 홍영기, § 108/11.
 6 이재상·장영민·강동범, § 37/23.

1. 도박장소 및 공간

(1) 도박장소

'도박장소'는 도박을 행하는 장소, 도박을 위한 장소적 설비를 가리킨다. 방   7
실이나 상설 여부 등 그 설비 여하를 묻지 않고, 본래 누구의 지배에 속한 장소
인지 여부 등도 묻지 않는다. 그 장소에서 행하여지는 도박의 종류·방법 등도
문제되지 않고, 도박자의 수 및 신분 등도 본죄 성립 여부에 관계가 없다. 임시
적 개설도 무방하다. 재물을 거는 행위, 우연의 사정을 결정하는 행위 및 재물을
분배하는 행위가 모두 하나의 장소에서 행하여질 필요도 없다. 따라서 성인피시
방에서 그곳을 찾은 손님들을 상대로 카운터에 설치된 컴퓨터장치를 이용하여
도박에 사용되는 손님 아이디로 현금을 충전해 주고, 현금을 충전받은 손님들이
이를 이용해 게임머니를 구입하여 도박게임을 이용하게 하고, 게임종료 후 남은
게임머니를 환전 사이트에서 환전을 받게 하며, 손님들이 게임머니를 구입한 금
액의 일정액을 수수료 명목으로 지급받은 것도 도박장소개설죄가 성립한다.[7]

(2) 도박공간

도박의 일시·장소·조건을 포함한 도박계획을 수립하여 일반인들에게 도박   8
을 청하거나 도박 참여의 기회를 제공하는 행위 등은 '도박공간'을 개설하는 행
위에 해당한다.[8] 통상적으로 인터넷 공간 등이 여기에 해당한다. 또한, 반드시
실제 도박 등이 이뤄지는 사이트 등을 자신이 개설해야 할 필요가 있는 것도
아니다.

판례는 ① 인터넷 카지노 사이트 총판용 도메인을 개설하여 모집한 회원들   9
로 하여금 카지노 사이트에서 도박하게 하고 그 수익금 중 일부를 회원 또는 카
지노 사이트로부터 교부받은 경우에 도박공간을 개설한 것으로 평가할 수 있
다[9]고 판시하고, ② 인터넷 도박사이트를 운영하는 사람이 먼저 A 오픈채팅방
을 개설하여 아동·청소년이용음란 동영상을 게시하고 1:1 대화를 통해 불특정
다수를 위 오픈채팅방 회원으로 가입시킨 다음, 그 오픈채팅방에서 자신이 운영
하는 도박사이트를 홍보하면서 회원들이 가입 시 입력한 이름, 전화번호 등을

---

7 대판 2008. 10. 23, 2008도3970.
8 주석형법 〔각칙(3)〕(5판), 108(김승주).
9 대판 2013. 3. 28, 2012도16086.

이용하여 전화를 걸어 위 도박사이트 가입을 승인해주는 등의 방법으로 가입을
유도하고 그 도박사이트를 이용하여 도박을 하게 한 경우, 영리를 목적으로 도
박공간을 개설한 행위가 인정된다[10]고 판시하였다.

2. 개 설

10   '개설한다'는 것은 행위자 스스로 주재자(主宰者)가 되어 그 장소나 공간에
대한 지배권을 가짐을 요한다는 것이 통설[11]·판례[12]이다.[13] 따라서 주재자 없
이 도박장소나 도박공간을 개설한 데에 불과한 경우에는 도박죄의 종범이 될
뿐 본죄를 구성하지 않는다. 개설이 일시적인 것이든 지속적인 것이든 문제되지
않는다. 개설한 사람이 직접 현장에 있었는지, 도박자를 모집하였는지 등도 묻
지 않는다.[14]

Ⅳ. 영리의 목적

11   본죄는 '영리의 목적'이라는 초과주관적 구성요건요소를 가진 목적범으로
서, 본죄가 성립하기 위해서는 영리의 목적이 있어야 한다. 구 형법 제186조 제
2항은 '도박장을 개장하거나 또는 박도를 결합하여 리를 도모한 자'라고 하여 이
익을 도모하는 결과의 발생을 요하는 것 같은 형식을 취하였으나, 현행 형법은
이를 '영리의 목적'이라고 명시함으로써 본죄가 목적범의 하나임을 명백히 하였
다. 영리의 목적 없이 도박장소만 제공한 경우에는 도박죄의 종범이 된다.

12   영리의 목적은 도박장소·공간 개설의 대가로 불법한 재산상의 이익을 얻으
려는 의사를 의미하고,[15] 도박장소·공간 개설의 직접적 대가가 아니라 이를 통하

---

10 대판 2020. 9. 24, 2020도8978.
11 다만, 주재자의 의미가 불분명하다는 점 등을 근거로 주재자임을 요하지 않는다는 견해도 있다
   〔박상기, 형법각론(8판) 591; 임웅, 형법각론(10정판) 839-840〕.
12 대판 1998. 8. 25, 98도1708.「도박장소개설죄로 기소된 피고인에 대하여 주재자가 인정되지 않
   는 경우에 도박방조죄가 인정될 수 있다고 하더라도 공소장변경 없이 직권으로 도박방조죄를 인
   정하는 것이 법원의 의무는 아니다.」
13 일본 판례도 같은 입장이다〔最判 昭和 25(1950). 9. 14. 刑集 4·9·1652〕.
14 정영일, 형법강의 각론(3판) 386.
15 最判 昭和 24(1949). 6. 18. 刑集 3·7·1094.

여 간접적으로 얻게 될 이익을 위한 경우에도 인정되며, 또한 현실적으로 그 이익을 얻었을 것을 요하지도 않는다.[16] 다만, 개설 대가의 징수가 아니라 도박에 참가하여 승자로서 이익을 얻은 데 불과한 때에는 '영리의 목적'이 부정된다.[17]

이와 관련한 사례를 보면, 대법원은 회사가 운영하는 인터넷 고스톱게임 사이트를 유료로 전환하는 과정에서 사이트를 홍보하기 위하여 고스톱대회를 개최하고, 참가자 1인당 3만 원씩 참가비를 지급받아 합계 387만 원의 수입을 얻었고, 고스톱게임을 하게 하여 1등부터 9등까지를 선발하고 대회 입상자에 대한 상금으로 1등 200만 원, 2등 80만 원, 3등 50만 원, 4 내지 6등 각 20만 원, 7 내지 9등 각 10만 원 합계 420만 원을 지출한 사안에서, 비록 피고인들이 고스톱대회를 개최하게 된 직접적인 목적이 그들이 운영하는 인터넷 사이트를 유료로 전환하는 과정에서 홍보를 위한 것이었고, 고스톱대회를 개최한 결과 이득을 보지 못하고 오히려 손해를 보았다고 하더라도, 피고인들로서는 고스톱대회를 통하여 장차 유료로 전환하게 될 그들 운영의 인터넷 사이트를 홍보함으로써 궁극적으로는 사이트의 유료 수입을 극대화하려는 목적으로 고스톱대회를 개최한 것이고, 또한 피고인들이 고스톱대회를 개최한 결과 손해를 보았다는 사정은 대회 참가자의 수가 적었다는 우연한 사정으로 발생한 것에 불과하므로, 피고인들에게 있어서 '영리의 목적'이 인정된다고 판단하였다.[18]

V. 기수시기

본죄는 추상적 위험범으로서 영리의 목적으로 도박을 하는 장소나 공간을 개설하면 기수에 이르고, 현실로 도박이 행하여졌음은 묻지 않는다.[19]

대법원도 "피고인들이 단순히 가맹점만을 모집한 상태에서 도박게임 프로그램을 시험 가동한 정도에 그친 것이 아니라 가맹점을 모집하여 인터넷 도박게임이 가능할 수 있도록 시설 등을 설치하고 도박게임 프로그램을 가동하던

---

16 대판 2002. 4. 12, 2001도5802; 대판 2008. 10. 23, 2008도3970.
17 最判 昭和 24(1949). 6. 18. 刑集 3·7·1094.
18 대판 2002. 4. 12, 2001도5802.
19 大判 大正 2(1913). 10. 7. 刑錄 19·989.

중 문제가 발생하여 더 이상의 영업으로 나아가지 못한 것에 불과한 사안에서
영리의 목적으로 포커나 바둑이, 고스톱 등의 인터넷 도박게임 사이트를 개설하
여 운영하는 경우, 현실적으로 게임이용자들로부터 돈을 받고 게임머니를 제공
하고 게임이용자들이 위 도박게임 사이트에 접속하여 도박을 하여, 위 게임으로
획득한 게임머니를 현금으로 환전해 주는 방법 등으로 게임이용자들과 게임회
사 사이에 있어서 재물이 오고 갈 수 있는 상태에 있으면, 게임이용자가 위 도
박게임 사이트에 접속하여 실제 게임을 하였는지 여부와 관계없이 본죄는 기수
에 이른다."고 판시하고, 유죄를 인정한 바 있다.[20]

16   본죄는 계속범이기 때문에 도박행위의 기수 이후에도 범죄행위가 계속되
고, 도박장소를 폐쇄하였을 때에 종료된다.[21]

VI. 죄수, 공범 및 다른 죄와의 관계

1. 죄 수

17   본죄는 계속범으로서 일단 도박장소 또는 도박공간을 개설한 이상 어느 기
간 내에 연속하여 손님으로부터 수수료를 징수하더라도 일죄에 해당한다.[22] 그
러나 장소·방법 등이 달라지는 등 범의가 갱신된 것으로 여겨질 때에는 경합범
이 된다.[23]

18   대법원은 피고인이 선물거래시장의 실제 거래시세정보가 실시간으로 연동되
는 사설 선물거래 사이트를 개설한 다음, 회원들이 피고인 계좌로 돈을 입금하면
일정한 적용비율로 환산한 전자화폐를 적립시켜 준 뒤, 회원들이 거래를 할 때마
다 수수료를 공제하고, 전자화폐의 환전을 요구받으면 원래의 적용비율에 따라
현금으로 환산하여 주는 방식으로 사이트를 운영하여 도박장소개설죄로 기소된
사안에서, "이 사건 약식명령이 확정된 범죄와 이 부분 공소사실의 범죄 사이에
는 각 사설 사이트를 운영한 사무실의 위치, 사설 사이트 운영자, 회원들과의 입

---

20 대판 2009. 12. 10, 2008도5282.
21 오영근, 628.
22 大判 大正 3(1914). 3. 28. 刑錄 20·392.
23 最判 昭和 25(1950). 9. 14. 刑集 4·9·1652.

출금 방식이 서로 다른 점, 약식명령이 확정된 사건에서는 피고인이 단독범으로 기소되었으나 이 부분 공소사실에서는 피고인이 공동정범으로 기소된 점 등 여러 사정에 비추어 보면, 이 사건 약식명령이 확정된 범죄사실과 이 부분 공소사실은 양자 사이에 범의의 단일성과 계속성이 인정되지 아니하고 범행방법도 동일하지 아니하여 포괄일죄에 해당하지 아니하므로 이 사건 약식명령의 기판력이 이 부분 공소사실에 미치지 아니한다."고 판단하였다.[24]

2. 공 범

본죄에 관하여도 총칙상의 공모공동정범이론이 적용되므로, 상호 도박장소·공간 개설에 합의하여 그에 필요한 사무를 분담한 경우에는 공모공동정범이 성립할 수 있다.   19

도박장소의 제공, 도박자의 유인, 도구의 제공, 도박사이트 구축 등의 행위를 하는 등 스스로 주재자의 입장에 서지 않고 단지 개장자를 돕는 행위는 본죄의 방조범이 된다. 다만 종범은 정범의 실행행위 전이나 실행행위 중에 정범을 방조하여 그 실행행위를 용이하게 하는 것을 말하므로, 정범의 실행행위가 있어야 함은 물론이다.   20

대법원도 인터넷 게임사이트에 회원으로 가입한 사람들은 온라인을 통하여 위 사이트에서 제공하는 물맞고, 물바둑이, 물포커 등의 게임물을 이용하여 고스톱, 바둑이, 포커 등의 게임을 하고, 피고인은 위 게임을 이용하는 사람들 중 위 사이트의 온라인게임에서 통용되는 사이버머니를 구입하고자 하는 사람을 유인하여 돈을 받고 위 게임사이트에 접속하여 일부러 패하는 방법으로 사이버   21

---

24 대판 2013. 11. 28, 2013도10467. 피고인이 선물거래시장의 실제 거래시세정보가 실시간으로 연동되는 사설 선물거래 사이트를 개설한 다음, 회원들이 피고인 계좌로 돈을 입금하면 일정한 적용비율로 환산한 전자화폐를 적립시켜 준 뒤, 회원들이 거래를 할 때마다 수수료를 공제하고, 전자화폐의 환전을 요구받으면 원래의 적용비율에 따라 현금으로 환산하여 주는 방식으로 사이트를 운영한 사안에서, 도박장소개설죄는 성립하지만, 피고인의 행위를 무인가 금융투자업 영위에 의한 구 자본시장과 금융투자업에 관한 법률 제444조 제1호, 제11조(무인가 영업행위 금지) [누구든지 이 법에 따른 금융투자업인가(변경인가를 포함한다)를 받지 아니하고는 금융투자업(투자자문업, 투자일임업 및 전문사모집합투자업은 제외한다. 이하 이 절에서 같다)을 영위하여서는 아니 된다]위반죄로 처벌하는 것은 죄형법정주의에 반하여 허용될 수 없다고 한 사례이다. 자본시장과 금융투자업에 관한 법률의 처벌 영역 및 형법상 본죄와 관계에 대해서는 주석형법 [각칙(3)](5판), 123-124(김승주) 참조.

머니를 판매한 사안에서, "정범인 도박개장죄의 실행행위인 도박개장사실, 즉
위 게임사이트를 개설한 자가 위 게임을 그 회원들에게 단순 오락용 게임으로
제공하는 것을 넘어서 회원 간에 사이버머니를 현금화하는 것을 허용한다거나
사실상 현금처럼 사용하게 하는 등의 방법으로 위 게임을 도박의 수단으로 제
공하고 그에 따른 이익을 취득하였다는 사실을 인정할 증거가 없으므로 그 종
범으로 기소된 게임사이트를 개설한 피고인의 도박개장방조죄는 성립하지 않는
다."[25]고 판단하였다.

3. 다른 죄와의 관계

(1) 도박죄와의 관계

22   영리목적으로 도박장소 등을 개설한 사람이 스스로 도박에 참가한 경우, 도
박죄 부분에서 살펴본 바와 같이 도박죄와 본죄의 실체적 경합이라는 것이 통
설이다.[26]

23   본죄를 방조한 사람이 도박을 방조한 경우에는, 본죄는 도박방조를 포함하
는 개념이기 때문에 본죄가 성립하는 한 별도의 도박방조죄가 성립하지 않는다
는 것이 통설이다.[27] 일본 판례는 도박장소·공간의 개설에 수반하여 도박을 교
사·방조한 경우에는 교사·방조행위는 본죄에 흡수되지만,[28] 개설자와 도박행
위자를 매개한 경우에는 쌍방의 범죄의 각 방조죄가 성립하고, 두 죄는 상상적
경합관계라고 한다.[29]

(2) 특별법위반죄와의 관계

24   판례는 ① 무허가 카지노 영업으로 인한 관광진흥법위반죄[30]와 본죄는 상

---

25 대판 2007. 11. 29, 2007도8050.

26 김성돈, 713; 오영근, 628; 이재상·장영민·강동범, § 37/23.

27 김성돈, 710; 배종대, § 128/9; 이재상·장영민·강동범, § 37/23; 정성근·박광민, 형법각론(전정2
   판), 757; 정성근·정준섭, 518.

28 大判 大正 9(1920). 11. 4. 刑錄 26·793.

29 大判 大正 10(1921). 3. 14. 刑錄 27·169.

30 관광진흥법 제81조(벌칙) 다음 각 호의 어느 하나에 해당하는 자는 5년 이하의 징역 또는 5천만
   원 이하의 벌금에 처한다. 이 경우 징역과 벌금은 병과(倂科)할 수 있다.
    1. 제5조제1항에 따른 카지노업의 허가를 받지 아니하고 카지노업을 경영한 자
   제5조(허가와 신고) ① 제3조제1항제5호에 따른 카지노업을 경영하려는 자는 전용영업장 등 문
   화체육관광부령으로 정하는 시설과 기구를 갖추어 문화체육관광부장관의 허가를 받아야 한다.

상적 경합관계에 있다고 본다.[31] ② 본죄와 국민체육진흥법 제26조 제1항의 위반으로 인한 국민체육진흥법위반(도박개장등)죄[32] 사이에도 상상적 경합관계에 있다고 본다.[33] ③ 본죄는 영리의 목적으로 도박을 개장하면 기수에 이르고 현실로 도박이 행하여졌는지는 묻지 아니하므로, 본죄와 게임결과물 환전으로 인한 게임산업진흥에관한법률위반죄[34]는 법률상 1개의 행위로 평가할 수 없어서 상상적 경합관계가 아니라 실체적 경합관계로 본다.[35] ④ 음반·비디오물 및 게

---

31 대판 2009. 12. 10, 2009도11151. 이 판결은 "관광진흥법이 전용영업장(전문영업장) 등 엄격한 시설과 기구를 갖춘 경우에만 카지노업을 허가할 수 있도록 하면서 무허가로 카지노업을 경영한 행위에 대하여 도박개장죄(형법 제247조)보다 중한 형에 처하도록 규정하는 것은, 같은 법 및 그 시행규칙이 요구하는 제반 요건을 모두 갖춘 경우는 물론 이러한 요건을 모두 갖추지는 못하였다고 하더라도 사실상 전용영업장(전문영업장)에 준하는 시설과 기구를 갖추고서 허가를 받지 아니한 채 카지노영업을 한 경우에는 관광진흥법위반죄로 엄하게 처벌하고, 이에 미치지 못 하는 경우 즉 전용영업장(전문영업장)에 준하는 시설과 기준을 사실상 갖추지 아니한 채 도박을 하게 한 경우에는 도박개장죄로만 처벌하려는 취지인 것으로 해석함이 상당하다. 그리고 전용영업장(전문영업장)에 준하는 시설과 기준을 사실상 갖추었는지 여부는 기구 및 시설의 규모, 영업장의 위치 및 면적, 영업을 한 기간의 장단, 종업원들의 역할 분담 여부 등을 종합적으로 고려하여 판단하여야 한다.'고 판시하면서, ① 피고인 등이 준비한 게임기구는 조립식 탁자 1개 및 그 위에 깔 바카라게임판 1개, 다수의 칩에 불과하였던 점, ② 피고인은 다른 공범들과 함께 장소를 옮겨 다니며 총 6회에 걸쳐 카지노영업을 하였는데, 6곳 중 4곳이 호텔의 객실이고, 나머지 2곳은 빌라 또는 아파트로 보이는 점, ③ 전체 영업기간이 2009. 2. 말부터 같은 해 3. 27.까지 약 1달이고, 영업장소마다 짧게는 1일, 길게는 4일 정도씩 영업을 하였던 점 등에 비추어 보면, 비록 환전 및 딜러를 담당하는 직원을 따로 두었다고는 하나, 피고인이 다른 공범들과 함께 사실상 전용영업장(전문영업장)에 준하는 시설과 기준을 갖추고서 카지노영업을 하였다고는 보기 어렵다고 판단하였다.

32 국민체육진흥법 제47조(벌칙) 다음 각 호의 어느 하나에 해당하는 자는 7년 이하의 징역이나 7천만원 이하의 벌금에 처한다.
　2. 제26조제1항을 위반한 자
제26조(유사행위의 금지 등) ① 서울올림픽기념국민체육진흥공단과 수탁사업자가 아닌 자는 체육진흥투표권 또는 이와 비슷한 것을 발행(정보통신망에 의한 발행을 포함한다)하여 결과를 적중시킨 자에게 재물이나 재산상의 이익을 제공하는 행위(이하 "유사행위"라 한다)를 하여서는 아니 된다.

33 대판 2017. 1. 12, 2016도18119.

34 게임산업진흥에 관한 법률 제44조(벌칙) ① 다음 각 호의 어느 하나에 해당하는 자는 5년 이하의 징역 또는 5천만원 이하의 벌금에 처한다.
　2. 제32조제1항제1호·제4호·제7호·제9호 또는 제10호에 해당하는 행위를 한 자
제32조(불법게임물 등의 유통금지 등) ① 누구든지 게임물의 유통질서를 저해하는 다음 각 호의 행위를 하여서는 아니 된다.
　7. 누구든지 게임물의 이용을 통하여 획득한 유·무형의 결과물(점수, 경품, 게임 내에서 사용되는 가상의 화폐로서 대통령령이 정하는 게임머니 및 대통령령이 정하는 이와 유사한 것을 말한다)을 환전 또는 환전 알선하거나 재매입을 업으로 하는 행위

35 대판 2010. 6. 24, 2010도4639.

임물에 관한 법률 제50조 제1호의2, 제21조 제1항 위반죄[36]와 본죄는 법률상 1 개의 행위로 평가되는 경우에 해당하지 않고, 각 그 구성요건을 달리하는 별개의 범죄로서 서로 보호법익을 달리하므로 두 죄를 실체적 경합관계로 본다.[37]
⑤ 본죄와 아동·청소년의 성보호에 관한 법률 제11조 제2항[38] 위반죄 사이에도 실체적 경합관계에 있다고 본다.[39]

Ⅶ. 처 벌

1. 법정형

25   5년 이하의 징역 또는 3천만 원 이하의 벌금에 처한다.

26   징역형을 선택한 경우에는 1천만 원 이하의 벌금형을 병과할 수 있다(§249).

2. 몰수 및 추징

27   (1) 본죄의 몰수와 추징에는 도박죄와 마찬가지로 별도로 필요적 몰수·추징을 규정하지 않으므로 제48조 이하의 규정이 적용되므로 몰수와 추징 그 자체는 임의적이다(이에 대해서는 **단순도박죄**에서의 논의 참조). 다만 앞에서 본 바와

---

36 음반·비디오물 및 게임물에 관한 법률 제50조(벌칙) 다음 각 호의 1에 해당하는 자는 2년 이하의 징역 또는 2천만원 이하의 벌금에 처한다.
    1의2. 제21조제1항·제4항 또는 제5항의 규정에 위반한 자
   제21조(위법한 비디오물·게임물의 판매금지 등) ① 누구든지 제20조제1항의 규정에 의하여 등급분류를 받지 아니한 비디오물 또는 게임물이나 등급분류를 받은 비디오물 또는 게임물과 다른 내용의 것을 제작·유통·시청 또는 이용에 제공하여서는 아니 된다.
37 대판 2007. 4. 27, 2007도2094.
38 아동·청소년의 성보호에 관한 법률 제11조(아동·청소년성착취물의 제작·배포 등) ② 영리를 목적으로 아동·청소년성착취물을 판매·대여·배포·제공하거나 이를 목적으로 소지·운반·광고·소개하거나 공연히 전시 또는 상영한 자는 5년 이상의 징역에 처한다.
39 대판 2020. 9. 24, 2020도8978. 「사설 인터넷 도박사이트를 운영하는 사람이, 먼저 A 오픈채팅방을 개설하여 아동·청소년이용음란 동영상을 게시하고 1:1 대화를 통해 불특정 다수를 위 오픈채팅방 회원으로 가입시킨 다음, 그 오픈채팅방에서 자신이 운영하는 도박사이트를 홍보하면서 회원들이 가입 시 입력한 이름, 전화번호 등을 이용하여 전화를 걸어 위 도박사이트 가입을 승인해주는 등의 방법으로 가입을 유도하고 그 도박사이트를 이용하여 도박을 하게 하였다면, 영리를 목적으로 도박공간을 개설한 행위가 인정됨은 물론, 나아가 영리를 목적으로 아동·청소년이용음란물을 공연히 전시한 행위(아동·청소년의 성보호에 관한 법률 제11조 제2항 위반)도 인정된다고 할 것이다.」

같이 본죄가 성립하는 경우에는 도박공간개설 형태의 국민체육진흥법위반죄 또
는 게임산업진흥에관한법률위반죄 등이 동시에 성립하는 경우가 많은데, 이 경
우 각 법률 소정의 필요적 몰수와 추징 등이 규정되어 있으므로 그에 따라 필요
적으로 몰수와 추징 등을 해야 함에 유의해야 한다.

　　(2) 본죄는 상습도박죄와 함께 범죄수익 은닉의 규제 및 처벌 등에 관한 법　　28
률(이하, 범죄수익은닉규제법이라 한다.) 제2조 제1호 별표 1의 사목이 정하는 '중대
범죄'로 규정되어 있으므로, 범죄의 범행으로 생긴 범죄수익 등의 재산은 범죄
수익은닉규제법 제8조 내지 제10조의3이 정하는 요건·절차에 따라 몰수·추징
할 수 있다. 실무상 본죄로 인한 범죄수익의 추징 등의 쟁점이 자주 발생하므로
이에 관하여 상세히 살펴본다.

　　(3) 본죄로 취득한 범죄수익 등의 추징은 부정한 이익을 박탈하여 이를 보　　29
유하지 못하게 함에 그 목적이 있다. 한편 추징의 대상이 되는지 여부는 엄격한
증명을 필요로 하는 것은 아니나, 그 대상이 되는 범죄수익을 특정할 수 없는
경우에는 추징할 수 없으며 또한 범죄수익은닉규제법 제10조 소정의 추징은 임
의적인 것이므로 그 추징의 요건에 해당되는 재산이라도 이를 추징할 것인지의
여부는 법원의 재량에 맡겨져 있다.[40]

　　한편, 수인이 공모하여 본죄를 범하여 이익을 얻은 경우에도 실질적으로 귀　　30
속된 이익이 없는 피고인에 대하여는 추징을 할 수 없다.[41] 다만, 분배받은 것
이 분명하나 그 분배받은 금원을 확정할 수 없는 때에는 이를 평등하게 분할한
금원을 몰수·추징하여야 한다.[42] 그리고 여기서의 범인에는 공동정범자뿐만 아
니라 정범 또는 교사범도 포함되고 소추 여부를 불문한다.[43]

　　다만, 이와 같은 법리를 적용하기 위해서는 공범자들 상호 간에 범죄수익　　31
등을 분배하였다고 평가할 수 있어야 한다. 가사 공동정범자로서 평가되더라도
주범의 단순한 고용인에 불과하여 얻은 이익이 사실상 급여에 불과한 경우에는
주범이 범죄행위를 하는 과정에서 취득한 금품을 소비한 것에 불과하다고 보고

40　대판 2007. 6. 14, 2007도2451.
41　대판 2007. 10. 12, 207도4695.
42　대판 2016. 10. 13, 2014도11376.
43　대판 1984. 5. 29, 83도2680; 대판 1985. 6. 25, 85도652.

급여 등을 주범으로부터 추징할 것이지 공범으로부터 추징할 것은 아니다.[44][45]

32   (4) 본죄로 얻은 이익은 순수익을 의미하는 것이 아니라 매출수익을 의미하고, 도박장소·공간 개설을 위하여 들인 경비(임대차비용, 부가가치세) 등은 그 대가로 취득한 금품을 소비하거나 자신의 행위를 정당화시키기 위한 방법의 하나에 지나지 않으므로 범죄수익 추징액에서 공제할 것이 아니다. 그런데 여기서의 매출수익을 산정함에 있어서 수수료만을 취득한 피고인의 경우에는 그 수수료 수액만을 말하지 환전한 총액 등을 의미하는 것은 아니고,[46] 도박행위자들에게 지급된 상금 역시 공제하여야 한다.[47]

〔권 순 건〕

44 대판 2013. 4. 11, 2013도1859(영업으로 성매매알선을 한 사안). 이 판결 평석은 권순건, "급여 등 형태로 취득한 공범의 범죄수익 추징", 형사판례연구 〔26〕, 한국형사판례연구회, 박영사(2018), 73.

45 주범이 공범인 직원에게 급여를 지급한 경우, 이를 범죄수익 분배의 일환으로 지급한 것으로 볼 수 있다면 국민체육진흥법 제51조 제1항 및 제3항에 의하여 공범인 직원으로부터 그가 주범으로부터 수령한 급여 상당액을 추징할 수 있으나, 주범이 단순히 범죄수익을 얻기 위하여 비용 지출의 일환으로 공범인 직원에게 급여를 지급한 것에 불과하다면 공범인 직원에 대하여 위 규정에 의한 추징은 허용될 수 없다(대판 2018. 12. 28, 2018도13969).

46 대판 2007. 10. 12, 2007도6019. 피고인이 인터넷 도박사이트를 운영하면서 총판을 통하여 성인 피씨방 가맹점을 모집하였고, 피고인이 모집한 가맹점에서는 게임 이용자들에게 현금과 교환으로 사이버머니를 충전해 주고, 게임을 마친 게임 이용자들에게는 사이버머니를 현금으로 교환하여 주면서 영업 초기에는 환전수수료 5%를 공제하였으나 나중에는 이를 공제하지 않았는데, 그 환전수수료 중 80%는 가맹점 몫으로, 나머지 20%는 본사 몫으로 분배되었고, 피고인이 운영하는 본사는 위 환전수수료와는 별도로 게임 이용자들이 도박 시마다 건 판돈의 7%를 딜러비라는 명목으로 취득하여 그중 4%는 다시 가맹점에 교부하고, 1.5%는 잭팟머니라는 명목으로 별도로 적립하며, 나머지 1.5%를 본사 수익으로 하고, 본사 수익분은 이를 다시 피고인 74%, 도박프로그램 개발자인 A가 26%의 각 비율로 분배된 사안에서, 대법원은 피고인이 이 사건 도박개장으로 취득한 범죄수익은, 영업 초기에 발생한 환전금액의 1%(5% × 0.2)에 해당하는 본사 몫의 환전수수료와 판돈의 1.5%에 해당하는 본사 몫의 딜러비를 합산한 총 본사 수익금에서 공소외 2의 몫을 제외한 나머지 금액이라고 판단하였다.

47 대법원 형사법연구회, "60. 형법상 도박 관련 범죄", 범죄유형별 재판 참고사항(3판)(2018), 424.

제248조(복표의 발매 등)

① 법령에 의하지 아니한 복표를 발매한 사람은 5년 이하의 징역 또는 3천만원 이하의 벌금에 처한다.

② 제1항의 복표발매를 중개한 사람은 3년 이하의 징역 또는 2천만원 이하의 벌금에 처한다.

③ 제1항의 복표를 취득한 사람은 1천만원 이하의 벌금에 처한다.

[전문개정 2013. 4. 5.]

Ⅰ. 취 지

　　본죄는 법령에 의하지 아니한 복표를 발매하거나(제1항)(복표발매죄), 발매중개(제2항)(복표발매중개죄) 또는 취득(제3항)(복표취득죄)함으로써 성립하는 범죄이다. 복표도 우연성에 의해 그 승패가 결정된다는 점에서 넓은 의미의 도박에 해당한다. 복표발매죄와 복표취득죄는 필요적 공범 중 대향범에 해당한다.[1]

　　　1

　　도박과 복표의 구별에 관하여는, ① 승패결정의 방식과 관련해서 도박은 추첨 이외의 우연한 방법에 의해 재물의 득실을 결정하는 데에 반해, 복표는 추첨에 의하여 손실을 결정하고, ② 내기에 건 재물의 소유관계와 관련해서 도박은 재물의 소유권이 승패가 결정될 때까지 승자에게 이전되지 않음에 반해, 복표에서는 재물의 제공에 의해 소유권이 발행자에게 이전하고, ③ 위험부담 관련해서 도박에서는 당사자 모두 재물상실의 위험을 안고 있는 데에 반해, 복표에서는 복표를 산 사람만이 위험을 부담할 뿐 발행자는 위험을 부담하지 않는

　　　2

---

1 김성돈, 형법각론(6판), 713; 주석형법 〔각칙(3)〕(5판), 116(김승주).

다는 세 가지 기준이 거론된다.[2]

3　　한편, 2013년 4월 5일 법률 제11731호로 개정된 본 조항은 복표발매로 인한 수입이 범죄단체의 운영자금 등으로 사용될 수 있다는 점을 고려하여 국제연합의 국제조직범죄방지협약의 대상범죄가 될 수 있도록 함과 동시에 물가 인상률 등을 고려하여 법정형을 상향조정하였다.

4　　사행행위 등 규제 및 처벌 특례법(이하, 사행행위규제법이라 한다.)과의 관계에서 사행행위규제법은 무허가 복표발행영업행위를 처벌하므로 본죄는 영업이 아닌 형태로 복표를 발매한 경우에 적용된다는 견해,[3] 복표발행에는 특별법인 사행행위규제법 제2조 제1항 제2호 가목, 제30조 제1항이 적용되므로 본죄가 적용되는 예는 거의 없다는 견해[4] 등이 있다. 그러나 사행행위규제법 소정의 무허가 복표발행은 그 문언상 제2조 제1항 제2호 가목, 제30조 제2항[5]이 적용되어 그 법정형이 본죄보다 낮고, 반면에 사행행위규제법을 적용할 경우에는 양벌규정이 적용되며(사행행위규제법 § 31[6]), 범죄수익 은닉의 규제 및 처벌 등에 관한 법

---

2 김성돈, 714; 배종대, 형법각론(13판), § 129/3; 이재상·장영민·강동범, 형법각론(12판), § 37/27; 임웅, 형법각론(10정판), 842; 주석형법 〔각칙(3)〕(4판), 136(황병하); 주석형법 〔각칙(3)〕(5판), 115(김승주).

3 오영근, 형법각론(5판), 629.

4 김성돈, 713; 김일수·서보학, 새로쓴 형법각론(9판), 521, 정성근·정준섭, 형법강의 각론(2판), 518.

5 사행행위규제법 제30조(벌칙) ① 다음 각 호의 어느 하나에 해당하는 자는 5년 이하의 징역 또는 5천만원 이하의 벌금에 처한다.
　1. 사행행위영업 외에 투전기나 사행성 유기기구를 이용하여 사행행위를 업으로 한 자
　2. 제1호의 행위를 업으로 하는 자에게 투전기나 사행성 유기기구를 판매하거나 판매할 목적으로 제조 또는 수입한 자
　② 다음 각 호의 어느 하나에 해당하는 자는 3년 이하의 징역 또는 2천만원 이하의 벌금에 처한다.
　1. 제4조제1항 또는 제7조제2항에 따른 허가를 받지 아니하고 영업을 한 자
　제2조(정의) ① 이 법에서 사용하는 용어의 뜻은 다음과 같다.
　1. "사행행위"란 여러 사람으로부터 재물이나 재산상의 이익(이하 "재물등"이라 한다)을 모아 우연적 방법으로 득실을 결정하여 재산상의 이익이나 손실을 주는 행위를 말한다.
　2. "사행행위영업"이란 다음 각 목의 어느 하나에 해당하는 영업을 말한다.
　　가. 복권발행업: 특정한 표찰(컴퓨터프로그램 등 정보처리능력을 가진 장치에 의한 전자적 형태를 포함한다)을 이용하여 여러 사람으로부터 재물등을 모아 추첨 등의 방법으로 당첨자에게 재산상의 이익을 주고 다른 참가자에게 손실을 주는 행위를 하는 영업
　제4조(허가 등) ① 사행행위영업을 하려는 자는 제3조에 따른 시설 등을 갖추어 행정안전부령으로 정하는 바에 따라 지방경찰청장의 허가를 받아야 한다. 다만, 그 영업의 대상 범위가 둘 이상의 특별시·광역시·도 또는 특별자치도에 걸치는 경우에는 경찰청장의 허가를 받아야 한다.

6 사행행위규제법 제31조(양벌규정) 법인의 대표자나 법인 또는 개인의 대리인, 사용인, 그 밖의

률(이하, 범죄수익은닉규제법이라 한다.) 소정의 대상범죄(§2① 별표 중대범죄 7호 참조)로서 범죄수익 등의 몰수·추징이 가능하다는 점에서, 병존적으로 적용된다고 볼 수밖에 없다. 이때 두 죄의 관계는 상상적 경합이라 할 것이다.[7]

Ⅱ. 객 체

본죄의 객체는 '법령에 의하지 아니한 복표'이다.　　　　　　　　　　　　5

1. 법령에 의하지 아니할 것

'법령에 의하지 아니한'이라는 문언의 법적 성격에 관해서는 ① 위법성조각　　6
사유라고 보는 견해,[8] ② 객관적 구성요건표지로서 구성요건해당성 배제사유를 규정한 것으로 보는 견해[9]가 대립한다. 따라서 복권 및 복권기금법(위 법 §4)이나 사회복지공동모금회법(위 법 §18의2)에 의하여 발행되는 복권, 한국마사회법(위 법 §6) 또는 경륜·경정법(위 법 §9)에 의하여 발행되는 마권이나 승자투표권, 국민체육진흥법(위 법 제4장)에 의하여 발행되는 체육진흥투표권 등은 그 성격이 복표라 하더라도 위법성이 조각되거나(위 ①설) 구성요건해당성이 없게 된다(위 ②설).

2. 복 표

(1) 개념

본조는 복표의 개념에 대하여 아무런 언급을 하지 않고 있다. 그런데 사행　　7
행위규제법 제2조 제1항 제2호 (가)목은 '복권발행업'을 정의하면서 '특정한 표

종업원이 그 법인 또는 개인의 업무에 관하여 제30조의 위반행위를 하면 그 행위자를 벌하는 외에 그 법인 또는 개인에게도 해당 조문의 벌금형을 과한다. 다만, 법인 또는 개인이 그 위반행위를 방지하기 위하여 해당 업무에 관하여 상당한 주의와 감독을 게을리하지 아니한 경우에는 그러하지 아니하다.

7 임웅, 841. 나아가 영업이 아닌 복표발매행위는 복권 및 복권기금법 제34조 제1항의 범죄(3년 이하의 징역 또는 3,000만 원 이하의 벌금. 제35조 양벌규정)와 본죄의 상상적 경합이라고 한다(임웅, 841).

8 김성돈, 714; 박상기, 형법각론(8판) 593; 임웅, 842; 정성근·정준섭, 487; 정성근·박광민, 형법각론(전정2판), 762.

9 김일수·서보학, 521; 오영근, 630; 이재상·장영민·강동범, §38/29.

찰(컴퓨터프로그램 등 정보처리능력을 가진 장치에 의한 전자적 형태를 포함한다)을 발매하여 다수인으로부터 금품을 모아 추첨 등의 방법에 의하여 당첨자에게 재산상의 이익을 주고 다른 참가자에게 손실을 주는 행위를 하는 영업'이라고 규정한다. 이에 따라 일반적으로 대부분 복표의 개념을 '특정한 표찰을 발행하여 다수인으로부터 금품을 모아 추첨 등의 방법에 의하여 당첨자에게 재산상의 이익을 주고 다른 참가자에게 손실을 주는 것'으로 설명한다.[10]

8   대법원도 복표의 개념으로서, ① 특정한 표찰일 것, ② 그 표찰을 발매하여 다수인으로부터 금품을 모을 것, ③ 추첨 등의 우연한 방법에 의하여 그 다수인 중 일부 당첨자에게 재산상 이익을 주고 다른 참가자에게 손실을 줄 것을 요구하였다.[11] 나아가 대법원은 "어떠한 표찰이 형법 제248조 소정의 복표에 해당하는지 여부는 그 표찰 자체가 갖는 성질에 의하여 결정되어야 한다."고 판시하면서, 이른바 광고복권 사안에서 "피고인들이 이 사건 표찰(이른바 '광고복권')을 발매함에 있어서 특정한 사업자가 아닌 불특정 다수의 사업자들을 상대로 하여 그 전체의 당첨확률과 발행비용 및 이윤 등을 감안한 가격으로 이 사건 표찰을 계속적으로 발매함으로써 스스로의 계산 아래 다수인으로부터 금품을 모은 점, 이에 따라 이 사건 표찰은 주택복권의 추첨결과를 이용한 우연성에 의하여 일부 당첨자만 이익을 얻고 그 이외의 사람들은 당연히 손실을 볼 수밖에 없는 구조를 갖추고 있는 점, 이 사건 표찰을 구입한 사업자들이 통상의 경우 홍보 및 판촉 수단으로 고객들에게 이 사건 표찰을 무료로 교부하지만, 이 사건 표찰 자체에 그러한 제한이 설정되어 있는 것은 아니고, 사업자들이 이 사건 표찰을 고객 등에게 다시 팔거나 그 구입비용을 상품의 가격에 전가할 수도 있으며, 사업자 자신이 직접 당첨에 응할 수도 있는 점에다가, 형법 제248조 제3항이 규정하는 복표취득죄에 있어서 그 취득은 유상이건 무상이건 가리지 않는다는 점을 종합해 보면, 이 사건 표찰은 통상의 경우 이를 홍보 및 판촉의 수단으로 사용하는 사업자들이 당첨되지 않은 참가자들의 손실을 대신 부담하여 주는 것일 뿐, 그

---

10 김신규, 형법각론 강의, 722; 박찬걸, 형법각론(2판), 819; 최호진, 형법각론, 853; 한상훈·안성조, 형법개론(3판), 682; 홍영기, 형법(총론과 각론), § 108/13; 주석형법 〔각론(3)〕(5판), 114(김승주).

11 대판 2003. 12. 2, 2003도5433. 이 판결 해설은 황병하, "복표의 개념과 판단기준", 해설 48, 법원도서관(2004), 746-756.

자체로는 추첨 등의 우연한 방법에 의하여 일부 당첨자에게 재산상의 이익을 주고 다른 참가자에게 손실을 주는 복표로서의 성질을 갖추고 있다."고 판시하여, 그 복표성을 긍정하였다.[12]

(2) 구별 개념

복표와 구별해야 할 개념으로서는 상품구매에 첨부하는 사은권 혹은 경품권이 있는데, 이것은 경제상의 거래에 부가하는 특수한 이익의 급여 내지 가격할인의 일종이고 사업자가 아닌 다른 참가자들에게 손실을 주지 않으므로 복표가 아니다.[13] 이 점에 관하여 일본 판례는 부첨(복표)이라 함은 재물을 갹출(醵出)하여 추첨의 방법에 의해 당첨자에게 이익을 주는 행위를 말하고, 당첨자가 이익을 얻음과 동시에 당첨되지 않은 자도 그 갹출한 재물을 상실하지 않는 경우에는 부첨죄가 성립하지 않으며, 부첨죄 구성의 하나의 요건인 미당첨자의 재물의 상실은 현실적으로 갹출한 재물의 전부 또는 일부의 상실을 말하고, 단지 그 갹출한 재물의 이자를 얻을 수 없었다는 경우를 포함하지 않는다는 취지로 판시한 바 있다.[14]

9

III. 행 위

1. 발 매

복표의 발매(제1항)라 함은 구매자들에게 복표를 발행·매각하는 것이다.[15]

10

2. 발매의 중개

복표발매의 중개(제2항)라 함은 발매자와 구매자 사이에 매매의 알선을 하

11

---

12 대판 2003. 12. 26, 2003도5433.
13 대판 2003. 12. 26, 2003도5433의 이른바 '광고복권' 역시 '사은권 혹은 경품권'으로 일반 소비자에게 무상으로 교부된 것은 사실이다. 그러나 위 광고복권은 피고인들로부터 유상으로 대량으로 매입한 일반사업자가 소비자에게 위와 같은 광고복권을 무상으로 '사은권 혹은 경품권'으로 나눠준 것에 불과하고, 결국 위 광고복권의 복표적 성격이 없어지는 것은 아니므로 피고인들에 대해서 복표발매죄가 성립한다고 본 것이다.
14 大判 大正 3(1914). 7. 28. 刑錄 20·1548.
15 김일수·서보학, 521; 배종대, §129/4; 오영근, 630; 이재상·장영민·강동범, §37/29; 임웅, 843; 주석형법 〔각칙(3)〕(5판), 115(김승주).

는 일체의 행위를 말한다. 발매자와 사이의 관계가 직접이나 간접이냐를 묻지 않고 보수 유무도 불문한다.[16] 원래는 복표발매의 방조행위지만 특수한 범죄유형으로 처벌하도록 하고 있다.[17]

3. 취 득

12   복표의 취득(제3항)은 복표를 이전받는 행위로서 사실상 소지뿐만 아니라 소유권의 이전도 포함된다.[18] 그리고 유상이건 무상이건 가리지 않는다.[19]

Ⅳ. 처 벌

13   법령에 의하지 아니한 복표를 발매한 사람은 5년 이하의 징역 또는 3천만 원 이하의 벌금에 처한다(§ 248①). 위와 같은 복표발매를 중개한 사람은 3년 이하의 징역 또는 2천만 원 이하의 벌금에 처하고(§ 248②), 복표를 취득한 사람은 1천만 원 이하의 벌금에 처한다(§ 248③). 복표발매죄를 범한 사람에 대하여는 징역형을 선택한 경우에 1천만 원 이하의 벌금형을 병과할 수 있다(§ 249).

14   한편, 몰수·추징에 관하여는 본죄에 관한 특별한 규정이 없으므로 제48조 이하의 규정이 적용된다. 따라서 몰수나 추징은 임의적이다. 본죄는 범죄수익은 닉규제법 소정의 중대범죄가 아니므로(§ 2(i) 별표 1의 사목 참조) 이를 전제로 한 범죄수익 등에 관한 몰수보전이나 추징보전 등이 되지 않는다.

〔권 순 건〕

---

16 주석형법 〔각칙(3)〕(5판), 116(김승주).
17 김성돈, 714; 김일수·서보학. 521; 배종대, § 129/4; 오영근, 630; 이재상·장영민·강동범, § 37/29; 임웅, 843; 주석형법 〔각칙(3)〕(5판), 116(김승주).
18 김성돈, 714; 김일수·서보학. 521; 배종대, § 129/4; 오영근, 630; 이재상·장영민·강동범, § 37/29; 임웅, 843; 주석형법 〔각칙(3)〕(5판), 116(김승주).
19 대판 2003. 12. 26, 2003도5433.

제249조(벌금의 병과)
제246조제2항, 제247조와 제248조제1항의 죄에 대하여는 1천만원 이하의 벌금
을 병과할 수 있다.
[전문개정 2013. 4. 5.]

본조는 제246조 제2항(상습도박), 제247조(도박장소 등 개장)와 제248조 제1항 1
(복표발행)의 죄에 대하여는 1천만 원 이하의 벌금을 병과할 수 있도록 하는 규정
이다.

필요적 병과가 아니라 임의적 병과이므로, 징역형만을 선고할 수도 있다. 2

〔권 순 건〕

[특별법¹] 국민체육진흥법, 한국마사회법, 사행행위 등 규제 및 처벌 특례법, 게임산업진흥에 관한 법률

Ⅰ. 국민체육진흥법

1. 총 론

1　국민체육진흥법은 체육진흥투표권(운동경기 결과를 적중시킨 자에게 환급금을 내주는 표권,² 이른바 스포츠토토) 발행사업을 서울올림픽기념국민체육진흥공단이 독점하여 하도록 하고 있다. 서울올림픽기념국민체육진흥공단이 발행사업을 위탁한 단체나 개인(수탁사업자)이 아닌 자가 체육진흥투표권 또는 이와 비슷한 것을 발행하여 적중자에게 재물이나 이익을 제공하는 행위(유사행위) 등을 금지하고, 이를 위반하는 자와 유사행위를 이용하여 도박한 자를 처벌하는 규정을 두고 있다.³

---

1 이 부분은 대체로 대법원 형사법연구회, 범죄유형별 재판 참고사항(3판)(2018), 419-433의 내용을 참조하여 작성하였다.
2 국민체육진흥법 제2조(정의) 이 법에서 사용하는 용어의 뜻은 다음과 같다.
　12. "체육진흥투표권"이란 운동경기 결과를 적중시킨 자에게 환급금을 내주는 표권(표권)으로서 투표 방법과 금액, 그 밖에 대통령령으로 정하는 사항이 적혀 있는 것을 말한다.
3 불법 스포츠도박의 문제점의 현황과 실태 등에 관한 자세한 내용은 박상현, "불법 스포츠도박의 문제점과 근절 방안", 스포츠엔터테인먼트와 법 22-1, 한국스포트엔터테인먼트법학회(2019. 2), 3-25 참조.

〔권 순 건〕

2. 국민체육진흥법위반(도박개장등)죄[4]

제26조(유사행위의 금지 등) ① 서울올림픽기념국민체육진흥공단과 수탁사업자가 아닌 자는 체육진흥투표권 또는 이와 비슷한 것을 발행(정보통신망에 의한 발행을 포함한다)하여 결과를 적중시킨 자에게 재물이나 재산상의 이익을 제공하는 행위 (이하 "유사행위"라 한다)를 하여서는 아니 된다.
② 누구든지 다음 각 호의 어느 하나에 해당하는 행위를 하여서는 아니 된다.
  1. 「정보통신망 이용촉진 및 정보보호 등에 관한 법률」제2조제1항제1호에 따른 정보통신망을 이용하여 체육진흥투표권이나 이와 비슷한 것을 발행하는 시스템을 설계·제작·유통 또는 공중이 이용할 수 있도록 제공하는 행위
[전문개정 2012. 2. 17.]

제47조(벌칙) 다음 각 호의 어느 하나에 해당하는 자는 7년 이하의 징역이나 7천만원 이하의 벌금에 처한다. 〈개정 2014. 1. 28.〉
  2. 제26조제1항을 위반한 자
[전문개정 2012. 2. 17.]

제48조(벌칙) 다음 각 호의 어느 하나에 해당하는 자는 5년 이하의 징역이나 5천만원 이하의 벌금에 처한다. 〈개정 2014. 1. 28.〉
  4. 제26조제2항제1호에 해당하는 행위를 한 자
[전문개정 2012. 2. 17.]

(1) 제47조 제2호의 죄

(가) 규정 및 구성요건

　서울올림픽기념국민체육진흥공단과 수탁사업자가 아닌 자는 체육진흥투표권 또는 이와 비슷한 것을 발행(정보통신망에 의한 발행을 포함)하여 결과를 적중시킨 자에게 재물이나 재산상 이익을 제공해서는 아니 되며, 이를 위반한 경우에는 7년 이하의 징역이나 7,000만 원 이하의 벌금에 처한다. 또한, 본조를 위반한 자에 대하여는 징역형과 벌금형을 병과할 수 있다(국민체육진흥법 §53).

---

4 대검의 공소장 및 불기소장에 관한 예규에 의하면 국민체육진흥법 제47조 제2호 및 제48조 제4호가 이에 해당한다.

3   이러한 금지규정과 위반자 처벌규정은 체육진흥투표권 발행사업을 도입하기 위하여 국민체육진흥법이 1999년 8월 31일 법률 제6013호로 일부 개정되면서 "서울올림픽기념국민체육진흥공단이 체육진흥투표권 발행사업을 할 수 있다."는 규정과 함께 신설되었다.

4   금지규정과 위반자 처벌규정의 신설 경위 및 국민체육진흥법의 입법 취지 등을 종합해 보면, '체육진흥투표권 또는 이와 비슷한 것을 발행(정보통신망에 의한 발행을 포함)하여 결과를 적중시킨 자에게 재물이나 재산상의 이익을 제공'하는 것이 국민체육진흥법 제26조 제1항의 '금지행위'에 해당한다. 이와 달리 체육진흥투표권 또는 이와 비슷한 것을 발행하기만 하고 결과를 적중시킨 자에게 재물이나 재산상의 이익을 제공하지 않거나, 반대로 이러한 체육진흥투표권 또는 이와 비슷한 것을 발행하지 않은 채 결과를 적중시킨 자에게 재물이나 재산상의 이익만을 제공하는 경우라면, 특별한 사정이 없는 한 국민체육진흥법 제26조 제1항의 '금지행위'에 해당한다고 볼 수 없다.[5]

5   이에 따라 대법원은, 불법 스포츠토토를 직접 발행하지 않은 채 해외 스포츠토토 베팅사이트의 이용을 중계해 주는 사이트를 운영한 경우에는, 해외 스포츠토토 베팅 사이트와 공모관계가 적시되거나 입증되지 않는 이상 국민체육진흥법 제26조 제1항의 '금지행위'에 해당하지 않는다고 판단하였다.[6] 다만, 체육진흥투표권 또는 이와 비슷한 것을 발행한 자와 결과를 적중시킨 자에게 재물이나 재산상의 이익만을 제공하는 자가 각각 독립된 경제주체라도 기능적 행위지배관계가 있다면 공동정범으로서 본죄가 성립하는 것은 물론이다.[7]

---

5 대판 2007. 11. 14, 2017도13140; 대판 2018. 10. 30, 2018도7172(전).

6 대판 2007. 11. 14, 2017도13140. 대법원은 위 사안에서 피고인들이 운영한 중계사이트 자체에서는 경기 결과에 현금이나 게임머니 등을 걸 수 있도록 하는 체육진흥투표권 또는 이와 비슷한 것이 발행되지 않고, 해외 유명 A 베팅사이트(이하 '해외 사이트'라 한다) 운영자들과 계약을 체결하고, 해외 사이트에서 사용 가능한 게임머니 충전을 요청하는 회원들로부터 피고인들과 공소외인 등이 관리하는 계좌로 입금받으면 게임머니를 충전해 줌으로써 회원들이 해외 사이트에서 스포츠경기 결과 등을 적중하는 데 게임머니를 걸 수 있도록 하면서 회원들이 게임머니의 환전을 이 사건 중계사이트에 요청하면, 이에 따라 이 사건 중계사이트 운영자들인 피고인들과 공소외인 등이 게임머니를 한화로 환전하여 그 회원들의 계좌에 입금한 사실관계에 비추어, 해외 사이트 운영자들과의 공모관계가 적시되지 않은 채 피고인들이 공소외인 등과 공모하여 위와 같은 방식으로 이 사건 중계사이트를 운영하였다는 공소사실만으로는, 국민체육진흥법 제26조 제1항의 '유사행위'에 해당하지 아니한다고 판단하였다.

7 대판 2018. 10. 30, 2018도7172(전).

(나) 다른 죄와의 관계

본죄와 제247조 소정의 도박공간개설죄는 상상적 경합관계에 있다.[8] 한편 본죄와 국민체육진흥법 제48조 제4호의 죄 상호 간에는, 본죄의 공범에 해당하는 사람이 실행행위로서 국민체육진흥법 제26조 제2항 제1호의 행위를 한 경우에는, 공범에 관한 총칙 규정에 따라 본죄의 공범이 성립하고, 국민체육진흥법 제48조 제4호의 죄는 이에 흡수된다.[9]

(다) 몰수 및 추징

본죄를 위반한 자가 그 행위를 하기 위하여 소유·소지한 기기 및 장치 등 물건과 유사행위를 통하여 얻은 재물은 몰수하고(국민체육진흥법 §51①), 그 물건과 재물을 몰수하기 불가능하거나 재산상의 이익을 취득한 경우에는 그 가액을 추징한다(국민체육진흥법 §51③). 형법상 도박공간개설죄 등과 달리 본죄의 몰수·추징은 필요적이다.

추징액을 산정함에 있어 적중자에게 지급한 환급금 내지 배당금, 환전하여 준 돈 등은 수익으로 볼 수 없으므로 이를 공제하고,[10] 범죄수익을 얻기 위해 지출한 사무실 차임, 직원 월급 등 사무실 운영경비 등은 공제할 것이 아니다.[11] 위 추징은 부정한 이익을 박탈하여 이를 보유하지 못하게 함에 목적이 있으므로,[12] 수인이 공동으로 이익을 얻은 경우에는 분배받은 금원, 즉 실질적으로 귀속된 이익금만을 개별적으로 추징하여야 하고, 실질적으로 귀속된 이익이 없는 피고인에 대하여는 추징할 수 없다.[13] 유의할 점은 수인이 공동으로 유사행위를 하여 이익을 얻은 경우에는 그 분배받은 금원, 즉 실질적으로 귀속된 이익금을 개별적으로 추징하여야 하지만, 한편 범죄수익을 얻기 위해 범인이 지출한 비용은 그것이 범죄수익으로부터 지출되었다 하더라도 범죄수익을 소비하는 방법에 지나지 않으므로 추징할 범죄수익에서 공제할 것은 아니므로[14] 본죄를 범한 주범이 공범인 직원에게 급여를 지급한 경우, 이를 범죄수익 분배의 일환

6

7

8

8 대판 2017. 1. 12, 2016도18119.
9 대판 2017. 1. 12, 2016도18119.
10 대판 2014. 7. 10, 2014도4708.
11 대판 2015. 7. 23, 2015도3351.
12 대판 2020. 5. 28, 2020도2074.
13 대판 2014. 7. 10, 2014도4708.
14 대판 2008. 6. 26, 2008도1312; 대판 2015. 7. 23, 2015도3351; 대판 2020. 5. 28, 2020도2074.

으로 지급한 것으로 볼 수 있다면 공범인 직원으로부터 그가 주범으로부터 수령한 급여 상당액을 추징할 수 있으나, 주범이 단순히 범죄수익을 얻기 위하여 비용 지출의 일환으로 공범인 직원에게 급여를 지급한 것에 불과하다면 공범인 직원에 대하여 위 규정에 의한 추징은 허용될 수 없다.[15] 본죄는 범죄수익은닉의 규제 및 처벌 등에 관한 법률(이하, 범죄수익은닉규제법이라 한다.) 소정의 중대범죄(§2(i) 별표 1의 제46호 참조)이므로 범죄수익은닉규제법에 따라 몰수보전, 추징보전 등의 절차가 이뤄질 수 있고, 범죄수익이나 범죄수익 등에서 유래한 재산 등은 몰수될 수 있고, 몰수할 수 없거나 몰수하는 것이 적절하지 아니하다고 인정될 때에는 그 가액을 범인으로부터 추징할 수 있다(상세한 내용은 §247 **주해** 해당부분 참조).[16]

(2) 제48조 제4호의 죄

(가) 규정 및 입법취지

9   정보통신망 이용촉진 및 정보보호 등에 관한 법률 제2조 제1항 1호에 따른 정보통신망을 이용하여 체육진흥투표권이나 이와 비슷한 것을 발행하는 시스템을 설계·제작·유통 또는 공중이 이용할 수 있도록 제공하는 행위를 금지하고, 이를 위반한 경우에는 5년 이하의 징역이나 5,000만 원 이하의 벌금에 처한다. 또한, 본죄를 범한 자에게는 징역형과 벌금형을 병과할 수 있다(국민체육진흥법 §53). 이 규정의 입법 취지와 관련하여 대법원은, "불법 스포츠 도박 사업이 기존의 규제를 피하기 위해 교묘하고 세련되게 발전하는 상황을 규율하여, 국민체육진흥법 제26조 제1항 행위에까지 이르지 않았지만 이와 밀접한 관련이 있는 국민체육진흥법 제26조 제2항 제1, 2, 3호 각 행위도 금지하고 이를 위반한 자를 처벌하도록 함으로써 불법적인 스포츠 도박 사업 운영을 근원적이고 효과적으로 방지하고자 하는 데에 있다. 특히 그중에서도 제1호 행위를 금지하고 그 위반행위자를 처벌하도록 하는 것은, 제1항 행위가 이루어질 수 있는 불법 스포츠 도박 사

---

15 대판 2018. 12. 28, 2018도13969.
16 따라서 범죄수익에 해당하는 범죄행위에 의하여 생긴 재산 또는 그 범죄행위의 얻은 보수로 얻은 재산(범죄수익), 범죄수익에서 유래한 재산 및 이들 재산과 그 외의 재산이 합쳐진 재산(범죄수익등)의 취득 또는 처분에 관한 사실을 가장하거나, 범죄수익의 발생을 가장하거나 특정범죄를 조장하거나 적법하게 취득한 재산으로 가장할 목적으로 범죄수익 등을 은닉한 자 및 그 미수범, 예비 또는 음모, 그 정황을 알면서 범죄수익등을 수수한 자는 동법의 처벌대상이 된다.

이트를 설계·제작·유통 또는 공중이 이용할 수 있도록 제공하는 행위까지도 차단하여 제1항 행위를 근절하기 위한 것"으로 판시하였다.[17]

(나) 구성요건

'체육진흥투표권이나 이와 비슷한 것을 발행하는 시스템'을 설계·제작·유 통하거나 또는 공중이 이용할 수 있도록 제공하는 행위를 금지한다.

10

금지행위 중 '공중이 이용할 수 있도록 제공하는 행위'와 관련하여, 피고인 들이 甲 등과 공모하여, 여러 해외 베팅사이트의 운영업체와 중계계약을 체결하 여 16개가량의 중계사이트를 개설한 후 불특정 다수의 내국인들을 회원으로 모 집하고 회원들로 하여금 중계사이트를 통해 해외 베팅사이트에서 제공하는 각 종 스포츠 경기의 승부에 베팅을 하게 하여 베팅이 적중할 경우 미리 정해진 비 율에 따라 환전을 해 주고, 적중하지 못하면 베팅금을 자신들이 취득하는 방법 으로 중계사이트를 운영한 사안에서, 대판 2018. 10. 30, 2018도7172(전)[18]의 다수의견은, "해외 베팅사이트에서 발행하는 체육진흥투표권 등을 구매하기 위 해 필요한 게임머니 충전은 해외 베팅사이트 이용에 없어서는 안 되는 필수적 인 기능이고, 환전은 해외 베팅사이트를 이용하는 데 결정적인 동기나 유인이 되며, 아울러 피고인들은 중계사이트를 통해 해외 베팅사이트를 이용한 회원들 의 도박 결과에 따른 이익과 손실의 귀속주체였으므로, 이러한 관점에서 피고인 들의 행위는 전체적으로 국민체육진흥법 제26조 제2항 제1호 행위 중 '정보통신 망을 이용하여 체육진흥투표권 등을 발행하는 시스템을 공중이 이용할 수 있도 록 제공하는 행위'로 보기에 충분한 점, 위 제1호 행위 중 다른 유형의 행위와 비교해 보아도 피고인들이 해외 베팅사이트에의 연결, 게임머니 충전 및 환전이 가능한 별도의 사이트(중계사이트)를 운영한 행위는 불법성의 정도에서 '정보통신 망을 이용하여 체육진흥투표권 등을 발행하는 시스템을 설계·제작·유통하는 행위'와 차이가 없거나 오히려 더 크고, 또한 피고인들의 행위를 위 제1호 행위 에 비해 불법성의 정도와 법정형이 훨씬 가벼운 같은 항 제3호 행위 중 '체육진 흥투표권 등의 구매를 중개 또는 알선하는 행위'에 불과하다고 볼 수 없는 점

11

---

17 대판 2018. 10. 30, 2018도7172(전).
18 이 판결 해설은 전우석, "피고인들의 국민체육진흥법 위반(도박개장 등) 행위가 제26조 제2항 제1 호에 해당하는지 또는 같은 항 제3호에 해당하는지 여부", 해설 118, 법원도서관(2019), 646-664.

등을 종합하면, 피고인들의 행위는 위 제1호에서 규정하는 '정보통신망을 이용
하여 체육진흥투표권 등을 발행하는 시스템을 공중이 이용할 수 있도록 제공하
는 행위'에 해당한다."고 판단하였다.[19]

12   이에 대하여 반대의견은, "법 제26조 제2항은 "누구든지 다음 각 호의 어느
하나에 해당하는 행위를 하여서는 아니 된다."라고 규정하면서, 그 제1호로 '정
보통신망을 이용하여 체육진흥투표권 등을 발행하는 시스템을 설계·제작·유통
또는 공중이 이용할 수 있도록 제공하는 행위'를 들고 있다. 위 조항의 문언에
의하면, 설계·제작·유통 또는 '공중이 이용할 수 있도록 제공하는 행위'의 목적
물은 '정보통신망을 이용하여 체육진흥투표권 등을 발행하는 시스템'이다. 즉,
위 조항은 위와 같은 시스템을 설계·제작·유통 또는 공중의 이용에 제공하는
행위를 금지하고 있다. 따라서 체육진흥투표권 등을 발행하는 시스템 그 자체가
아니라 별도의 중계사이트를 통하여 체육진흥투표권 등을 발행하는 시스템에
접속이 용이하도록 링크를 제공하는 행위는 법 제26조 제2항 제3호에 규정한
'중개 또는 알선하는 행위'에 해당할 뿐 위 조항의 구성요건에 해당한다고 볼 수
없다. 이는 위 조항이 금지하는 다른 행위유형인 '설계·제작·유통'이 체육진흥
투표권 등을 발행하는 시스템 그 자체를 대상으로 한다는 점에 비추어 보아도
분명하다. 결국 피고인들의 행위는 법 제26조 제2항 제3호에서 규정하는 '유사
행위를 홍보하거나 체육진흥투표권 등의 구매를 중개 또는 알선하는 행위'에 해
당할 뿐, 같은 항 제1호에서 규정하는 '정보통신망을 이용하여 체육진흥투표권
등을 발행하는 시스템을 공중이 이용할 수 있도록 제공하는 행위'에는 해당하지
않는다고 보아야 한다."고 설시하였다.

---

19 같은 취지의 판결로는 대판 2018. 11. 29, 2018도9672. 「국민체육진흥법 제26조 제1항 및 제2항
   제1호, 제2호, 제3호의 입법 취지, 내용, 불법 스포츠 도박 사업을 규제하는 국민체육진흥법의
   체계 및 형벌법규 해석의 원칙 등을 종합하면, 정보통신망을 이용하여 체육진흥투표권 등을 발
   행하는 시스템에서 경기의 승부에 걸기 위하여 체육진흥투표권 등의 구매에 필수적인 게임머니
   를 확보하여 이를 충전시켜 주는 행위는 발행 시스템에 대한 공중의 이용에 필수적인 기능을 하
   는 것으로 평가할 수 있고, 발행 시스템의 관리 권한을 가진 운영자만이 이를 공중의 이용에 제
   공할 수 있다고 볼 수는 없으므로, 해외 베팅사이트 운영자들과 계약을 체결한 후 링크를 통한
   해외 베팅사이트에의 연결, 해외 베팅사이트에서 사용하는 데 필요한 게임머니 충전 및 게임머
   니의 한화로의 환전 등을 할 수 있는 중계사이트를 운영한 행위는 국민체육진흥법 제26조 제2
   항 제1호가 규정하는 '정보통신망을 이용하여 체육진흥투표권 등을 발행하는 시스템을 공중이
   이용할 수 있도록 제공하는 행위'에 해당한다고 봄이 타당하다.」

(다) 몰수 및 추징

본죄를 위반한 자에 관한 몰수·추징에 관하여는 특별한 규정이 존재하지   13
않으므로 형법 제48조 이하의 규정이 적용된다.

3. 국민체육진흥법위반(도박등)죄

제26조(유사행위의 금지 등) ① 서울올림픽기념국민체육진흥공단과 수탁사업자가
아닌 자는 체육진흥투표권 또는 이와 비슷한 것을 발행(정보통신망에 의한 발행을
포함한다)하여 결과를 적중시킨 자에게 재물이나 재산상의 이익을 제공하는 행위
(이하 "유사행위"라 한다)를 하여서는 아니 된다.
[전문개정 2012. 2. 17.]

제48조(벌칙) 다음 각 호의 어느 하나에 해당하는 자는 5년 이하의 징역이나 5천
만원 이하의 벌금에 처한다. 〈개정 2014. 1. 28.〉
　3. 제26조제1항의 금지행위를 이용하여 도박을 한 자
[전문개정 2012. 2. 17.]

서울올림픽기념국민체육진흥공단과 수탁사업자가 아닌 자는 체육진흥투표   14
권 또는 이와 비슷한 것을 발행(정보통신망에 의한 발행을 포함)하여 결과를 적중시
킨 자에게 재물이나 재산상의 이익을 제공하는 행위를 이용하여 도박한 자를
5년 이하의 징역이나 5,000만 원 이하의 벌금에 처한다(국민체육진흥법 §48(ⅲ),
§26①).[20] 또한, 본죄를 범한 자에게는 징역형과 벌금형을 병과할 수 있다(국민체
육진흥법 §53). 형법상 단순도박(1,000만 원 이하의 벌금)이나 상습도박(3년 이하의 징
역 또는 2000만 원 이하의 벌금)에 비하여 그 법정형이 매우 중하다.

본죄를 위반한 자에 관한 몰수·추징에 관하여는 특별한 규정이 존재하지   15
않으므로 형법 제48조 이하의 규정이 적용된다.

---

20 이와 같은 범죄를 국민체육진흥법위반(도박등)죄로 의율하고 있다(공소장 및 불기소장에 관한
　예규 16. 국민체육진흥법위반 사건 죄명표 참조).

II. 한국마사회법

1. 총 론

16

한국마사회법(이하, 마사회법이라 한다.)은 경마의 시행, 승마투표권(경마시행 시 승마를 적중시켜 환급금을 받으려는 자의 청구에 따라 마사회가 발매하는 승마투표방법·마번 및 금액 등이 적힌 표) 발행사업을 한국마사회가 독점하도록 하고, 한국마사회가 아닌 자가 경마를 시행하거나 마사회가 시행하는 경주에 관하여 승마투표와 비슷한 행위를 하게 하여 적중자에게 재물이나 이익을 지급하는 행위, 영리를 목적으로 마권의 구매 대행, 알선, 양도, 마사회가 시행하는 경주를 이용하여 도박을 하는 행위 등을 금지하고, 이를 위반한 자와 그 행위의 상대방이 된 자를 처벌하는 규정을 두고 있다.

2. 한국마사회법위반(도박개장등)죄

제48조(유사행위의 금지 등) ① 마사회가 아닌 자는 다음 각 호의 어느 하나에 해당하는 행위를 하여서는 아니 된다.

1. 경마를 시행하는 행위
2. 마사회가 시행하는 경주에 관하여 승마투표와 비슷한 행위를 하게 하여 적중자에게 재물 또는 재산상의 이익을 지급하는 행위

② 누구든지 다음 각 호의 어느 하나에 해당하는 행위를 하여서는 아니 된다.

1. 외국에서 개최되는 말의 경주에 전자적 방법으로 국내에서 승마투표나 이와 비슷한 행위를 하게 하여 적중자에게 재물 또는 재산상의 이익을 지급하는 행위
2. 영리 목적으로 마권 또는 이와 비슷한 것의 구매를 대행 또는 알선하거나 마권을 양도하는 행위

③ 누구든지 다음 각 호의 어느 하나에 해당하는 행위를 하여서는 아니 된다.

1. 제1항 또는 제2항의 행위를 위하여 마사회가 제공하는 경주의 배당률, 경주 화면 및 음성, 컴퓨터 프로그램 저작물(경마정보에 관한 전자문서를 포함한다) 등을 복제·개작 또는 전송하는 행위
2. 제1항 또는 제2항의 행위를 위하여 「정보통신망 이용촉진 및 정보보호 등에

관한 법률」 제2조제1항제1호에 따른 정보통신망을 이용하여 마권이나 이와
비슷한 것을 발행하는 시스템을 설계·제작·유통하거나 공중이 이용할 수 있
도록 제공하는 행위

　3. 제1항 또는 제2항의 행위를 홍보하는 행위
[전문개정 2015. 2. 3.]

제50조(벌칙) ① 다음 각 호의 어느 하나에 해당하는 자는 7년 이하의 징역 또는
7천만원 이하의 벌금에 처한다. 〈개정 2015. 2. 3., 2020. 3. 24.〉

　1. 제48조제1항, 제2항 또는 같은 조 제3항제1호를 위반한 자
② 제1항제1호부터 제5호까지의 미수범은 처벌한다. 〈신설 2015. 2. 3.〉
③ 제1항제1호부터 제5호까지는 징역과 벌금을 함께 부과할 수 있다. 〈신설 2015.
2. 3.〉
[전문개정 2009. 5. 27.]

제51조(벌칙) 다음 각 호의 어느 하나에 해당하는 자는 5년 이하의 징역 또는 5천
만원 이하의 벌금에 처한다. 〈개정 2020. 3. 24.〉

　9. 제48조제3항제2호를 위반한 자
[전문개정 2015. 2. 3.]

제53조(벌칙) 다음 각 호의 어느 하나에 해당하는 자는 3년 이하의 징역 또는 3천
만원 이하의 벌금에 처한다.

　1. 제48조제3항제3호를 위반한 자
[전문개정 2015. 2. 3.]

(1) 구성요건 및 처벌

　① 마사회가 아닌 자가 경마[21]를 시행하거나(마사회법 §48①(i)) 마사회가 시　　17
행하는 경주에 관하여 승마투표와 비슷한 행위를 하게 하여 적중자에게 재물
또는 재산상의 이익을 지급하는 행위(마사회법 §48①(ii)), ② 외국에서 개최되는

---

21 "경마"란 기수가 타고 있는 말의 경주에 대하여 승마투표권을 발매하고, 승마투표 적중자에게
　환급금을 지급하는 행위를 말한다(마사회법 §2(i)).

말의 경주에 전자적 방법으로 국내에서 승마투표나 이와 비슷한 행위를 하게 하여 적중자에게 재물 또는 재산상의 이익을 지급하는 행위(마사회법 §48②(i)), ③ 영리 목적으로 마권 또는 이와 비슷한 것의 구매를 대행 또는 알선하거나 마권을 양도하는 행위(마사회법 §48②(ii))를 하거나 위와 같은 행위를 위하여 마사회가 제공하는 경주의 배당률, 경주화면 및 음성, 컴퓨터 프로그램 저작물(경마정보에 관한 전자문서를 포함한다) 등을 복제·개작 또는 전송하는 행위(마사회법 §48③(i))는 금지되고, 이를 위반한 자는 7년 이하의 징역 또는 7,000만 원 이하의 벌금에 처한다(마사회법 §50①(i)의 죄). 위 ① 내지 ③의 죄에 대하여는 각 미수범은 처벌하고(마사회법 §50②), 각 징역과 벌금을 함께 부과할 수 있다(마사회법 §50③).

18   또한, ④ 제48조 제1항 또는 제2항의 행위를 위하여 정보통신망을 이용하여 마권이나 이와 비슷한 것을 발행하는 시스템을 설계·제작·유통하거나 공중이 이용할 수 있도록 제공하는 행위(마사회법 §48③(ii))도 금지되고, 이를 위반하는 자는 5년 이하의 징역 또는 5,000만 원 이하의 벌금에 처한다(마사회법 §51(ix)). 마사회법 제48조 제3항 제2호는 같은 항 제1호의 금지규정과 달리 한국마사회가 제공하는 경주의 배당률, 경주화면 및 음성, 컴퓨터 프로그램 저작물 등을 사용하지 않을 것을 요건으로 한다. 그리고 ⑤ 마사회법 제48조 제1항 또는 제2항의 행위를 홍보하는 행위(마사회법 §48③(iii))도 금지되고, 이를 위반한 자는 3년 이하의 징역 및 3,000만 원 이하의 벌금에 처한다(마사회법 §53(i)). 위 ④, ⑤의 죄에 대하여는 미수범 처벌이나 징역과 벌금의 병과규정이 없다.

(2) 죄수

19   본죄와 도박공간개설죄(§247) 등이 각각 성립하는 경우에, 그 죄수 관계는 국민체육진흥법위반죄와 마찬가지로 상상적 경합관계에 있는 것으로 본다.

(3) 몰수 및 추징

20   마사회법 제50조 제1항 제1호 위반으로 취득한 재물은 필요적으로 몰수하고, 재물은 몰수한다. 다만, 재물을 몰수할 수 없거나 재산상의 이익을 취득하였을 때에는 그 가액을 추징한다(마사회법 §56). 본죄의 범죄수익금을 계산함에 있어서 그 구체적인 방법은 앞서 살펴본 국민체육진흥법위반(도박개장등)죄와 별반 차이가 없다.

한편 마사회법 제50조 제1항 제1호 위반의 죄는 범죄수익은닉규제법 소정 21
의 중대범죄(§2(i) 별표 1의 제22호 참조)이므로 범죄수익은닉규제법에 따라 몰수보
전, 추징보전 등의 절차가 이뤄질 수 있고, 범죄수익이나 범죄수익 등에서 유래
한 재산 등은 몰수될 수 있고, 몰수할 수 없거나 몰수하는 것이 적절하지 아니
하다고 인정될 때에는 그 가액을 범인으로부터 추징할 수 있다(§8, §10).

3. 한국마사회법(도박등)죄

제50조(벌칙) ① 다음 각 호의 어느 하나에 해당하는 자는 7년 이하의 징역 또는
7천만원 이하의 벌금에 처한다. 〈개정 2015. 2. 3, 2020. 3. 24.〉
　2. 마사회가 시행하는 경주를 이용하여 도박을 하거나 이를 방조한 자
② 제1항제1호부터 제5호까지의 미수범은 처벌한다. 〈신설 2015. 2. 3.〉
③ 제1항제1호부터 제5호까지는 징역과 벌금을 함께 부과할 수 있다. 〈신설 2015.
2. 3.〉
[전문개정 2009. 5. 27.]

제51조(벌칙) 다음 각 호의 어느 하나에 해당하는 자는 5년 이하의 징역 또는 5천
만원 이하의 벌금에 처한다. 〈개정 2020. 3. 2.〉
　8. 제48조제1항 또는 제2항의 행위의 상대가 된 자
[전문개정 2015. 2. 3.]

(1) 제50조 제1항 제2호의 죄

마사회가 시행하는 경주를 이용하여 도박을 하거나 이를 방조한 자는 7년 22
이하의 징역 또는 7,000만 원 이하의 벌금에 처한다(마사회법 §50①(ii)) 참조). 본
죄의 미수범은 처벌하고(마사회법 §50②), 징역과 벌금을 함께 부과할 수 있다
(마사회법 §50③).

(2) 제51조 제8호의 죄

마사회법 제48조(유사행위의 금지 등) 제1항 또는 제2항의 행위의 상대가 된 23
자는 5년 이하의 징역 또는 5,000만 원 이하의 벌금에 처한다(마사회법 §51(viii)
참조).

24   위 (1), (2) 어느 경우에나 형법상 단순도박(1,000만 원 이하의 벌금)이나 상습도
박(3년 이하의 징역 또는 2000만 원 이하의 벌금)에 비하여 그 법정형이 매우 중하다.

III. 사행행위 등 규제 및 처벌 특례법

제2조(정의) ① 이 법에서 사용하는 용어의 뜻은 다음과 같다.

1. "사행행위"란 여러 사람으로부터 재물이나 재산상의 이익(이하 "재물등"이라
   한다)을 모아 우연적 방법으로 득실을 결정하여 재산상의 이익이나 손실을
   주는 행위를 말한다.
2. "사행행위영업"이란 다음 각 목의 어느 하나에 해당하는 영업을 말한다.
   가. 복권발행업: 특정한 표찰(컴퓨터프로그램 등 정보처리능력을 가진 장치
      에 의한 전자적 형태를 포함한다)을 이용하여 여러 사람으로부터 재물등
      을 모아 추첨 등의 방법으로 당첨자에게 재산상의 이익을 주고 다른 참
      가자에게 손실을 주는 행위를 하는 영업
   나. 현상업: 특정한 설문 또는 예측에 대하여 그 답을 제시하거나 예측이 적
      중하면 이익을 준다는 조건으로 응모자로부터 재물등을 모아 그 정답자
      나 적중자의 전부 또는 일부에게 재산상의 이익을 주고 다른 참가자에게
      손실을 주는 행위를 하는 영업
   다. 그 밖의 사행행위업: 가목 및 나목 외에 영리를 목적으로 회전판돌리기,
      추첨, 경품 등 사행심을 유발할 우려가 있는 기구 또는 방법 등을 이용하
      는 영업으로서 대통령령으로 정하는 영업
5. "투전기"란 동전·지폐 또는 그 대용품을 넣으면 우연의 결과에 따라 재물등
   이 배출되어 이용자에게 재산상 이익이나 손실을 주는 기기를 말한다.
6. "사행성 유기기구"란 제5호의 투전기 외에 기계식 구슬치기 기구와 사행성
   전자식 유기기구 등 사행심을 유발할 우려가 있는 기계·기구 등을 말한다.

② 제1항제2호부터 제4호까지의 영업은 대통령령으로 정하는 바에 따라 세분할
수 있다.

[전문개정 2011. 8. 4.]

제4조(허가 등) ① 사행행위영업을 하려는 자는 제3조에 따른 시설 등을 갖추어 행

정안전부령으로 정하는 바에 따라 시·도경찰청장의 허가를 받아야 한다. 다만, 그 영업의 대상 범위가 둘 이상의 특별시·광역시·도 또는 특별자치도에 걸치는 경우에는 경찰청장의 허가를 받아야 한다. 〈개정 2013. 3. 23., 2014. 11. 19., 2017. 7. 26., 2020. 12. 22.〉

[전문개정 2011. 8. 4.]

제30조(벌칙) ① 다음 각 호의 어느 하나에 해당하는 자는 5년 이하의 징역 또는 5천만원 이하의 벌금에 처한다.

1. 사행행위영업 외에 투전기나 사행성 유기기구를 이용하여 사행행위를 업(業)으로 한 자
2. 제1호의 행위를 업으로 하는 자에게 투전기나 사행성 유기기구를 판매하거나 판매할 목적으로 제조 또는 수입한 자

② 다음 각 호의 어느 하나에 해당하는 자는 3년 이하의 징역 또는 2천만원 이하의 벌금에 처한다.

1. 제4조제1항 또는 제7조제2항에 따른 허가를 받지 아니하고 영업을 한 자

[전문개정 2011. 8. 4.]

시행령 제1조의2(기타 사행행위업)

「사행행위 등 규제 및 처벌 특례법」(이하 "법"이라 한다) 제2조제1항제2호다목에서 "대통령령으로 정하는 영업"이란 다음 각 호의 영업을 말한다. 〈개정 2018. 12. 24.〉

1. 회전판돌리기업: 참가자에게 금품을 걸게한 후 그림이나 숫자등의 기호가 표시된 회전판이 돌고 있는 상태에서 화살등을 쏘거나 던지게 하여 회전판이 정지되었을 때 그 화살등이 명중시킨 기호에 따라 당첨금을 교부하는 행위를 하는 영업
2. 추첨업: 참가자에게 번호를 기입한 증표를 제공하고 지정일시에 추첨등으로 당첨자를 선정하여 일정한 지급기준에 따라 당첨금을 교부하는 행위를 하는 영업
3. 경품업: 참가자에게 등수를 기입한 증표를 제공하여 당해 증표에 표시된 등수 및 당첨금의 지급기준에 따라 당첨금을 교부하는 행위를 하는 영업

[본조신설 1994. 7. 23.]

1. 총 론

25   사행행위 등 규제 및 처벌 특례법(이하, 사행행위규제법이라 한다.)은 관할지방
경찰청장으로부터 허가를 받지 아니하고 사행행위영업을 영위하거나 이에 필요
한 물품 등을 수입·제조하는 경우, 이를 처벌한다.

2. 처벌대상 및 범위

26   (1) 사행행위란 여러 사람으로부터 재물이나 재산상의 이익(이하, '재물 등'이
라 한다.)을 모아 우연적 방법으로 득실을 결정하여 재산상의 이익이나 손실을
주는 행위를 말한다(사행행위규제법 § 2(i)). 그런데 사행행위규제법 소정의 '복권발
행업'은 특정한 표찰(컴퓨터프로그램 등 정보처리능력을 가진 장치에 의한 전자적 형태를
포함)을 이용하여 여러 사람으로부터 재물 등을 모아 추첨 등의 방법으로 당첨
자에게 재산상의 이익을 주고 다른 참가자에게 손실을 주는 행위를 하는 영업
을(사행행위규제법 § 2(ii) 가목), '현상업'은 특정한 설문 또는 예측에 대하여 그 답
을 제시하거나 예측이 적중하면 이익을 준다는 조건으로 응모자로부터 재물등
을 모아 그 정답자나 적중자의 전부 또는 일부에게 재산상의 이익을 주고 다른
참가자에게 손실을 주는 행위를 하는 영업(사행행위규제법 § 2(ii) 나목)을 말하고,
'그 밖의 사행행위업'은 복권발행업이나 현상업외에 영리를 목적으로 회전판돌
리기, 추첨, 경품 등 사행심을 유발할 우려가 있는 기구 또는 방법 등을 이용하
는 영업으로서 대통령령으로 정하는 영업(사행행위규제법 § 2(ii) 다목)을 말한다.

27   (2) 사행행위규제법위반 범행 중 형법상 도박죄 등과 관련된 처벌영역은 ①
시·도경찰청장의 허가를 받지 않거나 영업허가의 유효기간을 경과하여 무허가
사행행위(복표발행업, 현상업, 회전판돌리기업, 추첨업, 경품업)를 영위한 자를 3년 이하
의 징역 또는 2,000만 원 이하의 벌금에 처하고(사행행위규제법 § 30②(i)), ② 투전
기 또는 사행성유기기구를 이용하여 사행행위를 업으로 한 자는 5년 이하의 징
역 또는 5,000만 원 이하의 벌금에 처한다(사행행위규제법 § 30①(i))는 부분이 대표
적이다.

28   법인의 대표자나 법인 또는 개인의 대리인, 사용인, 그 밖의 종업원이 그
법인 또는 개인의 업무에 관하여 위와 같은 행위를 하면 그 행위자를 벌하는 외

에 그 법인 또는 개인에게도 해당 조문의 벌금형을 과하지만, 법인 또는 개인이 그 위반행위를 방지하기 위하여 해당 업무에 관하여 상당한 주의와 감독을 게을리하지 아니한 경우에는 그러하지 아니하다(사행행위규제법 §31).

　　　(3) '사행기구'는 사행행위규제법상의 복표발행업, 현상업, 회전판돌리기업, 추첨업, 경품업에 이용되는 기계·기판·용구 또는 컴퓨터프로그램을 말하고 (사행행위규제법 §2①(ii), (iii) 및 시행령 §1의2), '투전기'란 '주화·지폐 또는 대용품을 투입하여 우연의 결과에 따라 재물 등이 배출되어 이용자에게 재산상 이익 또는 손실을 주는 기기'를 말하며(사행행위규제법 §2①(v)), '사행성유기기구'란 투전기 외에 기계식 구슬치기기구·사행성 전자식 유기기구 등 사행심을 유발할 우려가 있는 기계·기구 등을 말한다(사행행위규제법 §2①(vi)).　　　　　　29

　　한편 어떤 기계기구 등이 '사행심을 유발할 우려가 있는 기계·기구 등'에 해당하는지 여부는 당해 기계·기구 등의 본래적 용법이나 속성만으로 판단할 것이 아니라, 그 이용목적, 이용방법과 형태, 그 이용 결과에 따라 발생하는 재산상 이익 또는 손실의 규모 및 그것이 우연성에 의하여 좌우되는지 여부, 이용 결과에 따라 금전 또는 환전 가능한 경품을 지급하는지 여부, 그 정도와 규모 및 실제로 경품을 현금으로 환전해 주는지 여부 등을 종합적으로 고려하여 판단한다.[22] 이러한 점에서 게임산업진흥에 관한 법률(이하, 게임산업법이라 한다.) 소정의 사행성게임물[23](게임산업법 §2(i의2))이 기계·기구 자체의 사행성만으로 판단되는 것과 명백히 대비된다.　　　　　　30

　　대법원은 ① 손님들에게 우연한 방법으로 획득한 점수에 따라 게임이용권을 대량으로 발행하여 주고, 게임이용권이 현금으로 쉽게 거래될 수 있었으며, 실제로 게임장 안팎에서 상당한 양이 거래되었고, 위 게임이용권을 소지한 사람이면　31

---

22 대판 2010. 1. 28, 2009도10574; 대판 2006. 11. 23, 2006도2761.
23 게임산업진흥에 관한 법률 제2조(정의) 이 법에서 사용하는 용어의 정의는 다음과 같다.
　　1의 2. "사행성게임물"이라 함은 다음 각 목에 해당하는 게임물로서, 그 결과에 따라 재산상 이익 또는 손실을 주는 것을 말한다.
　　가. 베팅이나 배당을 내용으로 하는 게임물
　　나. 우연적인 방법으로 결과가 결정되는 게임물
　　다. 「한국마사회법」에서 규율하는 경마와 이를 모사한 게임물
　　라. 「경륜·경정법」에서 규율하는 경륜·경정과 이를 모사한 게임물
　　마. 「관광진흥법」에서 규율하는 카지노와 이를 모사한 게임물
　　바. 그 밖에 대통령령이 정하는 게임물

누구에게나 그 금액만큼 게임기에 넣어 준 경우에, 그 게임기는 피고인들의 위와 같은 영업형태와 결합하여 사행심을 유발할 우려가 있는 사행성 유기기구라고 판단하였고,[24] ② 게임물을 이용한 게임의 결과가 사용자의 능력과는 무관하게 우연성에 의하여 좌우되고, 이에 따라 사회통념상 상당하다고 인정되는 정도의 허용범위를 넘어 재산상의 이익을 취득하거나 손실을 주도록 하여 게임장을 찾는 손님들로 하여금 오락성보다 주로 또는 오직 재산상의 이익 취득만을 목적으로 하는 게임을 사행심을 유발할 우려가 있는 기계·기구로 보았다.[25]

32   반면에 대법원은, ③ 피고인이 설치한 오락기의 사용 방법이 단순히 사용자가 100원짜리 동전을 투입하면 주어지는 점수를 걸고 베팅(betting)을 한 후 오락기의 단추를 누르면 화면에 나타나는 그림 또는 숫자 배열에 따라 점수를 취득하거나 잃는 것이고, 피고인이 그 오락기의 사용자에게 그 얻은 점수에 따라 금전이나 환전 가능한 경품을 지급하였음을 인정할 아무런 자료가 없는 경우, 그 오락기는 사행심을 유발할 우려가 있는 기계·기구에 해당한다고 단정할 수 없다[26]고 판단하였다.

33   (4) 현상업과 관련하여, 대법원은 현상업은 사행행위영업의 일종으로서 그 행위는 우연적 방법에 의하여 득실을 결정하여 재산상의 이익 또는 손실을 주는 사행행위에 해당하여야 할 뿐만 아니라, 응모자가 특정한 설문에 대하여 정답을 맞히거나 특정한 예측을 적중시키면 그 응모자의 전부 또는 일부에게 재산상의 이익을 주고 다른 참가자에게 손실을 주는 행위여야 한다고 판시하면서, 인터넷사이트에서 실시하는 경매절차에 참여하기 위하여 개당 500원에 판매하는 아이템인 칩을 보유하고 있어야 하고, 특정 상품에 대하여 최저입찰가를 10원 내지 30원으로 하는 경매가 개시되면 입찰을 원하는 회원들이 입찰하기 버튼을 클릭할 때마다 1개의 칩이 사용되면서 입찰가가 10원 내지 30원씩 자동으로 올라가게 되며, 현재의 최고 입찰가와 입찰자가 실시간으로 공개되고 마감시각이 지난 다음 시스템에 기록된 최종 입찰자 1명이 낙찰자로 결정되어 해당 상품을 그 낙찰가에 구매할 수 있게 되고 위 인터넷사이트에서 해당 상품을 곧

---

24 대판 2013. 9. 13, 2012도13755.
25 대판 2007. 11. 15, 2007도6775.
26 대판 2004. 5. 14, 2003도8245.

바로 구입하고자 하는 사람은 위 경매절차에 참가하지 않고 위 사이트에 표시된 즉시구매가격을 지급하는 방법으로도 상품을 구입할 수 있는데 경매에 참가하였다가 낙찰받지 못한 회원도 일정한 기간 동안 그 상품의 즉시구매가격에서 위와 같이 입찰에 사용한 칩의 가액을 공제한 잔액을 지급하고 그 상품을 구입할 수 있도록 되어 있던 사안에서, "이러한 경매방식을 특정한 설문의 정답을 맞히거나 특정한 예측을 적중시키는 것을 조건으로 재산상의 이익을 주는 것이라거나 우연적 방법으로 득실, 즉 낙찰 여부가 결정되는 것이라고 볼 수도 없고, 입찰자가 당해 물품의 시가보다 낮은 가격에 낙찰을 받는다고 하더라도 입찰횟수에 따라 실질적으로는 재산상의 이익을 얻지 못하는 경우도 있을 수 있고, 반대로 낙찰을 받지 못한 입찰자는 일정한 기간 동안 즉시구매가격과 입찰에 소요된 칩 구입비용의 차액만 지급하면 해당 물품을 구입할 수 있도록 되어 있으므로 반드시 손실을 입는다고 단정할 수도 없으므로 이 사건 인터넷 사이트의 행위는 사행행위영업의 일종인 현상업에 해당하지 않음은 물론 같은 법이 정한 사행행위에 해당한다고 보기도 어렵다."고 판시하였다.[27]

(5) 허가 없이 사행행위 영업 등을 한 이상 어느 기간 내에 연속하여 하더라도 이는 영업범으로서 1죄에 해당한다. 그러나 장소·방법 등이 달라지는 등 범의가 갱신된 것으로 여겨질 때에는 경합범이 될 수 있다.　　34

(6) 본죄들의 위반에 대하여는 별도의 필요적 몰수·추징 규정이 존재하지 않는다. 따라서 원칙적으로 형법 제48조 이하의 몰수·추징 규정이 적용된다. 한편 본죄들은 범죄수익은닉규제법 소정의 중대범죄(§2⒤ 별표의 제7호 참조)이므로 범죄수익은닉규제법에 따라 몰수보전, 추징보전 등의 절차가 이뤄질 수도 있고, 범죄수익이나 범죄수익 등에서 유래한 재산 등은 몰수될 수 있고, 몰수할 수 없거나 몰수하는 것이 적절하지 아니하다고 인정될 때에는 그 가액을 범인으로부터 추징할 수 있다(§8, §10).　　35

---

27 대판 2013. 9. 13, 2011도17909.

3. 다른 죄와의 관계

(1) 도박장소개설죄와의 관계

36   이에 대하여 명확한 판례의 입장은 찾기 어렵다. 다만 실내낚시터를 운영하면서 상품권을 지급하여 도박장소개설죄로도 의율 가능함에도 검사가 주위적으로 사행행위규제법위반으로 기소한 사안에서, 대법원은 사행행위영업 중 경품업을 한 것에 해당하고, 따라서 사행행위규제법이 정하는 허가를 받아야 한다고 보아, 사행행위규제법위반죄의 성립을 인정한 원심의 판단을 수긍한바 있다.[28]

(2) 복표에 관한 죄와의 관계

37   영업의 형태로 복표를 발매한 경우에는 본죄가, 영업이 아닌 형태로 복표를 발매한 경우에는 형법상 복표발매죄가 각 적용된다는 견해,[29] 복표발행에는 특별법인 사행행위규제법이 적용되므로 형법상 복표발매죄는 사실상 적용되지 않는다는 견해[30] 등이 있으나, 두 죄는 병존적으로 적용된다[31]고 할 것이다(이에 대한 상세는 §248의 해당 부분 참조).

(3) 게임산업진흥에관한법률위반죄와의 관계

38   게임물을 이용한 사행행위로 인한 게임산업위반죄(게임산업법 §44①(i), §28(ii))와 사행성 유기기구를 이용한 사행행위영업으로 인한 사행행위규제법위반죄(사행행위규제법 §30①(i))는 서로 상상적 경합관계에 있다.[32]

39   그리고 경품 제공에 의한 사행성 조장에 관한 게임산업법위반죄(게임산업법 §44①(i)의2, §28(iii))와 사행성 유기기구를 이용한 사행행위영업으로 인한 사행행위규제법위반죄(사행행위규제법 §30①(i))도 서로 상상적 경합관계에 있다.[33]

40   반면에 게임결과물의 환전업으로 인한 게임산업법위반죄(게임산업법 §44①(ii), §32①(vii))와 사행성 유기기구를 이용한 사행행위영업으로 인한 사행행위규제법위반죄(사행행위규제법 §30①(i))는 실체적 경합관계이다.[34]

---

28 대판 2008. 8. 21, 2008도4736.
29 오영근, 형법각론(5판), 629.
30 김성돈, 형법각론(6판), 713; 김일수·서보학, 새로쓴 형법각론(9판), 521; 정성근·정준섭, 형법강의 각론(2판), 518.
31 주석형법 [각칙(3)](5판), 120(김승주).
32 대판 2008. 7. 24, 2007도9684; 대판 2010. 1. 28, 2009도12650.
33 대판 2010. 2. 11, 2009도10317.
34 대판 2010. 1. 28, 2009도13875.

Ⅳ. 게임산업진흥에 관한 법률

제2조(정의) 이 법에서 사용하는 용어의 정의는 다음과 같다. 〈개정 2007. 1. 9., 2008. 2. 29., 2016. 2. 3., 2016. 12. 20., 2018. 6. 12.〉

1. "게임물"이라 함은 컴퓨터프로그램 등 정보처리 기술이나 기계장치를 이용하여 오락을 할 수 있게 하거나 이에 부수하여 여가선용, 학습 및 운동효과 등을 높일 수 있도록 제작된 영상물 또는 그 영상물의 이용을 주된 목적으로 제작된 기기 및 장치를 말한다. 다만, 다음 각 목의 어느 하나에 해당하는 것을 제외한다.
   가. 사행성게임물
   나. 「관광진흥법」 제3조의 규정에 의한 관광사업의 규율대상이 되는 것. 다만, 게임물의 성격이 혼재되어 있는 유기시설(遊技施設) 또는 유기기구(遊技機具)는 제외한다.
1의 2. "사행성게임물"이라 함은 다음 각 목에 해당하는 게임물로서, 그 결과에 따라 재산상 이익 또는 손실을 주는 것을 말한다.
   가. 베팅이나 배당을 내용으로 하는 게임물
   나. 우연적인 방법으로 결과가 결정되는 게임물
   다. 「한국마사회법」에서 규율하는 경마와 이를 모사한 게임물
   라. 「경륜·경정법」에서 규율하는 경륜·경정과 이를 모사한 게임물
   마. 「관광진흥법」에서 규율하는 카지노와 이를 모사한 게임물
   바. 그 밖에 대통령령이 정하는 게임물

제28조(게임물 관련사업자의 준수사항) 게임물 관련사업자는 다음 각 호의 사항을 지켜야 한다. 〈개정 2007. 1. 19., 2008. 2. 29., 2011. 4. 5., 2016. 2. 3.〉

2. 게임물을 이용하여 도박 그 밖의 사행행위를 하게 하거나 이를 하도록 내버려 두지 아니할 것
3. 경품 등을 제공하여 사행성을 조장하지 아니할 것. 다만, 청소년게임제공업의 전체이용가 게임물에 대하여 대통령령이 정하는 경품의 종류(완구류 및 문구류 등. 다만, 현금, 상품권 및 유가증권은 제외한다)·지급기준·제공방법 등에 의한 경우에는 그러하지 아니하다.

제32조(불법게임물 등의 유통금지 등) ① 누구든지 게임물의 유통질서를 저해하는 다음 각 호의 행위를 하여서는 아니 된다. 다만, 제4호의 경우 「사행행위 등 규제 및 처벌특례법」에 따라 사행행위영업을 하는 자를 제외한다. 〈개정 2007. 1. 19., 2011. 4. 5., 2016. 12. 20., 2018. 12. 11., 2018. 12. 24., 2020. 12. 8.〉

1. 제21조제1항 또는 제21조의10 제1항의 규정에 의하여 등급을 받지 아니한 게임물을 유통 또는 이용에 제공하거나 이를 위하여 진열·보관하는 행위

2. 제21조제1항 또는 제21조의10 제1항의 규정에 의하여 등급을 받은 내용과 다른 내용의 게임물을 유통 또는 이용에 제공하거나 이를 위하여 진열·보관 하는 행위

3. 등급을 받은 게임물을 제21조제2항 각 호의 등급구분을 위반하여 이용에 제공하는 행위

4. 제22조제2항의 규정에 따라 사행성게임물에 해당되어 등급분류가 거부된 게임물을 유통시키거나 이용에 제공하는 행위 또는 유통·이용제공의 목적으로 진열·보관하는 행위

5. 제22조제3항제1호의 규정에 의한 등급분류증명서를 매매·증여 또는 대여하는 행위

6. 제33조제1항 또는 제2항의 규정을 위반하여 등급 및 게임물내용정보 등의 표시사항을 표시하지 아니한 게임물 또는 게임물의 운영에 관한 정보를 표시하는 장치를 부착하지 아니한 게임물을 유통시키거나 이용에 제공하는 행위

7. 누구든지 게임물의 이용을 통하여 획득한 유·무형의 결과물(점수, 경품, 게임 내에서 사용되는 가상의 화폐로서 대통령령이 정하는 게임머니 및 대통령령이 정하는 이와 유사한 것을 말한다)을 환전 또는 환전 알선하거나 재매입을 업으로 하는 행위

8. 게임물의 정상적인 운영을 방해할 목적으로 게임물 관련사업자가 제공 또는 승인하지 아니한 컴퓨터프로그램이나 기기 또는 장치를 배포하거나 배포할 목적으로 제작하는 행위

9. 게임물 관련사업자가 제공 또는 승인하지 아니한 게임물을 제작, 배급, 제공 또는 알선하는 행위

10. 제9호에 따른 불법행위를 할 목적으로 컴퓨터프로그램이나 기기 또는 장치를 제작 또는 유통하는 행위

11. 게임물 관련사업자가 승인하지 아니한 방법으로 게임물의 점수·성과 등을 대신 획득하여 주는 용역의 알선 또는 제공을 업으로 함으로써 게임물의 정상적인 운영을 방해하는 행위

② 누구든지 다음 각 호에 해당하는 게임물을 제작 또는 반입하여서는 아니 된다.

1. 반국가적인 행동을 묘사하거나 역사적 사실을 왜곡함으로써 국가의 정체성을 현저히 손상시킬 우려가 있는 것

2. 존비속에 대한 폭행·살인 등 가족윤리의 훼손 등으로 미풍양속을 해칠 우려가 있는 것

3. 범죄·폭력·음란 등을 지나치게 묘사하여 범죄심리 또는 모방심리를 부추기는 등 사회질서를 문란하게 할 우려가 있는 것

제44조(벌칙) ① 다음 각 호의 어느 하나에 해당하는 자는 5년 이하의 징역 또는 5천만원 이하의 벌금에 처한다. 〈개정 2007. 1. 19., 2016. 12. 20.〉

1. 제28조제2호의 규정을 위반하여 도박 그 밖의 사행행위를 하게 하거나 이를 하도록 방치한 자

1의 2. 제28조제3호의 규정을 위반하여 사행성을 조장한 자

2. 제32조제1항제1호·제4호·제7호·제9호 또는 제10호에 해당하는 행위를 한 자

3. 제38조제1항 각 호의 규정에 의한 조치를 받고도 계속하여 영업을 하는 자

② 제1항의 규정에 해당하는 자가 소유 또는 점유하는 게임물, 그 범죄행위에 의하여 생긴 수익(이하 이 항에서 "범죄수익"이라 한다)과 범죄수익에서 유래한 재산은 몰수하고, 이를 몰수할 수 없는 때에는 그 가액을 추징한다.

③ 제2항에서 규정한 범죄수익 및 범죄수익에서 유래한 재산의 몰수·추징과 관련되는 사항은 「범죄수익은닉의 규제 및 처벌 등에 관한 법률」 제8조 내지 제10조의 규정을 준용한다.

제45조(벌칙) 다음 각 호의 어느 하나에 해당하는 자는 2년 이하의 징역 또는 2천만원 이하의 벌금에 처한다. 〈개정 2007. 1. 19., 2011. 7. 21., 2016. 5. 29., 2018. 12. 11., 2018. 12. 24., 2019. 11. 26.〉

4. 제32조제1항제2호의 규정을 위반하여 등급분류를 받은 게임물과 다른 내용

의 게임물을 유통 또는 이용제공 및 전시·보관한 자

5. 제32조제1항제5호의 규정을 위반하여 등급분류증명서를 매매·증여 또는 대여한 자

5의 2. 제32조제1항제11호를 위반하여 게임물의 정상적인 운영을 방해한 자

6. 제32조제2항 각 호의 규정을 위반하여 게임물을 제작 또는 반입한 자

7. 제32조제1항제6호 및 제33조의 규정을 위반하여 표시의무를 이행하지 아니한 게임물을 유통시키거나 이용에 제공한 자

8. 제35조제1항제1호·제2항제1호의 규정에 의한 거짓 그 밖의 부정한 방법으로 허가를 받거나 등록 또는 신고를 한 자

9. 제35조제2항제2호의 규정에 의한 영업정지명령을 위반하여 영업한 자

10. 제38조제3항제3호 또는 제4호의 규정에 해당하는 게임물 및 게임상품 등을 제작·유통·시청 또는 이용에 제공하거나 그 목적으로 전시·보관한 자

1. 처벌대상 및 범위

41   (1) 도박과 복표에 관한 죄와 관련된 게임산업법위반 범죄는 ① 등급분류를 받은 게임물과 다른 내용의 게임물을 유통 또는 이용제공 및 전시·보관한 자는 2년 이하의 징역 또는 2,000만 원 이하의 벌금에 처하고(게임산업법 §45(iv), §32①(ii)), ② 게임물의 이용을 통하여 획득한 유·무형의 결과물을 환전 또는 환전알선하거나 재매입을 업으로 하는 자를 5년 이하의 징역 또는 5,000만 원 이하의 벌금에 처하고(게임산업법 §44①(ii), §32①(vii)), ③ 게임물 관련사업자가 게임물을 이용하여 도박 그 밖의 사행행위를 하게 하거나 이를 하도록 방치한 때에는 5년 이하의 징역 또는 5,000만 원 이하의 벌금에 처하고(게임산업법 §44①(i), §28(ii)), ④ 게임물 관련사업자가 경품 등을 제공하여 사행성 조장한 때에는 5년 이하의 징역 또는 5,000만 원 이하의 벌금에 처하고(게임산업법 §44조①(i의2), §28(iii)), ⑤ 등급을 받지 아니한 게임물을 이용 제공하거나 이를 위한 진열·보관한 자를 5년 이하의 징역 또는 5,000만 원 이하의 벌금에 처한다(게임산업법 §44①(ii), §32①(i))는 부분 등이다. 그리고 법인의 대표자나 법인 또는 개인의 대리인·사용인 그 밖의 종업원이 그 법인 또는 개인의 업무에 관하여 위 각 규정에 의한 위반행위를 한 때에는 행위자를 벌하는 외에 그 법인 또는 개인에 대하

여도 각 해당 조의 벌금형을 과한다. 다만, 법인 또는 개인이 그 위반행위를 방지하기 위하여 해당 업무에 관하여 상당한 주의와 감독을 게을리하지 아니한 경우에는 그러하지 아니하다(게임산업법 §47).

한편, 위 ③, ④의 범죄의 구성요건인 게임산업법 제28조 각 호는 게임물　　**42**
관련사업자의 준수사항을 규정하고 있다. 따라서 피고인이 게임물 관련사업자가 아니고 게임물 관련사업자와 기능적 행위지배 관계가 인정되지 아니한 이상 게임물을 이용하여 사행행위를 하게 하거나 경품 등을 조장하여 사행성을 조장하였더라도 게임산업법위반이 되지 않는다.[35]

(2) 게임산업법의 적용대상과 관련된 핵심 개념인 '게임물'은 '컴퓨터프로그　　**43**
램 등 정보처리 기술이나 기계 장치를 이용하여 오락을 할 수 있게 하거나 이에 부수하여 여가선용, 학습 운동효과 등을 높일 수 있도록 제작된 영상물 또는 그 영상물의 이용을 주된 목적으로 제작된 기기 및 장치'라고 정의된다(게임산업법 §2(i)). 대법원은 '그 영상물의 이용을 주된 목적으로 제작된 기기 및 장치'의 의미에 관하여 '그 영상물의 이용을 주된 목적으로 제작된 기기'와 '장치'를 의미하는 것으로, 당해 장치가 영상물의 이용을 주된 목적으로 제작되지 않았더라도 컴퓨터프로그램 등 정보처리 기술이나 기계장치를 이용하여 오락을 할 수 있게 하거나 이에 부수하여 여가선용, 학습 및 운동효과 등을 높일 수 있도록 제작된 것이라면 게임산업법 제2조 제1호의 '게임물'에 해당하는 것으로 해석하여야 한다고 판시하면서, 영상물의 이용을 주된 목적으로 제작되지 않은 '크레인 게임기'(일명 인형뽑기)를 게임산업법 제2조 제1호의 게임물에 해당한다고 본 원심판단을 수긍하였다.[36]

다만 게임산업법은 '게임물'에서 '사행성게임물'을 제외하는데(게임산업법 §2(i)　　**44**
단서 가목), '사행성게임물'이라 함은, 게임의 진행이 제2조 제1호의2에서 제한적으로 열거한 내용 또는 방법에 의하여 이루어져야 할 뿐만 아니라, 게임의 결과에 따라 게임기기 또는 장치에 설치된 지급장치를 통하여 게임이용자에게 직접 금전이나 경품 등의 재산상 이익을 제공하거나 손실을 입도록 만들어진 게임기

---

35 대판 2010. 1. 28, 2009도12297; 대판 2010. 5. 13, 2010도3706.
36 대판 2010. 6. 24, 2010도3358. 이 판결 해설은 이미선, "게임산업진흥에 관한 법률 제2조 제1호 본문이 정하는 '게임물'의 범위", 해설 84, 법원도서관(2010), 787-807.

기 또는 장치를 의미한다. 따라서 게임제공업자가 게임이용자에게 게임결과에 따라 시상하거나 경품을 제공하는 등 간접적인 방법에 의하여 재산상 이익이나 손실을 주는 경우에는 비록 게임의 내용이나 방법이 제2조 제1호의2에서 열거하고 있는 것이라고 하더라도 사행행위규제법 소정의 사행성 유기기구에 해당함을 별론으로 하고 사행성 게임물이라고 할 수 없다.[37]

45   한편 대법원은 위 규정에 따라 사행성게임물은 원칙적으로 게임산업법의 적용대상에서 제외되는 것이 원칙이지만, 사행성게임물 역시 불법게임물의 일종이라고 할 것인바, 게임산업법 제32조는 불법게임물의 유통 등을 엄격히 금지하고 있으며 위 조항의 취지가 게임물산업의 정상적인 발전을 도모하기 위한 점임을 고려하여 보면 게임산업법 제32조 소정의 불법게임물에는 그 성질에 반하지 아니하는 한 사행성게임물도 포함된다고 판단하였다.[38] 이에 따라 게임산업법 제32조의 행위유형에 따라 사행성게임물이 적용되는지 여부를 구체적으로 보면 아래 [표 1]과 같다.

[표 1] 게임산업법 제32조의 행위유형과 사행성게임물 적용 여부

항	호	행위유형	포함 여부
1	1호	등급을 받지 아니한 게임물을 유통 또는 이용에 제공하거나 이를 위하여 진열·보관하는 행위	○[39]
	2호	등급을 받은 내용과 다른 내용의 게임물을 유통 또는 이용에 제공하거나 이를 위하여 진열·보관하는 행위	○
	3호	등급을 받은 게임물을 등급구분을 위반하여 이용에 제공하는 행위	×[40]
	4호	사행성게임물에 해당되어 등급분류가 거부된 게임물을 유통시키거나 이용에 제공하는 행위 또는 유통·이용제공의 목적으로 진열·보관하는 행위	○
	6호	등급 및 게임물내용정보 등의 표시사항을 표시하지 아니한 게임물 또는 게임물의 운영에 관한 정보를 표시하는 장치를 부착하지 아니한 게임물을 유통시키거나 이용에 제공하는 행위	×[41]
	7호	게임물의 이용을 통하여 획득한 유·무형의 결과물을 환전 또는 환전 알선하거나 재매입을 업으로 하는 행위	○[42]

---

37 대판 2010. 1. 28, 2009도12297.
38 대판 2010. 1. 28, 2009도12297.
39 대판 2010. 1. 28, 2009도13875.
40 사행성게임물은 게임물관리위원회로부터 등급분류를 받을 수 없기 때문이다(게임산업법 § 22②).
41 표시의무가 있는 게임물에는 사행성게임물이 제외되기 때문이다.
42 대판 2010. 1. 28, 2009도13758.

항	호	행위유형	포함 여부
2	1호	반국가적인 행동을 묘사하거나 역사적 사실을 왜곡함으로써 국가의 정체성을 현저히 손상시킬 우려가 있는 게임물	○
	2호	존비속에 대한 폭행·살인 등 가족윤리의 훼손 등으로 미풍양속으로 해칠 우려가 있는 게임물	○
	3호	범죄·폭력·음란 등을 지나치게 묘사하여 범죄심리 또는 모방심리를 부추기는 등 사회질서를 문란하게 할 우려가 있는 게임물	○

(3) 등급을 받은 내용과 다른 내용의 게임물을 유통 또는 이용에 제공하거나 이를 위하여 전시·보관하는 행위(게임산업법 §45(iv), §32①(ii))

(가) 등급분류를 받은 게임물과 다른 내용의 게임물을 유통 또는 이용제공　46
및 전시·보관한 자는 2년 이하의 징역 또는 2,000만 원 이하의 벌금에 처한다
(게임산업법 §45(iv), §32①(ii)). 위에서 본 바와 같이 이 조항에서의 게임물에는 사
행성게임물도 포함된다.

(나) 한편 '등급을 받은 내용과 다른 내용의 게임물을 이용에 제공하는 행　47
위'란 게임물 자체의 내용뿐만 아니라 게임물의 내용 구현과 밀접한 관련이 있
는 게임물의 운영방식을 등급분류신청서나 그에 첨부된 게임물내용설명서에 기
재된 내용과 다르게 변경하여 이용에 제공하는 행위를 의미한다.[43] 따라서 게임
물 이용자의 게임물 이용을 보조할 뿐 게임물의 내용에 변경을 가져올 여지가
전혀 없는 별개의 외장기기를 제공하는 행위까지 포함된다고 할 수는 없다.[44]

---

43 대판 2007. 11. 29, 2007도7467; 대판 2014. 11. 13, 2013도9831(이용자들로 하여금 게임물에
구매한도를 초과한 금액을 제한없이 투입할 수 있도록 하였다는 사안에서, 위 게임물의 '구매한
도'는 등급분류의 대상이 되는 게임물의 내용에 해당한다고 본 사례); 대판 2021. 7. 21, 2012도
4785(피고인들이 PC방에 게임기 60대를 설치하고 무료 모바일 게임물로 등급분류 받은 특정 게
임물을 아케이드 게임물로 플랫폼을 변경하여 게임기의 지폐투입구에 현금 1만 원을 투입하면
3분 동안 위 게임물이 작동되게 하는 방식으로 영업함으로써 게임산업법을 위반하였다는 내용
으로 기소된 사안에서, 무료인 모바일 게임이 유료의 아케이드 게임물 형태로 변경됨으로써 잠
재적·현실적 게임이용자의 게임 참가가능성, 게임에 참여할 수 있는 횟수·정도 등에 변경이 초
래된 점, 위 게임물이 사행성이 강한 슬롯머신(릴회전류)을 모사한 게임물인 점을 고려할 때 게
임물의 과금체계를 무료에서 유료로 변경하는 것은 사행성 조장의 정도에서 현격한 차이가 있
고, 과금체계 변경은 등급분류에 있어 중요한 의미가 있는 점 등의 여러 사정을 종합하면, 무료
모바일 게임물로 등급분류 받은 게임물을 유료 아케이드 게임물 형태로 제공한 피고인들의 행위
는 '게임물의 내용 구현과 밀접한 관련이 있는 게임물의 운영방식을 변경하여 이용에 제공한 행
위'로서 게임산업법 제32조 제1항 제2호에서 정한 '등급을 받은 내용과 다른 내용의 게임물을 이
용에 제공하는 행위'에 해당한다고 본 사례).
44 대판 2014. 11. 27, 2014도9467(게임물의 내용을 변경하지 않은 채 단순히 버튼자동누름장치인

〔권 순 건〕　　　　　　　　**635**

(4) 게임물의 이용을 통하여 획득한 유·무형의 결과물을 환전 또는 환전 알선하거나 재매입을 업으로 하는 행위(게임산업법 §44①(ii), §32①(vii))

48 　　(가) 게임물의 이용을 통하여 획득한 유·무형의 결과물을 환전 또는 환전 알선하거나 재매입을 업으로 하는 행위자를 5년 이하의 징역 또는 5,000만 원 이하의 벌금에 처한다(게임산업법 §44①(ii), §32①(vii)). 위에서 본 바와 같이 본조 항의 적용 대상에는 사행성게임물도 포함된다.

49 　　(나) '유·무형의 결과물'이라 함은 점수, 경품, 게임 내에서 사용되는 가상 의 화폐로서 대통령령이 정하는 게임머니 및 이와 유사한 것을 말한다.[45] 판례 는 리니지 온라인 게임의 아덴[46](아덴을 이전받으려면 리니지 온라인 게임 서버에 접속 한 후 아덴을 판매하기로 한 사람의 캐릭터가 있는 게임 내부의 가상공간으로 이동시켜 캐릭 터간 거래창을 조작하여야 함)이나 불법적으로 취득한 타인의 아이디와 삽입된 휴대 폰 등을 이용하여 소액결제의 방법으로 취득한 게임아이템도 여기에 해당한다 고 보았다.[47]

50 　　(다) 위 조항이 정한 '환전'에는 '게임결과물을 수령하고 돈을 교부하는 행위' 뿐만 아니라 '게임결과물을 교부하고 돈을 수령하는 행위'도 포함되는 것으로 해 석함이 상당하므로, 피고인이 게임머니를 게임머니상에게 넘기고 돈을 송금받는

이른바 '똑딱이'를 게임물에 설치하여 사용할 수 있도록 제공한 경우에는 '등급을 받은 내용과 다른 내용의 게임물을 이용에 제공한 행위'에 해당하지 않는다고 판단하였다).

45 게임산업법 시행령 제18조의3(게임머니 등) 법 제32조제1항제7호에서 "대통령령이 정하는 게임머 니 및 대통령령이 정하는 이와 유사한 것"이란 다음 각 호의 어느 하나에 해당하는 것을 말한다.
   1. 게임물을 이용할 때 베팅 또는 배당의 수단이 되거나 우연적인 방법으로 획득된 게임머니
   2. 제1호에서 정하는 게임머니의 대체 교환 대상이 된 게임머니 또는 게임아이템(게임의 진행 을 위하여 게임 내에서 사용되는 도구를 말한다. 이하 같다) 등의 데이터
   3. 다음 각 목의 어느 하나에 해당하는 게임머니 또는 게임아이템 등의 데이터
      가. 게임제작업자의 컴퓨터프로그램을 복제, 개작, 해킹 등을 하여 생산·획득한 게임머니 또는 게임아이템 등의 데이터
      나. 법 제32조제1항제8호에 따른 컴퓨터프로그램이나 기기 또는 장치를 이용하여 생산·획 득한 게임머니 또는 게임아이템 등의 데이터
      다. 다른 사람의 개인정보로 게임물을 이용하여 생산·획득한 게임머니 또는 게임아이템 등의 데이터
      라. 게임물을 이용하여 업으로 게임머니 또는 게임아이템 등을 생산·획득하는 등 게임물 의 비정상적인 이용을 통하여 생산·획득한 게임머니 또는 게임아이템 등의 데이터
46 대판 2015. 11. 27, 2014도10551.
47 대판 2014. 11. 13, 2014도8838.

방법으로 게임머니를 환전하여 이를 업으로 한 것 역시 처벌이 가능하다.[48]

　(라) 게임 결과물의 환전업이 게임장 영업에 부수하여 이뤄지는 경우도 있고,　51
게임장 영업과는 독립적으로 이루어지는 경우도 있는데, 게임결과물에 대한 환전과
도박 또는 사행행위의 성립은 직접적인 관련이 없으므로, 게임장 영업자가 게임 결
과물의 환전업을 함께 하는지 여부는 도박 또는 사행행위 성립에는 영향이 없다.

　(마) 형벌법규의 엄격해석 원칙 등에 비추어 보면, 불법게임물을 이용에 제　52
공하고 환전을 업으로 하는 행위에 가담한 공범인 피고인이 스스로 그 불법게
임물을 이용하고 그 결과물을 환전받았더라도, 이를 게임산업법 제44조 제1항
제2호, 제32조 제1항 제7호를 적용하여 처벌할 수는 없다.[49]

48 대판 2012. 12. 13, 2012도11505. 하급심이 본 조항이 소위 환전상을 처벌하기 위한 조항으로
보고 무죄 취지로 판단한 사안에서, 대법원은 아래와 같은 사정을 들어서 '게임결과물을 교부하
고 돈을 수령하는 행위'도 이에 포함된다고 해석하였다. ① 게임산업법이 2007. 1. 19. 제8247
호로 개정되면서 위 조항이 신설되었는데 비록 그 이전에는 문화관광부고시가 '게임제공업자'만
을 수범자로 하여 환전·환전알선·재매입 행위를 금지하고 있었다고 하더라도, 위 조항은 기존
문화관광부고시와 달리 그 수범자를 '누구든지'라고 명시하고 있다. ② '환전'이라는 문언의 통상
적 의미에 '게임결과물을 수령하고 돈을 교부하는 행위' 외에 '게임결과물을 교부하고 돈을 수령
하는 행위'가 포함된다. ③ 위 조항이 '환전 및 환전알선'과 함께 '재매입'만을 규정하면서도 '매
도'에 관하여는 별도로 규정하고 있지 아니하나, '재매입'이란 이미 환전된 게임결과물을 다시 매
수하는 행위로서 게임제공업자 등이 환전업자로부터 그가 환전행위로 취득한 게임결과물을 다
시 매수하는 행위를 금지하고자 규정된 것이라고 할 것인데, 재매입의 상대방은 이미 게임결과
물을 환전행위로 취득한 사람이어서 위 조항 중 '환전' 부분에 의한 규제대상이 된다고 할 것인
이상 이들에 대한 규제를 위하여 '재매입'의 경우와 마찬가지로 '매도'에 관하여도 별도로 규정할
필요는 없는 것으로 볼 수 있다. 결국 위 조항이 '환전 및 환전알선'과 함께 '재매입'만을 규정하
고 있는 것이 위 조항이 정한 '환전'의 의미가 '게임결과물을 수령하고 돈을 교부하는 행위'에 한
정됨을 전제로 한다고 볼 수 없다. ④ 게임물의 심각한 사행화로 야기된 위 조항 신설 당시의
사회적·경제적 상황, 그로 인한 보다 적극적인 사행화 규제의 필요성, 이에 따라 이루어진 게임
산업법 개정의 경위 및 내용 등을 고려할 때, 위 조항의 입법목적은 게임물 운영체계 안에서 제
공되는 보상인 게임결과물이 그 운영체계 밖에서 현금 또는 이와 동등한 가치를 가지는 재화로
교환되는 것을 방지함으로써 건전한 게임문화를 확립하여 국민의 문화적 삶의 질을 향상시키고
자 하는 것이라 볼 것이다. 그런데 '게임결과물을 교부하고 돈을 수령하는 행위'도 위와 같은 위
조항의 입법목적을 침해한다는 점에서 '게임결과물을 수령하고 돈을 교부하는 행위'와 다르지 아
니하다. ⑤ 위 조항은 게임결과물에 대한 환전·환전알선·재매입을 '업으로' 하는 행위만을 금지
하고 있을 뿐이고 '업으로' 하는 것이 아닌 단순한 환전 등의 행위를 금지하고 있지 아니하므로
'게임결과물을 교부하고 돈을 수령하는 행위'가 위 조항이 정한 '환전'의 의미에 포함된다고 해석
한다고 하더라도 처벌대상이 지나치게 확장되게 된다고 할 수 없다.
49 대판 2015. 9. 10, 2015도6655.

(5) 게임물 관련사업자가 게임물을 이용하여 도박 그 밖의 사행행위를 하게 하거나 이를 하도록 방치한 행위(게임산업법 §44①(i), §28(ii)) 또는 게임물 관련사업자가 경품 등을 제공하여 사행성 조장하는 행위(게임산업법 §44①(i의2), §28(iii))

53   (가) 게임물 관련사업자가 게임물을 이용하여 도박 그 밖의 사행행위를 하게 하거나 이를 하도록 방치한 때는 5년 이하의 징역 또는 5,000만 원 이하의 벌금에 처한다(게임산업법 §44①(i), §28(ii)). 또한, 게임물 관련사업자가 경품 등을 제공하여 사행성 조장한 때에는 5년 이하의 징역 또는 5,000만 원 이하의 벌금에 처한다(게임산업법 §44①(i의2), §28(iii)). 위에서 본 바와 같이 본 조항의 게임물에서는 사행성게임물은 제외된다.[50]

54   (나) 사행행위에 해당하기 위하여는 '일정한 재산상 이익이나 손실'이 발생할 것을 요건으로 하는데, 게임제공업자가 등급분류를 받은 게임물을 이용하는 게임이용자에게 그 게임의 결과물로서 교부하는 증서가 일종의 무기명 유가증권과 같이 게임이용자들 사이에서 유통될 수 있는 재산적 가치가 있는 것이라고 한다면, 이는 재산상 이익에 해당할 수 있다.[51] 대법원은 "손님들에게 이 사건 게임물에 투입된 현금상당액을 의미하는 '크래딧' 창의 점수와 게임물의 이용을 통하여 획득한 결과물을 의미하는 '뱅크' 창의 점수를 합한 금액에 대하여 보통 1만 점 단위로 무기명 형태의 재사용권을 발행하여 주었고, 재사용권을 매수하여 제시하는 사람이 전체 재사용권 이용자 중 30%에 이를 정도로 실제 거래가 많이 이루어진 사안에서 피고인들이 이 사건 게임물을 이용한 손님들에게 그 승패에 따라 획득한 점수를 1점당 1원에 해당하는 유통성이 인정된 재사용권을 발행하여 재산상 이익을 취득할 수 있게 하였고 이는 결국 게임물을 이용하여 도박 그 밖의 사행행위를 하게 하거나 이를 하도록 내버려 두는 행위를 한 것으로 볼 수 있다."고 판단하였다.[52]

(6) 등급을 받지 아니한 게임물을 이용 제공하거나 이를 위한 진열·보관하는 행위
        (게임산업법 §44①(ii), §32①(i))

55   등급을 받지 아니한 게임물을 이용 제공하거나 이를 위한 진열·보관한 자

---

50 대판 2010. 1. 28, 2009도13875.
51 대판 2013. 9. 12, 2012도15931.
52 대판 2013. 9. 27, 2013도8056.

를 5년 이하의 징역 또는 5,000만 원 이하의 벌금에 처한다(게임산업법 §44①(ii), §32①(i)). 본 게임물에는 위에서 본 바와 같이 사행성게임물도 포함된다.

(7) 몰수·추징

게임산업법 제44조 제1항 각 호의 규정에 해당하는 범행을 범한 자가 소유 또는 점유하는 게임물,[53] 그 범죄행위에 의하여 생긴 수익(이하, '범죄수익'이라 한다.)과 범죄수익에서 유래한 재산은 몰수하고, 이를 몰수할 수 없는 때에는 그 가액을 추징하고(게임산업법 §44조②), 위 범죄수익 및 범죄수익에서 유래한 재산의 몰수·추징과 관련되는 사항은 범죄수익은닉규제법 제8조 내지 제10조의 규정을 준용한다(게임산업법 §44③). 또한, 위 각 죄는 범죄수익은닉규제법 소정의 중대범죄(§2(i) 별표의 제14호 참조)이므로 해당 법률의 나머지 규정 등도 적용된다. 특히 범죄수익은닉규제법 제8조 제3항, 제10조 제2항은 재산에 관한 죄의 범죄피해재산의 경우에는 범죄수익은닉규제법에 의한 몰수 및 추징의 대상이 될 수 없다고 규정하고 있으나, 재산에 관한 죄 외에 게임산업법위반죄 등 별개의 독자적 법익을 함께 침해한 경우에까지 적용되는 것은 아니라고 보아야 할 것이므로, 범죄수익 등이 게임산업법위반으로 인한 영업 매출임과 동시에 사기죄의 피해자로부터 취득한 재산에 해당한다고 하더라도 달리 볼 것은 아니다.[54]

위 각 호의 위반으로 인한 추징은 부정한 이익을 박탈하여 이를 보유하지 못하게 함에 그 목적이 있는 것이므로, 수인이 공동으로 게임산업법 제44조 제1항 각 호의 범죄로 인하여 이익을 얻은 경우에는, 그 분배받은 금원, 즉 실질적으로 귀속된 이익금만을 개별적으로 몰수·추징하여야 하고, 그 분배받은 금원을 확정할 수 없을 때에는 이를 평등하게 분할한 금원을 몰수·추징하여야 한다.[55] 위 각 죄로 인한 범죄수익금을 계산함에 있어 그 구체적인 방법은 도박장소·공간개설죄(§247) 부분에서 설명한 바와 같다.

56

57

53　본법 소정의 게임물이어야 한다. 대법원도 게임산업법 제2조 제1호 본문에 규정된 영상물의 이용에 활용될 수 있지만 이를 주된 목적으로 하여 제작되었다고 할 수 없는 기기 및 장치는 게임산업법 제2조 제1호 본문의 '게임물'이 아니어서, 게임산업법 제44조 제2항을 근거로 이러한 기기 및 장치를 몰수할 수 없다고 봄이 상당하다(대판 2010. 4. 29, 2009도13435)고 판시하였다. 다만, 이렇게 제외된 게임물 역시 형법 제48조 제1항 이하의 몰수 요건에 부합할 경우에는 임의적으로 몰수할 수 있음을 물론이다.
54　대판 2015. 1. 29, 2014도13446.
55　대판 2010. 1. 28, 2009도13912.

58   한편, 게임산업법 제44조 제1항 각 호와 달리 게임산업법 제45조 각 호의
죄 등에 대하여는 별도의 필요적 몰수·추징 등을 정하는 규정이 없으므로 형법
제48조 이하의 임의적 몰수·추징 등의 규정이 적용된다.

2. 죄수관계

(1) 각 게임산업진흥에관한법률위반죄와의 관계

59   게임물을 이용한 사행행위로 인한 게임산업법위반죄(게임산업법 §44조①(i),
§28(ii))와 게임결과물의 환전업으로 인한 게임산업법위반죄(게임산업법 §44①(ii),
§32①(vii))는 실체적 경합관계에 있다.[56] 그리고 경품 제공에 의한 사행성 조장
에 관한 게임산업법위반죄(게임산업법 §44①(i의2), §28(iii))와 게임결과물의 환전업
으로 인한 게임산업법위반죄(게임산업법 §44①(ii), §32①(vii))는 실체적 경합관계에
있다.[57] 마찬가지로 게임물을 이용한 사행행위로 인한 게임산업법위반죄(게임산
업법 §44①(i), §28(ii))와 등급을 받지 아니한 게임물의 이용 제공행위로 인한 게
임산업법위반죄(게임산업법 §44①(ii), §32①(i))는 서로 실체적 경합관계에 있다.[58]

(2) 게임산업및진흥에관한법률위반죄와 도박장소개설죄 등과의 관계

60   등급을 받지 아니한 게임물의 이용제공으로 인한 게임산업법위반죄(게임산
업법 §44①(ii), §32①(i))와 도박장소·공간개설죄(§247),[59] 게임결과물의 환전업으
로 인한 게임산업법위반죄(게임산업법 §44①(ii), §32①(vii))와 도박장소·공간개설
죄(§247),[60] 게임물을 이용한 사행행위로 인한 게임산업법위반죄(§44①(i), §28(ii))
와 도박장소·공간개설죄(§247)[61]는 모두 서로 실체적 경합관계에 있다.

〔권 순 건〕

---

56 대판 2010. 1. 28, 2009도13875.
57 대판 2010. 2. 11, 2009도10317.
58 대판 2010. 6. 24, 2010도4639.
59 대판 2010. 6. 24, 2010도4639.
60 대판 2016. 10. 13, 2014도11376.
61 대판 2010. 6. 24, 2010도4639.

[부록] 제7권(각칙 4) 조문 구성

Ⅰ. 제18장 통화에 관한 죄

조 문		제 목	구성요건	죄 명	공소시효
§207	①	통화의 위조 등	ⓐ 행사할 목적으로 ⓑ 대한민국의 화폐, 지폐 또는 은행권을 ⓒ 위조 또는 변조	통화(위조, 변조)	15년
	②		ⓐ 행사할 목적으로 ⓑ 내국에서 유통하는 외국의 화폐, 지폐 또는 은행권을 ⓒ 위조 또는 변조	외국통화(위조, 변조)	10년
	③		ⓐ 행사할 목적으로 ⓑ 외국에서 통용하는 외국의 화폐, 지폐 또는 은행권을 ⓒ 위조 또는 변조	외국통화(위조, 변조)	10년
	④		ⓐ 위조 또는 변조한 ① 내지 ③의 통화를 ⓑ 행사하거나 행사할 목적으로 수입 또는 수출	(위조, 변조) (통화, 외국통화) (행사, 수입, 수출)	15년(①) 10년 (②, ③)
§208		위조통화의 취득	ⓐ 행사할 목적으로 ⓑ 위조 또는 변조한 §207의 통화를 ⓒ 취득	(위조, 변조) (통화, 외국통화)취득	7년
§210		위조통화 취득 후의 지정행사	ⓐ §207의 통화를 취득 후 ⓑ 그 사정을 알고 행사	(위조, 변조) (통화, 외국통화)지정행사	5년
§211	①	통화유사물의 제조 등	ⓐ 판매할 목적으로 ⓑ 내국 또는 외국에서 통용하거나 유통하는 화폐, 지폐 또는 은행권에 유사한 물건을 ⓒ 제조, 수입 또는 수출	통화유사물 (제조, 수입, 수출)	5년
	②		ⓐ §211①의 물건을 ⓑ 판매	통화유사물판매	
§212		미수범	§207, §208, §211의 미수	(§207, §208, §211 각 죄명)미수	
§213		예비, 음모	ⓐ §207① 내지 ③의 죄를 범할 목적으로 ⓑ 예비, 음모	(§207① 내지 ③의 각 죄명)(예비, 음모)	7년

II. 제19장 유가증권, 우표와 인지에 관한 죄

조 문		제 목	구성요건	죄 명	공소시효
§214	①	유가증권의 위조 등	ⓐ 행사할 목적으로 ⓑ 대한민국 또는 외국의 공채증서 기타 유가증권을 ⓒ 위조 또는 변조	유가증권(위조, 변조)	10년
	②		ⓐ 행사할 목적으로 ⓑ 유가증권의 권리의무에 관한 기재를 ⓒ 위조 또는 변조		
§215		자격모용에 의한 유가증권의 작성	ⓐ 행사할 목적으로 ⓑ 타인의 자격을 모용하여 ⓒ 유가증권을 작성하거나 유가증권의 권리 또는 의무에 관한 사항을 기재	자격모용유가증권 (작성, 기재)	10년
§216		허위유가증권의 작성 등	ⓐ 행사할 목적으로 ⓑ 허위의 유가증권을 작성하거나 유가증권에 허위사항을 기재	허위유가증권작성, 유가증권허위기재	7년
§217		위조유가증권 등의 행사 등	ⓐ 위조, 변조, 작성 또는 허위기재한 §214 내지 §216 유가증권을 ⓑ 행사하거나 행사할 목적으로 수입 또는 수출	(위조유가증권, 변조유가증권, 자격모용유가증권, 자격모용·기재유가증권, 허위작성유가증권, 허위기재유가증권) (행사, 수입, 수출)	10년
§218		인지·우표의 위조등	ⓐ 행사할 목적으로 ⓑ 대한민국 또는 외국의 인지, 우표 기타 우편요금을 표시하는 증표를 ⓒ 위조 또는 변조	(인지, 우표, 우편요금증표) (위조, 변조)	10년
			ⓐ 위조 또는 변조된 대한민국 또는 외국의 인지, 우표 기타 우편요금을 표시하는 증표를 ⓑ 행사하거나 행사할 목적으로 수입 또는 수출	(위조, 변조) (인지, 우표, 우편요금증표) (행사, 수입, 수출)	
§219		위조인지·우표등의 취득	ⓐ 행사할 목적으로 ⓑ 위조 또는 변조된 대한민국 또는 외국의 인지, 우표 기타 우편요금을 표시하는 증표를 ⓒ 취득	(위조, 변조)(인지, 우표, 우편요금증표)취득	5년

조 문		제 목	구성요건	죄 명	공소시효
§221		소인말소	ⓐ 행사할 목적으로 ⓑ 대한민국 또는 외국의 인지, 우표 기타 우편요금을 표시하는 증표의 소인 기타 사용의 표지를 ⓒ 말소	(인지, 우표, 우편요금증표) 소인말소	5년
§222	①	인지· 우표유사물의 제조 등	ⓐ 판매할 목적으로 ⓑ 대한민국 또는 외국의 공채증서, 인지, 우표 기타 우편요금을 표시하는 증표와 유사한 물건을 ⓒ 제조, 수입 또는 수출	(공채증서, 인지, 우표, 우편요금증표)유사물 (제조, 수입, 수출)	5년
	②		ⓐ §222①의 물건을 ⓑ 판매	(공채증서, 인지, 우표, 우편요금증표)유사물판매	
§223		미수범	§214 내지 §219, §222의 미수	(§214 내지 §219, §222 각 죄명)미수	
§224		예비, 음모	ⓐ §214, §215, §218①의 죄를 범할 목적으로 ⓑ 예비, 음모	(§214, §215, §218①의 각 죄명)(예비, 음모)	5년

III. 제20장 문서에 관한 죄

조 문	제 목	구성요건	죄 명	공소시효
§225	공문서 등의 위조·변조	ⓐ 행사할 목적으로 ⓑ 공무원 또는 공무소의 문서 또는 도화를 ⓒ 위조 또는 변조	(공문서, 공도화) (위조, 변조)	10년
§226	자격모용에 의한 공문서 등의 작성	ⓐ 행사할 목적으로 ⓑ 공무원 또는 공무소의 자격을 모용하여 ⓒ 문서 또는 도화를 ⓓ 작성	자격모용 (공문서, 공도화) 작성	10년
§227	허위공문서작성 등	ⓐ 행사할 목적으로 ⓑ 그 직무에 관하여 ⓒ 문서 또는 도화를 ⓓ 작성 또는 변개	허위(공문서, 공도화) (작성, 변개)	7년
§227의2	공전자기록 위작·변작	ⓐ 사무처리를 그르치게 할 목적으로 ⓑ 공무원 또는 공무소의 전자기록 등 특수매체기록을 ⓒ 위작 또는 변작	공전자기록등 (위작, 변작)	10년

조 문		제 목	구성요건	죄 명	공소시효
§228	①	공정증서원본 등의 불실기재	ⓐ 공무원에 대하여 허위신고를 하여 ⓑ 공정증서원본 또는 이와 동일한 전자기록 등 특수매체기록에 ⓒ 불실의 사실을 기재 또는 기록하게 함	(공정증서원본, 공전자기록등)불실기재	7년
	②		ⓐ 공무원에 대하여 허위신고를 하여 ⓑ 면허증, 허가증, 등록증 또는 여권에 ⓒ 불실의 사실을 기재하게 함	(면허증, 허가증, 등록증, 여권)불실기재	5년
§229		위조 등 공문서의 행사	ⓐ §225 내지 §228에 의하여 만들어진 공문서 등을 ⓑ 행사	(위조, 변조) (공문서, 공도화)행사, 자격모용작성 (공문서, 공도화) 행사, 허위(작성, 변개) (공문서, 공도화)행사, (위작, 변작) 공전자기록등행사, 불실기재(공정증서원본, 공전자기록등, 면허증, 허가증, 등록증, 여권)행사	5년-10년
§230		공문서 등의 부정행사	ⓐ 공무원 또는 공무소의 문서 또는 도화를 ⓑ 부정행사	(공문서, 공도화) 부정행사	5년
§231		사문서 등의 위조·변조	ⓐ 행사할 목적으로 ⓑ 권리·의무 또는 사실증명에 관한 타인의 문서 또는 도화를 ⓒ 위조 또는 변조	(사문서, 사도화) (위조, 변조)	7년
§232		자격모용에 의한 사문서의 작성	ⓐ 행사할 목적으로 ⓑ 타인의 자격을 모용하여 ⓒ 권리·의무 또는 사실증명에 관한 문서 또는 도화를 ⓓ 작성	자격모용 (사문서, 사도화)작성	7년
§232의2		사전자기록위작·변작	ⓐ 사무처리를 그르치게 할 목적으로 ⓑ 권리·의무 또는 사실증명에 관한 타인의 전자기록 등 특수매체기록을 ⓒ 위작 또는 변작	사전자기록등 (위작, 변작)	7년
§233		허위진단서 등의 작성	ⓐ 의사, 한의사, 치과의사 또는 조산사가 ⓑ 진단서, 검안서 또는 생사에 관한 증명서를 ⓒ 허위로 작성	허위(진단서, 검안서, 증명서)작성	5년

조 문	제 목	구성요건	죄 명	공소시효
§234	위조사문서 등의 행사	ⓐ §231 내지 §233에 의하여 만들어진 사문서 등을 ⓑ 행사	(위조, 변조) (사문서, 사도화)행사, 자격모용작성 (사문서, 사도화)행사, (위작, 변작) 사전자기록등행사, 허위작성(진단서, 검안서, 증명서)행사	5년- 7년
§235	미수범	§225 내지 §234의 미수	(§225 내지 §234 각 죄명)미수	
§236	사문서의 부정행사	ⓐ 권리·의무 또는 사실증명에 관한 타인의 문서 또는 도화를 ⓑ 부정행사	(사문서, 사도화) 부정행사	5년
§237	자격정지의 병과	§225 내지 §227의2 및 그 행사죄에 대한 자격정지 임의적 병과		
§237의2	복사문서 등	ⓐ 전자복사기, 모사전송기 기타 이와 유사한 기기를 사용하여 복사한 문서 또는 도화의 사본을 ⓑ 문서 또는 도화로 간주		

Ⅳ. 제21장 인장에 관한 죄

조 문		제 목	구성요건	죄 명	공소시효
§238	①	공인 등의 위조, 부정사용	ⓐ 행사할 목적으로 ⓑ 공무원 또는 공무소의 인장, 서명, 기명 또는 기호를 ⓒ 위조 또는 부정사용	(공인, 공서명, 공기명, 공기호)(위조, 부정사용)	7년
	②		ⓐ 위조 또는 부정사용한 공무원 또는 공무소의 인장, 서명, 기명 또는 기호를 ⓑ 행사	(위조, 부정사용) (공인, 공서명, 공기명, 공기호)행사	
	③		자격정지 임의적 병과		
§239	①	사인 등의 위조, 부정사용	ⓐ 행사할 목적으로 ⓑ 타인의 인감, 서명, 기명 또는 기호를 ⓒ 위조 또는 부정사용	(사인, 사서명, 사기명, 사기호)(위조, 부정사용)	5년
	②		ⓐ 위조 또는 부정사용한 타인의 인장, 서명, 기명 또는 기호를 ⓑ 행사	(위조, 부정사용)(사인, 사서명, 사기명, 사기호) 행사	
§240		미수범	§238, §239의 미수	(§238, §239 각 죄명)미수	

V. 제22장 성풍속에 관한 죄

조문	제 목	구성요건	죄 명	공소시효
§ 242	음행매개	ⓐ 영리의 목적으로 ⓑ 사람을 매개하여 ⓒ 간음하게 함	음행매개	5년
§ 243	음화반포등	ⓐ 음란한 문서, 도화, 필름 기타 물건을 ⓑ 반포, 판매 또는 임대하거나 공연히 전시 또는 상영	(음화, 음란문서, 음란필름, 음란물건) (반포, 판매, 임대, 전시 상영)	5년
§ 244	음화제조등	ⓐ § 243의 행위에 공할 목적으로 ⓑ 음란한 물건을 ⓒ 제조, 소지, 수입 또는 수출	(음화, 음란문서, 음란필름, 음란물건) (제조, 소지, 수입, 수출)	5년
§ 245	공연음란	ⓐ 공연히 ⓑ 음란한 행위를 함	공연음란	5년

VI. 제23장 도박과 복표에 관한 죄

조문		제목	구성요건	죄명	공소시효
§ 246	①	도박, 상습도박	ⓐ 도박	도박	5년
	②		ⓐ 상습으로 ⓑ ①의 행위	상습도박	5년
§ 247		도박장소 등 개설	ⓐ 영리의 목적으로 ⓑ 도박을 하는 장소나 공간을 ⓒ 개설	(도박장소, 도박공간)개설	7년
§ 248	①	복표의 발매 등	ⓐ 법령에 의하지 아니한 ⓑ 복표를 ⓒ 발매	복표발매	7년
	②		ⓐ ①의 복표발매를 ⓑ 중개	복표발매중개	5년
	③		ⓐ ①의 복표를 ⓑ 취득	복표취득	5년
§ 249		벌금의 병과	§ 246②, § 247, § 248①에 대하여 임의적 벌금 병과		

사항색인

(용어 옆의 §과 고딕 글자는 용어가 소재한 조문(또는 총설)의 위치를, 옆의 명조 숫자는 방주번호를 나타낸다. 예컨대, [18-총]은 '제18장 [총설]'을, [19-특]은 '제19장 [특별법]'을 나타낸다.)

가치증권   §214/12
간음   §242/19
간접정범   §214/35, §216/11, §225/24,
    §233/6, §236/9
개설   §247/10
거동범   §245/39, §246/3
검안서   §233/8
견련범   [20-총]/76
결과범   [18-총]/17, §225/2, §227/2, §227의
    2/2, §231/3, §232/2, §233/2
결합문서   [20-총]/47
경향범   §242/23
계속범   §246/36, §247/3
고의   §207/29, §225/32, §227/29, §231/37,
    §232/20, §232의2/16, §243/184
공공연하게   §243/213
공도화   §225/15
공동정범   §214/56, §217/15
공모공동정범   §247/19
공무원   §227/3
(공문서·공도화)(위조·변조)죄   §225/1
(공문서·공도화)부정행사죄   §230/1
공문서   [20-총]/43, §225/5
공연음란죄   §245/1
공연히   §243/180, §245/5
공전자기록등(위작·변작)죄   §227의2/1
(공정증서원본·공전자기록등)
    불실기재죄   §228/1
공정증서원본   §228/5
(공채증서·인지·우표·우편요금증표)유사물

(제조·수입·수출)죄   §222/1
(공채증서·인지·우표·우편요금증표)
    유사물판매죄   §222/1
공채증서   §214/5, §222/4
(공인·공서명·공기명·공기호)(위조·
    부정행사)죄   §238/1
국민체육진흥법위반(도박개장등)죄
    [23-특]/2
국민체육진흥법위반(도박등)죄   [23-특]/14
국외범   §243/233
권리·의무에 관한 문서   §231/6
권한 남용   §231/20
권한 초월   §231/20
기대가능성   §210/2
기명   [21-총]/18
기본적 증권행위   [19-특] §2/11, §214/25
기호   [21-총]/19

[ㄴ]

'나체의 마야' 사건   §243/28 43
나체 공연   §245/26

[ㄷ]

대리권   §214/30
대리권 남용   §214/31
대리권 초월   §214/32
대표권   §214/30
대향범   §242/9, §246/5, §248/1
(도박장소·도박공간)개설죄   §247/1
도박   §246/9
도박공간   §247/8

647

판례색인

(판례 옆의 §과 고딕 글자는 판례가 소재한 조문(또는 총설)의 위치를, 옆의 명조 숫자는
방주번호를 나타낸다. 예컨대, [18-총]은 '제18장 [총설]'을, [19-특]은 '제19장 [특별법]'을 나타낸다.)

형법주해 Ⅶ – 각칙 (4)

초판발행   2023년 1월 15일

편집대표   조균석
펴낸이   안종만 · 안상준

편 집   윤혜경
기획/마케팅   조성호
표지디자인   이영경
제 작   고철민 · 조영환

펴낸곳   (주) **박영사**
                서울특별시 금천구 가산디지털2로 53, 210호(가산동, 한라시그마밸리)
                등록 1959. 3. 11. 제300–1959–1호(倫)
전 화   02)733–6771
f a x   02)736–4818
e-mail   pys@pybook.co.kr
homepage   www.pybook.co.kr
ISBN   979–11–303–4110–1 94360
                979–11–303–4106–4 94360(세트)

* 파본은 구입하신 곳에서 교환해 드립니다. 본서의 무단복제행위를 금합니다.
* 저자와 협의하여 인지첩부를 생략합니다.

정 가   67,000원

형법주해 [전 12권]